교육의 사회적 책임 연구방법 및 실천

김정섭 · 김영환 · 김회용 · 박수홍 · 박창언 · 안경식 · 유순화 · 윤민종
윤익상 · 이계진 · 이동형 · 이병준 · 이상수 · 이소영 · 정지선 · 정정훈
김은빈 · 김동선 · 문소희 · 조수연 · 배지현 · 신하빈 공저

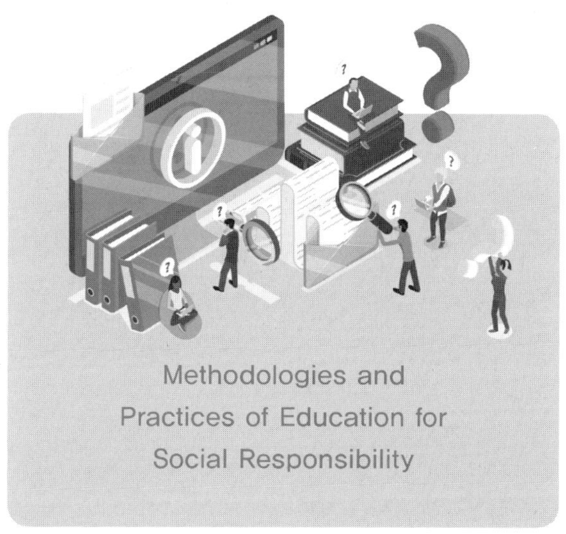

Methodologies and Practices of Education for Social Responsibility

학지사

머리말

부산대학교 교육의 사회적 책임 연구단은 4단계 BK21 미래인재 양성사업의 일환으로 설립되었으며, 교육을 통해 사회 혁신과 지역사회의 지속가능한 발전을 견인하는 '글로컬(glocal) 선도 인재'를 양성하는 것을 목표로 하고 있다. 이를 위해 교육, 연구, 실천의 선순환 체계를 구축하여 사회적 책임의 실천이라는 비전을 구체적으로 제시하고 있다. 연구단은 미래 사회가 요구하는 핵심역량을 갖춘 인재 양성을 위한 교육과정을 운영하며, 지역사회 및 교육 현장과 긴밀히 연계한 실천 활동을 중점적으로 추진하고 있다.

이러한 비전과 목표를 달성하기 위한 첫걸음으로 본 연구단 참여 교수들이 공동으로 첫 번째 저서인 『교육의 사회적 책임: 미래교육의 대안적 접근』을 집필하였으며, 이를 BK21 대학원 기초과정인 '교육의 사회적 책임 이해'의 교재로 활용하였다. 첫 번째 책은 교육의 사회적 책임(Education for Social Responsibility: ESR)의 이론적 토대를 제공함으로써 개념과 중요성에 대한 이해를 확장하는 데 크게 기여하였다. 하지만 이론적 논의 중심으로 구성된 첫 책은 현장에서의 실천적 적용과 구체적 연구방법론을 다루는 데에는 한계가 있었다. 이에 두 번째 책인 『교육의 사회적 책임 연구방법 및 실천』을 기획하게 되었다.

이 책은 첫 번째 책에서 다루었던 ESR의 이론적 기반을 바탕으로 연구와 실천 중심의 접근을 통해 현장성과 실효성을 높이고자 하였다. 이번 저작 역시 본 연구단의 참여 교수들이 공동 집필함으로써, 다양한 연구 분야와 실제 교육 현장의 경험이 풍부하게 반영되었다. 이 책은 ESR 연구방법론의 최신 동향과 실천적 접근 전략, 그리고 교육 현장에서의 다양한 사례를 구체적으로 제시하여 대학원생, 교사, 연구자들에게 ESR의 실행과 연구를 위한 실질적 지침을 제공하고자 한다.

21세기 들어 교육의 역할에 대한 기대와 요구는 그 어느 때보다 사회적 성격을 강하게 띠고 있다. 지구적 기후위기와 팬데믹, 급속한 기술발전과 사회구조의 변화, 그리고 교육 불평등과 사회 양극화와 같은 도전들은 교육이 단순히 지식을 전달하는 영역을 넘어 사회적 책임을 수행해야 함을 보여 주고 있다. 교육의 사회적 책임(ESR)을 둘러싼 이론적 담론은 이러한 시대적 과제 속에서 형성되었으며, 교육을 통해 어떻게 사회적 문제를 해결하고 공동체의 발전에 기여할 것인가에 대한 학문적 모색이라 할 수 있다. 특히 ESR은 개인의 성장과 사회적 발전을 동시에 추구하는 교육 패러다임으로, 교육과정과 정책, 학교 문화에까지 새로운 가치와 목적 의식을 부여하고 있다. 이는 전 세계적으로 대두되고 있는 지속가능발전교육(ESD), 글로벌 시민교육, 포용적 교육 담론과도 맥락을 같이하며, 국내에서도 교육 분야의 학제 간 연구와 혁신적 실천을 통해 구체화되고 있다.

이러한 이론적 흐름을 실천으로 옮기려는 시도들이 지금 특히 중요한 이유는, 교육이 직면한 문제들이 복잡하고 긴급하며 다층적이기 때문이다. 예컨대, 기후위기에 대응하는 교육은 과학교육의 내용 변화만이 아니라 학습자에게 생태적 감수성과 공동체 의식을 길러 주는 포괄적 접근이 필요하다. 또한 사회적 불평등을 해소하기 위한 교육은 교실 수업에서의 작은 변화부터 지역사회와 연계한 프로그램까지 다방면의 실천을 요구한다. ESR은 바로 이러한 맥락에서 이론과 현장을 연결하는 가교 역할을 한다. ESR 개념에 따르면, 교육 현장의 실제 문제들을 연구의 출발점으로 삼아 이론을 정립하고, 다시 그 이론을 현장에 적용하며 실천적 해결을 모색하는 순환적 과정이 중요하다. 이처럼 이론에 기반하여 현장 변화를 도모하고, 현장의 경험을 통해 이론을 보완해 가는 접근은 현재 교육학계와 교육 현장에서 점차 그 중요성이 부각되고 있다. 결국 ESR을 둘러싼 학문적 논의와 실천적 시도는, 교육이 사회적 책임을 다하는 공적 체제로서 신뢰받기 위해 지금 반드시 필요한 움직임이라 할 수 있다.

『교육의 사회적 책임 연구방법 및 실천』은 교육의 사회적 책임을 연구와 실천의 언어로 풀어낸 집합적 노력이다. 이 책을 통해 더 많은 교육 연구자와 현장 전문가들이 ESR에 공감하고 참여하여, 교육을 통한 사회적 변혁이라는 공동의 목표를 향해 나아가기를 기대한다. 이러한 움직임이 모여 미래교육의 패러다임 전환을 앞당기고, 교육이 개인과 사회의 상생을 이끄는 힘이 될 수 있으리라 믿는다. 이 책이 향후 이어질 연구와 실천의 밑거름이 되기를 바라며, 이 책을 집필하고 기획하는 과정에 함께한 모든 분과 사회 곳곳에서 교육의 힘으로 변화를 일구어 가는 실천가들에게 경의를 표한다.

2026

저자 일동

책의 구조

이 책은 부산대학교 BK21 교육의 사회적 책임 연구단의 대학원 교육과정에서 필수 교재로 활용될 만큼, 교육학 연구자와 실천가들에게 실질적 가치를 제공하고자 기획되었다. 우선 대학원생에게 이 책은 ESR 분야의 최신 연구방법과 다양한 적용 사례를 학습할 수 있는 교과서이자 연구 길잡이가 될 것이다. ESR이 지향하는 사회문제해결형 연구를 수행하기 위해 필요한 양적 · 질적 방법론의 이해부터, 연구윤리와 현장 연구 기법, 그리고 융합 연구의 관점까지 폭넓게 다루었기에, 미래교육 연구자들은 이를 토대로 자신만의 연구를 설계하고 추진하는 데 도움을 받을 수 있을 것이다.

현장의 교사와 교육 실천가에게도 이 책은 중요한 함의를 지닌다. 오늘날 교사는 지식 전달자를 넘어 변화의 중재자로서의 역할이 요구되며, 학생들과 지역사회를 연결하여 사회적 변화를 이끄는 활동가적 측면도 강조되고 있다. 이 책에 담긴 ESR 관점의 수업 디자인, 프로그램 개발 및 지역 협력 사례들은 교사들이 자신의 교육 현장에서 새로운 아이디어를 실천으로 옮기는 데 영감을 줄 것이다. 아울러 이러한 실천들이 어떤 연구적 근거와 원리에 따라 이루어졌는지를 이해함으로써, 교사들은 더욱 성찰적 전문가로 성장할 수 있다.

연구자 및 정책 입안자에게도 이 책은 ESR을 매개로 한 학제 간 연구와 협력의 방향성을 제시한다. 교육학뿐만 아니라 문화연구, 아시아학, 윤리학, 행정학, 심리학 등 다양한 분야와 접목된 연구 사례를 통해, 독자들은 교육의 사회적 책임을 구현하기 위한 다학문적 접근의 가치와 효과를 확인할 수 있다. 이는 새로운 연구주제의 발굴이나 공동연구의 기획으로 이어질 수 있으며, 더 나아가 교육 정책 수립 시 사회적 책임의 관점을 통합하는 데에도 시사점을 제공한다. 요컨대, 대학원생부터 일선 교사, 학계 연구자에 이르기까지 이 책의 주요 독자들은 각자의 위치에서 ESR이 갖는 의미와 활용 가능성을 발견하고, 이를 자신의 연구와 실천에 반영할 수 있는 통찰을 얻게 될 것이다.

이 책은 ESR의 연구와 실천을 조망하기 위해 세 부분으로 구성된다. 제1부는 ESR을 위한 최신 연구방법론을 다룬다. 여기에서는 양적연구와 질적연구의 최근 동향과 더불어, 교육 현장의 복잡한 문제를 탐구하기 위한 혁신적 방법론들을 소개한다. 예를 들어, 빅데이터와 학습분석 등의 양적 접근이 ESR 맥락에서 어떻게 활용될 수 있는지, 또는 참여관찰, 생애사 연구, 내러티브 탐구 같은 질적 접근이 사회적 책임의 관점을 드러내는 데 어떠한 통찰을 주는지 살펴본다.

제2부에서는 ESR 연구를 구현하는 방법론과 연구 접근 전략을 제시한다. 교육학과 인접 학문의 경계를 넘나드는 이러한 전략들은, ESR의 가치를 현실에서 실현하기 위한 구체적인 연구 방향을 보여 준다. 먼저 윤리적 관점에서 교육의 사회적 책임을 성찰하는 논의로부터 시작하여, 교육행정학적으로 조직과 제도의 책임성을 강화하는 방안, 심리학과 상담 분야에서 학생들의 사회적 책임 의식과 시민성 함양을 지원하는 접근, 그리고 설계기반연구를 통한 교육 혁신 사례 등을 다룬다. 더 나아가 대학과 지역사회, 공공기관이 협력하여 취약계층 아동의 주거권을 향상시키는 프로젝트와 같이, 지역 기관과의 협업을 통한 ESR 실천 연구를 소개함으로써, 교육의 사회적 책임이 학교 담장을 넘어 지역 공동체의 변화를 견인하는 과정도 살펴본다. 이러한 제2부의 내용은 독자들에게 ESR을 연구하고 추진함에 있어 다양한 분야의 이론적 자원과 실천적 지혜를 어떻게 활용할 수 있는지에 대한 거시적 안목을 제공한다.

제3부는 교육 현장에서 ESR을 구현한 실천 사례들을 담고 있다. 여기에서는 ESR 관점에서 개발되고 실행된 수업과 교육 프로그램, 그리고 지역 연계 학습과 평생교육의 사례들이 풍부하게 소개된다. 예를 들어, 학교 교실에서 프로젝트 기반 학습을 활용하여 지역사회 문제해결에 참여한 수업 사례, 대학이 지역 주민들과 협력하여 평생교육 프로그램을 운영한 경험, 그리고 기후위기 시대에 학생들의 생태적 책임의식을 높이기 위해 환경교육을 혁신한 실천 등이 포함되어 있다. 제3부의 이러한 다양한 현장 사례는 ESR의 추상적 개념이 구체적인 교육 활동으로 어떻게 구현되는지를 보여 주며, 성공과 한계 요인을 함께 분석함으로써 독자들이 유사한 실천을 기획하고 실행할 때 유용한 시사점을 얻을 수 있도록 한다.

『교육의 사회적 책임 연구방법 및 실천』은 하나의 완결된 결론을 제시하기보다는, 열린 시작점으로서 향후 더 많은 연구와 실천을 촉발하는 토대가 되고자 한다. ESR은 여전히 발전하고 있는 담론이자 실천 운동이며, 교육계 안팎의 변화에 따라 그 내용과 범위가 확장될 것이다. 따라서 이 책은 독자들에게 현재까지 축적된 ESR 연구의 지식과 현장 경험을 공유함과 동시에, 새로운 질문과 가능성을 제기한다. 또한 이 책은 ESR을 연구방법론–접근 전략–현장 실천으로 이어지는 통합적 관점에서 조망함으로써 관련 연구 분야의 지평을 넓히는 역할을 할 것으로 기대된다. 특히 이론과 실천의 괴리를 줄이고자 하는 교육학계의 움직임 속에서, 이 책의 내용은 실증적/경험적 연구와 이론 개발이 선순환을 이루는 모델을 제시한다. 또한 이러한 접근은 교육정책 및 학교 실천의 혁신을 뒷받침하는 근거 기반을 제공함으로써, 결과적으로는 교육이 사회적 책무를 다하는 데 기여할 것이다.

차례

제 1 부
ESR 연구방법론 최신 동향과 적용

제 2 부
ESR 연구의 다양한 접근

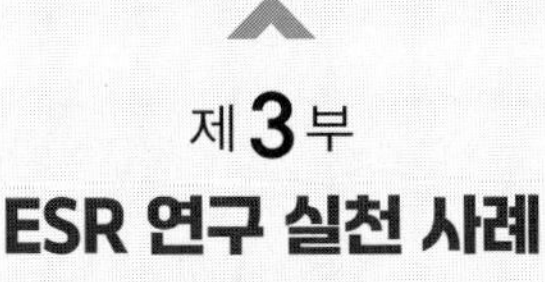

제 3 부 ESR 연구 실천 사례

제1부

ESR 연구방법론 최신 동향과 적용

ESR을 위한 최신 양적연구방법론 및 통계기법

조수연, 이계진

성찰목표

1. ESR을 위한 양적연구방법론의 기능과 의의, 지향점을 이해하고 설명할 수 있다.
2. ESR 효과성을 검증하기 위한 주요 양적연구방법을 이해하고, 구분하여 적용할 수 있는 역량을 기른다.
3. 실제 교육학 분야의 대표적인 학술지에 적용된 사례들을 통해 최신의 연구 동향에 대해 알 수 있다.
4. 양적연구방법, 연구에 맞는 통계적 기법 및 통계 프로그램을 구분하고 주어진 연구 목적에 따라 적합한 방법을 선택하여 사용할 수 있다.
5. 최신 해외 및 국내 양적연구 동향을 종합하여 향후 양적연구 동향을 설명할 수 있다.

이 장의 목적은 '교육의 사회적 책임(Education for Social Responsibility: ESR)'이라는 교육적 가치의 실현을 위하여 양적연구방법론이 지니는 학문적 의의와 실천적 유용성을 조명하고, 이를 기반으로 한 연구 설계 및 분석 전략을 체계적으로 제시하는 데 있다. 이를 위해 먼저 교육학 분야 양적연구 패러다임 내에서 ESR이 추구하는 형평성(equity), 포용성(inclusiveness), 사회적 정의(social justice) 등의 핵심 원칙이 어떻게 실증적 변수로 조작화되고 분석될 수 있는지에 대한 이론적 기반을 고찰한다. 이어지는 논의에서는 ESR이 내포하고 있는 복합적이며 다층적인 속성을 설명하고, 이러한 속성들을 설명하고 예측하기 위한 양적연구의 설명적 · 예측적 기능 및 분석 가능성을 상세히 논의한다. 나아가 ESR의 교육적 효과성을 실증적으로 검토하기 위한 주요 양적연구 접근법—예를 들어, 조사연구, 실험설계, 인과추론 분석, 네트워크 분석, 메타분석 등의 방법론—을 종합적으로 제시하고, 각 방법의 분석단위, 적용 조건, 장단점, 대표적 활용 사례를 국내·외 양적연구 동향 분석을 바탕으로 제시한다. 마지막으로 최신 양적연구방법의 통합적 검토를 바탕으로, 향후 연구의 확장 방향과 방법론적 진화 가능성을 제시하고자 한다. 이를 통해 연구자와 대학원생들이 ESR의 이론적 기반에 대한 깊은 이해를 바탕으로, 자신의 연구 현장에 ESR을 체계적으로 통합하고 적용 가능한 실증적 연구 설계와 분석 전략을 구체화할 수 있도록 실용적인 지침을 제공할 것이다.

1. ESR을 위한 양적연구방법의 의미

현대 사회의 급격한 변화와 복잡성 증대는 교육의 기능과 목적에 대한 재정립을 요구하고 있다. 오늘날의 교육은 단순한 지식 전달을 넘어, 학습자가 사회적 맥락 속에서 주체적으로 사고하고 행동하며 전인적으로 성장할 수 있도록 조력하는 장(場)으로 자리매김해야 한다. 이러한 시대적 요청에 따라 등장한 교육의 사회적 책임(Education for Social Responsibility: ESR)은 지식의 축적을 넘어서 사회적 책임성과 공동체적 실천을 핵심 가치로 삼는 새로운 교육 패러다임으로 부상하고 있다. ESR은 교육의 목표를 개인의 성공에서 공동체의 번영과 지속가능성으로 확장하는 이론적 틀을 제공하며, 교육학뿐 아니라 심리학, 사회학, 정책학 등 다양한 학문 분야에서의 융합적 논의를 촉진하고 있다. 특히 ESR은 학습자가 단순히 지식과 기술을 습득하는 수준을 넘어, 사회적 이슈를 인식하고 이에 주체적으로 참여하여 해결 방안을 모색함으로써 개인과 공동체 간의 상호책임성을 증진시키는 것을 궁극적인 목표로 한다. 이는 곧 개인의 자기실현과 공동체의 지속가능한 발전이라는 이중적 가치를 동시에 지향하는 접근이라 할 수 있다.

ESR의 교육적 핵심 가치는 다음 네 가지로 요약될 수 있다. ① 학습자에게 사회적 책임 의식을 내면화시키는 것, ② 문제해결 과정에서 자기효능감을 증진시키는 것, ③ 다양한 사회적 관계망을 통한 사회적 연계성을 형성하는 것, 그리고 ④ 복잡하고 예측 불가능한 사회 문제에 대응할 수 있는 복합적 문제해결력을 함양하는 것이다. 이 네 요소는 융합적 사고력, 공동체적 실천력, 지속가능한 사회참여 역량 등 현대 사회가 요구하는 핵심역량과 직결된다.

이러한 ESR의 교육적 효과를 체계적이고 실증적으로 검증하기 위해서는 정교한 양적연구방법의 적용이 필수적이다. ESR이 지향하는 핵심 가치와 관련된 양적연구 예시는 〈표 1-1〉과 같다. 양적연구는 ESR 기반 프로그램이나 교육활동이 학습자의 태도, 인식, 행동 변화에 어떠한 구체적 영향을 미치는지를 통계적으로 분석하고 설명할 수 있는 강력한 도구이다. 예를 들어, 사회적 책임감, 복합문제해결력, 자기효능감, 사회적 연계성 등의 변인들이 주요 분석 대상이 되며, 이러한 변인들은 독립적으로 작용함과 동시에 상호작용적 관계를 전제로 분석될 수 있다.

ESR 효과성을 분석하기 위한 대표적인 양적연구방법으로는 ① 조사연구, ② 실험연구, ③ 인과추론 연구, ④ 네트워크 분석 적용 연구, 그리고 ⑤ 메타분석 적용 연구가 있다. 첫째, 조사연구(survey research) 방법은 많은 경우 설문조사를 기반으로 자료를 수집한다. 조사연구 중 하나인 횡단조사(cross-sectional study)를 통해 ESR 참여 집단과 비참여 집단 간 사회적 책임감 수준, 문제해결력 등을 비교할 수 있다. 또한 종단연구(longitudinal study)를 통해 프로그램 참여 전후의 변화를 시간 흐름에 따라 분석함으로써 성장 경향을 정밀하게 추적할 수 있다. 이러한 데이터는 회귀분석, 경로분석, 구조방정식모형(SEM) 등 다양한 통계기법으로 분석된다(Shadish, Cook, & Campbell, 2002). 둘째, 실험연구(experimental research) 방법은 특정 교수법이나 교육 프로그램의 효과를 검증하기 위해 독립변수를 조작하고, 그에 따른 종속변수의 변화를 관찰한다. 진실험설계(random assignment)와 유사실험설계(quasi-experimental design) 모두 활용 가능하며, 수집된 자료는 분산분석(ANOVA) 등을 통해 통계적으로 해석된다(Shadish et al., 2002). 셋째, 인과추론(causal inference)은 교육 프로그램, 교수법, 정책 등이 학습자에게 미치는 원인-결과 관계를 밝히기 위한 분석 방법이다. 인과추론은 단순한 상관관계 분석을 넘어서, 한 변인이 다른 변인에 미치는 직접적인 인과 효과를 추정하려는 데 목적이 있다(Shadish et al., 2002). 넷째, 네트워크 분석(network analysis)은 학습자, 교사, 교육기관 등의 관계와 상호작용 구조를 정량적이고 구조적으로 분석하는 방법론이다. 전통적인 변수 중심 분석과 달리, 관계 중심의 데이터 구조를 통해 교육 현상의 복잡한 상호작용과 영향력을 밝히는 데 중점을 둔다. 사회 네트워크 분석을 통해 학습자 간 상호작용 패턴과 협력 구조를 정량적으로 분석함으로써 공동체적 실천 역량의 함양 과정을 실증적으로 규명하는 것이다. 이러한 연구를 효과적으로 수행하기 위해서는 고급 통계 소프트웨어(예: SPSS, Mplus, R)의 활용이 필수적이다. 다섯째, 메타분석(meta-analysis)은 여러 개의 독립적인 실증 연구 결과들을 문헌고찰을 통해 자료를 수집하여 그 연구 결과들을 통계적으로 통합함으로써 특정 교육적 개입이나 변수 간 관계의 전반적인 효과 크기(effect size)를 추정하는 양적연구방법이다. 주로 교육 프로그램의 효과, 교수법의 차이, 학습 전략의 유용성 등을 체계적으로 평가하고자 할 때 사용할 수 있다.

이러한 최신의 양적연구방법은 ESR 프로그램의 다차원적 효과성을 정밀하게 규명할 수 있게 하며, 단일 학교 현장을 넘어 대학 교육, 평생학습, 직업훈련, 공공기관 연수 등 다양한 교육 맥락에 걸쳐 확장 적용이 가능하다. 예컨대, ESR 기반 프로젝트 수업이 초등학생의 사회적 책임감과 문제해결력에 미치는 영향을 분석하고, 학습자 간 협력 구조를 네트워크 분석으로 병행하

표 1-1 ESR 핵심 가치 및 양적연구방법 예시

핵심 가치	정의 및 설명	양적연구 예시
사회적 책임감 내면화	학습자가 사회와 타인에 대한 도덕적 책임을 인식하고 실천하려는 태도 형성	설문 기반 조사연구(예: 횡단연구), 실험연구
자기효능감 강화	문제해결 과정에서 자기 능력에 대한 신뢰 형성	회귀분석, 경로분석, 구조방정식모형 적용 분석
사회적 연계성 형성	다양한 사회적 관계망과 협력 구조 속에서 상호작용하는 능력	사회 네트워크 분석, 공동체 기반 실증연구
복합문제해결능력 함양	예측 불가능하고 다차원적인 문제를 통합적으로 이해하고 해결할 수 있는 역량	인과추론 분석, 메타분석

여 ESR의 구조적 개선 방향을 제시할 수 있다. 더 나아가 국가 단위의 ESR 정책 효과를 종단적 자료와 계층적 선형모형(HLM), 다수준 구조방정식모형(MSEM) 등을 통해 분석함으로써, 정책 개입이 실제로 개인 및 공동체 수준의 책임성 증진에 어떠한 영향을 미쳤는지를 실증적으로 규명할 수 있다. 이러한 실증 기반 분석은 교육 정책의 과학적 설계에 기여함은 물론, 교육 개입이 사회 구조적 변화를 어떻게 유도할 수 있는지에 대한 이해를 심화시킨다.

결론적으로, ESR은 현대 교육이 추구해야 할 핵심 가치들을 실천 가능한 형태로 구체화한 교육적 접근이며, 이에 대한 양적연구방법의 체계적 적용은 ESR의 이론적 타당성과 실천적 효과성을 과학적으로 검증하는 데 핵심적인 역할을 수행한다. 단순한 프로그램 평가를 넘어서, ESR을 주제로 한 양적연구는 학습자의 태도, 인식, 행동 변화에 대한 정량적 증거를 축적함으로써, 개인과 공동체가 상호적으로 성장할 수 있는 지속가능한 교육 모델 구축에 기여할 수 있다.

특히 대학 교육, 지역사회 기반의 평생학습 프로그램, 직업훈련, 그리고 국가 수준의 교육 정책 설계 및 평가에 이르기까지 다양한 교육 맥락에서 ESR을 기반으로 한 실증연구의 확대는 교육이 단순한 학습의 장을 넘어 사회 변화의 핵심동력으로 기능할 수 있음을 입증하는 기반을 제공한다. 이러한 연구는 양적 방법론의 정밀성과 일반화 가능성을 바탕으로, 학습자의 사회적 주체성과 시민적 책임성을 실질적으로 증진시킬 수 있는 교육 프로그램과 정책을 설계 · 평가하는 데 중요한 근거 자료로 활용될 수 있다. 궁극적으로 ESR 기반 양적연구는 교육이 사회정의, 지속가능성, 공동체 회복력 등의 가치를 내면화할 수 있는 실천적 · 정책적 토대를 제공함으로써, 교육학 연구와 실제 교육 현장의 가교 역할을 수행하게 될 것이다.

이 장에서는 교육학 분야의 최신 양적연구 동향을 체계적으로 분석하고자 하여, 다음 세 개의 소챕터를 통해 국내외 연구 흐름 및 방법론적 발전 방향을 고찰하였다. 먼저 제2절에서는 국내 교육학 분야에서의 양적연구 동향을 실증 자료를 바탕으로 분석하였으며, 이어지는 제3절에서는 국외 교육학 연구에서 활용되는 양적 방법의 흐름과 적용 양상을 비교 분석하였다. 마지막으로 제4절에서는 최근의 양적연구방법론의 기술적 · 이론적 진화 양상과 향후 교육학 연구에의 적용 가능성을 조망함으로써, 연구자들이 변화하는 방법론적 환경 속에서 보다 정밀하고 타당한 연구 설계를 수립할 수 있도록 실질적인 방향을 제시하였다.

2. 국내 교육학 양적연구 동향

1) 검토 논문 선정

최신의 양적연구방법이 활용된 국내 교육학 분야 연구의 동향과 특징을 파악하기 위해, 2025년 3월 기준 한국학술지인용색인(KCI)에 등재된, 교육 분야 학술지에 게재된 논문을 분석 대상으로 선정하였다. 연구의 질적인 수준을 고려하여 등재된 학술지만을 대상으로 하였고, 교육학 전반을 다루고 있는 '교육학 연구'뿐만 아니라, '교육평가연구', '교육심리연구', '교육행정학연구'로 한정하여 교육학 내 주요 분과학회에서 발행하는 학술지들을 포함하였다. 분석 기간은 최근 국내 양적연구 동향을 탐색하기 위한 시점으로 적합하다고 판단한 2022년부터 2024년까지로 최근 3년간의 논문을 선정하였다.

분석 대상과 기간을 바탕으로 했을 때, KCI 데이터베이스에서 검색된 전체 검토 대상 논문은 총 22,387개였다. 단순히 '양적연구'를 키워드로 하여 검토 논문의 수를 일차적으로 산출한 결과 관련 논문이 추출되지 않아 구체적인 논문 추출을 위해 양적연구와 관련된 키워드를 선별하여 산출하고자 하였다. 양적연구와 관련된 키워드로 선별된 것은 '양적연구, 상관관계, 회귀분석, 인과 관계, 구조방정식'이 있다. 각 키워드를 선별한 이유는 다음과 같다. '상관관계'는 양적연구에서 변수 간의 관계를 파악할 때 가장 기본적으로 사용되는 분석하는 기법이고, '회귀분석'은 양적연구에서 한 변수가 다른 변수에 어떤 영향을 미치는지 분석하는 기법으로 상관관계에서 더 나아가 영향력과 예측력을 분석할 수 있는 기법으로 많이 사용되어 키워드로 선별하였다. '인과 관계'는 양적연구에서 실험설계나 통계 기법을 통해 인과 관계를 추론하기 때문에 선별하였고, '구조방정식' 모형은 양적연구에서 많이 사용하는 잠재 변수 간의 관계를 분석할 수 있는 통계 기법이기 때문에 키워드로 선별하였다. 이렇게 양적연구에서 많이 사용하는 기법을 위주로 대표 키워드 다섯 가지를 선별하였다.

이러한 키워드를 이용하여 검토 논문의 수를 일차적으로 산출한 결과 전체 검토 대상 논문은 총 1,030개였다. 원하는 학술지의 논문을 추출하기 위해 주제 분류를 '사회과학'과 '교육'으로 한정하였고, 찾고자 하는 학술지에 게재된 논문을 산출한 결과 최종적으로 10개의 논문이 산출되었다. 데이터베이스에서 주제어를 검색하여 검토 논문을 선정할 경우, 주제어와 직접적인 관련이 없음에도 불구하고 검색될 가능성이 있다고 보아, 이 절에서는 일차적으로 추출된 10개의 논문을 전수 조사하였다. 실제로 찾고자 하는 최근 교육 분야에서 이루어진 연구가 아닌 단순히 양적연구가 논문의 주제나 내용에 포함된 논문들이 상당수 검색되었다. 이에 초록을 검토해, 교육 분야에서 양적연구와 직접적으로 관련이 없는 논문은 분석 대상에서 제외하였다. 한편, 『교육행정학연구』에 게재된 논문은 관련된 키워드로 산출되지 않아 학술지에서 직접 초록을 검토하여 선별하였다. 최근 3년 중 『교육행정학연구』 학술지에서 구체적으로 양적연구를 활용한 논문도 분석 대상으로 선정하였다. 이러한 과정을 통해서 〈표 1-2〉와 같이 최종 검토 대상 논문 14편을 선정해 분석을 진행하였다.

양적연구를 활용한 연구가 가장 많이 출판된 학술지는 『교육평가연구』로, 총 5편의 논문이 발표되었다. 그러나 양적연구와 관련된 대표적인 키워드로 논문을 산출한 것이기 때문에 양적연구가 해당 학술지에서만 적극적으로 연구되고 있다고 보기는 어렵다. 또한 『한국교육학연구』에서는 총 4편의 연구가 수행되었고, 『교육행정학연구』에서도 양적연구를 활용한 연구가 4편 출판되었다는 것을 통해 『교육평가연구』뿐만 아니라 『한국교육학연구』, 『교육행정학연구』에서도 양적연구와 관련된 연구들이 적극적으로 연구되고 있다고 볼 수 있다. 또한 『교육행정학연구』는 최근 3년간 게재된 논문 전수를 직접 검토하여 선정하였으므로, 분석 대상 논문의 수가 많다는 점을 감안해야 한다. 이 외에 『교육심리연구』에서 1편의 논문이 출판된 것으로 확인되었다.

표 1-2 학술지별 분석 대상 논문 선정 결과 (단위: 편)

한국교육학연구	교육심리연구	교육행정학연구	교육평가연구	계
4	1	4	5	14

2) 분석 준거

국내 양적연구 활용 연구의 동향과 특징을 파악하기 위해, 이 절에서 설정한 구체적인 분석 준거는 다음과 같다. 첫째, 양적연구 중에서도 적용된 연구방법에 따라 구분하여 표본의 특성 및 연구주제와 함께 살펴보았다. 공통적으로 양적연구를 활용하였기 때문에 세부적인 연구방법이 명확하게 분리되지는 않았지만 실제 활용된 여러 가지 연구방법을 준거로 파악할 수 있었고, 구체적으로 연구에 진행된 표본의 특성 및 연구주제를 파악하여 확인하였다. 둘째, 어떠한 통계적 기법과 통계 프로그램이 사용되었는지를 조사하였다. 양적연구는 데이터를 수치화해서 객관적이고 일반화 가능한 결과를 도출하려는 목적이 있다. 예를 들어, 기술통계에서는 평균, 표준편차, 빈도 등으로 기본적인 경향이나 분포를 파악하고, 추론 통계에서는 t-검정, ANOVA, 회귀분석, 구조방정식 모델 등으로 집단 간 차이, 변수 간 관계를 검증한다. 이러한 통계적 기법들을 사용하여 가설을 검증하거나 변수들 간의 인과 관계를 파악하기 때문에 대부분 통계적 기법을 사용한다. 따라서 양적연구에 활용된 통계적 기법에는 어떤 것들이 있는지 확인하고, 사용된 통계 프로그램을 파악하고자 하였다.

3) 국내 교육학 분야 양적연구 활용 연구 현황

문헌 고찰을 통해 선정된 14편의 선행연구에 적용된 양적연구방법을 분석한 결과는 〈표 1-3〉과 같다. 분석 결과, 횡단연구(cross-sectional design)가 전체의 64.3%(9편)로 가장 빈번하게 활용되었으며, 이 중 설문조사 기반의 횡단연구는 8편(57.16%), 2차 자료 기반(secondary data analysis)의 횡단연구는 1편(7.1%)이었다. 이는 최근 3년간의 대다수의 국내 교육학 연구가 1회성의 자료 수집을 통해 집단 간 차이 또는 변수 간 관계를 탐색하는 데 초점을 두었음을 시사한다.

설문조사 기반 횡단연구의 표본 특성과 주요 분석 내용을 살펴보면 다음과 같다. 최고은과 정수정(2022)은 국내 인문 및 이공계 대학원생을 대상으로 온라인 설문조사를 실시하여 교육만족도에 영향을 미치는 요인을 규명하였고, 변수연(2024)은 2000년 이후 박사학위를 취득한 60세 이하 연구자를 대상으로 박사학위 이후 후회 여부의 영향 요인을 분석하였다. 이 외에 교육 현장 종사자 및 학습자를 대상으로 한 연구도 다수 확인되었다. 예를 들어, 전하람과 황영식(2022)은 중·고등학생을 대상으로 학력주의 사회관이 자녀 필요성 인식에 미치는 영향을 분석하였고, 노현종(2022)은 D, K 지역 초등학교 5~6학년을 대상으로 피드백 인식과 수업 참여 간 구조적 관계를 분석하였다. 강대술과 김희규(2022)는 부산 지역 초·중·고 교사를 대상으로 교감

표 1-3 적용된 양적연구방법 현황 [단위: 편(%)]

횡단연구		종단연구	메타분석 연구	시뮬레이션 연구	측정동일성 검증 연구	계
설문조사 기반	2차 데이터 기반					
8 (57.16%)	1 (7.14%)	2 (14.28%)	1 (7.14%)	1 (7.14%)	1 (7.14%)	14 (100%)

의 감성리더십이 회복탄력성을 매개로 심리적 소진에 미치는 영향을 분석하였으며, 우한솔 등(2023)은 중학교 3학년 담임교사를 대상으로 학교장의 리더십이 교사 간 협력 및 의사결정 권한 인식에 미치는 영향을 검토하였다. 방지우 등(2024)은 전국 초등교사를 대상으로 온라인 설문을 실시하여 학교장의 수업지도 역량과 교사효능감 간 구조적 관계 및 매개효과를 분석하였다. 이 밖에 다층모형(multilevel modeling)을 적용한 연구로는 최혜인과 김도기(2024)의 연구가 있으며, 이 연구는 TALIS 2018 데이터를 활용하여 교사 및 학교 수준의 변인이 직무만족도에 미치는 영향 및 상호작용 효과를 분석하였다. 2차 자료를 활용한 횡단연구로는 이인서 등(2022)의 연구가 있으며, 이는 A대학 박사과정 졸업생을 대상으로 대학기관연구 데이터를 분석하여 박사과정 중 연구성과에 영향을 주는 요인을 탐색하였다. 이처럼 횡단연구는 국내 대학원생 및 교사 집단을 대상으로 온라인 설문조사를 통해 주로 수행되는데, 이는 높은 접근성과 비용 효율성에 기인한 것으로 보인다.

한편, 종단연구(longitudinal design)는 선행연구들 중 2편(14.3%)으로 상대적으로 활용 빈도가 낮은 편이었다. 종단연구의 예로, 정혜경 등(2022)은 중학교 1학년 패널을 대상으로 창의성 발달에 영향을 미치는 요인을 종단적으로 분석하였고, 조영진 등(2022)은 미국 교육부의 ECLS-K(2011) 자료를 활용하여 유치원 입학 아동의 수학성취도 변화와 관련 요인을 분석하였다. 그 외에도 메타분석(meta-analysis), 시뮬레이션 연구(simulation study), 측정동일성 검증 연구(measurement invariance study)는 각각 1편(7.1%)씩 포함되어 있었다. 정선영과 조한익(2024)은 2000년부터 2024년 7월까지 발표된 국내 학위논문 및 학술지 논문을 기반으로 유아교사의 사회적 지지, 교사효능감, 직무만족도 간 관계를 메타분석하였다. 시뮬레이션 기반 연구로는 이빛나(2024)가 있으며, 이 연구는 다층 구조방정식모형의 수준 특수적 모형 적합도 지표의 유효성을 가상 데이터를 통해 평가하였다. 마지막으로 김미림(2023)은 2003년 조사에 참여한 중학생을 대상으로 측정동일성이 자료 특성에 따라 분석결과에 어떤 영향을 미치는지를 검토하였다.

이상의 분석을 바탕으로 표본 특성과 연구주제에 대한 요약은 〈표 1-4〉와 같다. 이를 통해 교육 및 심리학 분야의 양적연구에서 설문 기반 횡단연구의 지배적 사용 경향을 확인할 수 있다.

표 1-4 표본의 특성 및 양적연구주제

연구방법	표본의 특성	양적연구주제
횡단연구	국내 일반 인문, 이공계열 대학원생	교육만족도에 영향을 주는 요인 분석
	만 60세 이하 2000년대 이후 박사학위 취득자	박사학위 이후 후회 여부를 영향요인으로 분석
	중 · 고등학생	청소년 학력주의 사회관이 청소년의 자녀 필요성 인식에 미치는 영향을 분석
	D, K지역 초등학생 5, 6학년	피드백 인식과 수업 참여의 관계를 구조적으로 분석
	부산광역시 초 · 중 · 고 교사	교감의 감성리더십이 회복탄력성을 매개로 심리적 소진에 미치는 영향을 분석
	중학교 3학년 교사	학교장 리더십이 교사 협력과 의사결정 권한이 미치는 영향을 분석
	전국의 초등교사	학교장의 수업지도성과 교사효능감의 구조적 관계 및 매개효과를 분석
	초등교사	교사 및 학교 수준의 요인이 직무만족도에 미치는 영향과 상호작용 효과를 분석
	A대학원의 박사과정 졸업생	대학원 박사과정생 연구성과 영향요인을 분석
종단연구	중학교 1학년 패널	청소년 창의성에 영향을 미치는 요인을 분석
	2011년에 유치원에 입학한 아동	아동 수학성취도에 미치는 영향을 분석
메타분석 연구	2000년부터 2024년 7월까지 국내에서 발행된 학위논문과 학술논문	유아교사의 사회적 지지와 교사효능감 및 직무만족도의 관계에 관한 메타분석을 시행
시뮬레이션 연구	·	다층 구조방정식모형에서 수준 특수적 모형 적합도 평가 방식의 유효성을 분석
측정동일성 검증연구	2003년 조사에 참여한 중학생	측정동일성이 자료의 특성에 따라 분석결과에 어떤 영향을 미치는지 검토

다음으로, 이 절에서는 분석 대상이 된 선행연구들에서 구체적으로 어떤 통계적 기법과 통계분석 프로그램이 사용되었는지를 체계적으로 분석하였다. 분석 결과는 〈표 1-5〉와 같다. 총 14편의 논문 중 복수의 통계기법을 병행한 3편의 논문을 포함하여, 총 17건의 통계적 분석 사례가 도출되었다.

가장 빈번하게 사용된 통계기법은 구조방정식모형(structural equation modeling: SEM)으로, 전체 분석 사례 중 9건(52.94%)에 해당하였다. 구조방정식모형의 하위 유형으로는 기본적인 단

표 1-5 적용된 통계적 기법별 연구 현황 [단위: 편(%)]

구조방정식모형			회귀분석	SEMforest	메타분석	다층모형	시뮬레이션 연구	계
구조방정식	SEMtree	요인분석						
6 (35.32)	2 (11.76)	1 (5.88)	4 (23.52)	1 (5.88)	1 (5.88)	1 (5.88)	1 (5.88)	17 (100)

일 수준 SEM이 다수를 차지하였으며, 이 외에도 2수준 다층 구조방정식모형(multilevel SEM), 메타분석과 결합된 구조방정식모형, SEMtree, 그리고 SEMforest 등 다양한 변형이 확인되었다. SEMtree는 2편(11.76%)에서 활용되었고, SEMforest는 1편(5.88%)에서 사용되었다.

다음으로 빈도가 높은 분석 기법은 회귀분석(regression analysis)으로, 총 4편(23.52%)의 연구에서 적용되었다. 회귀분석의 하위 유형으로는 위계적 회귀분석(hierarchical regression), 이항 로지스틱 회귀분석(binary logistic regression), 서열 로지스틱 회귀분석(ordinal logistic regression), 토빗 회귀모형(Tobit regression), 다중 회귀분석(multiple regression) 등이 사용되었다. 그 외에 단일 사례로 확인된 분석 기법은 메타분석(meta-analysis), 2수준 다층모형(two-level multilevel modeling), 시뮬레이션 분석(Monte Carlo simulation), 다집단 확인적 요인분석(multi-group CFA), 그리고 2-요인 분할 요인분석(bifactor modeling) 등이다. 각각 1편(5.88%)의 연구에서 사용되었다.

한편, 복합적 통계기법을 활용한 사례도 존재하였다. 예를 들어, 한 연구에서는 SEMtree와 SEMforest를 동시에 적용하였고, 다른 한 연구에서는 다층 구조방정식모형과 몬테카를로 시뮬레이션을 병행하여 분석의 정밀도를 높이고자 하였다. 이러한 복합적 기법의 사용은 연구 설계의 복잡성과 분석 목적의 정교화 경향을 반영하는 것으로 해석할 수 있다. 이와 같이 분석 대상 논문들에서는 구조방정식모형과 회귀분석이 주요 통계기법으로 활용되었으며, 일부 연구에서는 통계기법 간 융합 또는 시뮬레이션을 통한 이론적 모델 검증 시도도 나타났다. 이는 최근 교육 및 심리학 분야 양적연구에서 복합모형 기반의 분석 접근법이 확대되고 있음을 시사한다.

이 절의 선행연구에 적용된 통계 분석 프로그램의 사용 현황도 함께 분석하였다. 각 연구별로 사용된 통계기법과 통계 소프트웨어를 종합한 결과는 〈표 1-6〉에 정리하였다. 우선, 구조방정식 모형(SEM)을 활용한 연구에서는 주로 SPSS, AMOS, R, Mplus가 사용되었다. 세부적으로 살펴보면, 기초적인 단일 수준 SEM에서는 SPSS, AMOS, R이 혼용되었고, 2수준 다층 구조방정식 모형(multilevel SEM)에서는 SPSS와 Mplus가 함께 사용되었다. 메타분석 기반 SEM의 경우에는 주로 R이 사용되었으며, 다층 SEM 또한 Mplus를 중심으로 수행되었다. SEMtree 기법은

표 1-6 통계적 기법 및 사용된 통계 프로그램

논문 제목	통계적 기법	사용된 통계 프로그램
전공계열별 대학원생의 교육만족도 예측요인 분석: 위계적 회귀분석을 통한 학문적 상호작용의 영향력 검증	위계적 회귀분석	SPSS
박사학위 취득을 후회하지 않는 이유: 로지스틱 회귀분석과 랜덤 포레스트 분석을 통한 박사학위 가치 인식의 결정요인 탐색	이항 로지스틱 회귀분석, 랜덤 포레스트 분석	R
청소년의 자녀 필요성 인식과 학력주의 사회관과의 관계 분석	서열 로지스틱 회귀분석	STATA
초등학생의 형성적 피드백 인식, 지능에 대한 신념, 평가에 대한 태도, 행동의도 및 수업참여 간의 구조적 관계 분석	2수준 다층구조방정식모형	SPSS, Mplus
교감의 감성리더십, 회복탄력성, 심리적 소진 간의 구조적 관계	구조방정식모형	SPSS, AMOS
학교장 리더십, 학교풍토, 교사 협력, 교사 의사결정 권한 사이의 구조적 관계 분석	구조방정식모형	R
학교장의 수업지도성, 교사학습공동체, 교사효능감의 구조적 관계 분석: 교사학습공동체의 매개효과를 중심으로	구조방정식모형	SPSS, AMOS
초등교사의 직무만족도에 대한 교사 및 학교 수준 간 상호작용 효과 분석	2수준 다층모형	SPSS, HLM
대학기관연구(Institutional Research) 데이터를 활용한 대학원 박사과정생 연구성과의 영향요인 분석	토빗 회귀모형, 로지스틱 회귀모형, 다중회귀분석	SPSS, STATA
SEMtree를 활용한 우리나라 청소년의 창의성 성장 모형 분석 사례 연구	SEMtree	R "semtree", "OpenMx" packages
ECLS-K:2011 자료에서 SEMtree와 SEMforest의 적용	SEMtree, SEMforest	R "semtree" package
유아교사의 사회적 지지, 교사효능감 및 직무만족도의 관계에 관한 메타분석: 메타구조방정식 모형의 적용	메타구조방정식모형	R "metaSEM" package
Using Level-Specific Fit Evaluation of Model Fit to Assess Multilevel Structural Equation Model(다층 구조방정식 모형 평가를 위한 수준 특수적 평가 방법의 적용)	다층구조방정식모형, 몬테카를로 시뮬레이션	Mplus, R
영과잉 자료의 측정동일성 검증: 다집단 확인적 요인분석과 2-부분 요인분석 모형의 적용과 비교	다집단 확인적 요인분석, 2-부분 요인분석	Mplus

모두 R에서 구현되었고, 요인분석 역시 Mplus를 주로 활용하였다. 이와 같은 분석 결과는 구조방정식 모형 계열의 연구에서 Mplus와 R이 고급 분석을 위한 주요 도구로 기능하고 있음을 보여 준다.

다음으로, 회귀분석을 사용한 연구들에서는 SPSS, R, STATA가 주로 활용되었다. 기타 통계기법에 사용된 프로그램은 다음과 같다. SEMforest 분석, 메타분석, 시뮬레이션 기반 연구에서는 모두 R이 사용되었으며, 다층모형의 경우에는 SPSS와 HLM이 함께 사용되었다. 이상의 분석을 종합하면, 구조방정식 모형 계열의 분석에는 Mplus와 R, 회귀분석 계열의 분석에는 SPSS와 STATA가 빈번히 사용되며, R프로그램의 경우 고급 시뮬레이션 및 특수모형 분석에서의 활용도가 높게 나타났다. 이러한 경향은 연구 설계의 복잡성 및 분석 목적에 따라 소프트웨어 선택이 점차 전문화 · 세분화되고 있음을 시사한다.

최근 국내 교육학 분야에서의 양적연구는 단순한 설문 기반의 상관분석이나 회귀분석에 머무르지 않고, 점차 정교하고 고도화된 분석 설계 및 통계기법으로 확장되고 있는 추세이다. 2022년부터 2024년까지 KCI 등재 교육학 분야 주요 학술지인 『교육학연구』, 『교육평가연구』, 『교육심리연구』, 『교육행정학연구』에 게재된 양적연구 논문을 중심으로 최근의 활용 경향을 분석하였다. 분석 결과는 다음과 같은 네 가지 특징으로 요약할 수 있다.

첫째, 연구 설계 측면에서는 설문조사 기반의 횡단연구(cross-sectional survey design)가 가장 일반적으로 활용되었으며, 전체 14편의 분석 대상 중 9편(64.3%)이 해당 방법론을 채택하였다. 대부분 온라인 설문조사를 통해 교사, 학생, 대학원생 등 다양한 교육 관련 집단을 대상으로 자료를 수집하였다. 예를 들어, 최고은과 정수정(2022)은 대학원생을 대상으로 교육만족도의 영향요인을 분석하였으며, 전하람과 황영식(2022)은 중 · 고등학생의 학력주의 인식이 자녀 필요성 인식에 미치는 영향을 고찰하였다. 다층적 구조를 반영한 사례로는 최혜인과 김도기(2024)가 수행한 연구가 있으며, TALIS 2018 데이터를 활용하여 교사 및 학교 수준 변인이 직무만족도에 미치는 영향을 분석하였다. 종단연구(longitudinal design)는 2편(14.3%)에서 확인되었으며, 조영진 등(2022)은 미국 교육부의 ECLS-K(2011) 자료를 활용하여 아동의 수학성취도에 대한 장기적 영향을 추적 분석하였다.

둘째, 연구 설계의 고도화와 함께, 분석 기법 역시 단순 회귀분석을 넘어서 다양한 고급 통계기법으로 확장되고 있는 경향이 뚜렷하다. 횡단연구 외에도 메타분석(meta-analysis), 시뮬레이션 기반 연구(simulation study), 측정동일성 분석(measurement invariance analysis) 등이 포함되었으며, 각 1편씩 적용되었다. 예컨대, 정선영과 조한익(2024)은 유아교사의 사회적 지지, 교사효능감, 직무만족도 간의 관계를 메타분석을 통해 통합적으로 고찰하였으며, 이빛나(2024)는 다층 구조방정식모형에서 수준 특수성에 따른 모형 적합도 검토를 위해 몬테카를로 시뮬레이션을 수행하였다.

셋째, 가장 빈번하게 사용된 통계기법은 구조방정식모형(SEM)으로, 전체 17개의 분석 사례 중 9편(52.94%)에서 활용되었나. SEM의 세부 유형으로는 단일 수준 SEM, 다층 구조방정식모형(multilevel SEM), SEMtree, SEMforest 등이 포함되었다. 분석 도구로는 Mplus, R, SPSS, AMOS 등이 사용되었으며, 특히 Mplus는 다층모형 및 확인적 요인분석 등 복잡한 구조모형 분석에서 두드러진 활용도를 보였다.회귀분석은 4편(23.52%)에서 사용되었으며, 위계적 회귀분석, 로지스틱 회귀분석, 서열 로지스틱 회귀, 토빗 회귀분석 등 다양한 회귀 계열 기법이 적용되었다. 기타 통계기법으로는 요인분석, 메타분석, 다층모형, 시뮬레이션 등이 각 1편씩 포함되었다.

넷째, 자료 분석을 위한 통계 소프트웨어는 연구 목적과 분석 기법에 따라 선택적으로 사용되었고, 통계 프로그램 중 SPSS는 기초 분석 및 회귀분석에서 가장 널리 사용되었으며, R프로그램의 경우 SEMtree, SEMforest, 메타분석, 시뮬레이션 등 고급 통계기법 구현에서 중심적으로 활용되었다. Mplus는 구조방정식모형과 다층모형에서 주로 사용되었으며, STATA는 서열 및 이항 로지스틱 회귀분석에서 빈번히 활용되었다. 특히 SPSS-AMOS 조합과 R-Mplus 연동 방식이 구조방정식모형 분석에서 주요한 분석 환경으로 확인되었다.

이상의 분석 결과는 국내 교육학 분야에서도 양적연구가 단순한 기술통계 수준을 넘어, 모형 기반의 추론(statistical modeling)과 계층 구조 고려(multilevel modeling), 측정모형 검증(confirmatory analysis) 등 고차원적 통계 접근으로 전환되고 있음을 보여 준다. 또한 연구자들은 분석 기법 선택에 있어 이론적 정합성, 데이터 구조, 모형 적합도 등의 요소를 종합적으로 고려하는 방향으로 나아가고 있다는 점을 보여 준다.

향후 양적연구의 진화는 다음 네 가지 방향에서 전망된다.

첫째, 인공지능(AI) 및 머신러닝 기반 통계기법의 도입을 통해 교육데이터의 활용 방법이 다양해지고 분석의 기법이 발달할 것이고 앞으로도 적극 도입이 되어 발전할 것으로 예상된다. 대규모 교육 행정자료 및 학습 로그 데이터의 활용 증가에 따라, 예측 정확도와 패턴 탐색 능력을 갖춘 머신러닝 기법이 양적연구에 점차 적극적으로 도입될 것으로 보인다.

둘째, 베이지안 통계적 접근이 더욱 확대될 것이다. 소표본 연구, 비정규 분포 자료, 복잡한 구조 모형을 다룰 수 있는 Bayesian inference의 장점이 최근 들어 더욱 주목받고 있으며, MCMC 기법과 사전분포 기반 추론이 보다 활발히 적용될 것으로 기대된다.

셋째, 혼합방법연구(mixed methods)의 활용이 복잡한 교육현상 분석에 더욱 확대 적용될 것이다. 질적 탐색과 양적 검증을 결합한 연구 설계는 교육 현상의 복합적 구조를 해석하는 데 효과적인 접근법으로, 국내외 학술지에서 그 중요성이 증가하고 있다.

넷째, 다양한 형태의 교육데이터를 실시간으로 분석하고 시각화하는 기법들이 주목받고, 더욱 발전할 것으로 예측된다. 데이터 시각화, 대시보드 개발, 인터랙티브 리포트 등의 기술이 강화되면서 연구 결과를 정책 결정자 및 현장 실무자와 효과적으로 공유할 수 있는 기반이 마련되고 있다.

이러한 변화는 양적연구의 과학적 엄밀성과 실천적 활용 가능성을 동시에 제고하며, 학술 연구와 교육 정책 및 실천 간의 연결성을 강화하는 매개체로 기능할 것이다. 특히 고급 분석 기법의 활용은 국내 교육학 연구의 국제적 경쟁력 확보에도 기여할 수 있으며, 데이터 기반 교육 정책 수립의 실증적 토대를 제공하는 데 있어 중요한 역할을 할 것으로 기대된다.

3. 국외 교육학 분야 양적연구 동향

1) 분석 방법

이 절에서는 국제적으로 저명한 교육학 학술지인『Educational Psychologist』의 2016년 특집호(Special Issue),「Advances in Quantitative Methods to Further Research in Education and Educational Psychology」를 기반으로, 최근 양적연구의 활용 동향과 방법론적 특징을 분석하였다. 이 특집호는 교육학 및 교육심리학 분야에서 양적연구의 발전을 촉진하기 위해 기획되었으며, 동 분야를 대표하는 세계적 수준의 양적 방법론자들(quantitative methodologist)이 최신 연구 설계와 분석 전략을 논의한 글들로 구성되어 있다.

해당 특집호에서는 양적 분석 방법을 크게 다음의 일곱 가지 주요 범주로 구분하고 있다. ① 종단모형(growth modeling), ② 매개모형(mediation analysis), ③ 혼합모형(mixture modeling), ④ 사회 네트워크 분석(social network modeling), ⑤ 베이지안 통계모형(Bayesian statistical modeling), ⑥ 결측자료 설계 및 분석(missing data design and analysis), ⑦ 준실험설계(quasi-experimental designs), ⑧ 다층모형(multilevel modeling) 등이다. 이들 방법론은 단순한 기술적 도구를 넘어, 복잡한 교육 및 심리현상을 실증적으로 탐색하고 인과적 해석을 도출하기 위한 정교한 분석 틀을 제공한다. 특히 특집호에 수록된 각 논문은 해당 분야의 선도 연구자들이 집필한 것으로, 양적연구 설계 및 분석에 있어 이론적 정합성과 응용 가능성 양 측면에서 높은 학술적 기여를 하고 있다. 이에 따라 이 절에서는 이 특집호에서 제시된 주요 분석 기법들을 중심으로, 각 방법의 이론적 기초, 적용 가능성, 분석상의 장점 및 한계점 등을 체계적으로 정리하고, 향후 교육 및 교육심리학 분야에서의 양적연구 설계에 주는 시사점을 도출하고자 한다.

2) 『Educational Psychologist』 특십호를 기반으로 한 최신 양적연구방법 동향 분석

호디스와 핸콕(Hodis & Hancock, 2016)은 「Advances in Quantitative Methods to Further Research in Education and Educational Psychology」 특집호를 소개하며, 교육 및 교육심리학 분야에서 활용할 수 있는 다양한 최신 양적연구방법 주제를 소개하였다. 최근 주목할 양적연구방법으로 ① 종단모형, ② 매개모형, ③ 혼합모형, ④ 사회 네트워크 분석, ⑤ 베이지안 통계모형, ⑥ 결측자료 설계 및 분석, ⑦ 준실험설계, ⑧ 다층모형을 제시했다. 이 방법들은 비교적 최근 발전된 양적연구방법들로 기존의 제한된 통계모형을 넘어 보다 복잡하고 현실적인 연구 문제를 다룰 수 있도록 연구자들에게 새로운 분석 도구를 제공하고 있다. 연구방법별 장점과 적용 예시를 정리한 결과는 〈표 1-7〉에 정리하였다. 이를 바탕으로 최근 교육 및 교육심리학 분야에서 주목받고 있는 주요 양적연구방법의 이론적 특성과 적용 가능성을 고찰하고자 한다. 소개되는 각각의 방법론은 복잡한 교육 현상의 구조를 정교하게 설명하고 예측하는 데 유용한 도구이다.

먼저, 잠재변화점수모형(Latent Change Score Modeling: LCSM)은 시간 경과에 따른 변화를 정교하게 모형화할 수 있으며, 변수 간 상호작용을 시간의 흐름에 따라 추적할 수 있다는 점에서 기존의 잠재성장모형(LGM)이나 자기회귀 교차지연모형(ARCL) 대비 확장된 분석 틀을 제공한다. 예컨대, '성공 기대'가 시간에 따라 '내적 가치' 변화에 미치는 영향을 분석하는 연구 설계에 효과적으로 적용될 수 있다. 다음으로, 혼합모형은 모집단 내의 잠재적 이질성을 반영할 수 있는 분석 기법으로, 관찰되지 않은 하위집단(latent classes)을 식별하고 각 집단의 고유한 성장 궤적을 추론할 수 있는 장점이 있다. 이는 예를 들어 학습 동기 변화 양상이 서로 다른 학생 집단을 구분하여 분석하는 데 적합하다. 종단매개모형(Longitudinal Mediation Model)의 경우, 시간 흐름에 따른 매개효과의 변화를 추적함으로써, 인과 경로의 시간적 구조를 보다 명확하게 규명할 수 있다. 예컨대, 초기 시점의 '자기효능감'이 이후 '학업성취'에 영향을 미치는 관계에서, '학습몰입'이 시간에 따라 매개 역할을 수행하는지를 분석하는 데 활용될 수 있다.

표 1-7 **연구방법별 장점 및 적용 예시**

연구방법	장점	적용 예시
잠재변화점수 모형	• 시간에 따른 변화를 보다 세밀하게 모델링 가능 • 변수 간 상호작용을 시간에 따라 분석 가능	'성공 기대'의 변화가 '내적 가치' 변화에 미치는 영향을 분석
혼합모형	• 동일 집단 내 이질적인 하위 집단을 식별할 수 있음 • 집단별 성장 경로를 구분할 수 있음	학습 동기 변화 양상이 서로 다른 학생 그룹을 식별
종단매개 모형	• 시간에 따라 매개효과가 어떻게 달라지는지를 추적할 수 있음 • 인과 경로의 시간적 순서를 반영 가능	초기 '자기효능감'이 '학업성취'에 영향을 미치는 데 '학습몰입'이 매개 역할을 하는지 분석
사회 네트워크 모형	• 개인 간 네트워크 구조를 양적으로 분석 가능	학생들의 또래 네트워크가 학습 성취도에 미치는 영향 분석
베이지안 통계모형	• 복잡한 모형(소표본, 결측자료, 비선형 관계 등)에 대해 유연하게 분석 가능 • 사전정보를 활용해 분석의 정밀도 향상	작은 표본에서도 복잡한 동기 구조를 안정적으로 추정
계획된 결측자료 설계	• 데이터 수집 비용을 줄이면서 분석 검정력을 유지할 수 있음 • 불완전 데이터를 체계적으로 설계하여 분석 효율성 향상	대규모 설문조사에서 일부 문항을 랜덤하게 생략해도 전체 모형 분석이 가능하게 설계
다층모형	• 개인과 집단 수준을 동시에 고려하여 분석 가능 • 집단 내 상호의존성 위반 문제해결	학교 수준 변인(학교풍토)이 학생 수준 학업성취에 미치는 영향 분석
준실험설계	• 실제 실험이 불가능한 경우에도 인과추론 가능 • 자연적 변이를 활용해 통제집단과 실험집단 비교 가능	과학캠프 참가 학생과 미참가 학생의 학업성취도 비교

이 외 최근 널리 활용하고 있는 사회 네트워크 모형은 개인 간 관계의 구조를 양적으로 분석할 수 있는 도구로, 상호작용의 패턴 및 네트워크 중심성, 밀도 등 다양한 구조적 지표를 산출할 수 있다. 예를 들어, 학교 조직 내 교직원 간 조언 네트워크를 분석하여 집단 내 상호작용 구조를 규명하는 데 유용하게 적용될 수 있다. 베이지안 통계모형은 사전 지식(prior information)을 통합함으로써 추정의 정밀도를 제고할 수 있으며, 소표본, 비정규 분포, 계층적 데이터 구조 등 기존 빈도주의 통계의 제한점을 극복할 수 있는 유연한 분석 틀을 제공한다. 이 접근은 진단 평가, 동적 베이지안 네트워크 모델링 등 다양한 통계 응용 영역에서 활용 가능하다. 또한 계획된 결측자료 설계(Planned Missing Data Design)는 조사 피로도를 줄이고 비용을 절감하면서도 분

석의 통계적 검정력을 유지할 수 있는 설계 전략이다. 설계 단계에서 결측을 의도적으로 배치함으로써 불완전한 자료의 효율적 활용이 가능해지며, 특히 대규모 조사 연구에서 응답률 관리 및 자료 수집 효율성 향상에 기여할 수 있다. 다층모형은 개인 수준과 집단 수준의 변인을 동시에 고려할 수 있는 분석 전략으로, 관측지 간의 종속성(예: 동일 학교 소속 학생들 간의 유사성)을 통제하면서 각 수준의 효과를 분리하여 추정할 수 있다. 예를 들어, 학교 단위의 집단 효과와 학생 수준의 개인 변인을 함께 고려하여 학업성취도를 분석하는 데 적합하다.

마지막으로, 준실험설계는 무작위 할당이 어려운 현실적 연구 환경에서 인과적 추론을 수행할 수 있도록 고안된 설계 방식이다. 자연적으로 발생하는 처치 집단과 비교 집단 간의 차이를 활용하여 통제된 분석을 수행할 수 있으며, 예컨대 과학캠프 참가 학생과 비참가 학생 간의 학업성취도 차이를 비교하는 연구에 적용 가능하다. 이처럼 최근 교육학 연구에서 활용되는 다양한 양적 분석 기법들은 단순한 상관관계 확인을 넘어, 보다 정교한 인과추론, 시간적 구조 분석, 집단 내 이질성 고려 등 고차원적 분석이 가능하도록 지원하고 있다.

3) 해외 최신 양적연구방법 활용 현황

이 절에서는 최근 해외 학술지에 게재된 양적연구 사례를 대상으로, 각 연구에 적용된 연구 방법론, 주제, 통계적 기법, 분석 도구(통계 프로그램)를 체계적으로 검토하였다. 분석 대상은 양적 방법을 실질적으로 적용한 대표 논문들로 구성하였으며, 분석 결과는 〈표 1-8〉에 정리하였다.

레비(Levy, 2016)는 베이지안 통계모형을 중심으로 한 시뮬레이션 기반 연구를 수행하였으며, 교육학 분야의 복잡한 구조적 데이터를 분석하고 해석하는 데 있어 베이지안 추론의 유용성과 적용 가능성을 중점적으로 조명하였다. 해당 연구에서는 베이지안 네트워크 모델, 베이지안 회귀모형, 베이지안 문항반응모형(IRT), 베이지안 구조방정식모형(SEM) 등이 활용되었으며, Netica 소프트웨어 및 MCMC(Markov Chain Monte Carlo) 기반 샘플링 기법을 사용하였다. 또한 결측값 보정, 잠재 구조 분석, 다층 모델링 등 다양한 통계적 목적에서 베이지안 접근의 실용성을 제시하였다.

그림 등(Grimm, Mazza, & Mazzocco, 2016)은 종단 설계기반의 실증연구를 통해 수학 능력과 시지각 운동 통합 능력(visuo-motor integration) 간의 시간적 인과 관계를 분석하였다. 이 연구에서는 잠재변화점수모형을 활용하여 개인 내 변화 및 변수 간의 종단적 경로를 추정하였으며, 통계 분석은 Mplus를 통해 수행되었다. 주요 결과는 시지각 운동 능력이 수학 능력의 향후 변화에 대한 선행 지표(predictive marker)로 작용할 수 있음을 실증적으로 제시하였다.

교육학 분야에 널리 활용 가능하지만 실제로는 비교적 적은 활용도를 보이는 준실험설계는 김과 스타이너(Kim & Steiner, 2016)의 논문에서 다루어졌다. 김과 스타이너(2016)는 이론적 틀과 적용 사례를 다루며, 무작위 할당이 불가능한 실제 상황에서도 신뢰성 있는 인과추론(causal inference)을 도출할 수 있는 설계 전략을 제시하였다. 특히 머신러닝 기반의 분류기법(classification techniques)을 준실험적 맥락에서 통계기법으로 활용하였고, R과 STATA를 통계분석 도구로 사용하였다. 이 연구는 성향 점수 매칭(propensity score matching) 및 비교 집단 설계를 중심으로 머신러닝과 인과추론 간의 연결 가능성을 모색하였다. 스위트(Sweet, 2016)는 사회 네트워크 분석(Social Network Analysis: SNA)을 중심으로 교육 및 심리학 분야에서 개인 간 상호작용 구조를 분석하는 방법론을 소개하였다. 연구에서는 탐색적 분석과 추론적 분석 기법이 모두 사용되었으며, 분석 도구로는 R 기반의 네트워크 분석 패키지(예: igraph, sna 등)가 활용되었다. 이 연구는 학교 조직 내 상호작용, 영향력, 네트워크 중심성 등의 구조적 변인을 정량화하여 교육 현장에서의 사회적 관계 맥락을 분석하는 데 기여하였다.

이 외 교육데이터에 적용 가능한 머신러닝 기법과 관련하여 오루 등(Orrù et al., 2020)은 머신러닝 기반 예측 및 분류 분석을 통해 다양한 알고리즘의 적용 가능성과 성능을 비교하였다. 이 연구는 시뮬레이션 및 사례 기반 연구 설계를 채택하였으며, 사용된 알고리즘에는 Naive Bayes, 의사결정나무(decision tree), 다층 퍼셉트론(multilayer perceptron), 서포트 벡터 머신(SVM), 랜덤 포레스트, K-최근접 이웃(K-NN) 등이 포함되었다. 분석 도구로는 WEKA 플랫폼이 사용되었으며, 이 논문은 추론보다는 예측 정확도와 분류 성능을 중심으로 한 머신러닝적 접근의 효용성과 한계를 중점적으로 논의하였다.

이상의 분석은 최근 해외 교육 및 심리학 분야에서 양적 분석 전략이 이론적 모형 검증뿐 아니라 예측 기반 접근, 네트워크 분석, 인과추론, 복잡한 구조 모형화 등 다양한 방향으로 확장되고 있음을 보여 준다. 이는 향후 국내 연구자들에게도 통계 방법의 선택과 설계 전략 수립에 있어 유의미한 기준을 제공할 수 있다.

이러한 분석 결과를 바탕으로, 최근 해외 교육 분야에서의 양적연구방법의 활용 동향은 다음과 같은 특징으로 요약할 수 있다. 우선, 양적연구는 단순한 변수 간 상관관계 분석이나 횡단적 설문조사 설계에 기반한 전통적 접근에서 벗어나, 교육 현장의 복잡하고 다층적인 구조와 역동성을 반영할 수 있는 고차원적 분석 기법의 활용이 점차 확산되고 있다. 이를 바탕으로 연구 설계 및 분석 기법의 정교화, 데이터 구조의 다양화, 통계 소프트웨어 활용의 전문화라는 세 가지 측면에서 뚜렷한 특징이 나타났다.

표 1-8 연구방법에 따른 연구주제, 통계적 기법 및 사용된 통계 프로그램

연구방법	연구주제	통계적 기법	사용된 통계 프로그램
베이지안 통계모형, 시뮬레이션 연구	교육 연구에 베이지안 추론을 도입하여 복잡한 데이터와 연구문제를 유연하고 정확하게 분석할 수 있는 방법을 탐색하고 제안	베이지안 네트워크 분석, 베이지안 회귀, 베이지안 문항반응이론, 베이지안 구조방정식모형, 베이지안 다층모형	Netica, MCMC 샘플링 프로그램 (R, WinBUGS 등 추정)
종단연구	수학 능력과 시지각 운동 통합 간의 시간에 따른 동적 관계를 분석하여 시지각 운동 통합이 수학 능력 변화의 선행 지표가 될 수 있는지를 탐구	단일변수 및 이변수 잠재 변화점수모형	Mplus 7.3
시뮬레이션 연구	심리측정 및 심리학 연구에서 머신러닝 기법을 활용하여 데이터 예측 정확성을 향상시키고 재현성 문제를 개선할 수 있는 방법 탐구	머신러닝 분류 기법	WEKA
준실험설계	교육 및 심리학 연구에서 무작위 할당이 불가능한 상황에서도 신뢰할 수 있는 인과적 추론을 가능하게 하는 주요 준실험설계를 소개하고 각 설계별 식별 전략, 필요한 가정, 실용적 문제 및 강화 방법을 체계적으로 정리	회귀단절설계, 도구변수설계, 매칭 및 성향점수설계, 비교단절시계열설계	R, STATA
사회 네트워크 분석	교육 및 심리학 연구에서 인간 상호작용을 이해하기 위해 사회 네트워크 분석 방법을 적용하고 이를 통해 얻을 수 있는 탐색적 통계량과 네트워크 모델링 방법 소개	탐색적 기법, 추론적 기법	R

첫째, 연구 설계 및 분석 기법의 측면에서, 기존의 단순한 회귀분석이나 구조방정식모형을 넘어 다양한 고급 분석 방법이 적극적으로 활용되고 있다. 예를 들어, 잠재변화점수모형은 시간에 따른 개인의 변화를 보다 정밀하게 분석할 수 있도록 하며 자기회귀 교차지연모형이나 잠재성장모형의 특성을 통합하여 인과적 해석과 변화의 구조를 동시에 파악할 수 있게 해 준다. 이는 특히 학습 동기, 자기효능감, 학업성취 등 교육 심리적 변인 간의 시간적 상호작용을 설명하는 데 유용하다. 또한 집단 내 이질성을 반영하는 혼합모형은 관찰되지 않는 하위집단을 식별하고 이들의 성장 경로를 분리하여 분석할 수 있어, 다양한 학습자 유형에 따른 차별적 교육

효과를 규명하는 데 적합하다. 예를 들어, 학습자의 초기 성취도 수준이나 참여 동기를 기준으로 상이한 변화 양상을 보이는 집단을 구분하여 비교 분석하는 데 효과적이다. 이와 함께 종단매개모형은 시간의 흐름에 따른 매개 변인의 변화와 그 효과를 추적함으로써 인과 관계의 시간적 구조를 정교하게 설명할 수 있게 한다. 이러한 기법은 단순한 매개효과 검증을 넘어, 개입 프로그램의 효과 지속성과 경로를 평가하는 데 강점을 가진다.

둘째, 데이터 구조의 측면에서 최근의 양적연구는 개인-집단 간 계층 구조를 고려하는 다층모형이나 사회적 맥락과 관계 구조를 분석하는 사회 네트워크 분석의 활용이 증가하고 있다. 다층모형은 학교, 학급, 학생 등 계층적 자료 구조를 반영하여 개인 수준과 집단 수준의 변인을 동시에 고려할 수 있는 장점을 가지며, 이를 통해 예를 들어 학교효과나 교사 집단의 특성이 학생의 성취에 어떤 영향을 미치는지를 분석할 수 있다. 사회 네트워크 분석은 교사나 학생 간 상호작용, 조언 구조, 협력망 등을 시각화하고 정량화함으로써 공동체 내의 역동적 구조를 이해하는 데 매우 유용하게 적용된다. 특히 네트워크 중심성 지표, 밀도, 클러스터링 계수 등을 활용하여 협력 구조의 질적 특성과 학습 효과 간의 관련성을 규명할 수 있다. 또한 계획된 결측자료 설계와 같은 기법은 대규모 조사에서 데이터 수집의 피로도를 줄이면서도 분석의 효율성을 유지할 수 있는 전략으로 각광받고 있으며, 이는 온라인 기반 평가나 대규모 학력조사에서 응답률을 높이고 분석력을 유지하기 위한 유효한 접근으로 활용되고 있다.

셋째, 통계 소프트웨어의 활용도 점차 고도화되고 있다. 기존의 SPSS나 AMOS와 같은 분석 도구 외에도 Mplus, R, Netica, WEKA, STATA 등 다양한 소프트웨어가 사용되고 있으며 특히 베이지안 통계 기법을 지원하는 MCMC 기반의 분석 도구들이 복잡한 구조를 가진 데이터나 소표본 분석에서 높은 유연성과 해석 가능성을 제공함으로써 주목받고 있다. 예컨대, 레비(Levy, 2016)는 베이지안 네트워크 모델, 베이지안 문항반응모형, 베이지안 구조방정식모형 등을 이용하여 교육 분야에서의 복잡한 자료 구조를 효과적으로 해석하였고, 그림 등(Grimm et al., 2016)은 Mplus를 사용하여 수학 능력과 시지각 운동 통합 간의 인과적 경로를 분석하는 데 있어 잠재변화점수모형을 적용한 바 있다. 오루 등(Orrù et al., 2020)은 머신러닝 기반 예측 모델들을 교육심리 데이터에 적용하여 데이터 기반 의사결정과 분류 정확도를 제고하는 연구를 수행하였다. 해당 연구에서는 Naive Bayes, 랜덤 포레스트, 다층 퍼셉트론 등 다양한 분류 알고리즘을 활용하여 기존 통계 기법보다 향상된 예측력을 확보하는 데 주력하였다.

이와 같은 최근 해외의 양적연구 동향은 교육 현상에 대한 정밀하고 총체적인 이해를 가능하게 하며 연구자의 분석적 선택지를 확장시켜 준다는 점에서 매우 유의미하다. 특히 복잡한 인과 구조나 다층적 영향 요인을 고려해야 하는 교육학 및 심리학 분야의 연구에 있어 이러한 고도화된 분석 기법들은 기존의 통계적 제약을 극복하고 이론적 모델을 실증적으로 정교화할 수 있는 강력한 도구로 자리 잡고 있다. 나아가 이러한 방법론의 확산은 국내 교육 연구자들에게도 새로운 분석 전략의 가능성을 제시하고 있으며 향후 국내 교육 정책과 실천에 있어서도 보다 과학적이고 체계적인 증거 기반 접근을 가능하게 하는 기반이 될 것으로 기대된다. 이러한 변화는 단지 분석 도구의 발전에 그치지 않고, 연구 설계의 유연성, 데이터 해석의 정교성, 실천적 함의 도출의 명확성을 함께 요구하는 통합적 연구 수행 역량을 강조하는 흐름으로 이어질 것이다.

4. 최신 양적연구방법 동향 및 발전 방향

현대 사회의 고도화된 복잡성과 다변화는 교육 및 심리학 분야에서 정밀하고 통합적인 연구 설계를 요구하고 있으며, 이는 양적연구가 전통적 분석 틀을 넘어 새로운 방법론적 지평으로 진화하고 있음을 시사한다. 이러한 변화는 단순히 통계 기법의 확장에 그치지 않고, 연구 설계–분석–해석–적용 전 과정에 걸친 패러다임의 전환을 수반한다. 최근 국내외 주요 학술지에 발표된 연구 동향을 종합해 보면 다음과 같은 다섯 가지 흐름이 두드러진다.

1) 다층적 설계의 보편화

최근 양적연구는 시점 간 변화와 개인–집단 간 상호작용을 통합적으로 분석할 수 있는 종단적 및 다층적 연구 설계를 중심으로 정교화되고 있다. 단순 횡단 분석은 특정 시점의 정태적 상태만을 반영하기 때문에, 교육 개입 이후 학습자의 변화를 해석하는 데 한계가 있다. 이에 따라, 예를 들어 ESR 프로그램 후 학습자의 사회적 책임감이 어떻게 변화하는지를 파악하기 위해서는 시계열적 맥락과 계층 구조를 동시에 고려한 종단–다층 분석이 요구된다. 실제로, 최근 교육 정책 평가 연구들은 학생 · 학급 · 학교 수준의 변이를 동시에 설명하는 다층 종단모형을 도입하며, 이는 교육효과 분석의 필수 전략으로 자리 잡고 있다.

2) 구조방정식모형의 다변화와 고도화

구조방정식모형(SEM)은 단순한 경로 분석이나 확인적 요인분석을 넘어, 다층 SEM, 잠재성장모형(LGM), 성장혼합모형(GMM), 탐색적 구조방정식모형(ESEM) 등으로 확장되고 있다. 특히 ESR 기반 프로그램이 학습자의 자기효능감, 시민성, 문제해결력에 미치는 직접 및 간접 효과를 분석하고, 참여자별 변화 궤적을 구분하기 위한 GMM 활용 사례가 증가하고 있다. 이러한 모형은 프로그램 효과의 이질성, 시간적 구조, 중재 메커니즘을 동시에 분석할 수 있다는 점에서 학술적 및 실천적 기여가 크다.

3) 사회 네트워크 분석(SNA)의 통합적 적용

교육 연구에서 상호작용과 관계의 구조적 속성이 점차 강조됨에 따라, SNA는 공동체 기반 학습, 협동학습, 학교 조직 내 상호작용 연구에서 핵심 분석 도구로 부상하고 있다. 예를 들어, ESR 적용 학급의 학생 간 관계망을 중심성, 밀도, 중개중심성 등의 지표로 분석함으로써, 사회적 책임감과 공동체 의식의 형성과정을 정량적으로 해석할 수 있다. 이러한 접근은 전통적으로 질적 분석이 담당해 온 사회적 관계 구조를 계량화하고 모델링하는 데 기여한다.

4) 베이지안 분석 및 머신러닝의 확산

베이지안 통계 분석은 사전 지식의 통합과 소표본 상황에서의 안정적 추정이 가능하다는 점에서, 복잡한 교육 현장 데이터를 해석하는 데 적합하다. 특히 진단평가, 적응형 평가, 학습자 맞춤형 피드백 시스템 등에서 활용도가 증가하고 있으며, MCMC 기반 추정은 모델 유연성과 해석 가능성을 동시에 제공한다.

한편, 머신러닝(machine learning)은 대규모 로그데이터와 학습 분석(log data, clickstream 등)에 기반한 예측 모델링에 활발히 적용되고 있다. 예컨대, ESR 프로그램 참여 이력을 바탕으로 시민성 고수준 예측 모델을 구축하거나, 학습 이탈 가능성이 높은 집단을 사전에 식별하여 개입 설계를 자동화하는 데 활용된다. 이는 교육 데이터 과학(educational data science)의 실제적 응용 가능성을 제시한다.

5) 통계 소프트웨어 환경의 고도화 및 다변화

통계 분석 도구는 기존의 SPSS, AMOS 중심 환경에서, R 기반 패키지(lavaan, metaSEM, semPlot, igraph)와 Python 등으로 확대되고 있다. R은 오픈 소스 기반으로 복합적 모형 구성, 자동화, 시각화에 강점을 보이며, 최근에는 Python의 pandas, statsmodels, scikit-learn 등을 활용한 교육 데이터 마이닝도 점차 증가하고 있다. 이러한 변화는 분석 환경의 접근성, 유연성, 재현 가능성을 크게 확장시키고 있다.

이상의 분석을 종합하면, 향후 양적연구는 복합성, 종단성, 통합성, 예측성, 실천성을 핵심 키워드로 진화할 것으로 전망된다. 연구자는 더 이상 단일 분석 기법의 사용자에 머무르지 않으며, 문제 중심적 사고와 분석 전략의 융합 역량을 갖춘 설계자이자 해석자, 실천가로서의 전문성이 요구된다. 특히 ESR과 같이 개인과 공동체의 상호성장과 책무성 함양을 목표로 하는 교육 프로그램에서는 이러한 고도화된 양적 분석이 프로그램의 효과성과 이론적 정합성을 실증적으로 검증하는 데 핵심적 도구로 기능한다. 예를 들어, ESR 이수 전후 학습자의 시민성, 자기효능감, 공동체 연계성의 변화를 종단 설계로 측정하고, 구조방정식 모형을 통해 매개 및 조절효과를 분석함으로써 프로그램의 이론적 기반을 실증적으로 강화하는 연구들이 활발히 수행되고 있다.

나아가 ESR의 확산 가능성을 검증하기 위해 학교 단위, 지역 단위, 국가 단위 분석이 병행되고 있으며, 이를 위한 데이터 수집 및 인프라 구축 역시 중요한 정책적 과제로 부상하고 있다. 이처럼 양적연구는 단순한 수치 해석을 넘어, 이론과 실제를 잇고 복잡한 교육 현상을 설명하며, 실천을 위한 과학적 기반을 제공하는 통합적 지식 생산 도구로 진화하고 있다. 이는 교육 연구자가 문제해결자(problem-solver), 해석자(interpreter), 실천가(practitioner)로서의 방법론적 전문성과 통합적 사고 역량을 갖추는 데 필수적인 전환이라 할 수 있다.

성찰과제

1. **ESR 양적연구가 교육 실천에 미치는 영향은 무엇인가?** 교육의 사회적 책임(ESR) 양적연구가 교사, 학생, 교육 정책 결정자에게 실질적으로 어떤 변화를 가져올 수 있는지 논의해 보시오.

2. **ESR 효과를 양적연구로 검증하고자 할 때, 본인이 적용할 수 있는 최적의 연구 설계는 무엇일까?** ESR의 교육적 효과를 실증적으로 입증하고자 할 때, 실험설계, 준실험설계, 종단연구 등 다양한 연구 설계 중 어떤 것이 가장 적합한지 논의해 보시오.

3. **최근 교육학 분야 양적연구에서 가장 많이 사용된 연구방법을 바탕으로 본인이 다루고자 하는 연구주제에는 어떤 연구방법을 적용할 수 있을까?** 횡단연구, 종단연구, 메타분석, 시뮬레이션 연구 등 최근 활발히 활용되는 연구방법 중 자신의 주제에 적절한 방법을 선택하고 그 이유를 논의해 보시오.

4. **ESR과 같은 교육 프로그램 효과성을 분석한다고 가정할 때, 어떠한 양적연구방법과 분석 전략을 활용하여 실증적으로 검증할 수 있을까?** ESR 프로그램의 효과를 검증하기 위해 측정하고자 하는 변수에 따라 어떤 도구와 척도 및 분석 방법을 사용할 수 있을지 함께 논의해 보시오.

참고문헌

강대술, 김희규(2022). 교감의 감성 리더십, 교사효능감, 학교폭력 예방 및 대처 역량 간의 구조적 관계. **한국교육학연구**, 28(3), 1-26. DOI: 10.29318/KER.28.3.1

김미림(2023). 영과잉 자료의 측정동일성 검증. **교육평가연구**, 36(3), 445-472. DOI: 10.31158/JEEV.2023.36.3.445

노현종(2022). 초등학생의 형성적 피드백 인식, 지능에 대한 신념, 평가에 대한 태도, 행동의도 및 수업참여 간의 구조적 관계 분석. **교육평가연구**, 35(3), 439-463. DOI: 10.31158/JEEV.2022.35.3.439

방지우, 윤혜원, 신현석(2024). 학교장의 수업지도성, 교사학습공동체, 교사효능감의 구조적 관계 분석: 교사학습공동체의 매개효과를 중심으로. **한국교육학연구**, 30(3), 55-88. DOI: 10.29318/KER.30.3.3

변수연(2024). 박사학위 취득을 후회하지 않는 이유: 로지스틱 회귀분석과 랜덤 포레스트 분석을 통한 박사학위 가치 인식의 결정요인 탐색. **한국교육학연구**, 30(4), 193-220. DOI: 10.29318/KER.30.4.8

우한솔, 서지희, 엄문영, 이수지(2023). 학교장 리더십, 학교풍토, 교사 협력, 교사 의사결정 권한 사이의 구조적 관계 분석. **교육행정학연구**, 41(2), 173-198. DOI: 10.22553/keas.2023.41.2.173

이빛나(2024). Using Level-Specific Fit Evaluation of Model Fit to Assess Multilevel Structural Equation Model. **교육평가연구**, 37(1), 117-143. DOI: 10.31158/JEEV.2024.37.1.117

이인서, 김문주, 이병식(2022). 대학기관연구(Institutional Research) 데이터를 활용한 대학원 박사과정생 연구성과의 영향요인 분석. **교육행정학연구**, 40(3), 143-169. DOI: 10.22553/keas.2022.40.3.143

전하람, 황영식(2022). 청소년의 자녀 필요성 인식과 학력주의 사회관과의 관계 분석. **한국교육학연구**, 173-199. DOI: http://dx.doi.org/10.29318/KER.28.3.7

정선영, 조한익(2024). 유아교사의 사회적 지지, 교사효능감 및 직무만족도의 관계에 관한 메타분석: 메타구조방정식 모형의 적용. **교육심리연구**, 38(4), 749-777. DOI: 10.17286/KJEP.2024.38.4.06

정혜경, 이용상, 김인숙(2022). SEMtree를 활용한 우리나라 청소년의 창의성 성장 모형 분석 사례 연구. **교육평가연구**, 35(4), 787-812. DOI: 10.31158/JEEV.2022.35.4.787

조영진, 노혜림, 류지훈(2022). ECLS-K: 2011 자료에서 SEMtree와 SEMforest의 적용. **교육평가연구**, 35(2), 299-326. DOI: 10.31158/JEEV.2022.35.2.299

최고은, 정수정(2022). 전공계열별 대학원생의 교육만족도 예측요인 분석: 위계적 회귀분석을 통한 학문적 상호작용의 영향력 검증. **한국교육학연구**, 28(4), 267-289. DOI: 10.29318/KER.28.4.11

최혜인, 김도기(2024). 초등교사의 직무만족도에 대한 교사 및 학교 수준 간 상호작용 효과 분석. **교육행정학연구**, 42(5), 173-198. DOI: 10.22553/keas.2024.42.5.173

Grimm, K. J., Mazza, G. L., & Mazzocco, M. M. M. (2016). Advances in methods for assessing longitudinal change. *Educational Psychologist, 51*(3-4), 342-356. https://doi.org/10.1080/00461520.2016.1208752

Hodis, F. A., & Hancock, G. R. (2016). Introduction to the special issue: Advances in quantitative methods to further research in education and educational psychology. *Educational Psychologist, 51*(3-4), 267-271. https://doi.org/10.1080/00461520.2016.1208751

Kim, Y., & Steiner, P. (2016). Quasi-experimental designs for causal inference. *Educational Psychologist, 51*(3-4), 395-405. https://doi.org/10.1080/00461520.2016.1207177

Levy, R. (2016). Advances in Bayesian modeling in educational research. *Educational Psychologist, 51*(3-4), 309-318. https://doi.org/10.1080/00461520.2016.1208750

Shadish, W. R., Cook, T. D., & Campbell, D. T. (2002). *Experimental and quasi-experimental designs for generalized causal inference*. Houghton Mifflin.

Sweet, T. M. (2016). Social network methods for the educational and psychological sciences. *Educational Psychologist, 51*(3-4), 381-394. https://doi.org/10.1080/00461520.2016.1208753

Orrù, G., Monaro, M., Conversano, C., Gemignani, A., & Sartori, G. (2020). Machine learning in psychometrics and psychological research. *Frontiers in Psychology, 10,* 2970.

ESR을 위한 질적연구방법론

정정훈

1. ESR을 위한 질적연구방법론의 가치와 가능성을 이해한다.
2. ESR을 위한 적절한 질적연구방법론과 방법을 결정할 능력을 기른다.
3. ESR 관련 문제의 해결 및 현장 개선을 위해 질적연구 수행 역량을 기른다.

이 장의 목적은 교육의 사회적 책임(ESR) 연구를 위한 질적연구방법론의 의미와 가치를 설명하고, 연구 실천을 위한 구체적인 방법적 안내를 제공하는 것이다. 이를 위해 먼저, 필자는 질적연구(사회과학) 패러다임 속에서 ESR의 핵심 원칙인 형평성, 포용성, 사회적 정의를 논의하고자 한다. 이어서 사회과학 패러다임의 틀 속에서 ESR의 위치를 설명하고, ESR의 복잡하고 다면적인 특성에 기초하여, 질적연구가 교육 및 사회적 도전과 과제를 이해하고 해결하는 도구로서 가지는 가치와 가능성을 설명하고자 한다. 나아가 필자는 ESR에 적합한 질적연구방법론의 선정 및 적용을 위한 전략을 안내하고자 한다. 마지막으로, 이 장에서는 대표적 연구방법론을 적용한 ESR 연구의 실천을 구체적으로 안내함으로써, 연구자와 학생들의 연구 실천을 돕고자 한다. 이 장은 질적연구를 통해 교육의 사회적 책임이라는 사회적 과제를 실현하고자 하는 교육자, 연구자, 실무자들에게 이론적이면서도 실용적인 지침을 제공할 것이다.

1. 사회과학 패러다임과 질적연구

사회과학 패러다임은 질적연구를 이해하기 위해서 연구자가 가장 먼저 관심을 가져야 할 내용이다. 왜냐하면 연구자의 패러다임은 연구의 전 과정에 직간접적으로 영향을 미치는 가장 중요한 요소이기 때문이다. 하지만 안타깝게도 적지 않은 수의 연구자들이 연구 패러다임이 무엇인지, 자신이 어떤 패러다임을 가지고 있는지, 나아가 자신의 어떤 연구가 어떤 패러다임 속에서 이루어지는지를 인식하지 못하는 경우가 있다. 이에 필자는 사회과학 연구자들이 알아야 할 패러다임을 설명하고자 한다.

질적연구는 기존의 실증주의 연구 패러다임에 대항하여 나타난 연구 패러다임이다. 과학철학의 관점에서 실증주의에 저항하는 패러다임이라는 관점에서 이해할 필요가 있다. 이를 위해 연구자는 사회과학 연구 패러다임의 인식론, 방법론, 가치론 관점에서 그 차이를 이해해야 한다. 이러한 이유 때문에 질적연구방법론 개론 수업에서 초기에 가장 통용적으로 많이 다루는 것은 '연구 패러다임이란 무엇인가' 그리고 '질적연구 패러다임에는 어떤 연구 전통이 있으며 기존의 연구 도구들과 실증주의 패러다임과는 어떤 차이점이 있는가'에 대한 논의이다. 이러한 논의를 위해 우리는 '패러다임'이 무엇이며, 이와 관련한 논의가 어떻게 정립되었는지 이해할 필요가 있다.

토머스 쿤(Kuhn, 1970)은 그의 저서 『The Structure of Scientific Revolutions』에서 '패러다임(paradigm)'이라는 개념을 처음 제안하였다. 그는 패러다임을 특정 시대의 과학적 가설, 법칙, 이론, 믿음, 실험 등으로 이루어진 종합적인 체계로 정의하였다. 다시 말해, 패러다임은 세계가 어떻게 질서를 이루는지, 지식이 무엇인지, 그리고 지식을 얻는 방법에 대한 사고체계를 의미한다(Kuhn, 1970). 쿤에 따르면, 과학 혁명은 기존의 과학자들이 신뢰하던 패러다임이 더 이상 충분히 설명력을 가지지 못할 때 새로운 패러다임으로 전환하는 과정을 의미한다. 학자들은 기존의 패러다임을 의심하고, 더 나은 설명 체계를 탐구하거나 도입하며 새로운 관점과 연구방법을 수용하게 된다는 것이다. 쿤은 이러한 전환이 논리적이고 합리적인 과정보다는 신념이나 세계관의 변화처럼 정의적이고 비합리적인 면이 강하다고 주장하였다. 또한 이러한 변화는 새롭게 등장한 과학적 담론에 대한 학자들의 집단적 관심과 정의적 반응을 반영하며, 과학적 지식 창출 과정은 상대적인 특성을 가진다고 보았다. 쿤의 패러다임 개념은 다양한 학문 분야의 학자들에게 폭넓은 영향을 미쳤고, 이후 연구자들은 특정 현상을 바라보는 관점이나 이데올로기로서 패러다임을 구성하는 핵심 요소를 규명하였다(Denzin & Lincoln, 1994; Guba & Lincoln,

표 2-1 패러다임 요소

구성요소	관련 질문
존재론	• 실재는 존재하는가? • 존재의 본질은 무엇인가?
인식론	• 진실과 실재의 특징은 무엇인가? • 객관적인 진실이 존재하는가?
방법론	• 실재가 존재한다면 우리는 어떻게 획득할 수 있는가? • 지식은 어떤 방법을 통해 획득되고 이론화될 수 있는가?
가치론	• 이 연구행위는 어떤 점에서 가치로운가? • 옳고 그름을 어떤 방식으로 구별하여 평가하는가?

1994; Hatch, 2002). 이러한 연구를 통해, 패러다임은 새로운 관점과 방법론을 제시하며, 이를 구성하는 주요 요소들에 대해 여러 학자가 다양한 해석과 제안을 하게 되었다.

연구자들이 이론화한 패러다임의 구성요소는 〈표 2-1〉과 같다.

첫 번째 구성요소는 존재론(ontology)이다. 존재론은 우주와 삶, 그리고 사물의 본질과 관련된 요소로, 세계와 인간 존재에 대한 근본적인 질문을 제기한다. 예를 들어, '무엇이 존재하는가?', '존재의 본질은 무엇인가?', '인간 존재의 본성은 무엇인가?'와 같은 질문이 이에 해당한다(Kuhn, 1970). 실증주의적 관점에서는 실재가 독립적으로 존재한다고 보는 반면, 후기실증주의에서는 인간의 인식적 한계로 인해 우주의 본질적 질서를 완전히 이해할 수 없다고 주장한다. 존재론은 패러다임에서 세계의 본질에 대한 관점을 정의하며, 연구자들이 세계를 이해하는 방식에 직접적으로 영향을 미친다.

두 번째 구성요소는 인식론(epistemology)이다. 인식론은 지식의 본질, 기원, 한계, 그리고 정당화 과정에 대한 관점의 의미한다. 예를 들어, '지식이란 무엇인가?', '지식을 획득하는 기준은 무엇인가?', '어떻게 오류를 극복하고 지식에 도달할 수 있는가?'와 같은 질문들이 인식론과 관련된 것이다. 인식론은 존재하는 것에 대해 우리가 얻을 수 있는 지식의 성격과 한계를 다루며, 연구자와 연구 대상 간의 관계를 규명한다. 이러한 인식론적 입장에 따라 지식을 어떻게 정의하고 접근할 것인지가 달라진다(Denzin & Lincoln, 1994).

세 번째 구성요소는 방법론(methodology)이다. 방법론은 지식을 창출하고 정당화하는 방법 및 절차와 관련 있다. 이는 지식을 획득하기 위한 준비 과정으로, 정보의 수집, 분석, 저장, 표현에 사용되는 도구와 절차를 포함한다. 방법론은 단순히 기술적인 도구의 집합이 아니라, 특정

연구의 이론적 원리나 철학적 가정에 기반한 일련의 과정이다. 이러한 방법론적 선택은 연구 패러다임에 따라 달라지며, 특정 학문적 탐구에서의 지식 생산 과정에 영향을 미친다(Guba & Lincoln, 1994).

마지막 구성요소인 가치론(axiology)은 연구의 목적과 과정에서 가치의 본질, 가치와 사실의 관계, 그리고 연구자의 가치 개입 여부와 관련된다. 예를 들어, '무엇이 선인가?', '연구자는 자신의 가치관을 배제할 수 있는가, 아니면 연구에 가치가 필연적으로 반영되는가?'와 같은 질문들이 여기에 해당한다. 이는 연구자의 선입견, 신념, 위치성 등이 연구 과정에 어떻게 개입되며 반영되는지를 이해하는 데 도움을 준다. 특히 연구가 가치중립적이어야 하는지, 혹은 연구자의 가치가 내재된 활동으로 간주되어야 하는지에 대한 논쟁적인 입장을 다룬다(Hatch, 2002). 가치론은 연구자가 연구 패러다임에 따라 어떤 윤리적 태도를 취해야 하는지에 대한 입장을 제공한다.

이와 같이 존재론, 인식론, 방법론, 가치론은 패러다임을 구성하는 핵심 요소로, 각 요소는 연구자가 세계와 지식을 이해하는 방식을 형성하고 이에 따라 연구의 방향성을 결정짓는다.

2. 패러다임 논의의 발달: 토머스 쿤, 위르겐 하버마스, 패티 레이더

패러다임의 개념은 토머스 쿤에 의해서 처음 체계적으로 제안된 이후, 다양한 학문 분야에서 폭넓은 관심을 받아 왔다. 쿤은 과학적 지식의 발전이 단순히 점진적 축적의 과정이 아니라, 기존 패러다임의 붕괴와 새로운 패러다임의 수용이라는 혁명적 전환 과정임을 강조하였다. 이러한 논의는 과학적 탐구를 넘어 철학, 사회과학, 그리고 교육 연구로 확장되었다. 특히 하버마스(Jürgen Habermas)는 지식과 인간 관심의 관계를 분석하며, 패러다임을 인간의 해방적 가능성과 연결시켜 논의의 철학적 깊이를 더했다. 또한 패티 레이더(Patti Lather)는 페미니즘과 포스트모던 관점에서 질적연구의 패러다임을 재구성하며, 기존의 남성 중심적이고 실증주의적인 틀을 넘어선 대안적 연구 접근을 제시하였다. 이러한 흐름은 이후 덴진(Norman Denzin)이나 링컨(Yvonna Lincoln)과 같은 학자들의 노력으로 이어져, 패러다임 논의가 질적연구의 철학적 기초와 방법론적 다양성을 심화하는 데 기여하였다. 이와 함께 과학사회학, 비판이론, 포스트구조주의, 포스트휴머니즘, 신유물론, 다중패러다임 등의 이론적 관점이 추가되면서 패러다임 개념은 단순한 연구 틀 이상의 의미를 갖게 되었고, 다양한 학문적 맥락에서 지식 생산과 권력의 관계를 이해하는 중요한 도구로 자리 잡았다. 이 장의 목적이 패러다임에 대한 심층적인 논의보다는 패러다임에 대한 기초적인 이해를 돕는 것이기 때문에 여기서는 대표적 학자 하버마스와 레이더의 패러다임 이론을 소개하고자 한다.

하버마스는 그의 저서 『Knowledge and Human Interests』(2015)에서 인간의 학문적 활동과 연구가 기본적으로 인간의 관심(human interests)을 반영한다고 주장하며, 이를 기술적(technical), 실천적(practical), 해방적(emancipatory)이라는 세 가지 관심으로 구분하였다.

첫째, 기술적 관심은 인간이 자연을 통제하고 활용하려는 본능적 욕구에서 비롯되며, 생존을 위한 실용적 지식을 탐구하는 연구 활동으로 나타난다. 물리학, 생물학, 화학 등 자연과학 분야가 이에 해당하며, 실험과 관찰을 통해 자연 현상을 객관적으로 이해하고자 한다. 이는 인간의 노동과 실용적 활동에서 필수적인 요소로 작용하며, 자연 지배를 통한 생존과 직결된다.

둘째, 실천적 관심은 인간의 사회적 상호작용과 문화적 이해를 확대하는 데 초점을 둔다. 역사학, 사회학, 인류학 등 인문사회과학이 여기에 속하며, 역사적 · 해석학적 접근을 통해 인간 경험의 의미를 탐구한다. 하버마스는 실천적 관심이 사회의 상징적 구조와 문화적 맥락을 이해하는 과정과 연결된다고 보았다. 이는 객관적 사실을 설명하기보다 사회적으로 구성된 지식과 주관적 이해를 형성하는 데 중점을 둔다.

셋째, 해방적 관심은 억압과 지배로부터 벗어나 자유롭고 자율적인 삶을 추구하려는 욕구에서 비롯된다. 비판적 사유와 자기반성을 통해 사회적 구조와 이데올로기를 분석하고, 이를 극복하려는 것이 핵심이다. 마르크시즘, 페미니즘, 비판이론, 해방신학, 젠더 연구 등이 이를 반영하는 학문적 접근이다. 하버마스는 해방적 관심이 억압적 사회구조를 해체하고 인간 실존의

표 2-2 하버마스의 인간의 관심

관심	철학적 관점/이론	의미	ESR 관련 연구 예시
기술적 관심	실증주의, 경험/분석적 과학	• 자연을 통제하고 활용하려는 연구로, 생존과 실용적 지식을 탐구함	• 환경교육 프로그램의 효과 분석, AI와 자동화가 교육 노동시장에 미치는 영향 연구
실천적 관심	해석학, 구성주의, 현상학	• 사회적 상호작용과 문화적 이해, 의미를 해석하려는 연구	• 다문화 교실에서의 상호작용 연구, 포용적 교육 정책 연구, 지역사회와 연계한 학교 협력 모델 연구
해방적 관심	비판이론, 페미니즘, 마르크시즘	• 억압과 지배를 분석하고 극복하여 자유롭고 평등한 삶을 추구하는 연구	• 교육 불평등 해소를 위한 정책 연구, 이주민 및 난민 학생을 위한 교육 지원 연구, 사회적 약자를 위한 평생교육 프로그램 개발/실천 연구

자유를 회복하는 과정과 밀접하게 관련된다고 보았다. 이는 학문적 연구를 넘어 인간의 자기이해와 자율성 실현에 중요한 역할을 한다.

하버마스의 패러다임 이론을 정리하면 〈표 2-2〉와 같다.

레이더(Lather, 2007)는 하버마스의 세 가지 패러다임에 '포스트모더니즘'이라는 새로운 네 번째 해체 패러다임(포스트구조주의와 포스트모더니즘)을 추가하여 개념화하였다. 〈표 2-3〉은 각 패러다임이 특정 구성요소에 따라 어떻게 차별화되는지를 명확히 보여 준다. 즉, 앞서 설명한 패러다임의 구성요소(존재론, 인식론, 방법론, 가치론)를 기준으로 네 가지 패러다임이 각각 어떤 방식으로 현실을 이해하고 연구를 수행하는지를 비교하여 제시하고 있다.

표 2-3 레이더의 패러다임 차트

구성요소	실증주의	해석주의	비판이론	포스트모더니즘 및 포스트구조주의
존재론	실재는 인간의 인식과 관계없이 독립적으로 존재함	실재는 다양한 의미로 해석될 수 있으며, 상황과 맥락에 따라 달라짐	실재는 사회적·문화적·역사적 요인에 의해 형성되며, 특정 권력 구조와 연관됨	실재는 고정된 것이 아니라 다양한 시각과 관점에 따라 다르게 해석될 수 있음
인식론	객관적이고 측정 가능한 방식으로 세계를 이해하려 함	연구자의 해석이 중요하며, 지식은 사회적 상호작용 속에서 형성됨	지식은 특정 이념과 권력 구조 속에서 구성되며, 비판적으로 검토해야 함	절대적 진리는 존재하지 않으며, 다양한 관점과 해석이 공존해야 함
방법론	실험과 측정을 통한 경험적 연구방법을 활용	관찰과 해석을 중심으로 질적연구방법을 강조	사회적 변화를 유도하기 위한 비판적 연구방법을 사용	기존 개념을 해체하고 새로운 해석을 시도하는 연구방식 활용
가치론	연구자는 가치 중립적인 태도를 유지해야 함	연구자의 가치와 해석이 연구 과정에서 반영될 수 있음	연구는 사회적 변화를 촉진하는 방향으로 이루어져야 함	다양한 가치를 존중하며 단일한 진리를 강요하지 않음

1) 실증주의 패러다임

실증주의(positivism)는 연구자가 객관적인 실재를 독립적으로 탐구할 수 있다고 전제하는 패러다임으로, 자연과학에서 발전한 연구방법론을 사회과학에 적용하는 데 중점을 둔다. 실증주의적 연구는 경험적 관찰과 측정을 통해 보편적 법칙을 발견하고자 하며, 연구자의 주관적 개입을 최소화하여 객관적이고 일반화 가능한 지식을 생산하는 것을 목표로 한다. 연구자는 연구 대상을 독립적으로 분석하고, 실험과 가설 검증을 통해 명확한 원인과 결과의 관계를 밝혀내려고 한다. 이에 따라 신뢰할 수 있는 데이터 수집과 엄격한 연구 설계가 강조되며, 연구 결과의 재현성과 객관성이 중요하게 고려된다.

이러한 실증주의적 접근은 연구자의 역할을 독립적인 관찰자로 규정하며, 연구 결과의 객관성과 신뢰성을 확보하는 것을 핵심 과제로 삼는다. 실증주의는 모든 연구가 보편적이고 불변하는 과학적 법칙을 발견하는 데 기여해야 한다고 본다. 따라서 연구 설계는 가설 설정과 실험을 통한 검증, 통계 분석 등의 방법을 중심으로 이루어진다. 연구자는 연구 대상과 거리를 유지해야 하며, 연구 과정에서 개인적 신념이나 가치 판단이 개입되지 않도록 주의해야 한다.

실증주의는 주로 양적연구를 선호하지만, 일부 연구에서는 질적연구 기법이 보완적으로 활용되기도 한다. 예를 들어, 실증주의적 접근에서도 심층 인터뷰나 문서 분석을 활용하여 특정 현상을 탐색할 수 있다. 그러나 이러한 질적연구방법도 일반적으로 정량화하여 분석되며, 보편적인 법칙을 도출하는 데 활용된다. 실증주의적 연구에서는 질적 데이터를 체계적으로 분석하고 코딩하여 객관성을 유지하려 하며, 연구자의 개입을 최소화하는 방식으로 질적연구를 활용할 수 있다.

2) 해석주의 패러다임

해석주의(interpretivism)는 연구자가 단일한 객관적 진리를 발견하는 것이 아니라, 사회적·문화적 맥락 속에서 인간이 어떻게 의미를 구성하는지를 탐색하는 패러다임이다. 이는 실증주의가 전제하는 보편적이고 불변하는 실재의 존재를 부정하며, 인간 경험이 사회적 상호작용을 통해 구성된다고 본다(Guba & Lincoln, 1994). 해석주의 연구는 연구자와 연구 참여자 간의 상호작용 속에서 지식이 공동 창출된다는 점을 강조하며, 연구자의 해석 과정이 연구 결과에 중요한 영향을 미친다는 것을 인정한다(Schwandt, 2000). 따라서 해석주의적 연구에서는 연구자가 연구 참여자들의 경험을 직접 탐색하고, 그들이 처한 환경 속에서 의미를 해석하는 과정이 중심이 된다.

해석주의 연구의 핵심 목표는 특정한 사회적 맥락에서 인간이 의미를 어떻게 구성하고 이해하는지를 밝히는 것이다. 연구자는 연구 참여자들의 관점을 존중하며, 그들의 경험과 내러티브를 깊이 탐색한다. 연구자는 연구 대상과 거리를 유지하는 것이 아니라, 그들의 세계관과 신념을 이해하고 해석하는 과정에 적극적으로 개입해야 한다(Denzin & Lincoln, 2011). 해석주의 연구에서는 연구자의 역할이 단순한 관찰자가 아니라, 연구 참여자들과 함께 의미를 공동으로 구성하는 존재로 간주된다. 연구 과정에서 연구자는 자신의 선이해(preconceptions)와 가치가 연구에 미치는 영향을 인식하고 이를 반성적으로 탐구해야 한다.

해석주의적 접근은 또한 인간의 행동과 신념이 단순한 법칙에 의해 설명될 수 없으며, 각 개인이 속한 문화적 · 사회적 배경에 따라 다르게 해석될 수 있음을 강조한다(Crotty, 1998). 따라서 연구자는 특정한 이론적 틀이나 가설을 연구 초기에 고정하는 것이 아니라, 연구 참여자들의 경험을 바탕으로 개방적인 탐구를 수행해야 한다. 이러한 과정에서 연구자는 연구 참여자들과 지속적인 대화를 통해 새로운 의미를 도출하며, 연구 참여자들의 세계를 보다 깊이 이해하기 위한 노력을 기울인다.

해석주의는 질적연구와 밀접하게 연관되어 있으며, 연구자가 연구 참여자들의 경험을 깊이 탐색할 수 있도록 다양한 질적연구방법을 활용한다. 대표적인 연구방법으로는 심층 인터뷰, 참여 관찰, 사례 연구, 내러티브 분석 등이 있다(Merriam, 2009). 이러한 방법들은 연구자가 연구 참여자들의 삶과 경험을 자연스러운 환경에서 조사하고, 그들이 의미를 어떻게 구성하는지를 파악하는 데 도움을 준다. 또한 연구자는 연구 참여자들의 내러티브와 언어적 표현을 분석하여 그들이 지닌 신념과 가치 체계를 이해할 수 있다(Patton, 2015).

해석주의 연구에서는 연구자의 해석 과정이 연구의 핵심적인 부분을 이루며, 연구자는 연구 참여자들과 상호작용하면서 의미를 지속적으로 재구성한다. 따라서 연구 과정은 단순한 데이터 수집이 아니라, 연구자와 참여자가 공동으로 의미를 형성하는 역동적인 과정으로 이해된다. 연구자는 참여자의 관점을 보다 깊이 이해하기 위해 장기간의 현장 연구와 반복적인 대화를 수행하며, 이를 통해 연구 참여자들이 속한 사회적 · 문화적 맥락을 반영하는 분석을 제공할 수 있다(Creswell, 2013). 이러한 특성 때문에 해석주의적 연구는 실증주의적 연구와 달리 보편적 법칙을 찾기보다는 특정한 맥락에서 인간이 어떻게 의미를 형성하는지를 탐구하는 데 중점을 둔다.

3) 비판이론 패러다임

비판이론(critical theory)은 기존의 사회 질서와 권력 구조를 비판적으로 분석하고, 억압받는 사람들의 해방을 목표로 하는 패러다임이다. 레이더(Lather, 2007)는 비판이론을 사회과학 탐구 패러다임 중 하나로 분류하며, 그 범주에 페미니즘, 프레이리의 참여적 실행연구, 신마르크스주의, 비판문화기술지, 다문화주의 등을 포함하였다. 비판이론의 핵심은 사회적 불평등과 권력 관계를 분석하여 이를 변화시키는 데 있으며, 연구자는 연구 대상과의 관계에서 단순한 관찰자가 아니라 적극적인 개입자로서 역할을 수행한다(Guba & Lincoln, 1994).

비판이론은 실증주의가 가정하는 객관적이고 중립적인 지식의 존재를 부정하며, 모든 지식은 특정한 사회적 · 정치적 · 역사적 맥락 속에서 구성된다고 본다. 연구자는 연구 대상을 단순히 분석하는 것이 아니라, 연구 참여자들과 협력하여 사회적 억압을 해체하고 변화를 촉진하는 역할을 한다(Denzin & Lincoln, 2011). 따라서 비판이론 연구는 단순히 사회적 현상을 설명하는 것이 아니라, 불평등한 사회 구조를 변화시키는 것을 목표로 하며, 연구 과정 자체가 정치적 실천의 일부로 간주된다.

비판이론은 사회적 불평등을 유지하는 기존의 이데올로기와 구조를 폭로하고, 이를 변화시키기 위한 실천적 개입을 강조한다. 연구자는 연구 참여자들과 협력하여 그들의 사회적 현실을 비판적으로 성찰하도록 돕고, 억압을 유지하는 힘의 역학을 분석하며, 궁극적으로 사회적 변화를 촉진하는 데 기여해야 한다(Giroux, 1988). 이러한 연구는 종종 특정한 사회적 · 정치적 맥락 속에서 수행되며, 연구자는 기존의 권력 관계를 그대로 받아들이지 않고 이를 적극적으로 도전하고 재구성하려는 태도를 취한다.

비판이론 연구에서는 연구자와 연구 참여자의 관계가 수평적으로 설정되며, 연구자는 참여자들이 자신의 상황을 비판적으로 이해하고 변화시킬 수 있도록 돕는 역할을 한다(Freire, 1970). 이러한 과정은 단순한 데이터 수집이 아니라, 연구 참여자들이 기존의 억압적인 사회 구조를 인식하고 저항할 수 있도록 의식을 고양하는 과정으로 이루어진다. 따라서 연구자는 단순한 설명자가 아니라, 사회 변화를 이끌어 가는 실천적 개혁가로서의 역할을 수행한다(Carr, 1995).

비판이론은 질적연구와 깊이 연결되어 있으며, 사회적 맥락을 분석하고 변화를 유도하기 위해 다양한 질적연구방법을 활용한다. 대표적인 연구방법으로는 비판적 담론 분석, 참여적 실행연구, 비판문화기술지 등이 있으며, 이를 통해 연구자는 억압받는 집단의 목소리를 강조하고, 사회적 불평등을 유지하는 구조를 폭로하는 데 집중한다(Smith, 1993). 비판이론 연구에서는 연구자의 개입과 가치 판단이 필연적이며, 연구자가 연구 대상과 거리를 유지하는 것이 아니라, 연구를 통해 사회적 변화를 실현하는 것이 핵심적인 목표이다. 따라서 연구자는 연구 과정에서 자신의 정치적 · 윤리적 입장을 명확히 하고, 연구 결과가 실제 사회적 실천과 연결될 수 있도록 해야 한다(Morrow & Brown, 1994). 이러한 점에서 비판이론 연구는 단순한 학문적 탐구를 넘어 사회적 실천과 변화를 이끄는 중요한 역할을 수행한다.

4) 해체주의 패러다임

해체주의(deconstruction)는 포스트모더니즘의 핵심 개념 중 하나로, 기존의 전통적 사고 체계와 언어 구조를 비판적으로 분석하고 재구성하는 것을 목표로 한다. 프랑스 철학자 자크 데리다(Jacques Derrida)가 주창한 개념으로, 서구 형이상학이 전통적으로 강조해 온 보편적 진리, 합리적 논리, 고정된 의미의 개념을 의심하며, 언어와 텍스트가 항상 다양한 해석의 가능성을 내포하고 있음을 주장한다(Derrida, 1976). 이러한 관점에서 해체주의는 기존의 개념들이 실재를 객관적으로 반영한다고 보기보다는, 사회적 맥락과 권력 관계에 의해 형성된 구성물로 간주한다.

해체주의적 사고는 특정한 개념이 고정된 의미를 갖는 것이 아니라, 다양한 해석이 가능하다는 점을 강조한다. 예를 들어, '진리'라는 개념조차도 절대적인 것이 아니라 특정한 시대와 문화적 맥락 속에서 구성된 것일 뿐이며, 다양한 해석에 따라 다른 의미를 가질 수 있다(Norris, 1987). 따라서 해체주의는 기존의 개념과 이론이 어떻게 구성되었는지를 비판적으로 탐색하고, 기존의 의미 체계를 문제화하는 방식으로 접근한다. 이러한 관점은 학문적 연구뿐만 아니라 문학, 문화연구, 철학 등 다양한 분야에서 적용되고 있으며, 기존의 사고방식을 전복하고 새로운 해석의 가능성을 모색하는 데 기여하고 있다(Spivak, 1988).

해체주의적 연구는 기존의 학문적 전통이 갖는 한계를 폭로하고, 기존 개념과 이론이 내포한 모순을 분석하는 것을 목표로 한다. 특히 데리다(Derrida, 1976)의 해체 개념은 기존의 텍스트나 담론을 해체하여 그 속에 숨겨진 권력 관계와 억압 구조를 드러내는 작업을 포함한다. 이를 통해 연구자는 기존의 이론적 전제와 개념이 사회적 맥락 속에서 어떻게 구성되었는지를 비판적으로 탐색한다. 해체주의는 단순한 파괴가 아니라, 기존 개념이 숨기고 있던 모순을 드러내고 이를 통해 새로운 해석의 가능성을 탐색하는 과정이다. 데리다는 언어와 의미가 항상 '차연(differance)' 속에서 작용한다고 주장하며, 단어와 개념이 본래적인 의미를 갖는 것이 아니라 끊임없이 변화하고 유동적인 의미를 형성한다고 보았다(Derrida, 1982). 따라서 해체주의적 연구자는 특정한 개념이나 이론을 절대적인 진리로 받아들이지 않고, 다양한 관점과 해석의 가능성을 열어 두어야 한다.

해체주의적 접근은 특정한 텍스트나 개념을 분석할 때, 그 내부의 모순과 불안정성을 드러내고 기존의 개념 체계가 어떻게 형성되었는지를 탐색하는 방식으로 이루어진다. 예를 들어, '객관적 지식'이라는 개념 자체가 특정한 시대적·문화적 맥락에서 구성된 것이며, 그것이 권력 관계 속에서 어떤 기능을 하는지를 해체하는 것이 해체주의적 연구의 중요한 목표 중 하나이다

(Foucault, 1980). 해체주의 연구에서는 텍스트가 단일한 의미를 갖지 않으며, 연구자의 해석에 따라 다양한 방식으로 읽힐 수 있다는 점을 강조한다. 따라서 연구자는 기존의 개념과 언어가 지닌 한계를 비판적으로 검토하고, 연구 과정에서 새로운 해석 가능성을 제시해야 한다. 이러한 연구방법은 기존의 학문적 전통이 유지하는 경계를 허물고, 새로운 사고방식과 연구 방향을 모색하는 데 기여할 수 있다(Spivak, 1988).

해체주의는 포스트모더니즘과 밀접한 관계를 맺고 있으며, 포스트모더니즘적 연구가 기존의 실증주의적 · 구조주의적 접근을 비판하고 새로운 방식의 의미 구성과 분석을 시도하는 과정에서 핵심적인 역할을 한다. 포스트모더니즘은 절대적 진리를 거부하고, 다양한 해석과 의미 구성의 가능성을 강조하며, 해체주의는 이러한 포스트모더니즘의 철학적 기반을 제공하는 역할을 한다(Lyotard, 1984).

특히 해체주의는 기존의 이론과 개념이 담론과 권력 관계 속에서 형성되었음을 강조하며, 특정한 언어와 개념이 특정한 집단의 이익을 대변하는 방식으로 작용할 수 있음을 밝힌다(Foucault, 1980). 따라서 해체주의적 연구는 기존의 지식 체계가 유지하는 권력 관계를 분석하고, 새로운 비판적 시각을 제공하는 데 기여할 수 있다.

해체주의는 연구자가 기존의 담론과 언어 체계를 비판적으로 분석하고 새로운 의미를 구성하는 데 초점을 둔다. 대표적인 질적연구방법으로는 담론 분석, 내러티브 연구, 비판적 해석학 등이 있으며, 이를 통해 연구자는 특정한 담론이 형성되는 과정과 그 이면에 숨겨진 권력 구조를 탐색할 수 있다(Foucault, 1980). 해체주의적 연구에서는 연구자의 역할이 단순한 관찰자가 아니라, 텍스트와 담론을 적극적으로 재구성하는 해석자로 간주된다. 연구자는 기존의 개념과 언어가 지닌 한계를 비판적으로 검토하고, 연구 과정에서 새로운 해석 가능성을 제시해야 한다(Spivak, 1988). 따라서 해체주의 연구는 단순한 데이터 분석이 아니라, 기존의 이론과 개념을 비판적으로 해체하고 새로운 의미를 구성하는 창조적 과정으로 이해할 수 있다. 질적연구에서 해체주의적 접근은 연구자의 주관성과 연구 대상의 의미 구성 과정을 중시하며, 기존의 연구방법론이 갖는 한계를 극복하는 데 기여할 수 있다. 예를 들어, 전통적인 연구방법이 연구자의 객관성을 강조하고 연구 대상을 독립적인 존재로 간주하는 반면, 해체주의적 연구는 연구 과정 자체가 끊임없이 변화하는 해석의 과정이며, 연구자와 연구 대상 간의 관계가 상호적으로 구성된다고 본다(Denzin & Lincoln, 2000).

3. 패러다임과 ESR 질적연구

교육의 사회적 책임이 무엇이며, 어떻게 수행되어야 하는지는 연구자의 철학적 입장과 방법론에 따라 다양한 해석이 가능하다. 이에 따라 교육의 사회적 책임 연구에서는 특정한 패러다임을 기반으로 연구의 방향을 설정하게 되며, 연구자는 이를 명확히 이해하고 적용할 필요가 있다. 이 장에서는 교육의 사회적 책임을 연구하는 네 가지 주요 패러다임(실증주의, 해석주의, 비판이론, 포스트모더니즘 및 포스트구조주의)에 기초해서 교육의 사회적 책임 연구를 어떻게 이해하고 실행할 수 있을 것인지를 설명하고자 한다. 주지한 바와 같이 연구자의 패러다임은 교육의 역할과 책임을 어떻게 정의하는지, 연구 질문을 어떻게 설정하는지, 어떤 자료를 수집하고 분석하는지에 직간접적으로 영향을 미친다. 이에 필자는 ESR 측면에서 패러다임을 비교하고 설명함으로써, 교육의 사회적 책임 연구를 더욱 깊이 이해하고, 자신의 연구 방향을 설정하

표 2-4 ESR 연구 패러다임

요소	실증주의	해석주의	비판이론	포스트모더니즘 및 포스트구조주의
연구 방법론	양적연구방법론	문화기술지, 자문화기술지, 내러티브 탐구, 생애사연구, 자기연구 등	실행연구, 비판적 질적연구, 포토보이스, 비판적 담론분석 등	포스트모던 질적연구, 포스트휴먼 질적연구, 해체적 연구
연구 목적	• 교육의 사회적 책임을 객관적이고 보편적인 지표로 측정하고 평가	• 교육의 사회적 책임을 교사와 학생의 경험 속에서 해석하고 의미를 탐구	• 교육 시스템/실천 내의 불평등과 권력 관계를 분석하여 사회정의를 촉진	• 교육의 사회적 책임 개념 자체를 문제화하고 다원적 관점을 탐구
연구 질문	• 교육의 사회적 책임의 핵심 역량은 무엇이며 어떻게 측정할 것인가? • '교사의 책임' 요소는 무엇이며 어떻게 평가할 것인가?	• 교사와 학생은 교육의 사회적 책임을 어떻게 경험하고 해석하는가? • 학생들은 환경 교육을 통해 자신의 학습 경험과 실천을 어떻게 의미화하는가?	• 교육이나 학교가 특정 집단에 불평등한 영향을 미치는 방식은 무엇인가? • 교사의 인공지능 활용 교수능력 향상 프로그램의 효과와 의미는 무엇인가?	• 'ESR' 개념이 교육 담론에서 어떻게 구성되고 작동하는가? • '교사의 책임'은 시대와 맥락에 따라 어떻게 변화하는가?

자료 분석 전략	• 교육 성과에 대한 통계적 검증(회귀 분석, 요인 분석, 실험 연구 등)	• 질적연구방법(내러티브 분석, 문화기술지, 현상학적 접근 등)	• 교육 정책과 사회 구조의 비판적 분석(비판적 담론 분석, 역사적 연구)	• 교육/책임 개념의 의미 변화를 탐색하는 해체적 읽기 및 다층적 문화 분석
연구 결과	• 교육의 사회적 책임 이행을 위한 객관적 원칙, 측정 지표 도출	• 교육의 사회적 책임이 다양한 맥락에서 해석되는 방식에 대한 이해 제공	• 교육 시스템 내의 억압적 구조를 폭로하고 사회적 변화 촉진	• 전통적 교육 책임 개념을 문제화하고 새로운 사고방식을 제시
연구의 기여점	• 교육의 사회적 책임을 객관적 기준으로 정립하고 정책 결정에 기여	• 교육 경험 속에서 사회적 책임이 형성되는 과정을 탐구	• 교육에서 사회적 정의와 평등을 위한 실천적 전략을 제안	• 교육의 사회적 책임 개념 자체를 비판적으로 검토하고 재구성

는 데 도움을 주고자 한다. 이를 통해 독자들은 다양한 ESR 연구 접근을 탐색하고, 자신에게 적합한 연구방법론을 결정할 수 있는 능력을 기를 수 있다.

1) ESR 실증주의 연구

실증주의(positivism)는 교육의 사회적 책임을 객관적이고 보편적인 방식으로 연구하는 접근법이다. 실증주의 연구자들은 과학적 방법을 통해 교육 정책과 실천의 효과성을 검증하고, 이를 일반화할 수 있는 보편적 법칙을 도출하는 것을 목표로 한다(Guba & Lincoln, 1994). 실증주의적 접근에서는 교육 제도의 운영과 정책이 학생, 교사, 그리고 지역사회에 미치는 영향을 체계적으로 측정하는 것을 교육의 사회적 책임 연구로 본다. 이를 통해 교육의 효과성을 높이고, 보다 나은 정책적 결정을 위한 근거를 마련할 수 있다.

첫째, 실증주의 연구는 교육 정책과 프로그램이 실제로 효과적인지를 검증하는 데 초점을 맞춘다. 이를 위해 연구자들은 대규모 표본을 대상으로 실험 연구, 준실험 연구, 상관관계 분석 등을 활용하여 교육의 사회적 책임이 특정한 교육 개입에 의해 어떻게 향상되는지를 분석한다(Creswell, 2014). 예를 들어, 시민교육 프로그램이 학생들의 사회적 책임 의식을 강화하는지를 평가할 때, 연구자는 사전-사후 테스트 설계를 적용하여 프로그램의 효과를 객관적으로 측정할 수 있다.

둘째, 실증주의적 접근에서는 교육의 사회적 책임을 수량화할 수 있는 다양한 자료를 활용한다. 법률 및 정책 문서, 학교 운영 데이터, 학업성취도 지표와 같은 양적 자료가 대표적이다. 이러한 자료는 통계적 분석을 통해 교육 제도가 특정한 사회적 결과를 도출하는지 여부를 평가하는 데 사용된다(Muijs, 2010). 이를 통해 연구자들은 교육의 사회적 책임을 보다 명확하고 측정 가능한 개념으로 정립하고, 정책 개선을 위한 실증적 근거를 제공한다.

셋째, 분석 전략으로는 회귀분석, 요인 분석, 구조방정식 모델링(SEM)과 같은 정량적 방법이 주로 활용된다. 이러한 방법들은 교육 개입이 학생의 성취도, 시민의식, 사회적 기여도 등과 같은 결과 변수에 미치는 영향을 평가하는 데 유용하다(Denzin & Lincoln, 2000). 연구자들은 이러한 분석을 통해 교육의 사회적 책임이 효과적으로 수행되고 있는지를 검토하고, 정책 결정자들이 보다 과학적인 근거를 기반으로 교육개혁을 설계할 수 있도록 돕는다.

구체적인 연구 예시로서, 「교육의 사회적 책임(ESR) 역량 척도 개발 및 타당화-P 대학교 대학원생을 중심으로」(김현지, 김은지, 2022)를 들 수 있다. 이 연구는 P 대학교 대학원생을 대상으로 교육의 사회적 책임을 평가할 수 있는 신뢰롭고 타당한 척도를 개발하고 검증하는 것을 목표로 한다. 연구자들은 교육을 통해 함양되는 사회적 책임 역량을 객관적으로 측정할 필요성을 강조하며, 이에 따라 정량적 방법론을 적용하여 연구를 수행하였다. 이 연구에서는 먼저 교육의 사회적 책임에 대한 기존 연구를 검토하고, 주요 역량 요소를 도출하였다. 이후, 문항 개발 과정에서 전문가 패널을 구성하여 내용타당도를 검증하고, 예비조사를 통해 문항의 신뢰도 및 타당성을 평가하였다. 최종적으로, 대규모 표본을 대상으로 설문을 실시하여 탐색적 요인 분석(EFA)과 확인적 요인 분석(CFA)을 적용함으로써 척도의 구조적 타당성을 검증하였다. 이를 통해 연구자들은 ESR 역량을 측정하는 객관적 도구를 마련하고, 교육과정에서 이를 활용할 수 있는 방안을 제시하였다.

실증주의적 접근은 교육의 사회적 책임을 지나치게 수량화하여 복잡한 교육 현상을 단순화할 위험이 있다. 교육은 학생, 교사, 지역사회 간의 상호작용 속에서 의미가 형성되는 과정이므로, 단순한 성과 지표만으로 이를 완전히 설명하기 어렵다(Denzin & Lincoln, 2000). 따라서 실증주의 연구는 보편적 법칙을 찾는 데 강점을 가지지만, 개별적인 맥락에서의 교육 경험을 심층적으로 탐구하는 데 한계를 가진다. 이에 따라 실증주의적 접근을 보완하기 위해 질적연구와의 통합이 필요할 수도 있다.

실증주의에 기초한 ESR 연구는 주로 양적연구방법론에 의해서 수행될 수 있다. 이에 연구자들은 이 책의 ESR 양적연구방법론 학습을 통해 필요한 지식과 기능을 습득할 수 있기를 기대한다. 이에 ESR 실증주의 연구에 대한 구체적인 전략 안내는 생략한다.

2) ESR 해석주의 연구

해석주의는 교육의 사회적 책임을 연구할 때, 사람들이 경험을 통해 의미를 어떻게 형성하는지를 깊이 이해하는 데 초점을 둔다. 해석주의 연구자들은 교육이 단순히 제도적으로 운영되는 것이 아니라, 교사와 학생들이 상호작용하는 과정 속에서 사회적 책임이 만들어진다고 본다(Denzin & Lincoln, 2000). 따라서 교육의 사회적 책임을 연구하려면, 학생과 교사들이 실제로 경험하는 의미를 탐구해야 한다.

해석주의 연구는 교육 현장에서 사회적 책임이 어떻게 형성되고 실천되는지를 탐색한다. 연구자들은 질적연구방법을 활용해 구체적인 사례를 깊이 분석하며, 교육적 경험이 특정한 사회문화적 맥락에서 어떻게 해석되는지를 살펴본다. 예를 들어, 교사들이 학생들에게 사회적 책임 의식을 어떻게 길러 주는지, 학생들은 이를 어떻게 받아들이고 실천하는지를 연구할 수 있다. 이를 위해 연구자는 심층 인터뷰와 참여 관찰을 활용하여 다양한 관점을 포착하고, 교육적 실천이 가지는 의미를 탐색한다(Creswell, 2014). 연구의 목적은 단순한 현상 기술을 넘어, 교육 현장에서 사회적 책임이 구체적으로 어떻게 구현되는지를 밝히는 데 있다.

해석주의적 접근에서는 교육의 사회적 책임을 이해하기 위해 주로 질적 자료를 활용한다. 연구자는 교사와 학생의 인터뷰 기록, 수업 중 상호작용, 교실 내 대화, 정책 문서, 반성적 일기 등의 자료를 분석하여 교육적 의미 형성의 과정을 탐구한다. 이러한 자료는 연구자의 해석을 바탕으로 분석되며, 연구 참여자들의 관점과 경험을 깊이 있게 조명하는 데 초점을 맞춘다(Geertz, 2017). 해석주의 연구에서는 개별 참여자의 경험이 고유한 맥락에서 형성된다는 점을 강조하며, 연구자는 다양한 자료를 통해 교육 현장에서 사회적 책임이 어떻게 개념화되고 실천되는지를 풍부하게 이해하려 한다. 특히 연구 참여자들의 생생한 목소리를 반영함으로써 사회적 책임의 의미가 교육 현장에서 어떻게 다르게 구성되는지를 밝힐 수 있다.

이에 해석주의 연구에서는 내러티브 분석, 현상학적 접근, 생애사 연구, 문화기술지, 자문화기술지와 같은 질적연구방법을 활용한다. 이러한 방법들은 교육 현장의 복잡성과 다층적인 의미 구조를 탐색하는 데 유용하다. 연구자는 연구 참여자들과 지속적인 대화를 통해 그들의 경험을 깊이 이해하고, 사회적 책임이 교육 실천 속에서 어떤 방식으로 구성되고 변화하는지를 분석한다(Van Manen, 1990). 예를 들어, 현상학적 접근에서는 교사와 학생들이 경험하는 사회적 책임의 본질을 탐구하며, 문화기술지 연구에서는 학교나 지역사회에서 사회적 책임이 문화적으로 어떻게 형성되는지를 분석할 수 있다. 이를 통해 연구자는 교육의 사회적 책임이 단순히 제도적으로 주어진 것이 아니라, 교육적 실천 속에서 역동적으로 구성된다는 점을 밝힐 수 있다.

구체적 연구의 예를 제시하고자 한다. 유지한 등(2024)의 연구 「한국 중학교 교사가 이해하는 '교사의 책임'」은 해석주의적 접근을 활용하여 한국 중학교 교사들이 교육 현장에서 인식하고 실천하는 책임의 의미를 탐구하였다. 연구자들은 다양한 배경과 경력을 가진 중학교 교사 15명을 대상으로 심층 면담을 진행하고, '실용적 절충주의에 기초한 포괄적 분석 절차'를 통해 교사들이 경험 속에서 어떻게 책임의 의미를 구성하는지를 분석하였다. 연구 결과, 교사의 책임은 단순히 외부에서 주어진 제도적·법적 의무로 이해되는 것이 아니라, 교육적 실천 속에서 교사 개인이 맥락적으로 해석하고 재구성하는 개념임이 드러났다. 예를 들어, '학생의 성장과 발달을 위한 책임'은 단순한 학업 지도 이상의 의미를 가지며, 교사가 학생들의 정서적 안정과 사회적 관계 형성까지 지원해야 한다는 인식 속에서 확장되었다. 이와 마찬가지로 '행정 업무 수행 책임'도 단순한 행정적 절차를 따르는 것이 아니라, 교사들이 자신이 맡은 역할을 보다 효과적으로 수행하기 위한 필수적인 과정으로 의미화되었다.

또한 연구자들은 교사들이 책임을 수행하는 과정에서 사회적 관계와 문화적 맥락이 중요한 의미 형성의 요소로 작용한다는 점을 강조하였다. 예를 들어, 교사들은 학부모와의 관계 속에서 자신의 책임을 지속적으로 조정하며, 때로는 학부모의 기대에 부응하는 방식으로, 때로는 학생의 권리를 보호하는 방향으로 책임의 의미를 형성해 나갔다. 이러한 과정에서 교사들은 교육의 사회적 책임이 단순히 교사 개개인의 노력으로 실현되는 것이 아니라, 다양한 이해관계자들과의 상호작용 속에서 동적으로 구성된다는 점을 이해하게 되었다. 이 연구는 교사의 책임을 객관적이고 고정된 개념이 아니라, 교육적 맥락과 상호작용 속에서 형성되고 변형되는 다층적이고 관계적인 의미로 탐구하였다. 이는 해석주의적 연구가 교육 현장에서 개별 교사들이 경험하는 사회적 책임의 다양한 의미를 보다 심층적으로 조망하는 데 중요한 방법론적 유용성을 가진다는 점을 시사한다.

또한 정인숙 등(2022)의 연구 「한 생태교육자의 교육의 사회적 책임 실천에 관한 생애사 연구」는 이러한 해석주의적 관점에서 한 생태교육자의 삶을 분석하고, 그의 교육적 실천이 ESR과 어떻게 연결되는지를 밝히는 데 초점을 맞추었다. 이 연구는 생태교육을 오랜 기간 실천해 온 한 교사의 생애를 분석하여, 사회적 책임이 단순한 도덕적 의무가 아니라 교사의 신념, 경험 그리고 관계 속에서 구체적으로 형성되고 실천되는 과정임을 보여 주었다. 연구자는 심층 면담, 참여 관찰, 문서 분석을 통해 연구 참여자의 교육적 실천을 다각도로 탐색하고, 그의 전문성이 ESR의 핵심역량(변혁 역량, 사회적 공감 역량, 지능적 문제해결 역량, 실천연구 역량)과 어떻게 연결되는지를 분석하였다.

연구 결과, 연구 참여자의 ESR 실천은 다섯 가지 특징으로 정리되었다. 첫째, 그는 사람들의 공감을 끌어내는 창의적인 언어와 아이디어를 활용하여 생태교육에 대한 관심을 높였다. 둘째, 기존의 연구와 한계를 넘어서는 집요한 탐구력을 바탕으로 지속적인 연구와 실천을 통해 환경 문제를 깊이 있게 탐색하고, 이를 학생들과 지역사회에 적용하였다. 셋째, 개인적인 신념에서 출발한 생태교육 활동이 점차 지역사회와 연계되는 실천적 과정으로 확장되면서, 선한 의지를 행동으로 전환하는 실천 에너지를 보여 주었다. 넷째, 한 주제를 지속적으로 연구하고 실천하는 과정에서 교육적 방향성을 장기적으로 발전시키며, 변화와 성장을 위한 끊임없는 노력을 기울였다. 마지막으로, 같은 가치를 공유하는 사람들과 네트워크를 형성하여, 개인적 실천을 넘어 ESR의 의미를 사회적으로 확산하는 데 기여하였다. 이 연구는 해석주의적 접근이 개별 교사의 삶과 경험 속에서 사회적 책임의 의미가 어떻게 형성되는지를 탐구하는 데 유용한 방법론적 도구임을 보여 준다. 특히 ESR 실천이 단순한 교육적 개입이 아니라 교사 개인의 신념과 역사적 맥락 속에서 형성된다는 점을 강조하였다. 이를 통해 연구는 ESR 연구에서 교사의 삶과 실천이 가지는 다층적 의미를 심층적으로 조명하고, 교육적 실천이 어떻게 사회적 변화를 이끌어 낼 수 있는지를 구체적으로 보여 주었다.

〈표 2-5〉는 해석주의 패러다임에 해당하는 ESR 질적연구의 예시를 보여 준다.

표 2-5 해석주의 ESR 연구 예시

연구주제	연구문제	연구방법론	자료의 수집과 분석	참고문헌
대학생의 사회적 책임 실천 경험	• 대학생들은 사회적 책임 실천 과목을 어떻게 경험하며, 이를 통해 어떤 변화를 경험하는가? • 사회적 책임 교육이 학생들의 가치관과 실천적 태도에 어떤 의미를 가지는가?	현상학적 질적연구	심층 인터뷰, 참여자 기록 분석, Giorgi 방법론	Natalia Reig-AleixAndre et al. (2024)
사회적 책임 교육에 대한 인식 유형 연구	• 사회적 책임 교육에 대한 학생들의 인식 유형은 어떻게 구분되는가? • 학생들은 사회적 책임 교육을 어떻게 경험하며, 어떤 요소가 가장 중요한 영향을 미치는가?	Q-방법론	Q-정렬 분석, 문헌 분석, 심층 인터뷰	Eunji Kim (2022)

청소년의 사회적 책임 함양을 위한 전략	• 청소년의 사회적 책임 의식을 강화하기 위한 효과적인 교육적 접근은 무엇인가? • 법적·정책적 개입이 청소년의 사회적 책임 수행에 미치는 영향은 무엇인가?	혼합방법 연구 (양적+질적)	설문조사, 심층 인터뷰	Huu & Van (2024)
학교장의 사회정의 개념 및 실천 방식	• 학교장들은 사회정의를 어떻게 개념화하며, 학교 운영에서 이를 어떻게 적용하는가? • 학교장들은 사회정의 실천 과정에서 어떤 도전과 딜레마를 경험하는가?	비판적 질적연구, 면담연구	반구조화 인터뷰, 포커스그룹 인터뷰	Danielle Fullan Kolton (2013)
대학생의 사회적 책임 프로젝트 참여에 대한 인식	• 대학생들은 사회적 책임 프로젝트를 어떻게 인식하며, 어떤 요소가 참여 동기를 형성하는가? • 사회적 책임 프로젝트가 대학생들의 전문성 및 사회적 역할 형성에 미치는 영향은 무엇인가?	질적 사례 연구	반구조화 인터뷰, 서술형 질문	Malika Knissarina et al. (2022)

3) ESR 비판이론 연구

비판이론은 교육이 단순한 지식 전달을 넘어 사회적·정치적 맥락에서 작동하는 권력과 이데올로기를 분석하는 패러다임이다(Giroux, 1988). 교육의 사회적 책임은 기존 사회 구조를 단순히 유지하는 것이 아니라, 이를 비판적으로 검토하고 변화시키는 과정 속에서 실천적으로 논의될 필요가 있다. 따라서 비판이론 연구는 교육 내 불평등 구조를 분석하는 동시에, 현장에서의 실천적 개입을 통해 개선 방안을 도출하는 실행연구방법론을 포함한다. 교육이 사회 변혁을 위한 도구가 되려면 구조적 분석뿐만 아니라, 구체적인 실천 전략과 변화를 이끌어 낼 수 있는 방법론적 접근이 필요하다.

비판이론 연구의 핵심 과제 중 하나는 교육 제도와 현실이 사회적 불평등을 어떻게 재생산하거나 완화하는지를 탐구하는 것이다. 학교와 교육 정책은 명목상 모든 학생에게 동등한 기회를 제공하는 것처럼 보이지만, 실제로는 특정한 집단에게 유리하게 작용하며 소외된 계층에게는 불리한 결과를 초래하는 경우가 많다(Bourdieu & Passeron, 1977). 예를 들어, 표준화된 시험과 교과과정은 사회적 · 경제적 자원이 풍부한 학생들에게 유리한 방식으로 설계되었으며, 학교 내 규율과 문화 또한 특정한 사회적 행동 양식을 내면화하도록 강요하는 경향이 있다(McLaren, 2003). 하지만 이러한 불평등 분석에 머무르지 않고, 교육 실천을 통해 어떻게 보다 정의로운 교육 환경을 조성할 수 있을지를 고민하는 것이 중요하다.

비판이론적 접근에서는 교육의 사회적 책임을 논의할 때, 교육 정책과 교과과정이 특정한 이념과 가치를 반영하고 있다는 점을 강조한다(Apple, 2004). 교육 정책은 특정한 정치적 · 경제적 목적과 밀접하게 연결되어 있으며, 신자유주의적 교육개혁이 공교육의 시장화를 촉진하면서 교육을 경쟁적이고 효율성을 중시하는 방향으로 변화시키는 경우가 많다(Giroux, 2012). 이는 결과적으로 교육의 공공성을 약화시키고, 사회적 격차를 심화시키는 문제를 초래한다. 또한 교과과정 역시 객관적 지식 전달의 장이 아니라, 특정한 역사적 · 문화적 맥락 속에서 구성된 사회적 산물로 볼 수 있다. 이러한 점에서 교육과정이 지배적인 이념을 반영하고 소수자의 경험을 배제하는 방식으로 작동하는지를 분석하는 것이 필요하다.

비판이론 연구는 단순한 구조적 분석을 넘어서, 현장에서 실천적 개입을 통해 개선 방안을 도출하는 실행연구(action research) 방법론을 포함한다. 프레이리(Freire, 1970)가 강조한 '비판적 문해력(critical literacy)' 개념처럼, 학생과 교사가 능동적으로 교육 환경을 변화시킬 수 있는 전략을 모색하는 것이 중요하다. 예를 들어, 교실에서 이루어지는 교수 · 학습 방식이 학생들의 비판적 사고를 촉진하는 방향으로 설계되도록 개입할 수 있으며, 학교 조직 문화의 변화를 통해 보다 민주적인 의사결정 구조를 구축하는 것도 하나의 실천적 전략이 될 수 있다. 이러한 실행연구적 접근은 연구자가 단순히 교육 현상을 분석하는 것을 넘어, 실제 교육 실천을 변화시키는 데 기여할 수 있도록 한다.

이에 비판이론 연구에서 활용되는 주요 방법론으로는 비판적 담론 분석, 역사적 연구, 사례 연구, 실행연구, 포토보이스 등과 같은 방법론이 활용된다. 비판적 담론 분석은 교육 정책 문서나 교과서에서 발견되는 이데올로기적 편향을 분석하는 데 초점을 맞추며, 역사적 연구는 교육 제도의 변화 과정 속에서 특정한 정치적 · 경제적 요인이 교육 정책을 형성하는 방식에 주목한다. 사례 연구는 특정 학교나 교육 프로그램을 심층적으로 분석하여, 교육의 사회적 책임이 실제 현장에서 어떻게 실현되거나 무시되는지를 연구하는 방법이다. 특히 실행연구는 연구자와 교육 실천가가 협력하여 실제 교육 환경에서의 문제를 진단하고, 개선 방안을 실험하며, 지속적인 피드백을 반영하여 교육 실천을 변화시키는 과정에 초점을 맞춘다. 이는 단순한 비판적 분석을 넘어서, 교육 현장에서의 변화를 유도하는 구체적인 전략을 제공하는 데 중요한 역할을 한다.

비판이론 접근은 교육의 사회적 책임을 연구하는 데 있어 구조적 불평등을 분석하고 실천적 변화를 도모하는 강점을 가진다. 그러나 연구자는 거시적 사회 구조와 교육 현장에서의 실천을 균형 있게 고려해야 하며, 비판적 분석만이 아니라 실제적인 교육 변화를 이끌어 내는 실행연구의 중요성을 인식해야 한다. 교육을 사회적 정의 실현의 도구로 바라보는 비판적 시각을 유지하면서도, 연구가 실제 교육 현장에서의 변화를 촉진할 수 있도록 연구방법론을 다층적으로 활용해야 한다. 이를 통해 교육의 사회적 책임은 단순한 규범적 개념이 아니라, 실질적인 사회적 변화를 만들어 내는 과정으로 자리매김할 수 있을 것이다.

비판이론에 포함되는 연구 예를 제시하고자 한다. 김영천의 「초등학교 학생들의 사교육/그림자교육(shadow education)의 선행학습으로 나타나는 학습 불평등에 대한 질적 비교사례연구」는 단순히 교육 불평등의 현상을 기술하는 것이 아니라, 학습 기회의 격차를 비판적으로 분석하고, 구조적 불평등을 해소하기 위한 실천적 개입 방안을 모색하는 데 초점을 맞추었다. 이는 전통적인 양적연구가 교육 불평등의 실태를 통계적으로 규명하는 데 집중했던 것과 달리, 비판이론적 연구에서 강조하는 구조적 분석과 실행연구방법론을 결합하여 교육 현장의 문제를 실천적으로 해결하고자 한 시도로 볼 수 있다. 연구방법론으로 연구자는 질적 비교사례연구(qualitative comparative case study)를 채택하였다. 이는 개별 사례의 구체적 맥락을 유지하면서도, 사례 간의 차이점과 공통점을 분석할 수 있는 접근법으로, 교육 불평등이 발생하는 과정과 그 구조적 원인을 보다 깊이 탐구하는 데 적합하다(Bartlett, 2012).

이 연구는 선행학습을 경험한 초등학생과 그렇지 않은 학생들의 학습 경험을 비교하고, 이러한 경험의 차이가 학교 내 학습 참여와 성취에 미치는 영향을 분석하고자 하였다. 특히 연구자는 비판적 질적연구(critical qualitative research)의 관점에서 학습 불평등이 개인의 능력 차이로 환원될 수 없으며, 사회적·경제적 요인과 긴밀하게 연결되어 있음을 강조하였다(Guba & Lincoln, 1994). 구체적인 연구방법으로 연구자는 생애사 면담, 심층 면담, 문서 분석을 병행하여 자료를 수집하였다. 첫째, 연구자는 초등학생 시절 선행학습을 경험한 대학생들을 대상으로 생애사 면담을 수행하였다. 이를 통해 연구 참여자들의 과거 학습 경험이 학교 수업 참여와 성취에 어떻게 영향을 미쳤는지를 심층적으로 탐색하였다. 둘째, 연구자는 교사, 학부모, 학원 강사를 대상으로 심층 면담을 수행하여, 사교육과 학교교육이 어떻게 연결되며 학습 불평등을 심화시키는지를 분석하였다. 특히 학원 강사들과의 면담을 통해, 사교육이 단순히 학습 보충의 기능을 수행하는 것이 아니라, 특정한 사회적 계층이 우위를 점할 수 있도록 작동하는 구조적 기제로 기능하고 있음을 확인하였다. 이는 애플(Apple, 2004)의 연구에서 주장한 바와 같이, 교육이 특정한 계층의 이익을 보호하는 방식으로 작동할 수 있음을 실증적으로 보여 준다. 셋째, 연구자는 초등학교 학생들의 학습 자료(수업 과제, 수행평가 결과물, 기초학력진단평가 성적표 등)를 분석하여, 선행학습 여부가 실제 학업성취와 학습 참여에 미치는 영향을 비교하였다. 이를 통해 연구자는 학습 불평등이 단순히 평가 결과에서 나타나는 것이 아니라, 교실 내에서 학생들이 수업에 참여하는 방식, 교사의 기대와 상호작용 패턴 등 다양한 방식으로 재생산된다는 점을 드러냈다. 이는 교육 불평등이 개별 학생의 학습 태도나 노력의 문제가 아니라, 사회 구조 속에서 형성된 복합적인 문제임을 시사한다(Bourdieu & Passeron, 1977).

연구자는 사교육 의존도를 줄이고, 공교육 내에서 보다 평등한 학습 기회를 제공할 수 있도록 교육 정책과 교사 실천의 변화를 제안하였다. 예를 들어, 공교육 내에서 선행학습 경험이 부족한 학생들을 위한 학습 지원 프로그램을 강화하고, 학교 교과과정과 사교육 간의 불균형을 줄이기 위한 교육 정책 개선이 필요하다고 주장하였다. 이와 같은 연구 접근은 전통적인 교육

표 2-6 비판이론 ESR 연구 예시

연구주제	연구문제	연구방법론	자료의 수집과 분석	참고문헌
사회문화적 교육을 통한 청소년의 사회적 책임 함양 방안	• 사회문화적 교육이 청소년의 사회적 책임 형성에 미치는 영향은 무엇인가?	심리학 및 교육학적 실험	문헌 검토, 교육 프로그램 정량·정성 분석	Aryabkina et al. (2024)
브라질 체육교육에서 사회정의 주제를 중대 사건 탐색	• 체육 수업에서 경험한 사회정의 관련 중대 사건은 무엇이며, 교사 연구자들은 이를 어떻게 해석하는가?	중대 사건 분석, 비판적 질적연구	교사-연구자의 비네트 작성, 인터뷰 및 주제 분석	Flor et al. (2024)
사회정의를 위한 민족지학적 연구	• 노숙인을 대상으로 한 민족지학적 연구가 사회정의 담론에 어떤 기여를 할 수 있는가?	비판적 민족지학	참여 관찰, 심층 인터뷰, 반구조화 인터뷰, 사진 분석	Rose (2022)
지속가능발전을 위한 교육에서 정치성 회복	• 참여형 포토보이스 연구가 지속가능발전 교육을 정치적으로 어떻게 전환할 수 있는가?	참여형 포토보이스 연구	포토보이스 촬영 및 토론, 주제 분석	Pettig et al. (2024)
교양교육으로서의 다문화교육 강좌 개발	• 다문화교육 강좌를 통해 학생들의 다문화적 역량을 어떻게 계발할 수 있는가?	실행연구	학생들의 체험, 성찰, 표현 과정 분석	서덕희, 임경규, 김지현(2013)

불평등 연구와 차별성을 가진다. 기존의 연구들이 학습 격차를 통계적으로 설명하는 데 집중했다면, 이 연구는 질적 방법론을 통해 학습 불평등이 발생하는 구체적인 과정과 구조적 요인을 분석하고, 이를 해결하기 위한 실천적 전략을 탐색하였다. 이는 비판이론 연구의 핵심 철학과 일치하며, 교육이 단순히 사회적 불평등을 재생산하는 기제가 아니라, 이를 변화시킬 수 있는 사회적 실천의 장이 될 수 있음을 강조하는 데 기여한다(Giroux, 2012). 결론적으로, 이 연구는 학습 불평등을 단순한 개인적 문제로 치부하지 않고, 구조적 문제로서 분석하고, 동시에 해결책을 모색했다는 점에서 비판이론 연구의 중요한 사례라 할 수 있다.

4) ESR 해체주의 연구

해체, 즉 포스트모던 패러다임은 교육의 사회적 책임을 고정된 개념이 아니라, 다양한 맥락에서 형성되고 변화하는 담론적 구성물로 본다(Derrida, 1976). 이 접근에서는 교육의 사회적 책임이 특정한 시대적 · 문화적 · 정치적 환경 속에서 구성되며, 보편적이고 절대적인 정의를 가질 수 없다고 본다. 따라서 연구자들은 기존 교육 담론을 해체하고 재구성함으로써, 새로운 가능성과 다원적 시각을 모색하는 데 초점을 맞춘다.

첫째, 해체주의 연구는 교육의 사회적 책임 개념이 어떻게 형성되고 작동하는지를 분석한다. 연구자들은 교육 담론에서 특정 의미가 사회적으로 어떻게 구성되었으며, 어떤 권력 관계가 이를 유지하는지를 탐구한다(Foucault, 1980). 예를 들어, 교육의 사회적 책임이 특정한 도덕적 규범이나 제도적 원칙을 강조하는 방식이, 실제로는 특정한 권력 구조를 강화하는 기제로 작용하고 있지는 않은지 비판적으로 검토할 수 있다. 이를 통해 연구자들은 기존의 교육 담론이 특정 집단의 이해를 반영하고 있으며, 사회적 불평등을 은밀히 재생산할 가능성이 있음을 밝힌다.

둘째, 포스트모던적 접근에서는 교육의 사회적 책임을 단일하고 보편적인 개념이 아니라, 다층적이고 유동적인 개념으로 해석한다. 연구자들은 텍스트, 이미지, 언어, 문화적 표현 등을 분석하여 교육적 의미가 사회적으로 어떻게 구성되고 변형되는지를 탐색한다(Lyotard, 1984). 이러한 연구는 교육의 사회적 책임이 시대적 흐름과 담론적 환경에 따라 변화하며, 다양한 관점에서 재해석될 수 있음을 강조한다. 따라서 교육 연구자들은 기존의 개념을 절대적인 기준으로 삼기보다, 그것이 변화하고 재구성되는 과정을 분석하는 데 주목한다.

셋째, 연구방법으로는 해체적 읽기(deconstructive reading), 비판적 담론 분석(critical discourse analysis), 문화적 텍스트 분석(cultural text analysis) 등이 활용된다. 연구자들은 기존 교육 연구에서 간과된 주변적 목소리를 조명하고, 전통적인 연구에서 배제된 경험과 관점을 탐색한다.

예를 들어, 사회적으로 소외된 집단의 교육 경험을 분석하면서, 주류 담론에서 어떻게 특정한 목소리가 배제되었는지를 밝히는 연구가 가능하다. 또한 교육 정책과 제도의 이면을 분석하여, 기존의 구조가 어떻게 특정 집단에게 유리하거나 불리하게 작용하는지를 탐구할 수도 있다.

해체주의와 포스트모던 패러다임은 교육의 사회적 책임 연구에서 기존의 규범적 접근을 넘어서는 새로운 시각을 제공한다. 그러나 이 접근법은 객관적이고 보편적인 교육 연구를 강조하는 전통적 연구와 충돌할 가능성이 있으며, 연구자의 해석과 주관성이 강하게 반영될 수 있다는 점에서 논란의 여지가 있다. 따라서 연구자는 다양한 해석이 공존할 수 있음을 인정하고, 교육의 사회적 책임 개념을 보다 열린 방식으로 탐색하는 태도를 유지해야 한다. 이를 통해 연구는 교육 현장에서의 다양한 목소리를 반영하고, 보다 유연하고 포괄적인 교육 실천의 가능성을 제시할 수 있다.

김갑철(2022)의 연구 「학교 지리교실에서 비판적 세계시민성과 해체적 페다고지」는 해체주의적 접근을 적용하여 비판적 세계시민성을 함양하는 교육적 실천을 탐색한 대표적인 연구 사례이다. 이 연구는 학교 지리 수업에서 해체적 페다고지(deconstructive pedagogy)를 적용하여 학생들이 기존의 세계시민교육이 내포한 권력 관계, 역사적 맥락, 윤리적 차원을 비판적으로 탐색하도록 유도하였다. 이를 통해 연구자는 학생들이 주류 세계시민교육의 이데올로기적 전제를 문제 삼고, 대안적 해석과 실천을 모색하는 과정을 분석하였다.

이 연구는 세계시민교육이 종종 서구 중심적 관점을 반영하며, 특정한 윤리적 · 정치적 기준을 절대적 가치로 설정하는 방식으로 작동함을 비판적으로 검토한다. 기존의 세계시민성 담론이 보편적 인류애를 강조하면서도, 서구적 가치와 제도를 중심으로 세계의 문제를 정의하는 방식이 글로벌 불평등을 재생산할 수 있음을 지적한다(Pashby et al., 2020). 이어서, 연구자는 해체적 페다고지를 통해 지리 교육과정에서 반복적으로 등장하는 이분법적 사고(예: 선진국 vs. 개발도상국, 이주민 vs. 원주민, 문명 vs. 야만)를 비판적으로 분석하였다. 연구 과정에서 학생들은 교과서 내 이주 관련 서술을 면밀히 읽고, 특정한 표현과 개념이 특정한 정치적 · 역사적 맥락 속에서 형성된 것임을 인식하게 되었다. 예를 들어, 연구자는 학생들에게 세계시민성을 단일한 개념이 아니라, 다층적이고 역사적으로 구성된 개념으로 바라볼 것을 요구하며, 기존의 세계시민교육 담론에서 배제된 목소리를 탐색하도록 유도하였다.

특히 이 연구는 비판적 세계시민성을 위한 대안적 교육 실천을 탐색하는 과정에서 '해체적 읽기'를 활용하였다. 연구자는 학생들에게 특정한 교육과정 서술이 역사적으로 어떻게 형성되었으며, 그것이 현재의 정치적 맥락에서 어떠한 의미를 갖는지를 비판적으로 분석하게 하였다. 이러한 과정을 통해 학생들은 주어진 텍스트를 단순히 수용하는 것이 아니라, 그것을 의심하고 질문하는 태도를 기르게 되었다. 특히 학생들은 기존의 지리교육과정이 특정한 정치적 · 경제적 이데올로기를 반영하고 있으며, 그로 인해 세계의 다양한 타자가 배제되거나 주변화될 수 있음을 깨닫게 되었다.

이 연구는 해체적 ESR 연구의 대표적인 사례로서, 교육의 사회적 책임이 단순히 특정한 윤리적 · 정치적 기준에 의해 규정되는 것이 아니라, 사회적 · 문화적 · 역사적 맥락 속에서 지속적

표 2-7 해체주의 ESR 연구 예시

연구주제	연구문제	연구방법론	자료의 수집과 분석	참고문헌
사회과 수업 연구방법의 새로운 대안 모색	• 사회과 교육에서 기존의 전통적 연구방법이 가지는 한계는 무엇인가? • 내러티브 접근이 사회과 수업 연구에 미치는 교육적 의미는 무엇인가?	내러티브 사례 연구	면담, 관찰, 문서 분석	배영민(2008)
한국 세계사 교과서에 대한 탈식민적 분석	• 한국의 세계사 교과서는 어떻게 유럽 중심적 서사를 유지하는가? • 세계사에서 동양의 기여가 어떻게 소외되고 있는가? • 식민지적 역사 서술을 비판적으로 재구성할 수 있는 교육적 대안은 무엇인가?	탈식민적 분석, 비판적 담론 분석	세계사 교과서의 내용 분석, 역사적 재현 방식 검토	Kim, Moon, & Joo (2013)
탈구조주의적 수업설계를 통한 초등실과교육에서 의₩교수-학습 방법 적용 방안 연구	• 기존 초등실과교육의 교수설계가 구조주의적 가정에 얼마나 의존하고 있는가? • 탈구조주의적 교수설계의 원칙과 적용 가능성은 무엇인가?	이론적 연구(이론 분석 및 교육 패러다임 비교)	실과교육의 교수설계 요소 분석, Derrida의 해체론과 Vygotsky의 사회적 구성주의	윤지현(2006)
초등영어교육에서 포스트모던 그림책의 상호텍스트적 읽기 프로그램 개발 및 적용	• 포스트모던 그림책을 활용한 상호텍스트적 읽기 프로그램은 초등영어교육에 어떤 의미를 부여하는가?	포스트모던 해체주의적 접근, 실행연구	참여관찰, 심층면담, 문서분석	고은옥, 김혜리(2021)

으로 구성되고 변화하는 개념임을 강조한다. 이를 통해 연구자는 학생들이 기존의 교육적 담론을 비판적으로 검토하고, 보다 포괄적이고 다원적인 세계시민성을 구성하는 데 기여할 수 있도록 한다. 이러한 연구는 해체주의적 접근이 교육 연구에서 가지는 가능성을 탐색하고, 교육의 사회적 책임을 보다 복합적이고 다층적인 개념으로 재구성하는 데 중요한 시사점을 제공한다.

4. 결론

이 장에서는 교육의 사회적 책임(ESR) 연구를 위한 질적연구방법론의 개념과 가치, 그리고 다양한 패러다임적 접근을 탐색하였다. ESR 연구는 단일한 연구방법으로 접근할 수 없는 복잡하고 다층적인 특성을 가지며, 연구자의 패러다임에 따라 연구 문제의 정의, 분석 방법, 결과 해석 방식이 달라진다. 실증주의적 접근은 ESR을 객관적이고 보편적인 원칙으로 측정하고 평가하는 데 초점을 맞추는 반면, 해석주의는 교육적 경험과 의미 형성을 심층적으로 탐구하는 데 기여한다. 또한 비판이론적 접근은 교육 내 불평등과 권력 관계를 분석하고 변화를 촉진하려는 실천적 전략을 강조하며, 해체주의적 접근은 ESR 개념 자체를 문제화하고 담론적 구성을 분석하는 데 초점을 둔다. 이러한 연구방법론들은 각기 다른 시각에서 교육의 사회적 책임을 탐색하며, ESR 연구의 폭과 깊이를 확장하는 데 중요한 기여를 한다.

궁극적으로, ESR 연구는 단순한 개념적 논의에 그치는 것이 아니라, 실제 교육 실천과 정책 형성에 영향을 미칠 수 있도록 설계되어야 한다. 이를 위해 연구자들은 자신의 패러다임적 입장을 명확히 하고, 다양한 질적연구방법을 통합적으로 활용하여 교육의 사회적 책임을 보다 심층적으로 탐색해야 한다. ESR 연구는 교육과 사회의 변화를 위한 학문적·실천적 도구로서 작용할 수 있으며, 연구자가 선택하는 패러다임과 방법론에 따라 그 영향력이 달라질 것이다. 앞으로의 연구는 다양한 방법론적 접근을 조화롭게 결합하여, 교육 현장에서 실질적인 변화를 이끌어 낼 수 있는 통합적 연구 전략을 모색하는 방향으로 발전해야 한다.

성찰과제

1. 나의 연구 패러다임은 무엇인지 생각해 보시오.
   - 실증주의, 해석주의, 비판이론, 해체주의 중 나의 연구관과 가장 가까운 패러다임은 무엇이며, 그 이유는 무엇인가?
   - 이 패러다임이 내가 연구하고자 하는 주제에 어떻게 영향을 미칠 것인가?
2. ESR 질적연구가 교육 실천에 미치는 영향은 무엇인지 생각해 보시오.
   - 교육의 사회적 책임(ESR) 질적연구가 교사, 학생, 교육 정책 결정자에게 실질적으로 어떤 변화를 가져올 수 있는가?
   - 연구를 통해 교육의 사회적 책임을 더욱 강화하기 위해 어떤 전략이 필요할까?
3. 질적연구방법론을 어떻게 선택하고 적용할 것인지 생각해 보시오.
   - 나의 연구 질문을 탐색하는 데 가장 적절한 질적연구방법론(예: 문화기술지, 현상학, 실행연구 등)은 무엇인가?
   - 해당 방법을 선택한 이유와 적용 방식은 무엇이며, 예상되는 어려움과 해결 방안은 무엇인가?
4. 연구 패러다임과 교육 불평등 문제해결의 관계를 논의해 보시오.
   - 특정 패러다임을 활용한 연구가 교육 정책과 실천에서 사회적 변화를 이끄는 데 어떤 역할을 할 수 있는가?

참고문헌

고은옥, 김혜리(2021). 초등영어교육에서 포스트모던 그림책의 재발견: 상호텍스트적 읽기 프로그램 개발 및 적용. *The Journal of English Language and Literature, 67*(4), 793-818.

김갑철(2022). 학교 지리교실에서 비판적 세계시민성과 해체적 페다고지. **한국지리교육학회 학술대회 발표논문집, 34**(2), 85-102.

김영천(2023). 초등학교 학생들의 사교육/그림자교육(shadow education)의 선행학습으로 나타나는 학습 불평등에 대한 질적 비교사례연구. **교육사회학연구, 30**(3), 45-67.

김현지, 김은지(2022). 교육의 사회적 책임(ESR) 역량 척도 개발 및 타당화—P 대학교 대학원생을 중심으로. **교육혁신연구, 32**(2), 29-55.

배영민(2008). 사회과 수업연구방법의 새로운 대안 모색: 포스트모던 탐구 전략으로서 내러티브 사례 연구. **사회과 교육, 47**(2), 229-258.

서덕희, 임경규, 김지현(2013). 교양교육으로서의 다문화교육강좌 개발. **다문화교육연구, 8**(2), 123-145.

유지한, 지미영, 마루시, 이채은, 정정훈(2024). 한국 중학교 교사가 이해하는 '교사의 책임'. **교육연구저널, 50**(1), 32-54.

유지혀(2006). 탐구조주의적 수업설계를 통한 초등실과교육에서의 교수-학습 방볍 적용 방아 여구. 한국실과교육학회.

정인숙, 고연수, 정정훈(2022). 한 생태교육자의 교육의 사회적 책임 실천에 관한 생애사 연구. **교육학연구, 60**(2), 89-110.

Apple, M. W. (2004). *Ideology and curriculum* (3rd ed.). Routledge.

Aryabkina, I., Spiridonova, A., Belonogova, L., & Kazakova, L. (2024). Sociocultural education as a key to fostering social responsibility in modern youth. *Amazonia Investiga, 13*(78), 113-123.

Bartlett, L. (2012). *The word and the world: The cultural politics of literacy in Brazil.* Hampton Press.

Bourdieu, P., & Passeron, J.-C. (1977). *Reproduction in education, society and culture.* Sage.

Carr, W. (1995). *For education: Towards critical educational inquiry.* Open University Press.

Creswell, J. W. (2013). *Qualitative inquiry and research design: Choosing among five approaches* (3rd ed.). Sage.

Creswell, J. W. (2014). *Research design: Qualitative, quantitative, and mixed methods approaches* (4th ed.). Sage.

Crotty, M. (1998). *The foundations of social research: Meaning and perspective in the research process.* Sage.

Denzin, N. K., & Lincoln, Y. S. (1994). *Handbook of qualitative research.* Sage.

Denzin, N. K., & Lincoln, Y. S. (2000). *The Sage handbook of qualitative research* (2nd ed.). Sage.

Denzin, N. K., & Lincoln, Y. S. (2011). *The Sage handbook of qualitative research* (4th ed.). Sage.

Derrida, J. (1976). *Of grammatology* (G. C. Spivak, Trans.). Johns Hopkins University Press.

Derrida, J. (1982). *Margins of philosophy* (A. Bass, Trans.). University of Chicago Press.

Flor, P. J., Silva, J. B., & Oliveira, L. M. (2024). Exploring social justice themes in Brazilian physical education through critical incidents analysis. *Journal of Critical Education, 21*(2), 145-168.

Foucault, M. (1980). *Power/knowledge: Selected interviews and other writings, 1972-1977* (C. Gordon, Ed.). Pantheon Books.

Freire, P. (1970). *Pedagogy of the oppressed* (M. Bergman Ramos, Trans.). Continuum.

Fullan Kolton, D. (2013). *Social justice leadership in schools: A critical ethnographic study.* Educational Studies Press.

Geertz, C. (2017). *The interpretation of cultures.* Basic books.

Giroux, H. A. (1988). *Teachers as intellectuals: Toward a critical pedagogy of learning.* Bergin &

Garvey.

Giroux, H. A. (2012). *Education and the crisis of public values: Challenging the assault on teachers, students, and public education.* Peter Lang.

Guba, E. G., & Lincoln, Y. S. (1994). Competing paradigms in qualitative research. In N. K. Denzin & Y. S. Lincoln (Eds.), *Handbook of qualitative research* (pp. 105-117). Sage.

Habermas, J. (2015). *Knowledge and human interests.* John Wiley & Sons.

Hatch, J. A. (2002). *Doing qualitative research in education settings.* State University of New York Press.

Huu, L. N., & Van, V. N. (2024). Empowering youth: Strategies for fostering social responsibility. *Revista de Gestão Social e Ambiental, 18*(7), 1-15.

Kim, E. (2022). A study on the types of perceptions of education for social responsibility. *The Korean Society of Culture and Convergence, 44*(12), 455-469.

Kim, Y. C., Moon, S., & Joo, J. (2013). Elusive images of the Other: A postcolonial analysis of South Korean world history textbooks. *Educational Studies, 49*(3), 223-245. https://doi.org/10.1080/00131946.2013.783963

Kim, Y. C., Moon, S., & Joo, J. (2013). Elusive images of the Other: A postcolonial analysis of South Korean world history textbooks. *Educational Studies, 49*(3), 223-245. https://doi.org/10.1080/00131946.2013.783963

Knissarina, M., et al. (2022). Social responsibility of students in the conditions of professional training in higher educational institutions. *Cypriot Journal of Educational Sciences, 17*(8), 2580-2592.

Ko, E., & Kim, H. R. (2021). Rediscovery of Postmodern Picture Books in Primary English Education: Developing and Implementing an Intertextual Reading Program. *The Journal of English Language and Literature, 67*(4), 793-818.

Kolton, D. F. (2013). *Understanding social justice in education: Exploring the concept with principals through dilemma analysis.* University of Manitoba (Canada).

Kuhn, T. S. (1970). *The structure of scientific revolutions* (2nd ed.). University of Chicago Press.

Lather, P. (2007). *Getting smart: Feminist research and pedagogy with/in the postmodern.* Routledge.

Lyotard, J. F. (1984). *The postmodern condition: A report on knowledge* (G. Bennington & B. Massumi, Trans.). University of Minnesota Press.

McLaren, P. (2003). *Life in schools: An introduction to critical pedagogy in the foundations of education* (4th ed.). Allyn & Bacon.

Merriam, S. B. (2009). *Qualitative research: A guide to design and implementation.* Jossey-Bass.

Morrow, R. A., & Brown, D. D. (1994). *Critical theory and methodology.* Sage.

Muijs, D. (2010). *Doing quantitative research in education with SPSS* (2nd ed.). Sage.

Norris, C. (1987). *Derrida*. Harvard University Press.

Pashby, K., da Costa, M., Stein, S., & Andreotti, V. (2020). *Postcolonial perspectives on global citizenship education*. Routledge.

Patton, M. Q. (2015). *Qualitative research and evaluation methods* (4th ed.). Sage.

Pettig, A., Zhang, J., & Lee, H. (2024). Repoliticizing education for sustainable development through participatory photovoice research. *Journal of Environmental Education, 55*(3), 201-225.

Reig-Aleixandre, N., Smith, L. M., & Cheng, D. (2024). Exploring university students' experiences in social responsibility education. *International Journal of Educational Research, 89,* 1-20.

Rose, C. (2022). *Ethnographic research for social justice: Investigating homelessness in urban spaces*. Palgrave Macmillan.

Schwandt, T. A. (2000). Three epistemological stances for qualitative inquiry: Interpretivism, hermeneutics, and social constructionism. In N. K. Denzin & Y. S. Lincoln (Eds.), *Handbook of qualitative research* (2nd ed., pp. 189-213). Sage.

Smith, D. E. (1993). *Texts, facts, and femininity: Exploring the relations of ruling*. Routledge.

Spivak, G. C. (1988). Can the subaltern speak? In C. Nelson & L. Grossberg (Eds.), *Marxism and the interpretation of culture* (pp. 271-313). University of Illinois Press.

Van Manen, M. (1990). *Researching lived experience: Human science for an action sensitive pedagogy*. State University of New York Press.

ESR의 교육공학적 연구방법: 설계기반연구(DBR)

이상수

1. 설계기반연구방법론을 다른 연구방법론과 구별하여 장점을 논의할 수 있다.
2. 설계기반연구방법론의 기본 원칙에 따라 연구를 수행할 수 있다.
3. 다양한 ESR 연구주제를 설계기반연구방법론을 사용하여 수행할 수 있다.

1. 설계기반연구의 의미와 원칙

1) 설계기반연구의 의미

설계기반연구(Design-Based Research: DBR)는 교육적 맥락에서 교육 현실 개선을 위한 지식 생성을 목적으로 한 현장 기반 연구방법론이다. DBR은 많은 교육 관련 연구가 통제된 실험 중심 연구로 인해 현장 특성을 반영한 연구에 실패하고 이로 인해 교육 현장 개선에 도움이 되지 않는다는 비판에서 탄생한 연구방법론이다. The Design-Based Research Collective(2003)는 교육연구가 현장으로부터 분리됨으로써 다음과 같은 두 가지 문제가 발생한다고 하였다. 첫째, 교육 실천가가 연구 결과로부터 혜택을 받지 못하고, 둘째, 연구 결과가 교육 현장의 맥락을 고려하지 못하는 문제가 발생한다. 교육 실천가들은 교육연구가 실제 현장에 사용되기에는 너무 추상적이거나 내용이 없는 경우가 있다고 주장한다. 이러한 문제를 해결하기 위한 접근 방법이 DBR이다.

DBR은 실제 교육 현장에서 발생하는 복잡한 문제를 해결하고 이론적 지식을 동시에 발전시키기 위해 설계(design)와 연구(research)를 결합한 연구방법론이다. 교육공학 및 학습과학 분야를 중심으로 등장한 DBR은 연구자와 실천가(교사 등)가 협력하여 현장의 문제를 분석하고, 그에 대한 해결방법을 설계하고 실행하는 반복적인 검증을 통해 현장 문제를 개선해 가는 과정을 의미한다(Shattuck & Anderson, 2013). 왕과 하나핀(Wang & Hannafin, 2005)은 DBR을 교육 실천을 개선하기 위해 체계적이면서도 유연하게 반복적 분석, 설계, 개발, 실행을 수행하고, 연구자와 실천가가 현실 맥락에서 협력하여 맥락에 적합한 설계 원리와 이론을 이끌어 내는 연구방법론으로 정의하고 있다. 즉, DBR의 목적은 실제 교육 현장의 문제를 해결하면서도 새로운 이론이나 원리를 도출하는 데 있으며, 이때 연구는 통제된 실험실이 아닌 복잡한 현실 맥락에서 이루어지므로 결과가 현장에 직접 적용될 수 있다는 실용적 장점이 있다. DBR은 연구와 실천의 간극을 메워 주는 실천 지향 연구로서, 실제 현장에서 유의미한 변화를 일으키고 그 과정에서 실용적인 지식을 생산하는 것을 지향한다.

2) 설계기반연구의 주요 원칙

DBR은 협력적 설계, 학습이론에 기반한 설계, 실제 맥락에서 학습 성과 개선 지향, 반복적 순환과정, 설계 원리 도출 및 이론 발전 등의 다섯 가지의 핵심 원칙과 특징을 갖고 있다.

(1) 협력적 설계

DBR은 단순히 현장에서 실험하는 연구가 아니라 현장의 문제를 해결하고 이론을 발전시키는 것을 동시에 추구하는 실천 중심의 이론화 연구이다(Wang & Hannafin, 2005; Barab & Squire, 2004). 이 목적을 달성하려면 연구자 혼자서 모든 것을 설계할 수 없다. 연구자와 현장 교사 등 실천가가 한 팀을 이루어 문제를 정의하고 해결안을 함께 개발해야 한다. 그 이유는 연구자는 이론과 설계 원리에 대한 전문성을 가지고 있고, 실천가는 현장의 맥락, 학습자, 실행 가능성에 대한 깊은 지식을 가지고 있기 때문이다.

협력적 설계가 필요한 이유는, 첫째, 현실성 있는 설계를 확보하기 위해서이다. 연구자 혼자 만든 수업전략이나 프로그램은 현장 적용이 어려울 수 있고 연구자와 실천가가 함께 협력하면 현실에서 작동 가능한 실용적 해결책을 설계할 수 있다(Bell, 2004). 둘째, 맥락 감수성 확보 때문이다. 같은 수업전략이라고 해도 학교, 학급, 학습자에 따라 접근 전략이나 효과성이 달라지게 된다. 실천가와 연구자의 협력을 통해 구체적 맥락을 반영한 설계가 가능해진다(Cobb et al.,

표 3-1 협력적 설계 필요성

이유	설명
실천 가능성 확보	실제 수업, 조직 여건, 학습자 특성 등을 반영
맥락 반영	설계가 특정 현장에 적합하도록 조율 가능
지속적 개선	실행자 피드백을 통해 실시간으로 설계 조정
주인의식 및 확산	실천가의 공동 제작 참여 → 수용성과 확산 가능성 증가
상호 성장	연구자와 실천가 모두 전문성 향상

2003). 셋째, 지속적인 피드백과 개선을 위해서이다. DBR은 반복적 사이클이 핵심이기 때문에 실천가와 연구자의 협력을 통해 새로운 해결책을 현장에 적용한 후 피드백 자료를 수집하고 이를 적용한 새로운 개선한 전략을 바로 적용하기 위해서는 이들의 협력이 필수적이다. 넷째, 현장 수용성 및 확산 가능성 증가를 위해서이다. 실천가가 참여하여 함께 만든 설계는 실천가가 주인의식을 가지게 되어 실제 교육 현장에서 보다 적극적으로 수용하고 확산할 가능성이 높아진다. 다섯째, 연구자와 실천가 간 상호학습과 전문성 향상에 기여한다. 연구자는 현장을 더 잘 이해하게 되고, 실천가는 연구적 사고(이론, 근거 기반 설계 등)를 배우며 전문성 성장을 할 수 있게 된다(Bakker, 2018).

(2) 학습이론에 기반한 설계

DBR에서는 문제해결을 위한 개입 설계의 토대를 관련 이론에 기반을 두고 세운다(Sandoval, 2014). 이는 교육 현장에서 관찰되는 문제를 단순히 직관적으로 해결하려는 접근이 아니라, 학습에 대한 이론적 이해를 바탕으로 개입을 구성하고, 그 작동 메커니즘을 분석함으로써 이론적 통찰까지 도출하는 설계 방식을 의미한다. DBR에서 학습이론은 단지 설계의 배경지식이 아니라, 설계의 출발점이자 해석의 틀이 된다. 즉, 학습이론은 설계자가 '왜 이와 같은 개입이 학습에 효과적일 것인가?'를 설명할 수 있게 해 주는 이론적 기반이 되며, 설계의 타당성을 높이는 데 중요한 역할을 한다(Barab & Squire, 2004). 예컨대, 구성주의 이론에 기반한 수업 개입은 학습자가 스스로 의미를 구성할 수 있도록 탐구 중심의 활동을 제공하고, 사회적 구성주의 관점에서는 또래와의 상호작용이나 교사의 비계화를 설계에 반영한다. 이러한 이론적 근거는 단순한 수업활동이 아니라 명확한 설계 가설(design conjecture)을 가능하게 한다(Sandoval, 2014). 이처럼 DBR에서의 학습이론 기반 설계는 개입의 방향성을 제시할 뿐만 아니라, 반복적 사이클 속에서 얻어진 결과를 해석하고 개선하는 데 필요한 틀을 제공한다. 설계가 기대한 대로 작동하지 않았을 경우에도, 그 실패를 단순한 오류로 처리하지 않고, '어떤 이론적 가정이 현장 맥락에서 맞지 않았는가?'를 되묻는 방식으로 설계와 이론을 함께 정교화해 나갈 수 있게 한다. 따라서 학습이론은 DBR의 설계 · 실행 · 분석의 모든 단계에 깊이 관여하며, 연구 전체의 일관성과 학문적 가치를 확보하는 데 핵심적인 역할을 수행한다. 요컨대, 학습이론에 기반한 설계는 설계의 정당성 확보(왜 효과가 있는지 설명), 학습 효과 예측 가능(이론을 통해 어떤 메커니즘이 작동할지 가정 가능), 반복 설계 가능(설계가 실패하더라도 이론적 기반을 바탕으로 수정 가능), 일반화(유사한 이론적 구조를 가진 다른 맥락에도 설계 원리 전이 가능)의 효과를 가지고 있다.

(3) 실제 맥락에서 학습 성과 개선 지향

DBR은 단순히 새로운 교수법이나 교육 프로그램을 개발하는 데에만 그 목적을 두지 않는다. DBR은 현실 세계의 복잡한 교육 맥락 속에서, 실제 학습자의 성과를 향상시키는 것을 주요 목표로 한다(Barab & Squire, 2004; Wang & Hannafin, 2005). 이는 이론 검증이나 지식 축적도 중요하지만, 궁극적으로는 학습자의 학습 경험과 결과를 구체적으로 개선하는 데 기여하는 연구를 지향한다는 점에서 기존의 전통적 실험 연구와 구별된다. DBR은 통제된 실험실 환경이 아닌, 교실이나 교육기관과 같은 현장 맥락 속에서 연구가 수행되는 점이 특징이다. 이러한 맥락은 변인이 많고 예측 불가능한 상황이 수반되지만, 그만큼 실제 학습자에게 적용 가능한 실질적인 설계 해법을 도출할 수 있는 가능성을 내포하고 있다(Cobb et al., 2003). 즉, DBR은 단지 '무엇이 효과적인가?'를 밝히는 데 그치지 않고, '어떤 조건에서, 왜 효과적인가?'를 실제 맥락에서 실험하고 해석하려는 시도를 포함한다(Bakker, 2018). 이를 통해 교육 현장에서 지속적으로 실천 가능한 개입을 정교화하며, 반복적 실행을 통해 점진적으로 학습 성과를 향상시킬 수 있다. DBR은 학습자가 학습 과정에 어떻게 참여하는지, 어떤 방식으로 의미를 구성하는지, 그리고 이러한 과정이 학습자 개인의 성장과 공동체 내 상호작용에 어떠한 영향을 미치는지를 거시적 · 미시적 차원에서 통합적으로 이해하고자 한다. 따라서 DBR에서의 학습 성과는 양적 결과뿐 아니라 질적 경험을 포함하며, 그 해석 역시 정량적 지표에만 의존하지 않고 다각적 데이터 분석과 교육적 통찰을 통해 이루어진다. 결론적으로, DBR은 실제 교육 현장에서 실현 가능한 개입을 설계하고 실행함으로써 실제 학습자의 삶을 변화시키는 연구를 지향한다.

(4) 반복적 순환과정

DBR의 가장 중요한 절차적 특징 중 하나는 반복적 순환과정이다. 이는 개입의 설계와 실행이 단발성으로 끝나는 것이 아니라, 여러 차례의 실험과 피드백, 수정과 재설계를 통해 점진적으로 정교화되는 과정을 의미한다(Cobb et al., 2003; Sandoval, 2014). DBR에서의 반복은 단순한 반복이 아니라, 의도적이고 체계적인 반복이며, 매 반복은 연구자에게 중요한 학습 기회로 작용한다(Bakker, 2018). DBR의 순환과정은 일반적으로 다음과 같은 네 가지 주요 단계로 구성된다. 첫째, 문제 분석 및 이론적 근거 수립, 둘째, 개입 설계 및 실행, 셋째, 데이터 수집 및 평가, 넷째, 설계 수정 및 이론 정교화이다. 이러한 네 단계는 고정된 순서로 한 번만 실행되는 것이 아니라, 연구가 진행됨에 따라 여러 차례 반복적 루프를 형성하며 순환한다. 각 순환(cycle)은 이전 단계에서 얻은 통찰을 바탕으로 설계를 수정하고, 다시 실제 맥락에 적용하는 과정을 포함한다. 이처럼 디자인–실행–평가–성찰의 연속적 순환은 DBR의 본질적 구조라 할 수 있다(Wang & Hannafin, 2005). 반복적 순환이 중요한 이유는 교육 현장의 복잡성과 변화 가능성 때문이다. 어떤 교수 전략이나 학습 환경이 효과를 가지기 위해서는 맥락에 따라 조율되어야 하며, 초기 설계는 언제나 불완전한 가설일 수밖에 없다. 따라서 한 번의 적용만으로는 그 설계가 최적의 효과를 낼 수 있는지 판단하기 어렵고, 지속적인 피드백과 조정이 필요하다. DBR은 이를 가능하게 하기 위해 설계와 실행을 하나의 닫힌 루프가 아닌, 열린 탐구과정으로 간주한다. 이러한 반복은 단지 설계를 개선하기 위한 기술적 행위가 아니라, 이론을 실천으로 연결하고, 다시 실천을 통해 이론을 정교화해 나가는 과정이라는 점에서 중요하다. 즉, 반복적 순환은 DBR이 지향하는 실천과 이론의 상호진화적 관계를 실현하는 핵심 구조이다. 각 사이클은 단지 결과를 평가하는 데 그치지 않고, '무엇이 효과적인가?'뿐 아니라 '왜, 어떻게 그것이 효과를 발휘했는가?'를 묻는 해석적 성찰의 기회를 제공한다.

(5) 설계 원리 도출 및 이론 발전

DBR은 단순한 교육 프로그램의 효과 검증이나 개입 실험을 넘어, 설계의 근거가 되는 원리를 도출하고, 이를 바탕으로 새로운 이론을 정교화하거나 발전시키는 것을 중요한 목적 중 하나로 삼는다(Barab & Squire, 2004; Sandoval, 2014). DBR에서의 설계는 연구자가 일회성으로 만들어 내는 완성된 산물이 아니라, 맥락에 기반하여 조정 가능하고 반복을 통해 진화해 가는 실천적 구조물이다(Bakker, 2018). 따라서 DBR의 결과는 '이 설계가 효과가 있었는가?'에 머물지 않고, '이 설계는 왜 효과적이었는가?', '어떤 조건에서 효과가 있었으며, 그것은 다른 맥락에서도 유효할 수 있는가?'와 같은 보다 근본적인 질문으로 확장된다. 이러한 과정 속에서 도출되는 것이 바로 설계원리(design principles)이다. 설계원리는 특정 맥락에서의 교육 개입 경험과 데이터를 기반으로 하여, 유사한 교육 문제나 맥락에 적용 가능한 일반화된 설계 지침이다. 예컨대, 협동학습을 설계하는 DBR 연구에서, 반복적 실행을 통해 '학습자 간의 역할이 명확히 분배되고, 공동목표에 대한 정체성이 형성될 때 협동학습의 효과가 극대화된다'는 경험적 사실이 도출된다면, 이것은 단지 그 수업에 대한 평가를 넘어 '협동학습 설계 시 고려해야 할 핵심 원리'로 정리될 수 있다. 이러한 설계원리는 단순한 실천적 팁이나 노하우 수준을 넘어서, 이론화 가능한 지식의 단위로 작용한다. DBR은 반복적 설계와 분석을 통해 이 설계원리들이 어떻게 작동하는지, 어떤 상황에서 성공하거나 실패하는지를 검토하며, 그 의미를 이론적 프레임워크 안에서 재해석한다. 다시 말해, DBR은 현장 중심의 설계를 통해 이론을 실천으로 전개하고, 그 실천을 바탕으로 다시 이론을 수정하고 확장하는 상호변증법적 과정을 지닌다. 결론적으로, DBR에서의 설계원리 도출과 이론 발전은 현장 실천과 학문적 탐구를 잇는 다리 역할을 수행한다(The Design-Based Research Collective, 2003). 설계는 단지 효과적인 교육 도구를 만드는 데 그치지 않고, 교육 현상을 이해하는 새로운 틀을 형성하며, 이론은 고정된 진리가 아니라 설계를 통해 살아 움직이며 변화하는 존재로 자리매김하게 된다. 따라서 DBR은 교육의 개선과 동시에 학문의 발전에 기여하는 이론적 · 실천적 이중 임무를 수행하는 고유한 연구 접근이라 할 수 있다.

2. 다른 연구방법과 비교

1) 실험연구와 차이

DBR과 실험연구(experimental research)는 모두 교육적 개입의 효과를 검토하고 개선을 도모한다는 점에서 공통점을 갖지만, 연구의 철학적 지향, 설계 방식, 실행 환경, 그리고 해석 방식에 있어 뚜렷한 차이를 보인다(Wang & Hannafin, 2005; Barab & Squire, 2004). 특히 DBR은 실제 교육 현장에서 복잡한 맥락을 고려하며 설계를 정교화하는 연구인 반면, 실험연구는 통제된 조건하에서 변수 간의 인과관계를 밝히는 연구로 구분된다(Bell, 2004).

첫째는 연구철학과 접근 방식에서 차이가 있다. 전통적인 실험연구는 실증주의(positivism)에 기반하여, 독립변인과 종속변인의 관계를 통계적으로 분석하고, 명확한 인과관계를 도출하는 것을 주요 목표로 한다(The Design-Based Research Collective, 2003). 연구자는 가설을 설정하고, 이를 검증하기 위한 엄격한 설계(예: 무작위 할당, 통제집단 구성 등)를 수립하여 변수의 통제와 내적 타당도 확보에 집중한다. 반면, DBR은 구성주의적(constructivist) 또는 실천적(pragmatic) 관점에서 출발하여, 복잡한 실제 교육환경에서 새로운 설계 아이디어를 시험하고 정제하는 과정을 통해 이론적 통찰과 실천적 해법을 동시에 모색한다(Barab & Squire, 2004; Sandoval, 2014). DBR은 변화하는 교육 현장의 맥락과 사용자 요구에 유연하게 반응하는 맥락 중심(context-sensitive) 접근으로, 실험실적 통제보다는 적응적 설계와 성찰에 초점을 둔다.

둘째, 설계 및 실행 환경에서 차이가 있다. 실험연구는 대부분 실험실 혹은 유사 통제 환경에서 수행되며, 외생변인의 영향을 최소화하기 위해 연구 조건을 엄격하게 설정한다. 예를 들어, 두 집단 간 비교를 위한 전통적 실험에서는 모든 조건을 동일하게 유지하고 오직 하나의 독립변인만을 변화시켜 그 효과를 측정한다. 반대로 DBR은 복잡하고 동적인 실제 교육 현장에서 진행되며, 설계 개입은 변화 가능한 환경과 상호작용한다(Wang & Hannafin, 2005). 즉, DBR은 통제가 아닌 조정과 개입의 조율을 전제로 하며, 학습자, 교사, 환경, 기술 등 다양한 요인이 상호작용하는 상황 속에서 설계가 어떻게 작동하는지를 관찰한다. 이에 따라 DBR은 현실성(ecological validity)이 높고, 설계가 실제 적용 가능한 형태로 정제된다(Bakker, 2018).

셋째, 연구 목적과 결과의 성격에서 차이가 있다. 실험연구의 주된 목적은 특정 개입의 효과성을 입증하고, 그 효과가 통계적으로 유의미한지를 판단하는 것이다. 예를 들어, 어떤 교수전략이 학업성취에 미치는 영향을 파악할 때, 실험연구는 사전-사후 검사를 실시하고 평균 차이를 통계적으로 검증한다. 이 경우 핵심은 'A 전략이 B보다 효과적인가?'라는 인과적 추론(causal inference)에 있다. DBR은 단순한 효과 검증을 넘어서, '어떻게 하면 개입이 더 효과적으로 작동할 수 있는가?', '어떤 조건하에서 학습이 잘 이루어지는가?'를 탐구하며, 개입의 반복적 실행을 통해 설계 원리와 작동 메커니즘에 대한 이해를 심화시킨다. 따라서 DBR의 결과는 효과 유무를 넘어서, 설계의 과정, 그 과정에서의 조정, 참여자 반응, 맥락적 요인의 역할 등을 포함한 풍부한 질적·양적 분석으로 구성된다(Bakker, 2018).

넷째, 자료 수집 및 분석 방법에서 차이가 있다. 실험연구는 대부분 정량적 자료에 기반하여, 수치화 가능한 데이터를 수집하고 통계적으로 분석한다. 반면, DBR은 혼합방법(mixed methods)을 적극적으로 사용한다. 정량적 도구(시험, 로그데이터, 설문)뿐만 아니라, 정성적 도구(관찰, 면담, 반성저널, 영상기록 등)를 함께 활용하여 개입이 작동하는 과정과 그 효과의 의미를 다각도로 분석한다. 이러한 접근은 복잡한 학습현상을 보다 심층적으로 이해하고, 단순 수치 이상의 해석적 통찰을 가능하게 한다(Collins, Joseph, & Bielaczyc, 2004).

다섯째, 반복성과 설계 개선의 유무에서 차이가 있다. 실험연구는 일반적으로 단일 시행(single shot)으로 연구가 종료되며, 동일한 개입을 반복하더라도 그 구조나 조건은 변화시키지 않는다. 이는 통제와 비교를 중시하는 실험 설계의 특성 때문이다. DBR은 반복적 순환과정(iterative cycles)을 핵심 구조로 한다(Sandoval, 2014; The Design-Based Research Collective, 2003).

표 3-2 설계기반연구와 실험연구 비교

항목	설계기반연구	실험연구
철학적 기반	구성주의, 실천주의	실증주의, 인과론
실행 환경	실제 교육 현장	통제된 실험 환경
설계 전략	유연한 설계 조정, 반복적 수정	고정된 실험 처치, 조건 통제
목적	설계 정교화, 작동 원리 탐색, 이론화	개입의 효과 검증, 인과관계 확인
데이터 활용	혼합방법(정성+정량)	주로 정량 분석
반복 구조	반복적 사이클 기반	일반적으로 단일 시행
결과 유형	설계 원리, 이론적 시사점, 맥락적 해석	효과성 수치, 통계적 유의성
일반화 방식	맥락 기반 전이, 설계 지침 공유	표집 기반 일반화, 통계적 확률 추론

설계를 실행하고, 데이터를 수집하며, 그 결과를 바탕으로 개입을 수정하고 다시 적용하는 과정을 여러 차례 반복하면서 설계를 정교화한다. 이 과정에서 설계는 점차 현장에 적합하게 발전하며, 개입이 갖는 이론적 기여도 함께 형성된다. 반복성은 DBR이 단순한 검증이 아닌, 지속적인 설계 학습(design learning)을 지향한다는 점을 보여 준다(Bakker, 2018).

2) 실행연구와 차이

DBR과 실행연구(action research)는 모두 교육 현장의 실제 문제를 해결하는 데 목적을 둔 실천지향적 연구방법론으로, 전통적인 실험연구와 달리 맥락의 복잡성과 참여자의 주체성을 중시한다는 공통점을 가진다(McNiff & Whitehead, 2010; The Design-Based Research Collective, 2003). 두 접근은 모두 반복적이며 순환적인 특성을 갖고 있고, 연구자와 실천가(예: 교사)의 협력적 참여를 강조하며, 교육 실천을 개선하고자 하는 강한 실천적 목적성을 공유하고 있다. 하지만 이러한 유사성에도 불구하고, DBR과 실행연구는 연구 목적, 이론적 지향, 산출물, 참여 구조 등에서 중요한 차이를 보인다.

첫째, 연구 목적에서 차이가 있다. 실행연구는 본질적으로 실천가 자신의 수업이나 교육 실천을 개선하는 데 목적을 둔다(Carr & Kemmis, 1986). 즉, 교사가 자신의 수업을 반성하고 변화시키는 과정에서, 문제를 발견하고 해결 방안을 탐색하며, 이를 실천하고 성찰하는 주체가 되는 자율적 연구 형태이다. 실행연구는 실천가의 전문성 향상과 현장 중심의 실질적 개선을 강조하며, 연구의 산출물 역시 개인의 실천에 국한되는 경우가 많다. 반면, DBR은 특정 맥락의 문제해결을 넘어, 설계 원리나 이론적 지식의 생성을 통해 보다 일반화 가능한 교육 개입의 설계 원칙을 도출하려는 학문적 목적을 함께 지닌다(Barab & Squire, 2004). 즉, DBR은 실천의 개선뿐만 아니라 이론의 발전이나 재구성이라는 학문적 기여도 함께 추구하며, 산출물 또한 개인적 성찰을 넘어서 공유 가능한 설계 지식과 설명 가능한 메커니즘을 포함한다.

둘째, 이론적 기반의 사용 여부에서 차이가 있다. DBR은 이론적 기반 위에서 개입을 설계하고, 그 이론이 실제 현장에서 어떻게 작동하는지를 탐구한다. 즉, 설계는 단순한 직관이나 경험에 의존하는 것이 아니라, 명시적인 학습이론 혹은 설계 프레임워크에 근거하며, 이를 실제 맥락에서 실행하고 평가함으로써 이론의 타당성을 검토하거나 정교화해 나간다. 반대로, 실행연구는 반드시 이론에 기반할 필요는 없다. 물론 이론을 참고할 수는 있지만, 실천가의 경험과 문제의식이 설계를 주도하는 경우가 많으며, 결과의 해석도 현장 맥락에 특화된 의미를 중심으로 이루어진다(McNiff & Whitehead, 2010). 다시 말해, 실행연구는 이론보다는 실천과 경험의 반성적 개선을 중심에 둔다.

셋째, 참여자의 역할과 관계 구조에서 차이가 있다. DBR에서는 연구자와 실천가(예: 교사)가 동등한 협력자(co-designer)로 참여한다. 연구자는 이론적·방법론적 전문성을, 실천가는 맥락에 대한 실천적 전문성을 가지고 공동으로 개입을 설계하고 실행하며, 그 결과를 함께 분석한다(Bell, 2004). 이러한 관계는 상호 존중과 역할의 분화를 전제로 한 협력적 연구 모델이다. 반면, 실행연구에서는 실천가 자신이 연구자이자 실행자이다. 교사 한 사람이 연구를 기획하고 실행하며, 반성적으로 성찰하는 전 과정을 주도하는 형태가 많다(Cochran-Smith & Lytle, 1993). 외부 연구자나 동료가 참여할 수는 있지만, 전반적인 주체성은 실천가에게 있다. 이로 인해 실행연구는 자율성과 자기 주도성이 강조되며, 내적 동기와 실천적 목적이 핵심 동력으로 작용한다.

넷째, 연구 과정과 산출물에서 차이가 있다. 실행연구는 일반적으로 다음의 순환적 절차를 따른다: 문제 인식 → 계획 → 실행 → 관찰 → 성찰 → 재계획 → 실행(반복). 이러한 순환은 비교적 소규모이며, 한 명의 교사와 한 학급을 중심으로 진행되는 경우가 많고, 결과는 개인의 실천 변화나 전문성 향상을 중심으로 기술된다(McNiff & Whitehead, 2010). DBR 역시 순환적 과정(설계 → 실행 → 평가 → 성찰 → 재설계)을 갖지만, 그 범위와 목적이 보다 포괄적이다. DBR의 반복은 개입을 점진적으로 정교화하면서, 설계의 작동 메커니즘에 대한 이해, 개입의 효과성 검증, 설계 원리 도출, 이론 정교화 등 다양한 산출을 동시에 추구한다. 산출물은 학술적으로 공유 가능한 수준의 설계 지침, 설계기반 이론, 일반화 가능한 지식 단위를 포함하며, 그 결과는 후속 연구나 다른 맥락에의 적용 가능성도 고려된다.

다섯째, 일반화 가능성과 학문적 기여에서 차이가 있다. 실행연구는 본질적으로 특정 맥락에

표 3-3 설계기반연구와 실행연구 비교

항목	설계기반연구	실행연구
주요 목적	실천 개선+이론 발전	실천 개선 및 성찰
이론 기반	필수(설계와 해석에 반영)	선택적(경험 중심 설계 가능)
참여 구조	연구자-실천가 협력	실천가 주도
반복 구조	반복적 설계 실험을 통한 개입 정교화	실행-성찰 중심의 주기적 개선
산출물	설계원리, 이론, 일반화 가능 지식	실천 변화, 개인 전문성 성장
일반화 가능성	중간 수준 이론으로의 확장 가능	맥락 제한적, 일반화 어려움
학문적 기여	이론 정교화 및 설계 원리 축적	실천적 통찰, 자율성 증진

최적화된 문제해결을 추구하기 때문에, 연구 결과의 일반화 가능성은 상대적으로 낮다. 오히려 실행연구는 '내가 처한 상황에서 의미 있는 변화'를 목표로 하며, 학문적 일반화보다 실천적 의미와 개인적 성장에 가치를 둔다(Carr & Kemmis, 1986). 반면, DBR은 특정 맥락에서 출발하더라도, 그 과정을 통해 도출된 설계 원리와 이론적 함의를 다른 유사 맥락에도 전이 가능한 지식으로 발전시키고자 한다. DBR의 반복적 실험과 분석은 결과의 외적 타당도를 강화하며, 연구자들은 이를 통해 실천과 이론을 연결하는 중간 수준 이론(mid-range theory)을 형성할 수 있다.

3) 혼합연구와 차이

DBR과 혼합연구(Mixed Methods Research, 이하 MMR)는 모두 현대 교육 연구에서 점점 더 중요성이 부각되고 있는 접근들이다. 두 연구는 복잡한 교육 현상에 대한 풍부한 이해를 추구하며, 양적 · 질적 자료를 유기적으로 활용한다는 점에서 겉으로 보기에 유사해 보이지만, 그 철학적 기초, 연구 목적, 설계 구조에 있어 중요한 차이를 지닌다(Collins et al., 2004; Sandoval, 2014). 무엇보다 DBR은 전체적인 연구 접근법(approach)이며, 혼합연구는 자료 수집과 분석을 위한 전략(methods)이라는 점에서 서로 다른 수준의 개념이다. 하지만 이 둘은 상호보완적이고 통합 가능한 관계에 있으며, 많은 DBR 연구가 실제로 혼합연구의 전략을 채택하고 있다.

첫째, 개념과 범주에서 차이가 있다. 혼합연구는 질적연구와 양적연구의 장점을 통합하여, 하나의 연구 문제에 대해 보다 심층적이고 통합적인 이해를 얻고자 하는 방법론이다. 혼합연구는 크레스웰 등(Creswell & Plano Clark, 2011)의 정의에 따르면, '질적 및 양적 데이터의 수집, 분석, 해석을 단일 연구에 통합하는 것'을 핵심으로 한다. 즉, 혼합연구는 어떤 현상을 '어떻게'와

'왜' 이해할 것인가를 동시에 추구하는 전략적 접근이다. 반면, DBR은 복잡한 교육 문제를 해결하면서 동시에 이론을 발전시키는 연구 접근법이다(Wang & Hannafin, 2005). 개입 설계, 반복 실행, 현장 중심 평가, 설계원리 도출 등 전체적인 연구 설계와 목적을 포괄하는 상위 수준의 틀로, 하나의 포괄적 접근(paradigm)에 가깝다. 따라서 DBR은 연구의 목적과 구조를 정의하고, 혼합연구는 그 구조 속에서 데이터를 수집하고 해석하는 수단으로 통합될 수 있다.

둘째, 연구 목적과 초점에서 차이가 있다. 혼합연구의 핵심 목적은 상호 보완성(complementarity)이다. 양적 방법으로는 파악하기 어려운 맥락적 요소를 질적 방법으로 보완하고, 질적 결과의 확장성과 일반성을 양적 데이터로 입증하는 방식으로 서로의 약점을 보완한다(Creswell & Plano Clark, 2011). 예컨대, 학습자 참여 정도를 수치로 측정하는 동시에, 참여 동기의 질적 양상을 인터뷰를 통해 파악하는 식이다. DBR의 주요 목적은 설계 개입의 실제 작동 방식과 그로부터 유도되는 설계 원리 및 이론을 탐구하는 것이다(Barab & Squire, 2004). 즉, DBR의 초점은 '무엇이 효과적인가?'를 넘어서 '왜, 어떻게 그것이 효과적인가?'에 대한 실천적 · 이론적 통찰을 추구한다. 이러한 과정에서 다양한 데이터가 활용되지만, 목적은 데이터 자체의 통합이 아니라 설계의 정교화와 이론화에 있다.

셋째, 결과 및 산출물에서 차이가 있다. 혼합연구는 연구 문제에 따라 양적 결과와 질적 결과의 상호보완적 통합을 통해 현상의 다면적 이해를 도출하는 것을 목표로 한다. 예를 들어, 학생들의 학업성취도 차이가 통계적으로 유의미하다는 양적 결과와 함께, 학습자 경험이나 감정 상태에 대한 질적 해석이 병행되어 보다 풍부한 해석이 가능해진다. DBR의 산출물은 개입의 효과성 평가를 넘어서, 설계 원리(design principles), 작동 메커니즘에 대한 이론적 설명, 현장 중심의 실행 전략, 그리고 학습이론의 정교화 등이다(Collins et al., 2004). 다시 말해 DBR은 단지 복합 데이터를 통합 분석하는 데서 그치는 것이 아니라, 현장의 실행을 위한 설계 지식과 학문적 이론을 연결하는 결과물을 생성하는 데 초점을 둔다.

넷째, 실제로 많은 DBR 연구는 혼합연구방법을 하위 전략으로 포함하고 있다. 예를 들어, 한 DBR 사이클에서는 개입의 효과를 사전-사후 검사를 통해 양적으로 측정하면서, 동시에 학습자 인터뷰, 교사 저널, 수업 관찰 등의 질적 데이터를 통해 학습 경험을 해석한다. 이러한 통합은 설계가 어떤 조건에서 어떤 방식으로 작동했는지를 풍부하게 설명해 주며, 설계 원리 도출 및 이론적 설명에 기여한다. 따라서 DBR과 혼합연구는 경쟁적인 방법론이 아니라 상호보완적이며, 실제 연구 설계에서는 병행 적용이 매우 효과적이다. 특히 복잡한 교육 현상, 기술 기반 학습, 사회정서적 학습 등 다양한 변인이 얽힌 연구에서 이 둘의 결합은 실증성과 해석성을 동시에 확보할 수 있는 강력한 전략이 된다(Collins et al., 2004).

표 3-4 설계기반연구와 혼합연구 비교

항목	설계기반연구	혼합연구
개념 범주	연구 접근(approach)	연구 전략(methods)
주 목적	설계 개선, 설계 원리 도출, 이론 발전	양 · 질적 데이터 통합을 통한 현상 이해
실행 구조	반복적 설계-실행-평가 사이클	정해진 순차적/동시적 수집 및 분석
이론 기반	필수(설계기반 이론)	선택적(탐색적/설명적 목적)
데이터 활용	정성+정량(혼합 활용 필수 아님)	정성+정량(통합이 핵심 목적)
산출물	설계 원리, 이론 정교화, 교육 실행 전략	통합적 이해, 보완적 설명
일반화	맥락 기반 전이 가능, 중간 수준 이론	사례 중심 해석, 제한적 일반화 가능

3. 강점과 한계

DBR은 복잡한 실제 교육 맥락에서 개입을 설계하고 실행하며, 반복적인 실험과 분석을 통해 설계 원리를 정제하고 이론을 정교화해 나가는 접근으로 전통적인 실험 연구나 질적 사례 연구와는 구별되는 독특한 장점을 지닌다. 그러나 동시에 DBR은 그 접근의 복합성과 맥락 의존성으로 인해 몇 가지 실질적 한계와 도전 과제도 함께 안고 있다.

DBR의 강점은, 첫째, 이론과 실천을 연결하는 다리의 역할을 한다. DBR은 이론이 실제 교육 현장에서 어떻게 작동하는지를 설계와 실행을 통해 실험하며, 동시에 현장에서의 실천 경험을 통해 이론을 정교화한다. 이를 통해 실천 기반 이론(practice-based theory)의 생성이 가능하며, 단순한 추상적 논의에 머물지 않고 구체적인 설계 원리와 실행 전략으로 귀결된다. 이로써 DBR은 교육학에서 오랫동안 제기되어 온 이론-실천 간의 간극을 효과적으로 메우는 다리 역할을 수행한다(Cobb et al., 2003; Sandoval, 2014). 둘째, 현실성 높은 결과를 산출한다. DBR은 복잡하고 통제가 어려운 실제 교육 환경에서 수행되기 때문에, 연구 결과가 현장에 적용 가능하고 실행 가능한 형태로 산출된다. 이는 전통적인 실험실 기반 연구에 비해 맥락적 타당도(ecological validity)가 높다는 점에서 실천 현장의 수용 가능성을 높인다(Barab & Squire, 2004; Bell, 2004). 특히 교사, 학습자, 제도 등의 복합적인 요인을 고려한 설계와 분석을 통해 실제 수업 개선에 직결되는 지식이 생성된다. 셋째, 반복적 개선을 통한 설계를 정교화한다. DBR은 반복적(iterative) 순환과정을 통해 설계안을 지속적으로 수정 · 보완하며 완성도를 높인다. 초기 설계의 문제점이나 예상치 못한 변수들은 각 사이클의 실행과 분석을 통해 드러나고, 다음 설계에 반영되면서 현장에 더 적합하고 효과적인 개입으로 진화해 간다. 이는 단기적 평가를 넘어 지속적 교육 혁신을 실현하는 구조를 가능하게 한다. 넷째, 다양한 데이터를 통합적으로 분석한다. DBR은 개입의 효과와 작동 메커니즘을 분석하기 위해 양적(정량) 자료와 질적(정성) 자료를 통합적으로 활용한다. 이는 개입의 결과뿐 아니라 그 과정을 심층적으로 이해할 수 있게 하며, 설계가 어떻게 작동했는가에 대한 다면적인 해석을 가능하게 한다. 이러한 혼합적 분석은 교육 현상의 복잡성을 포착하고 설계 원리를 보다 풍부하게 도출하는 데 기여한다. 다섯째, 실천가의 역량강화와 공동학습의 효과가 있다. DBR은 연구자와 실천가(예: 교사)가 협력하여 연구를 수행하기 때문에, 실천가는 단순한 실행자가 아니라 공동 설계자(co-designer)로서의 정체성을 가지게 된다(Bakker, 2018; Penuel, Roschelle, & Shechtman, 2007). 이 과정에서 실천가는 자신의 교육 실천을 성찰하고 이론적 사고를 접하는 기회를 갖게 되며, 이는 교사의 전문성 향상 및 실행력 강화로 이어진다. 연구자 또한 현장을 더 깊이 이해하게 되므로, 양측 모두에게 학습적 성장의 기회가 된다.

하지만 DBR은 다음과 같은 한계도 가지고 있다. 첫째, 시간과 자원에서 부담을 가지고 있다. DBR은 설계와 실행을 여러 사이클에 걸쳐 반복하며, 각 사이클마다 데이터 수집과 분석, 설계 개선을 포함하기 때문에 연구 기간이 장기화되고 자원 소모가 크다(Bakker, 2018; Wang & Hannafin, 2005). 이는 개별 연구자가 수행하기 어려운 구조이며, 팀 기반 연구나 외부 자원의 확보가 요구된다. 일정 관리, 이해관계자와의 협력, 반복 설계 문서화 등 다양한 과제가 수반된다. 둘째, 연구 설계의 복잡성과 유연성을 요구하고 있다. DBR은 고정된 연구 프로토콜에 따라 움직이지 않으며, 상황에 따라 설계를 수정하고 연구 절차를 조정하는 유연한 실행 능력이 필요하다. 이는 연구자가 동시에 설계자, 실행자, 분석자, 협력자의 역할을 수행해야 함을 의미하며, 높은 수준의 전문성과 메타인지적 역량을 요구한다. 경험이 부족한 연구자에게는 연구의 통제력 확보가 어려울 수 있다. 셋째, 인과적 검증의 한계를 가지고 있다. DBR은 복잡한 맥락에서 수행되기 때문에, 특정 개입의 효과가 정확히 어떤 요인에 의해 발생했는지에 대한 인과관계를 명확화하기 어렵다. 실험연구처럼 외생변인을 통제하거나 비교집단을 설정하지 않는 경우가 많으며, 이에 따라 내적 타당도(internal validity) 측면에서 비판을 받기도 한다(Maxwell, 2004). 이를 보완하기 위해서는 다양한 자료의 삼각검증(triangulation)과 해석의 투명성이 필요하다. 넷째, 결과의 일반화에 한계를 가지고 있다. DBR은 특정 맥락에서의 실천을 기반으로 수행되므로, 그 결과가 다른 맥락에도 똑같이 적용될 수 있는지에 대한 일반화에는 제한이 있다. DBR에서 도출된 설계 원리는 유연한 지침으로 사용될 수 있으나, 이는 맥락적 요소를 고려한 재해석과 변형이 전제되어야 한다. 따라서 결과를 보편적 이론으로 확장하는 데에는 추가적인 연구 축적이 필요하다. 다섯째, 연구 결과 보고에 어려움이 있다. DBR은 반복적인 설계 과정, 다층적 데이터 분석, 협력 과정 등 포괄적인 연구 내용을 포함해야 하기 때문에, 결과를 정리하고 보고하는 데 복잡성이 높다. 특히 학술 논문에서는 제한된 분량과 형식 속에서 DBR의 과정을 명확하게 전달하기 어려운 경우가 많으며, 연구자들은 보고서 작성의 전략성과 구성 능력이 요구된다. 또한 학계에서의 방법론적 인식 부족으로 인해 평가 기준이 명확하지 않은 점도 도전 과제 중 하나이다.

4. 설계기반연구의 절차

DBR의 절차는 학자들마다 약간의 차이는 있으나, 일반적으로 다음과 같은 5단계 구조로 정리된다. ① 문제 분석 및 이론적 틀 구축 → ② 설계(design) → ③ 실행(intervention) → ④ 평가 및 분석(evaluation) → ⑤ 성찰 및 설계 수정(redesign and reflection)(Bakker, 2018; Sandoval, 2014; Wang & Hannafin, 2005). 이 과정은 선형적 · 일회성으로 진행되는 것이 아니라, 필요에 따라 여

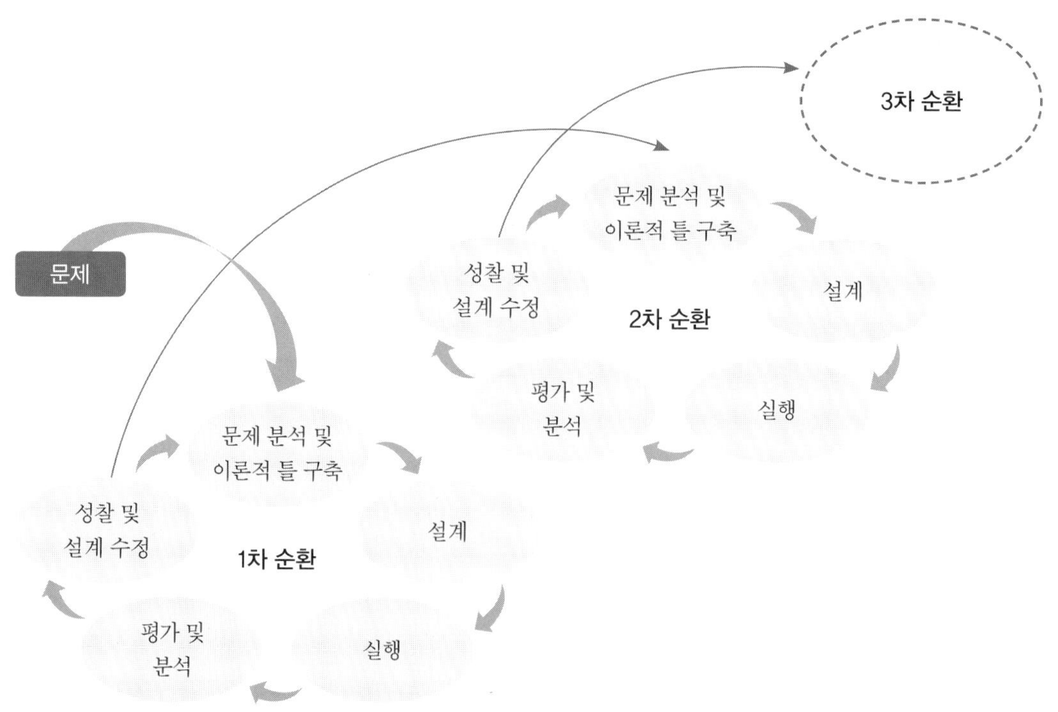

[그림 3-1] 설계기반연구의 절차

러 번 반복되는 순환 구조를 가진다.

1) 문제 분석 및 이론적 틀 구축

DBR의 첫 번째 단계는 문제 분석 및 이론적 틀 구축(problem analysis and theoretical framework development) 단계라 불린다. 이 단계는 연구의 방향성과 정체성을 결정짓는 핵심적인 단계로, 교육 현장에서 나타나는 실천적 문제를 단순한 현상으로 접근하는 것이 아니라, 이론적 틀 속에서 의미화하고 분석함으로써 교육 개입의 설계 방향을 명확히 설정하는 작업을 포함한다.

(1) 문제 인식: 현장 중심의 출발

DBR은 반드시 실제 교육 현장의 요구나 문제에서 출발한다. 이때 '문제(problem)'란 단순한 결함이나 오류가 아니라, 교육적 가치에 기반하여 개선이 필요하다고 판단되는 교육 실천의 지점을 의미한다. 예를 들어, 교실 내 학생 간 상호작용의 부족, 지역사회와 단절된 수업 내용, 학습자의 사회참여 역량 미흡, 수업 내용과 삶의 연결성 부족 등과 같은 문제 등이 인식될 수 있다. 이러한 문제는 교사, 학생, 행정가, 정책 담당자 등 다양한 이해관계자의 경험과 진술을 바탕으로 도출된다. 따라서 문제 인식 과정은 교육 현장과의 적극적인 상호작용을 통해 진행되어야 하며, 참여자 인터뷰 및 포커스 그룹, 수업 관찰 및 일지 분석, 정책 분석 및 요구조사, 문헌 기반 진단 및 기존 연구의 한계 검토 등의 방법을 활용할 수 있다.

(2) 문제의 이론적 해석: 단순 현상을 이론적 탐구 대상으로 전환하기

DBR에서의 문제는 단순히 '무엇이 잘못되었는가?'를 찾는 것이 아니라, 그 문제가 왜 발생했고, 어떻게 해결될 수 있는가에 대해 이론적으로 성찰하는 것을 전제로 한다. 따라서 이 단계에서는 연구자가 다음과 같은 활동을 수행해야 한다.

- 문제를 설명할 수 있는 관련 이론 탐색
- 문제와 연결되는 선행연구 조사
- 기존의 설계 모델 또는 교수-학습이론과의 연결
- 다양한 이론적 관점 간의 비교 분석

예컨대, 학습자의 낮은 참여도라는 문제를 해결하려면, 단순히 활동 수를 늘리는 차원이 아니라 동기이론, 자기결정성이론(SDT), 감성지능이론, 사회구성주의 이론 등 다양한 틀을 활용하여 문제의 구조를 심층 분석해야 한다. 이 과정을 통해 이론에 기반한 문제 진단 → 가설적 해결 방향 설정으로 이어지는 것이 핵심이다. 이를 통해 DBR은 이론적으로 정당화된 설계를 가능하게 하며, 연구 결과를 통해 이론의 정교화 또는 확장이라는 학문적 기여를 할 수 있게 된다.

(3) 연구 목적 및 질문 수립

문제 분석과 이론적 고찰을 바탕으로, DBR 연구의 목적과 질문을 구체화해야 한다. 이때 DBR의 목적은 '효과 있는 개입 설계'뿐 아니라, 그 설계가 어떤 원리로 작동하는지를 탐색하고 이를 이론적으로 설명하는 것에 있다. 따라서 연구 질문은 다음과 같은 특징을 가져야 한다.

- 개입의 효과성 탐색(예: 이 수업은 학습자의 공감능력 향상에 효과적인가?)
- 개입의 작동 메커니즘 분석(예: 공감 기반 활동은 어떻게 사회적 책임감을 촉진하는가?)
- 설계 개선을 위한 요인 탐색(예: 어떤 요소가 학습자의 참여를 유도하는가?)

이러한 연구질문은 DBR의 다음 단계(설계 및 실행, 평가, 수정)에 지속적으로 영향을 주며, 반복적 순환 사이클의 기준점 역할을 한다.

(4) 설계 가설 및 개입 방향 설정

마지막으로, 문제 분석과 이론 탐색 결과를 바탕으로 초기 설계 가설(hypothetical design conjecture)을 수립한다. 이 설계 가설은 '이 개입이 효과를 낼 수 있는 이유'를 설명하는 이론적 추론과 실천적 설계의 연결고리이다. 예를 들어, '사회적 이슈 중심 수업은 공감적 참여를 유도하고, 이는 학습자의 사회적 책임 의식을 강화한다.', '집단문제해결 방식은 학생의 자기효능감을 증진시키며, 이는 지속적인 학습 몰입을 유도한다.' 이러한 설계 가설은 이후의 개입 설계 단계에서 구체적인 수업 형태, 활동 방식, 도구 설계 등에 영향을 미치게 된다.

2) 설계: 이론에 근거한 실천의 구체화

DBR의 두 번째 단계는 이론적 기반과 문제 분석을 바탕으로 구체적인 교육 개입을 설계하는 단계이다. 이는 앞 단계에서 설정된 문제 상황에 대한 진단과, 이를 설명하고 해결하고자 하는 이론적 틀을 바탕으로, 실행 가능한 교수-학습 전략, 활동 구조, 도구 및 환경을 실질적인 형태로 구성하는 과정이다. 이 단계는 DBR의 '디자인(design)'이라는 명칭에 가장 잘 부합하는 과정으로, 연구자와 실천가가 협력하여 교육 현장에서 실제로 실행 가능한 설계물을 창조해 내는 핵심적 실행 구간이다.

(1) 설계의 원칙

DBR의 설계는 단순한 아이디어의 구현이 아니라, 반드시 이론에 근거한 설계 원칙(theory-informed design principles)에 기반해야 한다. 이론이 단지 배경지식으로 머무는 것이 아니라, 설계의 방향성과 핵심 전략을 도출하는 근거와 논리의 역할을 수행하는 것이다. 예를 들어, 자기결정성이론(self-determination theory)에 근거한다면 설계는 자율성, 유능감, 관계성을 증진하는 활동으로 구성되어야 하며, 사회구성주의 이론에 기반한 설계는 사회적 상호작용, 공동 문제해결, 맥락화된 학습을 촉진하는 구조로 이어져야 한다. 이렇듯 DBR의 설계는 이론적 추론과 실천적 가능성의 균형 위에 구축된다.

(2) 설계의 구체화: 개입의 구조와 요소 구성

이론적 설계 원칙을 토대로 실제로 수업이나 프로그램을 구성하는 단계에서는 다음과 같은 요소들이 포함된다.

- 학습 목표: 단순한 지식 이해를 넘어, 행동적 변화, 사회적 참여, 가치 내면화 등을 포함한 다차원적 목표 설정
- 학습 내용: 실제 문제, 사회적 이슈, 지역사회 사례 등 맥락에 기반한 진짜 문제(real-world problem)를 중심으로 구성
- 학습 활동: 프로젝트 기반 학습(PBL), 디자인 싱킹, 리빙랩 접근, 시뮬레이션 등 참여 중심 학습 전략 설계
- 학습 도구 및 자료: 디지털 플랫폼, 피드백 시스템, 협업 도구 등 기술 및 매체 환경을 포함한 도구 설계
- 교사 및 학습자의 역할: 교사는 촉진자, 설계자는 공동 학습 파트너, 학습자는 문제해결자이자 사회적 실천자로 역할 재정의
- 평가 체계: 루브릭 기반의 과정 중심 평가, 자기성찰 저널, 팀 성과 분석 등 형성 중심의 질적 평가 도입

설계는 이러한 요소들이 통합적으로 상호작용하도록 조직되어야 하며, 무엇보다 현장 실행 가능성과 참여자의 수용 가능성을 고려해야 한다. 따라서 설계 과정은 단계적이고 유연한 접근이 요구되며, 필요에 따라 시제품(prototype) 형태의 설계안을 제작하고 파일럿 적용을 통해 조정할 수 있다.

(3) 협력적 설계: 연구자와 실천가의 공동구성

DBR에서 설계는 연구자의 전유물이 아니다. 현장에 대한 실천적 지식과 경험을 가진 교사나 실무자와의 협력은 필수적이다. 이는 단순한 자문이나 피드백이 아닌, 설계 전 과정에 실천가가 공동 참여하는 공동 설계(co-design)의 형태를 띠어야 한다. 협력적 설계를 통해 연구자는 이론 기반 설계안을 실제 맥락에 맞게 조정할 수 있고, 실천가는 자신의 교육 경험을 바탕으로 실행 가능성과 참여자 반응을 예측하며 설계에 기여할 수 있다. 이러한 협력 구조는 설계의 현장 적합성과 실행력, 지속가능성을 강화하는 데 중요한 기반이 된다.

(4) 설계의 문서화 및 공유 가능성

DBR의 설계는 연구의 핵심 산출물 중 하나이기 때문에, 명확하게 문서화되어야 한다. 설계안은 단지 실행을 위한 도구가 아니라, 향후 평가와 분석, 개선, 공유를 위한 이론적 · 실천적 텍스트로 기능해야 한다. 이를 위해 다음과 같은 자료들이 준비될 수 있다.

- 교수–학습 지도안
- 학습 활동 설계 시퀀스
- 설계 원리 요약 문서
- 학습 활동 흐름도 또는 시간표
- 설계 가설을 시각화한 Conjecture Map 또는 Logic Model

이러한 문서화는 단지 실행을 위한 가이드 역할에 머무르지 않고, 향후 설계 원리의 도출과 일반화 가능성을 높이는 데 기여한다.

(5) 설계 단계의 유의점

설계 단계에 유의할 점들이 있다. 첫째, 설계는 고정된 완성물이 아니라, 반복을 전제로 한 가설적 구성물이라는 점을 명확히 인식할 필요가 있다. 둘째, 실천가와의 협력은 형식적 참여가 아니라 실질적 동반자성을 바탕으로 해야 한다. 셋째, 모든 설계 요소는 '이론적 타당성'과 '현장 실행 가능성'의 균형을 갖추어야 하며, 이 둘 중 어느 하나로도 치우쳐서는 안 된다. 넷째, 설계의 각 구성요소(내용, 활동, 평가 등)는 반복적 순환 실행을 고려한 유연성을 내포해야 한다.

3) 실행: 설계의 현장 적용과 실천의 관찰

DBR에서의 실행 단계는 단순히 설계된 교육 개입을 현장에서 적용하는 것 이상의 의미를 지닌다. 이 단계는 설계를 실제 맥락에서 실행함으로써 이론이 실천되는 과정을 관찰하고, 그 작동 방식과 효과를 체계적으로 탐색하는 과정이다. 이때 연구자는 단순한 실행자가 아니라, 설계자, 관찰자, 분석자 그리고 성찰자로서 복합적인 역할을 수행하게 되며, 그 중심에는 설계의 타당성과 실천 가능성을 현장에서 검증하려는 목표가 있다.

(1) 실행의 목적

DBR에서의 실행은 다음과 같은 목적을 지닌다.

- 설계의 실현 가능성(fidelity of implementation)을 확인한다.
- 설계가 현장에서 어떻게 작동하는지를 분석하고, 예상치 못한 변수들을 발견한다.
- 학습자와 교사, 환경이 설계에 어떻게 반응하는지를 관찰한다.
- 개입의 효과성뿐 아니라 작동 메커니즘과 맥락적 요인을 동시에 탐색한다.

이러한 실행은 단순히 실험을 '진행'하는 것이 아니라, 설계의 살아 있는 구현이며, 연구자에게는 문제 상황과 개입 간의 상호작용을 세밀하게 파악할 수 있는 기회가 된다.

(2) 실행 환경의 선정과 구성

설계된 교육 개입은 일반적으로 자연스러운 교육 현장에서 실행된다. 이때 중요한 고려 사항은 다음과 같다.

- 교육 맥락의 적합성: 설계한 개입이 현장에 적절히 적용될 수 있는 학습 환경인지 확인
- 참여자의 구성: 학습자뿐 아니라 교사, 보조교사, 지역사회 전문가 등 다양한 참여 주체와의 협력 구조 확보

- 시간과 공간의 구조화: 활동의 흐름을 원활히 설계하기 위한 세부적인 수업 계획 및 운영 지침 마련
- 도구와 매체 준비: 수업 자료, 디지털 장비, 협업 플랫폼 등 실질적인 운영 도구의 확보와 점검

이러한 실행 환경의 구성은 설계의 맥락 적합성과 수행 가능성(feasibility)을 보장하기 위한 필수 요소이다.

(3) 실행의 방식: 유연성과 관찰의 균형

DBR은 고정된 실험 설계를 반복 실행하는 것이 아니라, 실제 상황에 따라 설계가 유동적으로 반응하도록 허용한다. 따라서 실행은 다음의 세 가지 원칙 아래 이루어진다.

- 설계 충실도(fidelity)를 유지하되, 현장의 돌발 변수에 유연하게 대응할 수 있도록 한다.
- 학습자와 교사의 반응을 실시간으로 관찰하고 기록한다.
- 실행자(교사 또는 연구자-교사)의 전문성과 판단을 반영하여 상황에 맞는 조정을 허용한다.

예를 들어, 사회적 이슈 해결 수업을 설계했을 경우, 수업 중 학습자들의 흥미가 특정 주제에 집중된다면, 교사는 그것을 반영해 수업 흐름을 유연하게 조정하고, 연구자는 이 변화가 학습자 경험에 어떤 영향을 주는지 기록한다.

(4) 데이터 수집: 실행의 기록과 분석의 기초

실행 단계에서는 개입이 어떻게 작동했는지를 정밀하게 분석하기 위해 다양한 형태의 자료를 체계적으로 수집해야 한다. 일반적으로 수집되는 데이터 유형은 다음과 같다.

- 정량 자료: 사전-사후 검사, 질문지, 로그 데이터, 평가 점수 등
- 정성 자료: 수업 녹화영상, 수업 관찰 기록지, 교사 및 학생 인터뷰, 반성 저널 등
- 현장 메모(field notes): 연구자가 수업 중 관찰한 행동, 발화, 분위기 등을 실시간으로 기록

이 자료들은 다음 단계(평가 및 분석)에서 활용되며, 단순한 결과의 유무를 넘어서 설계가 어떤 과정을 통해 어떤 효과를 생성했는지를 이해하는 데 핵심적인 역할을 한다.

(5) 실행과정의 반성적 성찰

DBR은 연구자와 참여자가 지속적으로 실행을 반성하고 성찰하는 과정을 내포한다. 이 성찰은 다음과 같은 질문을 중심으로 수행된다.

- 개입은 의도한 설계대로 실행되었는가?
- 학습자와 교사는 어떻게 반응하였으며, 예상치 못한 반응은 무엇이었는가?
- 어떤 상황에서 설계가 효과적으로 작동하였는가?
- 수정이 필요한 설계 요소는 무엇이며, 그 이유는 무엇인가?

이러한 성찰은 단순한 기록이 아닌 분석과 재설계의 방향을 이끄는 사고 과정으로, 이후 4단계(평가 및 분석)와 5단계(설계 개선 및 이론화)를 잇는 중요한 연결고리 역할을 한다.

4) 평가 및 분석: 설계의 작동 메커니즘을 밝히는 탐구

DBR의 네 번째 단계는 교육 개입이 실제로 어떻게 작동했는지를 체계적으로 평가하고, 수집된 데이터를 분석하여 설계 원리와 이론적 통찰을 도출하는 과정이다. 이는 단지 개입의 성공 여부를 판단하기 위한 것이 아니라, 설계가 어떤 조건에서 어떻게 작동했는지를 해석하고 설명하는 과정으로 이해되어야 한다. DBR에서 평가와 분석은 성과를 측정하는 기술적 활동을 넘어, 반복적 설계를 통해 개입을 정교화하고 이론을 발전시키기 위한 성찰적 활동으로 기능한다.

(1) 평가의 목적과 관점

전통적인 교육 연구에서 평가는 흔히 '효과성(effectiveness)'에 대한 검증에 중점을 둔다. 반면, DBR에서의 평가는 다음과 같은 다층적 목적을 가진다.

- 설계의 작동 방식 이해
- 학습자 경험과 반응의 분석
- 맥락 변인의 영향 탐색
- 설계 원리의 도출과 정교화
- 관련 이론의 발전 또는 수정 가능성 탐색

이러한 평가는 단일한 수치로 판단하기보다, 설계가 작동한 방식과 맥락을 다층적으로 해석하는 '설명적 평가(explanatory evaluation)'의 성격을 지닌다.

(2) 데이터의 수집과 구성

실행 단계에서 수집된 자료는 DBR의 분석을 위한 핵심 자원이 된다. 이때 자료는 정량적 자료와 정성적 자료를 혼합하여 구성되는 경우가 많으며, 다음과 같은 유형이 포함될 수 있다.

- 정량 자료: 사전-사후 검사(예: 사회적 책임감 점수, 공감능력 설문 등), 활동 참여 빈도, 과제 수행 수준 등 행동지표, 통계 분석이 가능한 평가 결과
- 정성 자료: 학습자 인터뷰 및 반성적 저널, 수업 중 발화 및 상호작용 기록, 교사의 관찰일지 및 수업 분석 기록, 협업 및 토의 과정에서의 대화 자료
- 메타 자료: 학습 자료, 교수 설계안, 활동지, 토론 결과물 등과 연구자 혹은 실천가의 현장 메모 및 연구일지

이러한 자료들은 서로 보완적으로 활용되며, DBR의 핵심 절차인 삼각검증을 통해 해석의 신뢰도를 높이는 데 기여한다.

(3) 분석 방법: 혼합적 분석 전략

DBR은 단일한 분석 틀을 따르기보다는, 연구 목적과 설계 구조에 따라 혼합 분석 전략을 채택한다. 이때 분석은 일반적으로 다음의 세 가지 층위로 진행된다.

- 성과 분석: 설계 개입이 학습자의 목표 역량에 긍정적 영향을 주었는지 확인
  예: 사전-사후 점수 차이 분석, 활동 성과 비교 등
- 과정 분석: 개입이 작동한 구체적인 방식과 경로를 탐색
  예: 토론 중 발화 유형 분석, 협업 구조 해석, 수업 참여 양상 분류
- 맥락 분석: 설계가 작동한 환경적 조건과 외부 변수의 영향 파악
  예: 학급 문화, 교사 전략, 수업 분위기 등

이를 위해 내용분석(content analysis), 주제 분석(thematic analysis), 패턴 분석(pattern analysis), 사례 분석(case analysis) 등이 사용되며, 필요에 따라 통계 분석(예: t-test, ANOVA)과 질적 해석

을 결합한 설명모형 개발도 함께 진행된다.

(4) 설계 원리 도출: 실행 경험의 이론화

DBR에서의 분석은 단지 '이 설계가 효과가 있었다/없었다'를 판단하는 데 그치지 않는다. 궁극적으로는 어떤 조건에서 어떤 설계 요소가 어떻게 작동했는지를 일반화 가능한 형태의 설계 원리로 정리하는 것이 목표이다. 예를 들어, 다음과 같은 원리가 도출될 수 있다.

- 실제 사회적 이슈 중심의 수업은 학습자의 몰입과 책임감 형성에 효과적이다.
- 개인의 반성적 성찰과 집단 토의의 병행은 사회적 감수성을 증진시키는 핵심 요인이다.
- 지역사회 맥락을 연결한 프로젝트 기반 수업은 학습자의 자기효능감과 공공성 인식을 높인다.

이러한 설계 원리는 후속 사이클의 개입 설계뿐 아니라, 다른 맥락에서도 적용 가능한 실천적 지침으로 기능하며, 궁극적으로 중간 수준 이론(mid-range theory)의 형성에도 기여할 수 있다.

(5) 평가와 분석 과정에서의 유의점

평가와 분석 과정에서 다음과 같은 점에 유의해야 한다. 첫째, 자료는 개입 이전부터 일관된 기준을 가지고 체계적으로 수집되어야 한다. 둘째, 분석 과정은 객관성뿐 아니라 연구자의 성찰적 해석을 병행해야 한다. 셋째, 효과에 대한 평가는 설계의 목표와 일치하는 방식으로 이루어져야 하며, 단편적 수치 해석에 그쳐서는 안 된다. 넷째, 참여자의 목소리와 실행자의 인식도 분석의 중요한 자료로 포함되어야 한다. 다섯째, 분석 결과는 다음 사이클에서의 설계 수정과 이론 정교화의 근거가 되어야 한다.

5) 성찰 및 설계 수정: 반복을 통한 실천의 정교화와 이론의 성숙

DBR의 다섯 번째 단계는 이전 단계에서 수집하고 분석한 결과를 바탕으로 교육 개입을 수정하고, 그 과정을 통해 설계 원리와 관련 이론을 정교화하는 단계이다. 이 단계는 DBR이 단발성 연구가 아닌 반복적 설계 실험(iterative design experiment)이라는 점을 실천적으로 구현하는 구간으로, 교육 실천의 질적 향상과 이론적 기여를 동시에 이루기 위한 전략적 과정이다.

(1) 반복과 개선: 설계의 진화 과정

DBR의 핵심적 가치는 바로 반복에 있다. 이전 사이클에서 관찰된 실행 결과와 분석 내용을 바탕으로, 연구자는 개입의 문제점을 파악하고, 설계의 약점을 보완하며, 맥락에 맞게 조정된 설계를 재구성하게 된다. 이 과정은 다음과 같은 흐름을 따른다.

- 실행 결과의 성찰과 요약
- 문제점 혹은 개선 가능 요소 도출
- 수정 설계안 재작성 및 실행 준비
- 다음 실행 사이클을 위한 자료 및 환경 구성

이러한 설계 수정은 단순한 기술적 보완이 아니라, 설계의 구조 자체를 이론적으로 재해석하고 정교화하는 과정이며, 실천적 통찰을 이론적으로 정합화하는 일이다.

(2) 수정의 기준: 설계 원리의 정교화

수정은 임의적 조정이 아니라, 분석된 자료와 해석에 근거한 설계 원리의 정교화(logic-based refinement)에 기초한다. 이때 연구자는 다음과 같은 질문을 던져야 한다.

- 이 설계는 어떤 요소가 효과적으로 작동했으며, 어떤 부분이 그렇지 않았는가?
- 학습자, 교사, 맥락의 변화가 개입의 실행에 어떤 영향을 미쳤는가?
- 어떤 변인을 조정하면 설계의 실현 가능성과 효과성이 높아질 수 있는가?

예를 들어, 학습자 참여율이 낮았던 이유가 활동의 난이도 때문이었다면, 활동을 더 세분화하고 조정할 수 있으며, 집단 간 협업이 원활하지 않았던 경우에는 협업 구조 자체를 재설계할 필요가 있다.

(3) 설계의 원리 확립: 실천 가능한 이론의 형태

반복을 거친 수정 설계는 단지 현장에서 적용 가능한 개입만을 의미하지 않는다. 그 과정에서 도출된 설계 전략, 조건, 실행 방식 등은 보다 일반화된 설계 원리로 정리된다. 이러한 설계 원리는 다음과 같은 형식을 가질 수 있다.

- 조건형 원리: 만약 A 상황일 경우, B와 같은 설계가 효과적이다.
- 전략형 원리: 사회적 이슈를 활용한 활동은 학습자의 공감과 몰입을 유도한다.
- 구조형 원리: 자율적 탐색 → 협력 토론 → 실행 기반 적용 → 성찰의 4단계 활동 구조는 책임감 학습에 유효하다.

설계 원리는 추후 유사한 맥락에서 적용 가능한 실천 지침이자 이론적 모델로서 기능하며, 교육 실천의 '무엇을', '어떻게' 설계할 것인가에 대한 체계적인 제안이 될 수 있다.

(4) 이론의 정교화: 실천으로부터의 이론 생성

DBR은 단지 현장 설계를 정비하는 데 그치지 않고, 실천 속에서 이론을 도출하거나 기존 이론을 정교화하는 역할도 수행한다. 즉, 이론은 DBR을 통해 다음과 같은 방식으로 발전된다.

- 기존 이론의 실천 적용 결과를 바탕으로 이론의 적용 조건, 한계, 수정 방향을 도출
- 설계와 실행을 반복하면서 등장한 새로운 개념, 관계, 설명 논리를 기반으로 중간 수준 이론(mid-range theory)을 제안
- 실행을 통해 드러난 맥락 변수와 작동 메커니즘을 해석하여 보다 실천적이고 확장 가능한 이론적 모델로 발전

이러한 이론 정교화는 DBR의 핵심적인 학문적 기여이며, 이론을 맥락에 맞게 재구성하고 실천 친화적인 방식으로 확장하는 의미를 지닌다.

(5) 다음 사이클로의 확장 또는 마무리

설계 수정과 이론 정교화가 일정 수준에 도달하면, 연구자는 다음 중 하나의 방향을 선택하게 된다.

- 다음 사이클로의 확장: 다른 학습자 집단, 다른 주제, 다른 학교 등으로 설계를 확대 적용하여 설계 원리의 일반화 가능성을 탐색
- 최종 결과의 정리 및 보고: 설계의 진화 과정, 참여자의 반응, 설계 원리 및 이론적 기여를 정리하여 연구 논문, 실천 지침, 교육자료 등으로 정리

반복이 '언제 종료되어야 하는가?'에 대한 절대적인 기준은 없지만, 일반적으로는 다음 조건 중 하나를 만족할 때 종료를 고려한다.

- 설계안이 현장에서 실현 가능하고, 반복 실행 시 안정적인 성과를 보일 때
- 새로운 설계 변경이 더 이상 효과적인 변화를 유도하지 않을 때
- 연구 목적에서 제시한 질문에 충분한 해답이 도출되었을 때

5. 교육의 사회적 책임을 위한 DBR의 적용

지금까지 DBR의 개념과 철학적 기반, 절차적 구성, 연구 설계의 특성을 살펴보았다. DBR은 단지 교육 개입의 효과를 검증하는 데 그치지 않고, 실제 교육 현장에서 발생하는 복잡한 문제를 해결하면서 동시에 이론을 정교화하고 발전시키는 실천적 연구방법론임을 확인하였다. 이러한 DBR을 교육의 사회적 책임(Education for Social Responsibility: ESR)이라는 교육적 비전과 목적에 어떻게 적용할 수 있는지를 구체적으로 탐색한다면 다음과 같다. ESR은 단지 윤리나 봉사 정신을 교육내용으로 전달하는 수준을 넘어, 학습자가 사회 속에서 발생하는 실제 문제를 공동으로 인식하고, 공감하며, 협력적으로 해결함으로써 자기실현과 사회적 성장을 동시에 추구하도록 돕는 교육이다(이상수 외, 2022). 이는 결과 중심의 교육이 아니라 참여 기반, 실행 중심, 책임 중심의 교육이다. DBR이 지향하는 문제해결 중심 설계, 반복적 순환 실행, 현장 기반 이론 정교화라는 성격은 이러한 ESR의 교육철학과 깊이 맞닿아 있다. 따라서 ESR을 위한 DBR의 단계별 접근전략을 살펴보면 다음과 같다.

- 문제 분석 및 이론 기반 구축: ESR이 추구하는 교육적 가치와 기존 학교교육 사이의 간극을 인식하고, 이를 사회구성주의, 자기결정성이론, 지속가능발전교육(ESD), 세계시민교육(GCE) 등과 같이 이론적으로 정당화함으로써 설계의 철학적 기반을 마련한다.
- 개입 설계: 학습자가 지역사회 또는 사회적 맥락 속에서 실제 이슈를 탐색하고, 공감하고, 해결안을 설계하는 프로젝트 기반 수업 구조를 개발한다. 공감 기반 토의, 공동 실천 활동, 반성적 성찰 등을 포함한 구조화된 수업 흐름이 설계된다.
- 현장 실행: 실험실이 아닌 실제 수업 시간에 개입을 실행하며, 학습자의 반응, 참여 양상, 의미 구성 과정을 관찰한다. 실행 과정에서 발생하는 돌발 상황은 유연하게 대응하면서 설

계의 타당성을 점검한다.

- 평가 및 분석: 정량적 성과(예: 사회적 책임감 척도 변화)뿐 아니라, 정성적 자료(예: 학습자 저널, 인터뷰)를 활용해 설계가 어떻게 작동했는지를 심층 분석한다. 이 과정에서 설계의 중간 메커니즘, 즉 '공감 → 책임감 형성 → 사회참여'의 경로가 실제로 학습자 내에서 어떻게 일어나는지를 분석하게 된다.
- 설계 수정 및 이론 정교화: 실행과 분석의 결과를 바탕으로 설계를 수정하고, 반복을 통해 점차 정교화한다. 이 과정에서 실천을 통해 도출된 ESR의 핵심 설계 원리(예: 사회적 이슈 중심 수업 구조, 공감 기반 협력 전략 등)를 정리하며, 이는 단순한 프로그램을 넘어서 ESR 실천을 위한 설계 이론(design-based theory)으로 확장하도록 한다.

DBR은 ESR의 실천을 위한 단일한 교육 프로그램을 개발하는 것이 아니라, 교육의 의미와 방식 자체를 전환하는 하나의 방법론적 패러다임을 제시한다. ESR이 강조하는 상호책임, 자기실현, 사회적 성장이라는 핵심 가치들은 DBR의 반복적 설계–실행–성찰 과정을 통해 체화되고 이론화될 수 있다. 따라서 ESR을 위한 DBR은 연구자에게는 이론과 실천을 넘나드는 탐구의 장이 되고, 교사에게는 실제 교실에서 공감과 책임을 구현할 수 있는 실행 전략이 되며, 학습자에게는 공동체 속에서 자신의 삶과 역할을 반성하고 실천하는 기회를 제공하는 교육과정이 된다.

성찰과제

1. ESR 접근을 DBR로 했을 때 강점과 문제점은 무엇인지 논의해 보시오.
2. ESR의 구체적인 사례를 선정하여 DBR의 단계에 따라 접근한다면 각 단계별로 어떻게 접근할 수 있는지 구체적인 사례를 만들어 보시오.

참고문헌

이상수, 강정찬(2011). 수업 개선을 위한 현장연구방법으로서 설계기반연구(DBR). **교육방법연구**, 23(2), 323-354.

이상수, 김석우, 김대현, 안경식, 이병준, 박수홍, 유순화, 김정섭, 박창언, 김회용, 이동형, 이소영(2022). **교육의 사회적 책임: 미래교육의 대안적 접근**. 학지사.

Bakker, A. (2018). *Design research in education: A practical guide for early career researchers*. Routledge.

Barab, S. A., & Squire, K. (2004). Design-based research: Putting a stake in the ground. *The Journal of the Learning Sciences, 13*(1), 1-14. https://doi.org/10.1207/s15327809jls1301_1

Bell, P. (2004). On the theoretical breadth of design-based research in education. *Educational Psychologist, 39*(4), 243-253. https://doi.org/10.1207/s15326985ep3904_6

Carr, W., & Kemmis, S. (1986). *Becoming critical: Education, knowledge and action research*. Routledge.

Cobb, P., Confrey, J., diSessa, A., Lehrer, R., & Schauble, L. (2003). Design experiments in educational research. *Educational Researcher, 32*(1), 9-13. https://doi.org/10.3102/0013189X032001009

Cochran-Smith, M., & Lytle, S. L. (1993). *Inside/outside: Teacher research and knowledge*. Teachers College Press.

Collins, A., Joseph, D., & Bielaczyc, K. (2004). Design research: Theoretical and methodological issues. *The Journal of the Learning Sciences, 13*(1), 15-42. https://doi.org/10.1207/s15327809jls1301_2

Creswell, J. W., & Plano Clark, V. L. (2011). *Designing and conducting mixed methods research* (2nd ed.). Sage Publications.

Maxwell, J. A. (2004). Causal explanation, qualitative research, and scientific inquiry in education. *Educational Researcher, 33*(2), 3-11. https://doi.org/10.3102/0013189X033002003

McNiff, J., & Whitehead, J. (2010). *You and your action research project* (3rd ed.). Routledge.

Penuel, W. R., Roschelle, J., & Shechtman, N. (2007). Design-based research in the context of curriculum materials development: An example from the Investigations of Data Science Project. *Educational Psychologist, 42*(1), 51-62. https://doi.org/10.1080/00461520709336920

Sandoval, W. (2014). Conjecture mapping: An approach to systematic educational design research. *Journal of the Learning Sciences, 23*(1), 18-36. https://doi.org/10.1080/10508406.2013.778204

Shattuck, J., & Anderson, T. (2013). Using design-based research to develop a quality assurance process for online courses. *The International Review of Research in Open and Distributed*

Learning, 14(3), 240-262. https://doi.org/10.19173/irrodl.v14i3.1621

The Design-Based Research Collective. (2003). Design-based research: An emerging paradigm for educational inquiry. *Educational Researcher, 32*(1), 5-8. https://doi.org/10.3102/0013189X032001005

Wang, F., & Hannafin, M. J. (2005). Design-based research and technology-enhanced learning environments. *Educational Technology Research and Development, 53*(4), 5-23. https://doi.org/10.1007/BF02504682

ESR을 위한 척도 개발 연구방법

김은빈, 문소희, 김동선

성찰목표

1. 교육 연구에서 척도의 개념과 필요성을 이해하고, 척도 개발의 중요성을 자신의 언어로 설명할 수 있다.
2. 척도 관련 핵심 개념(문항, 도구, 지표, 측정의 수준 등)을 명확히 구별하고 각각의 특징을 구체적인 예를 들어 설명할 수 있다.
3. 척도 개발 과정에서 연구자가 실제로 수행하는 주요 단계와 활동을 설명하고, 이를 실제 연구나 교육 현장에 적용하는 방안을 탐색할 수 있다.

이 장에서는 교육 연구에서 매우 중요한 개념인 척도(scale)와 척도 개발(scale development)에 대해 살펴보고자 한다. 교육학에서 연구자들이 다루는 많은 개념, 예를 들어 학습 동기, 자존감, 자기효능감, 불안 등은 눈에 직접 보이지 않는 추상적이고 잠재적인 특성을 지닌다. 따라서 연구자들은 이러한 개념들을 측정 가능하고 신뢰성 있게 수량화할 수 있는 도구인 '척도'를 개발하고 활용할 필요가 있다. 이 장에서는 먼저 척도의 개념을 명확히 정의하고, 척도 개발의 중요성과 필요성을 여러 측면에서 다룬다. 이어서 문항(item), 도구(instrument), 지표(index), 그리고 측정의 수준(levels of measurement)과 같은 척도 관련 핵심 개념들을 설명하여 독자들이 척도의 본질과 특성을 구체적으로 이해할 수 있도록 안내한다. 또한 척도 개발 연구의 대표적 접근법을 제시한 더벨리스(DeVellis, 2003), 네터마이어 등(Netemeyer et al., 2003), 처칠(Churchill, 1979), 힌킨(Hinkin, 1998)의 방법론적 특성을 비교하면서, 이를 종합하여 실제 연구 현장에서 쉽게 적용 가능한 척도 개발의 일반적인 절차를 체계적인 다섯 단계로 설명하고자 한다. 이를 통해 연구자들은 개념의 명확한 정의에서부터 문항 개발, 자료 수집, 신뢰성과 타당성 분석, 최종적인 척도의 활용에 이르기까지 척도 개발의 전체 과정을 체계적으로 이해하고, 실제 연구 수행 시 명확한 지침을 얻을 수 있다.

1. 척도의 개념과 척도 개발의 필요성

교육 연구에서 척도(scale)란 일반적으로 어떤 추상적 개념이나 잠재구성개념을 계량화하기 위해 고안된 측정 도구를 의미한다. 잠재구성개념은 직접적으로 측정할 수 없으며 응답 패턴을 통해 간접적으로 추론되는 특성이다. 잠재구성개념의 예로는 지능, 자존감, 불안, 조직 몰입 등이 있다. 예를 들어, '지능'이나 '몰입' 같은 개념을 직접 관찰할 수는 없지만, 이를 나타내는 질문이나 과제를 통해 응답을 측정하여 수량화할 수 있다. 이처럼 척도는 이론적 개념과 경험적 관찰을 연결하여 개인이 특정 구성개념을 얼마나 나타내는지를 수치로 표현한다. 여러 학자는 척도를 유사하게 정의하고 있는데, 패브리거와 이블-램(Fabrigar & Ebel-Lam, 2007)에 따르면 설문지(테스트 또는 척도라고도 함)는 "하나 또는 그 이상의 잠재적 구성개념(latent variable)을 측정하도록 설계된 일련의 문항"으로 정의된다. 즉, 척도란 표준화된 복수의 자기보고 문항 묶음으로, 각 문항에 대한 응답을 합산하여 어떤 잠재적 특성의 수준을 나타내는 점수를 도출하는 도구이다. 비슷하게 더벨리스(DeVellis, 2003)는 척도를 직접적으로 관찰될 수 없는 현상을 수치화하는 유용한 도구로 설명한다. 이러한 정의를 종합하면, 척도란 여러 문항으로 구성된 표준화된 측정 도구로서, 관찰 불가능한 추상적 특성의 정도를 수량화하는 과학적 도구이다. 잘 개발된 척도를 통해 연구자는 학습 동기나 불안감 같은 잠재적 구성개념을 신뢰성 있고 일관된 방식으로 측정할 수 있다.

척도 개발(scale development)은 의도한 구성개념을 정확히 측정하는 척도를 만들고 정제하는 과정이다. 이는 문항의 내용과 형식을 신중하게 설계하고, 개발된 도구의 성능을 통계적으로 평가하여 개선하는 절차를 포함한다. 차다(Chadha, 2009)는 척도 구축을 "대상 집단에 가장 적합한 문항을 작성하고 모아 시험 도구를 구성하는 행위"라고 정의한다. 실제 척도 개발 과정은 여러 단계의 엄밀한 절차로 이루어진다. 먼저 연구자는 측정하고자 하는 추상적 개념을 조작적으로 정의하고, 그 개념의 모든 측면을 반영하는 초기 문항 풀(pool)을 만들어 낸다. 이러한 문항은 이론과 선행연구에 근거하여 연역적으로 작성되거나, 인터뷰나 포커스 그룹을 통해 귀납적으로 도출될 수 있다. 다음으로 해당 분야 전문가나 목표 집단의 의견을 수렴하여 각 문항이 구성개념을 적절히 대표하는지 검토함으로써 내용타당도(content validity)를 확인한다. 이후 예비조사를 실시하여 척도의 심리측정적 특성을 분석한다. 여기에는 척도의 신뢰도와 타당도를 검증하는 일이 포함된다. 탐색적 요인분석이나 확인적 요인분석 등을 통해 문항들이 한 구성개념을 잘 측정하는지(구인타당도) 살펴보고, Cronbach의 알파 계수 등으로 문항 내적 일관성을 검사한다. 분석 결과 내용이 모호하거나 부적절한 문항은 수정 또는 제거하여 척도를 세련되게 다듬는다. 이러한 반복적인 검증과 개선 절차를 거쳐 척도가 최적화된다. 여러 선행연구자는 척도 개발이 이론적 · 방법론적 엄격함을 요구하는 체계적인 과정임을 강조하고 있으며(DeVellis, 2003), 일반적으로 '문항 생성 · 내용 검토 · 통계적 검증'의 단계로 수행된다고 알려져 있다. 요컨대, 척도 개발이란 추상적인 개념을 측정 가능한 도구로 구체화하는 과정이며, 적절한 문항을 작성 · 선정하고 그 척도가 신뢰롭고 타당한 측정치인지 확인하는 일련의 절차라고 할 수 있다.

그렇다면 척도를 왜 개발해야 하는지 알아보자. 첫째, 정확하고 신뢰로운 측정을 위해서이다. 교육학에서 다루는 개념들은 대부분 태도, 동기, 만족감, 불안감과 같이 눈에 보이지 않는 잠재적이고 추상적인 특성을 지닌다. 이러한 특성들은 직접적인 관찰이나 측정이 어렵기 때문에, 이를 정확히 계량화하고 평가할 수 있는 측정 도구, 즉 척도의 개발이 필수적이다. 예를 들어, 학생의 학습 동기를 평가하기 위해서는 학습 동기라는 개념을 명확히 규정하고 이를 적합한 문항으로 구성한 척도를 개발해야 한다. 이때, 체계적이고 신중한 척도 개발 과정을 거치지 않으면 연구 결과의 신뢰성과 타당성이 크게 떨어질 수 있다(DeVellis, 2003).

둘째, 연구와 이론의 발전을 위해서이다. 교육학 연구에서 척도의 존재는 연구주제를 실증적으로 접근하고, 이론을 정교화하는 데 필수적인 요소이다. 새로운 구성개념이나 교육 현상을 탐구하고 이를 과학적으로 분석하기 위해서는 신뢰롭고 타당한 측정 도구가 필요하다. 적절한 척도가 없으면 연구자는 명확한 결론을 도출할 수 없으며, 연구 결과를 일반화하거나 이론으로 발전시키는 데 한계가 있다. 따라서 정교하게 설계된 척도의 개발은 교육 이론의 발전을 촉진하고, 다양한 연구에서 얻어진 결과의 상호비교 가능성을 높이는 데 기여한다(Morgado et al., 2018).

셋째, 효과적인 교육적 개입과 학습 성과 개선을 위해서이다. 교육 현장에서는 평가 결과가 학생의 학습 경험을 개선하는 데 직접적으로 활용된다. 잘 개발된 척도를 통해 얻어진 정확한 데이터는 교육자와 연구자가 학생의 구체적인 요구와 학습 상태를 정밀하게 파악할 수 있도록 도와준다. 이를 통해 보다 개별화된 맞춤형 교육 전략과 교수법을 설계하고 실천할 수 있다. 예컨대, 학생들의 자기주도학습 역량을 측정하는 타당한 척도를 활용한다면, 해당 역량이 부족한 학생을 선별하여 집중적인 교육 지원과 지도를 제공할 수 있게 된다(Pianta et al., 2012). 이러한 척도의 활용은 궁극적으로 학생의 학습 성과 향상에 기여한다.

넷째, 근거 기반의 교육 정책 수립과 행정을 위해서이다. 교육 정책과 행정은 객관적이고 정확한 데이터에 기반할 때 가장 효과적으로 운영된다. 잘 개발된 척도는 교육 현장에서의 실태를 정확히 측정하고 평가하는 역할을 하며, 이로부터 도출된 신뢰성 있는 데이터는 정책 결정자들이 교육 프로그램이나 제도를 설계할 때 객관적 근거로 활용된다. 예를 들어, 학교풍토 척도, 교사 역량 척도 등을 통해 얻은 신뢰할 수 있는 자료는 학교의 운영 방향 결정, 교원 인사관리, 교육 예산 배분과 같은 정책적 판단의 근거로 활용될 수 있다(Snow & Van Hemel, 2008). 따라서 정책의 실효성과 합리성을 높이기 위해 척도의 정교한 개발이 반드시 필요하다.

다섯째, 문화적 적합성과 평가의 공정성을 위해서이다. 교육적 평가는 다양한 문화적 · 사회적 맥락에서 이루어지므로, 평가 도구가 특정 문화나 집단의 특성을 무시하거나 왜곡할 경우 평가의 신뢰성과 공정성이 저하된다. 특히 서구권에서 개발된 척도를 그대로 비서구권에 적용할 경우, 그 척도의 문항이나 구조가 현지 문화나 사회적 특성을 적절히 반영하지 못해 편향된 결과를 초래할 수 있다(Rogoff, 2003). 따라서 평가 대상 집단의 문화적 배경을 충분히 고려하여 그에 맞는 문항을 구성하고 타당화하는 척도 개발 과정이 필수적이다. 이는 교육 평가가 보다 공정하고 문화적으로 민감하게 수행될 수 있도록 보장하는 중요한 절차이다.

2. 척도 관련 핵심 개념

1) 문항

교육 연구에서 '척도(scale)'는 직접적으로 관찰하기 어려운 태도, 인식, 자기효능감, 학습 동기와 같은 잠재적이고 추상적인 특성을 측정하기 위해 고안된 측정 도구이다. 이러한 척도를 구성하는 가장 기본적이고 필수적인 요소가 바로 문항(item)이다. 문항은 일반적으로 응답자가 답변하거나 평가하도록 제시되는 개별 질문 또는 진술로, 척도가 측정하고자 하는 특정 특성(예: 학습 동기, 불안감 등)의 수준을 나타내는 관찰 가능한 지표이다(National Council on Measurement in Education, n.d.). 예를 들어, 학생의 학습 동기를 측정하기 위한 척도는 '나는 수업에서 배우는 내용을 흥미롭게 느낀다.', '나는 새로운 내용을 학습할 때 적극적으로 참여한다.'와 같은 여러 개의 진술 형태의 문항들로 구성될 수 있다. 응답자는 보통 리커트식 척도(Likert's scale)를 사용하여 각 문항에 대한 자신의 동의 정도를 표시하며, 이러한 응답이 모여 학생의 학습 동기라는 잠재적 특성을 점수화하여 표현한다(DeVellis, 2003). 각 문항은 척도의 전반적인 신뢰도(reliability)와 타당도(validity)에 기여한다. 즉, 문항이 명확하게 작성되고 측정하고자 하는 구성개념을 잘 반영할수록 척도 전체가 보다 정확한 측정을 제공할 수 있다. 따라서 연구자들은 척도 개발 과정에서 개별 문항들이 얼마나 효과적으로 구성개념을 측정하는지 통계적 방법을 통해 문항 분석(item analysis)을 실시하며, 이를 통해 문항의 난이도(item difficulty), 변별도(item discrimination), 내적 일관성(internal consistency) 등을 평가한다(DeVellis, 2003). 교육 연구에서 척도를 통해 잠재적 특성을 정확히 측정하기 위해서는 개별 문항의 설계와 분석이 매우 중요하다. 효과적인 척도 개발은 잘 구성된 문항들로부터 시작되며, 각 문항의 질적 수준은 연구 결과의 신뢰성과 타당성을 결정짓는 핵심적 요소이다(NCME, n.d.; DeVellis, 2003).

2) 도구와 설문지

교육 연구에서 도구(instrument) 또는 측정 도구(measurement instrument)는 연구자가 관심을 가지고 있는 변수(variable)에 대한 자료를 수집하고 측정하며 분석하기 위해 사용하는 모든 형태의 체계적인 장치를 의미한다(Bhandari, 2023). 연구 도구는 테스트(test), 설문조사(survey), 설문지(questionnaire), 체크리스트(checklist), 관찰 프로토콜(observational protocol) 등 매우 다양한 형태로 구성될 수 있으며, 이들은 연구자가 원하는 정보를 체계적이고 신뢰롭게 수집할 수 있도록 설계된다. 교육 연구에서 흔히 사용되는 도구로는 성취도 검사(achievement test), 태도 척도(attitude scale), 자기보고식 설문지(self-report questionnaire) 등을 예로 들 수 있다. 특히 설문지는 일반적으로 도구의 한 특정 형태를 지칭하는데, 주로 응답자의 태도, 경험, 의견 등을 조사하기 위해 구조화된 문항이나 질문들의 집합을 의미한다(Bhandari, 2023). 예를 들어, 학생들이 교실 환경에 관한 진술문에 어느 정도 동의하는지 평가하거나, 학습 습관을 보고하게 하는 설문지를 예로 들 수 있다. 설문지는 일반적으로 응답자 스스로 작성하는 자기 기입 방식 또는 면접자가 질문하는 방식으로 시행된다. 주로 여러 문항을 포함하고 있으며, 객관식(multiple-choice), 평정 척도(rating scale), 개방형(open-ended) 질문과 같은 다양한 형식으로 구성된다.

여기서 '설문지'와 '설문조사'라는 용어의 개념적 차이를 이해하는 것이 유용하다. 설문조사는 보통 표본 집단(sample)을 대상으로 자료를 수집하고 분석하는 보다 광범위한 연구 절차를 의미하는 반면, 설문지는 그러한 조사 과정에서 실제 자료 수집에 사용되는 특정 도구, 즉 일련의 문항 집합을 지칭한다(Bhandari, 2023). 다시 말해 설문지는 다양한 연구 도구 중 하나로서, 주로 설문조사 연구(survey study)에서 사용되는 것이다. 모든 연구 도구는 필요한 정보를 정확히 얻을 수 있도록 신중하게 설계되고 타당화(validated)되어야 한다. 예를 들어, 교육 분야에서 잘 설계된 설문지는 응답자로부터 유효한 응답을 얻기 위해 명확한 표현과 적절한 형식을 사용하여 구성된다. 교육 연구에서 사용되는 모든 도구는 결과의 일관성을 나타내는 신뢰도(reliability)와 측정하고자 하는 것을 정확히 측정하는 타당도(validity)를 반드시 검증해야 하며, 그래야만 신뢰할 수 있는(sound) 측정 도구로 간주될 수 있다(Bhandari, 2023).

3) 테스트

교육학 연구에서 척도 개발을 위해 하는 테스트(test)는 개발된 문항들의 적합성과 질을 평가하고 최적화하는 핵심적인 과정이다. 연구자는 먼저 측정하려는 구성개념(construct)을 명확히 정의하고 이를 대표할 수 있는 문항들을 초기 형태로 개발한다. 이 초기 문항들을 실제 연구 대상 집단에서 적용하는 과정을 예비 테스트(pilot test)라고 한다. 예를 들어, 연구자가 초등학생의 '수학 불안(math anxiety)'을 측정하는 척도를 개발한다고 가정해 보자. 연구자는 수학 수업이나 시험 상황에서 학생들이 느끼는 불안감을 측정하기 위한 다양한 문항을 만든다. 예시 문항으로는 '나는 수학 시험을 볼 때 긴장한다.', '수학 문제를 풀 때 불안감을 느낀다.', '수학 수업 중 선생님이 질문하면 심장이 빨리 뛴다.' 등이 있을 수 있다. 이렇게 구성된 초기 척도는 특정 표본 집단(예: 초등학교 5학년 학생 100명)에게 실제로 적용된다. 연구자는 이 학생들의 응답 데이터를 수집하여, 해당 데이터를 가지고 문항 분석(item analysis)을 수행한다. 문항 분석 과정에서는 다음과 같은 요소들을 평가한다.

- 문항 난이도(item difficulty): 응답자가 문항에 긍정적인(높은 불안) 응답을 하는 정도를 평가한다. 예를 들어, 모든 학생이 한 문항에 매우 높은 불안감을 표시했다면, 이 문항은 지나치게 쉬운(보편적인) 문항으로 간주되어 변별력이 낮다고 평가할 수 있다.
- 문항 변별도(item discrimination): 문항이 높은 수준의 불안을 느끼는 학생과 낮은 수준의 불안을 느끼는 학생을 얼마나 명확히 구분할 수 있는지를 평가한다. 예를 들어, 특정 문항에서 수학 성적이 낮은 학생들은 높은 불안을 표시하고, 수학 성적이 높은 학생들은 낮은 불안을 표시한다면 이 문항의 변별도는 높은 것으로 평가할 수 있다.
- 내적 일관성(internal consistency): 척도 내에서 각 문항들이 서로 얼마나 일관되게 동일한 구성개념을 측정하는지를 평가한다. 이를 측정하는 대표적인 방법이 Cronbach의 알파 계수(Cronbach's alpha)로, 일반적으로 알파값이 0.7 이상이면 신뢰도가 높다고 평가된다.

또한 요인분석(factor analysis)을 수행하여 각 문항이 하나의 구성개념을 얼마나 잘 나타내고 있는지 확인한다. 이를 통해 문항들이 하나의 일관된 요인(여기서는 수학 불안)을 측정하는지, 혹은 문항이 여러 다른 구성개념을 혼합하여 측정하는지를 확인할 수 있다. 이러한 분석 결과, 문항 난이도나 변별도가 적절하지 않거나, 요인분석 결과 수학 불안과 관련이 없는 문항이 발견된다면 연구자는 해당 문항을 제거하거나 수정하여 척도의 질을 높인다. 결과적으로, 테스트 과정을 통해 문항이 세부적으로 평가되고 수정되면서 최종적으로 완성되는 척도는 학생들의 수학 불안이라는 구성개념을 보다 정확하고 신뢰롭게 측정할 수 있게 되는 것이다(DeVellis, 2003; NCME, n.d.). 이처럼 척도 개발 연구에서 테스트 과정은 문항들의 질적 수준과 척도의 신뢰도 및 타당성을 실증적으로 확보하기 위한 필수적이며 실천적인 단계이다.

4) 척도와 지표

교육 연구에서 척도는 특정한 하나의 잠재적 특성이나 구성개념(construct)을 측정하기 위해 여러 개의 관련 문항들을 체계적으로 구성하여 만든 측정 도구이다(Crossman, 2023). 척도는 일반적으로 눈에 보이지 않는 특성(예: 태도, 불안, 자기효능감 등)을 수치적으로 표현하고자 할 때 사용된다. 척도의 대표적인 예로 자주 사용되는 것이 리커트 척도(Likert scale)이다. 리커트 척도는 '전혀 동의하지 않음'부터 '매우 동의함'까지의 일정한 간격으로 구성된 응답 범주를 통해 응답자의 의견이나 태도를 평가한다. 예를 들어, 학생의 수학 불안을 측정하는 리커트 척도를 만들 때는 다음과 같은 문항들이 포함될 수 있다.

- 나는 수학 문제를 풀 때 긴장감을 느낀다.
- 수학 수업 시간에 나는 자주 불안해진다.
- 수학 시험을 보면 손에 땀이 난다.

이러한 문항들은 모두 동일한 잠재적 특성(수학 불안)을 측정하며, 각 문항에 대한 응답을 합산하거나 평균하여 척도 점수를 얻는다. 이때 척도는 모든 문항이 하나의 동일한 차원(unidimensional)을 측정한다는 점을 전제로 설계된다. 따라서 척도는 문항 간의 내적 일관성(internal consistency)이 높으며, 응답 옵션 간의 간격이 일정한 강도(intensity)나 정도(gradation)를 나타낸다고 간주된다(Crossman, 2023). 즉, 척도는 연구자가 특정 구성개념의 수준을 정확하고 정밀하게 측정하기 위한 목적에서 사용된다. 다시 말해 척도는 하나의 잠재적 특성을 깊이 있게 측정하는 데 초점을 둔 복합 측정 도구라고 할 수 있다.

한편, 지표(index)는 척도와 마찬가지로 여러 개의 문항이나 지표(indicator)를 결합하여 하나의 종합적 점수를 얻는 복합 측정 도구라는 공통점이 있지만, 척도와는 연구방법론적으로 분명한 차이점이 존재한다(Crossman, 2023). 척도와 달리 지표는 하나의 단일한 특성이 아니라 여러 가지 다양한 특성이나 측면을 결합하여 더 포괄적인 개념을 측정하고자 한다. 다시 말해 지표는 구성개념의 서로 다른 차원을 동시에 결합하여 포괄적이고 다차원적인(multifaceted) 특성을 나타낸다. 예를 들어, 교육 연구에서 학생의 전반적 학교 참여도를 평가하기 위한 '학생 참여 지표(Student Engagement Index)'를 구성한다고 가정하자. 이 지표는 다음과 같은 서로 다른 지표들을 포함할 수 있다.

- 출석률 또는 결석 횟수
- 수업 참여도(교사 평가나 학생의 자기보고)
- 숙제 또는 과제 완성률
- 학교 활동에 대한 관심이나 동기 수준(설문을 통해 측정)

이러한 지표들은 학생의 참여도를 서로 다른 측면에서 측정하며, 일반적으로 표준화하여 합산하거나 평균하여 하나의 종합적인 점수로 나타낸다. 지표에서 각 문항이나 지표가 반드시 서로 높은 상관성을 가질 필요는 없으며, 각 항목은 개념의 서로 다른 측면을 반영할 수 있다. 즉, 지표는 하나의 명확한 차원이 아니라 보다 복합적인 개념을 평가하는 데 초점을 둔다(Crossman, 2023).

척도와 지표의 차이는 다음과 같이 요약할 수 있다. 척도(scale)는 하나의 단일 구성개념을 깊이 있고 정밀하게 측정하는 도구이다. 척도를 구성하는 문항들은 모두 하나의 동일한 차원을 측정하며 높은 내적 일관성을 가진다. 지표(index)는 여러 가지 서로 다른 차원의 항목이나 지표들을 결합하여 포괄적인 개념을 측정하는 도구로, 항목들이 서로 반드시 높은 상관성을 가질 필요는 없고, 다차원적인 개념을 평가할 때 사용된다. 이러한 특징에 따라, 연구자는 측정하고자 하는 대상과 연구 목적에 맞추어 척도 또는 지표를 선택하여 활용하게 된다(Crossman, 2023; iResearchNet, n.d.).

5) 측정의 수준

교육 연구에서 모든 측정 자료는 동일하지 않다. 자료의 특성은 변수의 측정 수준(level of measurement)에 따라 달라진다. 스티븐스(Stevens, 1946)는 널리 알려진 네 가지 측정 수준을 제안했으며, 이는 명목 척도, 서열 척도, 등간 척도, 비율 척도로 구성된다. 각 측정 수준은 관찰된 자료에 부여된 숫자가 측정 대상의 속성과 어떤 관계를 가지는지를 설명한다. 다음에서는 각 측정 수준을 정보량과 수학적 성질이 낮은 수준부터 높은 수준 순으로 교육 연구의 예시와 함께 상세히 설명한다.

(1) 명목 척도

명목 척도(nominal scale)는 가장 기본적인 수준의 측정으로, 범주형 자료(categorical data)에 사용된다. 명목 척도는 사례들을 어떠한 양적 가치나 순서 없이 구별 가능한 범주로 분류한다(Stevens, 1946). 부여된 숫자나 라벨(label)은 단지 범주를 식별하는 데 사용될 뿐이다. 예컨대, 교육 연구에서 학생을 학교 유형별로 구분할 때, '1=공립학교, 2=사립학교, 3=홈스쿨링'과 같이 숫자를 사용할 수 있다. 여기서 숫자 '2(사립학교)'는 숫자 '1(공립학교)'보다 더 크거나 좋다는 의미가 아니라 단순히 다른 유형임을 나타낸다. 또 다른 명목 자료의 예로 성별(남성/여성/기타), 전공(과학, 예술 등), 출석 여부(예/아니요) 등이 있다. 명목 척도의 핵심은 각 사례가 어떤 범주에 속하는지를 구분할 수 있지만, 이 범주 사이에 순서나 수학적 연산은 의미가 없다는 것이다. 즉, 명목 척도는 특정 특성을 얼마나 가지고 있는지를 나타내지 않고, 단지 사례를 특정 범주로 분류할 뿐이다(Stevens, 1946). 명목 척도 데이터에서는 빈도를 계산하거나 범주 간의 연관성 검증을 위한 카이제곱(chi-square) 검정과 같은 제한된 통계 분석만 가능하다.

(2) 서열 척도

서열 척도(ordinal scale)는 사례들을 순서대로 나열하거나 순위를 매길 수 있도록 하는 측정 수준이다(Stevens, 1946). 서열 척도는 상대적인 위치(더 높거나 낮음)는 나타내지만, 그 순위 간의 정확한 간격은 알려져 있지 않거나 동일하지 않을 수 있다. 예컨대, 학생의 석차(학급 내 1등, 2등, 3등 등)나 성적 등급(A, B, C, D, F)이 서열 척도의 대표적인 예이다. 학생이 1등이고 다른 학생이 2등이라면, 전자가 후자보다 성적이 좋다는 것은 알 수 있지만, 정확히 얼마나 더 좋은지는 알 수 없다. 리커트 척도 역시 서열 척도의 형태로 흔히 간주된다. 예를 들어, 태도 조사에서 '1=전혀 동의하지 않음', '2=동의하지 않음', '3=보통', '4=동의함', '5=매우 동의함'과 같이 응답을 서열화할 수 있지만, 응답 간의 간격이 반드시 동일하다고 보장할 수는 없다. 서열 자료는 중앙값(median)을 이용하거나 순위상관계수(rank-order correlation)와 같은 비모수적 분석을 사용할 수 있다. 요약하면, 서열 척도는 특성을 가진 정도의 순서를 나타낼 수 있지만, 정확한 차이의 크기까지는 나타낼 수 없다(Stevens, 1946).

(3) 등간 척도

등간 척도(interval scale)는 순서(order)의 속성뿐 아니라, 값들 간의 간격(interval)이 동일하다고 가정하는 측정 수준이다(Stevens, 1946). 이는 하나의 단위 차이가 척도 전체에서 동일한 의미를 가지며, 따라서 점수 간의 덧셈과 뺄셈이 가능하고 의미가 있다는 것을 뜻한다. 그러나 등간 척도는 절대적인 0점(absolute zero)을 가지지 않으며, 0점이 측정 대상의 완전한 부재(absence)를 의미하지 않는다. 대표적인 등간 척도의 예는 온도(섭씨, 화씨)이다. 예컨대, 섭씨 20도와 30도 간의 차이는 30도와 40도 간의 차이와 동일한 크기(각각 10도)이다. 그러나 섭씨 0도는 온도의 완전한 부재를 의미하는 것이 아니라 임의적으로 정한 기준점일 뿐이다. 교육 측정에서 IQ나 SAT와 같은 표준화 점수 역시 등간 척도로 취급되며, 점수 간의 차이를 의미 있게 비교할 수 있다. 예를 들어, 100점과 110점의 차이는 90점과 100점의 차이와 동일한 의미를 가진다. 교육 연구에서 많은 통계 분석(예: 평균, 표준편차, Pearson 상관, 선형 회귀)은 등간 척도를 전제로 수행된다. 등간 척도는 덧셈과 뺄셈은 가능하지만 곱셈과 나눗셈은 할 수 없는데, 그 이유는 진정한 0점이 없기 때문이다.

(4) 비율 척도

비율 척도(ratio scale)는 가장 높은 수준의 측정으로 등간 척도의 모든 특성에 더하여 절대적인 0점이 존재한다(Stevens, 1946). 절대적인 0점은 측정 대상이 완전히 없음을 나타내므로 곱셈이나 나눗셈과 같은 모든 수학적 연산이 가능하다. 교육 분야에서 비율 척도의 예로는 시험 소요 시간(초, 분 등), 출석 횟수, 정답 문항 수 등이 있다. 예를 들어, 어떤 학생이 시험을 30분만에 끝냈고 다른 학생은 60분이 걸렸다면, 전자는 후자의 절반의 시간이 걸렸다고 의미 있게 표현할 수 있다. 비율 척도는 수량 간의 비율을 의미 있게 나타낼 수 있으며, 실제로 완전한 부재(예: 0점, 0회, 0초)를 명확히 정의할 수 있다. 비율 척도는 측정 대상의 완전한 부재(절대적 0점)를 의미 있게 정의하고, 수치 간의 곱셈이나 나눗셈과 같은 연산을 통해 비율적 관계를 표현할 수 있는 가장 높은 측정 수준이다.

3. 척도 개발 연구의 단계

척도 개발은 특정한 개념을 측정 가능한 형태로 만드는 체계적이고 단계적인 과정이다. 여러 학자가 척도 개발의 이론적 절차와 방법론적 지침을 제시해 왔으며, 특히 더벨리스(DeVellis, 2003), 네터마이어 등(Netemeyer et al., 2003), 처칠(Churchill, 1979), 힌킨(Hinkin, 1998)의 모델들이 널리 인용되고 있다.

더벨리스(DeVellis, 2003)의 척도 개발 방법론은 이론적 엄밀성과 체계적 절차를 강조한다는 특징이 있다. 그는 개념의 명확화에서 시작하여 척도의 문항 작성, 평가, 그리고 최종 타당화(validation)에 이르는 일련의 과정을 제시했다. 더벨리스의 절차는 특히 구성개념의 명확화(conceptual clarity)와 문항의 질적 평가(item quality)를 매우 강조하며, 문항 작성 후에는 전문가 검토를 통한 내용타당도(content validity)의 확보와 예비조사(pilot study)를 통한 실증적 평가를 강조한다. 또한 항목 분석(item analysis)을 통해 문항의 신뢰도와 타당성을 확보한 후 문항을 지속적으로 정제(refinement)해 나가는 단계가 방법론적으로 매우 중요하다. 최종적으로는 엄밀한 타당화 과정을 거쳐 척도를 완성한다는 점이 절차적 특징이다(DeVellis, 2003).

네터마이어 등(Netemeyer et al., 2003)은 척도 개발 과정에서의 실용성(practicality)과 엄밀한

표 4-1 학자별 척도 개발의 이론적 절차와 방법론적 지침

DeVellis, 2003	Netemeyer et al., 2003	Churchill, 1979	Hinkin, 1998
① 측정할 구성개념의 정의 ② 예비 문항 생성 ③ 척도 형식(예: 리커트 척도) 결정 ④ 전문가 패널을 통한 문항의 내용타당도 평가 ⑤ 예비조사 실시 ⑥ 항목 분석을 통한 문항 평가 ⑦ 척도의 최적화(문항 수정 · 삭제) ⑧ 최종 척도 타당화 및 완성	① 구성개념의 명확한 정의 및 조작적 정의 ② 문항 풀 작성 ③ 전문가 패널을 통한 내용타당도 검증 ④ 예비조사 및 문항 분석 실시 ⑤ 본조사 및 자료 수집 ⑥ 타당성 및 신뢰성 분석(요인분석, 신뢰도 검증) ⑦ 최종 척도의 보고 및 활용	① 측정 개념 정의 및 명료화 ② 예비 문항 생성 및 개발 ③ 전문가 리뷰를 통한 문항 정제 ④ 예비 테스트 수행 및 자료 수집 ⑤ 문항 분석 및 척도 정제(요인분석, 신뢰도 분석) ⑥ 본조사 실시 및 추가 자료 수집 ⑦ 확인적 요인분석(CFA)과 최종 척도 검증 ⑧ 최종 척도 활용 및 보고	① 구성개념 명확히 정의 ② 예비 문항 풀 작성 ③ 내용타당도를 위한 전문가 평가 실시 ④ 예비조사 및 탐색적 요인분석(EFA) ⑤ 본조사 및 확인적 요인분석(CFA) ⑥ 신뢰성 및 타당성 최종 평가 ⑦ 최종 척도 작성 및 활용 지침 제시

통계적 타당성(statistical validity) 확보를 중시한다는 방법론적 특징을 보인다. 이들의 접근법은 특히 연구자가 실제 연구 환경에서 쉽게 적용할 수 있도록 실무적 측면을 강조하며, 초기 문항 작성 단계에서부터 전문가 평가를 통한 내용타당도를 엄격히 평가하고 있다. 예비조사를 통해 문항의 타당도와 신뢰도를 실증적으로 검증한 뒤, 본조사(main study) 단계에서 탐색적 요인분석(EFA)과 확인적 요인분석(CFA) 같은 고급 통계적 기법을 통해 척도의 구조를 정교화한다는 것이 주요 절차적 특징이다. 즉, 문항 개발부터 최종 척도 보고까지 간결하면서도 엄격한 통계적 절차를 통한 타당성 확보가 네터마이어 등의 접근법의 핵심이라 할 수 있다(Netemeyer et al., 2003).

처칠(Churchill, 1979)의 접근법은 척도의 신뢰도와 타당도를 엄격히 평가하기 위해 통계적 정밀성(statistical rigor)을 특히 강조하는 방법론적 특징을 지닌다. 그는 척도의 품질 향상을 위한 반복적 문항 정제(iterative item refinement) 절차를 강조하며, 예비 테스트(pilot test)를 통한 자료 수집과 항목 분석(item analysis)을 반복적으로 시행한다. 처칠의 방법론은 특히 탐색적 요인분석(Exploratory Factor Analysis: EFA)과 확인적 요인분석(Confirmatory Factor Analysis: CFA)을 포함한 고급 통계 분석을 여러 단계에 걸쳐 수행하여 문항들을 체계적으로 정제하고 척도의 신뢰성과 타당성을 극대화하는 데 중점을 둔다. 마지막으로, 본조사 단계에서도 충분한 자료 수집을 통한 엄격한 통계적 검증을 반복적으로 실시하여 척도의 활용 가능성을 높인다는 것이 그의 방법론적 강점이다(Churchill, 1979).

힌킨(Hinkin, 1998)의 방법론은 조직심리학과 경영학에서의 척도 개발에 초점을 맞추고 있으며, 실제 현장에서의 활용성(usability)과 실무적 접근(practical approach)을 강조한다. 힌킨의 방법론은 이론적 정의와 문항 개발에서부터 내용타당도 평가를 통한 전문가 패널 활용, 그리고 예비조사를 통한 탐색적 요인분석(EFA)을 거쳐 본조사에서의 확인적 요인분석(CFA)까지 철저하게 단계화된 절차를 따른다. 힌킨은 특히 예비조사와 본조사를 명확히 구분하여 각각의 단계에서 척도의 구성과 문항의 적합성을 실무적으로 평가하고 수정할 수 있도록 설계했다. 최종적으

표 4-2 학자별 척도 개발 단계의 특징과 주요 활용 분야

학자	척도 개발 단계의 특징	주요 활용 분야
DeVellis, 2003	구성개념 명료화와 문항 품질 중시, 세부적인 단계 제시	교육학, 심리학
Netemeyer et al., 2003	타당성 확보 및 실용성 중심의 접근	경영학, 응용사회과학
Churchill, 1979	통계적 엄밀성과 문항 정교화 강조	마케팅, 소비자 연구
Hinkin, 1998	현장 활용성과 실무적 접근 강조	경영학, 조직심리학

로 척도의 신뢰성과 타당성을 엄밀히 검증하고 연구 현장에서 바로 적용 가능한 최종 척도를 제시하는 점에서 실제 연구와 실무적 활용도를 극대화하는 방법론적 특징을 지닌다(Hinkin, 1998).

주요 학자들의 척도 개발 방법이 지닌 특징과 차이점을 정리하면 〈표 4-2〉와 같다. 이를 바탕으로 이 책에서는 척도 개발 과정을 총 다섯 단계로 종합하여 설명하고자 한다(〈표 4-3〉 참조).

표 4-3 척도 개발의 단계와 연구자 수행 내용

단계	연구자 수행 내용(세부 연구 작업)
1단계: 개념화 및 문헌 연구	• 관련 연구주제와 개념의 범위 및 필요성 명확화 • 국내외 선행연구 심층 분석을 통해 이론적 배경 구성 • 핵심 개념의 명확한 정의와 하위 구성요소 설정 • 기존 척도의 한계 및 새로운 척도 필요성 논리적으로 도출 • 전문가 자문을 통한 개념과 하위요인 타당성 점검 및 수정 • 측정 가능한 형태의 구체적 조작적 정의 설정
2단계: 예비 문항 개발 및 내용타당도 검증	• 하위 구성요소별로 충분한 예비 문항 작성(초안 문항 다수) • 명확성, 간결성, 이중질문 피하기 등 문항 작성 원칙 준수 • 전문가 패널 구성하여 문항 타당성 평가 실시 • 내용타당도 비율(CVR) 계산을 통한 문항 적합성 평가 및 선정 기준 설정 • 내용타당도 검증 결과를 반영하여 문항 수정 및 추가 보완 • 전문가 평가 반복을 통해 최종 예비 문항 목록 확정 • 예비 설문 구성 및 응답형식(리커트 척도 등) 최종 결정
3단계: 예비조사 실시 및 탐색적 요인분석	• 예비조사 대상 표본(문항 수 대비 5배 이상 권장)을 선정하여 자료 수집 • 자료의 신뢰성 및 응답 품질 관리 • 탐색적 요인분석(EFA)을 통해 요인의 수와 구조 파악 • KMO 및 Bartlett 검정으로 요인분석 적합성 확인 • 문항의 요인부하량 및 내적 일관성(Cronbach's α) 평가를 통한 부적합 문항 제거 및 정제 • 최적의 문항 조합 확정 및 최종 예비척도 구성
4단계: 본조사 실시 및 확인적 요인분석과 타당도 검증	• 본조사 대상 표본(최소 200~500명 이상)을 설정하여 대표성 있는 자료 수집 • 자료의 철저한 품질관리 및 윤리적 관리(IRB 준수 등) • 확인적 요인분석(CFA)을 통해 척도의 요인 구조와 모형 적합성 검증 • 모형 적합도 지수(CFI, TLI, RMSEA 등)를 평가하여 최적의 모델 확정 • 다양한 타당도(공인타당도, 수렴타당도, 변별타당도 등) 분석 및 보고 • 각 하위요인과 전체 척도의 최종 신뢰도(Cronbach's α, CR, AVE) 분석

5단계: 추후 조사 (재검사) 및 척도 최종화	• 동일 집단을 대상으로 일정 기간 후 재검사를 실시하여 재검사 신뢰도(test-retest reliability) 평가 • Pearson 상관계수 또는 급내상관계수(ICC)를 통한 척도의 시간적 안정성 평가 • 추가 타당화를 위한 교차 타당화(cross-validation) 및 현장적용 피드백 수집 • 척도 사용 매뉴얼(목적, 대상, 문항구성, 점수화 방법 등) 제작 및 최종 문서화 • 척도 활용 시 문제점, 주의점 명시 및 후속 연구와 지속적 개선을 위한 관리방안 제안

첫 번째 단계는 척도의 이론적 기초를 탄탄히 마련하는 개념화 및 문헌 연구 단계이다. 연구자는 '무엇을 측정할 것인가?'라는 근본적인 질문에서 시작하여, 관련 연구주제의 이론적 배경과 필요성을 면밀히 검토한다. 예를 들어, '교육의 사회적 책임(Education for Social Responsibility: ESR)'을 측정하려고 한다면, 기존 연구들을 통해 ESR이 구체적으로 어떤 의미이며, 어떤 구성요소들로 이루어졌는지 명확하게 정의한다. 이 과정에서 국내외 선행연구를 꼼꼼히 검토하여 측정할 개념의 하위 요인들을 설정하고, 이를 통해 추상적인 개념을 실제로 측정 가능한 형태로 구체화하는 조작적 정의(operational definition)를 수립한다. 필요하면 전문가 자문을 통해 하위요인의 타당성을 점검하고 수정·보완한다.

두 번째 단계는 첫 단계에서 수립한 개념적 틀을 바탕으로 실제로 응답자들이 답할 문항(item)을 작성하고, 작성된 문항이 개념을 적절히 반영하는지를 검증하는 단계이다. 작성된 문항들은 간결하고 명료한지, 중복되거나 이중적인 의미가 없는지 전문가 평가를 통해 점검한다. 로시(Lawshe, 1975)의 내용타당도 비율(CVR) 등을 활용하여 문항의 적합성을 평가하고, 이 평가 결과를 반영하여 문항을 수정·보완한다. 전문가 평가를 통과한 문항들로 최종 예비 설문지를 구성하고, 응답 형식(리커트 척도 등)을 결정하여 예비조사 준비를 완료한다.

세 번째 단계는 앞서 완성된 예비 설문지를 실제 응답자들을 대상으로 미리 적용해 보는 예비조사 단계이다. 이 단계에서는 본조사 전에 충분한 수의 응답자를 대상으로 자료를 수집한다. 수집된 자료를 바탕으로 탐색적 요인분석(EFA)을 실시하여 문항들이 몇 개의 요인으로 묶이는지, 예상된 요인 구조와 일치하는지를 확인한다. 이때 KMO 및 Bartlett 검정을 통해 자료의 요인분석 적합성을 사전 점검하고, 문항의 요인부하량 및 내적 일관성(Cronbach's α)을 평가하여 부적합한 문항은 제거하거나 수정한다. 결과적으로 최적의 문항 조합을 확정하고 본조사에 사용할 최종 예비척도를 구성한다.

네 번째 단계는 본격적인 척도 타당화 단계로서, 세 번째 단계에서 확정한 문항들을 이용해 충분히 크고 대표성을 갖춘 표본을 대상으로 본조사를 실시한다. 이 과정에서 자료의 질적 관리 및 윤리적 절차(IRB 승인 등)를 철저히 준수한다. 본조사 자료를 가지고 확인적 요인분석(CFA)을 통해 기존에 설정된 요인 구조의 적합성을 통계적으로 검증한다. 이 과정에서 모형의 적합도 지수(CFI, TLI, RMSEA 등)를 평가하고 최종 모형을 확정한다. 또한 수렴타당도, 변별타당도 등 다양한 타당도 분석을 실시하고, Cronbach's α, 구성신뢰도(CR), 평균분산추출(AVE) 등을 이용하여 척도의 신뢰도를 종합적으로 평가한다.

마지막 단계는 개발된 척도의 신뢰도와 안정성을 추가적으로 검증하고, 현장 활용 가능성을 높이는 단계이다. 구체적으로는 동일 집단을 대상으로 일정 기간 후 재검사(test-retest reliability)를 실시하여 시간에 따른 점수의 안정성을 평가한다. 이 과정에서 Pearson 상관계수나 급내상관계수(ICC)를 활용하여 척도의 안정성을 검토한다. 필요에 따라 새로운 표본을 대상으로 한 교차 타당화(cross-validation)를 수행하여 일반화 가능성을 높이고, 실제 현장 적용 과정에서 얻어진 추가적 피드백을 바탕으로 척도의 보완과 활용 지침을 마련한다. 최종적으로 척도의 한계점을 명확히 제시하고, 추후 지속적인 개선 방안을 논의하여 장기적으로 안정적이고 유용한 측정도구로 자리 잡을 수 있도록 한다.

1) 1단계: 개념화 및 문헌 연구

척도 개발의 출발점은 측정하고자 하는 개념에 대한 명확한 정의와 이론적 근거를 확립하는 것이다. 개발하려는 척도의 대상 개념(예: 교육의 사회적 책임, ESR)의 범위를 규정하고, 해당 개념이 가지는 하위 요소나 차원이 무엇인지를 문헌을 통해 밝혀야 한다. 이를 위해 관련 분야의 선행 연구를 광범위하게 검토하여 개념의 이론적 토대와 기존 연구에서 사용된 측정 도구들을 파악한다. 특히 선행연구에서 동일하거나 유사한 개념으로 개발된 척도가 있다면 그 문항 구성과 요인 구조를 참고하여 기초 척도를 확인하고, 새로운 척도 개발의 필요성(기존 척도의 한계나 현재 맥락에서의 요구 등)을 논리적으로 도출한다. 이러한 문헌 기반 탐색을 통해 척도에 포함될 핵심 구성요소를 추출하고, 개념을 조작적으로 정의함으로써 이후 단계의 방향성을 제시할 수 있다.

먼저 연구주제와 관련된 핵심 개념을 정리하고 해당 개념의 이론적 정의를 분명히 한다. 예를 들어, ESR 척도를 개발한다면, '교육의 사회적 책임'의 의미를 교육학적 맥락에서 어떻게 정의할 것인지 결정해야 한다. 다음으로 학술 데이터베이스, 전문서적, 보고서 등을 통해 관련된 선행연구와 기존 척도를 조사한다. 선행연구를 검토하면서 해당 개념이 어떤 하위 영역으로 나뉘는지, 이전 연구자들은 무엇을 중요하게 보았는지를 파악한다. 이 과정에서 기존에 사용된 척도가 있다면 그 문항 수와 내용, 신뢰도와 타당도 수준을 분석하여 참고한다. 만약 완전히 새로운 영역이라 기존 척도가 없다면, 개념과 직접적으로 연관된 현장 문제나 요구를 파악하기 위해 예비적인 요구조사나 전문가 인터뷰를 실시할 수도 있다. 이러한 자료를 종합하여 개발하려는 척도의 구성요소와 측정 영역을 결정하고, 각 영역별로 포함되어야 할 내용들을 목록화한다. 결국 1단계는 척도 개발을 위한 개념적 설계도를 그리는 단계로, 이후 예비 문항을 작성하기 위한 토대를 마련한다.

김정섭 등(2025)의 교사 책임 척도 개발 연구에서도 먼저 '교사의 책임' 개념을 다차원적으로 분석하기 위해 국내외 선행연구를 폭넓게 검토하였다. 선행연구를 통해 교사 책임의 주요 영역을 확인하고 이를 조작적으로 정의한 뒤, 기존에 유사한 척도를 개발한 연구들을 참고하여 측정하고자 하는 구성요인을 구체화하였다. 이러한 문헌 분석 결과를 바탕으로 연구진은 교사 책임을 여섯 가지 하위 영역으로 구분하고, 각 영역별로 척도가 담아야 할 내용을 규정하였다. 이처럼 이론적 검토와 개념 정의를 거친 후에야 구체적인 문항 개발로 넘어갈 수 있었다.

유의사항 및 팁

1. 개념의 범위 설정
   - 측정하고자 하는 개념의 범위를 너무 좁게 또는 넓게 설정하지 않도록 주의한다. 개념이 광범위한 경우 하위 영역을 체계적으로 분류하고, 불필요하게 중복되거나 모호한 영역은 정리한다.
2. 선행연구의 충분한 검토
   - 척도 개발 전 관련 이론과 기존 연구를 충분히 살펴보지 않으면 중요한 차원을 놓치거나 불필요한 문항을 포함할 위험이 있다. 최신 연구 동향까지 포함하여 폭넓게 문헌을 검토한다.
3. 기존 척도 검토
   - 유사 개념의 기존 척도가 있다면 완전히 새로운 문항을 만들기에 앞서 그 구성과 장단점을 분석한다. 이를 통해 새 척도가 보완해야 할 부분(예: 시대적 변화 반영, 대상 특성 반영 등)을 파악한다.
4. 전문가 자문 활용
   - 필요에 따라 해당 분야의 전문가에게 개념 정의 및 영역 구분에 대한 자문을 구해 본다. 현장 경험이 풍부한 전문가의 견해는 실제 적용 시 중요한 이슈를 발견하는 데 도움이 된다.
5. 명확한 조작적 정의
   - 문헌 연구를 마친 후에는 개발하려는 개념을 측정 가능하도록 조작적(operational)으로 정의해야 한다. 이는 이후 문항이 구체적으로 무엇을 묻고자 하는지 방향을 제시해 주므로, 추상적 개념을 관찰 가능한 형태로 변환하는 작업이 필요하다.

2) 2단계: 예비 문항 개발 및 내용타당도 검증

문헌 연구를 통해 개념의 구조가 밝혀졌다면, 이를 측정할 예비 문항(initial items)을 작성하는 단계로 들어간다. 예비 문항 개발은 앞 단계에서 규명된 각 하위 영역별로 대표적인 행동이나 태도, 인식 내용을 문항으로 표현하는 작업이다. 문항 작성 시에는 명확하고 이해하기 쉬운 언어로 하나의 문항이 하나의 의미만 담도록 하는 것이 중요하다. 중복되거나 이중으로 질문하는 표현, 지나치게 전문용어를 사용하는 것은 피해야 한다. 충분한 수의 예비 문항을 작성하였다면, 다음으로 이 문항들이 측정하고자 하는 내용을 제대로 담고 있는지 내용타당도를 평가해야 한다. 내용타당도 검증은 해당 분야의 전문가 패널에게 문항의 적절성과 대표성을 평가받는 절차로, 로시(Lawshe, 1975)가 제안한 내용타당도 비율(Content Validity Ratio: CVR) 등을 활용하여 정량적으로 판단할 수도 있다. 이 과정을 통해 초기 문항 중 부적절한 문항은 수정하거나 제거하고, 필요한 문항은 새로 추가하여 척도의 내용적 타당성을 확보하게 된다.

먼저 1단계에서 도출된 구성요소별로 충분한 수의 예비 문항을 작성한다. 일반적으로 각 하위 영역당 여러 문항을 작성하여 나중에 일부 문항이 탈락하더라도 영역을 대표할 문항이 남도록 한다. 문항 작성 시 주의할 점은 다음과 같다. 하나의 문항에는 하나의 아이디어만 포함하고, 답변자가 명확히 이해할 수 있는 구체적인 표현을 사용하며, 부정형이나 이중 부정은 가급적 피한다. 이렇게 초안을 작성한 후에는 전문가 심의를 거쳐 내용타당도를 확인한다. 해당 분야의 전문가(예를 들어, ESR 척도를 개발한다면 교육행정가, 교사, 교육학 연구자 등) 여러 명에게 문항의 타당성을 평가받는다. 평가는 보통 리커트 5점 척도 등으로 각 문항이 해당 개념을 잘 측정하는지, 문항 내용이 명확한지 등을 판단하게 한다. 추가로 문항의 문구 수정 제안이나 빠진 내용에 대한 의견도 수렴한다. 전문가 평가 결과를 종합하여 내용타당도 지수(CVR)를 계산하고 사전에 정한 기준에 미달하는 문항은 삭제하거나 수정한다. 예를 들어, 전문가 패널이 5명 정도로 적은 경우 모든 전문가가 해당 문항이 '필수적'이라고 판단해야(CVR=1.0) 그 문항을 유지하는 식으로 엄격한 기준을 적용한다. 이 과정을 1회로 끝내지 않고 필요하다면 여러 차례 반복하여 문항을 다듬는다. 최종적으로 예비 설문지를 구성할 때는 남은 문항들을 무작위 순서로 배열하고, 응답 형식(보통 5점 또는 7점 Likert 척도 등)을 결정하여 파일럿 조사를 실시할 준비를 마친다.

김정섭 등(2025)의 연구에서는 문헌 연구에서 밝혀진 교사 책임의 하위 영역들을 토대로 초기 45개의 예비 문항을 도출하였다. 먼저 교육학 전공 교수와 박사급 연구원 등 5인이 모여 문항을 작성하고 다듬은 뒤, 현직 초・중・고 교사 5인으로 구성된 전문가 집단에게 2차례에 걸쳐 내용타당도 평가를 받았다. 전문가들은 각 문항의 타당성, 모호성, 표현의 적절성을 5점 척도로 평가하고 개선 의견을 제시하였으며, 그 결과 1차 자문 후 일부 문항을 수정하여 최종 45문항 모두 CVR 값 1.0 이상을 충족시키는 것으로 확인되었다. 이처럼 체계적인 내용타당도 검증을 거쳐 예비 문항이 확정된 후, 연구진은 해당 문항들로 예비 설문지를 구성하여 다음 단계인 예비조사를 준비하였다.

표 4-4 김정섭 등(2025) 연구의 예비 문항 구성

요인	내용
학생의 사회 · 정서적 성장 지원 책임	교사가 학생의 전인적 성장을 촉진하기 위해 사회적 · 정서적 측면에서 지원함
학생의 학업성취 지원 책임	교사가 학생의 학업적 성취를 촉진하기 위해 효과적인 교수 · 학습을 설계하고, 개별화된 학습 지원과 공정한 평가를 제공함
행정 업무 수행 책임	교사가 교육과정 운영 및 교육과정 외 행정 업무를 수행하여 교육 체계가 원활히 운영되도록 기여함
소통과 협력 책임	교사가 학교 내외의 교육 공동체와 협력하여 교육 환경을 조성하고, 학습자 지원을 강화함
사회적 책임	교사가 윤리적 실천을 바탕으로 교육의 사회적 책임을 수행하고, 교육 형평성과 포용성을 강화함
교사 자신에 대한 책임	교사가 전문성을 개발하고, 심리적 · 정서적 웰빙을 유지하며, 변화하는 교육 환경에 적응함

유의사항 및 팁

1. 문항 작성 원칙 준수
   - 문항은 간결하면서도 구체적으로 작성해야 한다. 한 문항에 두 가지 내용을 넣지 않도록 하고, 응답자가 각 문항의 뜻을 혼동하지 않게 어휘 선택에 신경 쓴다.
2. 충분한 예비 문항 수
   - 초기에는 다소 여유 있게 문항을 많이 만드는 것이 좋다. 이후 단계에서 문항이 삭제될 수 있으므로 각 개념을 측정할 문항이 부족하지 않도록 한다. 단, 너무 많은 문항은 응답 피로도를 높이므로 균형을 유지한다.

3. 전문가 패널 구성

– 내용타당도 평가는 다양한 관점을 반영하기 위해 3명 이상, 가능하면 5~7명 정도의 전문가를 포함하는 것이 좋다. 전문가들은 해당 개념과 대상 집단에 대한 이해가 깊은 사람들이어야 하며, 가능하면 서로 다른 분야(예: 연구자와 현장 전문가)를 균형 있게 포함한다.

4. 로시(Lawshe)의 CVR 활용

– 로시의 CVR은 전문가들이 '해당 문항이 꼭 필요하다'고 판단한 비율을 나타내는 지표이다. 전문가 수에 따라 CVR의 최소 기준값이 달라지며, 패널이 적을수록 기준이 높아진다. 이 지표를 활용하면 삭제 여부를 객관적으로 결정할 수 있지만, 단순 수치에만 의존하지 말고 전문가의 질적 의견도 함께 고려한다.

5. 문항 수정 이력 관리

– 전문가들의 피드백을 반영하여 문항을 수정할 때에는 수정 전후의 내용을 기록해 둔다. 이는 이후 척도 개발 과정을 보고하거나 추가 자문을 구할 때 활용할 수 있고, 문항이 어떻게 개선되었는지 추적하는 데 도움이 된다.

로시(Lawshe, 1975)가 제안한 내용타당도 비율이란?

내용타당도 비율(Content Validity Ratio: CVR)은 전문가 패널이 문항의 타당성을 얼마나 합의하는지를 정량적으로 평가하기 위한 방법이다. 전문가들이 각 문항을 평가할 때 '필수적(essential)'이라고 응답한 비율을 기반으로 계산된다. 공식은 다음과 같다.

$$CVR = \frac{N_e - N/2}{N/2}$$

– 여기서, N_e는 해당 문항을 '필수적(타당 또는 매우 타당)'이라고 평가한 전문가의 수이고, N은 전체 전문가 패널의 수이다.

– CVR 값의 범위는 −1.0에서 +1.0 사이이며, CVR 값이 0보다 크다는 것은 전문가 과반수가 해당 문항을 필수적이라고 평가했음을 의미한다.

로시(Lawshe, 1975)는 전문가 패널의 규모에 따라 유의미한 CVR 최소 기준값을 다음과 같이 제시하였다.

전문가 패널 수(N)	최소 CVR 기준값
5명	0.99(사실상 만장일치 필요)
6명	0.99
7명	0.99

8명	0.75
9명	0.78
10명	0.62
⋮	⋮

최근 연구에 따르면 전문가 패널 수가 적을 경우(5~6명), 내용타당성을 확보하려면 사실상 모든 전문가의 만장일치(CVR=1.0)가 필요하다고 강조한다. 이 기준을 충족하지 못한 문항은 내용타당도가 부족한 것으로 간주하여, 삭제하거나 수정이 필요하다.

내용타당도 설문 예시)

구성요소	문항	전혀 타당하지 않음	타당하지 않음	보통	타당함	매우 타당함	수정/삭제/통합/추가 의견
학생 사회·정서적 성장 지원	1. 학생들의 정서 상태에 관심을 기울여야 한다.	1	2	3	4	5	
	2. 학생들의 교우관계를 파악해야 한다.	1	2	3	4	5	
	3. 학생들의 폭력 사안에 대해 사전에 인식하고 필요시 중재해야 한다.	1	2	3	4	5	
	4. 학생들에게 효과적인 갈등 해결방법을 가르치는 것이 필요하다.	1	2	3	4	5	
	5. 학생 개개인의 강점을 파악하기 위해 노력해야 한다.	1	2	3	4	5	
	6. 학생들의 흥미나 진로를 발견하도록 돕는 것이 필요하다.	1	2	3	4	5	
구성요소 의견	(구성요소 명칭 관련)						
	(문항 중복 관련)						
	(기타 의견)						

3) 3단계: 예비조사 실시 및 탐색적 요인분석

내용 타당성을 확보한 예비 문항들을 가지고 예비조사(pilot study)를 실시하여 척도의 구조를 가늠하는 단계이다. 예비조사는 보통 본조사를 하기 전에 비교적 작은 규모의 표본을 대상으로 설문을 실시하여 문항들의 반응 패턴을 수집한다. 이 단계의 핵심 분석 방법은 탐색적 요인분석(EFA)으로, 수집된 응답 데이터를 통해 문항들이 몇 개의 요인으로 구성되는지를 탐색한다. 요인분석을 통해 얻어진 요인 구조는 개발 중인 척도가 몇 개의 하위 요인(차원)을 가지는지, 각 문항이 의도한 요인에 제대로 속하는지를 보여 준다. 이를 통해 초기 구상한 개념 구조가 실제 데이터에서도 타당한지 확인할 수 있으며, 요인부하량이 낮거나 여러 요인에 중복 적재되는 부적절한 문항을 제거 또는 수정하여 척도를 정제(refinement)한다. 또한 예비조사 단계에서 각 요인별 신뢰도(내적 일관성)도 함께 검토하는데, 주로 Cronbach's α 계수를 사용하여 각 요인(하위 척도)이 응답 일관성을 확보하고 있는지 평가한다. 종합하면, 3단계에서는 예비 데이터를 통한 요인 구조 탐색과 문항 정제를 거쳐 본조사에 사용할 잠정적인 척도 구조와 문항들을 결정하게 된다.

우선, 확정된 예비 문항을 통해 목표 집단의 일부를 대상으로 예비 설문조사를 실시한다. 표본의 크기에 대한 엄밀한 기준은 없지만, 일반적으로 요인분석을 위해서는 충분한 응답자가 필요하므로 문항 수의 5~10배 이상의 응답자를 확보하도록 권장된다. 예를 들어, 예비 문항이 40개라면 최소 200명 정도 데이터를 모으는 것이 바람직하다. 예비조사 표본은 가능하면 본조사와 유사한 특성을 지닌 집단으로부터 모집하며, 설문 응답의 결측이나 불성실 응답을 제외한 데이터를 사용한다.

이어서 탐색적 요인분석을 실시하여 척도의 요인 구조를 규명한다. 요인분석에 앞서 데이터의 요인분석 적합성을 확인하기 위해 KMO 측도(표본 적합도 검사)와 Bartlett의 구형도 검정 결과를 확인한다. KMO 값이 0.6~0.7 이상이고 Bartlett 검정이 유의하면 요인분석을 진행할 수 있다. 요인 개수를 결정할 때는 통상적으로 고윳값(eigenvalue) 1 이상인 요인을 우선 추출하고, 추가로 스크리 검증(scree test)을 참고한다. 스크리 그래프에서 요인의 고윳값이 급격히 완만해지는 지점까지를 유의한 요인으로 본다. [그림 4-1]은 요인 수 결정에 활용되는 스크리 그림의 예시로, 첫 6개 요인의 고윳값 변화를 보여 준다.

요인 개수를 정한 후에는 요인 회전을 통해 요인의 해석 가능성을 높인다. 요인들이 상관이 있다고 가정하면 직각회전(예: Varimax), 상관이 없다고 가정하면 사각회전(예: Oblimin)을 사용한다. 회전된 요인행렬을 검토하여 각 문항의 요인부하량을 확인한다. 일반적으로 요인부하량

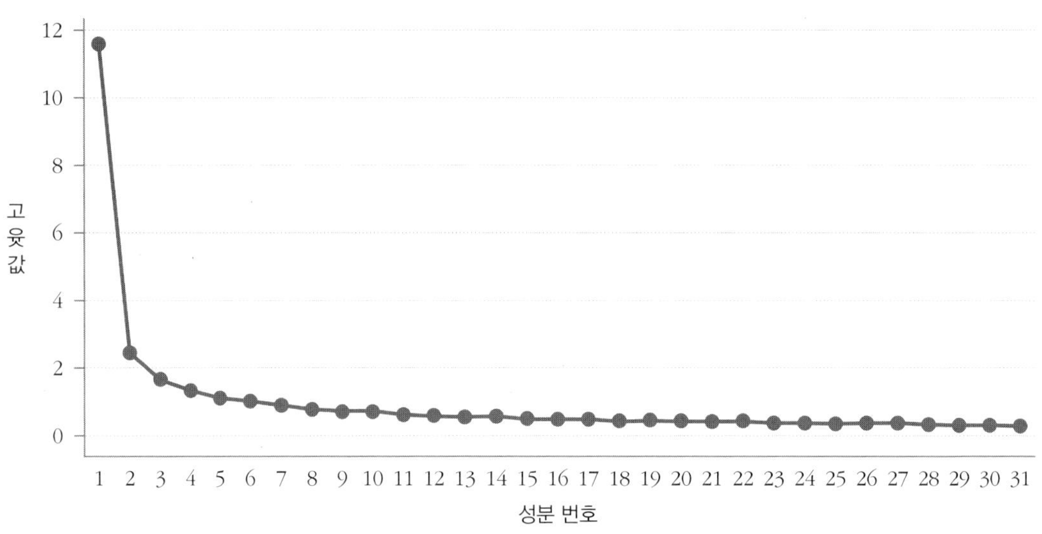

[그림 4-1] 스크리 도표

이 충분히 높지 않은 문항(예를 들어, |0.4| 미만)이나, 의도한 요인과 다른 요인에 높게 적재되어 변별력이 떨어지는 문항은 제거 대상이 된다. 문항 제거는 한 번에 하나씩 신중히 수행하면서, 문항을 뺐을 때 전체 요인 구조 변화와 신뢰도에 미치는 영향을 함께 고려한다. 필요한 경우 요인분석을 반복 실시하여 최적의 문항 조합을 찾는다. 이 과정을 통해 남은 문항들로 구성된 잠정적인 척도 구조(요인 수와 구성 문항)가 확정된다. 마지막으로 각 요인(하위척도)별로 신뢰도를 계산하여 내적 일관성이 확보되었는지 확인한다. Cronbach's α 값이 일반적으로 0.7 이상이면 수용할 만한 신뢰도로 간주되며, 요인 간 신뢰도 편차도를 점검하여 특정 요인의 신뢰도가 유난히 낮다면 해당 요인의 문항 구성을 재평가한다.

김정섭 등(2025)의 연구에서는 예비조사로 전국 초 · 중 · 고 교사 154명의 응답을 수집하였다. 탐색적 요인분석 결과, 일부 문항들이 예상한 요인에 속하지 않거나 요인부하량이 낮게 나타나 총 9문항을 제거하였다. 예비단계에서 불필요한 문항을 솎아 낸 덕분에 최종적으로 본조사에 사용할 문항 수를 36개로 추린 것이다. 또한 각 요인별로 Cronbach's α를 산출하여 내적 신뢰도를 점검하였으며, 그 결과 전체 척도의 신뢰도가 0.93으로 매우 높게 나타났다. 이 예비분석을 통해 연구진은 척도의 요인 구조가 6개 요인으로 구성됨을 확인하고, 정제된 문항들로 본조사를 진행하게 되었다.

표 4-5 탐색적 요인분석 요인부하량

구분	요인1	요인2	요인3	요인4	요인5	요인6
문항1	0.637	0.285	0.051	0.007	0.251	0.064
문항2	0.755	0.237	0.045	0.128	0.039	0.162
문항3	0.577	0.250	0.031	−0.102	0.190	0.230
문항5	0.691	0.267	0.157	0.169	0.195	0.110
문항6	0.652	0.266	0.041	0.259	0.037	0.154
문항8	0.631	0.211	0.063	0.183	0.291	0.178
문항9	0.627	0.068	0.103	0.192	0.175	0.164
문항10	0.228	0.732	0.135	0.112	0.140	0.206
문항11	0.304	0.652	0.109	0.247	0.002	0.223
문항12	0.313	0.659	0.140	0.294	0.043	0.173
문항14	0.264	0.679	0.073	−0.015	0.274	0.141
문항15	0.351	0.564	0.118	0.278	0.148	0.159
문항17	0.216	0.688	0.080	0.048	0.258	0.138
문항19	0.022	0.267	0.700	0.186	0.186	0.048
문항20	0.055	−0.017	0.796	0.238	−0.027	−0.077
문항21	0.065	0.147	0.785	0.234	0.017	0.115
문항22	0.176	0.066	0.645	−0.030	0.251	0.173
문항24	0.130	0.137	0.165	0.674	0.255	0.085
문항25	0.242	0.261	0.139	0.524	0.367	0.077
문항26	0.090	0.073	0.274	0.681	0.112	0.161
문항28	0.156	0.204	0.229	0.649	0.249	0.140
문항29	0.171	0.195	0.176	0.211	0.689	0.164
문항30	0.292	0.250	0.156	0.172	0.621	0.235
문항31	0.178	0.069	0.030	0.383	0.512	0.259
문항32	0.243	0.166	0.096	0.305	0.661	0.163
문항34	0.303	0.185	0.117	0.417	0.515	0.275
문항36	0.278	0.179	0.022	−0.069	0.347	0.627
문항37	0.208	0.227	0.013	−0.087	0.282	0.688
문항38	0.145	0.330	0.104	0.268	0.125	0.611
문항39	0.171	0.093	0.089	0.363	0.012	0.732
문항40	0.186	0.187	0.114	0.292	0.188	0.664
고유치	11.670	2.423	1.030	1.642	1.113	1.302
설명변량(%)	37.65	7.82	3.32	5.30	3.59	4.20
누적변량(%)	37.65	45.46	48.78	54.08	57.67	61.87

유의사항 및 팁

1. 적절한 표본 크기
   - 예비조사의 표본이 너무 작으면 요인분석 결과의 신뢰성이 떨어진다. 아이템당 사례 수가 5~10명 이상 확보되도록 하고, 최소 100명 이상을 권장한다. 표본의 특성이 본조사와 크게 다르지 않도록 모집하는 것도 중요하다.
2. 데이터 정제
   - 응답 내용에 극단적으로 일관성이 없거나 무성의한 패턴이 보이면 해당 응답자를 제외하고 분석하는 것이 좋다. 이상치나 극단치가 요인분석에 영향을 줄 수 있으므로, 필요하면 사전에 데이터를 정제(cleaning)한 후 분석한다.
3. 요인 결정 기준
   - 고윳값 기준은 편리한 지침이지만, 경우에 따라 너무 많은 요인을 추출할 수 있다. 스크리 플롯을 항상 함께 검토하고, 이론적으로 해석 가능한 요인 개수인지 판단한다. 만약 이론적으로 예상한 요인보다 많이 또는 적게 추출되면, 요인 개수를 해당 수로 고정하여 분석해 본 후 비교하기도 한다.
4. 문항 제거 시 신중함
   - 탐색적 요인분석에서는 문항 제거와 구조 재분석을 반복할 수 있지만, 지나치게 데이터를 사후적으로 조정하면 우연에 따른 구조를 얻을 위험이 있다. 문항을 제거할 때에는 반드시 그 문항이 이론적으로도 덜 중요하거나 중복되는지 검토하고 결정한다.
5. 신뢰도 확인
   - 예비조사 단계에서도 각 요인별 Cronbach's α를 확인하여 현저히 낮은 경우 해당 요인의 문항 문구가 모호하지 않은지, 문항 수가 너무 적지는 않은지 검토한다. 필요하면 이 단계에서 문항을 보완하거나 추가할 수도 있다. 다만, 최종 신뢰도 평가는 보다 큰 본조사에서 다시 이루어지므로, 예비단계에서는 극단적으로 문제되는 경우만 조치한다.

4) 4단계: 본조사 실시 및 확인적 요인분석과 타당도 검증

예비조사를 통해 척도의 골격이 마련되었다면, 이제 본조사를 실시하여 대규모 표본에서 척도의 구조를 확인하고 다양한 타당도를 검증하는 단계이다. 본조사는 일반적으로 예비조사에서 정제된 문항들로 최종 설문지를 구성하여, 목표 모집단을 대표할 수 있는 충분히 큰 표본을 대상으로 시행한다. 이 단계의 핵심 분석은 확인적 요인분석(CFA)으로, 이전 단계에서 탐색된 요인 구조가 모델로서 적합한지를 통계적으로 검증한다. 확인적 요인분석은 가설적인 요인 모형을 설정하고, 표본 자료가 그 모형을 얼마나 잘 만족하는지 적합도 지수(fit indices)를 통해 평가한다. 주요 적합도 지수로는 카이제곱(χ^2) 통계량과 자유도 대비 χ^2, CFI(Comparative Fit Index), TLI(Tucker-Lewis Index), RMSEA(Root Mean Square Error of Approximation) 등이 있으며, 일반적으로 CFI/TLI 값이 0.90~0.95 이상, RMSEA 값이 0.08 미만(좋은 모형의 경우 0.06 이하)을 만족하면 모형 적합도가 양호한 것으로 간주된다. 확인적 요인분석을 통해 척도의 구인타당도(construct validity)를 확인하는 한편, 본조사 단계에서는 척도의 공인타당도(criterion-related validity)나 준거타당도를 추가로 검증하는 것이 일반적이다. 공인타당도 검증이란 개발된 척도 점수와 이와 유사하거나 관련된 기존 척도 또는 외부 준거와의 상관관계를 분석하는 것으로, 새로운 척도가 실제 기대한 대로 다른 변수들과 관계하고 있는지를 보여 준다. 이 밖에도 필요에 따라 수렴타당도와 변별타당도[여러 요인 간 상관분석이나 평균분산추출지수(AVE) 검증 등]도 평가하며, 최종적으로 척도의 신뢰도[예: 전체 척도 및 하위척도의 Cronbach's α나 구성개념 신뢰도(CR)]를 종합적으로 산출한다. 요약하면, 4단계에서는 본조사를 통해 척도의 구조적 타당성과 외부 타당도를 확인하고, 개발된 척도가 신뢰롭고 유용한지 최종 평가하게 된다.

본조사를 위해 3단계에서 확정된 문항들로 최종 설문지를 구성한다. 표본 규모는 통계적 검증의 요구에 따라 크게 설정하는데, 확인적 요인분석의 모수 추정을 위해서는 최소 200명 이상의 표본을 확보하는 것이 좋다. 가능한 경우 표본을 모집할 때 모집단을 대표할 수 있도록 층화추출 등의 방법을 사용하며, 현실적으로는 접근 가능한 범위에서 다양한 특성을 포함하도록 노력한다. 예를 들어, 전국 단위 조사를 하거나, 여러 학교나 지역에서 골고루 자료를 수집하는 등의 방식을 취할 수 있다. 본조사 자료 수집 시에는 설문 응답의 질 관리를 위해 지도교사를 통해 배포하거나 온라인 설문의 경우 중복 응답을 방지하는 등 절차를 점검한다.

자료를 확보한 후, 우선 탐색적 분석과 유사하게 기초통계와 상관분석 등을 실시하여 문항 간 관계나 분포를 살펴본다. 이후 3단계에서 수립된 요인 구조에 대해 확인적 요인분석을 수행한다. 소프트웨어로는 AMOS, LISREL, Mplus, R의 lavaan 패키지 등 구조방정식 모형 프로그램을 사용하며, 모형으로 설정된 요인 구성(예: 4개 요인, 각 요인별 할당 문항)은 이전 단계 결과와 이론적 근거에 기반한다. 모델을 식별하기 위해 각 요인별로 최소 3문항 이상이 필요하고, 요인 분산을 1로 고정하거나 첫 문항의 요인부하량을 1로 고정하는 등의 조치를 취한다. 분석 결과 산출된 각종 적합도 지수를 확인하여 모형 적합 여부를 판단한다. 적합도가 기준에 미달할 경우 수정지수(modification index)를 참고하되, 수정지수에 따라 임의로 모형을 변화시키는 것은 주의해야 한다. 이때 이론적 타당성과 문항 내용을 고려하여, 예컨대 특정 요인 간 상관을 모형에 허용하거나 요인부하량이 낮은 문항을 제거하는 등의 결정을 내릴 수 있다. 필요하면 추가 데이터를 수집하거나 표본을 둘로 나누어 교차타당화를 확인하기도 한다(한 표본으로 모형을 수정하고 다른 표본에 적용해 보는 방식). 최종적으로 확정된 모형에 대한 신뢰도와 타당도 지표들을 산출한다. 신뢰도 측면에서는 전체 척도 및 각 하위척도의 Cronbach's α를 다시 산출하고, CFA 결과로부터 구성개념 신뢰도(CR)와 평균분산추출(AVE)을 계산하여 각 요인이 충분한 수렴타당도를 지니는지 확인한다. 타당도 측면에서는 본조사 설문에 함께 포함시킨 외부 준거 변인들과의 상관관계를 구하여 공인타당도를 평가한다. 가령, ESR 척도의 경우 학생의 봉사활동 참여도나 공동체의식 같은 관련 변인들과 유의미한 정적 상관이 나온다면 공인타당도가 뒷받침되는 것이다. 이 외에도 척도 점수가 집단 간에 예상된 방향으로 차이를 보이는지 등을 분석할 수 있다. 이러한 일련의 검증을 통해 최종 개발된 척도가 이론적으로 예상한 구조를 가지며, 관련된 외부 변인과 합리적인 관계를 맺고 있고, 측정값이 신뢰할 만하다는 증거를 확보하게 된다.

김정섭 등(2025)의 연구에서는 예비단계 결과를 토대로 최종 6개 요인, 31개 문항으로 구성된 교사 책임 척도를 확정하고, 전국의 초 · 중 · 고 교사 579명을 대상으로 본조사를 실시하였다. 본조사 자료에 대해 확인적 요인분석을 수행한 결과, 연구에서 가정한 6개 요인 모델이 양호한 적합도를 보여 개발된 척도의 구인타당도가 입증되었다. 또한 이들은 척도의 공인타당도를 확인하기 위해 본조사 설문에 교사리더십, 교사효능감, 수업실천, 학교풍토 등 네 가지 관련 변인에 대한 문항도 함께 포함시켰다. 그 결과 개발된 척도의 점수와 이러한 외부 준거 변인들 간의 상관관계를 분석하여 모두 유의미한 정적 상관을 확인함으로써, 새 척도가 관련 개념들과 타당한 연관성을 맺고 있음을 보였다. 예를 들어, 교사의 책임 수준이 높게 측정된 집단일수록 교사효능감과 학교풍토 점수도 높게 나타나는 등, 예측한 방향으로 상관관계가 나타났다. 아울러 본조사에서 최종 문항들에 대한 신뢰도 분석을 실시한 결과 전체 척도의 Cronbach's α가 0.93, 하위 요인들도 0.70 이상으로 양호하여 척도의 내적 일관성이 재확인되었다. 이처럼 본조사를 통한 확인적 요인분석과 다양한 타당도 검증을 거쳐, 해당 연구에서는 교사 책임 척도가 현장에서 활용하기에 충분한 신뢰도와 타당도를 갖추었음을 입증하였다.

유의사항 및 팁

1. 충분한 본조사 표본

- 확인적 요인분석은 표본 크기에 민감하므로 가급적 큰 표본을 확보한다. 요인 수나 모형의 복잡성에 따라 필요 표본이 늘어나는데, 일반적으로 300명 이상을 권장하며 모델 복잡도가 높으면 500명 이상도 고려한다. 표본이 너무 작으면 추정의 불안정과 적합도 지수의 신뢰도 저하 문제가 발생할 수 있다.

2. 모형 수정의 신중함

- 확인적 요인분석 단계에서 데이터에 맞추어 모형을 과도하게 수정하면, 결과적으로 그 특정 표본에만 맞는 척도가 될 위험이 있다. 수정지수를 참고하되, 이론적으로 의미 있는 수정인지 항상 자문하면서 최소한의 범위에서 모형을 조정한다. 가능하다면 수정된 모형은 별도의 검증 표본에 적용하여 타당성을 확인하는 것이 좋다.

3. 다양한 타당도 검증

- 공인타당도 이외에도 필요에 따라 다양한 방법으로 척도의 타당도를 검증한다. 예를 들어, 구성타당도를 평가하기 위해 AVE 값을 이용해 각 요인의 수렴타당도(AVE $\geq$ 0.5) 및 요인들 간 상관과 AVE를 비교한 변별타당도(각 요인 AVE > 요인간 상관제곱)를 확인할 수 있다. 또한 개발된 척도가 미래의 어떤 결과를 예측한다면 예언타당도 검증도 고려할 수 있고, 집단 간 차별이 의도된 대로 나타나는지 검증하는 known-groups 타당도도 활용 가능하다.

4. 신뢰도 재평가

- 본조사에서는 예비단계보다 훨씬 많은 데이터를 바탕으로 하기 때문에 신뢰도를 다시 산출하여 보고한다. Cronbach's α뿐 아니라 McDonald의 ω 계수나 구성개념 신뢰도(CR) 등도 함께 제시하면 척도의 신뢰도를 보강해 줄 수 있다. 전체 척도의 신뢰도와 하위요인별 신뢰도가 모두 양호한지 확인하고, 특정 요인의 신뢰도가 낮다면 해당 요인의 문항 수나 내용의 문제점을 점검하여 필요시 척도를 조정한다.

5. 결과 해석

- 확인적 요인분석과 타당도 검증 결과가 긍정적으로 나오면 척도 개발의 목표를 달성한 것이지만, 그 의미를 해석하는 데에도 주의해야 한다. 척도가 높은 신뢰도와 타당도를 보인다는 것은 해당 개념을 일관되게 측정하며 관련 개념과 논리적인 관계를 맺는다는 뜻이다. 이를 근거로 척도의 활용 가능 범위나 제한점을 논의하고, 특히 교육 현장이나 연구에서 어떻게 적용할 수 있을지 제언함으로써 척도 개발 연구를 마무리한다.

5) 5단계: 추후 조사(재검사) 및 척도 최종화

척도 개발의 마지막 단계에서는 시간의 경과에 따른 척도 점수의 안정성(stability)을 확인하고, 필요하다면 추가적인 보완을 하는 작업이 이루어진다. 구체적으로는 개발된 척도를 동일한 대상에게 일정 기간 후 재실시하여 재검사 신뢰도(test-retest reliability)를 평가하는 것이다. 재검사 신뢰도는 척도가 시간이 지나도 일관된 결과를 산출하는지를 보여 주는 지표로서, 개발된 측정 도구가 일시적인 상황이나 일회성 반응에 좌우되지 않고 안정적인 특성을 측정하는지를 검증한다. 일반적으로 변화가 빠르지 않은 심리 · 교육적 특성의 경우 간격을 두어 동일한 척도를 동일 집단에 재실시하여 두 시점 점수 간 상관계수를 산출하게 된다. 높은 상관(예: 0.8 내외)이 얻어지면 척도가 안정적으로 측정된다고 해석할 수 있다. 이와 함께 필요에 따라 추가적인 타당화 연구를 진행하기도 한다. 예를 들어, 개발된 척도를 사용하여 종단연구를 수행하면서 척도의 예측력이나 장기적 안정성을 관찰하거나, 질적 피드백을 수집하여 문항의 이해도와 적용상의 어려움을 보완할 수 있다. 5단계는 엄밀히 말하면 척도 개발의 사후 검증 단계로, 개발된 척도를 실제 현장에 적용하거나 반복 사용하면서 얻어진 정보를 통해 척도의 신뢰도와 타당도를 재확인하고, 향후 사용 지침을 더욱 명확히 하는 과정이다.

본조사가 끝난 후, 일정 기간이 지난 뒤(예컨대, 2주, 1개월 등 적절한 시간 간격을 둠) 동일한 응답자 집단에게 재조사를 실시한다. 가능하면 본조사에 참여했던 응답자들 중 추적이 가능한 집단을 선정하여 동일한 척도 문항에 다시 응답하도록 한다. 재검사 시행 간격은 너무 짧으면 첫 응답을 기억할 수 있고 너무 길면 실제 특성이 변화할 수 있으므로, 측정하고자 하는 개념의 성격을 고려해 결정한다. 재조사에서 수집된 데이터에 대해 상관분석을 실시하여 첫 번째 조사 점수와 두 번째 조사 점수 간의 상관계수(Pearson r)를 구한다. 또는 연속형 점수에 대해 일치도를 보기 위해 급내상관계수(ICC)를 활용하기도 한다. 이때 산출된 값이 통계적으로 유의미하고 충분히 높다면(예: $r>0.7$), 개발된 척도가 시간에 대해 안정적임이 입증된다. 만약 재검사 신뢰도가 낮게 나온다면, 해당 척도가 측정하는 개념이 시간에 따라 변화가 큰 것인지, 아니면 척도의 문항이 일관성이 부족한 것인지를 분석해야 한다. 필요하면 문항을 재점검하거나 추가 보완하여 이후 사용에 반영한다.

추후 검증 단계에서는 재검사 신뢰도 외에도 현장 적용을 통한 피드백 수집이 이루어질 수 있다. 예를 들어, 실제 학교 현장에서 교사들이 ESR 척도를 사용해 보고 문항의 난이도나 응답 시간, 해석상의 애매함 등에 대해 의견을 줄 수 있다. 이러한 정성적 피드백은 척도의 활용도를 높이는 방향으로 개선할 점을 찾는 데 도움이 된다. 마지막으로, 개발된 척도에 대한 사용 매뉴

얻이나 지침을 정리하여 발표한다. 척도의 목적, 대상, 채점 방식, 해석 방법(점수가 높으면 어떤 의미인지 등), 그리고 신뢰도・타당도 수치들을 제시하여 사용자들이 척도를 올바르게 활용할 수 있도록 안내한다. 이로써 하나의 척도 개발 프로세스가 완료되며, 이후로는 이 척도가 다양한 연구와 실천 현장에서 유용한 도구로 활용될 수 있게 된다.

김정섭 등(2025)의 교사 책임 척도 개발 연구의 경우, 이 연구 내에서는 동일 집단에 대한 재검사까지 수행되지는 않았다. 연구진은 주어진 기간 내에 예비조사와 본조사를 통해 척도를 개발하고 타당화를 완료하였으며, 재검사 신뢰도 평가는 추후 과제로 남겨졌다. 다만, 이들은 논문에서 개발된 척도가 교육 현장에서 지속적으로 활용될 수 있도록, 향후 종단적 연구를 통해 시간 경과에 따른 변화를 추적하고 질적연구를 병행하여 척도의 실천적 의미를 심화할 필요성을 제기하였다. 이는 장기적으로 볼 때 척도의 안정성뿐만 아니라, 교사 책임이라는 개념이 시간에 따라 어떻게 발현되고 측정될 수 있는지 추가 연구를 통해 밝혀 나가겠다는 뜻이다. 실제로 많은 척도 개발 연구들이 1차 연구에서는 재검사 신뢰도를 다루지 못하더라도, 후속 연구나 다른 맥락에 적용한 연구에서 해당 척도의 재검증 과정을 수행하곤 한다. 예를 들어, 개발된 ESR 척도를 몇 달 또는 1년 후 동일한 학교들을 대상으로 다시 측정해 본다든지, 다른 지역의 교사 집단에 적용해 보는 식으로 반복 검증이 이루어질 수 있다. 이러한 반복 검증 결과 해당 척도가 일관되게 높은 신뢰도와 예상된 타당도를 보인다면, 그 척도는 비로소 안심하고 활용할 수 있는 공인된 도구로 자리매김하게 될 것이다.

유의사항 및 팁

1. 재검사 간격 설정
   - 재검사 신뢰도를 측정할 때 간격은 개념의 특성에 맞춰야 한다. 안정적인 성향이라면 2~4주 간격이 적절하며, 계절이나 상황에 영향을 받을 수 있는 특성은 그 주기를 고려한다. 너무 짧은 간격은 최초 응답 기억 효과를, 너무 긴 간격은 실제 변화 영향을 받을 수 있음을 유념한다.
2. 동일 조건 유지
   - 재검사 실시 시 가능한 한 처음 조사와 동일한 조건을 유지한다. 예를 들어, 동일한 설문 환경(온라인 vs. 오프라인), 유사한 요일/시간대를 선택하고, 응답자들에게도 처음과 같은 지침을 제공하여 외부 조건 차이를 최소화한다.

3. 재검사 신뢰도 기준

– 일반적으로 0.8 정도의 상관계수가 나오면 상당히 높다고 보며, 0.6 미만이면 안정성이 부족하다고 해석할 수 있다. 다만, 상관계수는 응답 분포에 따라 영향을 받을 수 있으므로, 필요하면 신뢰도 한계 내에서의 평균 차이 검증(예: t–검정으로 두 시점 점수 차이가 유의한지 확인)을 병행하여 판단한다.

4. 추가 타당화 연구

– 개발된 척도를 다른 표본이나 환경에서 반복해서 적용해 보는 것도 중요하다. 다양한 집단에 동일 척도를 적용해 보면서 측정 불변성을 검증하면 척도의 일반화 가능성을 확인할 수 있다. 예를 들어, 남녀 교사 집단 간에 요인구조가 동일하게 나타나는지 다중집단 확인적 요인분석으로 검사해 볼 수 있다. 이러한 추가 연구를 통해 척도가 어떤 조건에서도 일관되게 작동하는지 확인하면 척도의 활용 범위가 넓어진다.

5. 현장 피드백 반영

– 척도를 실제로 사용해 보는 현장 전문가나 응답자들의 피드백을 수렴할 채널을 마련한다. 사용자들이 느끼는 문항의 난해함, 응답 소요 시간, 결과 해석의 어려움 등을 듣고 난 후 판본의 척도 매뉴얼에 반영하거나 차후 문항 수정의 근거로 삼는다.

6. 매뉴얼 및 활용 지침

– 척도 개발이 완료되면 이를 활용하려는 사람들을 위해 사용 설명서를 작성해 두는 것이 좋다. 여기에는 척도의 개발 배경, 대상, 실시 방법, 점수 해석 방법, 그리고 이번 연구에서 확인된 신뢰도와 타당도 수치를 포함한다. 이러한 문서화 작업은 척도의 공식화를 의미하며, 향후 연구자들이나 실무자들이 척도를 적용할 때 표준화된 지침으로 활용할 수 있다.

성찰과제

1. 자신이 연구하고자 하는 주제나 관심 있는 교육 개념을 하나 선택하여, 그 개념을 척도로 개발할 때 구체적으로 어떤 문항들을 만들 수 있을지 직접 작성해 보시오.

2. 자신이 개발하고자 하는 척도의 신뢰도와 타당도를 높이기 위해 어떤 절차를 수행해야 하는지 단계별로 정리하고, 각 단계에서 예상되는 어려움과 해결 방안을 성찰해 보시오.

3. 기존의 교육 현장이나 연구에서 사용되고 있는 특정 척도를 하나 찾아 비판적으로 분석해 보고, 그 척도의 장점과 한계점을 나열한 후 이를 보완하거나 개선할 수 있는 아이디어를 제안해 보시오.

참고문헌

김정섭, 김동선, 김은빈, 문소희, 정정훈, 윤채영(2025). 교사 책임 척도 개발 및 타당화. **교육문화연구, 31**(2), 341-364.

American Educational Research Association, American Psychological Association, & National Council on Measurement in Education. (2014). *Standards for educational and psychological testing*. American Educational Research Association.

Bhandari, P. (2023, June 22). *Questionnaire design: Methods, question types & examples*. Scribbr. https://www.scribbr.com/methodology/questionnaire/

Chadha, N. K. (2009). *Applied psychometry*. Sage Publications.

Churchill, G. A. (1979). A paradigm for developing better measures of marketing constructs. *Journal of Marketing Research, 16*(1), 64-73. https://doi.org/10.1177/002224377901600110

Crossman, A. (2023, April 5). *The differences between indexes and scales*. Thought Co. https://www.thoughtco.com/indexes-and-scales-3026544

DeVellis, R. F. (2003). *Scale development: Theory and applications* (2nd ed.). Sage Publications.

Fabrigar, L. R., & Ebel-Lam, A. (2007). Questionnaires. In N. J. Salkind (Ed.), *Encyclopedia of measurement and statistics* (pp. 808-812). Sage Publications. https://doi.org/10.4135/9781412952644.n368

Hinkin, T. R. (1998). A brief tutorial on the development of measures for use in survey questionnaires. *Organizational Research Methods, 1*(1), 104-121. https://doi.org/10.1177/109442819800100106

iResearchNet. (n.d.). Scales and indices. Retrieved April 9, 2025, from https://communication.iresearchnet.com/research-methods/scales-and-indices/#google_vignette

Lawshe, C. H. (1975). A quantitative approach to content validity. *Personnel Psychology, 28*(4), 563-575.

Morgado, F. F. R., Meireles, J. F. F., Neves, C. M., Amaral, A. C. S., & Ferreira, M. E. C. (2018). Scale development: Ten main limitations and recommendations to improve future research practices. *Psicologia: Reflexão e Crítica, 30*(1), Article 3. https://doi.org/10.1186/s41155-016-0057-1

National Council on Measurement in Education. (n.d.). *NCME assessment glossary*. Retrieved April 9, 2025, from https://www.ncme.org/resources/glossary

Netemeyer, R. G., Bearden, W. O., & Sharma, S. (2003). *Scaling procedures: Issues and applications*. Sage Publications.

Pianta, R. C., Barnett, W. S., Justice, L. M., & Sheridan, S. M. (Eds.). (2012). *Handbook of early childhood education*. Guilford Press.

Rogoff, B. (2003). *The cultural nature of human development*. Oxford University Press.

Snow, C. E., & Van Hemel, S. B. (Eds.). (2008). *Early childhood assessment: Why, what, and how*. National Academies Press.

Stevens, S. S. (1946). On the theory of scales of measurement. *Science, 103*(2684), 677-680.

제2부

ESR 연구의 다양한 접근

교육철학적 사유와 교육학 연구의 사회적 책임

이소영, 배지현

성찰목표

1. 교육학 연구의 각 단계에 내재한 책임의 구조를 인식할 수 있다.
2. 교육학 연구에서 '객관성'과 '주관성'의 의미를 살펴보고 그 관계를 성찰할 수 있다.
3. 연구자의 위치를 인식하는 일의 중요성과 그 정치적 · 윤리적 의미를 설명할 수 있다.
4. 교육학 연구에 내재한 윤리적 성격을 이해하고, 철학적 사유가 연구의 과정 속에서 '책임'을 상기시키는 방식을 설명할 수 있다.

1. 들어가며: 실증주의와 교육학 연구

1) 측정의 시대

교육에 대한 논의는 '좋은 삶'에 관해 묻는 일과 깊은 관련을 맺어 왔다. 가르치고 배우는 일에 대한 고민은 필연적으로 인간이 어떤 존재이며 어떻게 배우는지, 무엇이 더 가치 있는지, 어떤 삶이 윤리적이며 어떤 사회가 더 정의로운 사회인지 등에 대한 고민과 맞닿아 있기 때문이다. 교육학 고전으로 널리 읽히는 플라톤의 『국가』, 루소의 『에밀』, 듀이의 『민주주의와 교육』과 같은 저서에서도 볼 수 있듯이 이상적인 사회를 상상하는 일과 그 사회에서 살아갈 이들을 길러내는 일은 크게 다르지 않다(Dewey, 2007; Platon, 2005; Rousseau, 2007). 'philosophia(지혜에 대한 사랑)'라는 이름으로 과학, 철학, 윤리, 교육 등의 영역을 아울렀던 고대 그리스로 거슬러 올라가 보면 지금은 세분화된 학문 영역들이 본래 세계와 인간에 대한 탐구라는 공통된 관심사에서 시작했다는 점이 더 잘 보인다.

과학을 필두로 학문 영역이 본격적으로 세분화되고 이와 더불어 교육학도 독자적인 분야로 자리 잡기 시작한 것은 근대 이후이다. 특히 19세기 중반 산업혁명을 거치며 과학기술이 급속히 발전하였으며 이러한 변화는 세상을 인식하고 경험하는 방식을 크게 바꿔 놓았다. 과학은 말 그대로 그동안 보지 못했던 것을 보게 해 주었다. 현미경과 망원경을 통해 우리는 세계를 더 '정확히' 볼 수 있게 되었고 '진리'에 더 가까워지게 된 것이다. 이러한 시대적 배경 속에서 과학은 마치 세상의 모든 문제를 해결할 만능열쇠이자 진리 인식을 위한 '유일하게 정당한' 기반인 것처럼 여겨졌다. 그리고 이처럼 자연과학의 위상이 높아지면서 실증주의(positivism)라는 새로운 움직임이 대두했다.

실증주의는 관찰, 측정, 정식화 등과 같은 과학의 방법론을 사회를 비롯한 인간의 내면적 경험에까지 확장하려는 시도이다. 이는 심지어 철학도 '과학처럼' 사유해야 한다는 주장을 가능하게 했으며, 인간을 이해하는 방식을 객관적이고 통계적인 언어로 재편하는 데 큰 영향을 주었다. 이때 과학적 방법은 일종의 기술적 절차로서 정확하게 적용할 경우 정확한 결과가 산출되는 '중립'적인 도구로 간주되었다. 즉, 연구자가 어떤 대상에 접근하든 정해진 객관적 방법(실험, 통계, 측정 등)을 충실히 따른다면 보편적이고 오류 없는 진리에 도달할 수 있다고 본 것이다. 이러한 사고방식은 근대 학문 전반에 영향을 미쳤으며 그에 따라 삶을 측정 가능하고 통제 가능한 것으로 보는 관점이 발달하기 시작했다.

교육학을 비롯한 사회과학 분야의 연구도 이러한 흐름의 영향 아래 있다. 인간과 사회에 자연과학적 방법론을 적용하면서 객관성, 측정 및 검증가능성, 일반화 가능성 등이 강조되었고 교육 역시 실험과 측정을 통해 과학적 진보를 이룰 수 있다는 믿음이 퍼졌다. 실증주의는 인간 능력도 객관적 수치로 측정 가능하다는 전제를 제공하였고, 지능과 같은 인간의 특성을 수량화하려는 시도에 정당성을 마련했다. 이에 따라 지능검사(IQ), 적성검사 등 다양한 심리측정 도구들이 개발되어 '객관적' 수치로 활용되기 시작했다.[1] 이러한 흐름은 20세기 초중반까지도 유행한 행동주의 심리학의 발달과 함께 교수-학습이론뿐 아니라 교육행정을 비롯해 정책결정 및

1) 비네(A. Binet)와 시몽(T. Simon)의 초기 지능 검사가 미국에 도입되어 표준화 및 확장되면서, IQ는 개인의 학습 능력뿐만 아니라 교육적 배치, 나아가 사회적 가치까지 판단하는 핵심 지표로 기능하게 되었다. 단순한 평가 도구를 넘어 교육 정책을 정당화하는 수단으로 작동하였으며 20세기 내내 교육, 군대 등의 영역에서 전 세계적으로 강력한 영향력을 행사하였다.

교육학 연구의 방식에도 변화를 가져온다. 이에 대해서는 다음 절에서 좀 더 자세히 살펴보도록 하겠다.

한편, 실증주의는 20세기 초반까지 유행하였으나 이후 여러 비판을 받으면서 그 영향력이 급격히 쇠퇴했다. 특히 '의미'와 '해석'의 차원과 관련된 삶의 문제를 기술 · 과학적으로 환원하려는 태도에 대해 강력한 비판이 이어졌다. 예를 들어, 후설(E. Husserl)과 같은 철학자는 과학이라는 이름에 매몰될 때 오히려 간과하게 되는 의미와 맥락에 주목하고, 인간 경험의 본질을 새롭게 사유할 필요가 있다고 주장했다. 이것이 현상학의 시작이다. 프랑크푸르트 학파를 비롯한 비판이론의 학자들 또한 실증주의적 관점이 인간의 해방과 자기반성의 가능성을 억압한다고 지적했으며, 이 외에도 해석학, 언어철학 등 다양한 관점에서 실증주의적 인간관의 한계를 넘어서려는 시도가 이어졌다. 이러한 비판들은 인간의 삶에 대해 묻는 일은 자연과학의 접근 방식과는 구별되어야 한다는 문제의식을 공유한다.

실증주의에 대한 비판은 과학 내부로부터도 제기되었다. 자연과학도 통제와 실증을 넘어서는 방향으로 진화하게 되었기 때문이다. 이는 실증주의가 자연과학을 모델로 삼고 이를 닮고자 했다는 점을 생각한다면 다소 아이러니한 일이다. 아인슈타인의 상대성이론과 양자역학의 등장으로 뉴턴적 기계론적 세계관이 흔들렸으며, 더 나아가 토머스 쿤(T. S. Kuhn)은 '패러다임 전환' 개념을 통해 과학이 절대적 진리의 축적이 아니라 변화하는 이론적 틀 속에서 발전한다는 점을 보여 줌으로써 실증주의적 관점의 한계를 드러냈다.[2)]

이로써 실증주의가 가정했던 객관성, 중립성, 보편성은 더 이상 철학적 · 과학적 정당성을 가지기 어렵게 되었다. '방법의 중립성'에 대한 적극적인 성찰이 요구되었고, 더 과학적이고 객관적인 방법을 찾는 데 골몰하기보다는 객관적인 방법의 존재 자체에 대해 질문하기 시작했다. 하나의 방법이 전제하고 있는 특정 세계관, 인간에 대한 이해, 권력관계 등을 비판적으로 들여다보아야 한다는 문제의식이 생겨난 것이다. 방법론은 단순한 절차나 기술이 아니라 세계와 인간을 특정 방식으로 구성하고 해석하게 만드는 틀이며, 그렇다면 어떤 방법을 쓰는지보다 더 중요한 것은 '왜 그런 방식으로 인간을 이해하려 하는가'라는 질문이기 때문이다.

오늘날 철학과 과학에서 실증주의는 흔히 특정한 과학주의적 세계관으로 간주된다. 그러나 비록 실증주의가 철학과 과학에서 그 지위를 상실했음에도 불구하고 우리가 세계를 경험하고 그에 대해 사고하는 방식 속에는 여전히 실증주의의 유산이 남아 있으며, 특히 실증주의가 교

2) 과학주의, 신과학과 같은 과학 패러다임의 변화와 연결 지어 국내 교육학 연구의 변천을 설명하는 글로는 이학주 (2003) 참조.

육학 분야에 남긴 흔적은 상당하다. 20세기 중반 이후 학문적 정체성과 이론적 기반을 재정립하는 과정에서 교육학은 스스로를 사회과학으로 정의하기 시작했고, 이 과정에서 실증주의의 영향이 크게 작용했기 때문이다. 계량적 연구, 통계적 분석, 표준화된 평가, 측정 도구의 개발 등이 그 대표적인 산물이다. 이는 교육 현상을 객관적으로 관찰하고 일반화 가능한 법칙을 찾아내려는 시도와 맞닿아 있으며 학업성취도 분석이나 효과성 검증 등의 여러 영역에서 성과를 이루는 바탕이 되기도 했다. 그런데 중요한 점은 이러한 시도가 교육을 인간 삶의 총체적 맥락 속에서 이해하고자 하는 노력과 불가피한 긴장을 만들어 낸다는 점이다. 이 부분에 대해 좀 더 자세히 살펴보자.

2) 실증주의와 교육학 연구

교육학에서의 실증주의는 교육을 '과학화'하려는 움직임으로 나타났으며, 특히 미국에서의 행동주의 심리학 및 교육과정 이론의 발전과 깊은 관련을 맺고 있다. 대표적인 초기 교육심리학자라고 볼 수 있는 손다이크(E. L. Thorndike)의 "존재하는 모든 것은 일정한 양으로 존재하며 따라서 측정할 수 있다"는 말은 이러한 정신을 보여 주는 대표적인 언급이다(Thorndike, 1918: 16).[3] 그는 학습심리학과 교육심리학을 '정확한 과학(exact science)'으로 만들고자 시도했다. 손다이크와 왓슨(J. B. Watson) 등의 연구는 학습을 과학적으로 검증할 수 있는 과정으로 이해하였으며 정량적 측정과 실험을 교육학 연구의 핵심으로 간주할 토대를 마련하였다(Thorndike, 1903; Watson, 1914). 더 나아가 스키너(B. F. Skinner)는 손다이크의 영향을 받아 행동주의 심리학 이론을 더 정교화한다. 그는 교육을 조작 가능한 과학적 기술로 설명하였으며 '정적 강화'와 같은 조작적 조건 형성을 통해 학습자의 행동을 체계적으로 수정할 수 있다고 주장하였다(Skinner, 1950, 1968). 이로써 교육을 행동의 설계와 강화로 보는 하나의 관점을 제시하였다고 볼 수 있다.

스키너의 영향으로 1950~1970년대 미국에서는 행동주의 교수법이 크게 유행하였으며, 이때 교육학은 과학화를 위해 행동주의를 수용하고 심리학의 방법론을 차용하는 방식을 택했다고 볼 수 있다. 이러한 경향은 교육과정 설계에도 영향을 주었는데, 예를 들어 타일러(R. W. Tyler)는 교육과정을 분석 및 관리의 대상으로 보고 '교육의 과학적 관리(Scientific Management

3) 이와 관련하여 손다이크는 어떤 산물을 측정한다는 것은 그것의 양을 일정한 방식으로 정의함으로써 그 크기를 보다 정확하게 인식하고 그 결과를 활용할 수 있도록 하는 것이라 주장한다. 그는 이러한 방식이 정량화되지 않은 판단보다 신뢰할 수 있다고 믿는다. 이는 교육 현상의 계량화를 정당화한다(Thorndike, 1918 참고).

of Education)'를 추구했다. 그는 교육 목표를 명확히 규정하고 학습 경험을 조직하며 그 성과를 객관적으로 평가하는 과정을 교육과정 개발의 중심 원리로 제시하면서, 이러한 절차적 접근과 '과학적' 연구의 성과가 교육과정을 보다 체계적으로 조직하는 기반이라고 평가했다(Tyler, 1949: 52). 이러한 흐름은 국내 교육 정책에도 수입되어 교수-학습 모형 등의 형태로 여전히 남아 있다. 특히 교육이란 "인간행동의 계획적인 변화"라는 정범모(1968)의 정의가 여전히 흔히 인용된다는 점에서 그 흔적을 찾을 수 있는데, 이러한 관점은 교육이 관찰, 측정, 조작이 가능한 행동의 변화임을 전제한 것이다.

1950년대 미국에서 나타난 교육행정의 과학화 움직임도 이와 궤를 같이한다. 학교 운영을 규격화하고 교육과정을 표준화하는 과정에서 효율성과 생산성이 우선시되었고, 연구 결과가 교육 정책 수립에 직접적이고 즉각적으로 기여해야 한다는 압박이 커지면서 효과성 연구 및 정책 지향적 연구가 증가했다. 이러한 경향은 최근 'impact', 즉 사회 · 정책적 파급효과가 연구의 가치평가에 있어서 중요한 지표가 되고 있다는 점에서도 확인되며, '증거기반교육(evidence-based education)'의 부상 또한 같은 맥락에서 이해할 수 있다. 정책 결정에의 직접적인 영향을 주된 목표로 삼을 때 연구는 효과성 검증 및 결과 예측에 집중하게 된다.

이러한 흐름 속에서 교육학 연구에 통계적 접근이 등장한 것은 자연스러운 결과이다. 실험과 통계, 그리고 정량적 분석을 중심으로 하는 연구방식이 널리 쓰이기 시작했으며 '객관성'이라는 이름으로 때로는 손쉽게 정당화되었다. 학습은 관찰 가능한 행동의 변화, 교육 현상은 측정 가능한 데이터로 이해되었으며, 다양한 교육 문제들이 '원인-결과'의 인과적 관계나 '투입-산출'의 효율 및 효과로 설명되기 시작했고, 이러한 연구의 결과는 '일반화' 가능성에 대한 논의로 이어졌다. 이처럼 효율성, 효과성, 일반화 가능성 등에 대한 관심을 바탕으로 '잘 작동할까?(What works?)'의 질문이 교육학 연구의 핵심으로 자리 잡게 된다.

그런데 이와 같은 연구 경향이 교육학의 본질적 성격과 충돌하거나 간과하는 지점은 없을까? 과학적 합리성을 강조한 대표적인 교육학자인 타일러조차도 "교육 목표는 궁극적으로 선택의 문제이며 …… 포괄적인 교육철학이 그 판단을 인도해야 한다"고 말한 바 있다(Tyler, 1949: 52). 그는 교육이 최종적으로는 가치 판단과 선택을 포함하는 일이라는 점을 인식하고 있었으며, 절차와 방법의 중요성을 강조하면서도 이에 앞서는 '방향'에 대한 논의가 반드시 필요하다는 점을 지적한 것이다. 이와 같은 맥락에서 많은 교육학자와 철학자들은 여전히 영향력을 행사하고 있는 실증주의적 관점이 인간 교육의 복잡성과 윤리성을 충분히 담아낼 수 있는지를 계속해서 묻고 있다. 숫자로 수렴되는 연구에 집중할 때 인간의 주체성, 의미, 언어와 같은 교육의 복잡한 맥락은 축소되고 학습자와 교사의 실제 경험은 도외시되는 것은 아닌지, 이러한 사고방식이 교육의 철학적 · 비판적 성찰을 위축시키는 것은 아닌지 점검할 필요가 있기 때문이다. 이 장에서는 이러한 문제의식을 출발점으로 삼아 교육학 연구에서 책임의 자리에 대해 탐구하고자 한다.

지금까지 1절에서는 실증주의적 관점을 예로 들어 연구방법론 또한 시대적 흐름과 필요 속에서 등장하고 변화하며 단순히 주어진 것, 고정된 것이 아님을 살펴보았다. 이러한 이해를 바탕으로 연구 문제를 정하고 연구방법론을 선택하는 일련의 과정 안에 내재하는 책임의 구조를 보다 구체적으로 살펴볼 수 있을 것이다. 이를 위해 이어지는 2절에서는 최근의 연구 문화와 초보 연구자의 어려움에 주목한다. 연구의 어려움은 역설적이게도 교육학 연구의 윤리적 성격을 더 명확히 드러낼 것이다. 3절에서는 이분법적 사고를 넘어서는 방식으로 연구의 복잡성에 대한 이해를 확장하고자 한다. 4절에서는 교육학 연구에 철학적 · 인문학적 사유가 기여할 수 있는 구체적인 방식을 살펴보고, 연구자의 사회적 책임을 '응답'하는 능력에서 찾으면서 글을 마무리하고자 한다.

2. 교육학 연구 시작하기: 계획과 실제

연구의 장에 처음 발을 딛는 초보 연구자들은 여러 실질적인 어려움을 만난다. 그리고 때로는 제도와 관행이 그들의 학문적 열의를 가로막기도 한다. 린다 스톤(L. Stone)은 미국의 대학원 교육과정이 학생들로 하여금 연구 초기에 특정한 방법론적 입장—특히 양적 또는 질적 접근—을 선택하고, 이를 중심으로 연구주제를 신속히 좁히고 설계하도록 유도한다고 지적한다. 그는 이러한 과정 속에서 학생들이 일종의 '정상성'을 조기에 내면화하며 효율성과 성과, 연구비 수주 가능성을 핵심 가치로 학습한다고 분석한다. 이때 '정상적인' 연구 과정을 밟는다는 것은 그 수단적 가치에 대한 입문과 다르지 않다. 스톤이 보기에 석박사 과정을 밟고 있는 학생들이 받아들이는 핵심 메시지는 '빨리 들어가서 빨리 나오라'는 것이다. "보조금을 받기 위해 연구방법론을 서둘러 확정하고", "표준화된 절차와 형식을 채택해서 완성해야" 하며, 이 모든 것은 연구 논문의 출판과 학위논문으로 귀결되어야만 한다(Stone, 2006: 135). 이러한 가치는 대학원 교육과정이나 연구방법론 교재를 통해서뿐 아니라 지도교수나 동료들과의 대화 속에서도 공유되고 함양된다. 물론 대학원생과 교수를 비롯해 학계에 있는 거의 모든 사람은 이러한 '실질적인' 고민들로부터 자유롭지 않다. 주제를 정하고, (때로는 결과가 예상될 정도로) 명확한 문제를 설정한 후 최신 방법론을 선택해서 최대한 빨리 결과를 뽑아내야만 한다는 압박은 단순히 개인적인 차원의 것이기보다는 제도화된 압박에 가깝다(Lee, 2020).

이러한 현실을 마주한 대학원생을 비롯한 초보 연구자는 우선적으로 연구방법론 교재에 기댈 가능성이 크다. 그리고 충분한 이해 없이 가장 쉽고 빨라 보이는 것을 선택하기도 하고, 일단 정한 연구문제와 방법론에 지나치게 '충성'하려는 경향을 보이기도 한다. 이러한 태도는 한때 소위 '패러다임 전쟁'으로 불렸던 연구방법론 간의 대립과도 연관이 있으며, 연구의 효율성과 '영향력(impact)'을 강조하는 정책적 압력과도 결합된다. 정책에 영향을 미치기 위해서는 단기간에 가시적인 효과를 입증할 수 있는 연구가 요구되기 때문에 도중에 연구 문제나 방법을 수정하는 일은 비효율적이며, 따라서 이는 피할수록 좋은 것이다. 이와 관련된 부작용으로 연구자는 연구가 시작되기도 전에 '기대되는 결과'에 부합할 수 있는 설계를 우선적으로 고민하는 자신을 발견하기도 하며, 때로는 쉽게 해결할 수 있는 문제인지, 최신 방법론을 사용할 수 있는지의 여부를 더 중요하게 느끼기도 한다. 무엇보다도 이 모두에는 '빠른 졸업'이 달려 있기에 초보 연구자로서는 무시할 수 없는 것이 된다.

그러나 연구가 이처럼 표준화된 절차와 형식을 '숙달'하는 과정으로 수렴할 때 질문 자체를 깊이 있게 탐색하거나 문제를 새롭게 구성하는 일은 어려워진다. 연구가 질문과 성찰의 장이 되기보다는 신속한 처방을 위한 기술적 작업으로 축소될 위험이 있다. 특히 이론과 방법, 내용과 형식 등의 이분법적 사고에 빠지기 쉽다는 점에 주목할 필요가 있다. 예를 들어, 초보 연구자에게 이론적 배경과 연구방법론은 별개의 것으로 이해되곤 한다. 대학원 과정에서 흔히 접하는 연구계획서나 논문 양식은 '이론적 배경'과 '연구방법론'을 구별된 항목으로 나누며 이는 두 영역이 서로 독립적이라는 착시를 만들어 낸다. 철학적·이론적 사유는 이론적 배경에 한정되고 연구의 실제는 연구방법론을 통해서 이루어진다는 인식이 은연중에 자리 잡는다. 양적 연구에서는 통계적 타당성을 확보하는 절차가, 질적 연구에서는 자료 수집과 분석의 단계가 방법론의 전부, 혹은 심지어 연구의 전부인 것처럼 이해되기도 한다. 그러나 다른 한편으로는, 연구방법론 교재나 수업에서 방법론은 종종 '기술적 절차'나 '도구의 선택' 문제로 축소되는 경우가 많으며, 방법론이 지닌 함의를 성찰할 기회 또한 쉽게 주어지지 않는다. 이러한 이론적 배경과 방법론의 분리 속에서 연구자는 한편으로는 이론적 논의를 통해 문제의식을 설명하고, 다른 한편에서는 그것과는 별개로 정해진 방법을 '적용'하려는 경향을 보인다. 이와 더불어 연구를 순차적이고 고정된 과정으로 이해하기도 하는데 특히 연구문제 설정과 선행연구 검토 및 이론적 배경은 전반부에, 연구 설계 및 자료 수집과 분석 등은 그 이후 '본격적'인 연구에서 이루어지는 것으로 인식하는 경우가 많다.

실제로 연구에 착수하면 이러한 접근의 한계는 분명해진다. 일단 연구 과정이 선형적인 과정이라고 예상한 처음의 생각과 달리 연구는 끊임없이 수정되고 변화하기 마련이다. 논리적인 길을 따라 명확한 결론에 도달하리라는 기대도 쉽게 무너진다. 연구가 진행되면서 초기의 문제의식이 변화하기도 하고 이론적 배경과 방법론의 관계 사이에서 생각하지 못한 점이 발견되기도 한다. 또한 '객관적 절차'와 '가치 판단' 사이의 경계가 흐려지는 지점을 마주하기도 한다. 이러한 과정 속에서 이론과 방법, 객관성과 주관성의 복잡한 관계가 드러나며, 연구방법론의 선택 또한 단순한 도구 선택의 이상임이 분명해진다. 예를 들어, 교육 불평등을 실증적 관점에서 탐구한다면 계량화 가능한 '성취 격차'와 같은 개념으로 '평등'에 접근하게 된다. 그러나 해석학적, 혹은 비판이론적으로 접근한다면 '평등'의 의미나 평등에 대한 학생의 경험을 다른 방식으로 묻게 될 것이다. 동일한 주제라도 연구자가 선택하는 방법론에 따라 연구문제의 성격, 탐구의 범위, 수집하는 자료, 분석 방식, 그리고 드러나는 결과가 크게 달라질 것이며, 이 과정에서 불가피하게 어떤 질문은 조명되고 다른 질문은 배제된다. 방법론이 질문과 문제의식을 도리어 규정하게 되는 것이다. 그 자체로서 더 적극적으로 세상을 향해 목소리를 내는 방법론도 있고 '중립'을 자처하는 방법론도 있을 것이지만, 이 같은 점을 염두에 둔다면 사실상 어떤 연구방법론도 순수하게 '객관적'일 수는 없다. 연구방법론은 연구자가 세계를 향해 어떤 태도를 취하는가를 드러낸다는 점에서 이미 하나의 입장이다.

이론과 방법의 관계도 마찬가지이다. 방법론을 선택할 때나 연구를 진행하는 동안에도 무엇을 '평등'으로 볼 것인지, 불평등에 있어서 학교가 어떤 역할을 해야 할 것인지와 같은 가치 판단의 문제를 계속해서 붙잡고 고민할 수밖에 없으며, 여기에는 철학적 논의와 논증의 도움이 필수적이다. 예를 들어, 교사의 교권을 연구할 때도 인권이 무엇인지, 교사의 권리와 학생의 권리는 상충하는지 등에 대한 철학적 논의를 검토함으로써 연구의 초점을 분명히 할 수 있다. 평등, 자유, 인권 등의 개념은 물론이고 민주시민교육, 인성교육, 다문화교육 등과 같은 주제도 하나의 고정된 의미로 수렴되지 않기 때문에, 이러한 개념을 엄밀히 다루기 위해서는 철학과 교육철학 문헌으로 끊임없이 되돌아갈 필요가 있다. 이를 생각한다면 이론적 배경은 연구에 착수하기 전에 일회적으로 해결해야 할 과업이기보다는 연구 전반에서 지속적으로 되돌아가야 할 사유의 장에 가깝다.

연구의 복잡성은 자연과학을 비롯한 모든 연구에 해당될 것이지만 교육학 고유의 성격에서 기인하는 측면도 있다. 피터 윈치(P. Winch)는 자연과학 연구와 사회과학 연구의 고유한 특성을 구별한다. 그의 구분에 따르면 지질학자나 화학자의 어휘는 비교적 고정된 실체들을 다루며 이들의 연구 대상은 스스로 의미를 생성하지 않는다. 따라서 암석을 고려할 때 암석의 관점을 고려할 필요는 없다. 그러나 이와 달리 인간의 실천에 대한 해석은 해당 학문의 어휘를 적용하는 일뿐만 아니라, 스스로를 대변하는 존재인 인간의 언어와의 마주침을 포함한다는 것이다

(Winch, 1970). 즉, 인간은 스스로 의미를 생성하고 해석하며 교육은 언제나 이러한 인간과 언어라는 본질적으로 예측 불가능하고 복잡한 과정을 포함할 수밖에 없다. 더불어 교육은 인간의 삶과 밀접하게 연관된 실천 영역이라는 점에서 '무엇을 연구할 것인가'라는 물음은 필연적으로 '왜 그것을 연구해야 하는가', '이 질문은 누구를 위한 것인가'와 같은 가치에 대한 물음과 맞닿아 있다. 하나의 연구주제는 세계와 타인, 특히 내가 살아가는 사회 현실과의 관계 속에서 의미를 가진다. 그렇다면 '책임'의 문제는 교육 연구에 구조적으로 내재해 있다고 보아야 하지 않을까? 이에 답하기 위해 객관성과 주관성의 관계에 대해 좀 더 살펴보자.

3. 이분법을 넘어서기: 객관성과 주관성

앞서 살펴보았듯이 실증주의적 접근은 어느 정도의 예측 가능성과 정량적 근거를 제공한 반면, 교육의 복잡성, 맥락성 및 의미 생산의 과정을 간과한다는 비판을 피하지 못했다. 교육에 대한 사유는 단순히 결과를 측정하는 방식으로 완성될 수 없으며, 문제 자체를 재구성하고, 새로운 질문을 생성하며, 실천과의 관계 속에서 그 의미를 되묻는 과정을 필요로 하기 때문이다. 이러한 이해를 바탕으로 이 장에서는 교육학 연구에서 연구자의 책임을 보다 구체적으로 인식하기 위해, 객관성과 주관성, 이론과 실천 등의 이분법적 이해를 넘어서는 비판적 성찰의 필요성을 살펴보도록 하겠다.

1) 객관적 데이터?

'객관성'이라는 이상은 오랫동안 교육학 연구의 정당성을 보장하는 핵심 개념으로 기능해 왔다. 특히 실증주의의 영향 아래, 연구자는 자신의 위치를 최대한 지우고 '중립적인 관찰자'로 자리매김하고자 했으며 연구문제는 마치 연구자와는 무관한 외부 세계로부터 주어진 것처럼 다루어져 왔다. 그러나 아무리 객관성을 지향하는 연구이더라도 이때 다루어지는 데이터는 단순히 '주어진' 것이 아니며 연구자의 문제의식과 해석의 틀 속에서 구성되는 것임을 인식할 필요가 있다. 과학적 외양을 띠는 연구도 그 이면에는 어떤 전제나 가치가 언제나 암묵적으로 작동하고 있기 때문이다.

데이터가 객관성이라는 이름 아래 쉽게 정당화되는 방식을 분석하기 위해 롤랑 바르트(R. Barthes)의 '신화' 개념을 살펴보자. 여기서 신화란 어떤 관념이나 사실이, 그것이 구성된 방식이나 의미 형성의 과정에 대한 성찰 없이 자연스럽고 자명한 것으로 받아들여지는 과정을 설명하기 위한 개념이다. 바르트는 이를 다음과 같이 표현한다. "신화는 무언가를 부정하는 것이 아니며, 오히려 그것에 대해 말하는 데 신화의 기능이 있다. 요컨대, 신화는 대상을 정화하고, 그것을 순수하게 만들며, 그것에 자연스럽고도 영원한 정당성을 부여하고, 명확한 설명이 아닌 사실 진술로서의 명확성을 부여한다"(Barthes, 1957/1972: 143). 그리고 바르트식으로 분석한다면 데이터가 '주어진 것',[4] 즉 중립적이고 객관적인 것이라는 담론은 하나의 신화이며, 이러한 신화는 데이터의 구성에 대해 질문하지 못하도록 함으로써 주어진 것으로 보이는 그 이면에 있는 것을 은폐하는 방식으로 작동한다.

이와 같은 맥락에서 폴 스탠디시(P. Standish, 2002, 2016)는 교육학 연구에서 '객관성'이 단순한 기술적 개념을 넘어 일종의 통념처럼 작동하며 데이터가 객관성을 보장하는 절대적 기준으로 간주되는 경향을 지적한다. 그는 데이터가 그 자체로서 반드시 교육적 의미를 내포하거나 보장하는 것은 아니라는 점을 강조한다. 데이터는 결코 '발견'되는 것이 아니라, 특정한 가치와 전제, 그리고 해석의 틀 안에서 '구성'되는 것이며 교육적 의미를 밝히고 해석하는 일은 언제나 연구자의 판단에 달려 있다는 것이다. 어떤 정보가 데이터로 간주되는지, 수집과 분석이 어떤 방식으로 이루어지는지는 단지 기술적 절차의 문제가 아니며, 연구자가 가진 인식론적 태도와 가치 판단에 깊이 연루된 선택과 판단의 문제이다.

데이터가 '사실' 또는 '증거'와 동일시될 때 이는 객관적 판단의 기반처럼 여겨지곤 한다. 그러나 더 근본적으로 생각해 보면, 연구가 어떤 가치를 지니는지에 대한 선험적 인식 없이 '증거'가 무엇을 의미할 수 있겠는가?(Standish, 2016) 강조하건대 '사실' 자체가 연구자의 관점 및 문제의식과의 관련 속에서 구성되는 것이며, 무엇이 데이터로 간주되는지의 문제 또한 의식적이든 무의식적이든 연구자의 판단에 달려 있다.[5] 연구자의 목소리는 중립적인 진술로 환원될 수 없으며 오히려 새로운 관점과 해석을 가능하게 하는 통로이다. 단순히 객관적인 데이터에 주관적인 해석이 덧붙여지는 것이 아니다. 가치 판단으로부터 완벽하게 독립적인 데이터는 애초에 존재

4) '주어진 것'은 데이터의 라틴어 어원이 가진 의미이기도 하다. 같은 맥락에서 셀러스(W. S. Sellars, 1997)는 지식의 근거가 되는 감각이나 경험이 독립적이고 비해석적인 방식으로 '그 자체로' 주어질 수 있다는 관념을 신화적 사고라고 지적하며, 모든 인식은 개념적 틀과 판단에 의해 매개됨을 밝힌다.

5) 협동학습의 효과성을 검증할 때 학생의 성취도, 과제 수행률, 만족도 등의 다양한 측정 지표를 설정할 수 있다. 이때 무엇을 지표로 삼을지는 데이터의 문제라기보다는 연구자의 교육관에 따른 것이며 연구자의 가치관이나 사회경제적 배경, 선입견, 편견 등도 반영할 것이다. 시험 점수를 가장 중요한 지표로 볼 수도 있고 또래 간 상호작용의 질이나 정서적 유대 등을 지표로 볼 수도 있다. 물론 데이터의 해석도 연구자의 관점에 따라 달라진다.

하지 않기 때문이다. 이를 간과할 때 교육 연구는 마치 중립적 사실을 기술하고 있는 듯 가장한 채로 특정한 가치 판단을 은폐하는 데 기여하거나 기존의 담론을 재생산할 수 있다. 보편성의 이름으로 연구자의 위치가 비가시화될 때 대안적 해석의 가능성은 차단된다.

오늘날과 같은 알고리즘과 인공지능의 시대에는 데이터가 중립적인 무엇이 아니라는 점을 인지하는 것이 더 중요하다. 인공지능이 생산해 내는 데이터는 그 계산적 절차와 형식적 외양으로 인해 마치 '주관'이 배제된 가치 중립적인 것으로 보이기 쉽기 때문이다. 그러나 인공지능의 판단 역시 과거에 축적된 데이터를 바탕으로 한 알고리즘의 산물이므로 인종, 문화, 젠더 등과 관련해서 편향을 피하기 어렵다.[6] 따라서 인공지능이 생성하거나 분석한 결과가 표면적으로 자명하고 객관적으로 보일수록 그 배후에 있는 맥락과 가치 판단이 은폐될 위험은 더 크다. 객관성의 환상에 매몰되기보다는 데이터가 구성되는 방식과 그 이면에 작동하는 가치, 맥락, 윤리적 함의를 더욱 섬세하게 성찰해야 할 때인 것이다.

객관성이 불필요하다거나 객관성을 추구하지 말자는 뜻이 아니라는 점을 분명히 할 필요가 있다. 다만, 객관성이라는 이름으로 판단을 유예하고 연구자가 자신이 속한 사회적 · 경제적 · 문화적 맥락을 벗어나 '어디에도 속하지 않은 시점(a view from nowhere)'에서 현상을 분석할 수 있다는 가정은 비판적으로 검토되어야 한다는 의미이다.[7] 객관성은 연구의 신뢰성이나 진실성과 동의어가 아니며 방법론이 진리를 담보하는 것도 아니다. 연구는 언제나 연구자의 주관적인 관점, 문제의식, 그리고 판단과 얽혀 있음을 인식할 필요가 있다. 핵심은 '객관성'이 어떠한 사유의 틀 속에서 구성되고 해석되는지를 인식하고 그 의미를 끊임없이 성찰하는 태도에 있다.

6) 알고리즘의 편향에 대한 문제 제기는 계속되고 있다. 페티그와 크로에눙(Pethig & Kroenung, 2023)은 알고리즘이 성별에 따라 편향된 판단을 내릴 수 있으며, 이는 고용 평가와 같은 중요한 의사결정에서 구조적 불평등을 초래할 수 있다고 지적한다. 에스라미 등(Eslami et al., 2017)은 사용자들이 알고리즘의 편향을 인식하고 리뷰 플랫폼과 같은 환경에서 집단적 감시와 역설계를 시도하는 등 이에 비판적으로 대응하는 방식을 분석하여 알고리즘과 사용자 간의 상호작용에 내재한 권력 구조를 드러낸다. 베이커와 혼(Baker & Hawn, 2022)은 이러한 문제가 교육에도 나타나고 있음을 보여 주며, 알고리즘이 인종, 성별, 사회경제적 배경 등에 따라 차별적인 결과를 낳을 수 있다고 하였고, 특히 자동화된 평가 시스템이 특정 집단에 불리하게 작용할 위험을 경고한다.

7) 이를 이해하는 데 '과학'과 '과학주의(scientism)'의 구분이 도움이 된다. 하크는 과학이 과학주의라는 극단적 태도에서 종종 오해되고 있다고 지적한다. 그에 따르면 과학은 오류 가능성과 불완전성을 내포한 인간의 활동이자 비판과 반성을 수용하여 점진적으로 발전해 가는 인식의 한 방식인 반면 과학주의는 과학이 제시하는 모든 주장을 권위적으로 받아들이며 비판을 회피하는 태도이다(Haack, 2011).

2) 주관적 판단?

교육학을 비롯한 사회과학 연구에서 주관적 판단을 완전히 배제하는 것이 사실상 불가능하다는 점은 이미 어느 정도 분명해졌다. 특정한 현실에 주목하여 연구 문제를 설정하는 일에서부터 결과를 분석하고 해석하는 일에 이르는 모든 과정 속에 연구자의 관점과 전제가 개입된다. 더구나 교육학 연구는 특히 그 대상과 방법이 인간의 삶과 밀접하게 연결되어 있다는 점 또한 앞서 살펴본 바 있다. 그런데 이제 우리는 여기서 더 나아가 그러한 배제가 항상 바람직한 것인지에 대해서도 생각해 볼 필요가 있다. 주관성을 최대한 배제하려고 애쓰는 것보다 더 중요한 것은 연구자의 위치와 인식의 한계를 인정하는 일이 아닐까? 그리고 연구의 성격과 목적에 따라서 어떤 경우에는 이러한 인식이 더 중요한 역할을 하는 것은 아닐까? 그리고 연구의 성격과 목적에 따라서는 이러한 인식이 더 중요한 역할을 하는 것은 아닐까? 우리는 같은 단어를 보고도 다른 생각을 하며 같은 뉴스를 보고도 다른 맥락 속에서 이해한다. 같은 영화나 소설을 전혀 다르게 읽어 내기도 하며 매일 듣는 같은 말도 그때그때의 상황과 분위기에 따라 전혀 다르게 해석한다. 사건이나 사실 또한 내가 가진 기존의 경험과 맥락 안에서 의미를 얻는다. 그렇다면 우리는 연구자의 사회·문화적 배경이 연구자의 한계이자 가능성이 될 수 있다는 점에 대해 진지하게 생각해 볼 필요가 있다.

교육학 연구설계와 관련해서 여전히 널리 읽히는 캠벨과 스탠리(Campbell & Stanley, 1959: 2-4)는 과학적 방법론이 필연적으로 지닐 수밖에 없는 내적 한계와 모순을 지적한다. 이들에 따르면 교육은 개인의 경험, 사회적 맥락, 교육이 일어나는 시공간적 조건이 복합적으로 얽혀 있는 영역으로 단일한 인과관계로 환원되기 어려운 다층적 구조를 지니기 때문에 실험적 접근만으로는 포착할 수 없다. 과학적 방법론이 일정한 역할을 수행할 수는 있지만 그것만으로는 연구의 신뢰성과 타당성을 온전히 확보했다고 보기 어렵다. 교육 현상은 정형화된 변수나 통제된 조건 아래에서 관찰될 수 있는 것이 아니며, 실제 맥락 속에서 드러나는 의미와 관계에 깊이 의존하기 때문이다.

이러한 특성상 연구자가 자신을 객관적인 위치에 올려 두는 것이 더 문제적일 수 있으며, 주관적 성찰을 배제하는 방식으로 객관성을 추구하는 일은 오히려 연구를 제한할 수 있다. 예를 들어, 특정 교수 전략이나 학습법이 학업성취에 미치는 영향을 분석하는 과정에서 연구자는 '객관성'의 이름으로 통제 가능하고 계량화할 수 있는 변수나 데이터에만 초점을 맞추기 쉽다. 반면, 교실 내에서 실제로 일어나는 복합적인 상호작용, 학생들의 정서적 반응, 교사의 수업 맥락 등은 연구 설계상 '통제가 어려운 요소'로 간주되어 배제되거나 부차적인 것으로 처리될 가능성이 크며, 고작해야 통제 가능한 방식 내에서만 고려될 것이다. 이처럼 측정 용이성이 우선시될 때 교육 현장의 복잡성은 자연히 연구의 외부로 밀려나게 된다. 이러한 효과를 프랑스 철학자 리오타르(J. F. Lyotard)는 그의 저서 『포스트모던의 조건』에서 '맥락 통제'라는 개념으로 설명한다.[8] 현실 이해를 목적으로 하는 과학 담론이 무엇을 근거로 받아들일지를 선택함으로써 오히려 현실을 특정한 방식으로 규정하고 통제하는 메커니즘으로 작동할 수 있다는 것이다(1979/2018: 164-165). 그 결과 연구는 일정한 기준에 부합하는 데이터를 확보함으로써 과학 담론에 적합한 결과를 산출하지만, 그 과정에서 배제된 요소들은 다시 질문되지 않거나 설명되지 않은 채 남게 된다.

이와 유사한 맥락에서 교육철학자 리처드 프링(R. Pring)은 연구자가 자신의 편견, 이해관계, 친숙함, 방어적 태도 등을 염려해 연구 대상과 거리를 두기보다는 오히려 연구자 자신과 연구 대상 사이의 상호작용에 주목해야 한다고 주장한다(2010: 123). 그는 오히려 많은 경우 '객관성'을 확보한다는 명분 아래 연구의 목적이 감추어지는 경우가 많다는 사실을 직시하며 이를 "기만적(deceitfully)"이라고 비판한다(Pring, 2005: 247). 실제로는 특정한 가치 판단이 개입되어 있음에도 불구하고 마치 연구의 결과가 중립적인 사실처럼 제시되는 현상이 더 큰 문제라는 것이다. 그의 말처럼 연구 결과는 단순히 "발견되는 것이 아니라 창출되는(created, not discovered)" 것이며 따라서 우리는 오히려 연구자의 위치를 인식하고 연구자와 연구 대상 사이의 상호작용에 보다 관심을 가질 필요가 있다(Pring, 2010: 48).

실제로, 기존의 실증주의적 관점에서 주관성이 일종의 '오염'으로 간주되고 배제된 것과 달리, 최근에는 여러 영역에서 연구자의 위치성(positionality)—성별, 인종, 계급, 문화적 배경 등—을 성찰하고 오히려 이를 통해 연구의 방향과 깊이를 확보하려는 시도가 늘어나고 있다. 예를 들어, 자전적 글쓰기를 통해 개인과 사회의 관계를 탐구해 온 작가 에르노(Annie Ernaux)와 사회학자 라그로브(Rose-Marie Lagrave)가 사회학이 자신의 개인적인 삶에 미친 영향, 그리고 개인적 삶이 어떻게 다시 사회학 연구의 바탕이 되는지에 대해 나누는 대화를 참고할 만하다. 라그라브는 '나'를 배제하지 않고 오히려 '나'에서 시작하는 사회학 연구를 하는 학자로 잘 알려져 있으며 이러한 연구의 중요성에 대해 설명하기도 한다(Ernaux & Lagrave, 2023). 주관적 경험

8) 리오타르는 과학과 법률 담론이 어떻게 현실을 통제하는 메커니즘으로 작동하는지 설명한다. 과학은 실험 설계와 통계적 검증과 같은 절차를 거친 자료만을 증거로 간주하며, 법률은 적법한 절차를 통과한 자료만을 증거로 허용한다. 체계가 요구하는 절차와 형식을 충실히 따른 수행성이 높아질수록 증거의 정당성은 강화되지만, 이 지점에서 정당화가 형식의 수행성에 종속되는 왜곡이 발생한다.

은 무조건적으로 배제해야 할 대상이라기보다는 연구자가 문제를 어떻게 설정하고 어떤 질문을 던지며, 현상을 어떤 맥락에서 해석할지를 풍부하게 만드는 출발점이 될 수 있음을 강조하는 것이다.

어떤 문제를 선택하고 왜 그것이 중요한지를 묻는 순간, 연구 결과가 가지는 사회적 · 윤리적 함의를 고민하는 순간, 그리고 특정 이론이나 가설이 어떤 전제 위에 놓여 있는지를 점검하는 순간에 연구자는 자신의 위치를 되돌아보고 그 위치가 만들어 내는 의미의 지평을 성찰하게 된다. 이러한 비판적 성찰은 글쓰기의 구조나 논리 전개의 방식으로 드러나기도 하고, 연구방법의 선택이나 데이터의 해석에도 영향을 미친다. 연구자가 스스로의 선 자리를 적극적으로 성찰할 때 그의 연구는 책임 있는 실천에 더 가까워질 것이다.

4. 교육철학적 사유와 교육학 연구의 사회적 책임

철학적, 또는 교육철학적 사유는 교육학 연구에 어떤 방식으로 기여할 수 있을까? 철학이 삶과 인간의 존재를 묻는 방식에서 우리는 무엇을 배울 수 있을까? 교육을 비롯한 모든 연구는 세계를 바라보고 해석하는 일에서 시작된다. 연구자는 하나의 현상에 주목하면서 다른 현상은 배제할 수밖에 없다. 또한 앞서 살펴보았듯이 연구자의 관찰과 분석은 연구자의 목소리로 진술되는 과정에서 언제나 특정한 의미망 속에 위치하게 된다는 점에서 순수하게 객관적일 수 없다. 이러한 객관성의 불가능성은 연구가 언제나 윤리적 판단을 내포하는 행위임을 방증한다. 연구는 세계를 해석하고 또 세계에 하나의 관점을 더하는 행위이며 여기에는 언제나 윤리적 책임이 따를 수밖에 없다. 그렇다면 인간의 삶과 가능성에 깊이 개입하는 교육의 영역에서 연구자에게 부여되는 책임의 무게는 더 무거울 것이다. 지금부터는 이러한 책임을 상기하는 데 철학적 · 인문학적 사유가 기여하는 바에 대해 좀 더 구체적으로 살펴보도록 하자.

1) 대화의 열린 장

미국 철학자 리처드 로티(R. M. Rorty)의 말로 시작해 보자. 그는 철학의 목적을 객관적 진리의 발견이 아닌 대화의 지속으로 이해하고자 한다.

> 대화의 지속이 철학의 목적으로 충분하다고 본다면, 그리고 대화를 지속하는 능력 안에 지혜

가 있다고 본다면, 이는 인간을 정확한 설명을 하고자 희망하는 존재가 아닌 새로운 설명을 생성해 내는 존재로 보는 것이다(Rorty, 1979: 378).

로티는 서양 전통 철학이 진리를 정확한 재현(representation)이나 객관적 설명을 통해 도달 가능한 무엇으로 상정해 왔다고 보았다. 그리고 이는 인간을 마치 '거울'처럼 세계를 그대로 반영해 내는 존재로 간주하는 인식에 기반한다. 로티는 이러한 전통을 비판하며 인간을 새로운 설명을 끊임없이 만들어 내는 존재, 즉 창조적 해석자로 보는 관점을 제안한다. 대화를 지속하는 일을 철학의 목적으로 본다는 그의 말은 철학의 역할이 '절대적으로 옳은 답'을 찾는 데 있지 않으며 오히려 의미 있는 대화와 해석의 공간을 열어 두는 일에 있음을 뜻한다. 이때 대화는 하나의 목적지를 향해 나아가는 선형적인 절차가 아니라 그 의미와 방향이 끊임없이 갱신되는 지혜의 실천이다. 이때 지혜는 완결된 진리나 지식의 소유가 아닌 대화를 포기하지 않고 이어 가고자 하는 의지와 능력으로 이해될 필요가 있다. 로티에게 철학은 '무엇이 옳은가?'를 확정하는 것이 아니라, '어떻게 또 다르게 생각할 수 있을까?'를 묻는 활동이며, 그렇기에 고정된 답에 매몰되지 않도록 우리를 매번 새롭게 깨우는 것이다(Rorty, 1979: 377).

이러한 로티의 사유는 철학이 하나의 답이나 체계에 매몰될 위험에서 결코 자유롭지 못함을 인식하고 이를 경계하는 데서 시작된다. 인간이 자신과 세계를 하나의 언어, 이를테면 철학적 언어와 체계로 설명할 수 있다는 믿음이 또 다른 형태의 오만으로 이어질 수 있기 때문이다. 그렇다면 로티의 제안처럼 진리를 확정하기보다 끊임없이 새로운 방향으로 대화를 이끌어 갈 수 있는 여지를 열어 둘 필요가 있다. 하나의 닫힌 체계를 세우고 그를 공고히 하는 일에 몰두하다 보면 기존의 언어와 질서를 비판적으로 성찰하기는 어려워진다. 이것이 열린 대화의 자리를 지켜내는 일이 중요한 이유이다.

그런데 철학이 경계해 온 자기 체계화의 위험을 우리는 오늘날 교육학계에서 나타나는 분절과 구분의 양상에서 어렴풋이 느낄 수 있다. 특히 교육학 내부의 분과학문 간 경계는 대화를 가로막는 요소로 작동하는 경우가 많다. 이러한 양상은 세계적으로 유사하게 나타나는데, 앞서 언급한 영국의 교육학자 프링도 교육을 비롯한 모든 영역의 연구에서 서로 다른 활동이나 탐구 방식 간의 지나치게 날카로운 대비가 가져올 위험에 대해 경고한 바 있다(Pring, 2005: 240; Pring, 2010: 44). 국내의 경우, 2025년 기준으로 한국교육학회에 등록된 분과학회의 수는 26개이다. 대부분의 교육 연구는 교육학 내부의 분과학문 간 경계에 따라 분절된 방식으로 이루어지고 있다. 각 분과학문이 연구에 천착하면서 전문화를 가속하는 한편 다른 분과학문과의 소통에는 점점 더 무관심해지는 경향이 두드러진다. 교육학이 심리학, 철학, 사회학 등 기존 학문의 분과의 구조를 답습하며 각 전공의 학문적 정체성을 구축하는 것에 집중한 나머지 타 전공과의 의미 있는 교차적 대화와 협력에는 소극적인 경향을 보이는 것도 그 이유 가운데 하나일 것이다(Bridges, 2006).

이러한 양상은 교육 연구의 분화를 반복적으로 재생산하는 결과로 이어진다. 문제는 이것이 단순한 세분화와 전문화에 그치지 않고 교육이라는 총체적 현상을 이해하고 응답할 수 있는 철학적·윤리적 대화의 가능성을 축소시키는 구조를 형성한다는 데 있다. 그 결과, 교육을 둘러싼 언어는 지나치게 전문화되고 분절화되어 연구자들은 병렬적으로 발화하게 되며, 교육 연구는 다양한 관점 간의 비판적 대화보다는 내부 논리의 반복을 통해 정당성을 확인하는 폐쇄적 구조 속에서 작동하게 된다. 박은주와 곽덕주(2016)는 이러한 경향을 교육학 연구와 실천의 유리라는 비판과 연관 지어 논의한다. 연구가 현장의 맥락을 충분히 반영하지 못한 채 학문 내부의 논의에 집중할 때 각 분과는 이론적 정합성과 방법론적 정교함에 주력하면서도 정작 실천과의 의미 있는 접점을 놓치게 된다는 것이다. 교육 연구가 교육학 내의 분절화와 실천과의 괴리를 극복하고 교육의 실제적 문제에 응답할 수 있는 방향에 대한 성찰을 위해서는 이러한 분절된 학문 구조에 대한 고민이 동반되어야 할 것이다.

먼저 타 전공과 현장을 비롯한 연구 외부의 것들과 충분히 대화를 나누고 있는지 물음을 던져야 한다. 각자의 연구가 독백에 그칠 뿐 성찰과 사려 깊은 응답을 동반하는 '대화'로 이어지지 못하고 있는 것은 아닌지, 각기 다른 전제와 언어 속에서 개별 지형을 구축한 채 단절되어 있는 것은 아닌지 질문해야 한다. 학문적 체계성이라는 이름 아래 대화의 자리가 점차 협소해질 때 교육학 연구는 닫힌 체계로서의 자기 복제를 반복하게 된다. 그리고 허드슨과 스탠디시(Hodgson & Standish, 2006)의 분석처럼 이러한 복제는 비판적 사유마저 '길들이는(domesticated)' 방식으로 포섭한다. 이는 연구에서 사용되는 언어와 문제 제기의 방식조차 기존 질서를 교란시키지 않는 방향으로 정형화된다는 의미이다. 비판 역시 그 형식과 언어가 이미 제도 안에서 규정되기 때문에 더 이상 기존의 담론을 실질적으로 흔들지 못한다. '안전한' 방식의 연구가 축적되는 가운데 점점 더 기존의 규범과 제도에 친화적인 형태로 연구 질서 또한 굳어져 간다.

교육학 분과 간에 서로 대화하고 논쟁할 수 있는 기회가 축소될 때 비판적 성찰과 윤리적 사유의 가능성도 축소된다. 시급한 것은 각각의 닫힌 영역의 정답을 보완하는 것이 아니라, 서로 다른 물음들이 만날 수 있는 조건, 즉 대화가 다시 가능해지는 자리를 회복하는 일이다. 때로는 어떤 결론에 서둘러 도달하기보다 열려 있는 혼란 속에 머물며 그 안에서 말해지지 않은 가능성과 새로운 질문을 발견할 수 있는 공간이 필요하다. 대화가 또 다른 대화로 이어질 수 있는 구조 속에서 사유 또한 또 다른 사유의 가능성을 불러올 수 있다.

로티는 "인간은 언제나 선택적인 서술 안에서만 자신과 세계를 이해할 수 있다"고 말한다(Rorty, 1979: 378). 이는 우리가 세계를 이해하는 방식이 고정된 실체의 반영이 아니라 특정한 언어와 맥락 속에서 형성되고 선택된 일종의 서술이라는 의미이다. 우리는 제한된 서술 안에서 교육을 이해할 수밖에 없으며, 그렇다면 중요한 것은 다양한 관점이 서로 만날 수 있는 공간을 열어 냄으로써 세계를 이해하는 방식을 더해 가는 일이다. 연구 결과는 외부와의 관계 속에서 끊임없이 생성되고 또다시 구축되어야 하며 이러한 과정을 통해 매번 새로운 의미를 더하게 된다. 이를 위해서는 전공 간 단절을 넘어선 소통과 협업이 필요하며 더불어 연구자와 현장의 대화, 타 학문과의 대화 또한 요청된다. 연구가 산출하는 지식이 고정된 결론이 아닌 열려 있는 과정이라는 이해를 바탕으로 할 때 연구는 기술적 · 방법론적 완결성에 머무르지 않고 다양한 사유와 관점이 공존할 수 있는 지평을 열어 낼 수 있을 것이다. 그리고 이 지평은 서로 다른 관점들이 충돌하고 교차하며 새로운 의미를 모색할 수 있는 대화의 장이 될 수 있다.

철학적 사유는 단절된 영역들 사이를 가로지르며 그 경계를 넘나드는 공간을 마련하는 데 기여할 수 있다. 철학은 문제의 방향을 되묻고 익숙하고 타당해 보이는 언어가 어떤 세계관을 전제하는지, 그것이 무엇을 가능하게 하고 무엇을 가로막는지를 따져 묻는다. 그리고 이로써 기존의 통념에 균열을 내고 그 틈을 통해 새로운 사유를 가능하게 한다. 또한 정답이 없는 문제를 두고 새로운 답을 구성하는 일에 골몰하는 철학의 자세는 더 나은 질문을 창조하고 대화를 지속할 수 있는 조건을 마련하는 데 무엇보다도 필요한 것이다. 좋은 연구는 사실상 질문하기에서 시작해서 질문하기에서 끝난다고 해도 과언이 아니다. 새로운 관점을 던지는 좋은 질문이 연구의 시작을 열 뿐만 아니라 대화 또한 열어 낸다. 그리고 이를 통해 대안적인 해석과 새로운 가능성을 환영하는 바탕을 마련한다.

2) 불확실성에 뛰어들기

앞서 살펴보았듯이 교육학 연구의 대다수는 무엇이 효과적인지(what works)를 묻는다. 그러나 이때 '효과적'이라는 말은 중립적, 기술적인 용어라기보다 정책적 목표나 제도적 기준에 의해 이미 그 의미가 설정된 경우가 많다. 예컨대, 교육의 핵심을 학업성취에서 찾고 이를 '표준화된 시험 점수'와 동일시할 때 교육적 효과는 시험이 측정하는 능력에 한정된다. 그에 따라 비판적 사고, 협력, 윤리적 성찰과 같이 수치화하거나 측정하기 어려운 교육적 요소는 배제될 가능성이 크다. '무엇이 효과적인가'라는 물음은 '어떤 교육을 바람직하다고 여기는가'에 대한 가치판단을 이미 포함하고 있는 것이다.

거트 비에스타(G. Biesta)는 효과성 중심의 연구 흐름을 경계하는 대표적인 학자이다. 그는 교육이 과학적이고 체계적인 '처방'을 통해 개선될 수 있다는 믿음이 학문 전반에 퍼지는 현상을 직시하고 이를 비판적으로 성찰하고자 한다(Biesta, 2007, 2010). 그가 특히 지적하는 바는 '증거기반교육(evidence-based education)'이라는 개념이 교육 실천을 이끌기에는 불충분하다는 점이다. '증거'가 실천을 뒷받침하는 하나의 자원임엔 분명하지만 결코 참이나 진리를 보증하지는 못하기 때문이다.[9] 비에스타(2010)는 교육을 교육답게 만드는 것은 가치에 있으며 증거는 언제나 그 가치에 종속되어야 한다고 주장한다. 그리고 이러한 점을 강조하는 교육을 '가치기반교육(value-based education)'이라 부르며 증거기반교육의 대안으로 제시한다. 교육은 인간과 세계, 타자와의 관계 속에서 끊임없이 재구성되는 가치 지향적 실천이며, 우리가 '교육이란 무엇인가?'라는 기본적인 질문에조차 쉽게 답할 수 없는 이유도 여기에 있다.

리처드 스미스(Smith, 2015) 또한 이러한 문제의식을 공유한다. 그는 오늘날 교육 연구가 가치 판단보다 실증적 유용성을 앞세우며 '무엇이 효과적인가(what works)'와 '엄격한 증거 검증(rigorous evidence testing)'이라는 기준을 우선시하고 있다고 비판한다. 효과성 질문에 치중하여 '왜?' 혹은 '무엇을 위해?'라는 질문을 잃어 가고 있다는 것이다. 비에스타와 스미스의 주장과 분석에서처럼 실증적 증거에 과도한 무게를 싣는 방식은 불확실성의 차원을 배제하고 측정 불가능한 가치를 주변화한다. 이때 교육의 복잡성은 단순화되기 쉽다. 또한 복잡한 문제를 단순하고 정합적인 틀 안에 수렴시키는 경향은 특정한 해석과 관점을 우위에 두는 권력의 문제와도 무관하지 않으며, 가치에 대한 성찰이 없을 때 증거는 오히려 논쟁의 여지를 좁히는 도구로 작동할 수 있다. 명료하게 규정되고 측정될 수 있는 것들이 전면에 놓일 때 수치화되지 않는 것, 깔끔하게 정리되지 않는 것들의 자리는 점점 사라져 간다. 이것이 증거의 또 다른 이면이다.

교육은 그 성격상 항상 열려 있으며 진행 중인 과정이다. 교육적 실천들은 반복되는 가운데서도 매번 조금씩 달라지며 늘 예상치 못한 상황이나 불확실성을 마주할 수밖에 없다. 오히려 이러한 불확실성이 가르치고 배우는 일을 가능하게 하고 매번 새롭게 한다. 그렇다면 문제의 복잡성을 단순화함으로써 해결하려는 시도는 오히려 교육의 본질을 놓칠 뿐이다. 불확실성과

9) 비에스타(2010)는 교육과 같은 실천 연구가 증거기반교육에 의해 안내되어야 한다는 사고방식에 대해 비판하며 세 가지 차원의 결핍을 지적한다. 첫째, 행위와 결과 간의 관계에 대한 지식은 언제나 가능성만을 제공할 뿐 확실성을 보장하지 못한다는 점에서 '지식의 결핍', 둘째, 사회적 상호작용은 대부분 열림과 반복의 체계로 작동하기 때문에 행위와 결과 간의 연결이 결정될 수 없다는 점에서 '효과성의 결핍', 셋째, 과학적 지식을 적용해 실천을 변화시킨다는 생각은 그 지식이 작동할 수 있도록 실천을 변형시키는 데 필요한 수고를 가려 버린다는 점에서 '적용의 결핍'을 언급한다.

복잡성은 제거해야 할 장애물이 아니며 오히려 성찰과 대화의 계기로 삼아야 할 교육의 고유한 조건이다. 때로는 이러한 조건 안에 온전히 머물며 사유할 필요가 있다.

우리가 교육을 '엄밀하게' 이해하려 할 때, 그 엄밀함이 오직 더 많은 증거를 확보하는 데 있는 것은 아니다. 교육학 내부에 고착된 경직된 전제들을 낯설게 바라보며 '확실성'에 근거하지 않는 방식으로 성찰하는 자세는 또 다른 종류의 엄밀함이다. 이는 하이데거(M. Heidegger)가 말한 바와 같이, 과학적 '정확성'에 얽매이지 않으면서도 여전히 엄밀하게 교육을 사유하는 방식이다. 하이데거는 "교사는 배우는 자들이 자신들의 기반을 확신하는 것보다 훨씬 덜 자신의 기반을 확신한다"고 말한다(Heidegger, 1976: 15). 이는 교사가 자신의 기반에 대해 '덜' 확신하기 때문에 오히려 그만큼 더 깊이 사유하고 질문할 수 있음을 뜻한다. 다시 말해, 교사는 확신을 유보하고 그것을 끊임없이 낯설게 바라보는 태도를 통해 오히려 더 엄밀하게 사유할 수 있다는 것이다. 역설적이게도 때로는 '근거를 덜 두는 것'이 엄밀한 사유를 가능하게 한다.

그렇다면 닫힌 체계의 안전한 틀을 벗어나 불확실성에 뛰어들기 위해 우리는 어디에서 시작할 수 있을까? 스미스(2015)는 그 단초를 인문학에서 찾는다. 인문학은 신속하고 단호한 단 하나의 해답을 요구하지 않음으로써 우리를 정렬과 증명의 언어에서 벗어나게 하고 해석의 다양성과 질문의 가능성으로 이끈다. 인문학적 사유는 무엇을 입증하거나 해결하려는 시도가 아니라 말해지지 않는 물음들과의 조우를 견디는 태도이며 사유의 윤리적 차원과 실존적 감수성을 회복하기 위한 통로가 된다. 인문학적 질문에 대해 답을 찾아가는 과정은 결코 최종적이거나 완결된 결론에 도달하지 않으며, 그 미완의 움직임 속에서 우리는 타자와 세계를 끊임없이 새롭게 다시 읽고 그에 대한 자신만의 응답을 만들어 가게 된다. 이 과정에서 성급하게 정답을 찾기보다는 문제를 붙들고 사유하는 힘이 길러진다. 그래서 스미스(2015)는 "해석의 가능성을 뒤흔드는 힘이 인문학의 가장 위대한 가치"라고 강조한다.

이러한 관점은 허드슨과 스탠디시의 다음과 같은 제안과도 맞닿아 있다.

> 해결하고자 하는 문제에 초점을 맞추지 말라. 왜냐하면 그것들은 대개 당신이 당연하게 받아들인 전제 속에서 구성된 것이기 때문이다. 대신 문제의 구성에 초점을 맞추라. 왜 그 문제가 그와 같은 방식으로 구성되었는지, 왜 그것이 '교육적 문제'로 부상했는지를 물으라. 문제를 단순히 해결하려 들지 말고, 문제를 창조하라(Hodgson & Standish, 2007).

이는 우리가 그동안 당연하게 여겨 왔던 문제의 전제부터 다시 성찰하라는 요청이다. 이미 주어진 문제를 무비판적으로 수용하기보다는 그 문제가 어떤 언어와 관점 속에서 구성되었는지를 먼저 물어야 한다는 것이다. 이러한 관점에서 볼 때 연구자의 역할은 문제의 '해결자'가 아닌 '발명자'가 된다. 그리고 문제를 발명한다는 것은 주어진 과제를 처리하는 것이 아니라 연구자 자신의 경험 속에서 의미의 긴장을 발견하고 그것을 드러내며 새로운 사유의 가능성을 열어내는 일이다. 이때 연구자는 낯설고 예측 불가능한 의미가 펼쳐지는 열린 공간 속으로 스스로를 내던지는 모험을 하게 된다.

이러한 맥락에서 허드슨과 스탠디시(2007)는 "고전을 읽고 그 고전에 의해 혼란스러워질 것"을 요청한다. 고전은 연구자로 하여금 문제 자체를 성립 가능하게 한 언어, 범주, 감수성 자체를 낯설게 보도록 촉구한다. 예컨대, 톨스토이(L. Tolstoy)의 『전쟁과 평화』는 인간 존재의 나약함과 회복 가능성 사이의 복합적 역동을 서사적으로 펼쳐 보임으로써 오늘날 교육 담론에서 흔히 '회복탄력성(resilience)'이라는 이름 아래 기술되고 정량화되는 태도들을 철학적으로 되묻게끔 요청한다. 이 작품을 통해 우리는 단순히 '다시 일어서는 기술'을 가르치는 방법을 고민하기보다는 인간의 취약성 자체에 대해 성찰할 수 있다. 버지니아 울프(V. Woolf)의 『자기만의 방』은 여성의 주체성과 창조성에 관한 사회・문화적 조건을 성찰하게 한다. 교육에서의 '여성 리더십' 논의가 단지 제도적 진입의 문제로 환원되지 않도록 경계하게 만든다. 울프가 말하는 '자기만의 방'은 단순히 공간의 확보를 의미하는 것이 아니며, 말하고 생각하는 일을 가능하게 하는 조건과 같이 보다 근본적인 문제와 관련된 것이다. 이러한 읽기를 통해 연구자는 교육 담론에서 소외된 주체의 참여를 단순히 제도적 기회의 확대와 연결 짓기만 할 것이 아니라 그들이 스스로를 말하고 사유할 수 있도록 하는 실질적인 조건을 문제 삼고 이를 탐구할 수 있다. 마지막 예로 조지 오웰의 『1984』는 데이터와 정보가 객관적 진실을 담보하지 않으며 오히려 언어와 숫자를 통해 현실을 조직하고 통제하는 권력의 작동기제를 보여 준다. 교육 정책이 수치화된 성과지표와 증거기반 접근에 몰두할 때 『1984』는 그 정당성 자체를 의심하게 하며 연구가 데이터를 수집하고 해석하는 방식에 감춰진 권력의 작동을 인식하게 한다.

이처럼 고전은 삶과 교육을 둘러싼 복잡한 경험의 윤곽을 다시 읽게 하며 연구자로 하여금 정해진 해답이 아니라 해석의 가능성 속에서 질문을 '발명'하도록 요구한다. 고전을 읽고 혼란스러워진다는 것은, 곧 사유의 틀을 깨고 때로는 불편할 수도 있는 새로움을 환영한다는 의미이다. 이는 교육 연구의 지형을 다시 그리는 실천으로 이어질 수 있다. 이와 같은 과정은 언뜻 느리고 혼란스러우며 문제를 더 복잡하게 만드는 것처럼 보일 수 있다. 하지만 바로 이러한 혼란이 생산적인 학문적 사유의 출발점이 된다.

효율성과 효과성에 대한 요구가 지배적인 오늘날의 교육 연구 문화에서 예술과 인문학이 제공하는 통찰과 감수성은 교육을 엄밀하게 사유하는 데 있어서 중요한 열쇠가 될 수 있다. 또한

'느림'과 '혼란'을 감수하는 태도는 책임의 감각을 회복하는 첫걸음이 된다. 타자를 향한 윤리적 자세는 대개 위험과 불확실성을 감수하고 불안의 깊이를 감당하는 데 달려 있기 때문이다.

5. 나가며: 응답으로서의 책임(response-ability)

교육은 삶과 인간을 다룬다는 점에서 가치와 의미가 교차하는 영역이며 제도와 참여자 사이의 구체적인 만남이 일어나는 장이기도 하다는 점을 살펴보았다. 앞선 논의를 바탕으로 교육학 분야의 연구(자)에 요청되는 사회적 책임을 크게 세 가지로 구분하여 정리해 보고자 한다. 다만, 이 세 가지는 명확히 분리된 범주라기보다는 서로 긴밀한 연관 속에서 책임의 내용을 구성하는 것으로 이해할 수 있을 것이다.

첫째, 교육의 실천적 성격에서 오는 책임이다. 교육학 연구는 실천과 이론이 긴밀히 연결된 영역에서 수행된다. 교육 연구는 실제 교육이 이루어지는 현장과 지속적으로 상호작용하며 그 맥락에 충실해야 할 필요가 있다. 특히 한국의 교육은 교육과정의 반복적인 개정과 정책 변화 등으로 제도적 변화의 속도가 빠른 편이며, 이는 연구가 실제 교육 실천에 영향을 미치고 있다는 점을 시사한다. 그런데 우리는 앞서 교육 연구가 현장의 문제와 요구를 반영하지 못한 채 학문 내부의 논의에만 집중하는 경향이 있으며 그 결과 실천적 영향력을 갖지 못한 채 교육 현장과 괴리된 것으로 평가받고 있다는 점에 주목한 바 있다(박은주, 곽덕주, 2016). 교육과 관련한 연구는 언제나 실천을 염두에 두어야 함을 기억하고, 교육 현장과 동떨어진 채로 '이론적 정당성'이나 '학문적 완결성'만 추구하는 태도를 재고할 필요가 있다.

물론 교육 정책 수립에 영향을 미친다고 해서 언제나 '실천적'인 연구가 되는 것은 아니다. 연구의 실천성은 단순히 정책을 가능하게 하는 데 있는 것이 아니라, 정책 수립과 형성과정 전반을 비판적 시각에서 성찰하는 힘에 있다. 연구에 기반하여 수립된 정책이 실제 적용 단계에서 교육 현장의 복잡성과 맥락을 충분히 반영하지 못할 경우 교육 실천과 정책 사이의 간극은 커진다. 이와 관련하여 몇 가지 예를 살펴보자. 김종훈(2023)은 2022 개정 교육과정 관련 정책문서를 비판적으로 분석하며, 정책이 강조하는 '학생 주도성', '맞춤형', '선택' 등의 개념이 마치 새로운 교육적 전환처럼 보이지만 실제로는 이전 교육과정에서 반복되어 온 유사 개념들의 재배열에 불과하다고 지적한다. 그는 특히 자율성의 확대가 '학교자율시간'이나 '고교학점제'와 같은 일부 제도적 장치로 구현되면서 현장의 여건이나 교사의 실천적 조건과 유리된 방식으로 작동하고 있다고 평가한다. 이주연과 김수진(2023) 또한 고교학점제가 가져올 수 있는 구조적 불균형과 행정적 부담을 분석하며 정책이 추구하는 목표가 '이상'은 있되 실천적 기반은 없는 채로 설정되었다는 점을 지적한다. 특히 지역과 학교 규모에 따른 선택 과목 개설의 격차는 교육기회의 불균형으로 이어질 수 있으며, 이는 선택권의 확대라는 정책의 본래 취지가 현장에서 실현되기 위해서는 좀 더 심도 있는 논의가 필요하다는 점을 보여 준다. 이와 유사하게, 서미옥(2017)은 반복되는 교육 정책 변화와 행정적 요구가 교사의 정서적 부담과 소진을 유발하며 교사의 자율성과 효능감을 약화시키는 구조적 문제로 연결된다고 분석한다. 그는 교사 소진을 개인의 문제가 아니라 정책이 현장의 실질적 조건과 조응하지 못하는 상황에서 발생하는 사회적 결과로 보아야 한다고 주장한다. 이러한 연구들은 공통적으로 제도와 실천의 간극 속에서 새로운 질문과 해석의 여지를 마련하고 있다. 여기서 발견되는 비판적 실천성은 연구가 자기 안에 갇히거나 머무르지 않고 바깥을 향할 수 있도록 하는 힘이 되며, 열린 대화의 장을 가능하게 한다.

둘째, 교육학 연구가 사회 현실을 구성하고 개입하는 방식에서 비롯되는 책임이다. 연구는 인간과 사회에 대해 어떤 물음을 던질 것인가를 묻는 과정이다. 연구 결과물은 단순한 지식 생산이 아니며 인간과 사회, 제도에 대한 이해와 개입을 전제로 한다. 특정한 현상을 '교육적'인 것으로 선택하여 문제시하고 특정 이론과 언어로 설명할 때 연구자는 이미 '어떤 방식으로 행동하라'는 암묵적 요청을 사회에 던지고 있는 것이다. 이러한 점을 잊어버릴 때 연구는 기존 질서를 재생산하거나, 관습적인 해석에 머무르기 쉬우며, 자칫 연구자 개인의 가치와 해석을 정당화하거나 기존의 체제에 봉사하는 작업이 될 수도 있다.

미셸 푸코(M. Foucault)의 논의에 따르자면 이는 연구가 사회를 통치하고 사회의 구성에 개입하는 하나의 '기술'로 기능할 수 있음을 의미한다. 푸코는 권력을 타인의 행동을 인도하거나 구조화하는 방식, 즉 "행위의 행위화(conduct of conduct)"로 정의하면서, 행위를 두 가지 층위에서 설명한다(Foucault, 2009: 503). 하나는 어느 정도 강제적 메커니즘에 따라 타인을 이끌고 조종하는 방식, 다른 하나는 보다 개방된 가능성의 장에서 주체가 특정한 방식으로 행동하도록 유도하는 방식이다(Foucault, 1982: 789). 따라서 행위의 행위화란 개인이 자신과 타인의 행위에 영향을 미치고 그것을 구성하는 방식, 다시 말해 자기 형성과 타자 형성이 동시에 작동하는 지점을 가리킨다. 그는 이러한 통치가 직접적 명령 또는 지시보다, 어떤 행동이 가능하고 바람직한가를 구성하는 방식으로 이루어진다고 본다. 권력은 스스로를 자유롭다고 믿는 주체로 하여금, 특정한 방식으로 자신을 규율하고 행위하도록 만드는 방식으로 작동한다는 것이다.

교육학 연구 또한 어떤 방식의 교육이 '정상적'이고 '필요한' 것인지에 대한 행동의 조건을 구성하는 역할을 한다. 교육 실천에 있어서의 정상성과 적절성을 판단하고 그 기준을 제시함으로써 교사와 학생을 비롯한 사람들이 교육 문제와 관련하여 이해를 형성하고 행동하는 방식에 영향을 미친다. 또한 연구의 결과는 교육의 방향과 기준을 설정하는 담론을 형성하며 정책 수립과 제도 설계를 비롯한 교육 현장의 실천 전반에 영향을 미친다. 이 과정에서 구성된 사회적 기준은 어떤 교육이 중요하고 어떤 실천이 가능한지를 결정하는 정치적 판단으로 이어진다. 이러한 점에서 교육학 연구는 특정한 실천을 가능하게 하거나 제한하는 구성적 힘을 행사한다고 할 수 있다. 따라서 연구자는 자신이 생산하거나 다루는 지식이 권력과의 관계에서 어떻게 작동하는지 인식하고 자신의 연구가 사회적으로 교육이 이해되는 방식을 구성하는 데 기여한다는 점을 자각할 필요가 있다. 이는 정치적 책임이기도 하다.

정치적 책임에 대한 인식은 교육에 내재된 다원성과 불확실성에 대한 이해를 바탕으로 하며 교육의 장에서 마주하게 되는 다양한 삶의 형태와 타자의 존재를 어떻게 사유할 것인가에 대한 성찰을 요구한다. 중요한 것은 불확실성을 제거하려고 애쓰는 대신 그것을 가능성으로 삼는 일이다. 균열과 갈등, 낯섦과 어긋남이 사유의 씨앗이 될 수 있는 공간을 확보해야 한다는 의미이다. 교육학 연구자의 정치적 책임은 나의 이해를 넘어서는 타자에게 열려 있는 자세, 정상과 비정상을 가르는 기존 질서의 경계를 넘나들며 질문할 수 있는 자세에 있다. 이것은 교육의 가능성을 확정하지 않는 방식으로 교육을 새롭게 하는 일이며, 끊임없이 다시 묻고, 때로는 주어진 것을 의심하고, 나를 부르는 타자의 목소리에 응답하는 행위를 통해 지속되는 윤리적 실천이다.

셋째, 연구의 전제와 방향을 성찰하고 본질적 물음을 되새기려는 사유 자체에 내재한 책임이다. 앞서 철학적·인문학적 사유가 어떻게 정답으로 굳어진 설명을 흔들고, 그로부터 해석과 대화의 가능성을 열어 내는지를 살펴본 바 있다. 이러한 점에서 알 수 있듯이 사유는 그 자체로 하나의 실천이며, 자신의 외부에 주의를 기울이고 대화의 가능성에 열려 있는 사유는 책임을 인식하는 적극적인 행위와 다르지 않다. 우리는 '좋은 교육'에 대해 끊임없이 고민해 왔지만 이에 대한 하나의 고정된 정답이 주어진 적은 없다. 때로는 손쉽게 답을 얻을 수 없는 근본적인 질문을 붙잡고 그에 머물러 사유할 필요가 있으며 여기에 연구자의 책임이 있다.

여기에서 논의를 확장하기보다는 마르틴 부버(M. Buber)가 소개하는 한 편의 이야기로 글을 마무리하고자 한다.

> 오래전, 매우 덤벙거리는 한 사람이 있었다. 그는 매일 아침 입을 옷을 찾는 것이 어려워 밤마다 걱정에 잠을 이루지 못했다. 그러던 어느 날, 문득 생각했다. "그래, 오늘은 옷을 벗을 때마다 그것들을 어디에 두었는지 적어 두자." 그는 종이에 모자, 셔츠, 바지 등의 위치를 하나하나 기록했고, 안심하며 잠자리에 들었다. 다음 날 아침, 그는 메모를 따라 차례로 옷을 찾아 입었다. 그렇

> 게 모든 옷을 갖춰 입은 그는 문득 당황하며 말했다. "좋아, 이제 다 입었는데……. 그런데 나는 어디에 있지?" 그는 사방을 둘러보았지만, 자기 자신을 찾을 수 없었다(M. Buber, 1948: 30).

부버는 이 이야기를 소개하며 "우리도 마찬가지"라고 말한다(Buber, 1948: 30). 다른 모든 것을 갖추었지만 자기 자신을 찾을 수 없었던 사람처럼 우리 또한 교육의 정교한 방법, 절차, 전략을 갖추는 데 몰두하면서도 정작 교육이란 무엇인가, 왜 교육하는가라는 물음은 놓치고 있는 것은 아닐까? 그렇다면 우리는 옷을 모두 갖춰 입었지만 자신을 잃어버린 이 이야기 속 인물과 다르지 않을 것이다.

이 장을 시작하면서 우리는 가르치고 배우는 일에 대한 고민은 필연적으로 인간이 어떤 존재인지, 무엇이 더 가치 있는지, 어떤 삶이 윤리적이며 어떤 사회가 더 정의로운 사회인지에 대한 고민과 맞닿아 있음을 살펴본 바 있다. 그렇다면 나의 연구는 어떤 사회를 상상하고 무엇에 기여하고자 하는가? 무엇이 나로 하여금 이러한 연구를 시작하게 했는가? 그리고 연구의 결과는 누구를 향할 것인가? '논문(thesis)'의 그리스어 어원인 'tithenai'는 '자리'나 '위치', 혹은 '특정 입장에 서다'는 의미를 담고 있다. 논문은 연구자가 '하나의' 입장에 서서 사유를 전개하는 장이며 이 자리는 결코 '보편'의 자리가 될 수 없다. 연구자의 성찰은 중립적 관찰자를 자처하는 일에서 벗어나 지금껏 당연시하던 것들에 질문을 던지는 데서 시작하며, 이는 철학적 · 인문학적 성찰을 요구한다. 조금은 속도를 늦추어 자신의 언어를 되돌아보고 그 안에 스며 있는 편견과 선입견을 비판적으로 성찰하는 과정에서 책임의 감각이 형성될 것이다. 연구는 그 자체로 세계와 타자에 대한 하나의 '응답'이다. 그리고 연구자의 책임은 무엇보다도 세계와 타자의 요청에 귀 기울이고 그에 응답할 수 있는 능력(response-ability)에 있음을 기억할 필요가 있다.

성찰과제

1. 연구의 초기 단계에서 어떤 점이 가장 어렵게 느껴졌는지, 또 연구를 실제로 수행하면서 연구에 대한 관점이나 태도에 변화가 있었는지 이야기 나누어 보시오.
2. 연구를 수행하면서 '객관성'과 '주관성' 사이에서 고민했던 경험을 떠올려 보고 그 관계에 대해 논의해 보시오. 순수한 '객관성'은 무엇을 의미하는가? 나의 연구에서 객관성과 주관성을 어떻게 이해하는 것이 좋을까?
3. 연구자가 자신의 선 자리를 인식하고 연구에 임하는 행위가 지니는 윤리적 · 정치적 의미를 성찰하시오. 나의 경험과 위치에서 비롯되는 가능성과 한계에는 무엇이 있을까?
4. 연구 결과물은 그 자체로 사회에 대한 응답이다. '응답으로서의 책임'이 무엇을 의미하는지 논의해 보고, 그 구체적인 예를 떠올려 보시오.

참고문헌

김종훈(2023). 2022 개정 교육과정의 개정 관련 정책문서에 대한 비판적 담론분석. **교육과정연구**, 41(3), 153-178.

박은주, 곽덕주(2016). 실천 교육학의 관점에서 '교육연구'(educational research)의 성격 재탐색. **교육학연구**, 54(2), 1-30.

서미옥(2017). 초 · 중등 교사들의 소진과 개인내적 요인, 직무요인 및 사회적 요인 간의 관계에 대한 메타분석. **교육심리연구**, 31(4), 615-637.

이주연, 김수진(2023). 고교학점제의 학생 선택형 교육과정으로 인한 교육 불평등 문제 탐색. **교육과정평가연구**, 26(2), 29-50.

이학주(2003). 우리 교육학 연구의 정체성. **교육논총**, 22(1), 1-14.

정범모(1968). **교육과 교육학**. 배영사.

Baker, R. S., & Hawn, A. (2022). Algorithmic bias in education. *International Journal of Artificial Intelligence in Education*, *32*, 1-41.

Barthes, R. (1972). *Mythologies* (A. Lavers, Trans.). The Noonday Press. (Original work published 1957)

Biesta, G. (2010). Why 'what works' still won't work: From evidence-based education to value-based education. *Studies in Philosophy and Education, 29*, 491-503.

Bridges, D. (2006). The disciplines and discipline of educational research. *Journal of Philosophy of Education, 40*(2), 259-273.

Buber, M. (1948). *The way of man: According to the teaching of Hasidism*. The Citadel Press.

Campbell, D. T., & Stanley, J. C. (1959). *Experimental and quasi-experimental designs for research*. Houghton Mifflin.

Dewey, J. (2007). 민주주의와 교육. 이홍우 역. 교육과학사.

Ernaux, A., & Lagrave, R.-M. (2023). 아니 에르노의 말: 사회적 계급의 성찰과 자전적 글쓰기의 탐구. 윤진 역. 마음산책.

Eslami, M., Vaccaro, K., Karahalios, K., & Hamilton, K. (2017). "Be careful; things can be worse than they appear": Understanding biased algorithms and users' behavior around them in rating platforms. *Proceedings of the International AAAI Conference on Web and Social Media, 11*(1), 62-71.

Foucault, M. (1982). The subject and power. In *Critical inquiry 8*. The University of Chicago.

Foucault, M. (2009). *Security, territory, population: Lectures at the Collège de France 1977-1978*. (Senellart. M., Ed.; Burchell. G.,Trans.; Vol. 6). Picador.

Haack, S. (2011). *Defending science—within reason: Between scientism and cynicism*. Prometheus Books.

Heiegger, M. (1976). *What is called thinking?* Harper Perennial.

Hodgson, N., & Standish, P. (2006). Induction into educational research networks: The striated and the smooth. *Journal of Philosophy of Education, 40*(4), 563-574.

Hodgson, N., & Standish, P. (2007). Network, critique, conversation: Towards a rethinking of educational research methods training. In P. Smeyers & M. Depaepe (Eds.), *Educational research: Networks and technologies*. Springer.

Lee, S. (2020). Poetics of the Encyclopaedia: Knowledge, pedagogy and research today. *Journal of Philosophy of Education, 54*(5), 1237-1259.

Lyotard, J. -F. (2018). 포스트모던의 조건. 유정완 역. 민음사.

Pethig, F., & Kroenung, J. (2023). Biased humans, (un)biased algorithms? *Journal of Business Ethics, 183*(3), 637-652.

Platon (2005). 국가(政體). 박종현 역. 서광사.

Pring, R. (2005). *Philosophy of education: Aims, theory, common sense and research*. Continuum.

Pring, R. (2010). *Philosophy of educational research*. Continuum.

Rorty, R. (1979). *Philosophy and the mirror of nature*. Princeton University Press.

Roussau, J. -J. (2007-2008). 에밀 또는 교육론. 이용철, 문경자 역. 한길사.

Sellars, W. (1997). *Empiricism and the philosophy of mind*. Harvard University Press.

Skinner, B. F. (1950). Are theories of learning necessary? *Psychological Review, 57*(4), 193-216.

Skinner, B. F. (1968). *The technology of teaching*. Pearson College Div.

Smith, R. (2015). Educational research: The importance of the humanities. *Educational Theory*, *65*(6), 739-754

Standish, P. (2002). Disciplining the profession: Subjects subject to procedure. *Educational Philosophy and Theory, 34*(1), 5-23.

Standish, P. (2016). Making sense of data: Objectivity and subjectivity, fact and value. *Pedagogika, 66*(6), 622-637.

Stone, L. (2006). From technologization to totalization in education research: US graduate training, methodology, and critique. *Journal of Philosophy of Education, 40*(4), 527-545.

Thorndike, E. L. (1903). *Educational psychology*. Lemcke & Buechner.

Thorndike, E. L. (1918). The nature, purposes, and general methods of measurements of educational products. In Whipple G. M. (Ed.), *Seventeenth yearbook of the national society for the study of education* (Vol. 2, pp. 16-24). Public School Publishing.

Tyler, R. W. (1949). *Basic principles of curriculum and instruction*. University of Chicago Press.

Watson, J. B. (1914). *Behavior: An introduction to comparative psychology*. Henry Holt and Company.

Winch, P. (1970). *Idea of a social science and its relation to philosophy* (New edition). Routledge & Kegan Paul PLC.

ESR 연구를 위한 상담적 접근: 국내 사회정의 옹호상담 연구의 주요 주제들

유순화

성찰목표

1. ESR 관점에서 다양한 소수집단을 위한 옹호전략을 고안할 수 있다.
2. 사회정의 옹호상담 실천을 위한 학제 간 공동연구주제를 발굴할 수 있다.

상담자의 사회적 책임은 단순히 내담자의 개인적 문제해결에 그치지 않고, 내담자가 처한 사회적 · 환경적 맥락을 이해하고, 사회적 약자와 소외계층을 옹호하며, 더 나아가 사회 구조적 변화를 추구하는 적극적 역할까지 포함한다. 상담자는 내담자의 복지와 성장뿐 아니라, 사회적 약자와 소외계층의 권익 보호, 사회적 불평등 해소, 구조적 변화에 기여함으로써 사회 전체의 심리적 안녕과 공익에 이바지해야 한다는 점에서 사회적 책임의 중요성이 강조된다(이소연, 서영석, 2025; 최가희, 2018; 최필진, 이동형, 2023).

'정의'는 라틴어 'suum cuique'에서 유래한 것으로, 문자 그대로 '각자에게 마땅히'라는 뜻이다(Miller, 1979: 20: Green et al., 2008에서 재인용). 정의의 의미는 두 사람이 동등하다면 그들이 받는 대우도 동등해야 한다는 것이다(Green et al., 2008). 상담심리학자들은 사회정의의 관점에서 내담자가 경험하는 차별 및 불평등은 제도화된 인종차별주의, 성차별주의, 동성애공포증 등과 결부되어 있으므로, 제도적 변화, 사회 환경적 변화를 이루어 내기 위해서는 적극적인 행동이 필요하다는 인식을 가지게 되었다(최가희, 2018). 사회정의 옹호상담은 내담자의 고통이 개인의 문제가 아니라 사회적 · 환경적 요인에서 기인할 수 있음을 인식하고, 내담자 개인의 역량을 강화할 뿐 아니라, 사회 구조적 불평등과 차별을 해소하기 위한 실천적 개입을 강조하는 상담접근이다(이소연, 서영석, 2025; 최가희, 2018). 전통적 상담이 내담자 개인의 내적 변화에 초점을 맞추는 데 비해, 사회정의 옹호상담은 사회적 맥락과 구조의 변화를 위한 상담자의 적극적 역할을 강조한다는 점에서 차별화된다.

미국상담학회(American Counseling Association: ACA, 2014), 전미전문상담사협회(National Board for Certified Counselors: NBCC, 2023), 미국학교상담사협회(American School Counselor Association: ASCA, 2022) 등 주요 국제 상담 관련 기관의 윤리강령에서는 사회정의 옹호에 대한 명시적인 지침을 제공하고 있다. ACA 윤리강령은 사회정의 증진을 핵심 가치로 강조하며, NBCC 윤리강령은 접근성, 형평성, 사회적 불의 해소를 위한 노력을 명시하고 있다. ASCA 윤리기준은 학교 상담자가 공정하고, 억압에 반대하며, 편견 없는 정책을 옹호해야 한다고 규정하며, 학생들의 발달을 저해하는 체계적인 장벽이나 편견을 제거하기 위해 적극적으로 노력할 것을 요구한다. 이러한 윤리강령들은 사회정의 옹호가 상담자의 전문적인 책임이자 윤리적 의무임을 분명히 한다. 상담자의 사회적 책임으로서의 사회정의 옹호상담은 내담자 개인의 복지 증진을 넘어, 사회적 약자 옹호와 사회 구조적 변화에 적극적으로 기여하는 실천적 역할을 포함한다. 이는 상담자의 전문성과 윤리성, 그리고 사회적 책임 의식이 통합적으로 요구되는 현대 상담의 핵심적 가치이다. 옹호는 사회정의 상담을 실천하기 위한 핵심역량을 의미하며, 사회정의 옹호상담은 사회정의 상담, 옹호상담 등으로 혼용되고 있다.

사회정의 옹호상담은 단순히 개인의 심리적 문제해결을 넘어, 사회 구조적인 불평등에 대한 인식을 바탕으로 내담자의 권익을 옹호하고 사회정의를 실현하는 것을 목표로 하는 상담접근 방식을 의미한다. 미국 상담학계에서는 사회정의 옹호적 상담 접근이 정신역동적 접근, 행동주의적 접근, 인본주의적 접근, 다문화적 접근에 이어 상담 접근의 제5세력으로 인정될 만큼 주요 업무로 자리 잡고 있다. 한국 사회에서도 사회적 불평등에 대한 인식이 높아지고 소외된 계층의 필요에 대한 관심이 증가함에 따라, 사회정의 옹호상담은 개인의 안녕과 사회정의를 증진하는 데 중요한 역할을 할 것으로 보인다.

'사회정의'와 '옹호'라는 용어가 한국 상담연구에서 뚜렷한 개념으로 등장하기 시작한 것은 구자란(2010)의 연구부터라고 볼 수 있다. 이 연구는 상담자의 사회정의 옹호에 따른 내담자에 대한 인상 형성을 연구하여, 사회정의 옹호상담의 가능성을 열었다. 이후 2015년부터 사회정의 옹호상담에 대한 연구가 본격적으로 나타나기 시작하였다(임은미, 2015). 사회정의 옹호상담 연구는 한국 사회의 특수한 맥락 속에서 사회적 불평등 문제를 해결하고 소외된 집단의 권익을 증진하는 데 중요한 역할을 수행할 수 있다는 점에서 그 의미가 깊다(신윤정 외, 2021).

우리나라의 사회정의 옹호상담 연구는 아직 초기 단계이지만 중요한 패러다임으로 점차 발전하고 있다. 사회정의 옹호상담 연구가 본격적으로 수행되기 시작한 지 10년 정도가 지난 현

시점에서, 지금까지 어떤 내용을 중심으로 연구가 수행되어 왔는지, 앞으로는 어떤 주제의 연구가 시행되어야 하는지 검토해 볼 필요가 있다. 동향연구는 한 연구 분야의 전반적인 흐름과 구조를 확인할 수 있으나 주제와 관련된 세부 내용을 확인하기에는 한계가 있다. 이 장에서는 우리나라 사회정의 옹호상남 연구에서 반복적으로 나타나거나 두드러지는 주제를 확인하고 그 내용을 검토하여 주제 영역에 대한 상세한 이해를 도모하고자 한다. 이를 위해 RISS와 DBpia에서 국내 학술지 논문 가운데 '사회정의 상담', '옹호상담', '사회정의 옹호상담'을 검색하여 사회정의 옹호상담과 직접적인 관련이 있는 논문을 추출하고 그중 34편을 분석에 사용하였다. 먼저 한국 사회정의 옹호상담 연구에서 관심을 받고 있는 주요 주제를 분석한 다음, 향후 연구 방향을 제시하고자 한다.

1. 사회정의 옹호상담 연구의 주요 주제

1) 한국 사회정의 옹호상담 연구의 개념적, 이론적 기초

(1) 이론적 및 개념적 틀

한국 사회정의 옹호상담 연구는 서구 사회 사회정의 상담 모델의 영향을 받아 발전해 왔다. 사회정의 옹호상담은 다문화 상담, 공동체 심리학, 상호교차성 등 다양한 이론적 및 개념적 틀에 기반하고 있다. 기존의 전통적인 상담 이론이 개인주의적 가치에 치우친 반면, 다문화 상담은 내담자의 문제를 문화적 맥락과 사회구조적 억압에서 해석한다. 공동체 심리학은 개인의 문제를 사회 환경적 맥락 속에서 이해하고, 예방과 역량강화, 사회정의 실현을 통해 개인과 공동체 모두의 행복 증진을 목표로 하는 실천 지향적인 학문분야이다. 상호교차성은 인종, 성별, 성적 지향, 사회경제적 지위 등 다양한 사회적 정체성이 교차하면서 발생하는 복합적인 차별과 억압을 이해하도록 하여 상담자가 내담자의 경험을 다면적인 관점에서 파악하도록 돕는다.

① 다문화 상담

다문화 상담은 다문화주의에 기초한 접근으로서 각 개인의 평등과 다양한 정체성을 인정하고, 개인의 역량을 펼치는 데 방해가 되는 차별과 억압을 제거하는 실천을 강조한다(안혜신, 장유진, 2021). 다문화 상담은 내담자의 문화적 정체성이 정신건강에 어떻게 영향을 미치는지 파악하여 문화적으로 다양한 내담자에게 효과적인 개입을 제공하는 상담방식이다. 내담자의 문제를 개인 내적인 요인뿐 아니라 사회·문화적 요인에까지 확장하여 이해하고 개입하는 것이다(Sue & Sue, 2012). 문화적으로 유능한 상담자는 인종, 민족, 문화적 배경, 성별, 성적 지향, 연령, 사회 경제적 지위 및 종교가 개인 문제 및 정신건강에 영향을 미칠 수 있음을 인지하며, 자신의 개인적인 편견, 신념 및 태도를 인식한다. 상담자는 문화적 문제, 인종 차별 및 기타 관련 경험으로 어려움을 겪는 내담자에 대한 이해를 보여 주어야 하며, 그들이 겪는 사회적 불평등과 차별에 대해 상담자가 적극적으로 옹호하는 역할을 해야 한다(정지선, 2020).

다문화 상담 이론은 미국 사회가 인종적, 문화적으로 다양해짐에도 불구하고 중산층 백인 남성 중심의 가치체계에 부합하지 않을 때 열등하거나 병리적으로 인식되는 불평등과 억압이 개인의 발달과 심리적 기능에 부정적 영향을 미친다는 문제점을 인식하면서 본격화되었다(최가희, 2018). 내담자의 문제는 그러한 억압 속에서 적응하고 생존하기 위한 방법일 수 있으므로 상담자는 내담자가 어떤 억압이나 차별을 경험하였는지 탐색해야 한다고 주장한다(Sue et al., 1992).

미국상담학회 윤리 강령은 상담 전문가에게 다양한 내담자와 함께 일할 때 문화적으로 유능한 상담자가 되기 위한 지식, 개인적 인식, 민감성, 성향 및 기술을 습득하도록 요구하고 있다(American Counseling Association, 2025). ACA는 다양성을 존중하고 사회 문화적 맥락 내에서 사람들의 가치, 존엄성, 잠재력 및 고유성을 지지하는 다문화적 접근 방식을 수용하는 것을 상담자의 핵심 전문적 가치로 명시하고 있다. 또한 2015년에는 상담자가 갖추어야 할 역량으로 다문화 및 사회정의 상담 역량(Multicultural and Social Justice Counseling Competence: MSJCC)을 인준함으로써 다문화와 사회정의를 명시적으로 통합하였다(Ratts et al., 2016).

다문화 사회로의 급격한 변화를 경험하고 있는 한국 사회에서 다문화 상담은 중요한 연구 영역으로 부상하였으며 사회정의 옹호상담에 중요한 이론적 토대를 제공한다. 한국 사회의 특정 소외 집단(예: 이주 노동자, 성소수자, 장애인, 탈북민)은 다문화적 사회정의 옹호상담을 필요로 하고 있다(신윤정 외, 2021; 안성희, 2020; 조유나, 2022). 한국 문화의 잠재적인 문화적 규범과 가치관(예: 집단주의 강조, 위계 질서, 효도 등)은 다문화 상담 및 사회정의 옹호상담의 이해와 실천에 영향을 미칠 수 있다. 상담자들은 체계적인 불평등을 해결하기 위해 다문화 상담의 확립된 원칙에 사회정의 옹호를 실천함으로써 역할을 확장해야 한다. 다문화 상담과 사회정의 옹호의 성공적인 통합은 사회의 모든 구성원, 특히 전통적인 상담 접근 방식에서 소외되거나 충분한 서비스를 받지 못한 사람들의 복지를 증진하는 데 더욱 총체적이고 효과적인 접근 방식으로 이어질 수 있다.

② 공동체 심리학

공동체 심리학은 개인의 심리적 건강과 복지를 개인을 둘러싼 환경, 즉 공동체와의 상호작용 속에서 이해하고 증진하려는 심리학의 한 분야이다. 개인과 공동체, 사회의 삶의 질을 높이기 위해 연구와 실천을 결합하는 학문으로, 건강 증진, 공동체의식, 다양성 존중, 사회정의, 시민참여, 임파워먼트, 협동, 실증적 연구 등을 핵심 가치로 삼는다. 이는 개인과 사회의 상호작용, 구조적 맥락, 사회적 변화를 폭넓게 다루는 점에서 기존 심리학과 차별화된다(류승아, 2023; 정안숙, 2015). 미국 사회에서 공동체 심리학이 탄생하는 데 기여했던 주요한 요인 중 하나가 다양한 소수자의 인권운동과 연결된다(Kloos et al., 2012). 1960년대 당시 미국 사회에서 흑인, 여성, 성소수자 인권운동과 같이 사회정의를 실현하려는 노력이 일어날 때 그 역사적 배경에서 공동체 심리학이 시작되었다. 특히 사회정의의 가치를 실현하려는 노력으로서의 공동체 심리학은 사회운동에서 그치지 않고 정책 입안을 통해 사회를 변화시키려는 노력까지 포함한다. 정안숙(2015)은 공동체 심리학에 근거하여 현대 한국 사회에서의 사회정의에 대한 요구를 소개하였다.

브론펜브레너(Bronfenbrenner, 1979)의 생태학적 모형에 따르면 개인은 미시체계에 속해 있고, 미시체계는 다시 중간체계, 거시체계에 둘러싸여 있다. 개인은 자신과 직접적인 소통이 있는 미시체계라는 작은 공동체뿐만 아니라, 미시체계 간의 관계를 말해 주는 중간체계를 거쳐 사회적 체계나 공공정책, 문화와 같은 큰 공동체인 거시체계와도 간접적으로 연결되어 있다. 이렇게 다양한 구조 내에서 개인이 직·간접적으로 영향을 주고받는 공식적, 비공식적 조직을 공동체라고 할 수 있다(정안숙, 2015). 공동체 심리학은 이러한 개인들 사이의 관계, 개인과 그가 속한 공동체와의 관계, 공동체들 간의 관계 등에 대해 생태학적으로 연구하는 학문 분야이다(Kloos et al., 2012).

공동체 심리학의 기본 가정은 개인을 개인으로만 보지 않고 그를 둘러싼 사회환경적 맥락의 산물로 보며(정안숙, 2015), 개인이 처한 맥락의 다양성을 인정할 때 개인 삶의 다양성도 인정할 수 있다고 본다. 기존의 개인 중심적 접근을 넘어서, 복합적 상호작용이 일어나는 사회 구조와 개인 행동이 연결되는 심리적 과정에 주목해야 할 필요성을 강조한 것이다(류승아, 2023). 즉, 개인의 정신건강 문제를 단순히 개인 내부의 문제로 보지 않고, 사회적 억압, 차별, 불평등 등 구조적 요인과 공동체 환경에서 발생하는 것으로 이해한다. 따라서 상담자는 단순한 치료자 역할을 넘어 사회변화와 사회정의를 위한 행위자로서 리더십을 발휘하고, 고정관념과 차별에 근거한 억압을 제거하기 위한 활동을 해야 한다고 강조한다. 공동체 심리학과 사회정의 옹호상담은 개인의 심리적 문제를 사회적, 구조적 맥락에서 이해하고, 상담자가 내담자뿐 아니라 그를 둘러싼 공동체와 사회구조까지 개입 대상으로 삼는다는 점에서 밀접하게 연결되어 있다.

③ 상호교차성

김태선과 신주연(2020)은 상담자의 사회정의와 옹호역량을 포함하는 다문화 상담역량의 핵심 요인 중 하나로 상호교차성을 제안한다. 상호교차성은 인종이나 성별 등 하나의 정체성을 중심으로 논의하는 '단일 축 접근'에 대한 비판으로 제기되어(Crenshaw, 1993: 김태선, 신주연, 2020에서 재인용) 미국 다문화 상담에서 사회정의적 접근을 위한 개념으로 주목받고 있다. 이 접근은 불평등과 차별이 발생하는 여러 구체적인 맥락을 드러내어, 이러한 다양한 맥락이 서로 연결되어 있다는 점을 강조하고 있다.

상호교차성 이론은 다양성 내에도 다차원적인 수준이 존재하며, 이 다양한 차원에 따라 불평등과 억압의 여러 요소가 복잡한 상호작용과 연계를 통해 개인의 경험을 설명한다고 보았다(최가희, 2018; Rosenthal, 2016). 이 이론은 미국 흑인 여성들의 경험에 대한 분석에서 비롯된 것으로서(김태선, 신주연, 2020), 흑인 여성들이 겪는 차별은 백인 여성이 겪는 차별과는 달리 성별과 인종이라는 요인이 서로 교차하여 발생하는 결과라고 보았다. 즉, 한 개인의 차별 경험을 제대로 이해하기 위해서는 개인이 지닌 다양한 정체성들 간의 복합적 교차성을 분석해야 한다는 것이다.

단드레아와 대니얼스(D'Andrea & Daniels, 2001)가 제안한 RESPECTFUL 모형과 헤이스(Hays, 2010)의 ADDRESSING 모형은 개인의 다양한 정체성 요소를 이해하는 데 용이하다. 각각의 알파벳은 문화적 소수민을 의미하는 영어단어의 첫 글자이다. RESPECTFUL은 종교(R), 사회경제적 지위(E), 성역할 및 성적 정향(S), 심리적 성숙도(P), 인종・민족(E), 발달적・연령적 특성(C), 트라우마 경험(T), 가족 배경(F), 장애 등 독특한 신체 특징(U), 거주지와 사용언어(L)를 의미한다. ADDRESSING은 연령(A), 선천적 장애(D), 후천적 장애(D), 종교와 영적 지향(R), 민족・인종(E), 사회경제적 지위(S), 성적 정향(S), 토착유산(I), 국적(N), 성에서의 소수집단(G)을 말한다. 두 모형에서 제시하는 여러 차원의 범주를 조합하면 매우 다양한 집단이 생성되며, 각 집단이 불평등과 억압을 동일하게 경험하더라도 경험의 내용에는 차이가 있다(임은미, 2017). 또한 두 개 이상의 요소가 함께 작용하여 중첩된 차별을 겪는 경우, 단일 차원의 차별을 겪는 것보다 부정적 영향이 크다고 하였다(Grollman, 2014).

상담영역에서 교차성 이론이 많이 논의되지는 않았지만 김태선과 신주연(2020), 최가희(2018)가 다문화 및 사회정의 상담에의 도입을 주장하였고, 임은미(2017)가 상담자를 위한 사회정의 옹호역량 척도를 개발할 때 RESPECTFUL과 ADDRESSING 모형을 활용하여 문항을 구성한 예가 있다. 상호교차성은 인간이 다면적인 정체성과 특성을 가진 존재임을 강조하고 차별과 억압에 대해 일차원적으로 접근하는 것을 방지한다는 점에서 한국 다문화 상담과 상담자교육의 사회정의적 접근에 중요하게 고려되어야 하는 개념이다(김태선, 신주연, 2020).

(2) 사회정의 옹호상담의 개념 확장 및 구조화

서구의 다문화 상담, 미국상담학회(ACA)의 사회정의 옹호 모델, 다문화 사회정의 모델 등은 국내 연구에 중요한 이론적 틀을 제공하고 있다. 우리나라 사회정의 옹호상담 연구의 초기에는 사회정의의 개념, 사회정의 상담의 뿌리인 다문화 상담, 옹호역량모형을 중심으로 사회정의 옹호상담을 소개하고 한국 사회와 상담연구에 사회정의 옹호상담이 적용될 수 있는 방안 등을 제시하는 연구가 많았다. 이후에는 서구적 모델이 한국 문화적 맥락 안에서 어떻게 적용되고 변용되는지에 대한 고민과 연구가 활발히 이루어지고 있다(임은미, 2015; 최가희, 2018). 국내 학자들은 한국적 상황에서 사회정의 옹호와 관련된 개념을 구체화하고 구조화하려는 시도를 하였다.

안혜신과 장유진(2021)은 사회정의 옹호란 소수집단의 역량강화를 기반으로 모순과 불평등을 야기하는 사회적 제도와 체계의 변화를 추구하는 활동으로 정의하였고, 사회정의 옹호역량이란 내담자에게 차별과 억압을 가하는 사회적, 환경적 체계를 변화시키는 데 바탕이 되는 능력(Dean, 2009; Vera & Speight, 2003)이라고 하였다. 연구자들은 특히 다문화 상담이 사회정의적 관점을 가지고 있으며, 사회정의 옹호역량이 다문화 상담자 역량의 핵심요인이라고 보았다(Sue & Sue, 2012). 이에 따라 상담현장에서 다문화 상담을 실천하고 있는 상담자들을 대상으로 개념도 연구를 수행하여, 우리나라 다문화 상담자들이 인식하는 사회정의 옹호역량을 경험적으로 개념화하고자 하였다.

연구 결과, 다문화 상담자들이 인식하는 사회정의 옹호역량은 '상담자 인식 중심 대 내담자 역량 중심'과 '개인적 접근 대 사회적 접근'의 두 가지 차원으로 나타났다. 이러한 두 차원을 축으로 하여 확인된 사회정의 옹호역량의 유형은 총 다섯 가지로서, 다문화 상담기술, 내담자에게 영향을 미치는 사회 · 문화적 요인의 중요성 인식, 다문화적 지식학습, 내담자 역량강화, 내담자의 문제와 관련된 사회구조적 문제해결을 위한 활동 참여를 포함하였다. 상담자들은 사회정의 옹호역량을 자신의 다문화적 인식 및 지식을 가지고 상담을 통해 내담자의 역량을 강화함과 동시에 내담자의 문제해결에 도움이 되는 자원을 연계하고, 사회적 변화를 위해 행동함으로써 전통적 상담의 한계를 극복하는 것으로 인식하고 있었다.

군집별 중요도와 실행도 평정 값을 통해 나타난 바에 따르면, 상담자들은 상담실 내에서 촉진적 의사소통 기술과 동맹을 통해 내담자 문제에 접근하는 전통적 상담 방식을 중요시하고 있으며, 내담자 문제를 해결하기 위해 타 분야의 전문가와 협업하거나 사회변화 활동에 직접적으로 관여하기보다는 내담자가 사회적으로 적응하도록 조력하는 개인 내적인 개입을 실천하고 있는 것으로 나타났다. 항목들의 중요도에 비해 실행도가 낮게 나타난 점, 특히 참여자들이 '내담자의 문제와 관련된 사회 · 구조적 문제해결을 위한 활동 참여' 영역을 가장 낮게 인식하고 있었던 것은 상담자들이 사회변화를 위한 활동들은 상담자의 역할에 포함되지 않는다고 인식하는 것을 반영하는 결과라고 할 수 있다. 연구자들은 국내 상담자들이 전통적인 상담이론으로 훈련을 받아 사회정의적 관점의 상담과 옹호활동을 상담자의 역할로 인정하지 않는 등 제한된 인식과 미시적 관점을 가진다는 것을 보여 주는 결과라고 하였다.

현재 우리나라 상담 현장에서 상담자들이 어떤 옹호활동을 하고 있는지에 대한 개념도 연구도 이루어졌다(김민정, 최한나, 2021). 실제 상담 장면에서 이루어지는 옹호활동을 탐색함으로써 상담자들의 옹호활동에 대한 인식을 파악하여 한국 상담자들의 옹호활동의 차원과 범주를 밝히고자 연구가 실시되었다. 연구에는 3년 이상 옹호활동을 해 오고 있는 상담자들이 참여하였다.

연구 결과 상담자 옹호활동은 2개의 차원, 5개 군집, 9개 하위군집으로 분류되었다. '정서적 접근－행동적 접근', '내담자 변화－환경변화'라는 두 차원을 축으로, 군집 1은 심리적인 옹호활동, 군집 2는 내담자 옹호를 위한 치료적 관계 형성, 군집 3은 내담자 관계망 강화와 사회자원 연계, 군집 4는 내담자 보호활동과 보호체계 구축, 군집 5는 상담전문가로서의 사회적 기여로 나타났다. 이러한 결과는 상담자들이 옹호활동을 단순히 상담실 밖에서만 이루어지는 활동이 아니라 사회 체계적 맥락 안에서 내담자를 이해하고, 필요한 관계망을 형성하도록 돕고 사회자원을 연계하며, 내담자 보호활동과 보호체계를 구축하는 활동, 상담전문가로서 사회에 기여하는 포괄적인 과정으로 인식하고 있으며, 지금까지 상담 이외의 활동처럼 다뤄졌던 옹호활동이 상담현장에서 이미 이루어지고 있다는 것을 보여 주었다. 그러나 군집별 중요도를 살펴보면 군집 1인 심리적 옹호활동이 평균 4.54점으로 가장 높게 나타났고, 군집 5인 상담전문가로서의 사회적 기여의 평균이 3.89점으로 가장 낮았다. 전통적인 교육을 받은 상담자들은 여전히 상담실에서의 상담을 가장 중요하게 여기며, 행동하는 옹호활동에 대해서는 상담에 적합하지 않은 활동으로 여기는 경향을 반영한다고 볼 수 있다. 김민정과 최한나(2021)는 상담자들이 심리적 옹호활동을 가장 중요하게 인식하므로 심리적 옹호활동을 제대로 실천하기 위해서는 옹호 관점에서의 상담자 교육이 반드시 필요하다고 하였다.

2) 측정도구의 개발 및 타당화

한국 상담자의 사회정의 옹호상담 역량을 측정하고 변인 간의 관계를 분석하기 위한 도구 개발 및 타당화 연구 또한 중요한 연구 분야이다. 임은미(2016)는 미국의 사회문제 옹호 척도를 번안하여 한국 상담자를 대상으로 타당화하였으며, 2017년에는 내담자 역량강화, 환경 변화 필요 인식, 상담자 사회 참여의 세 가지 요인으로 구성된 한국 상담자의 사회정의 옹호역량 측정 도구(SJACS-K)를 개발했다. 이러한 연구들은 사회정의 옹호라는 추상적인 개념을 구체적으로 측정하고 평가할 수 있는 기반을 마련함으로써, 사회정의 옹호상담 연구의 발전에 중요한 토대를 제공하고 있다. 임은미가 타당화 혹은 개발한 척도 두 가지를 간략히 소개하기로 한다.

옹호상담을 한국에 소개하고 활발한 연구를 이어 가고 있는 임은미(2016)는 닐슨 등(Nilsson et al., 2011)의 '사회문제 옹호 척도(Social Issues Advocacy Scale: SIAS)'를 한국 상담자를 대상으로 타당화하였다. 이 척도는 정신건강 전문가의 사회정치적 현안에 대한 인식과 옹호행동을 측정하는 도구이다. 정치사회적 옹호, 정치적 인식, 사회적 이슈에 대한 인식, 차별행동에 대한 직면을 측정하는 4요인, 21문항으로 구성되어 있어서 전문가의 옹호에 대한 인식과 행동까지 포괄적으로 측정하고 있다. 미국에서는 상담, 교육, 의학을 전공한 다양한 연령의 조력 전문가들을 대상으로 타당화되었다(Nilsson et al., 2011).

타당화 연구 결과 SIAS는 한국 상담자들에게서도 4요인 구조가 유지되었으나 원척도와 달리 2문항을 제외한 19문항을 사용할 때 적합도와 설명량이 증가되었다고 한다. 4요인은 정치 사회적 활동 참여, 개인에 대한 정책의 영향 인식, 동료의 차별행동 직면, 관련분야 정책현안 주시로 명명되었다. 한국 상담자들의 평균 점수는 요인에 따라 크게 차이가 났다. 개인에 대한 정책의 영향 인식이 4.32로 가장 높았고, 정치 사회적 활동 참여가 2.00으로 가장 낮았는데 이러한 경향은 미국 상담자들과 비슷한 것으로 나타났다. 두 나라의 상담자 모두 사회문제 옹호에 대한 인식은 높지만 참여 행동에서는 수준이 낮다는 것을 말해 준다. 공인타당도 확인을 위하여 다문화 역량, 활동지향성, 정치적 관심, 상담경력, 다문화 상담 경험과의 관계를 분석한 결과 대부분 유의한 상관을 보여 공인타당도가 확보되었음을 보여 주었다.

연구자는 한국판 SIAS가 우리나라 상담의 실제, 연구, 교육 장면에서 다양하게 활용될 수 있을 것으로 보았으나, 문항 내용들이 한국 상담자들로부터 도출된 것이 아니며, 연구에 참여한 상담자 중 여성이 대부분인 점 등을 한계점으로 제시하였다. 따라서 한국 상담자의 옹호역량을 개념화하여 이를 바탕으로 한국 상담자를 위한 척도 개발이 필요함을 주장하였다.

이 연구에서 자신이 제언한 대로 임은미(2017)는 '한국 상담자를 위한 사회정의 옹호역량 척도(SJACS-K)'를 개발하고 타당화 작업을 실시하였다. 당시에는 국내 상담자들의 사회정의 옹호역량을 측정할 수 있는 척도가 없었다. 관련된 척도로는 임은미(2016)가 닐슨 등(Nilsson et al., 2011)의 사회문제 옹호 척도(SIAS)를 한국 상담자를 대상으로 타당화한 것과, 구자란(2010)이 딘(Dean, 2009)의 사회정의 옹호 척도(Social Justice Advocacy Scale)를 번안하여 사용한 검사가 있었다. 임은미(2017)는 SIAS는 한국 상담자를 대상으로 타당화한 척도이지만 상담장면에서의 옹호활동을 측정하는 내용이 아니며, 구자란이 번안하여 사용한 척도는 상담자의 사회정의 옹호활동을 다루고 있지만, 한국에서 타당화되지 않은 문제가 있다고 하였다. 임은미는 함께하는 옹호와 대신하는 옹호가 균형을 이룬 ACA의 사회정의 옹호 모형에 따라 한국 상담자들의 사회정의 옹호역량을 측정할 수 있는 척도가 필요하다고 보았다.

척도 개발을 위하여 사회정의 옹호상담 역량모형과 문화적 요소 모형들을 참고하여 문항을 개발하고, 예비조사를 거쳐 본조사 최종 분석대상에는 전국의 상담전공 대학원생과 상담자들 476명이 참여하였다. 분석 결과 SJACS-K는 27문항, 내담자 역량강화, 환경 변화 필요 인식, 상담자 사회참여의 세 요인으로 구성되었다. 연구자는 SJACS-K의 내담자 역량강화는 ACA의 사회정의 옹호모형(Toporek et al., 2009)의 '함께하는 옹호'와, 상담자 사회참여는 '대신하는 옹호'와 유사하며, 환경 변화 필요 인식은 상담자의 사회정의 옹호활동의 필요성을 구현하고 있다고 보았다.

세 요인 중 한국 상담자들에게 가장 높게 나타난 옹호역량은 환경 변화 필요 인식이었고, 상담자 사회참여 역량이 가장 낮았다. 이러한 결과는 선행연구에서도 유사하게 나타났다(임은미, 2016; Nilsson et al., 2011). 상담자들은 개인에게 영향을 미치는 환경이나 정책이 변화되어야 한다는 것은 인식하고 있지만, 정치 사회적 활동에 실제로 참여하려는 정도는 낮았다. 개발된 척도는 사회정의 옹호도, 다문화 상담역량, 다문화 상담경험, 사회정치적 관심, 상담경력의 총점 혹은 하위요인 점수와 대부분 정적으로 유의한 상관을 보여 공인타당도를 확보하였다. 김미진과 권경인(2019)은 이 척도를 활용하여 상담자의 사회정의 옹호역량이 상담자 발달과 작업동맹에 미치는 영향을 확인하기도 하였다.

연구자는 이 척도의 문항이 미국에서 개발된 모형을 기초로 개발되었고, 사회정의 옹호모형이 제시하는 내담자 범위에 속하는 기관이나 대중을 포함하지 못한 한계점이 있다고 하였다. 또한 환경 변화 필요 인식 요인이 다른 두 요인과 상관이 낮았고 공인타당도 확보를 위한 변인 중 일부와 유의한 관계가 없었기 때문에 이 요인에 관한 후속 검토가 필요하다고 하였다.

3) 진로 및 직업상담에의 적용 모색

국내 진로 및 직업상담 연구에서도 사회정의 옹호상담의 중요성이 부각되고 있다. 임은미와 여영기(2015)는 저출산 시대 진로진학 상담의 방향으로 사회정의 상담을 제시하면서 진로진학 상담자들은 사회정의 상담에 주목하고 역량을 개발해야 한다고 주장하였고, 임은미 등(2017)은 진로진학상담에 다문화와 사회정의 개념을 통합한 '다문화·사회정의 진로진학상담 과정'을 제안하였다. 이소연 등(2018)의 연구에서도 진로/직업상담자에게 전통적인 상담역량 외에도 사회적·환경적 변화에 참여할 수 있는 능력이 요구된다고 하였고, 신주연과 김태선(2021), 안진아와 정애경(2019)도 직업선택 및 일 경험에 개인내적 변인들만큼이나 경제적·사회적·문화적 요인들이 큰 영향력을 발휘한다고 보았다. 신윤정 등(2021)은 북한배경 청소년들을 위한 진로상담의 방향을 사회정의 옹호상담 철학에 근거하여 제안하였고, 한지영과 이제경(2024)은 진로 관련 사회정의 옹호상담 연구를 조사하여 진로 및 직업상담 현장에서 사회정의 옹호상담이 필요하다고 역설하며 이를 위한 실천적 과제를 제시하였다. 이들 연구 중 일부를 간략히 살펴보기로 한다.

임은미와 여영기(2015)는 우리나라의 저출산·고령화 현상을 고려할 때, 빈곤, 다문화 가정 등 취약계층 자녀들 모두를 우리 사회의 생산인력으로 키워 내는 것이 절실한 상황이므로 진로진학상담자가 사회정의 상담의 입장을 견지하고 실행방안을 모색하여야 한다고 주장했다. 진로상담의 창시자인 파슨스(Parsons)의 직업지도운동도 다양한 정치활동에서부터 시작된 사회정의 상담활동이었다(Borgen, 2007). 그는 청소년, 여성 등 취약 계층의 직업적 권리를 향상시키기 위해 사회변화 운동에 적극적으로 참여하였다. 따라서 임은미와 여영기는 진로/직업상담은 출발부터 사회정의 상담의 특성을 지니고 있다고 하였다.

연구자들은 진로진학상담자들이 내담자가 정의롭고 평등한 여건 속에서 사회적인 공헌을 할 수 있도록 돕기 위해서는 사회정의 상담에 주목해야 한다고 주장하며, 이를 위해 사회정의 상담을 소개하고, 진로진학상담에의 적용방안을 제시하였다. 그들은 사회정의적 진로진학상담의 핵심은 한 명의 내담자도 환경적 제한으로 인해 잠재력을 발휘하지 못하는 일이 없도록 진로에 영향을 미치는 환경적·체계적 요인을 발견하고, 또 이에 대응하기 위해 학생, 학부모, 학교, 지역사회에 대한 역량을 강화하며, 정보를 공유하고, 내담자를 위한 옹호활동을 하는 것이라고 하였다. 진로진학 상담자의 사회정의 역량은 불리한 여건에 놓인 학생들을 도와 사회의 생산성을 향상시키는 데 기여하는 일꾼으로 성장시킴으로써 저출산·고령화로 인한 우리 사회의 위기를 해소하는 데 기여할 것이라고 하였다.

이소연 등(2018)의 연구에서는 진로 및 직업상담 영역에서 논의되고 있는 사회정의에 대한 의미를 소개하고, 진로/직업상담자의 사회정의 역량 및 활동, 그리고 그 역량을 강화하기 위한 교육방안과 연구에 대한 시사점을 제시하였다. 진로 및 직업상담을 요청하는 내담자들 가운데 사회적으로 취약한 환경으로 인한 어려움을 호소하는 경우, 전통적인 개인 내적인 접근만으로는 문제를 다루기 어렵다고 하였다. 불평등, 불균형, 차별 등 사회적인 모순 때문에 발생하는 내담자의 문제는 사회정의를 옹호하고 변화를 추구하는 거시적 수준의 개입이 이루어져야 하며 이를 위해 상담자의 사회정의 및 옹호역량이 강화되어야 한다는 것이다(Beer et al., 2012).

이 연구에서는 특히 사회정의 옹호에 기초한 진로/직업상담을 진행하는 방식을 설명하기 위해 진로 관련 고민을 호소하는 대학생 가상 사례를 통해 토포렉 등(Toporek et al., 2009)이 제안한 여섯 가지 차원의 개입 전략을 제시하였다. 6차원 개입 전략은 내담자/학생 역량강화활동, 내담자/학생 옹호활동, 지역사회 협업, 사회체제 옹호활동, 공공정보 제공 활동, 사회적/정치적 옹호활동을 포함한다. 많은 상담자가 사회정의 및 옹호활동을 상담자 정체성 혹은 역할의 일부로 인식하지 않고 있는 현실에서 청소년 동반자의 경우, 위기 청소년을 직접 찾아가서 심리적·정서적 지원뿐 아니라 지역사회 자원 연계 활동을 하면서 상당수가 정체성 혼란을 경험한다고 한다(박한샘, 고은영, 2009). 따라서 진로 및 직업상담뿐 아니라 상담을 수행하고 있는 모든 상담자는 사회정의 및 옹호가 상담자 정체성의 중요한 일부이며, 그 활동은 상담자의 주요한 역할임을 인식해야 한다. 연구자들은 이를 위하여 상담자 교육을 강조하며, 초심상담자 시기부터 사회정의 역량 훈련과 사회정의 활동 참여가 적극적으로 장려되어야 한다고 주장하였다.

신윤정 등(2021)은 문헌고찰을 중심으로 사회정의 옹호상담을 북한배경 청소년의 진로상담에 적용해 보고자 하였다. 북한배경 청소년의 진로발달에 대한 선행연구를 검토한 결과 이들 연구가 주로 개인 역량이나 집단 간 비교에 중점을 두고 있지만, 북한배경 청소년들의 진로결정과정에서 환경·맥락적인 영향은 필연적이라고 하였다. 이에 따라 그들의 진로발달을 돕기 위한 사회정의 옹호 진로상담 관점을 소개하고, 거시적인 관점에서 사회·문화자본 연구의 필요성을 강조하면서 북한배경 청소년들이 갖는 사회·문화 자본에 대한 문헌을 고찰하였다.

사회자본은 사회적 관계로 연결된 실제적이거나 잠재적인 자원을 말하고, 문화자본은 예술·문화에 대한 지식과 경험, 그로 인해 형성된 대인관계나 역량 같은 개인 내 문화자본과 부모, 학교, 지역사회에서 제공하는 문화, 예술, 교육 관련 자본을 포함한다. 북한배경 청소년들은 한국에서 나고 자란 청소년들과 비교할 때 사회·문화자본에 차이와 제한이 존재할 것이며, 제한적인 사회·문화자본은 진로 선택과 결정과정에서 불이익을 경험하게 할 가능성을 높인다. 연구자들은 문헌연구를 토대로, 사회정의 옹호상담에 기초하여 북한배경 청소년들의 사회

자본 및 문화자본의 특성을 이해하고 옹호상담을 실천하는 방안을 제시하였다.

한지영과 이제경(2024)은 국내외에서 실시된 진로 관련 사회정의 옹호상담 연구와 활동을 조사하여 옹호상담의 의미와 진로결정 과정에서 환경적 · 맥락적 요인을 중시하는 현대진로이론을 살펴보았으며, 진로 및 직업상담 현장에서의 사회정의 옹호상담의 필요성 및 실천적 과제를 제시하였다. 해외연구는 주로 진로 및 직업의 실제 현장과 실무자에 중점을 두고 진행되고 있어서, 현장 상담자의 사회정의 옹호상담에 대한 이해를 높이고 역량강화에도 기여하고 있다고 한다. 국내의 경우, 진로 및 직업상담 분야에서 상담자의 사회정의 옹호의 중요성이 부각되고는 있으나 상담 현장에서는 아직 사회정의 옹호라는 개념이 생소하고 연구나 교육 프로그램도 미흡한 상황이다. 연구자들은 사회인지진로이론, 생태학적 접근, 체계이론 틀, 일의 심리학 이론과 같이 개인의 진로 발달에 환경 맥락의 영향을 강조하는 진로이론을 소개하면서 진로 및 직업상담 현장에서 사회정의 옹호상담의 필요성을 역설한다. 끝으로 연구자들은 진로 및 직업상담자들의 사회정의 옹호상담자로서의 역할을 강화하기 위해 다음과 같은 실천적 과제를 제시하였다. 첫째, 진로 및 직업상담자의 사회정의 옹호에 대한 인식을 높이고, 둘째, 사회정의 옹호상담을 실천하기 위해 일의 심리학 이론을 진로 및 직업상담에 적용해야 하며, 셋째, 진로 및 직업상담자의 사회정의 옹호 실천을 위해서는 상담자 교육과정의 개선이 필요하다.

4) 상담자들의 사회정의 옹호상담 관련 경험 연구

사회정의 옹호상담을 실천하는 상담자들이 상담 수행 과정에서 어떤 경험을 하는지 탐색하기 위하여 질적연구방법을 적용한 연구들이 수행되었다. 먼저, 이현정(2014)은 결혼이주여성을 상담하는 상담자들의 문화적 역량 관련 경험에 관하여 현상학적 연구를 수행하였다. 결혼이주여성을 대면으로 상담하고 있는 상담자 10명이 심층면접에 참여하여 문화적 역량과 관련된 경험, 문화적으로 역량 있는 실천을 제공할 때 경험하는 어려움 등을 탐색하였다. 연구 결과, 상담자들은 서비스를 제공하는 과정에서 문화적 역량과 관련한 다양한 경험을 하고 있는 것으로 나타났으며, 경험의 내용은 3개 범주와, 각 범주에 2개씩 6개 주제로 분류되었다. 여섯 개 주제는 어려움(언어와 문화의 차이로 인한 어려움, 자신과 자신의 능력에 대한 회의), 변화를 위한 노력(나를 돌아봄, 타 문화와 문화 집단에 대해 배우려는 노력), 변화와 한계(달라진 모습들, 여전한 불안감)이다.

연구자는 문화적 역량은 발달하고 학습되는 개념이므로 문화적 역량은 성취되어야 할 목표라기보다는 다문화 관련 인식에 기반하여 개입기술과 전략을 축적해 가는 발달 단계적 과정이라고 보았다. 문화적 역량을 강화하기 위해서는 인식, 지식, 개입기술의 세 차원으로 구성된 개인적 차원의 교육뿐 아니라, 기관 조직, 서비스 전달 체계와 같은 거시적 차원에서의 노력도 필요하다고 제언하였다.

이재복 등(2022)은 한국에서는 아직까지 사회정의 옹호상담을 실천하는 상담자들이 어떤 경험을 통해 역량을 발달시키는지를 탐색하는 연구가 없는 상황이라고 하였다. 이에 그들의 연구에서는 사회정의 옹호역량이 높고 암묵적 성 고정관념 수준이 낮은 상담자 9명을 대상으로 역량 발달 과정에서의 경험을 탐색하고자 하였다. 상담자들이 사회정의에 대해 관심을 갖게 된 계기, 사회정의 역량 발달 과정, 실제 상담 장면에서 실천하고 있는 옹호활동 등에 관하여 합의적 질적연구방법을 사용하여 분석하는 것이었다.

연구 결과, 상담자들의 사회정의 옹호역량 발달과정에서의 경험은 6개 영역, 22개 범주, 18개의 하위범주가 도출되었다. 주요 결과를 영역 중심으로 살펴보면, 연구 참가자들은 교육, 차별의 경험 혹은 목격, 소수자와의 상담 등을 통해 사회정의에 관심을 갖게 되었으며, 지식추구와 멘토 도움, 개인적 성찰, 사회정의 옹호 관점의 상담 및 활동을 통해 사회정의 옹호역량을 증진하게 되었다. 그들은 역량 증진을 위한 자원 부족, 상담현장 내외에서의 충돌, 개인 내적 한계 등 사회정의 옹호 추구과정에서 여러 어려움을 겪었지만, 문제해결을 위한 설득, 교류와 연대 등 다양한 시도를 통해 어려움에 대처하였으며, 사회정의를 추구한 후 자신과 주변에서 긍정적인 변화가 일어나는 등 삶이 변화되었다고 하였다. 끝으로 연구자들은 사회정의 옹호상담 발전을 위해 교육과 연구, 상담자들의 사회정의 옹호 관점 인식 필요 등의 제언을 하였다.

신나라(2025)는 대학상담센터의 전임상담사를 대상으로 ACA 사회정의 옹호유형을 토대로 사회정의 옹호상담 경험을 탐색하는 연구를 실시하였다. 사회정의 상담에 관심이 있거나 사회정의 상담을 수행하고 있다는 상담자 12명을 추천받아 그 가운데 최소 3사례 이상 사회정의 상담을 진행한 경우 등의 기준에 따라 상담자 4명을 대상으로 연구를 실시하였다. 연구문제는 대학상담센터에서 만난 내담자를 대상으로 실시한 사회정의 옹호상담 경험의 내용과, 사회정의 옹호상담을 어떠한 유형으로 인식하는지에 관한 것이었다.

면담 내용에 대해 사례 연구법으로 분석을 실시한 결과 ACA 옹호역량모형의 6개 유형에 따라 15개의 공통 주제와 48개의 개별 주제로 분류할 수 있었다. 개인 영역에서 내담자와 함께하는 옹호로는 내담자의 역량이나 자원을 강화할 수 있는 직접적 개입을, 대신하는 옹호로는 내담자의 체계를 강화하는 개입이 이루어지고 있다고 하였다. 또한 중간 체계의 영역에서도 대학 내의 부서인 취창업지원팀, 학사팀 등 내부기관이나 지역사회 기관과의 연계, 협력체계 구축을 통해 내담자 옹호활동을 수행하고 있다고 하였다. 그러나 학교 내외 기관과의 연계 업무는 활발한 반면, 체계 구축이나 제도 개선 등의 옹호활동은 상대적으로 제한적인 편이었다. 거시적 관점에서 수행되는 옹호상담은 공공정보 제공, 사회/정치적 옹호로 나타났다. 예방교육, 인식 개선교육 등을 통한 공공정보 제공, 내담자와 관련된 사회 및 정치 주제에 관심을 가지고 대신하는 옹호로서 사회/정치적 옹호활동을 수행하고 있으며, 자기옹호 영역을 통해 사회/정치적 옹호에 참여하고 있었으나, 사회/정치적 참여는 다른 옹호활동보다 상대적으로 적었다. 연구자는 대학상담센터가 예산 확보 및 자율성을 보장받지 못하는 등 구조적 제약 때문에 보다 적극적인 사회/정치적 옹호활동에 제한을 받는다고 보고, 상담의 전문성에 입각한 기관의 자율성 보장, 처우 개선, 옹호교육이 선행되어야 한다고 주장하였다.

5) 상담자를 위한 사회정의 옹호상담 교육과 역량개발

사회정의 옹호상담을 연구하는 연구자들이나 논문은 거의 모두 상담자들의 사회정의 옹호상담에 대한 인식 개선과 교육의 중요성을 강조하고 있다. 사회정의 옹호상담 전문가 양성을 위해 보다 체계적이고 심층적인 교육과정과 역량개발이 필요하다는 것이다. 역량개발을 위해서는 이론 교육뿐 아니라 실제 사례 중심의 훈련기회와 수퍼비전 확대가 필요하다고 강조한다. 그중 일부를 소개하면 다음과 같다.

(1) 정규교육과정 개설

임은미와 여영기(2015)는 진로진학상담의 새로운 방향으로 사회정의 상담을 제안하면서, 사회정의적 관점에서 진로진학상담을 실천하기 위해서는 성향, 지식, 기술을 개발해야 한다고 주장하였다. 그들은 교과 개설이 가장 체계적으로 사회정의 역량을 증진하는 방법이며, 철학, 교육학, 법적 논의 등을 포괄하는 다학제적 접근으로 교과가 구성되어야 한다고 보았다. 사회적으로 취약한 가정이나 사회・체계적 원인으로 진로탐색과 준비에 장벽이 있는 내담자에 대한 최근 연구 결과와 보도자료 등을 접하여 실제적인 지식을 쌓고 성향을 개발할 필요도 있다고 하였다. 한지영과 이제경(2024)도 진로/직업 상담자 교육과정을 개선하여 사회정의 옹호의 개념과 실제 적용하는 방법을 교육해야 한다고 주장한다.

이소연 등(2018)은 사회정의에 기초한 진로/직업 상담을 강조하면서, 사회정의 옹호가 상담자의 주요 역량이고, 옹호활동이 상담자의 주요 역할이라는 것을 인식하기 위해서는 상담자 교육과정에 관련 내용이 포함되어야 한다고 강조했다. 상담자들이 개인 내적인 접근을 위주로 심리상담에 한정되어 활동하고 있고, 사회정의나 옹호는 상담자 책임이나 역할과는 거리가 있다고 생각하는 사실이 많은 연구를 통해 보고되었다. 학부과정이나 대학원 과정에 교과과정을 마련하여 사회정의 및 옹호가 진로/직업 상담자를 포함한 모든 상담자의 정체성이며 주요 역량임을 인식하도록 교육하여야 하며, 실제 활동을 체험할 수 있는 실습과 수퍼비전 과목이 대학원 과정에 개설되어야 한다고 하였다.

안혜신과 장유진(2021)은 여러 연구에서 사회정의 옹호역량 증진을 위해 제안하는 다양한 상담자 교육방안은 궁극적으로 다문화주의 교육으로 통합될 수 있다고 하였다. 다문화주의는 개인의 정체성이 사회적으로 구성된다는 관점으로, 타인의 입장에서 생각하고 더 나은 공동체를 위해 다양성을 인정하는 문화를 형성하게 하므로 상담자 교육과정에 다문화주의를 반영해야 한다고 하였다. 이현정(2014)도 체계화된 교육과정을 통해 문화적 역량을 증진시킬 필요가 있으며, 문화적 역량의 세 차원인 인식, 지식, 기술이 교육내용 구성에 반영되어야 한다고 하였다. 상담자가 차별을 야기하는 사회체계의 문제점과 개혁의 필요성을 인식하지 못한다면 다문화 지식과 기술은 의미가 없다고 하였다(장인실, 2003). 따라서 불평등에 대한 인식을 통해 내담자를 이해하고 이를 상담활동에 반영할 수 있도록 상담자 교육과정에 다문화주의 교육을 통합할 필요가 있다.

(2) 미국의 정규 교육과정 소개

우리나라 상담자 교육과정에 사회정의 옹호상담을 도입하는 데 모델이 될 수 있는 미국의 사회정의 옹호상담자 교육방안을 소개한 연구도 있다. 최가희(2018), 이소연 등(2018)은 굿맨 등(Goodman et al., 2004)이 사회정의적 접근에서 등장하는 반복적인 주제들을 보스턴 대학교 상담심리 박사과정 교육과정에 반영한 경우를 소개하였다. 보스턴 대학교에서는 상담심리학 박사과정에 신입생 현장실습 과목(First Year Experience: FYE)을 개설하여 사회정의 옹호 관련 여섯 가지 역량 함양을 위해 지역사회나 공공기관에서 실습과정을 거치게 한다고 한다. 여섯 가지 역량에는 지속적인 자기 탐색, 힘의 분배, 목소리 내기, 의식 고양, 역량강화, 내담자가 사회변화를 위한 도구를 갖추도록 하기 등이 포함된다. 상담심리 박사과정 신입생들은 FYE를 통해 사회 제도적 · 환경적 요인이 개인에게 어떤 영향을 미치는지 인식하게 되고, 다른 분야의 전문가들과 협업하며, 소외된 집단을 위해 협업 및 옹호하고, 예방적 개입을 위한 계획, 실행, 평가에 참여함으로써 옹호에 대한 기술을 학습하게 된다.

테네시 주립대학교 상담심리 박사과정에서는 말린크럿 등(Mallinckrodt et al., 2014)의 과학자-상담자-옹호자 모델을 채택하여 교육과정에 운영하고 있다(이소연 외, 2018; 정지선, 2020; 최가희, 2018). 이 모델은 2009년에 미국심리학회로부터 최초로 인증받은 훈련모델로서, 기존의 과학자-상담자 모델에 시대적 요구를 반영하여 내담자 옹호를 위한 역량이 추가된 것이다. 말린크럿 등은 상담자-과학자-옹호자 모델에 필요한 역량으로 세 가지, 즉 자기인식, 지식, 기술을 들고 있으며, 상담자의 역량을 육성하기 위해서 집단 간 대화(Intergroup Dialogue: IGD)가 중요하다고 하였다. IGD는 다양한 정체성을 가진 개인들이 모여 경험을 나누며 타 집단에 대한 지식과 이해를 증진하도록 돕는 집단상담을 말한다. 테네시 대학교에서는 IGD, 사회정의 컬로퀴엄(colloquium), 사회정의 실습, 지역사회 연계 사회참여 프로그램 등을 박사과정 학생들의 필수과목으로 지정하고 있다. IGD를 많이 경험할수록 문화적으로 다양한 내담자에게 열린 자세를 가지게 될 수 있고, 컬로퀴엄에서 전문가 초빙, 다양한 사회정의 문제를 다루는 관련 기관 소개가 이루어지며, 실습수업을 통해 지역사회 단체의 문제 및 요구를 파악하고 프로그램 설계 및 평가 과정까지 거치게 된다.

(3) 연수 프로그램 실시

사회정의 과목이 개설되어 있지 않은 상황에서는 연수과정을 개설하는 것도 중요하다. 교과목이 개발되더라도 현장 내담자들마다 각각 다른 사회 · 체계적 문제를 이해하고 해결하는 능력은 지속적으로 보완되어야 하기 때문에 연수과정은 계속 필요할 것이다. 특히 한지영과 이제경(2024)은 지식과 기술에 중점을 두고 있는 직업상담사 자격 제도를 개선하여 윤리, 태도 등을 충분히 반영하도록 해야 하며, 보수교육 프로그램을 통해 사회정의 옹호역량강화 교육을 실시하고, 실무능력을 향상시켜 사회정의 옹호를 실천하는 전문가를 양성해야 한다고 하였다.

(4) 사례를 활용한 교육

사회정의 상담을 성공적으로 수행하기 위해서는 사례를 활용한 교육을 수행하는 것이 매우 중요하다(임은미, 여영기, 2015). 실제 사례에 대하여 사회정의 옹호상담에 기초한 변화 가능성과 옹호전략을 충분히 토론하고 논의하는 학습의 장이 필요한 것이다. 사례보고서를 공유하고 토론하면서 다양한 내담자의 상황을 이해하여 시행착오를 줄이도록 해야 하며, 이미 상담현장에서 사회정의 옹호상담을 실천하고 있는 상담자들의 경험을 데이터로 축적하여 활용하는 것도 필요하다(김민정, 최한나, 2021). 임은미와 여영기는 성공한 사례이든 실패한 사례이든 모든 사례가 다음 상담에 유용한 시사점을 제공하므로 사례에 대한 충실한 기록과 충분한 학습이 필요하다고 하였다.

6) 상담자를 위한 사회정의 상담 수퍼비전

우리나라에서 다문화 사회정의 상담의 필요성이 증대되고 교육 방안에 대한 논의도 제시되었지만 사회정의 상담 수퍼비전에 대해서는 소개되거나 연구된 것이 매우 부족하다. 그러나 수퍼비전 연구의 필요성은 여러 연구에서 제기되었고(민문경, 안현의, 2014; 이재복 외, 2022), 소수의 연구가 실시되고 있다.

임은미(2020)는 해외의 다문화 사회정의 상담 수퍼비전에 관한 연구를 검토하여 한국 상담 수퍼비전에 통합하는 방안을 탐색하였다. 연구의 질문은 다문화 사회정의 상담 수퍼비전의 주요 개념과 방법은 무엇인지, 이를 한국 상담자를 위한 수퍼비전에 어떻게 적용할 수 있는지에 관한 것이었다. 임은미는 해외연구에서 발견된 주요 개념과 지침을 토대로 한국 상담자를 위한 다문화 사회정의 상담 수퍼비전에 적용할 방안을 제시하였다. 그것은 안전한 수퍼비전 관계를 제공하고, 내담자, 상담자, 수퍼바이저 모두의 문화적 정체성과 차이를 분석하여 문화적 관계를 형성하는 것이다. 또한 체계 속에서 개인을 바라보고 이해하여 내담자가 관계에서 경험하는 억압과 차별에 개입하여, 내담자의 강점을 중심으로 역량을 강화하고, 상담자가 사회변화에 참여하는 옹호활동을 계획하고 실천하도록 돕는 것이다.

이러한 다문화 사회정의 상담 수퍼비전이 활성화되기 위해서는 사전 준비가 필요하다고 하였다. 먼저 수퍼바이저가 자신의 문화적 특성과 차이로 인한 한계를 이해하고 성찰해야 하고, 상담자에게 수퍼비전 과정에서 겪는 억압이나 차별을 표현하게 하고 수용하여야 한다고 하였다. 또한 수퍼바이지가 수퍼바이저의 권위에 저항하는 것은 안전한 수퍼비전 분위기를 조성하는 데 성공하였음을 나타내므로 역량강화의 기회로 인식하며, 상담 전문가 사회에서 다문화 사회정의 상담 수퍼비전에 대한 이해와 인식이 높아져야 한다고 하였다.

정지영과 임은미(2021)는 임은미(2020)의 다문화 사회정의 상담 수퍼비전의 주요 내용과 방법에 기초하여 수퍼비전을 실시하고, 수퍼비전에 참여한 수퍼바이지가 무엇을 경험하는지를 현상학적 연구방법으로 탐색하였다. 연구자 중 1인이 직접 수퍼비전을 제공하였고 연구 참여자는 공신력 있는 상담관련 학회의 2급 이상 자격증 소지자로서 다문화 사회정의 상담 수퍼비전 관련 기준에 적합한 상담자 5명으로 구성되었다. 심층면접 분석의 결과, 7개 주제와 13개 하위주제, 36개의 의미단위가 도출되었다.

연구 결과에 의하면, 첫째, 수퍼바이지들은 수용적이고 안전한 수퍼비전 관계를 경험하였다. 그들은 수퍼바이저가 문화적 차이와 권력 이슈를 직접 드러내어 질문하는 데 익숙하지 않았으나, 수퍼바이저가 일관되게 수용하고 공감해 준 덕분에 안전함을 경험하게 되었고, 이러한 관계 경험은 상담자 · 내담자의 문화적 관계에도 역할모델이 될 수 있었다. 둘째, 수퍼바이지들은 사람을 바라보는 관점을 개인적 정체성에서 사회문화적 정체성으로 확대하여 문화적 존재로서 자신과 내담자를 인식하게 되었고, 강점 중심의 관점을 학습하면서 내담자를 체계의 억압 속에서도 견디 온 생존사로 보게 되었다. 셋째, 수퍼바이지들은 내담자의 강점을 명확히 하는 역량강화 개입과 상담자로서 문화적, 사회정의적 개입을 위해 옹호활동을 계획해 보게 되었다. 그러나 다문화 사회정의 상담 수퍼비전을 실시하기에 장애요인도 있었다. 상담자 직무와 역할에 대한 고정된 관점과 옹호활동을 상담에서 벗어난 일로 생각하는 경향이 여전하였기 때문이다.

강수정과 유금란(2023)은 한국의 상담 수련 현장에서 다문화 사회정의 상담 수퍼비전이 어떻게 실시되고 있는지를 파악하기 위해 수퍼바이지들의 수퍼비전 경험을 탐색하고자 하였다. 다문화 사회정의 상담 수퍼비전의 긍정적, 부정적인 경험을 확인하고자 결정적 사건 기법을 활용하여 면담을 실시하였고 합의적 질적연구방법으로 결과를 분석하였다.

수퍼비전 경험을 긍정적 혹은 부정적으로 지각하게 하는 요인으로는 수퍼바이저의 다문화 사회정의 관점에 의한 개입 여부와 수퍼바이저의 태도가 있었으며, 수퍼비전을 어떻게 지각하느냐 하는 것은 수퍼비전 관계와 과정뿐 아니라 수퍼바이지의 상담관계와 과정에도 영향을 미쳤다. 수퍼비전을 긍정적으로 회상한 경우는 수퍼바이저가 문화적 다양성과 불평등한 현실에 대한 인식으로 다문화 사회정의 관점을 상담과정에 통합하여 사례를 지도하였을 때와, 내담자와 수퍼바이지의 이야기를 듣고자 하고 존중할 때였다. 반대로 부정적으로 인식한 경험은 수퍼바이저가 다문화 사회정의 관점을 무시하고 권위주의적인 태도로 수퍼바이지를 '혼내는' 경우였다. 긍정적인 수퍼비전을 경험한 수퍼바이지들은 수퍼비전 내용이 상담 성과로 이어져 상담자 효능감이 높아졌다고 하였고, 수퍼비전을 부정적으로 지각한 수퍼바이지들은 수퍼바이저를 향한 여러 반응을 감추는 자기은폐를 선택하였고 수퍼비전으로 인해 상담현장에서 혼란을 겪기도 하였다.

주목할 점은, 수퍼바이지들이 수퍼비전 경험에 대해 상대적으로 부정적인 인식을 더 많이 표현하였다는 것이다. 연구자들은 이러한 점이 상담 수련 현장의 현실과 위계적인 문화라는 한국의 환경적 맥락에서 기인한다고 보았다. 우리나라에서 다문화 사회정의 상담 수퍼비전이 효과적으로 이루어지기 위해서는 다문화주의와 사회정의를 통합하여 안전한 수퍼비전 환경을 만드는 수퍼바이저의 역할이 중요함을 강조하였다.

7) 상담자 자기옹호

상담자 자기옹호가 여러 연구에서 언급되기는 하였으나, 상담자 스스로의 권익을 보호하고 소진을 예방하기 위한 자기옹호의 중요성에 대한 논의는 시작 단계라고 볼 수 있다. 상담자 자기옹호는 상담자가 스스로를 지지하고 옹호하는 기본적인 권리로서, 상담과정에서 내담자를 충분히 이해하고 옹호하는 상담자의 태도로 나타날 수 있다. 스스로를 옹호하는 상담자의 경험은 내담자의 자기옹호에 긍정적인 모델이 될 수 있다. 김지영과 정은선(2019)의 연구는 ACA의 옹호역량모형을 참고하여 상담자 자기옹호 과정을 개념화하였고, 상담현장의 실제 사례 세 가지를 통해 상담자 자기옹호의 중요성과 필요성을 확인하였다. 신나라(2025)는 사회정의 옹호상담을 실천하고 있는 대학상담자들이 상담자 법 제정, 처우 개선, 역량 교육 참여 등의 자기옹호를 통해 사회적/정치적 옹호활동에 참여하고 있다고 하였다. 상담자가 자신의 권익을 제대로 옹호하지 못하는 상황에서는 내담자의 권익을 효과적으로 대변하기 어렵다는 점에서, 상담자 자기옹호는 사회정의 옹호상담 실천의 중요한 기반이 된다. 이런 관점에서 신나라(2025)는 상담자를 위한 옹호교육을 통해 상담자가 자신의 편견과 가치관에 대해 스스로 성찰할 수 있는 기회를 촉진하고 사회정의적 관점에서 상담 지식을 습득하도록 할 필요가 있다고 하였다.

2. 사회정의 옹호상담의 향후 연구 방향

전통적인 상담 접근 방식이 개인의 적응에만 초점을 맞추고 사회적 불평등을 간과한다는 비판을 받음에 따라 사회정의 옹호상담은 사회적 맥락을 고려하는 새로운 상담 패러다임으로 자리매김하고 있으며, 앞으로 더욱 발전하고 전문화될 것으로 예상된다. 사회정의 옹호상담 연구 또한 더욱 심층적이고 다각적인 방향으로 발전해 나갈 것으로 여겨진다. 지금까지의 연구 성과와 사회적 요구를 바탕으로 한국 사회정의 옹호상담 연구가 나아가야 할 방향을 제안하면 다음과 같다.

1) 상담자 역량강화를 위한 교육 프로그램 개발 및 효과성 검증

사회정의 옹호상담 전문가 양성을 위한 보다 체계적이고 심층적인 교육과정 및 프로그램 개발이 필요하다. 여러 연구에서 사회정의와 옹호를 위한 활동을 상담자의 역할과 직무로 인정하지 않으려는 경향이 강하다고 지적하며, 상담자들의 인식이 확대될 필요가 있음을 강조하였다(이소연 외, 2018). 따라서 이를 반영한 교육·연수 프로그램을 실시하여 상담자들의 인식과 사회정의 옹호활동에 변화가 있는지 확인하는 연구들이 축적되어야 한다. 상담자나 상담 수련생들을 대상으로 이론 교육뿐 아니라 실제 사례 중심의 프로그램을 개발하고 효과성을 검증하는 연구를 수행할 필요가 있으며, 상담자 발달 단계, 전문 분야 등을 고려한 맞춤형 프로그램의 개발도 중요하다(이재복 외, 2022). 보다 효과적인 사회정의 옹호상담 훈련이 이루어지기 위해서는 수퍼바이저들을 위한 사회정의 옹호상담 교육 또한 필수적이다. 사회정의 옹호상담 과정에서 상담자가 경험할 수 있는 어려움과 소진을 예방하고 전문성을 향상시키기 위한 수퍼비전 모델 및 동료 지원 시스템 구축을 위한 연구도 중요할 것이다(신나라, 2025).

2) 한국적 사회정의 옹호상담 이론 및 모델 구축

현재 논의되고 있는 사회정의 옹호상담 관련 이론이나 모델은 대부분 미국의 연구를 반영한 것이므로, 그 모델을 우리나라 상담분야에 그대로 적용하는 것은 무리일 것이다. 따라서 서구 중심의 사회정의 옹호상담 이론을 한국 사회의 문화적 특성과 가치관에 맞게 재구성하고, 한국 사회에 토착화된 모델을 개발하는 연구가 필요하다(최가희, 2018). 김춘희와 손은령(2014)은 우리 민족의 의식형성에 영향을 미친 사상적 기초와 제도, 역사, 사회현상 속에 나타난 문화적 독특성도 상담연구에 반영될 수 있어야 한다고 하였다. 이는 한국 사회의 독특한 사회적 불평등 문제를 해결하는 데 더욱 효과적으로 기여할 수 있다. 또한 현재 우리나라에서 사회정의 옹호상담에 대한 관심이 증가하고는 있으나 사회참여 활동 같은 일부 옹호활동에 대해 많은 상담자들이 수용하기 어려워하기도 한다. 사회정의 옹호활동 중 사회참여 활동에 대해서는 상담자의 역할이나 활동영역으로 생각하지 않거나 부정적인 시각을 가진 상담자들도 있다. 그러므로 상담자들 간 논의와 합의를 거쳐 한국 상담분야에 맞는 사회정의 옹호활동을 상담자 역할로 통합시키고, 국내 상담 분야의 상황에 맞도록 정착해 나가는 연구가 필요할 것이다(이소연 외, 2018; 이재복 외, 2022).

3) 내담자 관점 연구 강화

여러 연구가 상담자의 관점에서 사회정의 옹호상담의 인식이나 경험을 보고하였지만 내담자의 관점에서 어떤 옹호활동이 필요한지, 어떤 인식을 가졌는지에 대한 탐색은 부족하였다(김민정, 최한나, 2021). 다문화 내담자의 주요 문제와 특성을 보고한 연구가 있었지만 다문화 현장전문가가 인식한 내용이었고(김현아, 이자영, 2013), 탈북청소년을 위한 효과적인 상담요인을 탐색하는 연구는 탈북청소년의 목소리가 아닌 체계적 문헌고찰로 이루어졌다(최금주, 2024). 성소수자 내담자를 대상으로 상담경험에 대해 탐색한 연구가 있지만(예: 공춘옥 외, 2018), 사회정의 옹호상담 관점에서 내담자 경험이 연구된 것은 아니었다. 따라서 다양한 사회정의 옹호상담 개입 전략들이 실제 상담 현장에서 내담자에게 어떠한 효과를 나타내는지 실증적으로 검증하고, 사회정의 옹호상담 경험에 대한 내담자의 주관적인 인식과 변화 과정을 탐구하는 연구가 많이 필요할 것이다. 또한 상담자와 내담자의 반응을 함께 연구하면 상담과정에 대한 더욱 면밀한 이해가 가능할 것으로 보인다(김민정, 최한나, 2021).

4) 취약집단을 위한 사회정의 옹호상담 전략 개발 및 효과검증

포괄적인 다문화 개념이 도입되면서 과거와 달리 다문화 집단이나 취약집단으로 인정되는 집단에 대한 상담 분야의 관심이 증가하고 있다. 노인은 우리 사회에서 다수를 차지하는 취약집단이며, 장애나 중증질환을 가진 사람에 대해서는 전통적으로 의학적 모델을 적용하였으나 최근에는 다문화적 소수집단으로 보아야 한다는 견해가 많다(안성희, 2020). 이러한 장애인이나 성소수자, 노인, 다문화 가정 구성원 등 사회적 소수자 및 취약 계층이 경험하는 고유한 어려움과 억압을 심층적으로 이해하고 이들의 권익 옹호를 위한 구체적이고 효과적인 상담 전략을 개발하여 효과를 검증하는 연구가 중요할 것이다(김민정, 최한나, 2021; 이태영, 김명찬, 2023). 또한 교차성 관점을 적용하여 인종, 성별, 계층, 성적 지향, 장애 등 다양한 사회적 정체성이 교차하며 발생하는 복합적인 차별과 불평등을 고려하는 연구도 요구된다.

취약계층의 경우 특히 진로/직업 선택과 적응의 과정에서 어려움이나 장애를 만나는 경우가 많으므로 이들을 위하여 사회정의 옹호상담 관점에서 진로상담 프로그램을 개발하고 효과성을 확인하는 연구도 필요할 것이다(이소연 외, 2018). 그들이 처한 맥락적 요인을 고려하여(신윤정 외, 2021), 진로장벽을 제거하거나 감소시킬 수 있는 실제적인 개입 전략을 개발하고 효과를 검증할 필요가 있다(이소연 외, 2018). 한지영과 이제경(2024)은 소외계층 내담자를 위한 진로상담에 일의 심리학 이론을 적용할 것을 권하고 있다. 일의 심리학은 진로상담에서 내담자의 심리적 욕구와 사회적 맥락을 함께 고려할 것을 강조한다. 이를 통해 내담자가 자신의 삶과 일의 목표를 주체적으로 설정하고, 다양한 환경에서 심리적 성공을 경험하도록 돕는 것이 핵심이다(안진아, 정애경, 2019).

5) 연구방법의 다양화

사회정의 옹호상담 연구에서는 연구주제에 따라 양적연구, 질적연구 등 여러 가지 연구방법이 활용되고 있나. 대학 상담자의 사회정의 상담 경험을 심층적으로 이해하기 위해 사례 연구방법이 활용되었으며(신나라, 2025), 상담자들의 사회정의 옹호 역량 발달 경험을 심층적으로 탐색하기 위해 합의적 질적연구방법이 사용되기도 하였다(이재복 외, 2022). 상담자 옹호활동과 옹호역량의 내용을 파악하기 위해 개념도 연구가 적용되었고(김민정, 최한나, 2021; 안혜신, 장유진, 2020), 척도 개발 연구에서는 전형적인 심리측정학적 연구방법이 사용되었다(임은미, 2016, 2017; 임은미 외, 2018).

더욱 다양한 방법론의 적용은 사회정의 상담의 영향력을 보다 포괄적으로 이해하는 데 기여할 수 있다. 최가희(2018)는 참여 행동 연구(Participatory Action Research: PAR; Kidd & Kral, 2005)가 소외된 집단의 삶의 질이 향상되도록 도울 수 있는 도구라고 하였다. PAR은 연구자와 참여자가 문제 확인, 연구 목표 및 방법 논의, 자료분석까지 함께하며 참여자의 삶에 변화를 이끌어내는 연구 과정이다. 신윤정 등(2021)은 지역사회 기반 연구(Community Based Research)를 통해 북한배경 청소년들을 위한 프로그램을 제공하고 그 효과를 보는 연구를 제안하였다. 지역사회 기반 연구 혹은 지역사회 기반 참여연구는 지역사회와 소속 주민들의 안녕을 증진시키는 것을 목표로, 연구 과정 전 단계에서 지역사회 구성원이 함께하는 것을 강조한다(정민수 외, 2008).

양적연구와 질적연구를 보완하는 혼합연구방법은 사회정의 옹호상담의 복잡한 과정과 다양한 효과를 심층적으로 탐구하는 방법이 될 수 있다. 또한 종단연구를 통해서 사회정의 옹호상담 개입의 장기적인 효과를 분석하고, 내담자의 삶의 변화 과정을 추적하는 연구도 필요할 것이다. 상담자들의 사회정의 옹호역량 훈련 과정이나 발달 단계에 따른 종단연구를 실시하여 상담자 발달 단계별 어려움이나 극복 방안, 역량강화요인 등을 확인하고 연령이나 경력이 이러한 경험에 미치는 영향을 탐구해 볼 필요도 있다(이재복, 2022).

6) 유관 분야 협업 및 학제 간 공동연구 강화

안혜신과 장유진(2021)의 연구에 의하면 상담자들은 내담자의 문제를 해결하기 위해 타 분야의 전문가와 협업하기보다는 상담실 내에서 내담자 문제에 접근하는 전통적 상담방식을 중요시하는 것으로 나타났다. 연구자들은 소수집단의 현실적 문제를 해결하고 사회적으로 동등한 대우를 받도록 돕기 위해서는 유관 분야 전문가와의 협업을 통해 내담자의 문제를 사회적 체계

속에서 바라보고 적기에 필요한 자원을 공급할 수 있어야 한다고 주장한다. 이소연 등(2018)도 상담자가 내담자의 문제해결을 위해 지역사회 및 기관과 협업할 필요가 있다고 하였다. 이러한 협업 실천을 활성화하기 위해서는 사회복지학, 교육학, 법학 등 인접 학문과의 융합 연구가 필요할 것이다(임은미, 여영기, 2015). 학제 간 공동 연구를 통해 사회적 불평등과 억압의 다양한 측면을 통합적으로 이해하고 효과적인 옹호 방안을 모색할 필요가 있는 것이다. 연구 결과를 바탕으로 사회 정책 및 제도 개선 방안을 도출하고, 사회 변화를 이끌어 낼 수 있는 실제적인 정책의 제안과 평가가 가능하기 때문이다. 이러한 방향을 통해 더욱 이론적으로 심화되고 실제적으로 효과적인 상담 실천 방안을 모색하여 사회적 정의 실현에 기여할 수 있을 것으로 기대된다.

성찰과제

1. 학교 장면에서 사회정의 옹호상담을 실천하려면 어떤 요소를 중요하게 고려해야 하는지 논의해 보시오.
2. 한국 사회에 토착화된 사회정의 옹호상담 모델 개발을 위해 고려해야 할 문화적 특징은 무엇인지 논의해 보시오.

참고문헌

강수정, 유금란(2023). 수퍼바이지의 다문화 사회정의 상담 수퍼비전 경험과 맥락에 대한 합의적 질적 연구. **다문화교육연구, 16**(3), 35-65.

공춘옥, 정윤경, 박수영(2018). 성소수자(LGB)의 상담 경험에 대한 현상학적 연구: 성정체성을 중심으로. **질적탐구, 4**(4), 197-232.

구자란(2010). 상담자의 사회정의 옹호에 따른 소수 및 다수집단 내담자에 대한 인상형성. 대구대학교 대학원 석사학위논문.

김미진, 권경인(2019). 상담자의 사회정의 옹호역량과 상담자 발달 수준, 작업동맹 그리고 상담 성과의 관계. **상담학연구, 20**(2), 67-87.

김민정, 최한나(2021). 상담자의 옹호활동에 관한 개념도 연구. **한국심리학회지: 상담 및 심리치료, 33**(3), 853-881.

김지영, 정은선(2019). 사회정의 옹호상담을 적용한 상담자 자기옹호에 관한 고찰. **상담학연구, 20**(4), 1-17.

김춘희, 손은령(2014). 국내 다문화상담연구 현황. **상담학연구, 15**(6), 2209-2223.

김태선, 신주연(2020). 다문화 시대의 상담자 교육: 비판적 의식과 상호교차성을 중심으로. **한국심리학회지: 상담 및 심리치료, 32**(2), 667-692.

김현아, 이자영(2013). 다문화 현장전문가가 인식하는 다문화 내담자의 주요 문제와 특성. **재활심리연구, 20**(2), 337-368.

류승아(2023). 현대 한국사회에서 공동체심리학의 방향: 공동체심리학의 기본 개념을 중심으로. **한국심리학회지: 문화 및 사회문제, 29**(4), 637-655.

민문경, 안현의(2014). 사회 인지 관점에 따른 사회정의 관심과 실천 모형의 검증: 국내 대학생을 중심으로. **한국심리학회지: 문화 및 사회문제, 20**(2), 133-154.

박한샘, 고은영(2009). 청소년동반자 활동경험에 대한 질적 연구. **상담학연구, 10**(4), 1971-1994.

신나라(2025). 대학상담사의 사회정의 옹호 상담 경험 연구. **학습자중심교과교육연구, 25**(1), 761-782.

신윤정, 지은, 윤효정, 이희재, 강유진, 전주람(2021). 북한배경 청소년들의 사회・문화 자본 관련 국내 진로상담연구 동향 및 사회정의 옹호상담 적용방안. **상담학연구, 22**(6), 413-456.

신주연, 김태선(2021). 4차 산업혁명 시대의 진로상담 및 직업심리학: 역할과 과제. **한국심리학회지: 일반, 40**(4), 511-538.

안성희(2020). 다문화 사회의 작고도 큰 구성원: 장애나 중증질환을 가지고 있는 사람들을 위한 상담심리학적 개입. **한국심리학회지: 상담 및 심리치료, 32**(1), 33-49.

안진아, 정애경(2019). 일의 심리학 이론의 한국 진로상담 적용 방안. **상담학연구, 20**(2), 207-227.

안혜신, 장유진(2021). 상담자가 인식하는 사회정의 옹호역량에 관한 개념도. **다문화교육연구, 14**(2), 25-53.

이소연, 서영석(2025). 청소년상담자의 사회정의 상담에 대한 인식과 경험. **한국심리학회지: 상담 및 심리치료, 37**(1), 131-180.

이소연, 서영석, 김재훈(2018). 사회정의에 기초한 진로상담 및 직업상담: 상담자 역할과 상담자 교육에 대한 시사점. **한국심리학회지: 상담 및 심리치료, 30**(3), 515-540.

이재복, 장소정, 김영신, 남목민, 조훈제, 이수정, 연규진(2022). 상담자들의 사회정의 옹호역량 발달 과정에서의 경험에 대한 합의적 질적 연구. **한국심리학회지: 상담 및 심리치료, 34**(1), 1-34.

이태영, 김명찬(2020). 키워드 네트워크 분석을 통한 사회정의 상담 연구 동향. **열린교육연구, 31**(5), 49-70.

이현정(2014). 결혼이주여성 대상 다문화 상담자들의 문화적 역량 관련 경험에 관한 탐색적 연구. **디지털복합연구, 12**(2), 519-530.

임은미(2015). 학교장면에서의 옹호상담 방안 탐색. **교육학연구, 53**(3), 119-140.

임은미(2016). 한국 상담자를 위한 사회문제 옹호 척도(SIAS)의 타당성 검증. **상담학연구, 17**(4), 51-70.

임은미(2017). 한국 상담자를 위한 사회정의 옹호역량 척도(SJACS-K)의 개발 및 타당화. **상담학연구, 18**(6), 17-36.

임은미(2020). 한국 상담자의 수퍼비전을 위한 다문화 사회정의 상담 수퍼비전의 통합방안 탐색. 상담학연구, 21(5), 27-46.

임은미, 강혜영, 고홍월, 공윤정, 구자경, 김봉환, 손은령, 손진희, 이제경, 정진선, 황매향(2017). 진로진학상담 기법의 이론과 실제. 사회평론아카데미.

임은미, 강혜정, 김성현, 구자경(2018). 한국 상담자의 다문화 상담역량 척도 개발 및 타당화. 상담학연구, 19(1), 421-442.

임은미, 여영기(2015). 사회정의 상담: 저출산 시대 진로진학상담의 새로운 방향. 교육종합연구, 13(3), 141-161.

장인실(2003). 다문화 교육(Multicultural Education)이 한국 교사 교육과정 개혁에 주는 시사점. 교육과정연구, 21(3), 409-431.

정민수, 정유경, 장사랑, 조병희(2008). 지역사회 기반 참여연구방법론. 보건교육건강증진학회지, 25(1), 83-104.

정안숙(2015). 현대 한국사회에서 공동체심리학의 역할: 공동체심리학의 핵심 가치를 중심으로. 한국심리학회지: 일반, 34(3), 667-683.

정지선(2020). 다문화 및 사회정의 상담을 위한 상담자 교육과정. 한국심리학회지: 상담 및 심리치료, 32(1), 225-248.

정지영, 임은미(2021). 수퍼바이지의 다문화 사회정의 상담 수퍼비전 경험에 대한 현상학적 연구. 상담학연구, 22(6), 479-506.

조유나(2022). 성소수자 상담에 대한 국내 연구 동향: 국내 학술지 게재 논문 중심으로. 상담교육연구, 5(1), 114-130.

최가희(2018). 사회정의와 상담심리의 역할. 한국심리학회지: 상담 및 심리치료, 30(2), 249-271.

최금주(2024). 탈북청소년의 효과적 상담요인에 관한 체계적 문헌고찰. 학습자중심교과교육연구, 24(22), 783-798.

최필진, 이동형(2023) 상담자의 사회적 책임에 관한 인식 분석: Q방법론적 접근. 상담학연구, 24(2), 1-28.

한지영, 이제경(2024). 진로 및 직업상담에서의 사회정의 옹호상담의 필요성과 실천과제. 상담학연구, 25(1), 145-162.

American Counseling Association (2014). 2014 ACA Code of Ethics. https://www.counseling.org/docs/default-source/default-document-library/ethics/2014-aca-code-of-ethics.pdf.

American Counseling Association (2025). Multicultural encounters-, (2025년 5월 1일). https://www.counseling.org/publications/counseling-today-magazine/article- archive/article/legacy/multicultural-encounters.

American School Counselor Association (2022). ASCA Ethical Standards for School Counselors.

https://www.schoolcounselor.org/About-School-Counseling/Ethical-Responsibilities/ASCA-Ethical-Standards-for-School-Counselors-(1)

Beer, A. M., Spanierman, L. B., Greene, J. C., & Todd, N. R. (2012). Counseling psychology trainees' perceptions of training and commitments to social justice. *Journal of Counseling Psychology, 59*(1), 120-133.

Borgen, W. A. (2007). Counseling and social justice: An international perspective. In C. C. Lee & C. P. Hippolito-Delgado (Eds.), *Counseling for social justice* (2nd ed., pp. 161-180). American Counseling Association.

Bronfenbrenner, Y. (1979). *The ecology of human development: Experiments by nature and design.* Harvard University Press.

D'Andrea, M., & Daniels, J. (2001). RESPECTFUL counseling: An integrative multi-dimensional model for counselors. In D. B. Pope-Davis & H. L. K. Coleman (Eds.), *The intersection of race, class, and gender in multicultural counseling* (pp. 417-466). Sage.

Dean, J. K. (2009). Quantifying social justice advocacy competency: Development of the social justice advocacy scale. Doctoral dissertation. Georgia State University.

Goodman, L. A., Liang, B., Helms, J. E., Latta, R. E., Sparks, E., & Weintraub, S. R. (2004). Training counseling psychologists as social justice agents: Feminist and multicultural principles in action. *The Counseling Psychologist, 32*(6), 793-836.

Green, E. J., McCollum, V. C., & Hays, D. G. (2008). Teaching advocacy counseling within a social justice framework: Implications for school counselors and educators. *Journal for Social Action in Counseling and Psychology, 1*(2), 14-30.

Grollman, E. A. (2014). Multiple disadvantaged statuses and health: The role of multiple forms of discrimination. *Journal of Health and Social Behavior, 55*(1), 3-19.

Hays, P. A. (2010). 문화적 다양성과 소통하기: 다문화 상담의 이해[*Addressing cultural complexities in practice*]. 방기연 역. 한울아카데미.

Kidd, S. A., & Kral, M. J. (2005). Practicing participatory action research. *Journal of Counseling Psychology, 52*(2), 187-195.

Kloos, B., Hill, J., Thomas, E., Wandersman, A., Elias, M. J., & Dalton, J. H. (2012). *Community psychology: Linking individuals and communities.* Wadsworth.

Mallinckrodt, B., Miles, J. R., & Levy, J. J. (2014). The scientist-practitioner-advocate model: Addressing contemporary training needs for social justice advocacy. *Training and Education in Professional Psychology, 8*(4), 303-311.

National Board for Certified Counselors (2023). NBCC Code of Ethics. https://www.nbcc.org/assets/ethics/nbcccodeofethics.pdf

Nilsson, J. E., Marszalek, J. M., Linnemeyer, R. M., Bahner, A. D., & Misialek, L. H. (2011). Development and assessment of the Social Issues Advocacy Scale. *Educational and Psychological Measurement, 71*(1), 258-275.

Ratts, M. J., Singh, A. A., Nassar-McMillan, S., Butler, S. K., & McCullough, J. R. (2016). Multicultural and social justice counseling competencies: Guidelines for the counseling profession. *Journal of Multicultural Counseling and Development, 44*(1), 28-48.

Rosenthal, L. (2016). Incorporating intersectionality into psychology: An opportunity to promote social justice and equity. *American Psychologist, 71*(6), 474-485.

Sue, D. W., & Sue, D. (2012). **다문화 상담**[*Counseling the culturally diverse: Theory and Practice*]. 하계숙, 김태호, 김인규, 이준호, 임은미 역. 학지사.

Sue, D. W., Arredondo, P., & McDavis, R. J. (1992). Multicultural counseling competencies and standards: A call to the profession. *Journal of Counseling and Development, 20*(2), 64-88.

Toporek, R. L., Lewis, J. A., & Crethar, H. C et al. (2009). Promoting systemic change through the ACA Advocacy Competencies. *Journal of Counseling and Development, 87*(3), 260-268.

Vera, E. M., & Speight, S. L. (2003). Multicultural competence, social justice, and counseling psychology: Expanding our roles. *The Counseling Psychologist, 31*(3), 253-272.

교육행정학에서의 ESR 연구 접근

윤익상

성찰목표

1. 교육행정학적 관점에서 ESR의 개념을 설명할 수 있다.
2. ESR 연구의 주요 주제와 발전 양상을 교육행정학적 시각을 통해 이해하고, 설명할 수 있다.
3. ESR 관련 주요 교육행정학 연구의 방법론적 접근을 체계적으로 설명하고, 이를 활용할 수 있다.

1. 서론

한 사람이 홀로 망망대해를 떠돌다 무인도에 도착했다고 상상해 보자. 아무도 살지 않는 무인도에 살게 된 그 사람에게 어떤 '책임'이라는 것이 과연 부여될 수 있을까? 사회적 관계가 전무한 무인도라는 환경에서, 그 사람이 책임을 다하지 않는다고 비난할 사람은 아마도 없을 것이다. 이 비유는 우리가 '책임'이라는 개념을 이해할 때, 사회적 관계의 존재를 암묵적으로 전제하고 있음을 잘 보여 준다.

여기서 하나의 질문이 자연스럽게 제기된다. 오늘날 우리가 형성하고 있는 사회적 관계는 과거 인류가 맺어 온 관계의 양상과 본질적으로 동일한가? 현재 우리가 누리는 안정적이고 풍요로운 삶은 고도로 분업화되고 전문화된 글로벌 네트워크 속 관계의 산물이다. 이처럼 복잡하고 정교한 관계망 속에서 살아가는 우리는 관계에 기반한 '책임'의 의미와 그 실천의 무게를 이전보다 더욱 깊이 있게 성찰해야 하는 시대에 살고 있다.

'교육' 역시 '책임'과 마찬가지로 본질적으로 사회적 관계에 기반한 행위이다. 'education'이라는 단어는 라틴어 e-(밖으로)와 ducare(이끌다)에서 유래하며, '내면의 가능성을 외부로 끌어내는 과정'이라는 의미를 지닌다. 이는 교육을 학습자의 잠재력을 사회적 맥락 속에서 실현하게 돕는 실천적 행위로 이해하게 한다. 한편, 동양의 시각에서는 '敎(가르치다)'와 '育(기르다)'을 결합하여, 바람직한 사회 구성원이 갖추어야 할 가치와 덕목을 가르치고 길러 내는 과정으로 교육을 정의한다. 이렇듯 동서양을 막론하고, 교육은 언제나 개인과 사회 간의 관계 속에서 수행되는 행위임을 알 수 있다.

그렇다면 오늘날과 같이 복잡하고 변화가 일상인 사회에서 교육이 수행해야 할 '책임'은 무엇인가? 추상적 당위로서의 책임을 넘어 구체적 실천으로서의 책임을 교육은 어떻게 감당해야 하는가? 특히 교육이 지향해야 할 사회적 책임은 수월성, 공공성, 정의, 지속가능성, 공동체성, 다양성 포용 등의 핵심 가치와 어떻게 연결되어야 하는가? 필자는 교육행정을 전공하는 연구자로서 이러한 사회적 책임을 구조와 제도로 실현할 수 있는 교육행정 시스템의 가능성에 주목하고 있다(OECD, 2018; UNESCO, 2015). 즉, 어떤 행정 시스템이 교사, 학교, 지역사회 등 교육 주체들이 공동체의 일원으로서 사회적 책임을 효과적으로 수행하도록 지원할 수 있는지에 대한 탐구를 주요 연구 관심사로 삼고 있다.

이러한 문제의식을 바탕으로 이 장에서는 교육의 사회적 책임(Education for Social Responsibility, 이하 ESR)을 교육행정학적 맥락에서 어떻게 접근할 수 있는지를 다음과 같이 정리하고자 한다. 첫째, ESR이 개념적으로 교육행정학 내에서 어떻게 논의되며, 정립되고 있는지 설명한다. 둘째, 주로 국외에서 진행된 ESR 관련 연구를 교육행정학적 관점에서 시대별, 지역별, 주제별로 구분하여 정리한다. 셋째, 앞서 논의된 교육행정학 맥락에서 수행된 ESR 연구의 주요 연구방법론의 특징을 종합하여 소개한다. 넷째, 이러한 ESR 연구의 교육행정학적 정리를 통해 향후 교육행정적 측면에서 고려해야 하는 탐색적, 실천적 시사점에 대해 제안하고자 한다.

2. 교육행정학적 관점에서 바라본 교육의 사회적 책임 개념

교육의 사회적 책임(ESR)은 교육이 단순히 개인의 지식 습득이나 성취를 위한 도구가 아니라, 공동체의 발전과 사회정의 실현에 기여해야 한다는 관점을 전제로 한다. 이러한 ESR 개념은 교육의 공공성과 공동체성에 기반한 전통적 교육철학에서 출발한다. 존 듀이(John Dewey)는 교육을 "민주주의 사회의 재건을 위한 핵심 수단"으로 보았으며(Dewey, 1930), 학습자가 사회적 문제를 탐색하고 협력적으로 해결하는 경험을 통해 시민으로 성장해야 한다고 강조하였다. 파울로 프레이리(Paulo Freire) 역시 교육을 사회 변혁의 도구로 간주하며, 억압받는 이들이 교육을 통해 사회 구조를 인식하고 해방을 추구하도록 하는 '의식화(conscientization)'의 중요성을 강조하였다(Freire, 1970). 이처럼 ESR은 교육이 개인의 발전을 넘어, 사회적 책무를 수행하는 공공적 활동임을 우리에게 상기한다고 볼 수 있다.

교육행정학의 관점에서 ESR은 교육의 사회적 책임이라는 가치 지향을 학교 현장에서 제도적으로 실현할 수 있는 실천적 담론으로 확장된다. 즉, 교육 조직의 설계, 리더십, 정책, 운영 방식 등 학교 행정 전반이 사회적 책임의 구현을 위한 기반으로 작동해야 한다는 전제하에서 이를 중심으로 교육조직론, 학교 리더십 모형, 정책 개발 및 효과성 분석 등과 같은 연구가 교육행정학자에 의해 활발히 수행되어 왔다. 이러한 교육행정학적 논의의 초기 기반 중 하나로 셸던 버먼(Sheldon Berman)의 연구를 주목할 수 있다. 그는 『Educational Leadership』에 발표한 1990년 논문에서 교육은 학생들이 돌봄(care), 정의(justice), 사회적 기술(social skills), 집단 문제해결 능력(collective problem-solving), 글로벌 상호의존성(global interdependence) 등의 가치를 학습하도록 설계되어야 하며, 학교조직은 이를 뒷받침할 수 있는 구조와 문화를 갖추어야 한다고 주장하였다. 특히 교사는 단순한 지식 전달자를 넘어, 사회적 책임의 모범적 모델로서 조직 내에서 중심적 역할을 수행해야 한다고 강조하였다. 이는 곧 ESR의 실현 가능성이 교육행정 체제의 구조적 설계와 교육 주체로서의 리더(관리자와 교사를 모두 포함하는 확장적 개념)가 가지는 철학적 · 실천적 역량에 달려 있음을 시사한다고 볼 수 있다. 따라서 ESR은 교육행정학적 맥락에서 학교 조직문화의 방향성, 교육 리더십의 역할과 기능, 정책과 거버넌스 체계의 설계 등 제도적 차원에서 실현되어야 할 핵심 과제로 이해된다.

한편, ESR은 개념상 기업의 사회적 책임(Corporate Social Responsibility, 이하 CSR)과 혼동되는 경우가 많다. 그러나 교육학적 관점에서 보면 두 개념은 표면상 유사하지만, 본질적 지향에 있어 근본적인 차이를 지닌다. CSR은 기업이 사회적 요구에 따라 일정 부분을 환원하거나 기여해야 한다는 외재적 책임에 기반하는 반면, ESR은 교육 활동 전반에 내재된 윤리적 · 공공적 가치의 실현을 강조한다. 다시 말해, CSR은 조직 외부에 대한 대응으로서의 책임에 국한된 개념이라면, 넓게는 교육학, 좁게는 교육행정학적 관점에서는 ESR을 교육 그 자체의 본질적 책무 수행으로서 과정과 결과를 망라하는 개념으로 이해하고 있다는 것이다. 이러한 구분은 교육행정학계가 단순히 외부 요구에 대응하는 관리적 · 행정적 기능을 넘어서, 교육의 사회적 목적을 실현하는 구조적 기반을 마련하는 확장적인 차원에서 ESR의 실현을 탐색하고 있다는 점을 시사한다.

이러한 맥락에서 교육행정학에서 논의되는 ESR 관련 실천과 탐색은 지속가능발전교육(Education for Sustainable Development, 이하 ESD) 및 세계시민교육(Global Citizenship Education, 이하 GCED)과도 밀접하게 연결된다. ESD는 UNESCO 주도로 2005년부터 10년간 추진된 글로벌 교육 프로젝트로, 교육을 통해 지속가능한 미래를 구현하는 것을 목표로 하였다. GCED는 학습자가 글로벌 차원의 시민성과 책임감을 함양하도록 하는 교육으로, ESR과 함께 책임의 범위와 실천의 층위를 확장시키는 데 기여한다고 볼 수 있다(OECD, 2018; UNESCO, 2015). 이러한 관련성은 교육행정학적 관점에서 ESR 실천을 기획하거나 탐색함에 있어 실질적인 함의를 제공한다고 볼 수 있다. 예를 들어, 학교 조직의 운영 목표에 '지속가능성'이나 '공공선 기여'가 명시되거나, 교육과정 편성 시 지역사회 연계 프로젝트나 봉사학습(service learning)이 제도화되는 방식이 그 사례라 할 수 있다. ESR은 단순한 교육 내용의 변화를 넘어, 행정 시스템의 가치지향적 전환을 요구한다.

결론적으로 ESR은 철학적 토대를 기반으로, 교육행정학의 제도적 · 구조적 실천을 통해 구체화될 수 있는 가치 지향임을 알 수 있다. 교육행정학은 ESR의 이념을 정책, 리더십, 조직문화, 운영체계 등 다양한 층위로 구체화하며, 이를 통해 교육이 단순한 기능 체계를 넘어 사회적 책임을 수행하는 제도적 주체로 전환될 수 있도록 한다. 따라서 교육행정학은 ESR 담론의 실천적 촉매자이자 제도적 중개자로서 핵심적인 역할을 수행해야 하며, 앞으로의 ESR 연구 및 정책 실천에 있어 그 중심적 위치는 더욱 강조될 필요가 있다.

3. ESR 연구의 교육행정학적 접근-해외 연구를 중심으로

1) 교육행정학 관점에서 바라본 ESR 연구의 주요 시기별 발전 양상

1990년대는 교육의 사회적 책임(ESR)이 '봉사학습'이라는 교육 실천 개념을 중심으로 학문적 논의의 단초를 마련한 시기였다. 이 시기에는 미국을 중심으로 학생 시민성 함양을 위한 봉사학습의 교육적 효과에 주목하며, 학교 교육과정 내에서의 실천 가능성과 효과성을 실증적으로 탐색하는 연구들이 나타나기 시작했다. 예를 들어, 빌리그(Billig, 2000)는 학교에서 운영된 봉사학습 프로그램에 참여한 학생들이 참여하지 않은 학생들에 비해 학업 동기와 사회적 성장 측면에서 유의미하게 높은 성과를 보였음을 보고하였다. 그리고 스케일 등(Scale et al., 2000)은 중학생들의 봉사학습 참여가 타인에 대한 배려, 이타적 행동의 자기효능감, 학업성취에 대한 태도, 자기 성장에 대한 기대 등을 고양시킨다는 점을 실증적으로 밝혔다. 이러한 연구 결과들은 곧 국가 정책으로도 연결되어, 미국에서는 「National and Community Service Trust Act」가 제정되었고, 봉사학습이 미국의 초중등 교육 체계인 K-12 학교 시스템 전반에 확산되는 계기가 되었다(Melchior & Ballis, 2002). 요약하자면, 1990년대 ESR 관련 연구는 교육행정학적 시각에서 봉사학습 프로그램의 효과성 검증 및 학교 단위 적용 가능성 탐색에 집중된 시기였다.

2000년대에는 ESR 개념이 교육 현장의 실천을 넘어서 제도적, 구조적 차원으로 확장되며, 교육행정학적 접근 측면에서 보다 정교화가 이루어진 시기였다. 특히 미국의 K–12 교육 체제 내에서는 봉사학습의 효과성을 인정하는 흐름 속에서, 이를 질적으로 심화하고 체계화하려는 연구가 다수 등장하였다. 예컨대, 체임버스와 레이버리(Chambers & Lavery, 2012)의 연구와 카라얀과 개더콜(Karayan & Gathercoal, 2005)의 연구는 학교 차원에서 ESR을 내재화하기 위한 핵심 요소로 비전과 리더십, 교육과정 및 평가, 학교–지역사회 파트너십, 교사 연수, 지속가능한 실천 체계를 제시하기도 하였다. 이러한 구성요소들은 단위 학교의 조직과 행정 체계 속에 ESR을 통합하는 실천적 틀로 기능하였으며, 이로써 교육행정학적 관점에서 ESR은 단지 교수–학습 전략이 아닌 학교 운영의 책무성(accountability)을 재정의하는 기준으로 자리 잡기 시작하였다.

2010년대는 ESR이 미국 내 담론을 넘어 국제 교육 정책 어젠다로 자리매김한 시기로, 교육행정학적 탐구의 외연도 세계적 수준으로 확장되었다. UNESCO는 2015년 공식적으로 '세계시민교육(Global Citizenship Education: GCED)'을 글로벌 교육 의제로 채택하며, 학생들이 지역과 세계 차원의 문제해결에 참여하는 역량을 교육의 핵심 목표로 제시하였다(UNESCO, 2015). OECD 또한 2018년 국제학업성취도평가(PISA)에 '글로벌 역량 평가'를 도입함으로써, 학생들의 포용성, 다문화 이해, 사회 참여 능력 등을 평가하는 국제 기준을 마련하였다(Cobb & Couch, 2021). 이처럼 ESR의 국제적 의제화는 각국 교육과정에 인권, 지속가능성, 평화, 다양성 존중 등 보편적 가치를 포함시키는 계기를 제공하였으며, 교육행정학계에서도 국가 교육 정책의 변화와 학교 수준의 반응 양상을 분석하는 연구들이 증가하게 되었다.

2020년대에 들어서는 ESR이 교육의 핵심 패러다임 중 하나로 확립되면서, 교육행정학 분야에서도 이에 대한 이론적 · 실증적 접근이 심화되고 있다. 특히 UN의 지속가능발전목표(SDGs) 달성 기한인 2030년을 앞두고, 교육기관의 사회적 기여를 측정하고 평가하려는 시도가 활발히 이루어지고 있다. 예를 들어, 대학이 지역사회와 맺는 상호작용 및 공공적 기여 수준을 다양한 지표를 통해 실증 분석을 시도한 교육행정 연구가 시행되었다(Cassano, Costa, & Fornassari, 2019; Yuan et al., 2022). 동시에, Times Higher Education(THE) 등 국제적 평가 기관들은 고등교육기관의 사회적 영향력을 기반으로 '임팩트 랭킹(Impact Ranking)'을 운영하기 시작하였고, 이는 교육행정학적 관점에서의 ESR 연구가 학술적 담론을 넘어 실천적 영향력을 지니는 계기를 마련하였다. 결국, ESR은 단순한 교육철학이나 교수법 수준의 개념을 넘어, 조직 차원의 전략, 정책 수립과 평가, 이해관계자 네트워크 구축 등 교육행정 전반의 실천적 구조화가 요구되는

표 7-1 1990년대~2020년대 ESR 관련 연구 동향 요약

시기	교육행정 관점의 ESR 연구의 주요 흐름 및 특징
1990년대	• 교육의 사회적 책임 논의 태동 • 봉사학습(service learning) 등 도입으로 학생의 공동체의식 함양 시도 • 미국 등에서 봉사학습 프로그램 확산 및 초기 효과 연구 활발
2000년대	• ESR의 제도화 단계 • 국가 정책에 봉사학습과 사회봉사 제도화 및 단위 학교에서의 실천을 위한 기준 제시
2010년대	• ESR의 글로벌화 • 세계시민교육, 지속가능성 교육 등이 주류 교육의제로 편입
2020년대	• ESR의 심화 및 평가 • SDGs와 연계한 교육혁신 연구 증대 • 교육기관의 사회적 책임 이행을 측정하는 지표와 랭킹 도입

통합 개념으로 이 시기에 자리매김하고 있다.

이상의 논의는 ESR 개념이 지난 30여 년간 교육행정학의 관점에서 어떻게 정의되고 확장되어 왔는지, 그리고 시대적 맥락과 정책환경에 따라 어떤 실천적 진화를 겪어 왔는지를 시기별로 정리한 것이다. 이 흐름을 〈표 7-1〉에 요약한다.

2) 교육행정학 관점에서의 ESR 연구의 주요 주제별 유형 구분

ESR과 관련된 해외 연구는 주제의 폭과 접근 방식 측면에서 다양하게 전개되어 왔으며, 내용적으로 다음과 같은 대표적인 여섯 가지 주제 유형으로 구분할 수 있다. 이들 주제는 교육 수준, 연구방법, 정책 연계 정도에 따라 서로 중첩되기도 하지만, 교육행정학적 관점에서 ESR 담론의 구조적 확장과 실천적 적용 가능성을 탐색하는 틀로 활용될 수 있다.

(1) 봉사학습

봉사학습은 교육과정에 봉사활동을 통합함으로써 학습자의 사회책임 의식과 시민성을 함양하고자 하는 접근으로, ESR 교육행정 연구의 가장 중심적인 영역 중 하나이다. 이 분야의 연구들은 주로 봉사학습 참여가 학생의 학업성취도, 시민의식, 자기효능감 등에 미치는 영향을 검증하거나, 프로그램의 설계와 실행 방안, 평가 지표 개발에 초점을 둔다. 예를 들어, 미국에서는 봉사학습 참여 학생들의 학업 성과와 공동체 의식 향상 간의 긍정적 상관관계를 입증한 연

구들이 다수 존재하며, 유럽에서는 학생과 지역사회 모두에게 혜택을 주는 상호이익적 파트너십(mutual benefit partnership) 모델을 분석한 연구들이 주목을 받았다. 연구방법으로는 통제집단 대비 실험설계, 설문조사, 사례 연구가 주로 활용되며, 프로그램의 효과성을 정량적 · 정성적으로 입증하고자 하는 시도가 활발했다고 볼 수 있다.

(2) 시민교육 및 시민성 함양

민주사회에서 필요한 시민적 자질을 교육을 통해 개발하고자 하는 시민교육(civic education) 관련 연구는 ESR과 긴밀히 연결된다. 이 주제는 민주시민교육, 인권교육, 평화교육, 세계시민교육(GCED) 등을 포괄하며, 학생들이 실제적인 민주주의 경험을 통해 사회참여 역량을 기를 수 있도록 하는 교수-학습 전략의 개발과 그 효과성 검증에 중점을 둔다. 대표적으로 영국과 호주에서는 모의 선거, 학생 자치, 시뮬레이션 활동을 활용한 실천 연구가 이루어졌고, UNESCO는 GCED의 영향력을 다룬 정책 연구를 다수 수행하고 있다. 이러한 연구들은 학생의 지식 습득을 넘어, 가치관, 태도, 정체성의 변화에 초점을 맞추며, 양적 설문조사와 질적 면담을 결합한 혼합방법연구(mixed methods)로 주로 탐색되었다.

(3) 대학의 사회적 책임

대학의 사회적 책임(University Social Responsibility: USR)은 대학이 사회적 책임을 실현하는 제도적 주체로서 어떤 방식으로 교육, 연구, 봉사활동을 통합하는지에 대한 탐구를 중심으로 한다. 이 주제에서는 대학-지역사회 파트너십, 지속가능 캠퍼스 운영, 학생참여형 사회기여 프로그램 등의 실천 사례가 주요 분석 대상이 된다. 교육학적 접근에서는 주로 교육행정 영역 중 고등교육과 관련된 연구주제로서 학생 경험, 리더십, 교육과정 연계성에 초점을 둔다. 예를 들어, USR의 실천을 국제적인 맥락에서 문헌 검토한 존스 등(Jones et al., 2021)의 연구에서는 행정 리더십의 비전과 정부 정책의 지원 수준이 USR 실천의 성패에 결정적 영향을 미친다는 결과가 제시되기도 하였다. 최근에는 대학의 사회적 영향력을 계량화하려는 시도가 활발해져, 임팩트 랭킹, 평가지표 개발, 지속가능 보고서 작성에 대한 연구도 활발히 이루어지고 있다.

(4) 지속가능발전교육

지속가능발전교육(Education for Sustainable Development: ESD)은 교육행정 ESR 연구에서 핵심적으로 다루어지는 주제로, 환경 보호뿐만 아니라 지속가능한 사회를 형성하기 위해 필요한 책임 있는 시민성을 어떻게 교육 시스템 내에서 구현할 것인가에 초점을 두고 논의되어 왔다. 이에 따라 교육 정책과 조직의 운영 및 문화 전반에서 이러한 가치와 원칙을 어떻게 현실화할 것인지에 대한 탐색이 수행되었다. 이 주제는 기후위기, 생태전환, 에너지 절약, 자원순환 등의 환경 이슈는 물론, 문화적 다양성, 경제적 형평성 등 사회적 지속가능성까지 포함하는 포괄적 개념이다. UNESCO가 주도한 'ESD 10년(2005 · 2014)'은 세계 각국의 교육 시스템에 ESD를 통합시키는 계기가 되었으며, 독일 · 스웨덴 등에서는 학교 기반 환경 프로젝트 실행 및 학생 인식 변화 측정과 같은 실증 연구가 진행되었다. 고등교육 수준에서는 친환경 캠퍼스(green campus) 구축, 대학의 탄소중립 정책 도입과 관련된 교육행정적 연구도 증가하고 있다. 이 영역은 환경과학, 경제학, 사회심리학 등과의 융합을 전제로 하며, 다학제적 접근 및 행동과학 기반 분석이 특징적이다.

(5) 윤리적 리더십과 가치교육

ESR 실현을 위한 교육조직의 리더십은 학교장, 대학 교수, 교육행정가 등의 윤리적 리더십을 중심으로 탐구된다. 이 주제는 정의, 공정성, 투명성, 배려 등의 핵심 가치를 리더십의 구성 요소로 삼아, 조직 내 ESR 실천이 어떻게 가능해지는지를 분석한다. 스태럿(Starratt, 2004)은 학교장이 갖추어야 할 도덕적 · 윤리적 리더십의 요건을 이론화하였으며, 스필레인(Spillane, 2006)은 교장의 분권적 리더십을 통해 교사 · 학부모의 공동체 참여를 유도함으로써 학생의 사회참여를 활성화한 리더십 모형을 제안하였다. 또한 교사 측면에서는 전문적 학습공동체(Professional Learning Community: PLC)를 통해 사회문제 기반 교수법을 공유 · 적용하는 실천적 연구가 이루어지고 있다. 이 영역과 관련된 연구는 질적 인터뷰, 내러티브 분석, 또는 설문 기반 상관분석을 통해 리더십 유형과 조직 효과의 관계를 검토했다.

(6) 정책평가 및 교육 거버넌스

ESR과 연계된 교육 정책이나 프로그램의 성과, 효과, 지속가능성을 평가하고 정책적 개선점을 제안하는 연구도 점차 확대되고 있다. 주요 연구주제로는 정부 주도의 봉사시간 필수제, ESR 기반 교육과정 개편, 민관 협력 기반 프로그램 등이 있으며, 각국의 정책 성과에 대한 종합적 평가가 이루어진다. 예를 들어, 미국의 고등학교 졸업 필수 봉사 시간제에 대한 비교연구들은 참여율은 향상되었지만 시민성 내면화에는 제한이 있다는 점을 지적하였다. 유럽에서는 EU 프로젝트 기반으로 각국의 사회적 기업 교육, 인턴십 연계 프로그램의 효과성과 실행 구조에 대한 평가가 진행되었다. 연구방법으로는 혼합방법연구가 일반적이며, 정량적 성과지표(참여율, 지속성, 비용 대비 효과 등)와 정성적 이해관계자 면담(학생, 교사, 지역사회 관계자)을 결합하여 정책의 구조적 강점과 한계를 분석하는 접근도 주요 연구방법으로 활용되었다. 아울러 교육 거버넌스 연구는 지방정부–학교–지역사회 간 ESR 협력 구조와 작동 메커니즘을 해석하며, ESR이 사회 전체의 시스템 속에서 제도화되어야 한다는 관점을 제공한다.

이와 같이 분류된 주제 유형은 교육행정학적 ESR 연구의 다층성과 확장성을 보여 주는 동시에, 각 영역 간 연계 가능성과 통합적 연구 필요성을 시사한다. 향후에는 이러한 분류 체계를 바탕으로 지역별, 제도별, 수준별 ESR 실천 사례의 비교연구 및 정책적 조율 방안에 대한 심화 논의가 요구된다. 앞에서 논의한 사항을 〈표 7–2〉에 정리하여 제시한다.

표 7–2 교육행정 ESR 연구의 주요 주제별 내용 및 연구방법

주제 유형	핵심 내용	주요 연구방법
봉사학습	봉사활동과 학습 통합, 효과성 검증	실험연구, 설문조사, 사례 연구
시민교육 및 시민성 함양	민주시민성, 인권, 평화 교육 중심	혼합방법(설문+인터뷰)
대학의 사회적 책임	대학의 지역사회 기여 및 전략 분석	사례 연구, 비교연구, 평가지표 개발
지속가능발전교육	환경, 지속가능 사회 위한 교육 프로그램	다학제적, 행동과학적 분석
윤리적 리더십과 가치교육	학교장 · 교사의 도덕성과 리더십 탐색	질적연구(인터뷰, 내러티브), 상관분석
정책 평가 및 교육 거버넌스	ESR 정책 성과 분석 및 제도 개선	혼합방법(설문+면담), 정책평가

3) ESR 교육행정학 연구에서의 교원교육 측면의 지역별 접근

앞서 살펴본 바와 같이, ESR 관련 교육행정학 연구는 학교 단위의 실천 프로그램에서부터 국가 수준의 정책 및 거버넌스 분석에 이르기까지 폭넓은 주제를 포괄하고 있다. 초기 연구들은 주로 학생의 사회적 책임 의식 함양을 위한 실천 전략으로서 봉사학습 프로그램의 효과성 검증에 초점을 맞추어 왔다. 그러나 이러한 실천이 지속가능하고 제도적으로 정착되기 위해서는, 교육활동의 핵심 주체인 교사와 예비교사의 전문성 및 사회적 책무성이 필수적이라는 인식이 확산되었다. 이에 따라 최근의 ESR 교육행정학 연구는 단순한 프로그램 효과성 분석을 넘어, 교원의 사회적 책임 역량개발, 시민적 실천성을 갖춘 교원양성 체계 구축, 그리고 이를 지역별 · 문화적 맥락에 적합하게 설계 · 운영할 수 있는 교원교육 전략에 대한 심층적 탐구로 연구의 초점이 확대되고 있다. 이 절에서는 이러한 흐름에 따라, ESR 교육행정학 연구에서의 교원

교육 측면을 주요 지역별 접근 방식에 따라 구분하여 보다 체계적으로 분석하고자 한다.

(1) 북미: 사회정의 중심 교사교육과 실증적 효과 검증

미국과 캐나다를 중심으로 한 북미 지역의 교육행정학 연구는 2000년대 이후 사회정의를 위한 교사교육(teacher education for social justice)을 중심으로 활발하게 전개되었다. 코크란-스미스(Cochran-Smith, 2001)는 질적연구를 통해 교사 양성과정에 다문화 이해, 지역사회 참여, 구조적 불평등에 대한 성찰 등 사회책임 의식을 포함해야 함을 강조하였고, 이는 미국 내 다수 사범대학의 커리큘럼 개편으로 이어졌다. 자이흐너(Zeichner, 2010)는 교사교육에서 이론과 실천의 간극을 해소하기 위해 지역사회 현장을 제3의 공간(third space)으로 설정하여 예비교사들이 실제 사회문제해결 활동에 참여하도록 하는 교육모델을 제안하였다.

이러한 철학은 Teach for America(TFA)와 같은 사회책임 기반 교사양성 프로그램의 확산으로 구체화되었고, 이에 대한 실증적 검증도 활발히 수행되었다. 예를 들어, 클라크와 아이센버그(Clark & Isenberg, 2020), 달링 해먼드 등(Darling-Hammond et al., 2005), 데커 등(Decker et al., 2004)의 연구는 TFA 교사들이 특히 교육취약 지역에서 긍정적 영향을 끼친다는 점을 보고하였다. 배커스와 한센(Backes & Hansen, 2018)은 통계 분석을 통해 TFA 출신 교사들이 전통적인 교사들에 비해 학생의 학업성취뿐만 아니라 학교생활에 대한 책임 의식과 긍정적 행동에도 유의미한 영향을 미친다는 사실을 입증하였다. 이처럼 북미의 ESR 교원교육 연구는 양적 실증성과 질적 사례 탐색을 병행하면서, 교사가 어떻게 사회정의 실천가로서 성장하는지를 교육행정학적으로 분석해 왔다고 볼 수 있다.

(2) 유럽: 시민성 · 지속가능성을 위한 전문성 통합과 정책 기반 교육 연구

유럽의 ESR 관련 교원교육 연구는 시민적 덕성과 전문성의 통합에 중점을 두고 교육행정학적 탐구를 진행해 왔다. 영국, 네덜란드 등에서는 예비교사 필수 교과에 지속가능성 교육, 시민교육, 인권교육 등이 통합되어 있으며, 이러한 제도적 기반에 따라 교사들이 ESR에 대한 인식과 실천 역량에서 상대적으로 높은 수준을 보인다는 점이 다수의 비교연구를 통해 제시되었다(Bevort & Veugelers, 2016; Johnson & Morris, 2012). 핀란드는 교사양성과정에서 '교사는 사회적 리더'라는 철학하에, 예비교사들이 학생의 전인적 성장, 공동체 기여, 공공선 실현을 중심가치로 내면화하도록 하는 교육을 시행해 왔다(Malinen, Väisänen, & Savolainen, 2012; Raiker & Rautiainen, 2019). 독일에서는 아데예미(Adeyemi, 2015)의 연구 등을 통해 다국적 교원연수 프로그램이 교사의 사회적 책임 의식과 공동체 참여 태도를 어떻게 제고시키는지를 평가하였다. 또한 유럽연합(EU)의 Erasmus+ 프로그램은 지속가능발전교육(ESD)을 중심으로 한 교원 연수를 지원하고 있으며, 제이코본과 모로(Jacobone & Moro, 2015), 살세도-로페스와 쿠에바스 로페스(Salcedo-López & Cuevas-López, 2021) 등은 이 연수가 교사의 지속가능성 교수역량을 효과적으로 향상시킨다고 보고하였다. 이러한 연구들은 단순히 교수법의 확장 차원을 넘어, 국가 차원의 교원교육 표준 속에 ESR 요소—예컨대, 윤리적 리더십, 학교-지역사회 협력 역량, 사회문제해결력—가 반영되어야 한다는 제도적 함의를 제시한다. 유럽의 ESR 교원교육 연구는 특히 교사 역량 모델 개발과 정책 기반 분석을 중심으로 전개되며, 교원 전문성 개발이 교육체제 전반의 가치 재구성 과정과 어떻게 연결되는지를 교육행정학적으로 조명함으로써 ESR 가치의 교사교육과정에 주요 내용으로 포함시키는 성과를 가져왔다고 볼 수 있다.

(3) 아시아: 최근의 정책 실천과 문화적 맥락을 고려한 접근

아시아의 ESR 교원교육 연구는 비교적 최근에 본격화되었으며, 각국의 교육문화 및 정책 환경을 고려한 실천적 접근이 특징적이다. 특히 일본은 2000년대 초부터 교직과정에 사회봉사 실습을 공식 도입하여 예비교사들이 지역사회 기관에서 직접 교육활동에 참여하도록 하는 정책을 시행하였다. 키타가와(Kitagawa, 2017)의 연구는 이 프로그램이 예비교사의 사회책임 의식, 교육에 대한 공공성 인식, 실천적 문제해결 능력을 유의미하게 신장시켰다고 보고하며, 아시아 맥락에서의 ESR 기반 교원교육의 가능성을 실증적으로 제시하였다. 중국의 경우, 교원 연수 과정에 윤리적 리더십과 학교의 사회적 책무를 주제로 한 프로그램이 도입되고 있으며, 일부 지역에서는 교장이 지역사회 문제해결 프로젝트를 주도하는 방식의 교장 리더십 연수도 운영되고 있다(Li, Zhu, & Lo, 2019). 한국에서는 2020년대 부산대학교 교육학과 BK 사업단 주도로 교육의 사회적 책임과 관련된 여러 개념 및 실증 연구가 시도되고 있으며, 앞으로의 연구 발전이 기대되고 있다(김정섭 외, 2025; 김현지, 김은지, 2022; 이상수, 이유나, 김현지, 김은지, 2021). 아시아의 ESR 교원교육 연구는 아직 체계적 표준화 수준에는 이르지 않았지만, 각국의 교육문화, 공동체 가치, 교육 정책 방향에 따라 다양한 형태로 실천되고 있으며, 이에 대한 사례 기반 연구와 비교문화적 분석이 앞으로 활발히 이루어질 것으로 기대된다.

4. ESR 교육행정학 연구의 방법론적 발전 양상과 특징

ESR에 대한 교육행정학 연구는 다양한 주제 영역에서 실천적 · 제도적 논의를 전개해 왔으며, 이러한 논의는 각기 상이한 연구방법론을 통해 구체화되었다. 이 절에서는 ESR 관련 연구에서 활용된 주요 방법론의 발전 양상과 그 특징을 시기별로 정리하고, 교육행정학적 시사점을 도출하고자 한다.

1) 양적연구의 확대

1990년대 이후, ESR의 교육적 효과를 실증적으로 입증하고자 하는 시도가 본격화되면서 설문조사와 통계 분석을 중심으로 한 양적연구가 빠르게 확산되었다. 예를 들어, 봉사학습이 학업성취나 시민의식에 미치는 영향을 검증하기 위해 대규모 표본을 활용한 사전-사후 설계나 비교집단 실험 설계가 적극 활용되었다. 미국 교육통계센터(National Center for Educational Statistics: NCES)는 1999년 전국 중·고등학생을 대상으로 봉사활동 실태와 태도 변화를 조사하여, ESR 관련 정책 입안에 실증적 근거를 제공한 바 있다(Melchior & Ballis, 2002).

2000년대 이후에는 다변량 통계기법의 도입으로 분석의 정교함이 한층 강화되었다. 예컨대, 회귀분석을 통해 ESR 프로그램 참여가 학업 성적, 졸업률, 진학률 등에 미치는 영향을 추정하거나, 구조방정식모형(SEM)을 활용해 '봉사활동 → 자기효능감 → 학업성취'의 인과 경로를 검증하는 연구가 활발히 이루어졌다(예를 들어, Lo, Ngai, Chan, & Kwan, 2022). 또한 메타분석 기법을 활용하여 다수의 선행연구 결과를 통합하고 ESR의 평균 효과 크기를 산출하려는 시도도 진행되었다(Warren, 2012). 이러한 양적연구는 ESR이 단지 이상적 가치에 머무는 것이 아니라, 실증 가능한 성과를 산출할 수 있다는 점을 입증함으로써, 정책결정자와 교육행정 실무자들의 관심을 제고하는 데 기여하였다.

2) 질적연구의 심층 적용

ESR의 맥락적 다양성과 가치 지향성을 보다 깊이 있게 조명하기 위해, 질적연구 역시 교육행정학적 접근에서 꾸준히 활용되어 왔다. 1990년대와 2000년대에는 주로 학교 또는 대학 차원의 ESR 실천 사례를 중심으로 한 사례 연구(case study)가 다수 이루어졌으며, 봉사학습이 어떻게 도입되고 학교 구성원에게 수용되는지를 참여관찰과 심층면담을 통해 분석한 연구들이 대표적이다. 이러한 연구는 정량적 지표로 포착하기 어려운 실천 과정의 의미 형성과 실행상의 도전 요인을 밝히는 데 기여하였다.

2010년대 이후에는 내러티브 탐구(narrative inquiry), 생애사 연구(life history method) 등 보다

심층적이고 해석지향적인 질적 방법론이 도입되었다. 예를 들어, 홍다현과 정정훈(2022)이 한 초등학교 교장의 마을교육공동체 활동을 생애사적으로 분석한 연구에서는 개인의 신념, 삶의 경험, 지역사회 맥락이 ESR 실천에 어떻게 작용하는지를 통합적으로 조명하였다. 이러한 질적 연구는 ESR 실천에 있어 인간의 동기, 정체성, 관계성을 분석하는 데 핵심적 통찰을 제공하며, 삼각검증(triangulation), 동료검토(peer debriefing) 등의 엄밀한 절차를 통해 연구의 신뢰성을 제고하고 있다.

3) 혼합방법연구와 설계기반연구

ESR의 복합적인 성격과 다차원적 효과를 포착하기 위해 혼합방법(mixed methods) 연구가 점차 확대되고 있다. 혼합방법연구는 양적 · 질적 데이터를 통합적으로 수집 · 분석함으로써, 현상의 수치적 구조와 의미적 맥락을 동시에 조명하는 접근이다. 예컨대, 봉사학습 전후의 태도 변화를 설문조사를 통해 측정하고, 동시에 참가 학생들과의 면담을 통해 그 변화의 원인과 의미를 탐색하는 방식이 대표적이다.

이와 함께 교육과정 및 프로그램 개발과 개선을 목적으로 한 설계기반연구(Design-Based Research: DBR) 역시 ESR 연구에서 활용도가 높아지고 있다. DBR은 실제 교육 현장에서 ESR 프로그램을 도입하고, 순환적 설계 · 실행 · 평가 · 개선의 과정을 반복하면서 최적의 설계 원리를 도출하는 실천 중심의 연구 전략이다. 심스 등(Simms et al., 2024)의 연구에서는 고등학생 대상 시민성 교육 프로그램을 개발하는 과정에서 1차 시범 적용 결과를 토대로 내용을 수정하고, 이를 후속 운영에 반영하는 방식으로 DBR 접근을 적용하였다. 이러한 설계기반 접근은 실천과 이론의 통합, 현장 친화적 설계 원리의 도출이라는 측면에서 ESR 연구에 실질적인 기여를 하고 있다.

4) 척도 개발과 측정 도구의 타당성 검증

'사회적 책임'이라는 추상적 개념을 계량 가능한 형태로 구체화하기 위한 척도 개발 및 측정 도구 표준화에 대한 시도도 ESR 실증 연구에서 활발히 이루어지고 있다. 2000년대 이후, 다양한 연구자들이 사회적 책임 의식을 구성 개념으로 명확히 정의하고, 이를 측정하기 위한 심리측정 도구를 개발해 왔다. 예를 들어, 리우 등의 중국 대학생을 대상으로 한 사회적 책임 척도(Chinese University Students' Social Responsibility Scale: CUSSRS)는 4개 하위요소 17문항으로 구성되며, 높은 내적 일치도(α=.87)를 보고하고 있다(Liu, Liu, & Chen, 2020). 미국 미시간대학교의 Center for

Research on Learning and Teaching(CRLT)은 사회적 책임 척도(Social Responsibility Scale)를 제안하여 대학생의 사회적 책임감을 22문항으로 평가하고, 그 타당도와 신뢰도를 엄밀하게 검증하였다(Olney, 1995).

최근에는 한국의 환경 및 문화적 맥락을 반영한 ESR 측정 도구 개발도 활발하게 이루어지고 있다. 예를 들어, 부산대학교 교육학과 연구진인 김정섭 등(2025)과 김현지와 김은지(2022)는 각각 교사와 대학생을 대상으로 한 ESR 척도를 개발하고, 탐색적 요인분석(Exploratory Factor Analysis)과 확인적 요인분석(Confirmatory Factor Analysis)을 통해 그 타당성을 검증하였다. 이러한 한국형 ESR 측정 도구 개발은 단순한 척도 제시에 그치지 않고, 우리나라의 교육적 맥락에 적합한 사회적 책임 개념을 실증적으로 정립하려는 학술적 시도로서 높은 의의를 가진다. 특히 도구 개발의 과정에서 엄밀한 통계적 타당화 절차를 거쳤다는 점은 ESR을 교육행정 차원에서 정책화하거나 조직 단위의 실행력을 진단하는 데 활용 가능성을 높인다. 신뢰도와 타당성이 검증된 이러한 측정 도구의 축적은 향후 다양한 교육 맥락에서 ESR 실천의 수준을 정량화하고 비교하는 데 있어 핵심적인 기반이 되며, 더 나아가 이론의 정교화와 정책 설계의 근거 마련에도 기여할 수 있다.

5. ESR 연구의 교육행정학적 시사점

지금까지 살펴본 해외의 ESR 연구 동향과 방법론 분석을 바탕으로, 이 절에서는 교육행정학적 관점에서 도출할 수 있는 주요 학문적 · 실천적 시사점을 정리하고자 한다. 이 논의는 교육행정학의 전통적 연구 영역인 리더십, 조직 운영, 정책과 거버넌스, 책무성, 교원 전문성, 그리고 이론과 실천 간 연계를 중심으로 전개된다.

1) 조직 리더십과 문화의 재구조화

ESR을 실현하기 위해서는 교육기관의 지도자들이 사회적 가치에 대한 명확한 비전과 철학을 갖고, 이를 조직 전반에 확산시키는 전략적 리더십을 발휘해야 한다. 특히 윤리적 · 변혁적 리더십은 교사의 실천을 촉진하고, 조직 구성원 모두가 ESR의 철학을 공유하도록 유도하는 핵심적 동력으로 작용한다. 연구에 따르면, 학교장의 지원과 격려는 교사들의 봉사학습 운영 지속성과 적극성에 긍정적 영향을 미치며, 이는 단순한 프로그램 실행이 아닌 학습공동체 중심의 조직문화를 정착시키는 데 기여한다. 이러한 조직문화는 협력과 사회적 책임을 중심 가치로 삼으며, ESR이 학교 운영 전반에 지속적으로 통합되도록 하는 토대를 마련한다.

2) 정책과 거버넌스 체계의 재정립

ESR의 제도적 확산을 위해서는 국가 단위의 교육 정책 설계와 지역 단위의 실천이 유기적으로 연계되어야 한다. 여러 국가 사례에서 나타나듯, 정부의 정책적 제도화와 재정적 지원은 ESR 프로그램의 전국 확산과 지속가능성 확보에 중요한 기반을 제공하였다. 특히 ESR은 중앙정부뿐 아니라 지방정부, 지역사회, 시민사회 조직, 민간단체 등 다양한 이해관계자의 협력 거버넌스를 요구한다. 교육행정가는 이러한 다중 이해관계자 간 조율자이자 연결자(boundary-spanner)의 역할을 수행하며, ESR 실행의 제도적 조건을 조성하는 전략적 기획자가 되어야 한다.

3) 책무성 및 평가체계의 재구조화

전통적인 성취도 중심의 교육책무성 개념을 넘어, ESR은 교육기관의 사회적 책무성과 공공적 기여를 평가의 새로운 축으로 부각시킨다. 이에 따라 ESR 관련 연구들은 다양한 평가 지표와 프레임을 제안하고 있으며, UNESCO, OECD 등 국제기구와 Times Higher Education 등에서 개발된 사회책임 지표는 학교와 대학의 새로운 성과 기준으로 자리 잡고 있다. 교육행정학적으로 이는 성과 관리의 패러다임 전환을 의미하며, 교육행정가는 단순 산출 지표뿐 아니라 과정 중심 지표를 반영한 복합적 평가 체계를 설계하고 운영할 필요가 있다.

4) 교원 전문성 체계의 정비와 확충

ESR 실천에서 가장 중요한 인적 자원은 교사이며, 이들의 전문성과 실천 역량이 제도적 효과를 결정짓는 핵심 요소로 작용한다. 따라서 ESR을 실현하기 위해서는 교사 대상 연수, 지원 자료 개발, 교원 간 협력체계 활성화 등이 병행되어야 한다. 미국, 유럽 등지에서는 다양한 ESR 연수 프로그램과 교사 지원 정책이 도입되어 교사의 자기효능감과 수업 실천력이 향상되었다는 실증적 결과들이 보고되고 있다. 특히 전문적 학습공동체(PLC)의 활성화는 교사 간 공동 학습과 실천 공유를 통해 ESR 수업의 질을 제고하는 효과적 전략으로 확인되고 있다. 교육행정가들은 이를 뒷받침할 인센티브 설계와 연수 체계 마련에 적극적으로 나서야 한다.

5) 이론과 실천 간 연계 메커니즘의 강화

ESR은 교육행정 이론을 실천의 맥락에서 재검토하고 재구성할 필요성을 제기한다. 조직이론의 측면에서는 학교를 이해관계자 중심의 사회책임 조직으로 이해하는 접근이 확산되고 있으며, 이는 공공기관의 CSR 개념을 교육에 접목하려는 시도와도 맞닿아 있다. 리더십 이론에서는 분산적 리더십과 서번트 리더십이 ESR 실현의 촉매 역할을 하는 것으로 주목받고 있다. 또한 변화관리 이론에 기반한 연구들은 교과과정, 인사제도, 예산 배분 등 구조적 요소의 조정을 통해 ESR 실행이 조직적 변화로 연결될 수 있음을 보여 준다. ESR 연구는 이처럼 교육행정의 이론적 자산을 현장과 연결시키는 중개적 역할을 수행하며, 교육행정학의 이론적 지평을 넓히는 데 기여하고 있다.

6. 결론

이 장에서는 ESR에 대한 해외 연구 동향과 방법론을 교육행정학적 시각에서 분석하였다. 1990년대부터 현재까지 전개된 ESR 연구는 교육이 개인의 성취뿐 아니라 사회의 지속가능한 발전에 기여해야 한다는 인식을 바탕으로 다층적인 실천과 학문적 진전을 이루어 왔다. 봉사학습, 시민교육, 지속가능성 교육, 대학의 사회적 책임 등 다양한 주제를 통해 ESR은 개념적으로 확장되었으며, 그에 따른 연구방법론도 양적, 질적, 혼합 접근 및 설계기반연구로 고도화되었다.

이러한 연구들은 교육행정학의 주요 영역—리더십, 조직문화, 정책 및 평가, 교원 전문성 개발 등—과 ESR 간의 유기적 연결 가능성을 보여 주며, 교육행정학이 지향해야 할 새로운 방향성을 제시하고 있다. 특히 ESR은 교육의 공공성과 윤리성을 강화하며, 행정가가 단순한 관리자나 평가자를 넘어 변혁적 리더이자 사회적 책임의 중재자로서 역할해야 함을 강조한다. ESR을 실현하는 교육행정은 성과 중심의 통제 패러다임에서 벗어나, 공동체적 가치 창출과 사회적 연대 실현을 중심에 둔 시스템으로 이행해야 한다.

향후 과제로는 다음과 같은 점들이 제안된다. 첫째, ESR의 지속가능한 정착을 위한 제도적 기반 마련이 시급하다. 이를 위해 장기적이고 체계적인 평가 체계와 실행 인프라의 구축이 요구된다. 둘째, 포용성과 형평성에 기반한 정책 설계가 필요하다. 취약계층을 배려한 프로그램 개발과 실천 전략이 동반되어야 하며, 이에 대한 실증 연구도 강화되어야 한다. 셋째, ESR의 글로벌 연계 가능성을 확장할 필요가 있다. 기후위기, 평화 · 인권, 국제개발 등 범지구적 의제와

ESR을 접목한 비교연구 및 국제협력은 앞으로의 핵심 과제가 될 것이다. 마지막으로, 교육행정가의 전문성과 역할에 대한 재정립이 필요하다. 윤리적 판단력, 사회적 책임감, 협력적 리더십은 ESR 시대의 교육행정가에게 요구되는 새로운 핵심역량이다.

종합적으로 볼 때, ESR은 교육의 공공성과 사회적 기여를 중심 가치로 복원시키는 교육행정학의 새로운 실천 패러다임으로 자리매김할 수 있다. 이러한 가능성을 고려할 때, 교육행정학은 더 이상 교육 조직의 관리 기능에만 머물 것이 아니라, 사회적 책임과 공동체적 가치 창출을 주도하는 변혁적 실천의 학문으로 진화해야 한다. 따라서 향후 ESR 연구는 단순한 해석을 넘어, 교육행정학자들이 이 분야의 핵심 주체로서 이론과 실천을 연결하는 중추적 역할을 수행할 수 있도록 적극적인 학문적 개입과 리더십을 발휘해야 할 것이다.

성찰과제

1. 현재 우리나라 교육 시스템의 현실을 고려할 때, 교육행정학적 관점에서 어떠한 ESR 관련 연구 문제를 설정할 수 있을지 논의해 보시오.
2. 이렇게 설정된 연구 문제를 탐색하기 위한 최적의 연구방법론은 무엇이며, 왜 그렇게 생각하는지 설명해 보시오.
3. 선정한 연구 문제와 연구방법을 활용하여 실제 연구를 실행한다고 가정했을 때, 실현가능한 연구 계획을 작성해 보시오.

참고문헌

김정섭, 김동선, 김은빈, 문소희, 정정훈, 윤채영(2025). 교사 책임 척도 개발 및 타당화. **교육문화연구**, 31(2), 341-364.

김현지, 김은지(2022). 교육의 사회적 책임(ESR) 역량 척도 개발 및 타당화-P대학교 대학원생을 중심으로. **교육혁신연구**, 32(2), 29-55.

이상수, 이유나, 김현지, 김은지(2021). 교육의 사회적 책임 의미 탐색. **교육혁신연구**, 31(1), 85-112.

홍다현, 정정훈(2022). 한 교장의 마을교육공동체를 통한 '교육의 사회적 책임(ESR)' 실천 생애사 연구. **교육문화연구**, 28(6), 27-48.

Adeyemi, A. (2015). International approaches to professional development for mathematics teachers. *Journal of Teaching and Learning, 10*(1), 52-54.

Backes, B., & Hansen, M. (2018). The impact of Teach For America on non-test academic outcomes. *Education Finance and Policy, 13*(2), 168-193.

Berman, S. (1990). Educating for social responsibility. *Educational Leadership, 48*(3), 75-80.

Bevort, A., & Veugelers, W. (2016). Active citizenship and austerity: A Dutch-French comparison of policy, civil society and education. *Citizenship Teaching & Learning, 11*(3), 315-332.

Billig, S. (2000). Research on K-12 school-based service-learning: The evidence builds. *Phi Delta Kappan*, 658.

Cassano, R., Costa, V., & Fornasari, T. (2019). An effective national evaluation system of schools for sustainable development: A comparative European analysis. *Sustainability, 11*(1), 195.

Chambers, D. J., & Lavery, S. (2012). Service-learning: A valuable component of pre-service teacher education. *Australian Journal of Teacher Education, 37*(4), 99-108.

Clark, M. A., & Isenberg, E. (2020). Do teach for America corps members still improve student achievement? Evidence from a randomized controlled trial of teach for America's scale-up effort. *Education Finance and Policy, 15*(4), 736-760.

Cobb, D., & Couch, D. (2022). Locating inclusion within the OECD's assessment of global competence: An inclusive future through PISA 2018?. *Policy Futures in Education, 20*(1), 56-72.

Cochran-Smith, M. (2001). Multicultural education: Solution or problem for American schools?. *Journal of Teacher Education, 52*(2), 91-93.

Darling-Hammond, L., Holtzman, D. J., Gatlin, S. J., & Vasquez Heilig, J. (2005). Does teacher preparation matter? Evidence about teacher certification, Teach for America, and teacher effectiveness. *Education Policy Analysis Archives, 13*, 42. Retrieved from https://epaa.asu.edu/ojs/article/view/147

Dewey, J. (1930). *Democracy and education: An introduction to the philosophy of education*. Macmillan.

Decker, P. T., Mayer, D. P., & Glazerman, S. (2004). The effects of Teach for America on students: Findings from a national evaluation. University of Wisconsin--Madison, Institute for Research on Poverty.

Freire, P. (1970). *Pedagogy of the oppressed*. Continuum.

Jacobone, V., & Moro, G. (2015). Evaluating the impact of the Erasmus programme: Skills and European identity. *Assessment & Evaluation in Higher Education, 40*(2), 309-328.

Johnson, L., & Morris, P. (2012). Critical citizenship education in England and France: A comparative analysis. *Comparative Education, 48*(3), 283-301.

Jones, E., Leask, B., Brandenburg, U., & De Wit, H. (2021). Global social responsibility and the internationalisation of higher education for society. *Journal of Studies in International Education, 25*(4), 330-347.

Karayan, S., & Gathercoal, P. (2005). Assessing service-learning in teacher education. *Teacher Education Quarterly, 32*(3), 79-92.

Kitagawa, K. (2017). Situating preparedness education within public pedagogy. *Pedagogy, Culture & Society, 25*(1), 1-13.

Li, Q., Zhu, X., & Lo, L. N. (2019). Teacher education and teaching in China. *Teachers and Teaching, 25*(7), 753-756.

Liu, B., Liu, Z., & Chen, L. (2020). Development of a social responsibility scale for Chinese university students. *Current Psychology, 39*(1), 115-120.

Lo, K. W., Ngai, G., Chan, S. C., & Kwan, K. P. (2022). How students' motivation and learning experience affect their service-learning outcomes: A structural equation modeling analysis. *Frontiers in Psychology, 13*, 825902.

Malinen, O. P., Väisänen, P., & Savolainen, H. (2012). Teacher education in Finland: A review of a national effort for preparing teachers for the future. *Curriculum Journal, 23*(4), 567-584.

Melchior, A. & Bailis, L. N. (2002). Impact of service-learning on civic attitudes and behaviors of middle and high school youth: Findings from three national evaluations. In A. Furco & S. H. Billig (Eds.), *Service-learning: The essence of the pedagogy* (pp. 201-222). Information Age.

OECD. (2018). Preparing Our Youth for an Inclusive and Sustainable World: The OECD PISA Global Competence Framework. Organisation for Economic Co-operation and Development. https://www.oecd.org/education/Global-competency-for-an-inclusive-world.pdf

Olney, C. (1995). Development of social responsibility. *Michigan Journal of Community Service Learning*, 43-53.

Raiker, A., & Rautiainen, M. (2019). Teacher education and the development of democratic citizenship in Europe. In *Teacher education and the development of democratic citizenship in Europe* (pp. 1-16). Routledge.

Root, S. C. (2023). School-based service: A review of research for teacher educators. *Learning with the Community*, 42-72.

Salcedo-López, D., & Cuevas-López, M. (2021). Analysis and assessment of new permanent teacher training activities under the Erasmus+ program from the perspective of the participants of spain in times of COVID-19. *Sustainability, 13*(20), 11222.

Scales, P. C., Blyth, D. A., Berkas, T. H., & Kielsmeier, J. C. (2000). The effects of service-learning on middle school students' social responsibility and academic success. *The Journal of Early*

Adolescence, 20(3), 332-358.

Simms, W., DeMattia, E., Watson, J., McClelland, E., Parker, E., & Dudas, S. (2024). Using Design-Based Research to Develop the Learning Outcomes of a Curriculum-Based Environmental Citizen Science Project. *Citizen Science: Theory and Practice, 9*(1).

Spillane, J. (2006) *Distributed Leadership*. Jossey-Bass.

Starratt, R. J. (2004). *Ethical leadership*. John Wiley & Sons.

UNESCO. (2015). *Global citizenship education: Topics and learning objectives*. United Nations Educational, Scientific and Cultural Organization. https://unesdoc.unesco.org/ark:/48223/pf0000232993

Zeichner, K. (2010). Rethinking the connections between campus courses and field experiences in college-and university-based teacher education. *Journal of Teacher Education, 61*(1-2), 89-99.

Warren, J. L. (2012). Does service-learning increase student learning?: A meta-analysis. *Michigan Journal of Community Service Learning, 18*(2), 56-61.

Yuan, X., Yu, L., Wu, H., She, H., Luo, J., & Li, X. (2022). Sustainable development goals (SDGs) priorities of senior high school students and global public: Recommendations for implementing education for sustainable development (ESD). *Education Research International, 2022*(1), 2555168.

제8장

교육심리학에서의 ESR 연구 최신 동향

김정섭

성찰목표

1. 사회적 책임의 의미를 설명할 수 있다.
2. 사회적 책임에 관한 심리학적 연구 동향을 통해 ESR 연구주제를 발굴할 수 있다.
3. 선행연구를 통해 사회적 책임을 향상시키는 방법을 탐색하고 실천할 수 있다.

1. 사회적 책임에 관한 연구 동향

1) 사회적 책임의 의미

인류가 이룬 과학 기술의 발전은 기업의 발달을 촉진하고 인간의 삶을 더욱 편리하게 만들었지만, 지구 온난화와 생태계의 파괴라는 부정적 결과를 낳기도 하였다. 이에 보웬(Bowen, 1953)과 헤이 등(Hay et al., 2010)의 많은 학자가 지구 생태계를 보존하고 인류의 삶을 더 건전하게 만들기 위해 필요한 것이 사회적 책임이라고 제안하였다. 즉, 지구상의 모든 조직과 개인은 인간의 삶을 모든 측면에서 계속해서 발전시키고 그 발전을 지속시킬 사회적 책임을 지닌다. 그러므로 교육학자도 지구의 생태계를 건강하게 보존하고 인류의 삶을 건전하게 만드는 다양한 활동을 해야 하는 사회적 책임을 가진다.

사회적 책임은 1953년 경제학자인 보웬(Bowen, 1953)이 저술한 『경영인의 사회적 책임(Social Responsibilities of the Businessman)』이라는 책에서 처음 등장하였다. 이후 많은 연구가 이루어지고 미국과 유럽 등에서 인류와 지구의 미래를 건강하게 만들기 위해 기업이 어떻게 공헌할 수 있는지에 대한 연구와 실천이 활발하게 진행되었다. 이러한 점에서 기업의 사회적 책임은 기업을 투명하고 도덕적으로 타당하게 운영하여 사회의 건강과 복지에 기여한다는 것을 의미한다(Steele & General, 2010). 이것은 기업이 이익을 추구하면서 동시에 사회를 지속가능하도록 돕는 새로운 가치를 창출함으로써 사회적으로 책임 있는 방식으로 사업하는 것을 가리킨다(Carroll, 2008; Puneet & Ashish, 2012).

사회적 책임에 대한 많은 연구와 실천의 결과물이 누적되면서 사회적 책임에 대한 개념이 계속 변해 왔다. 이러한 변화 덕분에 사회적 책임을 조직이나 개인이 자기 자신들의 이익을 추구하되 전체 사회에도 이익을 주는 방식으로 의사결정하고 행동할 것을 요구하는 역량으로 보는 관점도 탄생하였다. 즉, 사회적 책임은 도덕적 가치에 기반한 조직 및 개인의 역량이며 사회적 책임감이 높은 조직이나 사람은 자신들뿐만 아니라 타인도 함께 고려하는 인본주의적 태도를 반영하는 행위 또는 활동으로 정의된다. 이러한 사회적 책임은 개인적 책임과 명백히 구분된다. 개인적 책임이 자신의 선택과 행위 결과에 대해 스스로 해명하려는 자유의지에 따라 자신을 조절하는 역량(Mergler, 2007)을 가리키는 반면, 사회적 책임은 타인에게 이익을 주거나 적어도 손해를 끼치지 않기 위해 자신을 조절하는 역량을 가리키기 때문이다.

비어호프(Bierhoff, 2022b)에 따르면, 사회적 책임에는 두 가지 차원이 내포되어 있다. 첫째, 사회적 책임을 가진다는 것은 타인으로부터 받는 합리적 기대를 충실히 이행한다는 것을 가리키며, 타인의 복지를 향상시키거나 고통을 최소로 만들기 위해 인류애에 따라 봉사하는 것을 의미한다. 사회적 책임의 두 번째 차원은 사회 규칙을 준수함으로써 사회에 부정적 영향을 주지 않는 것이다. 이러한 측면에서 보면, 사회적 책임감이 높은 사람은 사회에서 만들어 놓은 규칙, 법도, 관습, 질서를 인식하고, 존중하고, 실행할 수 있는 역량을 가진다. 이렇게 함으로써 높은 사회적 책임감을 가진 사람은 사회 및 환경에 부정적 영향을 주는 행위를 하지 않고 절제할 수 있다.

국내에서도 사회적 책임에 먼저 관심을 기울인 학문영역은 기업 및 경영학 분야이다. 기업의 사회적 책임은 기업이 사회에 대해 가지는 책임이라는 의미로 기업에서 이루어지는 의사결정 및 사업 행위가 사회와 환경에 주는 영향에 대해 가지는 책임이라는 의미로 통용되고 있다. 따라서 캐럴(Carroll, 2008)은 기업의 사회적 책임을 경제적 책임과 법적 책임의 영역에 윤리적 책임과 자선적 책임을 추가한 것이다.

2) 기업의 사회적 책임에 관한 연구

사회적 책임에 관한 연구는 기업 분야에서 가장 활발하게 이루어지고 있다. 기업의 사회적 책임(corporate social responsibility)은 1950년대에 처음 등장한 개념이지만, 최근 기업활동이 지구 온난화의 주범이라는 인식이 높아짐에 따라 관련 연구가 급격히 증가하고 있다. 기업의 사회적 책임이라는 제목이 포함된 논문을 google에서 검색하면, 영문 연구물이 약 1백 5십만 건 이상이 검색되며, 한글 연구물은 1만 2천 건이 넘게 검색된다. 이러한 수치를 통해 우리는 기업의 사회적 책임에 대한 관심이 얼마나 높은지 짐작할 수 있다.

기업의 사회적 책임에 대한 관심과 연구가 증가하는 이유는 이것이 기업의 이미지나 평판을 향상시키고, 판매량과 고객의 충성도를 높이고, 생산성을 높이고, 생산비용을 절감시키고, 노동자의 퇴사율과 규제 및 감독에 드는 비용을 줄이는 효과를 가지기 때문이다(Padilla-Lozano & Collazzo, 2022).

기업의 사회적 책임에 관한 연구는 녹색 혁신(green innovation)에 관한 연구와 결부되고 있다. 녹색 혁신은 생태 혁신(eco-innovation)과 동의어로 사용되며, 오염이나 자원 고갈 같은 환경적 위험을 줄이기 위해 새로운 상품을 창출하는 데 기여하는 과정을 가리키므로(Takalo & Tooranloo, 2021) 녹색 혁신은 기업 혁신에서 매우 중요한 위치를 차지한다. 특히 기업이 사회적 책임을 진다는 것은 경영활동을 통해 얻은 이익의 일부를 사회에 환원하는 것뿐만 아니라 인류의 지속가능성을 높이기 위한 친환경 또는 생태 친화적 신상품을 제조하고 판매하는 것이 요구되기 때문이다. 녹색 혁신을 실천하는 기업은 비용을 절감하고, 조직의 융통성을 높이고, 환경 친화적으로 실천할 기회를 창출하고, 오염물질을 줄이고, 재활용률을 높이고, 에너지를 절약함으로써 사회적 책임을 다하려고 노력한다.

녹색 혁신은 기존의 기업조직을 그대로 유지하는 것이 아니라 에너지를 절약하고, 오염물질을 줄이고, 친환경적인 신상품을 개발하기 위해 기존의 생산 방식, 조직 운영 방식, 생산 시설을 버리거나 변경하여 혁신적인 상품을 개발하고 기업을 성장시키는 녹색 기업혁신가(green entrepreneur)가 있어야 가능하다. 그러므로 녹색 기업혁신정신(green entrepreneurship)에 대한 연구와 기업의 사회적 책임의 관련성에 대한 연구가 증가하고 있다(Basdekidou, 2017).

녹색 기업혁신정신은 환경문제를 해결하는 방법을 만들어 적용하고 지속가능성을 증가시켜 환경이 더 이상 파괴되지 않도록 기업 및 사회를 변화시키려는 의도와 행동을 가리킨다(Shabeeb Ali, Ammer, & Elshaer, 2023). 녹색 기업혁신정신이 높은 사람은 친환경 기술을 사용하고, 새로운 사업을 창출하고, 공동체의 복지를 실현하려고 노력한다(Maisaroh, Sawitri, & Ramli, 2022). 지속가능성과 사회적 책임에서 등장하는 중요한 개념에는 녹색혁신(green innovation), 녹색 기업혁신정신(green entrepreneurship), 녹색 마음챙김(green mindfulness), 녹색 효능감(green self efficacy) 등이 있다. 따라서 녹색 기업혁신정신을 효과적으로 향상시키기 위해 대학은 대학생의 발달을 촉진하고, 혁신과 전략적 계획 세우기를 위한 역량을 높이는 것이 필요하다.

3) 대학의 사회적 책임에 관한 연구

대학의 사회적 책임은 기업의 사회적 책임에서 파생한 것으로 대학이 교육하고, 연구하고, 전문성을 배양하는 것에 책임이 있음을 강조하는 개념이다(Clugston & Calder, 1999; Gomez, 2014; Latif et al., 2024). 즉, 대학은 지역사회의 발전을 이끌 인재를 양성하고, 연구를 통해 과학적 지식을 창출하여 사회를 더 발전시키고, 대학을 지속가능한 조직으로 만드는 사회적 책임을 가진다. 더 나아가 대학은 학생의 책임감, 시민의식, 사회적 문제해결 역량, 창의성을 향상시키기 위해 대학에서 제공하는 서비스의 질, 학생 만족도, 대학 평판, 학생의 신뢰, 대학의 성취도를 제고할 사회적 책임을 지닌다(Gomez, 2014; Latif et al., 2024). 특히 대학은 지역사회의 지속가능성을 제고하는 데 기여해야 할 책임을 지닌다. 사회의 지속가능성은 올바른 정책, 높은 시민의식, 우수한 인재가 풍부해야 가능하며, 대학에서 연구를 통해 이러한 인적, 정치적, 윤리적 기준과 자원을 개발하고 지역사회에 공급해야 하기 때문이다. 예를 들어, 지역사회의 환경오염 문제를 해결하기 위해 대학생들의 참여를 이끄는 교육을 시행하고, 교수진은 해결 방안을 연구하며, 문화 · 예술 활동을 통해 시민들이 환경 문제에 관심을 갖도록 유도할 수 있다.

대학의 사회적 책임(University Social Responsibility: USR)은 대학이 본연의 기능인 교육, 연구, 봉사를 통해 윤리적, 사회적, 환경적 원리와 가치를 통합해야 하는 책임이 있음을 명확하게 보여 준다. 예를 들어, 교육과정에 사회, 윤리, 환경의 문제를 포함시켜서 학생이 지역사회의 다양한 현안을 해결할 수 있는 역량을 갖추도록 가르치는 것이 대학이 사회적 책임을 다하는 한 가지 방법이다.

4) 개인의 사회적 책임에 관한 연구

기업의 사회적 책임 또는 대학의 사회적 책임에 대한 관심은 최근 개인의 사회적 책임으로 옮겨지고 있다. 기업의 사회적 책임이 가진 한계점을 인식한 데이비스 등(Davis et al., 2021)은 기업의 사회적 책임의 반대 측에 해당하는 소비자에게도 책임이 있음을 강조한다. 생산자인 기업뿐만 아니라 소비자로서 개인의 소비행동이 타인, 사회, 환경에 미치는 영향이 중요하기 때문이다. 소비자의 사회적 책임은 소비활동을 하는 개인이 사회 및 환경을 보존하고 지속가능하도록 만드는 방식으로 소비활동을 해야 하는 책임을 가리킨다. 소비자의 사회적 책임은 소비자가 환경문제를 모두의 공동책임이라는 것을 인식하면서 자신의 생활양식, 의식, 가치관, 행동을 그 문제를 해결하는 방향으로 변화시키고 실천하는 것을 의미한다(김인숙, 2002; 김혜연, 김시월, 2014). 김혜연과 김시월(2014)에 따르면, 소비자의 사회적 책임 행동에는 소비자 봉사 및 선행 행동, 소비자 공정거래 행동, 소비자 성장 및 발전 행동, 소비자 문제해결 및 개선 행동, 소비자 정보보호 행동, 지속가능한 소비행동, 소비자 보건안전 행동이 포함된다. 예를 들어, 사회적 책임을 다하는 소비자는 친환경 제품을 구매하고, 아껴 쓰고, 나눠 쓰고, 바꿔 쓰고, 다시 쓰기를 하려고 노력해야 하는 책임이 있다.

소비자의 사회적 책임에서 더 발전한 개념이 개인의 사회적 책임이다. 개인의 사회적 책임은 한 사람이 단순히 소비자가 아니라 사회 구성원으로서 일상생활을 할 때 사회적, 환경적, 경제적 측면에 부정적인 영향을 주는 행동은 최소로 하고 긍정적 영향을 주는 행동은 최대로 해야 한다는 도덕적 의무를 가리킨다(Davis, Rives, & De Maya, 2017). 개인의 사회적 책임은 자신을 초월하여 가족, 직장, 지역사회, 환경에 대해 책임 있는 행위를 하는 것(Tuzlukova, Alwahaibi, Sancheti, & Al Balushi, 2020)이기 때문이다. 데이비스 등(Davis et al., 2017)은 기업 및 소비자의 사회적 책임에 기반하여 개인의 사회적 책임을 '일상 생활 속에서 사회적 환경과 생태적 환경에 긍정적 영향을 주는 방식으로 행동하는 것'이라고 정의하였다. 데이비스 등(2017)에 따르면, 개인의 사회적 책임이 높은 사람은 자신의 행위에 대해 책임지려는 준비가 되어 있고, 공공의 규준에 맞추어 행위하는 것의 필요성을 높게 지각하고 있으며, 자신의 선택, 의사결정, 행위가 낳을 결과를 예측하는 역량이 높아서 타인에게 부정적으로 영향을 줄 행위를 사전에 예방하는 역량이 있다. 따라서 개인의 사회적 책임은 자신의 사적인 이익을 초월하여 타인에게 이로운 방식으로 행위하려는 태도 및 역량으로 정의될 수 있다.

사회적 책임감이 높은 개인은 사회적 관계와 사회정의라는 가치를 높게 평가하고, 도덕적 행동과 친사회적 행동을 실천하며, 타인의 이익에 도움이 되는 것을 행하려고 노력한다. 그러므로 개인의 사회적 책임은 경제적 책임, 법적 책임, 환경적 책임, 윤리적 책임, 박애적 책임으로 구성된다. 경제적 책임은 꼭 필요한 것만 구매하고 과소비를 하지 않는 것을 가리킨다. 법적 책임은 기본적이고 공통되는 법이나 사회적 규칙을 준수하고 세금을 충실히 납부하는 것을 포함한다. 환경적 책임은 친환경 제품을 구매하고 환경을 보호하는 활동에 참여하는 의무를 가리킨다. 윤리적 책임은 도덕적으로 타당한 방식으로 행동하고 공정하고 평등한 관계를 유지하는 것을 가리킨다. 박애적 책임은 타인을 돕는 행동을 적극적으로 펼치는 것을 가리킨다. 즉, 다양한 봉사활동에 참여하는 것이 개인의 사회적 책임을 실천하는 한 가지 방법이다.

더불어 타인의 복지나 안녕을 방해하거나 환경을 파괴하는 행위를 자발적으로 억제할 수 있는 역량도 사회적 책임에 포함된다. 예를 들어, 공공장소에 쓰레기를 버리는 것은 타인의 복지를 방해하는 해로운 행위이므로 그러한 행위를 하지 않는 것이 개인의 사회적 책임에 해당한다. 타인이 버린 쓰레기를 줍는 것이 의무 밖의 행위를 함으로써 사회적 책임을 다하는 것이라면, 쓰레기를 버리지 않는 것은 도덕적 의무를 충실히 이행함으로써 사회적 책임을 다하는 것이다.

이러한 개인의 사회적 책임은 개인의 책임과 엄연히 구분된다. 개인의 책임은 자신의 행위에 대해 스스로 지는 모든 책임을 가리키지만, 개인의 사회적 책임은 자신의 주변에 있는 사람에게 나쁜 영향을 주지 않는 방식으로 행위해야 한다는 도덕적 책임을 가리킨다(Venugopala, 2015). 개인의 책임이 사회의 요구(예: 타인을 돌보는 것, 의무를 완수하는 것, 더 좋은 세상을 만드는 것)를 적극적으로 처리하려는 개인의 도덕적 경향성(Lickona, 1992)이라고 정의된다면, 개인의 사회적 책임은 사회에 대해 개인이 가지는 책임으로 사회적, 경제적, 환경적 문제에 윤리적으로 반응하려는 도덕적 태도라고 정의될 수 있다. 또한 개인의 책임이 주변의 타인과의 관계에서 한 개인이 상대방에게 주는 영향으로 인해 발생하는 것이라면, 개인의 사회적 책임은 개인이 자신의 행위로 인해 공동체 또는 집단에서 발생하는 사회적, 경제적, 환경적 문제를 해결하려는 도덕적 태도로 정의될 수 있다. 따라서 높은 수준의 사회적 책임을 가진 개인은 사회에 공헌하는 것을 좋아하므로 타인을 돕고 존중하려는 경향성이 높다(Mergler, 2017; Wray-Lake & Syvertsen, 2011).

개인의 사회적 책임을 명확히 이해하려면, 개인적 책임이나 도덕적 책임과 구분하는 것이 도움이 된다. 개인적 책임은 자신의 의무(duty 또는 obligation), 직무, 책무 등을 포함하지만, 개인의 사회적 책임은 도덕적이든 법적이든 주어진 의무(duty) 밖에서 나오는 것이다. 개인의 사회적 책임은 자신에게 개인적 책임이 없을 때, 즉 타인 및 공동체를 위해 자신의 의무 밖의 행위(supererogatory action)를 타인 및 사회를 위해 스스로 할 수 있는 역량을 가리킨다. 높은 수준의 개인의 사회적 책임을 가진 사람은 자신의 지위 또는 위치에 알맞은 역할뿐만 아니라 자신의 지위와 위치에 걸맞지 않더라도 타인 및 사회에 도움이 되는 행위를 할 수 있는 역량이다. 그러므로 개인의 사회적 책임 역량이 높은 사람은 자신의 의무 또는 직무에 없는 행위일지라도 공공의 이익을 가져올 수 있는 최선의 행위를 할 수 있다. 예를 들어, 사회적 책임을 실천하는 사람은 공공장소에서 기꺼이 쓰레기를 줍는다. 즉, 사회적 책임감이 높은 개인은 자신이 버린 쓰레기가 아님에도 공공장소에 버려진 쓰레기를 주워서 불특정 다수에게 더 좋은 느낌이나 기분을 조장할 수 있다. 자신이 버린 쓰레기를 스스로 주워야 한다는 도덕적 의무에서 나오는 개인의 도덕적 책임과 달리, 사회적 책임은 그러한 의무가 아니라서 하지 않아도 되는 그러나 타인 및 사회를 위해 자신이 하면 더 좋은 결과를 가져올 행위를 자발적으로 수행할 수 있는 역량이다.

개인의 사회적 책임은 간혹 영웅적 행위와 연결되기도 한다. 개인의 사회적 책임은 자신의 의무 밖이면서 일상적인 것이어서 누구나 할 수 있는 행위로 표현되기도 하지만, 간혹 누구나 따라 할 수 없을 정도로 매우 영웅적인 행위로 드러나기도 한다. 예를 들어, 일본 신오보쿠역에서 2001년 1월 26일에 선로에 추락한 취객을 구하려다 열차에 치여 사망한 의인 이수현 씨는 사회적 책임이 매우 강한 사람으로 추앙받는다. 이처럼 위기에 처한 타인을 구하기 위해 자신의 목숨을 내놓은 수많은 의인의 사회적 책임감은 매우 높다고 볼 수 있다.

개인의 사회적 책임을 개인적 책임이나 도덕적 책임과 구분할 때 우리가 참고할 수 있는 것은 경제학자인 하딘(Hardin, 1968)이 처음 제시한 '공유재의 비극(tragedy of the commons)'이라는 개념이다. 공유재의 비극은 제한된 양의 공유재를 각 개인이 자신의 이익을 위해 사용하는 것은 문제로 발전하지 않을 수 있으나 모든 개개인이 각자 공유재를 사용할 때는 비극적 결말이 발생한다는 것이다. 예를 들어, 어느 대학교에서 넓은 공터를 아름답게 꾸미기 위해 잔디를 심었다고 가정해 보자. 한 개인이 그 잔디를 한 시간 동안 밟아도 잔디에 큰 피해가 발생하지 않는다. 이렇게 수백 명이 각자 잔디를 밟을 때는 잔디에 큰 손상이 없다. 그러나 그 누적 인원이 수만 명이 넘어가면, 대부분의 잔디는 죽는다. 이런 경우 각 개인에게 잔디를 죽인 책임을 물을 수 없고, 각 개인도 잔디를 죽인 책임이 자신에게 있다고 인정하지 않을 것이다. 그러나 보호되면 좋을 잔디를 밟지 않는 것이 우리의 사회적 책임에 해당한다. 반면, 대학 당국이나 특정 관리자가 잔디가 많은 사람에 의해 밟혀 죽을 때까지 수수방관하였을 경우 간접적으로 잔디의 죽음에 영향을 준 것이다. 그 관리자는 잔디를 한 번도 밟지 않았을지라도 잔디를 보호할 의무를 다하지 않았으므로 잔디의 죽음에 대해 도덕적 책임을 져야 한다.

2. 사회적 책임 관련 심리적 변인에 대한 연구 동향

사회적 책임과 관련되는 심리학적 변인은 이론적 근거에 기반하여 이것에 영향을 준다고 여겨지는 변인(독립변인)과 이것으로부터 영향을 받는다고 여겨지는 변인(종속변인)으로 나누어 살펴볼 수 있다.

1) 사회적 책임에 영향을 주는 독립변인

(1) 자기 초월 가치

개인의 사회적 책임감이 높은 사람은 자신에게 아무런 이득이 없을지라도 타인을 위해 각종 문제를 해결하거나 제거하는 것에 관심이 많다(Rahimah et al., 2018). 즉, 사회적 책임이 강한 사람은 사회, 경제, 환경에 관한 문제에 대해 민첩하면서 도덕적으로 행위한다. 여기서 도덕적으로 행위한다는 것은 주변에 있는 타인에게 나쁜 영향을 주지 않는 방식으로 행위하면서 타인의 복지를 향상시키려 노력하고 타인의 이익을 자신의 이익만큼 중요하게 여기는 것을 의미한다. 이와 같이 자신의 이익뿐만 아니라 타인의 이익을 소중하게 여기는 경향성은 자기 초월 가치를 반영하는 것이다.

슈워츠(Schwartz, 1994)의 가치구조이론에 따르면, 인간의 기본 가치에는 11가지 서로 다른 가치가 있다. 이러한 다양한 가치 중 보편주의(universalism)와 박애(benevolence)라는 두 가지 가치를 아우르는 상위의 가치체계를 자기 초월(self transcendence)이라 부른다. 자기 초월은 자기 자신보다 타인과 인류 전체의 행복 및 복지, 정의, 평등, 공공의 선을 더 중요하게 여기는 가치로 자신의 권력, 성취, 쾌락을 중요하게 여기는 자기 고양(self enhancement)과 정반대되는 개념이다(Wray-Lake, 2010).

여기서 박애는 자기가 속한 집단 및 사회에서 자주 접하는 사람들의 행복과 복지를 보존하거나 향상시키려는 행위나 태도를 가리키고, 보편주의는 모든 인류의 복지와 자연환경을 이해하고, 존중하고, 보호하려는 행위나 태도를 가리키므로 이 두 개념을 포괄하는 자기 초월은 사회적 책임과 밀접하게 연관되는 것으로 밝혀지고 있다. 또한 자기 초월은 환경보호에 대한 태도와도 밀접하게 연관되어 있다는 연구(서지영, 정영숙, 2016; Nordlund, & Garvill, 2002)를 통해서도 자기 초월과 사회적 책임이 연관되어 있다는 것을 짐작할 수 있다. 실제로 기업과 같은 조직 또는 한 개인이 가지는 사회적 책임은 자신의 영달을 추구하는 자기 고양보다 공동체의 안녕을 더 추구하는 자기 초월과 긍정적 관계를 가지는 것으로 밝혀지고 있다.

자기 초월의 하위개념인 박애는 뒤에서 다루는 이타적 행동과 매우 유사한 개념이다. 그렇지만 이타주의와 박애는 엄연히 서로 다른 개념이다. 가장 두드러진 차이는 자신의 이익에 희생을 감수하려는 마음에 있다. 박애는 자기 주변 사람들의 복지를 향상시키거나 보존하려는 경향성으로 타인의 복지를 위해 자신의 이익을 희생시키려는 태도를 포함하지 않지만, 이타주의는 기꺼이 자신의 이익을 희생해서라도 타인의 행복과 복지를 위해 향상시키거나 보존하려는 경향성을 가리키기 때문이다(Singer, 1980).

(2) 순응성

사회적 책임을 경제학적 관점에서 연구한 시몬(Simon, 1993)은 순응성(docility)을 인간의 사회적 행동 학습에 필수 요소로 간주한다. 인간이 태어나서 사회에 존재하는 규범, 규칙, 관습 등을 배우려면 먼저 순응하는 태도 또는 성향을 갖추어야 하기 때문이다(Simon, 1993). 순응성은 인간이 어떤 행동을 할지 의사결정할 때 외부 사회적 채널을 통해 획득한 제안, 추천, 설득, 정보에 의존하려는 경향성이다(Simon, 1993). 순응적인 인간은 자신의 의견, 아이디어, 편견에 따라 상황을 판단하고 행동하는 것이 아니라 사회의 전통, 규범, 가치 등을 참조하여 의사결정하고 행동하려고 한다.

순응성을 심리학적 개념으로 설명하면 다음과 같다. 피아제(Piaget, 1985)의 학습이론에 따르면, 인간이 학습할 때 동화(assimilation)와 조절(accomodation)이라는 두 기제를 사용한다. 동화는 자신의 외부에서 들어오는 정보를 자신이 가지고 있는 인지구조에 끼워 맞추는 것이다. 반면, 조절은 들어오는 정보가 자신의 인지구조와 맞지 않음을 알고 정보에 맞추어 자신의 인지구조를 바꾸는 과정이다. 따라서 시몬(1990)의 순응성을 피아제의 인지발달이론에 맞추어 재정의하면, 학습자가 외부에서 들어오는 정보가 자신의 기존 인지구조와 맞지 않을 때 자신의 인지구조를 바꾸기 위해 사회적 채널을 이용하려는 태도가 될 것이다.

순응성은 의사결정할 때 사회적 규범이나 전통을 참조하려는 경향성이므로 친사회적 행동이나 이타주의와 연관시켜 연구되는 경향이 있다. 시몬(1990)은 이타주의는 순응성의 부산물일 뿐이라고 주장한다. 시몬(1990)에 따르면, 자녀의 이타주의는 자녀가 부모의 이타주의 및 이타적 행동에 순응할 때 습득되고 자녀에게 순응성이 없다면 습득되지 않기 때문이다. 따라서 세키(Secchi, 2009)는 순응성을 친사회적 행동을 위한 기초라고 주장한다.

그런데 순응성이 사회적 책임에 미치는 영향에 대한 심리학적 연구는 세키(2009; 2013)가 주

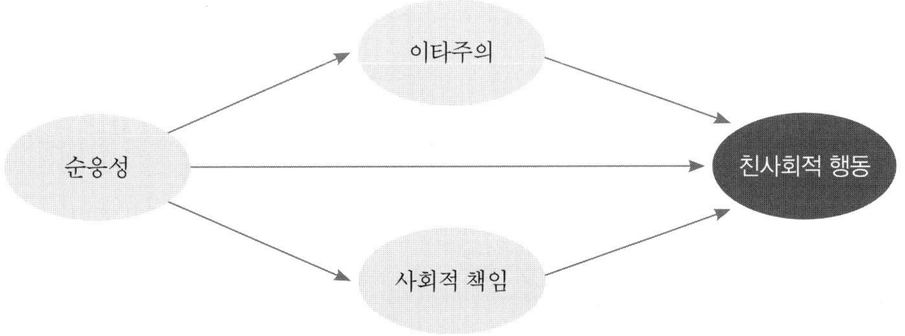

[그림 8-1] 순응성, 이타주의, 친사회적 행동, 사회적 책임 사이의 관계 가설적 모형

도하고 있다. 순응성과 사회적 책임의 이론적 관계에 대해 검토한 세키(2009)는 순응성이 발현될 때 이타주의와 사회적 책임이 부산물로 야기될 수 있다고 제안한다. 즉, 한 사람이 순응성을 발휘할 때 사회적 책임이 발생한다는 것이다. 그러므로 인간은 순응성을 갖추고 의사결정할 때, 다시 말하면 사회적 채널을 이용하여 획득한 정보에 맞추어 의사결정할 때, 그 결과에 대해서도 스스로 사회적 책임을 지는 경향성이 높다. 순응성, 이타주의, 사회적 책임, 친사회적 행동 사이의 관계를 가설적 모형으로 그리면 [그림 8-1]과 같다.

(3) 심리적 자본

대부분의 사람은 일상생활 속에서 자신의 환경(사회적, 생태적, 경제적)에 긍정적으로 영향을 주는 행동을 함으로써 자신의 존재감을 높이고 사회에 기여함으로써 자신의 사회적 책임을 실천하려고 노력한다. 바꾸어 말하면, 사람은 긍정적 사회관계, 공동체 봉사, 공공자산의 보존, 이웃에 대한 친절, 타인에게 도움 지원, 각종 행사에 참여, 법적 권한에 대한 존중 등을 통해 자신의 사회적 책임을 완수하고 싶어 한다. 즉, 개인의 심리적 자본이 풍부한 사람이 사회적 책임감이 더 높다(Kariri & Radwan, 2023).

심리적 자본(psychological capital)은 인간의 강점 또는 긍정적인 측면을 강조하는 긍정심리학에서 자주 등장하는 주요 개념 중 하나이다. 이러한 심리적 자본은 인간의 수행을 향상시키고 개인적 차원과 사회적 차원 모두에서 긍정적인 성과를 이끌어 내는 심리 내적 자원으로 정의될 수 있다(Luthans & Youssef, 2004). 루단스와 유세프(Luthans & Youssef, 2004)는 호브폴(Hobfoll, 2002)의 심리적 자원이론에서 제안하는 네 가지 심리적 자원(psychological resource)을 인용하여 긍정심리적 자본이 자기효능감(도전적인 과제를 성공할 수 있다는 확신), 희망(목표를 달성할 때까지 인내하고 필요하다면 기꺼이 경로를 바꾸려는 경향), 낙관주의(현재와 미래에 성공에 대해 긍정적으로 귀인), 회복탄력성(문제나 역경에 부딪칠 때에도 긍정적인 태도를 유지하면서 원상태로 되돌아오거나 더 뛰어넘으려는 태도)으로 구성된다고 설명한다. 이러한 심리적 자본은 긍정심리적 자본이라는 용어와 동의어로 사용되고 있다.

심리적 자본 또는 긍정심리적 자본이 기업이나 공공 기관 구성원의 삶에 중요한 역할을 한다는 것은 많은 연구를 통해 밝혀지고 있다. 특히 긍정심리 자본과 기업혁신정신 사이의 관계에 대한 연구(Salavou, Mamakou, & Douglas, 2023). 기업인의 긍정심리적 자본(효능감, 낙관주의, 희망, 탄력성)이 긍정 정서를 매개하여 직무참여(work engagement)에 영향을 준다는 연구(Sweetman & Luthans, 2010) 등이 많다.

더 나아가 카리리 등(Kariri et al., 2023)은 긍정심리적 자본이 직무 만족도에 영향을 줄 때 개

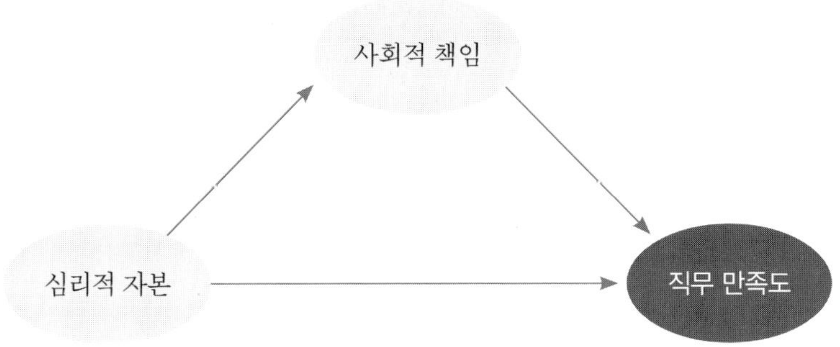

[그림 8-2] 심리적 자본, 사회적 책임, 직무 만족도 사이의 관계 가설적 모형

인의 사회적 책임이 매개변인 역할을 한다는 것을 확인하였다. 사회교환이론에 따르면, 개인의 사회적 책임감을 높게 느끼는 사람이 자신의 일이 윤리적이고 사회적으로 책임 있는 실천임을 느낄 때 직무 만족감을 더 많이 느끼기 때문이다(Kariri et al., 2023). 개인의 사회적 책임이 직장인의 심리적 자본과 직무 만족도 사이에서 매개변인 역할을 한다는 것은 대학생의 심리적 자본과 대학생활 만족도 사이에서 매개변인 역할을 할 것이라는 것을 가정할 수 있으므로 이를 검증하는 연구를 수행할 수 있을 것이다.

(4) 사회적 신뢰

사회적 책임에 영향을 주는 것 중에 심리적 자본뿐만 아니라 사회적 자본도 있다. 심리적 자본이 개인 내적인 특성이라면, 사회적 자본은 개인 간 관계에서 형성되는 자원이다. 이러한 사회적 자본은 사회적 신뢰, 호혜성, 네트워크로 구성되는데, 특히 사회적 신뢰가 사회적 책임과 깊은 관련성을 가진다.

사회적 신뢰는 여러 정부 기관이나 조직에 대한 신뢰와 사회 속의 일반 사람들에 대한 신뢰 두 가지를 포함한다. 이것은 일반 사람들이 선의에 따라 행동하고, 자신들이 한 약속을 지키며, 타인에게 해를 끼치지 않으려는 의도를 가지고 있다는 믿음을 가리킨다(Glanville & Paxton, 2007; Yamagishi & Yamagishi, 1994). 특히 일반 사람에 대한 신뢰는 대인 신뢰로도 불리며, 가까운 지인이 아니라 사회 구성원 전체에 대한 신뢰로 사람에 대한 일반화된 신뢰를 가리킨다(최미연, 이형석, 2024). 사회적 신뢰는 세상은 믿을 만한 곳이므로 자신이 사회로부터 공평한 대우를 받을 것이라고 믿는 것을 가리킨다(Cheng, Cheung, & Chung, 2021; Wray-Lake & Flanagan, 2012). 사회적 신뢰는 사회 구성원들이 서로 상호호혜적으로 소통할 때 발생한다. 퍼트넘(Putnam, 1993)에 따르면, 사람들 사이의 상호작용이 빈번하게 일어나고 지속되는 과정에서 서로에 대한 기대와 평판이 상호 전달되고 정제됨에 따라 타인에 대한 신뢰, 즉 사회적 신뢰가 형성된다. 그러므로 사회적 신뢰는 사람들이 주변 사람들과 함께 살아가면서 사이좋게 지내면서 서로 소통하고 도와줄 것이라고 믿는 정도로 나타난다. 사회적 신뢰는 사회적 협력을 촉진하고 사회 갈등은 줄임으로써 사회통합에 기여한다(민숙원, 이세웅, 윤혜준, 2021).

사회적 신뢰와 사회적 책임의 관계는 신뢰와 책임 사이의 관계서 찾을 수 있다. 헨켈과 앤더슨(Henkel & Andersen, 2015)은 신뢰와 책임이 서로 밀접하게 연결되어 있다고 주장한다. 이들에 따르면, 신뢰는 미래를 참조하면서 작동하고 책임은 과거를 참조하면서 작동한다. 하지만 우리가 과거의 사건에 대해 책임의 소재를 명확히 할 수 있다고 믿는다면, 우리는 미래에 일어날 결과에 대해 신뢰하는 경향이 있다(Henkel & Andersen, 2015). 따라서 사회적 신뢰와 사회적 책임도 서로 밀접하게 관련될 것이라 가정할 수 있으며, 사회적 신뢰는 인간의 사회적 책임이 발달하도록 돕는 기초가 된다(Flanagan, 2003). 사회적 신뢰가 친사회적 행동을 유용하게 예측한다는(Taniguchi & Marshall, 2014) 것도 연구를 통해 확인되고 있다.

2) 사회적 책임으로부터 영향받는 종속변인

(1) 이타적 행동

사회적 책임에 관한 심리학적 연구에서 가장 자주 등장하는 개념이 이타적 행동이다. 이타적인 사람은 자기의 소유를 타인과 기꺼이 공유하고, 타인을 사랑하거나 존중하고, 타인과 협력하고, 행복에 위협을 받는 사람을 돕는 행동을 하기 때문이다. 따라서 이타적 행동은 사회적 책임과 서로 연결되어 있다(Bierhoff, 2002a, 2002b). 사회적 책임의 유형을 세 가지(경제, 심리, 사회인지)로 분류한 세키(Secchi, 2013)는 심리학적 관점에서 볼 때 이타적 행동과 사회적 책임은 밀접하게 연결되어 있다고 말한다. 따라서 이타적 행동은 사회적 책임감에 의해 유발되는 종속변인으로 간주된다. 탐과 영(Tam & Yeung, 1999)은 사회적 책임감이 높은 사람이 낮은 사람에 비해 이타적 행동을 더 많이 한다는 것을 발견하였다.

사회적 책임과 이타적 행동의 관계는 친사회적 행동과의 관계를 통해서도 알 수 있다. 발달적 관점에서 볼 때 사회적 책임은 친사회적 성향이 얼마나 성숙했는지를 보여 주는 좋은 지표(Greenberger, 1984)이고, 아동과 청소년의 긍정적인 발달을 보여 주는 지표(Lerner, Dowling, & Anderson, 2003)이며, 친사회적 행동을 위한 동인(Wray-Lake & Syvertsen, 2011)이기 때문이다.

한편, 이타적 행동을 일으키는 심리내적 기제로 이타주의(altruism)가 있다. 이타주의는 사회적 책임과 동의어로 사용되기도 하지만(예: Secchi, 2013), 사회적 책임을 유발하는 동기적 변인

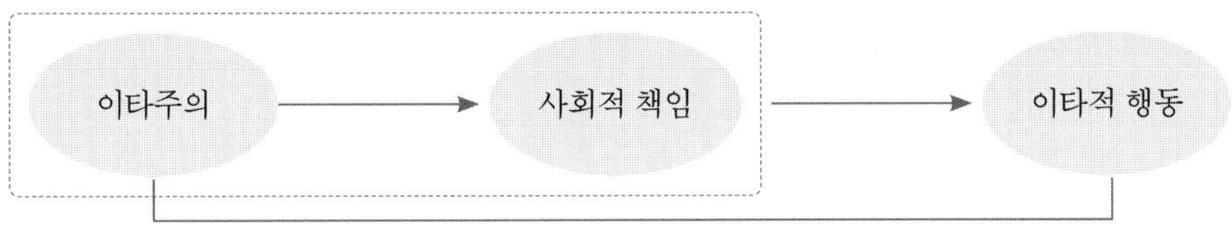

[그림 8-3] 이타주의, 사회적 책임, 이타적 행동 사이의 관계 가설적 모형

으로 간주하는 경우도 있다. 즉, 이타주의가 선행변인이 되어 사회적 책임을 촉발하거나 향상시킬 수 있다는 뜻이다(Benabou & Tirole, 2010). 브나부와 티롤(Benabou & Tirole, 2010)은 개인의 사회적 책임은 내재적 이타주의에 의해 발현된다는 것을 발견하였다. 내재적 이타주의는 선한 행동을 하고 타인을 도우려는 친사회적 행동(이타적 행동)을 일으키는 원동력이므로 사회적 책임도 친사회적 행동을 일으키는 힘이 되기 때문이다. 사회적 책임, 이타주의, 이타적 행동 사이의 관계를 가설적 모형으로 그리면 [그림 8-3]과 같다.

(2) 녹색 소비 의도 및 행동

최근 지구 온난화와 환경파괴가 자명하고 더 큰 생태 재앙이 예측됨에 따라 인류의 생존을 위해 녹색 소비 행동이 필요하다는 인식이 높아지고 있다. 녹색 소비 의도는 환경 및 생태계의 고통을 줄이기 위해 탄소배출을 줄이는 방법 및 전기를 절약하는 방법으로 만들어진 친환경 생산품을 구매하고 소비하려는 마음 자세를 가리키고 행동은 실제로 그러한 상품을 구매하고 소비하는 것을 가리킨다(Davis et al., 2017).

녹색 소비 의도 및 행동은 앞에서 언급한 공유재의 비극이 발생하지 않도록 예방하려는 노력에서 나온 것이다. 각 개인의 소비 행동이 환경파괴를 일으켰다고 책임을 물을 정도로 심각하지 않지만, 많은 사람의 소비 행동이 누적되면 지구 생태계가 파괴될 수 있다는 것을 인식하고 환경 파괴를 예방하는 방식으로 소비하는 노력이 필요하기 때문이다.

이러한 녹색 소비 행동은 개인의 사회적 책임으로부터 영향을 받는다(Rahimah et al., 2018). 사회적 책임이 높은 사람은 환경문제에 대해 더 많은 관심을 가지고 생태계 교란이나 환경파괴를 야기하는 원인을 줄이고 환경을 보호하는 데 도움이 되는 행동을 더 많이 하기 때문이다. 즉, 이들은 생태친화적 의식이 높으므로 녹색 소비 행동을 더 많이 하게 된다.

3. 사회적 책임의 발달에 관한 연구

1) 책임의 발달에 관한 연구

미국에서 학생의 책임에 대해 학술적 연구가 시작된 시기는 20세기 초반이며, 듀이(Dewey)가 선구자이다. 듀이(1900)에 따르면, 교사는 학생을 가르치기 위해 수업을 효과적으로 진행할 책임이 있고, 학생은 수업을 통해 교과내용을 학습할 책임을 가진다. 책임은 자기 자신, 자기의 행위, 주변 사람 및 세상을 향한 태도 중 하나로 법적 또는 도덕적 의무를 완수하려는 태도를 가리킨다. 사회적 규칙(법)을 어기는 것은 사회가 무너지도록 이끌 수 있으므로 사회의 구성원으로서 모든 사람은 도덕적 책임을 지게 된다. 사회적 존재로서 인간은 사회 규칙이나 법을 준수해야 하는 도덕적 또는 법적 책임을 가진다.

도덕적 책임은 자신의 의무, 직무 또는 역할을 완수하는 태도를 가리킨다. 이러한 도덕적 책임은 타고난 본능적 태도가 아니라 사회와 상호작용하는 과정에서 학습되거나 발달되는 것이다. 인간은 태어나면서부터 책임을 인식하고 책임지는 행동을 하게 되는 것이 아니다. 인간이 태어난 뒤에 책임을 인식하고 책임감을 느끼게 될 때까지 많은 시간이 경과해야 한다.

사건의 원인을 인식하는 능력이 발달해야 도덕적 책임감이 학습되거나 발달될 수 있다. 어떤 사건을 일으킨 행위자에게 그 결과에 대해 책임을 묻기 위해서는 인과적 귀속을 이해하는 것이 필요하다. 원인에 책임을 지우는 것을 책임의 귀속이라고 하는데, 책임의 귀속을 정확하게 하기 위해서는 원인-결과 사이의 관계를 정확하게 파악할 수 있어야 한다. 자신의 행위가 어떤 결과를 낳은 원인이라는 것을 인식할 수 있어야 자기에게 책임이 있다는 의식을 가질 수 있기 때문이다. 어린 아동이 책임감을 형성하는 과정은 매우 복잡하며 자발적으로 책임지는 능력도 점진적으로 발달한다.

책임의 발달에 관한 심리학 연구는 인간이 책임을 인식하기 시작하는 시기(Such & Walker, 2004)와 책임과 도덕성이 어떻게 연관되면서 발달하는지(Dwyer, 2003)를 밝히는 것에 관심을 둔다. 피아제(Piaget)와 콜버그(Kohlberg)의 도덕성 발달이론에 따르면, 아주 어린 아동은 죄의식 및 책임감이 거의 없지만, 발달해 나가는 동안에 점차 죄의식 및 책임감을 학습하거나 습득한다.

미쿠치(Micucci, 1998)에 따르면, 인간은 태어난 뒤 만 7세가 되어야 도덕적 책임을 질 수 있는 능력을 획득한다. 만 7세가 되면 아동은 대인 간 상호작용에서 널리 수용되는 제약 또는 구속을 인식하고 그에 맞추어 자신의 행위를 조절하는 능력을 획득하기 때문이다. 사람은 자신이 맡은 과제를 직접 수행하는 과정에서 또는 자신에게 주어진 의무나 임무를 수행하는 과정에서 책임감을 느끼므로 로버츠 등(Roberts, Wood, & Smith, 2005)은 과제와 의무를 수행하는 경험을 통해 책임을 발달시킬 수 있다고 제안한다.

이처럼 책임이 학습되거나 발달된다는 견해는 타인 및 사회 전체의 행복과 복시를 유지하거나 향상시키려는 태도인 사회적 책임도 학습되거나 발달되는 것으로 볼 근거를 제공한다. 인간은 자신의 이익만 추구하는 것이 아니라 타의 이익과 요구를 함께 고려함으로써 민주시민다운 방식으로 행동해야 할 의무를 가진다. 이러한 의무를 지칭하는 사회적 책임은 타인 및 사회와의 관계에서 타인의 복지를 존중 또는 향상시키려는 태도이다.

2) 사회적 책임의 발달에 관한 연구

청소년기는 가치 형성에 가장 중요한 시기이므로 청소년기 동안에 사회적 책임 가치도 발달한다고 볼 수 있다. 아동 및 청소년의 사회적 책임이 어떻게 발달하는지에 대한 이해를 얻기 위해 많은 연구자가 부모의 양육태도와 아동의 책임 및 사회적 책임의 관련성을 탐구하였다. 건노 등(Gunnoe, Hetherington, & Reiss, 1999)에 따르면, 부모의 권위적 양육 태도는 자녀의 사회적 책임에 정적으로 영향을 주지만, 권위주의적 양육 태도, 허용적 양육 태도, 방임적 양육 태도는 중요한 역할을 하지 못한다. 이러한 결과는 책임 발달이 개인의 자율성의 발달과 밀접하게 연결되어 있다는 피아제의 도덕성 발달이론에 의해 지지를 받는다. 자율성이 충분히 발달하지 않은 사람은 스스로 선택하고 그 결과를 책임지려는 태도를 갖추기 어렵기 때문이다.

학생이 사회적 책임을 형성하려면, 먼저 사회적 책임이 무엇인지에 대한 지식과 사회적으로 책임 있는 행동의 범주와 규준(규칙)에 대한 지식을 획득하는 것이 필요하다. 또한 지식을 습득하는 것을 넘어서 친사회적 행동을 열망하고 실제로 실천하려는 내재적 동기와 자신의 행동을 조절하고 통제하는 역량, 합리적 의사결정을 할 수 있는 역량을 가지고 있어야 한다. 따라서 아동 및 청소년이 사회적 책임을 가지고 실천하도록 동기를 유발하고 관련 지식을 습득하도록 돕는 교육 프로그램이 필요하다. 학생의 사회적 책임 발달은 타인의 복지와 안녕을 증진시키는 활동이나 프로젝트에 참여함으로써 촉진될 수 있기 때문이다(Kolomiiets, Shulga, & Lebed, 2021). 예를 들어, 교실에서 친사회적 행동을 수행하는 것은 타인에게 이로움을 주는 행동(친사회적 행동)을 수행함으로써 어린 아동이나 청소년은 사회적 책임을 완수하는 경험을 할 수 있다. 또한 비교과 활동을 통해 학생의 사회적 책임을 높이려는 노력도 필요하다.

한편, 자원봉사, 선거, 정치적 활동, 친환경 행동 등과 같은 친사회적 행동을 예측하는 데 유용한 사회적 책임 가치에 주목할 필요가 있다(Hitlin & Piliavin, 2004). 사회적 자본 이론에 따르면, 신뢰, 호혜성, 네트워크를 포함하는 사회적 자본이 사회적 책임 가치를 형성하거나 변화시키는 데 중요한 역할을 한다(Gunnoe et al., 1999; Putnam, 2001). 그런데 사회적 책임과 밀접하게 연결된 개념인 공감, 친사회적 추론, 친사회적 행동은 청소년기에 변화를 일으키는 것으로 밝혀지고 있다.

사회적 책임 가치의 발달에 관한 연구에 따르면, 청소년기를 거치는 동안 사회적 책임 가치가 감소하는 경향이 있다. 레이-레이크 등(Wray-Lake et al., 2016)은 사회적 책임 가치가 청소년기를 거치는 동안 천천히 감소한다는 것을 밝혔다. 이들은 청소년기에 주변의 중요한 사람들로부터 받는 사회적 지지, 상호 존중, 신뢰와 같은 생태적 자산(ecological assets)이 감소함에 따라 청소년이 느끼는 사회적 책임감이 감소한다고 주장한다. 이러한 연구 결과는 청소년기를 벗어난 대학생 또는 일반 성인이 사회적 책임에 대해 학습할 필요가 있음을 시사한다. 성인 초기 또는 중기에 자연적으로 사회적 책임이 향상되지 않는다면, 대부분의 성인은 사회적 책임이 낮은 상태로 일생을 마칠 수 있기 때문이다.

4. 개인의 사회적 책임 교육에 관한 연구

1) 집단적 책임 경험하기

사회에 잘 적응하고 주인공으로 역할하려는 사람은 자기의 행위(또는 무위)가 사회에 미치는 영향에 대해 책임지는 것을 배울 필요가 있다. 가정에서 부모들이 사회적 책임을 가르치는 것은 부모가 사회적 책임을 평상시 자주 실천하는 것이다. 그러한 과정에서 아동은 부모를 모델로 삼아 사회적 책임의 실천을 학습할 수 있다.

학교에서는 사회적 책임과 밀접하게 연관된 변인을 이용하는 것이 한 가지 방법이다. 예를 들어, 학생에게 자기 초월 가치와 순응성을 가르치고, 학생이 심리적 자본과 사회적 신뢰를 획득할 수 있도록 환경을 조성하는 것이다. 또 다른 방법은 학생이 사회적 책임을 경험할 수 있는 기회를 제공하는 것이다. 특히 개인의 사회적 책임은 집단적 책임(collective responsibility)과도 관련되어 있으므로 학생에게 집단적 책임을 경험하는 기회를 제공하는 것이 한 가지 방법이다. 특정 사건 및 의무에 대한 개인의 책임(individual responsibility)은 그 사건이 발생하도록 충분한 영향력을 행사한 한 사람에게 책임을 귀속시키는 것을 가리킨다. 그러나 개인의 사회적 책임은 한 개인의 행위가 타인 및 자연환경에 영향을 주어 타인 및 자연의 지속가능성에 부정적 영향을 주었을 때 그 사람에게 부과하는 책임이므로 집단적 책임과 연결되는 것이다(Howarth, 2001).

어떤 사건의 결과에 대한 집단적 책임은 한 개인에게만 그 사건에 대한 책임을 부과하는 것이 아니라 조직이나 집단 전체가 책임지는 것을 가리킨다. 예를 들어, 학교에서 학생에게 적절한 돌봄을 제공하지 않아서 학생이 피해받을 때 담임교사 한 명에게 책임을 묻는 것이 아니라 학교 전체가 또는 전체 교사들이 그에 대한 책임을 진다면, 이것이 집단적 책임이다. 그러므로 집단적 책임은 무임승차의 폐해를 막을 수 있다.

2) 사회적 책임 공백의 발생과 예방

현대 사회는 인공지능, 자율자동차, 지능형 로봇 등 다양한 과학기술이 발달함에 따라 책임 공백이 발생할 가능성이 매우 높다. 예를 들어, 자율자동차가 교통사고를 유발하였다고 가정할 때, 그 사고에 대한 책임을 어느 누구에게 귀속시킬 수 있는지 파악하기 매우 어렵다. 예를 들어, 로봇형 무기가 오작동하여 아군을 사살하는 사건이 발생하였을 때, 무엇이 사고를 일으켰는지 확인하는 것도 어려울 뿐만 아니라 그것을 누가 만들었는지 확인하는 것은 더 어렵기 때문이다.

다수의 사람이 함께 의사결정을 하는 경우에도 그 결정이 야기한 결과에 대해 책임을 질 사람이 없는 현상, 즉 책임의 공백(responsibility void 또는 responsibility gap)이 자주 발생할 수 있다(Duijf, 2018). 책임 공백은 나쁜 결과에 대해 도덕적 책임을 귀속시킬 사람 또는 실체가 없는 현상을 가리킨다(Da Silva, 2024). 특히 인과적 관계를 따져 보아 어느 사람 또는 실체에게 책임을 귀속시키는 것이 정당한지 알 수 없을 때 책임 공백이 생긴다. 예를 들어, 좁은 공간에 인파가 몰려 이동하던 중 압사 사고가 발생했을 때, 현장에 있던 특정인을 원인 제공자로 지목할 수 없다면 책임 공백이 발생한다.

또한 책임 공백은 책임의 형태가 아직 발생하지 않았지만 가까운 미래에 해야 하는 일, 즉 직무나 의무 행위에 대한 책임을 가리키는 장래의 책임(prospective responsibility)일 경우에도 발생한다. 콜린스(Collins, 2019)는 장래의 책임 공백을 능력 공백(ability gap), 정당화 공백(justification gap), 그리고 이행 공백(fulfillment gap) 때문에 발생한다고 본다. 능력 공백은 개인이나 조직이 맡은 임무를 통해 성취해야 할 좋은 성과(이루면 좋은 결과 또는 피해 방지)를 산출해 낼 수 없을 때 발생한다. 따라서 어떤 사람이 높은 지위에 올랐지만, 그 지위에 걸맞는 성과를 이루어 낼 능력이 부족할 때 장래의 책임 공백이 발생할 것이다. 정당화 공백은 개인이나 조직이 좋은 성과를 얻을 수 있는 능력을 가지고 있지만, 도덕적으로 우위에 있는 성과를 정당한 방법으로 얻을 수 있음을 설명할 수 없을 때 발생한다. 예를 들어, 어떤 개인이나 조직이 더 좋은 성과를 숨겨 두고 다른 성과를 추구하거나 타당하지 못한 방법으로 성과를 달성하려고 할 때 장래의 책임 공백이 발생할 것이다. 사회는 더 좋은 성과를 얻을 기회를 놓쳤지만, 이에 대해 책임을 질 주체가 없기 때문이다. 끝으로 이행 공백은 좋은 성과를 도출하는 데 필요한 능력을 가진 개인이나 조직이 그 성과를 도출해야 할 정당한 의무를 가지고 있음에도 태만하여 이행하지 않을 때 발생하는 책임 공백이다. 특히 그것을 바로잡을 다른 사람이나 조직이 없을 때 장래의 책임 공백이 발생한다. 예를 들어, 대학 총장이 대학의 발전을 위한 새로운 정책을 만들 수 있는 역량도 있고 정당한 방법을 가지고 있음에도 불구하고 자신의 영위만 추구하고 학교 발전을 위한 노력을 하지 않으며 그것을 대신할 사람이 없을 경우 책임의 이행 공백이 발생한다.

이와 같은 선행연구들을 종합하면, 조직 또는 개인의 사회적 책임이 높을수록 조직 및 개인에게서 발생하는 책임 공백의 수준이 낮아질 것임을 추측할 수 있다. 개인의 사회적 책임을 향상시키기 위한 프로그램에는 책임 공백을 다루는 내용이 포함되면 좋을 것이다. 사람들은 도덕적 책임이든 사회적 책임이든 책임을 회피하려고 노력하는 경우가 자주 있다. 어떤 사건이나 결과에 대해 관련자들이 모두 책임을 회피하려고 할 때 어느 누구도 책임질 사람이 없어지고 그 결과 책임 공백이 발생하기 때문이다.

3) 사회적 책임 회피에 대응하기

세상에는 자기의 행위로 인한 피해를 책임지기보다 회피하려는 경향성이 높은 사람이 많고, 자기가 맡아야 마땅한 역할이나 임무를 미루거나 타인에게 전가하는 사람도 많다. 책임 전가를 실제 실험을 통해 증명한 펠드먼-서머스(Feldman-Summers, 1977)는 사람들은 자신의 선택이 부정적 결과를 가져올 수 있음을 예측할 수 있을 때 타인에게 선택권을 넘기는 경향이 있음을 확인하였다.

사회적 책임을 회피하거나 전가하려는 경향성은 세대 간에서 자주 발생한다. 기성세대는 지금 널리 퍼져 있는 상품이 환경을 파괴하는 주범이라는 것을 인식하게 되었을 때 그 상품을 어떻게 할 것인지 결정할 때 사회적 책임을 회피하고 유혹에 쉽게 빠진다. 즉, 지금 누리는 풍요가 환경파괴라는 나쁜 결과를 초래하였음을 뻔히 알면서도 자신의 풍요를 포기하기 어렵기 때문이다. 바꾸어 말하면, 기성세대는 산업발전을 위한 명목으로 환경을 파괴하였으나 이들은 책임을 회피하고 신세대에게 환경보호라는 의무를 전가하고 싶은 유혹에 빠지기 쉽다. 이러한 기성

세대의 사회적 책임 회피는 결국에 세대 간 갈등을 야기할 수도 있다. 그러므로 신세대는 기성 세대로부터 사회적 책임을 무작정 떠넘겨 받지 않기 위해서는 무엇을 어떻게 해야 하는지를 고민해야 할 것이다.

성찰과제

1. 사회적 책임을 이해하려면, 공유재의 비극 또는 많은 손의 문제(problems of many hands)를 이용하면 효과적이다. 추가 사례를 찾아서 공유재의 비극을 이용하여 사회적 책임을 설명해 보시오.
2. 인공지능 시대에는 책임의 공백 또는 사회적 책임의 공백이 심각한 사회 문제로 부각될 것이다. 사회적 책임 공백 사례를 찾아서 논의해 보시오.
3. 대학에서 개인의 사회적 책임을 발달시키는 방법을 찾아서 토론해 보시오.

참고문헌

김인숙(2002). 대학생의 환경친화적 소비자 행동과 환경의식적 시민행동 성향-청주시 대학생을 중심으로. **한국생활과학회지(충북가정학회지)**, 11(3), 249-262.

김혜연, 김시월(2014). 소비자의 사회적책임 의식 및 행동에 관한 연구. **소비문화연구**, 17(1), 1-24.

민숙원, 이세웅, 윤혜준(2021). 청소년기 대인관계와 성인기의 사회적 신뢰 간 관계 연구. **중등교육연구**, 69(4), 465-492.

서지영, 정영숙(2016). 아동, 청소년 및 대학생의 자기초월가치와 친환경 행동과의 관계. **환경교육**, 29(2), 135-152.

안재경, 최이문(2020). 한국판 자유의지와 결정론 척도(Free will and Determinism Plus: FAD+)의 타당화 연구. **한국심리학회지: 법**, 11(2), 191-210.

최미연, 이형석(2024). 사회적 신뢰는 어떻게 형성되는가?: 언론인 평가와 뉴스정보 신뢰도, 정치사회 관심도를 중심으로. **융합사회와 공공정책**, 18(1), 207-238.

Airaksinen, T. (2008). Trust, responsibility, power, and social capital. In *Power, freedom, and voting* (pp. 405-419). Springer Berlin Heidelberg.

Arslan, G., & Wong, P. T. (2022). Measuring personal and social responsibility: An existential positive psychology approach. *Journal of Happiness and Health, 2*(1), 1-11.

Bajramovic, E., Hodzic, D., & Bajramovic, E. (2021). Social responsibility recognition and involvement of interested parties. *Acta Technica Corviniensis-Bulletin of Engineering, 14*(1), 13-16.

Basdekidou, V. A. (2017). Green entrepreneurship & corporate social responsibility: Comparative and correlative performance analysis. *International Journal of Economics and Finance, 9*(12), 1-12.

Baumeister, R. F. (1998). Inducing guilt. In J. Bybee (Ed.), *Guilt and children* (pp. 127-138). Academic Press.

Bénabou, R., & Tirole, J. (2010). Individual and corporate social responsibility. *Economica, 77*(305), 1-19.

Bierhoff, H. W. (2002a). Just world, social responsibility, and helping behavior. In M. Ross & D. T. Miller (Eds.), *The justice motive in everyday life* (pp. 189-203). Cambridge University Press.

Bierhoff, H. W. (2002b). Responsibility and altruism: The role of volunteerism. In *Responsibility* (pp. 163-180). Routledge.

Bowen, H. R. (1953). *Social responsibilities of the businessman.* Harper & Brothers.

Carroll, A. B. (2008). A history of corporate social responsibility: Concepts and practices. In A. M. Andrew Crane, D. Matten, J. Moon, & D. Siegel (Eds.), *The Oxford handbook of corporate social responsibility* (pp. 19-46). Oxford.

Cheng, W. Y., Cheung, R. Y., & Chung, K. K. H. (2021). Understanding adolescents' perceived social responsibility: The role of family cohesion, interdependent self-construal, and social trust. *Journal of Adolescence, 89,* 55-62.

Clugston, R. M., & Calder, W. (1999). Critical dimensions of sustainability in higher education. *Sustainability and University Life, 5*(1), 31-46.

Collins, S. (2019). Collective responsibility gaps. *Journal of Business Ethics, 154*(4), 943-954.

Da Silva, M. (2024). Responsibility gaps. *Philosophy Compass, 19*(9-10), e70002.

Davis, S. L., Rives, L. M., & De Maya, S. R. (2017). Introducing personal social responsibility as a key element to upgrade CSR. *Spanish Journal of Marketing-ESIC, 21*(2), 146-163.

Davis, S. L., Rives, L. M., & Ruiz-de-Maya, S. (2021). Personal social responsibility: Scale development and validation. *Corporate Social Responsibility and Environmental Management, 28*(2), 763-775.

Dewey, J. (1900). The school and society. In J. A. Boydston (Ed.), *The middle works* (Vol. 1, pp. 1-112). SIU Press.

Duijf, H. (2018). Responsibility voids and cooperation. *Philosophy of the Social Sciences, 48*(4), 434-460.

Dwyer, S. (2003). Moral development and moral responsibility. *The Monist, 86*(2), 181-199.

Feldman, G. (2017). Making sense of agency: Belief in free will as a unique and important construct. *Social and Personality Psychology Compass, 11*(1), 1-15.

Feldman, G., Baumeister, R. F., & Wong, K. F. E. (2014). Free will is about choosing: The link between choice and the belief in free will. *Journal of Experimental Social Psychology, 55*, 239-245.

Feldman-Summers, S. (1977). Implications of the buck-passing phenomenon for reactance theory. *Journal of Personality, 45*(4), 543-553.

Flanagan, C. (2003). Trust, identity, and civic hope. *Applied Developmental Science, 7*(3), 165-171.

Gardiner, S. (2017). Accepting collective responsibility for the future. *Journal of Practical Ethics, 5*(1).

Genschow, O., & Brass, M. (2022). Belief in free will relates to attributions of intentionality and judgments of responsibility. *Advances in Experimental Philosophy of Free Will and Responsibility*, 13-26.

Glanville, J. L., & Paxton, P. (2007). How do we learn to trust? A confirmatory tetrad analysis of the sources of generalized trust. *Social Psychology Quarterly, 70*(3), 230-242.

Gomez, L. (2014). The importance of university social responsibility in Hispanic America: A responsible trend in developing countries. In *Corporate social responsibility and sustainability: Emerging trends in developing economies* (Vol. 8, pp. 241-268). Emerald Group Publishing Limited.

Greenberger, E. (1984). Defining psychosocial maturity in adolescence. *Advances in Child Behavioral Analysis and Therapy, 3*, 1-37.

Gunnoe, M. L., Hetherington, E. M., & Reiss, D. (1999). Parental religiosity, parenting style, and adolescent social responsibility. *The Journal of Early Adolescence, 19*(2), 199-225.

Hardin, G. (1968). The tragedy of the commons. *Science, 162*, 1243-1248.

Hassan Kariri, H. D., Edrees Somaili, H., Hadi Omair, A., Mansour, M. E. S. I., & Radwan, O. A. (2023). The impact of psychological capital on job satisfaction among employees with individuals' social responsibility as a mediator. *SAGE Open, 13*(4), 21582440231218263.

Hay, B. L., Stavins, R. N., & Vietor, R. H. (2010). *Environmental protection and the social responsibility of firms: Perspectives from law, economics, and business*. Routledge.

Henkel, A., & Andersen, N. Å. (2015). Introduction: The necessity of a new understanding of responsibility for modern society. *Soziale Systeme, 19*(2), 221-232.

Hitlin, S., & Piliavin, J. A. (2004). Values: Reviving a dormant concept. *Annual Review of Sociology, 30*, 359-393.

Holdorf, W. E., & Greenwald, J. M. (2018). Toward a taxonomy and unified construct of responsibility. *Personality and Individual Differences, 132*, 115-125.

Howarth, D. (2001). Three forms of responsibility: On the relationship between tort law and the welfare state. *The Cambridge Law Journal, 60*(3), 553-580.

Jurs, P., Samusevičā, A., & Līdaka, A. (2017). The perspective of responsibility formation: Challenges and opportunities. *INTED2017 Proceedings,* 5761-5767.

Kariri, H. D. H., & Radwan, O. A. (2023). The influence of psychological capital on individual's social responsibility through the pivotal role of psychological empowerment: A study towards a sustainable workplace environment. *Sustainability, 15*(3), 2720.

Kolomiiets, L., Shulga, G., & Lebed, I. (2021, May). Formation of social responsibility of young people in the process of obtaining higher education. In Society. Integration. Education. *Proceedings of the International Scientific Conference* (Vol. 1, pp. 292-305).

Latif, K. F., Tariq, R., Muneeb, D., Sahibzada, U. F., & Ahmad, S. (2024). University Social Responsibility and performance: The role of service quality, reputation, student satisfaction and trust. *Journal of Marketing for Higher Education, 34*(2), 967-991.

Lerner, R. M., Dowling, E. M., & Anderson, P. M. (2003). Positive youth development: Thriving as the basis of personhood and civil society. *Applied Developmental Science, 7*(3), 172-180.

Lickona, T. (1992). Character development in the elementary school classroom. In K. Ryan, T. Lickona (Eds.), *Character development in schools and beyond* (pp. 141-162). Council for Research in Values and Philosophy.

Luthans, F., & Youssef, C. M. (2004). Human, social, and now positive psychological capital management. *Organizational Dynamics, 33,* 143-160.

Maisaroh, M., Sawitri, H. S. R., & Ramli, N. H. (2022). The Green Entrepreneurship Behavior: A literature review. *Journal Analisis Bisnis Ekonomi, 20*(1), 31-49.

Mergler, A. G. (2007). *Personal responsibility: The creation, implementation and evaluation of a school-based program* (Doctoral dissertation, Queensland University of technology).

Mergler, A. G. (2017). Personal responsibility: An integrative review of conceptual and measurement issues of the construct. *Research Papers in Education, 32*(2), 254-267.

Micucci, Lisa. (1998). Responsibility and the young person. *Canadian Journal of Law and Jurisprudence, 11*(2), 277-310.

Nordlund, A. M., & Garvill, J. (2002). Value structures behind proenvironmental behavior. *Environment and Behavior, 34*(6), 740-756.

Padilla-Lozano, C. P., & Collazzo, P. (2022). Corporate social responsibility, green innovation and competitiveness-causality in manufacturing. *Competitiveness Review: An International Business Journal, 32*(7), 21-39.

Piaget, J. (1985). *The equilibration of cognitive structures: The central problem of intellectual development* (T. Brown & K. J. Thampy, Trans.). University of Chicago Press.

Puneet, S., Ashish, N. (2012). Social responsibility and ISO 26000 standards: A new beginning. *Advances in Management, 5*(6), 7-13.

Putnam, R. (1993). *Making democracy work: Civic traditions in modern Italy*. Princeton University Press.

Putnam, R. D. (2001). Bowling alone: The collapse and revival of American community. *Simon Schuster*.

Rahimah, A., Khalil, S., Cheng, J. M. S., Tran, M. D., & Panwar, V. (2018). Understanding green purchase behavior through death anxiety and individual social responsibility: Mastery as a moderator. *Journal of Consumer Behaviour, 17*(5), 477-490.

Roberts, B. W., Wood, D., & Smith, J. L. (2005). Evaluating five factor theory and social investment perspectives on personality trait development. *Journal of Research in Personality, 39,* 166-184.

Salavou, H., Mamakou, X. J., & Douglas, E. J. (2023). Entrepreneurial intention in adolescents: The impact of psychological capital. *Journal of Business Research, 164,* 114017.

Schwartz, S. H. (1994). Are there universal aspects in the content and structure of values. *Journal of Social Issues, 50*(4), 19-45.

Secchi, D. (2009). The cognitive side of social responsibility. *Journal of Business Ethics, 88,* 565-581.

Secchi, D. (2013). Social responsibility type A, B, and C. *Advances in Psychology Research,* 143-158.

Shabeeb Ali, M. A., Ammer, M. A., & Elshaer, I. A. (2023). Born to be green: Antecedents of green entrepreneurship intentions among higher education students. *Sustainability, 15*(8), 6668.

Shariff, A. F., Greene, J. D., Karremans, J. C., Luguri, J. B., Clark, C. J., Schooler, J. W., ... & Vohs, K. D. (2014). Free will and punishment: A mechanistic view of human nature reduces retribution. *Psychological Science, 25*(8), 1563-1570.

Simon, H. A. (1990). A mechanism for social selection and successful altruism. *Science, 250*(4988), 1665-1668.

Singer, P. (1980). *The expanding circle: Ethics and sociobiology*. Clarendon Press.

Such, E., & Walker, R. (2004). Being responsible and responsible beings: Children's understanding of responsibility. *Children & Society, 18*(3), 231-242.

Steele, R., & General, S. (2010). Guidance on social responsibility. International standard ISO, 26000.

Sweetman, D., & Luthans, F. (2010). The power of positive psychology: Psychological capital and work engagement. In A. B., Bakker, & M. P. Leiter (Eds.), *Work engagement: A handbook of essential theory and research* (pp. 83-103). Psychology press.

Takalo, S. K., & Tooranloo, H. S. (2021). Green innovation: A systematic literature review. *Journal of Cleaner Production, 279*, 122474.

Tam, T. S., & Yeung, S. (1999). Altruism, social responsibility, and government support for social welfare. *Asia Pacific Journal of Social Work and Development, 9*(2), 79-95.

Taniguchi, H., & Marshall, G. A. (2014). The effects of social trust and institutional trust on formal volunteering and charitable giving in Japan. *VOLUNTAS: International Journal of Voluntary and Nonprofit Organizations, 25*(1), 150-175.

Tuzlukova, V., Alwahaibi, A., Sancheti, P., & Al Balushi, Z. (2020). Interpretation of teachers' understanding of the concept of personal social responsibility. *Journal of Language Teaching and Research, 11*(6), 904-913.

Venugopala, J. (2015). Personal social responsibility (PSR). 2025. 3. 인용. https://www.linkedin.com/pulse/personal-social-responsibility-psr-jayashree-venugopala

Waldman, D. A., & Galvin, B. M. (2008). Alternative perspectives of responsible leadership. *Organizational Dynamics, 37*(4), 327-341.

Wray-Lake, L. (2010). *The development of social responsibility in adolescence: Dynamic socialization, values, and action.* The Pennsylvania State University.

Wray-Lake, L., & Flanagan, C. A. (2012). Parenting practices and the development of adolescents' social trust. *Journal of Adolescence, 35*(3), 549-560.

Wray-Lake, L., & Syvertsen, A. K. (2011). The developmental roots of social responsibility in childhood and adolescence. *New Directions for Child and Adolescent Development, 134,* 11-25.

Wray-Lake, L., Syvertsen, A. K., & Flanagan, C. A. (2016). Developmental change in social responsibility during adolescence: An ecological perspective. *Developmental Psychology, 52*(1), 130.

Yamagishi, T., & Yamagishi, M. (1994). Trust and commitment in the United States and Japan. *Motivation and Emotion, 18*(2), 129-166.

누구를 위한 학교인가?
학교와 교사의 공적 책임

윤민종, 신하빈

성찰목표

1. 교육의 사회적 책임에 관한 학교와 교사의 역할을 이해하고 설명할 수 있다.
2. 학교효과와 교사효과의 주요 연구 흐름을 비교 및 분석하고, 학교와 교사가 학생의 학업성취도 및 교육 불평등 해소에 실질적으로 미치는 영향과 그 한계를 비판적으로 평가할 수 있다.
3. 교사의 사회적 책임을 이해하고, 교육 불평등 해소를 위한 교사의 사회적 책임 강화 방안을 제안할 수 있다.

1. 학교와 교사의 역할을 중심으로 한 교육의 사회적 책임

교육이 사회적 책임을 수행해야 한다는 요구가 커지고 있다. 교육의 사회적 책임이란, 교육을 통해 사회 문제를 인식하고 해결하려는 개인과 사회의 공동 책임 의식을 뜻한다. 사회적 책임은 개인의 성장과 사회의 진보를 동시에 추구하는 교육의 근본적인 방향성을 제시한다(이상수 외, 2021). 이 책임을 단순히 교육 내용에 국한하는 것이 아니라, 교육의 전반적인 실행 과정과 그 결과로서 나타나는 사회적 영향력을 포괄하는 개념으로 이해해야 한다. 사회적 책임을 강조하는 교육은 지식 전달을 넘어 사회적 요구에 부응하고, 더 나아가 사회를 긍정적으로 변화시키는 실천적인 힘을 길러 내는 것을 목표로 한다(이상수 외, 2021; Forbes, 2019).

학교 현장에서 교육의 사회적 책임은 학생들의 개인적인 성장뿐만 아니라 사회적인 성장도 함께 고려하도록 하는 것을 의미한다. 이는 단순히 학생들의 학업성취도를 높이는 것을 넘어, 학교의 교육 내용, 운영 방식, 교육 시스템 구조 전반에 걸쳐 근본적인 질문을 던지게 한다. 학교가 시대의 요구에 발맞추어 변화하고 발전해야 할 당위성을 제시함과 동시에, 사회 구조 속 학생들에게 필요한 환경을 조성해야 함을 강조하는 것이다. 버먼(Berman, 1990)은 학생 개개인의 삶의 맥락과 요구가 교육과정에 능동적으로 반영될 때, 교육의 사회적 책임이 실질적으로 구현될 수 있다고 주장하였다.

개별 학생의 다양한 배경과 요구를 고려하는 것은 교육 기회 균등과 직결된다. OECD(2012)는 교육 기회 균등을 '개인의 사회경제적 배경이 교육 성과에 부정적인 영향을 미치지 않도록 제도적인 장벽을 제거하는 것'으로 정의한다. 이 정의에 따라 학교는 학생들의 출신 배경으로 인해 발생하는 학습 격차를 해소하기 위한 책임을 지닌다. 학생들이 처한 불평등한 기회와 자원을 인식하고, 사회적 형평성을 실현하는 노력이야말로 교육의 사회적 책임이 갖는 중요한 실천적 의미를 드러내는 부분이다.

교육 기회 균등 개념은 불평등 해소를 위해 학교의 책임을 강조한다(Coleman, 1968). 학생들의 학업성취도 차이는 상당 부분 기회의 불평등에서 비롯되며, 교육 기관은 이러한 격차를 줄이는 데 중요한 역할을 담당해야 한다는 것이다. 따라서 학교는 단순히 교육 자원의 양적인 확충과 공정한 배분을 넘어, 학생들의 다양한 요구에 부응하는 질 높은 교육을 제공함으로써 실질적인 교육 결과의 향상을 추구해야 한다(Coleman, 1968; Gamoran & Long, 2007). 더하여, 학교는 교육과정과 교수 방법의 질적 향상을 통해 학생들의 학업성취 격차를 줄이는 데 핵심적인 역할을 해야 한다.

학교는 모든 학생에게 균등한 교육 기회를 제공할 책임이 있다. 이는 학생들의 잠재력을 최대한 발휘할 수 있도록 지원해야 하는 역할을 가지는 것이다. 학교는 교육과정, 교수 방법, 교육 자원의 배분 등 다양한 측면에서 학생들의 교육 성과에 직간접적으로 영향을 미친다. 효과적인 교육 프로그램과 질 높은 교사의 존재는 학생들의 학업성취도를 높이는 데 결정적인 역할을 수행한다. 이는 곧 학생들의 삶의 기회를 확장하고 사회적 이동성을 증진시킬 수 있는 교육 기회 균등 실현의 중요한 토대가 된다(Darling-Hammond, 2010).

학교의 사회적 책임이 실현되기 위해서는 교사의 역할이 강조된다. 학생의 성취에 관한 교사의 책임감은 교육 기회 균등의 중요한 토대가 된다. OECD(2019)의 연구에 따르면 교사효과성의 표준편차가 1단위 상승하면 학생의 학업성취도에서 약 20%의 개선 효과가 나타난다. 이는 교사의 책임감과 전문성이 취약 계층 학생들의 학습 격차 해소에 직접적으로 영향을 미친다는 점을 시사한다. 교사의 사회적 책임은 단순히 학생들의 학업성취에 영향을 미치는 것을 넘어, 학생들이 공정한 교육 기회를 누리고 잠재력을 최대한 발휘할 수 있도록 헌신하는 포괄적인 역할을 의미한다. 교사는 학생들의 다양한 배경과 학습 요구를 이해하고, 효과적인 교수 전략을 개발하며, 끊임없이 자신의 전문성을 함양함으로써 교육 기회 불평등 해소에 적극적으로 기여해야 한다.

이 장에서는 교육 기회 균등 실현에 있어 교사의 사회적 책임을 주로 논의하고자 한다. 이를 위해 학교의 역할이 어떻게 이야기되어 왔으며, 실질적으로 학생의 교육 성과에 어떠한 영향을 미치는지 확인하고자 한다. 이후 학교효과에서 큰 역할로 강조되는 교사는 학생의 성취와 학업 격차를 완화하는 것에 어떤 영향을 미치는지 확인할 것이다. 이 논의를 토대로 학생의 교육 기회 균등을 위해 교사가 학교에서 수행해야 할 역할과 책임이 무엇인지를 심층적으로 고찰하고자 한다.

2. 교육 기회 균등을 위한 학교의 사회적 책임과 효과

학교는 학생들의 학업 성과에 중대한 영향을 미치는가? 이 질문은 교육 기회 균등이라는 관점에서 꾸준히 제기되어 왔다. 학교효과 연구는 사회 문제를 교육으로 해결하고자 하는 요구에서 시작되었다. 당시 미국 사회는 교육 분야에서 균등한 기회를 제공한다면 인종차별과 빈곤이 해소될 수 있다고 믿었다. 다양한 사회적 배경을 가진 학생들이 교육 기회를 부여받아 학업 성취를 이루고, 노동 시장에 진입함으로써 불평등이 감소할 것이라 기대했던 것이다. 이 시기에는 불평등한 학교교육의 초기 단계부터 개선하여 학생들에게 동등한 기회를 제공하는 데 중점을 두었다. 특히 불리한 출발점에 있는 학생들에게 학교교육의 기회는 더욱 중요하게 여겨졌다. 외부 환경으로 인해 이들은 더욱 불리한 위치에 놓이기 때문이다(이규재, 2020). 콜먼 등(Coleman et al., 1966)은 당시 사회적 통념과 정책적 시도에 따라 학교 간 질적 차이 해소가 교육 불평등 해소로 이어지는지를 연구했다.

학교 간 차이 연구는 교육 결과의 차이를 유의미하게 설명하지 못했다(Coleman et al., 1966). 학생들의 사회경제적 배경에 따라 학교의 환경은 달라지지만, 이러한 차이가 학업성취도로 직결되지는 않았다. 콜먼은 학교보다는 학생의 사회경제적 배경 변인이 학업성취도를 더 잘 설명한다고 보았다. 학교가 학생의 성취에 큰 영향을 미치지 않으며, 사회경제적 배경이 교육 불평등의 주된 원인임을 시사한 것이다. 이 결과는 재정 및 인적 투자가 교육 불평등을 해소할 것이라는 당시의 일반적인 믿음과 상반되었다(Coleman et al., 1966).

후속 연구들은 콜먼의 연구 결과를 반박하려는 시도를 이어 갔다. 이 연구들은 분석 방법이나 성취도 유형에서 비롯된 한계점을 근거로 학교가 학생의 학업성취도에 긍정적인 영향을 미칠 수 있음을 설명하고자 했다. 학업성취도의 지표를 학교교육 내용에 기반을 두거나, 교육 결과를 직업 계획 및 지위, 혹은 대학 진학 및 직업 포부로 설정하는 등 콜먼 보고서를 재분석한 것이 대표적인 연구들이다. 콜먼의 결과에 반박하기 위한 후속 연구들이 활발히 진행되었음에도 불구하고, 학교가 학생의 교육 결과를 크게 설명하지 못한다는 결론에 도달하는 경우가 많았다(Hauser et al., 1976; Jencks & Brown, 1975; Smith, 1972). 콜먼의 논의와 마찬가지로 학생의 사회경제적 배경이 학생에게 가장 큰 영향을 미치며, 학교는 학생의 학업성취도에 유의한 영향을 미치지 못한다는 연구들이 보고되었다.

초기 학교효과 연구는 학교의 물리적인 요인이 교육 결과에 미치는 영향에 주목하였다. 교육 기회 불평등을 완화하기 위한 해결책으로 학교에 투입되는 시설 자원의 변화를 기대했기 때문이다. 이 연구들은 시설 자원과 같은 투입 자원을 주된 변인으로 설정하고, 학교의 교육과정이나 학교 내 교육 경험을 크게 고려하지 않았다는 한계를 지닌다(Averch et al., 1972; Gamoran, Secada, & Marrett, 2000). 학교에서 나타나는 교육과정을 확인하지 않았다는 점에서 초기 학교연구는 '투입-산출' 모형으로도 불린다. '투입-산출' 모형은 학교 내부 과정을 알 수 없다는 점에서 '검은 상자 모형(black-box model)'이라고 비판받았다(Averch et al., 1972).

학교효과의 심층 분석을 위해 학교 내 교육과정을 분석해야 한다는 주장이 제기되었다(성기선, 1998). 학교효과를 검토했던 젱크스와 브라운, 그리고 하우저와 그 동료들은 분석 결과를 토대로 다음과 같은 시사점을 제시했다. 학생들의 학업성취도 격차와 졸업 후 발생하는 사회경제적 불평등은 동일한 학교에 재학한 개인들 간의 차이에서 비롯된다(Jencks & Brown, 1975). 이 결과는 학교 특성 간의 차이가 아닌 개인의 차이에서 원인을 찾아야 한다는 주장을 뒷받침한다. 따라서 연구의 주된 초점을 학교 내에서 발생하는 차이와 그 차이를 야기하는 학교교육과정으로 옮겨야 한다는 것이다(Hauser et al., 1976).

학교효과 연구들은 학교 간의 비교를 통해 상대적인 효과를 검증하는 데 집중했다. 이 연구들은 학생 성적에 영향을 미치는 배경 특성을 통제하여 학교 간의 차이나 학교 내 경험의 차이가 만들어 내는 교육효과에 초점을 맞췄다(Hauser et al., 1976; Jencks & Brown, 1975; Smith, 1972). 이러한 접근은 학교효과를 학교 간 차이에서 비롯되는 교육 결과의 차이라 한정한다. 비교에 집중하였기에 학교 자체가 학생의 교육 결과에 미치는 절대적인 영향을 간과했다는 비판을 받기도 했다(이규재, 2020).

선행연구의 한계와 비판은 학교의 순수한 효과를 확인하려는 흐름으로 이어졌다. 학교 자체의 효과를 논의하려는 연구들은 교육 평등의 메커니즘으로서 학교효과를 확인하고자 했다(Alexander, Entwisle, & Olson, 2007; Downey, Hippel, & Broh, 2004; Reardon, 2003; Reardon &

Galindo, 2009). 이를 위해 학생들이 학교에 출석한 기간과 출석하지 않은 기간을 분리하여 분석할 필요가 있다는 점이 강조되었다(Downey, Hippel, & Hughes, 2004). 헤인스(Heyns, 1978)는 조지아주 애틀랜타의 42개 학교를 대상으로 6학년과 7학년 학생들의 성취도를 분석했다. 학교에 출석하는 기간과 출석하지 않는 기간을 비교했을 때, 학교가 학생들의 사회경세적 배경과 주변 환경으로 인해 발생하는 성취도 격차를 줄여 주는 역할을 하는 것으로 나타났다. 두 기간을 대비할 때 출석하지 않는 기간 동안 학교의 효과가 나타난 것이다.

BBSS(Baltimore Beginning School Study) 데이터를 활용한 연구에서도 유사한 결과가 보고되었다. 엔트위슬과 알렉산더(Entwisle & Alexander, 1992)는 인종 간 발생하는 학교효과의 차이를 분석하고자 수학 성취도 격차를 확인했다. 학교의 영향력과 가정의 영향력을 구분하기 위해 여름방학 기간과 학기 중을 분리하여 분석을 진행했다. 인종 통합 학교와 분리 학교에서 인종별 학생들의 성취를 확인한 결과, 대부분의 격차는 여름방학에 발생했다. 학교에 출석하는 기간 동안 백인 학생들은 학교 유형에 따른 차이를 보이지 않았지만, 흑인 학생들은 인종 통합 학교에서 더 높은 성취를 나타냈다.

ECLS−K(Early Childhood Longitudinal Study-Kindergarten Cohort) 자료를 분석한 연구도 학교의 절대적인 효과를 보여 준다. 다우니와 그의 동료들(Downey et al., 2004)은 ECLS−K 자료를 활용하여 학교가 학생의 인지 능력 불평등에 미치는 영향을 확인했다. 다층 성장 모형을 사용하여 종단 자료를 분석했으며, 시기별 학업 성장률의 차이를 분석했다. 분석 결과, 학생들은 학교에 출석하지 않을 때보다 출석할 때 더 평등하게 학습하고 있었다. 사회경제적 배경에서 기인한 성취도 격차는 학기 중에 더욱 감소했다. 동일한 자료를 사용한 레디(Ready, 2010) 또한 사회경제적 배경이 열악하지만 출석률이 높은 학생들이 사회경제적 배경이 좋은 학생들보다 더 높은 성장률을 보인다고 분석했다. 리어든(Reardon, 2003), 리어든과 갈린도(Reardon & Galindo, 2009)는 인종 간 발생하는 성취도 격차가 학교에 출석하는 기간 동안 좁혀졌다는 유사한 결과를 보고했다.

학교의 절대적인 효과를 분석하는 연구는 공교육 의무화로 비교 대상을 찾기 어렵다는 한계를 지닌다. 이 연구들은 학교 간 차이를 비교할 때 실패했다고 평가되는 학교들도 학생의 성취를 향상시키고 격차를 줄일 수 있음을 시사한다(Downey et al., 2008). 다른 학교보다 높은 성취를 보이지 못하더라도 단일 학교 내에서의 효과만 확인된다면, 학생들은 학교에 진학했을 때 사회경제적 배경의 격차를 줄이고 학업성취를 향상시킬 수 있다. 그러나 대다수 학생이 학교에 다니는 국가에서는 학교 경험이 없는 비교 집단을 찾기 어렵다(Ghang, 1993). 절대적 학교효과 연구는 학교 자체의 중요성을 강조하였으나, 그 제약으로 인해 학교 간 상대적 차이를 중심으로 하는 연구가 이어졌다. 초기 학교효과 연구의 한계점과 맞물려 학교 경험에 따라 학생들의 교육 결과 차이가 어떻게 나타나는지를 분석하는 연구들이 보고된다.

이후로는 효과적인 학교 연구(effective school study)와 공사립 학교효과 연구가 등장한다. 투입-산출 모델의 한계를 비판하며, 가시적인 학교 투입 자원이 아닌 비가시적인 학교의 교육과정과 자원 분배를 통해 학교효과를 확인하는 것이 주된 흐름이다(Averch et al., 1972; Hanushek & Kain, 1972; Murnane, 1975; Summers & Wolfe, 1977). 이 연구들은 학생들의 교육 결과가 차별적인 학교교육 경험에 의해 달라질 수 있는지를 주로 분석하였다. 연구를 통하여 학교 간 학업성취도 차이를 설명할 수 있는 구체적인 요인을 학교 내부에서 찾으려는 논의가 진행되었다(성기선, 1998).

효과적인 학교 연구는 학생의 학업성취도를 높인 특정 학교를 대상으로 연구를 수행한다(Levin, 1995). 이 연구의 목적은 효과적인 학교의 공통된 요인을 제시하는 것이다. 연구마다 편차가 존재하지만, 일반적으로 높은 학업성취도를 이끌어 낼 수 있는 조건을 갖추지 않은 학교가 주 대상으로 선정되었다. 다른 학교에 비해 학업성취도의 상승이 어렵다고 평가되는 학교에서 높은 교육 결과가 나타날 때 해당 학교를 효과적인 학교로 지정했다(Heyns, 1986). 초기 효과적인 학교 연구는 주로 참여 관찰법을 활용한 사례 연구를 통해 이루어졌다(성기선, 1998). 이후에는 회귀분석을 통해 이상치를 발견하고 예외적인 학교를 선정하는 방식으로 발전했다. 브루크오버와 슈나이더(Brookover & Schneide, 1975)는 예외적인 학교(outlier) 연구를 진행했다. 미국 미시간주에서 사회경제적 지위(SES)와 인종 구성이 유사한 학교들 중 학업성취도가 평균에서 크게 벗어난 학교들에 주목했으며, 그 차이를 유발하는 학교 요인에 초점을 맞춰 연구를 수행했다.

학생의 교육 결과에 효과적이라고 평가된 공통된 특징은 학교풍토이다. 효과적인 학교 연구는 어떤 특성들이 학교를 더욱 효과적으로 만드는지 분석하는 데 집중했다. 분석 결과로 제시된 성공적인 학교 요인으로 교장의 강력한 리더십, 학업성취 강조, 동기 부여, 수업에 적극적인 교사의 태도, 학생에 대한 지속적인 관심과 지도, 합리적인 평가, 질서 정연한 분위기, 공동체 의식 등이 제안되었다(Bryk & Raudenbush, 1992; Edmonds, 1979; Rosenholtz, 1985; Rutter, 1979). 효과적인 학교 연구를 수행한 학자들은 논의된 특성을 바탕으로 학교가 학생의 학업성취에 영향을 미치지 못한다는 초기의 회의적인 주장을 반박했다. 효과적인 학교 연구에서 제시하는 특성들은 학교효과를 결정하는 요인이 자원 투입과 같은 '유형적인' 요인보다는 학교 과정의 '무형적인' 요인에 더 크게 의존한다는 점을 시사한다.

효과적인 학교 연구는 학교 과정의 차별적인 경험에 대한 시사점을 제공하지만, 방법론적 비판에 직면한다. 이 연구들은 주로 소수의, 특히 도심지에 위치한 학교를 대상으로 진행되었기 때문에 다른 지역이나 중등학교 전체 수준으로 일반화하기 어렵다. 이는 국가 간 비교에도 마찬가지로 적용된다. 서구 국가와 제3세계 국가를 각각 비교할 때, 각 연구는 서로 다른 특징을 보고한다(Creemers & Scheerens, 1994; Jansen, 1995). 또한 특정 횡단 시점에서의 관찰을 중심으로 연구가 진행되었기에 학교효과의 지속성에 대해 명확한 답을 제시할 수 없다는 한계도 존재한다(Creemers & Scheerens, 1994). 분석에서 교과 과정에 관한 학교 정책 변수가 제외된다는 한계 역시 드러났다(Dyer, Linn, & Patto, 1969). 특정 변수의 배제는 학교효과를 측정할 때 편향치를 유발할 수 있다. 학교 수용 변수를 우선적으로 고려하고 정책 변수의 영향력을 낮게 평가함으로써 회귀 방정식에서 학교효과를 더 크게 반영할 가능성이 있다(Ghang, 1993).

공사립 학교효과 연구는 효과적인 학교 연구와 유사하지만, 당시 미국의 정책 논의를 반영하고 있다. 공교육 저하를 우려하는 정책적 관심은 공공 부문 대비 민간 부문의 효율성 논쟁에서 시작되었다. 이 연구는 학교교육의 수월성을 확보하려는 목적으로 수행되었다(이규재, 2020). 어떤 학교가 효과적인가에 대한 질문은 공립학교와 사립학교 간의 효율성 문제로 이어졌다(Kreft, 1993). 공사립 학교효과 연구는 효과적인 학교 연구와 마찬가지로 각 학교의 어떤 요인이 교육 성취에 더 효과적인지를 확인하는 연구 문제로 확장되었다. 공사립 학교효과 연구가 방법론적 엄격성을 강화했다는 점에서 효과적인 학교 연구와의 차이를 보인다(Gahng, 1993). 공사립 학교효과 연구는 더욱 체계적인 통계 모형을 사용하여 학교 간 차이를 검토하고 있다.

콜먼 등(Coleman et al., 1982)은 공사립 효과 연구에서 가톨릭 학교의 효과를 제시한다. HSB (High School and Beyond) 자료를 활용한 분석에서 가톨릭계 학교에 재학 중인 학생들의 성취는 사회경제적 배경을 통제한 후에도 일반 공립학교에 다니는 학생들보다 높게 나타났다. 가톨릭계 학교는 학교의 사회적 자본, 학업성취를 강조하는 풍토, 핵심 교육과정의 참여, 학교 운영 방식 등 학교와 종교 공동체가 지닌 특유의 교육 환경을 가지고 있다. 이러한 환경이 높은 학업성취의 주요인으로 지목된다(Coleman et al., 1987; Lee & Bryk, 1989). 동일한 HSB 자료를 사용한 그릴리(Greeley, 1982)도 콜먼과 유사한 결과를 발표했다. 인종 간 성취도 격차를 분석했을 때, 소수 민족 및 사회경제적 배경 수준이 낮은 학생들에게 가톨릭계 학교의 효과가 더 크다는 결과가 제시되었다. 이는 효과적인 학교 연구와 마찬가지로 학교의 특성이 학생의 배경 특성으로 인한 영향을 줄일 수 있다는 가능성을 보여 준다. 학교 선택에 관한 논의는 가톨릭계 학교, 사립학교효과 분석뿐만 아니라 마그넷 학교, 차터 스쿨 등 다양한 학교 유형의 효과 분석으로 이어졌다(Gamoran, 1996; Hill, Angel, & Christensen, 2006; Zimmer, 2009).

공사립 학교효과 연구의 방법론적 한계는 여러 측면에서 제기된다. 초기에는 콜먼 보고서에서 공변량 분석과 회귀분석을 활용했지만, 학교와 학생 간의 다양한 변인 상호작용을 충분히 반영하지 못하고 학교의 위계적 구조를 간과하여 해석의 왜곡이 발생할 수 있다는 지적이 있었다(성기선, 1998; Barr & Dreeben, 1983). 이 한계를 극복하기 위해 위계적 선형 모형(HLM)이 도입되었으며, 이후 학생 개인 수준과 학교 집단 수준의 변인을 동시에 고려할 수 있게 되었다. 이는 학교효과를 더욱 정확하게 추정하는 데 기여했다(Raudenbush & Bryk, 1986; Bryk & Thum, 1989).

방법론의 발달에도 불구하고 학생의 선택 편향이 충분히 통제되지 않았다는 한계가 존재한다. 사전 변인들에 관한 통제가 부적절하였기에 학교효과가 실제로 학교의 교육적 영향인지, 아니면 학생 개인의 특성 때문인지 명확히 구분하기 어렵다는 한계가 남아 있다(Morgan, 2001; Murnane, 1981). 이 선택 편의에 관한 방법론적 문제는 학교효과의 인과적 효과를 명확히 파악하기 어렵도록 하였다. 이러한 문제를 해결하기 위해 경향점수 매칭 등 새로운 통계 기법이 도입되었다. 특정 학교에 입학할 조건부 확률인 경향점수를 추정한 후 두 학교의 사전 동등성을 확보하여 문제를 해결한 것이다(Noell, 1982; Rosenbaum & Rubin, 1983).

선행연구들은 학생 간 격차를 줄이고 양질의 교육을 제공할 수 있는 학교의 주요 요인을 밝히고자 했다. 학교가 학생들의 교육 성과에 실질적인 영향을 미치는지에 대한 논의는 오랜 기간 다양한 연구를 통해 전개되어 왔다. 초기 학교효과 연구는 학교 간 물리적 자원 투입의 차이가 교육 불평등 해소에 기여할 것이라는 기대를 반영하였다. 그러나 콜먼 등(Coleman et al., 1966)의 연구는 학교 자체의 영향보다는 학생의 사회경제적 배경이 학업성취에 더 큰 영향을 미친다는 회의적인 결과를 제시했다. '투입-산출' 모형의 한계와 '검은 상자' 비판은 학교 내부의 교육과정과 경험에 주목하는 후속 연구의 필요성을 제기했다(Averch et al., 1972).

이후 학교효과 연구는 학교 내 교육 경험의 차이가 학생 성과에 미치는 영향을 분석하는 방향으로 발전했다. 특히 학교에 출석하는 기간 동안 사회경제적 배경으로 인한 성취도 격차가 감소한다는 연구 결과들은 학교가 교육 불평등을 완화하는 중요한 기제로서 작용할 수 있음을 보여 주었다(Downey, Hippel, & Hughes, 2008; Entwisle & Alexander, 1992; Ready, 2010). 효과적인 학교 연구와 공사립 학교효과 연구는 교사의 역할, 학업 강조 풍토 등 학교의 '무형적인' 요인이 학생 성취에 긍정적인 영향을 미친다는 점을 강조한다(Edmonds, 1979; Lee & Bryk, 1989). 학교라는 공간이 단순히 지식 전달을 넘어 학생들의 성장에 중요한 역할을 한다는 가능성을 제시한 것이다. 비록 방법론적 한계와 인과성 추론의 어려움이 존재하고 있으나, 이러한 연구들은 학교가 학생들의 교육 성과와 사회경제적 불평등 해소에 기여하는 중요한 역할을 수행한다는 점을 지속적으로 시사하고 있다.

3. 교육 기회 균등을 위한 교사의 사회적 책임과 효과

학교효과에서 학생의 성취도를 향상하기 위해 교사는 영향력 있는 요인으로 강조된다. 여러 연구에서 교사는 교육의 질과 학습자의 성취에 강한 영향을 미치는 핵심 주체로 설명되는데(장지윤 외, 2018; Hallinan, 2008) 이는 교수의 질이 높을수록 학생들의 학업성취가 증진함을 설명한다. 교사는 학생 개별의 능력을 강화하는 데도 도움을 주지만, 다양한 사회문화 배경을 가지거나 더 많은 교육 지원이 필요한 학생에게 중요한 자원으로 인식되었다(Wang et al., 1993).

학생에게 영향을 미치는 교사의 요인은 교사의 외부 변인, 심리적 태도, 상호작용으로 분류된다. 교사의 외부 변인은 자격증이나 경력 등을 일컫는다. 심리적 태도는 학생을 향한 열의와 헌신, 기대, 자기효능감으로 구성되며, 교사와 학생의 상호작용은 학생을 향한 교사의 지지와 인식, 수업 방식 및 태도로 이야기된다(강명희 외, 2014; 김민성 외, 2012; 김주영 외, 2017; Belmont, 1993; Granziera et al., 2022; Hoferichter et al., 2022; Kuklinski & Weinstein, 2001; Sakiz et al., 2012; Ullah et al., 2018). 학생의 학업성취도와 교사의 관계를 논의할 때 대부분의 연구는 교사의 사기, 열의, 헌신과 같은 심리적 태도를 중점적으로 다룬다. 류민영(2014)의 연구는 중학교와 일반 고등학교 학생들에게 가장 영향력이 큰 변인으로 교사의 헌신과 열의를 꼽았다. 심리적 태도는 학업성취도에 유의미한 영향을 미치는 요인이지만 학생의 학업성취도는 그 외에도 다양한 변인의 영향을 받는다. 학생의 사회경제적 배경, 교사의 교수 방식, 교사와의 관계 등의 변인이 학생의 학업성취도에 영향을 미치기 때문에 심리적 태도 외의 변인도 함께 고려해야 한다(김주영 외, 2017).

교사의 수업 방식과 태도는 학생의 학업성취도에 중요한 영향을 미친다. 파라디(Palardy, 2008)는 교사의 태도와 수업 관행이 자격증, 경력, 학위 소지 같은 배경적 요인보다 학생의 학업성취도에 더 효과적이라고 설명한다. 교사의 수업 방식 및 태도 중 학생과의 상호작용 수준이 핵심 요인으로 지목된다. 학생과 교사의 상호작용은 학습자가 맺는 주요 인적 관계로, 주로 수업 시간을 통해 이루어진다(김정원, 김병숙, 2004; Kuklinski & Weinstein, 2001). 교사와 학생의 상호작용은 단순한 지식 전달을 넘어, 학생이 수업에 적극적으로 참여하고 자신의 의견을 표현할 수 있도록 돕는다. 상호작용이 활발한 교실에서는 학생의 학습 몰입과 참여가 높아지고, 이는 다시 학업 성과로 이어진다(김민성 외, 2012; 김용석, 2022).

교사는 학생들의 학업 노출 시간을 늘려 학업성취도 향상을 도울 수도 있다. 교육적 지원을 제공하여 학생들이 학습 활동에 충분히 노출될 수 있게 하는 것이다. 학업성취도 저하에 관한 특정 위험 요인의 영향을 완화하여 사회경제적 지위가 낮은 학생들이 학업성취도에서 가장 먼저 혜택을 받을 수 있도록 한다(Cohen et al., 2003; Knapp, 1995; O'Connor & McCartney, 2007). 교육과 과제에 학생이 소요하는 시간, 학교에서 교사와 쉽게 마주할 수 있는 자유도는 가장 취약한 학생에게 가장 큰 혜택을 주는 것으로 나타났다(Wharton-McDonald, Pressley, & Hampston, 1998). 교사가 학생을 교육활동에 노출시킬수록 열악한 상황에 처한 학생들의 성취가 높아질 가능성이 증가하는 것이다. 학업적으로 집중적인 학습 환경 노출이 학생 학습의 외적 동기 부여가 될 수 있지만, 학생이 지속적인 학습 진전을 이루기 위해서는 교사와의 상호작용과 지원이 필수적이다(Hawley, 2008; Lee & Smith, 1996; Sunderman & Orfield, 2008).

교사와 학생의 상호작용은 교사의 태도와 지원, 학생의 인식과 반응을 모두 포함한다(강명희 외, 2014). 그란지에라 등(Granziera et al., 2022)은 이를 '도구적 지원'으로 정의하였다. 도구적 지원은 학생들이 학업 문제를 해결하고 학업 기술을 개발하도록 돕는 도구적 자원과 교사의 실질적인 도움이다. 교사는 학생에게 질문을 던지고, 개념을 명확히 하며, 오류를 수정하고, 학습 행동을 모델링함으로써 학생의 행동을 촉진한다(Malecki & Demaray, 2003). 교사의 지원은 학생의 적극적 참여와 노력을 유도하고, 이는 더 발전된 교사의 행동으로 이어진다(Zeinstra et al., 2023). 수업 내 상호작용을 통해 학생은 수업에 능동적으로 참여하고, 독립적으로 사고하는 과정을 경험한다(김영숙, 조한익, 2017; Duffy et al., 2012). 상호작용 수준이 높은 수업에서는 교사가 학생이 학습에 의미를 찾도록 돕고, 지속적인 피드백을 제공해 학생을 수업으로 이끈다(최병연, 1999). 교사가 자신에게 관심을 가지고 도울 것이라고 학생이 지각하면, 이러한 지원 경험이 긍정적 학업 태도로 이어지고(Klem & Connell, 2004), 이는 학습 환경 조직의 기반이 된다(김남희, 김종백, 2011; Tricket & Moos, 1973).

학생과 교사의 상호작용이 학업성취도 향상에 유의미한 영향을 미친다는 연구가 활발히 보고된다. 학생의 수준에 맞는 수업 진행, 격려, 이해 가능한 언어 사용 등은 학생으로 하여금 그 수업의 가치를 인지하도록 만든다(Ullah et al., 2018). 독일의 중등학교를 대상으로 진행된 연구에서는 교육 환경을 관리하고, 학생이 목표를 달성할 수 있도록 질서 있고 기능적인 환경을 제공하는 교사가 학생에게 유의미한 영향을 미치는 것으로 나타났다. 학생의 과제를 돕고, 동기와 피드백을 제공하는 지원은 학생의 대처 능력을 향상시키고, 학업 피로를 완화하며, 학업성취도를 높인다(Hoferichter et al., 2022).

한국의 2010학년도 국가 수준 학업성취도 평가 참여자를 대상으로 한 연구도 유사한 결과를 보고한다. 학생을 존중하고 수업에 열의를 보이는 교사의 태도는 학습 태도와 학교생활 만족도에 직접적 영향을 미치며, 학습 태도를 매개로 학업성취도 향상에 간접적 영향을 미친다(강명희 외, 2014). 학생은 교사가 수업에 자신을 참여시키는 방식과 상호작용하는 방식을 편안하게 느낄 때 학습 내용을 더 적극적으로 받아들인다(Hackenberg, 2005; Rajagopai, 2011). 교사와 학생의 상호작용은 학생의 이해력과 논리적 사고력을 향상시키고, 수업의 가치를 인식하게 하여 학업성취에 직접적으로 영향을 준다. 긍정적 학습 태도 및 학습 동기를 매개로 간접적으로도 학업성취에 영향을 미치는 것이다(강명희 외, 2014; 김민성 외, 2012; 김영숙, 조한익, 2017; 김용석, 2022; 김주영 외, 2017; 노현종 외, 2015; 소연희, 2011).

학생들은 교사의 언어적 · 비언어적 행동을 관찰하며 자신의 행동을 발전시킨다(Sakiz et al., 2012). 학생이 교사로부터 받는 단서를 더 많이 인식할수록 성취 차이는 커진다(Kuklinski & Weinstein, 2001). 교사의 관심이 학생에 의해 지각되고 작용할 때, 학생은 교사의 수업활동을 효과적으로 받아들인다(김정원, 김병숙, 2004). 이는 분석에서 교사와 학생의 관계를 어떻게 파악하는지로도 나타난다. 학생이 지각한 교사 변인을 활용할 때, 학생의 성장에 따라 수업에 대한 인식과 수업 태도는 낮아지지만, 교사의 수업에 대한 인식이 학생의 수업 태도에 미치는 영향력은 오히려 증가한다는 결과가 보고된다(이선영 외, 2020). 학생이 교사와의 상호작용을 인식하는 정도에 따라 교사의 특성이 학업성취도에 미치는 영향력이 달라지는 것이다. 학생들이 교사의 수업 전문성, 기대감, 피드백을 높게 인식할수록 수업 태도와 자기주도학습, 학업성취도가 함께 향상된다(김주영 외, 2017).

빌리칸-데미르(Bilican-Demir, 2021)의 연구는 교사와 학생의 긍정적 관계가 학생의 학습 동기와 학업성취를 높인다고 밝혔다. 이 연구에 따르면 교사-학생 관계 점수가 1단위 상승할 때 학교 성공 확률이 19% 증가한다. 빌리칸-데미르(2021)는 교사와 학생 간 상호작용이 단순한 지식 전달을 넘어 학생이 소속감을 느끼고 정서적으로 안정감을 얻는 사회정서적 학습 환경 조성에 중요한 역할을 한다고 강조한다. 학생은 교사로부터 신뢰와 지지를 경험할 때 자신의 의견을 자유롭게 표현하고, 실패에 대한 두려움 없이 도전할 수 있는 심리적 안정감을 갖게 된다. 교사의 신뢰와 지지는 학생의 자기효능감을 높이고, 자기효능감은 다시 학습 동기와 학업성취로 연결된다. 교사가 학생 개개인과 긍정적이고 신뢰로운 관계를 형성할 때 학생의 학업적 · 정서적 성장에 결정적 영향을 미치게 되는 것이다. 교사와 학생 간 신뢰와 상호작용은 학생의 전인적 성장과 학교의 전반적 성과에 중요한 역할을 한다.

교사의 사회적 책임은 학업 환경 제시, 상호작용 증진, 모든 학생의 학습에 책임감을 함양하는 등 다양한 차원을 포괄한다. 이러한 책임은 단순히 외부적 규범이나 제도에 순응하는 것에 그치지 않는다. 교사는 자신의 교육적 신념과 가치에 따라 학생 개개인의 성장과 발달을 위해 주체적으로 판단하고 행동해야 한다. 교사는 학교나 사회가 요구하는 규정과 기준, 그리고 교육 정책의 틀 안에서 자신의 역할을 수행해야 하는 현실적인 한계에도 직면한다. 따라서 교사의 사회적 책임은 자율성과 제도적 제약, 그리고 도덕적 주체성이 복합적으로 상호작용하며 형성된다는 점에서 매우 역동적이고 다층적인 성격을 지닌다.

하몬(Harmon, 1995)의 '역설로서의 책임' 논의는 교사 책임의 본질을 이해하는 데 중요한 통찰을 제공한다. 하몬은 책임이란 행위자의 자유 의지(주체성)와 제도적 · 규범적 제약(의무) 사이의 본질적인 갈등을 내포한다고 보았다. 예를 들어, 교사는 학생 개별의 필요와 상황에 맞추어 창의적으로 수업을 설계하고 싶지만, 동시에 교육과정이나 법적 규정 등 외부의 기준을 준수해야 하는 딜레마에 자주 직면한다. 하몬은 이러한 갈등을 단순히 불가피한 문제로만 보지 않고, 오히려 공공 영역에서 책임이란 주체성, 의무, 그리고 외적 결과에 대한 책임성(accountability)이 건강하고 역동적인 긴장 속에서 공존할 때 더욱 의미 있다고 강조했다. 교사의 사회적 책임 역시 도덕적 판단, 제도적 규범 준수, 그리고 결과에 대한 외적 책임이 서로 긴장하면서도 불가분하게 작용함을 시사하는 것이다.

교사의 책임감은 모든 학습과 그 결과에 책임을 지는 의지로 설명된다. 할보르센 등(Halvorsen et al., 2009)은 '교사가 모든 학생의 학습에 대해 책임을 지고, 학생의 성공 또는 실패가 학생을 포함한 외부 결정요인보다는 교수의 질에 기인한다는 것을 받아들이는 의지'로 책임감을 설명하였다. 이 정의는 하몬의 책임성 개념과 직접적으로 연결된다. 즉, 교사는 자신의 교수 행위가 학생의 학습 결과에 미치는 영향을 인식하고, 그 결과에 대해 외적으로 평가받는 책임을 진다. 동시에, 교사의 책임감은 하몬이 강조한 '주체성(agency)'과도 밀접하게 연관된다. 모든 학생의 학습에 대해 개인적으로 책임이 있다고 여기는 태도는, 교사가 자신의 교육적 선택과 행동에 대해 주체적으로 판단하고 실천함을 의미한다. 반면, 교육 관련 법률 및 규정 준수 의무는 하몬(Harmon, 1995)의 '의무(obligation)' 개념에 해당한다. 이는 도덕적 행동이 교사 외부의 기준과 요구에 의해 결정되는 측면을 드러낸다.

교사의 사회적 책임은 주체성, 의무, 결과 책임이 긴장과 균형을 이루며 실현된다. 교사는 학생의 개별적 요구와 제도적 기준, 그리고 결과에 대한 외적 평가 사이에서 끊임없이 선택하고 조율해야 한다. 교사는 학생의 창의성과 다양성을 존중하면서도, 국가 교육과정과 학교 규정에 따라 수업을 설계하고 운영해야 하는 딜레마에 놓이기도 한다. 이러한 '창조적 긴장' 속에서 교사는 자신의 전문성과 윤리적 판단을 바탕으로 최선의 선택을 모색하게 된다. 하몬의 논의는 이와 같은 복합적이고 동적인 책임의 본질을 이해하는 데 중요한 시사점을 제공한다.

교사의 책임은 교육 현장에서 학생의 성장과 변화에 적극적으로 개입하는 실천적 태도로 이어진다. 책임감을 가진 교사는 학생 개개인의 능력, 가정 배경, 학교 여건과 관계없이 모든 학생에게 동일한 기대를 가진다(Halvorsen et al., 2009; Lee & Burkam, 2002; Lee & Loeb, 2000). 리랜드와 하스테(Leland & Harste, 2005)는 특히 어려운 환경에서 불우한 가정의 학생들을 가르치는 교사는 학생이 학습할 수 있다는 믿음과 기대를 가지고, 스스로를 변화의 주체로 인식해야 한다고 강조한다. 교사의 신념과 기대는 중요하며, 교사의 효능감이라는 심리학적 관점에서부터 교사의 책임이라는 사회학적 틀에 이르기까지 다양한 방식으로 개념화된다. 교사가 학생의 학습에 관해 책임을 진다는 것은 학생의 학습 결과에 영향을 미칠 수 있는 자신의 능력에 대해 더 큰 자신감을 가지고 있음을 의미한다. 이는 가장 유능하거나 동기가 부여된 학생뿐 아니라, 모든 학생을 위한 교육과정으로 이어진다(Lee & Smith, 1996). 실제로 이러한 교사들은 학생의 행동 문제나 학업 부진을 퇴학이나 교정 수업 의뢰로 처리하지 않고, 도전으로 인식하며 적극적으로 해결하려 한다(Halvorsen et al., 2009).

교사는 학생의 학업성취도에 직접적인 영향을 미치는 주체로, 학생의 성장과 학습 환경 전반에 결정적 역할을 한다(장지윤 외, 2018; Hallinan, 2008). 교사의 책임감과 학생과의 상호작용, 적극적인 교육 지원은 학생의 학업 몰입과 참여를 촉진한다. 이는 학생의 학업 성과로 이어지게 된다(김민성 외, 2012; Granziera et al., 2022; Palardy & Rumberger, 2008). 교사의 헌신과 책임감, 그리고 신뢰에 기반한 학생과의 상호작용은 학생의 학업성취도 향상뿐 아니라, 학교교육의 궁극적 목표인 전인적 성장과 사회적 형평 실현에 필수적인 요인임을 알 수 있다.

교사의 사회적 책임은 모든 학생의 학습에 대한 책임감을 포함하는 개념이다. 교사의 책임감은 자신의 교수 질에 따라 학생의 성공 또는 실패가 결정된다고 믿는 태도이다(Halvorsen et al., 2009: 183). 책임감을 가진 교사는 모든 학생에게 동일한 기대를 가지고(Halvorsen et al., 2009; Lee & Burkam, 2002; Lee & Loeb, 2000), 학생의 학업적 · 행동적 문제를 도전으로 인식하여 적극적으로 개입한다(Halvorsen et al., 2009). 교사의 책임감 있는 태도와 지원은 특히 사회경제적 배경이 취약한 학생들의 학습성취도 향상과 격차 감소에 결정적 영향을 미치고, 가정 배경의 부정적 영향을 완충한다.

다음 절에서는 교사의 사회적 책임이 어떻게 학생의 사회경제적 배경을 중재하여 평등의 기제로 작용할 수 있는지 확인하고자 한다. 교사효과에 관한 연구들을 토대로 그 중요성을 구체적으로 살펴보고자 한다.

4. 교육 불평등 완화를 위한 교사의 사회적 실천

학교는 학습 성장 격차를 줄이는 데 중요한 평등화 역할을 수행한다. 학교 내 학습 경험의 질은 조기 개입 프로그램만큼 중요하다는 연구 결과가 지속적으로 발표되고 있다(Currie & Thomas, 2000; Downey et al., 2004b; Ready, 2010; Zhai, Raver, & Jones, 2012). 매그너슨 등(Magnuson et al., 2007)은 초등학교 초기의 양질 경험이 학습 격차를 줄이는 데 기여한다고 보았다. 교육 자원이 부족한 가정의 아동들에게는 고품질 학습 경험이 더욱 유용하다(Farkas & Hibel, 2008). 머이스와 레이놀즈(Muijs & Reynolds, 2003)는 학교가 사회경제적 배경이 열악한 학생들에게 3배가량 더 큰 영향력을 행사한다고 보고하며, 학교효과를 위한 정책적 노력이 교육 격차 감소를 이끌어 낼 수 있다고 주장한다. 콜먼과 호퍼(Coleman & Hoffer, 1987) 역시 가톨릭계 사립학교와 공립학교를 비교하면서 학생의 학업성취에 관심을 가지고 공동체 의식이 발달한 학교풍토가 흑인과 저소득 계층 학생에게 더 도움이 된다고 주장한다. 한국교육종단연구 2005를 활용하여 중학교 1학년 학생을 대상으로 분석을 진행한 국내 연구에서도 학업성취와 공동체를 강조하는 학교 특성이 부분적으로 학업성취 향상과 균등한 교육 기회 분배에 긍정적인 효과를 보인다고 보고한다(김성식, 2007).

학교에는 다양한 학습 능력과 가정 배경을 가진 학생들이 모인다. 다양한 사회경제적 배경을 지닌 학생들은 주변 환경의 인적 · 사회적 · 경제적 · 문화적 자원 가용성에 따라 각기 다른 학습 환경에 노출된다. 이는 학생들이 학교에 입학하기 전부터 교육 능력의 계층화가 이미 진행되고 있음을 시사한다. 예를 들어, 경제적 · 문화적으로 결핍이 있는 가정의 아동은 학습 발달을 촉진하는 인지적 · 언어적 자극을 덜 경험하는 경우가 많다고 보고된다(Smith, Brooks-Gunn, & Klebanov, 1997). 던컨과 매그너슨(Duncan & Magnuson, 2009)의 연구 또한 부모의 교육 수준, 가족 소득 및 구조, 그리고 주변 환경이 초등학생 시험 점수 격차의 절반가량을 설명할 수 있다고 주장한다.

학생들은 학교 내에서 능력별 분반, 특수교육, 유급, 교사의 기대치 등 다양한 분류 메커니즘을 경험한다. 학업 준비가 부족하거나 교육과정을 따라가지 못하는 학생은 학업적 · 행동적 낙인을 경험하게 되고, 이는 사회적 평가로 이어진다(Entwisle & Alexander, 1988). 학생의 사회경제적 배경은 교사와 학생의 상호작용에도 영향을 미치는 핵심 요인이다. 가정에서 지원을 덜 받는 학생은 학교에서 학습 경험을 쌓는 데 어려움을 겪을 수 있다(Wang et al., 1993). 학업성취도에 사회경제적 배경의 영향이 크게 작용하기 때문에 학생들의 전반적인 성취도 격차를 줄이고, 가장 취약한 계층의 학생들을 지원함으로써 성과를 개선하는 것이 중요하다. 그러나 이것이 매우 드문 일이라는 결과가 보고되기도 하였다(Bjorklund-Young & Plasman, 2020). 학교 교육에서 교사효과를 검토한 연구에서도 교사의 효과는 학교와 지역사회의 차이와 얽혀 있으므로, 학생들의 개별 상황에 맞세 이를 소성하는 것이 필요하다고 논의한다(Morgan & Shackelford, 2018). 학교에서 가족 또는 주변 환경의 부정적인 영향을 보완하고 학습 기회를 제공할 수 있는 풍부한 학습 환경을 조성해야 한다는 것이다(Hamre & Pianta, 2005; O'Connor & McCartney, 2007; Pianta et al., 2008).

교사의 지원은 완전한 평등 장치로 기능하지는 못하지만, 가정 배경에 따른 학업성취 격차 감소에 실질적으로 기여할 수 있다(김기석, 2010; 김성식, 2007; Heyns, 1978). 이는 교사가 학생의 교육에 책임감을 느낌으로써 사회경제적 배경의 재생산을 방지하기 위한 기능을 수행해야 한다는 논의로도 이어진다. 교사들이 학생들의 다양한 사회경제적 배경을 인식하고, 각 학생의 학습 성공을 위해 교실 학습 환경을 조성할 때 이는 가정 배경의 영향력을 중재할 수 있다(Corno & Snow, 1986; Wang, 1990; Wang & Walberg, 1985). 교사효과가 증가하면 사회적 약자에 속하는 학생들이 학업성취도에서 가장 먼저 혜택을 받는다는 사실이 여러 연구에서 확인된다(Cohen et al., 1995; O'Connor & McCartney, 2007).

교사와 학생의 긍정적인 상호작용은 사회경제적 배경의 격차를 감소시키는 데 효과적이라는 연구들이 보고되고 있다. 에클스(Eccles, 1993)는 교사와 긍정적인 수준의 상호작용을 하는 학생들은 명확한 학습 동기를 가지고 학업성취가 향상된다고 하였다. 교사와의 상호작용 수준이 낮은 학생들은 문제행동에 노출되기 쉬우며 학업성취도 저조한 경향이 있다. 이러한 교사와의 상호작용은 부모의 영향보다 더 크다고 분석되기도 한다(김경근 외, 2014; 김종백, 탁현주, 2011) 사회경제적 배경이 열악하고, 부모와의 관계가 긍정적이지 않더라도 교사와의 상호작용이 이를 조절해 줄 수 있다는 것이다. 2007년도 국가수준 학업성취도 평가를 활용하여 진행된 연구에서는 학생의 사회경제적 배경이 학생에게 큰 영향을 미치지만, 교사와 학생의 상호작용이 유의한 영향을 미친다고 보고되었다(김양분 외, 2012).

학생을 향한 교사의 책임감이 교육 결과의 향상을 가능하게 한다. 한국교육종단연구2005를 활용한 연구에서는 학생의 사회경제적 배경과 학군이 학업성취도에 정적인 영향을 미친다는 것을 밝혔다. 이 영향에도 불구하고 교사들이 학생의 성취도에 책임감을 지니고, 학생들을 신뢰하여 그 학습의지를 고취시킨다면 전반적인 성적 향상이 가능하다는 것을 보여 주었다(김성민, 황진태, 2011). 교사와 학생 관계를 학교의 사회적 자본으로 정의한 연구에서도 교사와 학생 간 상호작용이 포용적 관계로서 학교생활을 유도한다면 열악한 교육적 환경을 타개하거나 극복할 수 있다고 설명한다(안우환, 2007). 가족 소득과 성취도 간의 정적 관련성은 여전히 유지되지만, 교사 애착 요인의 높고 낮음에 따라 정적 효과의 크기가 변화함을 드러내었다(강유진, 2010). 이는 사회경제적 배경 차이로 발생할 수 있는 성적의 편차 차이를 교사와 학생의 상호작용이 부분적으로 줄여 줄 수 있음을 시사한다(Brophy, 1983; Cooper & Tom, 1984; Firestone & Rosenblum, 1988; Raudenbush, 1984).

교사와 학생의 상호작용 수준이 사회경제적 격차를 상쇄하지 못하거나, 오히려 격차를 심화시킨다는 연구도 존재한다. 학생들이 인식한 교사와의 상호작용이 학업성취 수준을 향상하는 데 일정 도움을 주고 있으나(김기석, 2010; 김성식, 2010; Heyns, 1978), 그 효과 역시 사회경제적 배경에 따라 차별적으로 존재한다(백병부, 2013). 평균적인 성취 수준이 높은 학교에 다니는 것은 학생들의 학업에 유리하나, 열악한 사회경제적 배경을 가진 학생들에게는 불이익을 제공한다. 학교는 규범적인 환경을 통해 낮은 배경을 가진 학생들에게 긍정적인 영향을 미치기보다 박탈감을 제공함으로써 계층 간 학습 격차를 증가시킨다는 연구가 보고되었다(박수억, 2011).

교사와 학생의 상호작용 수준이 학생의 사회경제적 배경에 영향을 받기도 한다. 교사는 학생의 사회경제적 배경, 지역사회, 자신의 신념을 고려하여 학생을 평가하고 지원할 가능성이 있다(Darley & Gross, 1983; Scouchon et al., 2020; Tobisch & Dresel, 2017). 학생이 지각하는 상호작용의 수준 역시 사회경제적 배경과 관련이 있다. 사회경제적 지위가 높은 학생일수록 교사의 기대를 높게 지각하며, 수업의 참여도가 높다(유선 외, 2012). 이는 다시 교사의 기대에 영향을 미친다. 낮은 사회적 배경을 가진 학생들은 학업에 관심이 덜하고, 학업성취가 낮기 때문에 교사가 낮은 기대치를 형성하는 경향이 존재한다. 이러한 낮은 기대치는 학생과의 상호작용과 학업성취도에 부정적 영향을 미친다(Borman & Overman, 2004).

상반된 결과는 학생의 학습에 대한 교사의 책임이 학교의 중요한 차원임을 다시 제시한다. 교사는 학생의 사회경제적 배경을 완화해 줄 수도 있고(강유진, 2010; 김경근 외, 2014), 그 격차를 심화할 수도 있다(Borman & Overman, 2004). 교사가 학생의 학업 성과에 책임감을 가지고 학생을 지원하면 긍정적인 효과가 나타난다. 그러나 교사가 학생들의 사회경제적 배경을 토대로 기대치를 설정하거나, 지원이 필요한 학생에게 충분한 지원을 제공하지 못하면 학생의 성취에 부정적인 영향을 미친다.

교사의 책임감은 취약 학생의 학습을 촉진하여 학습성취도의 격차를 줄이는 데 영향을 미칠 수 있다(Halvorsen et al., 2009). 교사의 책임감은 교사가 모든 학생의 학습에 책임을 지고, 학습에 동등한 기대치를 가지며, 그 결과 교수의 질에 기인함을 받아들이는 의지로 설명할 수 있다(Halvorsen et al., 2009; Lee & Burkam, 2002; Lee & Loeb, 2000). 오코너와 맥카트니(O'Connor &

McCartney, 2007)는 학생의 행동에 대한 교사의 믿음과 기대가 모성 애착 부족과 같은 가족 위험 요소가 학업성취도에 미치는 부정적인 영향으로부터 아이들을 완충한다는 사실을 밝혀냈다. 시카고 공립 초등학교를 대상으로 한 연구에 따르면 6학년과 8학년 학생들은 교사의 수업 책임감이 높을수록 더 많은 것을 배웠으며, 학습성취도는 사회계층과 학업 수준에 따라 더 균등하게 분포했다(Halvorsen et al., 2009; Lee & Loeb, 2000; Lee & Smith, 1996; Lee, Smith, & Croninger, 1997). 1988년 전국 교육 종단연구(NELS: 88)의 기준 연도와 첫 번째 후속 연도를 사용한 또 다른 연구에서도 교사의 집단적 책임감이 높을수록 8~10학년과 10~12학년의 학습성취도에 대한 학생 SES의 효과가 낮아진다는 것을 발견했다(Lee & Smith, 1996). 책임감의 조절 효과는 초기 초등학교 표본을 대상으로 한 연구에서도 발견되었는데, 저소득층 공립학교 아동의 유치원 입학부터 8학년 말까지 읽기 능력에 대한 교사의 책임감이 일관되게 긍정적인 영향을 미치는 것으로 나타났다(Halvorsen et al., 2009).

교사의 책임감이 입학 준비도가 낮은 학생의 학습 성장 궤도를 변화시킬 수 있다는 연구도 보고되었다(Youn, 2016). 이 연구는 입학 당시 학업 준비도가 낮은 학생에게 교사의 책임감이 어떤 영향을 미치는지 확인하였다. 사회경제적 배경이 열악한 학생일수록 학업성취가 낮다는 연구 결과(Smith, Brooks-Gunn, & Klebanov, 1997)와 유사하게 해당 연구에서 학업 준비도가 낮은 학생은 평균 이하의 사회경제적 배경을 가졌으며 아프리카 및 히스패닉계의 미국인이었다. 연구 결과, 책임감이 높은 교사가 이끄는 학급에서 학생의 수학 성취도가 평균적으로 더 높게 나타났다. 교사의 높은 책임감은 입학 시 수학, 읽기 능력이 낮은 학생의 수학 성취도 격차를 줄이는 데 기여하기도 하였다. 학생에 대한 교사의 책임감이 높을수록 학생들의 학습 성장에서 나타나는 격차는 유의미하게 조절되었다. 초기 성취도와 후기 성취도에 있어 학생의 불이익을 줄일 수 있음을 시사하는 것이다. 이 연구에서 효과의 크기는 상대적으로 작았으나, 책임감이 높은 교사의 지원이 시간에 따라 누적되며 학업 능력 수준의 격차가 학년이 거듭될수록 줄어드는 것으로 나타났다. 이는 교사의 책임이 학생의 학업 성장에서 발생할 수 있는 격차에 유의미한 영향을 미친다는 것을 보여 준다.

교사의 사회적 책임은 학생 개개인의 성장과 교육 기회의 공정한 배분에 핵심적인 역할을 한다. 교사의 높은 책임 의식이 교육 평등 실현에 결정적인 기여를 하는 것이다. 교사가 학생의 사회경제적 배경의 수준에 따라 책임감을 달리한다면 오히려 학업 격차가 심화될 수 있다(Borman & Overman, 2004). 교사가 모든 학생의 잠재력을 믿고 적극적으로 지원하며, 그들의 학업 성과를 자신의 책임이라 여길 때 학생들 간의 학업 격차가 줄어들 수 있다(김성민, 황진태, 2011; Halvorsen et al., 2009; Lee & Smith, 1996). 따라서 교사의 책임감은 학교가 사회적 약자에게도 실질적인 성장의 기회를 제공하는 교육의 장이 되기 위한 필수적인 토대라고 할 수 있다.

5. 결론 및 논의

이 장의 주된 목적은 학교와 교사의 사회적 책임을 논의하는 데 있다. 현대 사회에서는 교육에 대한 명확한 사회적 책임이 요구되며, 학교와 교사는 이러한 요구를 적극적으로 반영해야 한다. 이에 따라 학교와 교사가 학생들의 학업성취도에 미치는 영향을 각각 학교효과와 교사효과의 관점에서 살펴보았다. 이후 교사의 사회적 책임을 논의하며, 이 책임감이 학생들의 사회경제적 배경에 따른 학업성취 격차를 완화하는 데 기여할 수 있음을 제시하였다.

교육의 사회적 책임은 교육 기회 균등과 밀접하게 연결된다. 콜먼(Coleman, 1968)의 논의처럼 교육 기회 균등의 개념은 불평등 감소에서 학교의 역할을 주목한다. 학생의 학업성취도 차이가 기회의 불평등에서 발생하며, 학교가 이를 인식하고 학습 격차를 해소하고자 노력해야 한다는 것이다. 이 논의는 학교가 과연 학생들의 학업성취도에 영향을 미칠 수 있으며, 사회경제적 배경으로 발생하는 격차를 완화할 수 있는지 의문을 제기한다.

학교효과 초기 연구는 학교의 영향력에 회의적인 결과를 제시하였다. 콜먼 등(Coleman et al., 1966)과 연구자들은 학생의 학업성취가 학교 간 차이보다는 학생의 사회경제적 배경에서 발생한다고 보았다. 학교에 투입되는 시설 자원이 변화하더라도 학교는 학생의 학업 결과에 유의미한 영향을 주지 못한다고 주장하였다(Hauser et al., 1976; Jencks & Brown, 1975; Smith, 1972). 이는 인적 · 재정적 투자가 교육 기회의 균등을 가져올 것이라는 믿음과는 상반된 것이었다. 이 연구들은 학생의 학업성취도에 영향을 미치는 사회경제적 배경의 중요성을 보여 주었으나, 학교 내부의 교육과정을 확인하지 않았다는 점에서 한계를 가진다(Averch et al., 1972; Gamoran et al., 2000).

이후의 연구들은 학교가 학생의 학업성취와 교육 기회 균등에 있어 중요한 역할을 할 수 있음을 시사하였다. 학교의 절대적인 효과를 분석한 연구들에서는, 학생이 학교에 머무르는 기간 동안 평등하게 학습한다고 보고한다(Alexander, Entwisle, & Olson, 2007; Downey, Hippel, & Broh, 2004; Reardon, 2003; Reardon & Galindo, 2009). 이는 학교 자체의 고유한 효과를 보여 주는 것이다. 효과적인 학교 연구와 공사립 학교효과 연구는 학교의 어떠한 요인들이 학생의 학업성취도를 높일 수 있는지 분석하였다(Bryk & Raudenbush, 1992; Coleman, Hoffer, Kilgore; 1982; Edmonds, 1979; Rosenholtz, 1985; Rutter, 1979). 학교효과의 초기 연구와는 달리 학교가 학생들의 학업성취에 주요한 영향을 미치며, 학생들의 불평등을 완화하는 데도 도움을 줄 수 있음을 제시하였다.

학교효과에서 중요한 요인으로 꼽히는 것은 교사이다. 학생들은 교사의 행동을 면밀히 관찰하고, 그를 토대로 자신의 행동을 발전시킨다(Sakiz et al., 2012; Weinstein & Mckown, 1998). 교사의 긍정적인 기대를 인식하고, 교사와 긍정적인 상호 관계를 맺으며, 교사에게 교육적 지원을 충분히 받을수록 학생의 학업성취도가 향상된다(Halvorsen et al., 2009). 교사의 사회적 책임은 이러한 연구 결과를 토대로 도출해 볼 수 있다. 교사의 사회적 책임은 교사가 학생의 학습에 책임을 지고, 그 결과가 교수의 질에서 기인함을 받아들이는 의지이다(Halvorsen et al., 2009). 교사는 학생의 학습에 개인의 책임이 있음을 인지하며, 자신의 교육적 선택과 행동에 관해 주체적으로 판단하고 실천한다. 하몬(Harmon, 1995)의 논의처럼 단지 규범 준수나 외적 평가에 머무르지 않으며, 학생의 학습에 적극적으로 개입하는 태도를 교사의 사회적 책임이라고 볼 수 있다.

교사의 사회적 책임은 교육 기회 균등에도 유의미한 역할을 한다. 교사의 책임감은 사회경제적 배경 수준이 낮은 학생의 학습을 촉진시키며, 장기적으로 학업성취도 격차를 줄인다(Halvorsen et al., 2009; Youn, 2016). 학업적인 준비 없이 학교에 진입한 학생들의 불이익을 줄이는 데 기여하는 것이다. 가정적 배경이 여전히 학생에게 영향을 미치더라도, 학생과 교사와의 긍정적인 관계는 성적의 편차를 부분적으로 완화한다(강유진, 2010; 김경근 외, 2014). 이러한 결과는 교사의 책임감이 가정 배경의 부정적 영향을 완충하며, 교육 평등의 실현을 위해 작용할 수 있음을 시사한다.

그러나 교사가 학생들의 초기 격차를 완전히 상쇄하기는 어렵고, 그 격차를 심화시킬 수 있다는 연구 결과도 보고되었다(박수억, 2011; Borman & Overman, 2004). 이는 교사가 학생의 사회경제적 배경을 바탕으로 기대치를 다르게 설정하거나(Darley & Gross, 1983; Scouchon et al., 2020; Tobisch & Dresel, 2017), 지원이 필요한 학생에게 충분한 지원을 제공하지 못할 때 발생하는 현상으로 해석된다. 따라서 교사의 사회적 책임은 단순히 개인의 노력에만 의존해서는 안 되며, 체계적이고 지속적인 전문성 개발과 제도적 지원이 반드시 병행되어야 한다. 나아가 교사가 다양한 학생의 배경을 이해하고, 공정하고 포용적인 교육 환경을 조성할 수 있도록 학교 차원의 적극적인 지원과 정책적 노력이 필요하다. 이러한 다각도의 접근이 이루어질 때, 교사의 사회적 책임이 실질적인 교육 기회 균등으로 이어질 수 있다.

이 논의들은 다음과 같은 시사점을 제공한다. 교육 불평등 해소를 위한 정책적 노력은 단순한 물리적 자원 투입을 넘어, 교사의 전문성과 책임감 강화에 초점을 맞춰야 한다. 교육 투자의 양적 확대도 중요하지만, 학생 간 교육 격차를 줄이고 충분한 교육 환경을 조성하기 위해서는 교사의 역할이 결정적이다. 이를 위해 학생의 성장에 있어 교사의 역할과 책임이 무엇인지에 대한 면밀한 이해가 필요하다. 교사의 사회적 책임을 실현하려면 교사 개인의 신념과 태도 변화뿐 아니라, 학교 조직 문화와 교육 시스템 전반의 변화도 함께 이루어져야 한다. 교사 집단의 책임감 형성은 개별 교사의 노력만으로는 한계가 있으므로, 이를 뒷받침할 수 있는 조직적 접근이 필요하다.

이 장에서는 교육의 사회적 책임을 학교효과와 교사효과를 통하여 살펴보았다. 특히 교사의 사회적 책임이 학생들의 사회경제적 배경에 따른 학업성취 격차를 완화함을 강조하였다. 교사는 단순한 지식 전달자를 넘어 사회적 평등 실현의 핵심 주체로서, 모든 학생의 성장과 발전을 책임지고 지속적인 지원을 제공해야 한다. 이를 위해서는 교사의 개인적 노력뿐 아니라 제도적 · 조직적 지원이 함께 이루어져야 한다. 앞으로는 교사의 사회적 책임을 실질적으로 강화할 수 있는 구체적인 방안과 정책적 접근에 대한 심층적인 연구가 필요하다. 이를 통해 교육의 사회적 책임이 실제 교육 현장에서 실현될 수 있기를 기대한다.

성찰과제

1. 교육의 사회적 책임과 그 실천에 관한 자신의 관점과 경험을 정리해 보시오.
2. 학교와 교사의 역할이 학생의 학업성취 및 교육 불평등 해소에 미치는 영향과 한계를 분석해 보고, 자신의 견해를 정리해 보시오.
3. 교사의 책임감이 학생의 학업성취와 전인적 성장에 정말 영향을 미칠 수 있을까? 그렇다면 학생에게 어떠한 영향을 줄 수 있는지 자신의 경험이나 주변 사례를 공유해 보시오.
4. 교사의 사회적 책임을 스스로 정의해 보시오. 또한 학생의 성장과 교육 기회 균등을 위해 실천할 수 있는 구체적인 교사의 행동이나 태도를 정리해 보고, 실천적 책임이 어떻게 실현될 수 있을지 성찰해 보시오.

참고문헌

강명희, 유영란, 유지원(2014). 국가수준 학업성취도 평가에 나타난 고등학생의 지각된 교사태도, 학습태도, 학업성취도, 학교생활만족도 간의 구조적 관계 규명. **교육과학연구**, 45(1), 181-203.

강유진(2010). 가족 소득이 학업성취에 미치는 영향에 대한 가족과 학교 사회적 자본의 조절효과. **한국지역사회생활과학회지**, 21(3), 323-339.

김경근, 연보라, 장희원(2014). 서울시 중고등학생의 학업성취 영향요인 및 그 함의. **교육사회학연구**, 24(4), 1-29.

김기석(2010). 공교육의 힘에 대한 실증 연구 개관. 김기석, 강상진, 김성식(공저). **고교 평준화 정책 효과 실증 검토**. 교육과학사.

김남희, 김종백(2011). 기본심리욕구와 수업참여를 매개로 한 학생-교사애착관계와 학업성취도의 관계. **교육심리연구**, 25(4), 763-789.

김민성, 신택수, 허유성(2012). 중고등학교 시기 교사-학생관계, 교우관계의 종단적 변화가 자기결정성에 미치는 영향. **교육심리연구**, 26(2), 429-459.

김성민, 황진태(2011). 학생의 사회경제적 배경에 따른 학업성취도 차이에 교사가 미치는 영향. **교육재정경제연구**, 20(4), 77-98.

김성식(2007). 중학교 학생의 학업성취에 대한 학교 풍토 변인의 영향 분석. **한국교육**, 34(2), 27-50.

김양분, 임현정, 김난옥(2012). 학업성취에 대한 학급 및 교사 요인의 영향. **한국교육**, 39(2), 157-179.

김영숙, 조한익(2017). 초등학생이 지각한 수업참여의 종단적 인과관계. **중등교육연구**, 65(3), 503-534.

김용석(2022). 학업적 자아개념 및 교사와 부모의 학업적 지원이 수학 학업성취도에 미치는 영향. **A-수학교육**, 61(1), 127-156.

김정원, 김병숙(2004). 학생이 지각한 교사특성과 학문적 자아개념 및 학습태도 관계. **아동교육**, 13(2), 253-262.

김종백, 탁현주(2011). 교사의 다문화 교육인식과 다문화가정 학생의 학교적응 관계: 교사-학생관계의 매개효과. **청소년학연구**, 18(10), 161-185.

김주영, 박인우, 장재홍(2017). 학생들이 인식하는 교사특성이 수업태도, 자기주도학습, 학업성취도에 미치는 영향. **중등교육연구**, 65(4), 731-758.

노현종, 손원숙(2015). 교사의 숙제 피드백이 학생의 자기조절학습, 과제가치, 학습태도 및 학업성취도에 미치는 영향. **교육평가연구**, 28(3), 879-902.

류민영(2014). 교장의 변혁적 지도성과 학생의 학업성취 및 정의적 성장 관계에서 교사 변인 네트워크 특성 탐색. **한국교원교육연구**, 31(2), 285-314.

박수억(2011). 낮은 사회경제적 배경 학생의 학업성취도에 대한 학교효과. **교육사회학연구**, 21(1), 55-76.

성기선(1998). **학교효과 연구의 이론과 방법론**. 원미사.

소연희(2011). 학습자가 지각한 교사의 수업활동, 자기주도학습, 학습몰입 및 학업성취 구조 분석. **아동**

교육, 20(2), 19-32.

안우환(2007). 교사-학생 관계 사회적 자본과 학업성취 관계. **아시아교육연구**, 8(3), 269-289.

유선, 정영애(2012). 사회경제적 지위와 학업성취의 관계: 문화자본과 교사기대지각의 매개효과. **교육학연구**, 50(4), 1-22.

이규재(2020). 콜맨 보고서로부터 형성된 학교효과 개념의 재고찰. **교육사회학연구**, 30(4), 199-230.

이상수, 김은지, 김현지, 이유나(2021). 교육의 사회적 책임 의미 탐색. **교육혁신연구**, 31(1), 85-112.

이선영, 임혜정(2020). 교사의 수업에 대한 학생 인식이 수업태도에 미치는 영향. **교사교육연구**, 59(4), 709-722.

장지윤, 박인우, 김은진(2018). 교사의 수업방식과 숙제 피드백이 수업태도 · 만족도 · 학업성취에 미치는 영향. **교사교육연구**, 57(2), 246-259.

최병연(1999). 교사 주도 및 상호작용 전략 교수법이 독해력, 초인지, 자기효능감에 미치는 효과. **교육문제연구**, 12, 51-73.

Alexander, K. L., Entwisle, D. R., & Olson, L. S. (2007). Lasting consequences of the summer learning gap. *American Sociological Review*, *72*(2), 167-180.

Averch, H., Carroll, S., Donaldson, T., Kiesling, H., & Pincus, J. (1972). *How effective is schooling? A critical review and synthesis of research findings*. Educational Technology.

Barr, R., & Dreeben, R. (1983). *How schools work*. University of Chicago Press.

Belmont, M. J. (1993). Motivation in the classroom: Reciprocal effects of teacher behavior and student engagement across the school year. *Journal of Educational Psychology*, *85*(4), 571-581.

Berman, P. (1990). The role of context in educational reform. In R. F. Elmore & Associates (Eds.), *Restructuring schools: The next generation of educational reform* (pp. 23-44). Jossey-Bass.

Bjorklund-Young, A., & Plasman, J. S. (2020). Reducing the achievement gap: Middle grades mathematics performance and improvement. *RMLE Online*, *43*(10), 25-45.

Borman, G. D., & Overman, L. T. (2004). Academic resilience in mathematics among poor and minority students. *The Elementary School Journal*, *104*(3), 177-195.

Brookover, W. B., & Schneide, J. M. (1975). Academic environments and elementary school achievement. *Journal of Research and Development in Education*, *9*(1), 82-91.

Bryk, A. S., & Raudenbush, S. W. (1992). *Hierarchical linear models: Applications and data analysis methods*. Sage.

Bryk, A. S., & Thum, Y. M. (1989). The effects of high school organization on dropping out: An exploratory investigation. *American Educational Research Journal*, *26*(3), 353-383.

Cohen, D. K., Raudenbush, S. W., & Ball, D. L. (2003). Resources, instruction, and research. *Educational Evaluation and Policy Analysis*, *25*, 119-142.

Coleman, J. S. (1968). The concept of equality of educational opportunity. *Harvard Educational Review, 38(1), 7-22.*

Coleman, J. S., Campbell, E. Q., Hobson, C. J., McPartland, J. M., Mood, A. M., Weinfeld, F. D., & York, R. L. (1966). *Equality of educational opportunity*. U.S. Government Printing Office.

Coleman, J. S., Hoffer, T., & Kilgore, S. (1982). Cognitive outcomes in public and private schools. *Sociology of Education, 55*(2), 65-76.

Corno, L., & Snow, R. E. (1986). Adapting teaching to individual differences among learners. In M.C. Wittrock (Ed.), *Handbook of research on teaching* (3rd ed., pp. 605-629). Macmillan.

Creemers, B. P. M., & Scheerens, J. (1994). Developments in school effectiveness research. *International Journal of Educational Research, 21*(2), 125-140.

Darley, J. M., & Gross, P. H. (1983). A hypothesis-confirming bias in labeling effects. *Journal of Personality and Social Psychology, 44*, 20-33.

Darling-Hammond, L. (2010). *The flat world and education: How America's commitment to equity will determine our future*. Teachers College Press.

Downey, D. B., von Hippel, P. T., & Broh, B. A. (2004a). Are schools the great equalizer? Cognitive inequality during the summer months and the school year. *American Sociological Review, 69*, 613-635.

Downey, D. B., von Hippel, P. T., & Hughes, M. (2004b). Are "failing" schools really failing? Using seasonal comparison to evaluate school effectiveness. *Sociology of Education, 77*(3), 153-180.

Downey, D. B., von Hippel, P. T., & Hughes, M. (2008). The impact of schools on academic achievement. *Sociology of Education, 81*(4), 345-370.

Duffy, T., Lowyck, J., Jonassen, D., & Welsh, T. (2012). *Designing environments for constructivist learning*. Springer-Verlag.

Duncan, G. J., & Magnuson, K. (2009). The nature and impact of early skills, attention, and behavior. Paper presented at the Russell Sage *Foundation Conference on Social Inequality and Educational Outcomes*.

Dyer, H. S., Linn, R. L., & Patton, M. J. (1969). A Comparison of Four Methods of Obtaining Discrepancy Measures Based on Observed and Predicted School System Means on Achievement Tests. *American Educational Research Journal, 6*(4), 591-605.

Edmonds, R. (1979). Effective schools for the urban poor. *Educational Leadership, 37*(1), 15-24.

Entwisle, D. R., & Alexander, K. L. (1988). Factors affecting achievement test scores and marks of black and white first graders. *Elementary School Journal, 88*, 449-471.

Entwisle, D. R., & Alexander, K. L. (1992). Summer setback: Race, poverty, school composition, and mathematics achievement in the first two years of school. *American Sociological Review, 57*(1),

72-84.

Forbes. (2019). *On socially responsible education*. Retrieved from http://www.holistic-education.net/articles/soc-resp.pdf

Gamoran, A. (1996). Student achievement in public magnet, public comprehensive, and private city high schools. *Educational Evaluation and Policy Analysis, 18*(1), 1-18.

Gamoran, A., & Long, D. A. (2007). *Equality of educational opportunity: A 40-year retrospective*. Wisconsin Center for Education Research.

Gamoran, A., Secada, W. G., & Marrett, C. B. (2000). The organizational context of teaching and learning: Changing theoretical perspectives. In M. T. Hallinan (Ed.), *Handbook of the sociology of education* (pp. 37-63). Springer.

Ghang, H. S. (1993). School effects and school effectiveness research: A review of the literature. *Korean Journal of Sociology of Education, 3*(1), 1-30.

Granziera, H., Liem, G. A. D., Chong, W. H., Martin, A. J., Collie, R. J., Bishop, M., & Tynan, L. (2022). The role of teachers' instrumental and emotional support in students' academic buoyancy, engagement, and academic skills: A study of high school and elementary school students in different national contexts. *Learning and Instruction, 80*, 101619.

Greeley, A. M. (1982). *Catholic schools and minority students*. Transaction Publishers.

Hackenberg, A. (2005). A model of mathematics classroom and caring relations. *For the Learning of Mathematics*, *25*(1), 45-51.

Hallinan, M. T. (2008). Teacher influences on students' attachment to school. *Sociology of Education, 81*(3), 271-283.

Halvorsen, A., Lee, V. E., & Andrade, F. H. (2009). A mixed-method study of teachers' attitudes about teaching in urban and low-income schools. *Urban Education*, *44*, 181-224.

Hamre, B. K., & Pianta, R. C. (2005). Can instructional and emotional support in the first-grade classroom make a difference for children at risk of school failure?. *Child development*, *76*(5), 949-967.

Hanushek, E. A., & Kain, J. F. (1972). On the value of equality of educational opportunity as a guide to public policy. In F. Mosteller & D. P. Moynihan (Eds.), *On equality of educational opportunity*. Vantage Books.

Hauser, R. M., Sewell, W. H., & Alwin, D. F. (1976). High school effects on achievement. In W. H. Sewell, R. M. Hauser, & D. L. Featherman (Eds.), *Schooling and achievement in American society* (pp. 309-341). Academic Press.

Heyns, B. (1978). *Summer learning and the effects of schooling*. Academic Press.

Heyns, B. (1986). Educational effects: Issues in conceptualization and measurement. In J. Richardson

(Ed.), *Handbook of theory and research for the sociology of education* (pp. 305-340). Greenwood Press.

Hill, J., Angel, R., & Christensen, K. (2006). Magnet schools and student achievement. *Urban Education, 41*(1), 68-89.

Hoferichter, F., Kulakow, S., & Raufelder, D. (2022). How teacher and classmate support relate to students' stress and academic achievement. *Frontiers in Psychology, 13,* 1-12.

Jansen, J. D. (1995). Effective schools? *Comparative Education, 31*(2), 181-200.

Jencks, C., & Brown, M. D. (1975). Effects of high school on their students. *Harvard Educational Review, 45*, 273-324.

Klem, A. M., & Connell, J. P. (2004). Relationships matter: Linking teacher support to student engagement and achievement. *Journal of School Health, 74*, 262-273.

Knapp, M. S. (1995). *Qualitative reading inventory-II*. Teachers College Press.

Kreft, I. G. G. (1993). Using multilevel analysis to assess school effectiveness: A study of Dutch secondary schools. *Sociology of Education, 66*(2), 104-129.

Kuklinski, M. R., & Weinstein, R. S. (2001). Classroom and developmental differences in a path model of teacher expectancy effects. *Child Development, 72*(5), 1554-1578.

Lee, V. E., & Bryk, A. S. (1989). A multilevel model of the social distribution of high school achievement. *Sociology of Education, 62*(3), 172-192.

Lee, V. E., & Smith, J. B. (1996). Collective responsibility for learning and its effects on gains in achievement for early secondary school students. *American Journal of Education, 104*, 103-147.

Levin, H. M. (1995). Raising school productivity: An x-efficiency approach. *Economics of Education Review, 14*(4), 325-344.

Malecki, C. K., & Demaray, M. K. (2003). What type of support do they need? Investigating student adjustment as related to emotional, informational, appraisal, and instrumental support. *School Psychology Quarterly, 18*(3), 231-252.

Morgan, S. L. (2001). Counterfactuals, causal effect heterogeneity, and the Catholic school effect on learning. *Sociology of Education, 74*(4), 341-374.

Morgan, S. L., & Shackelford, D. T. (2018). School and teacher effects. In *Handbook of the sociology of education in the 21st century* (pp. 513-534). Springer International Publishing.

Murnane, R. J. (1975). *The impact of school resources on the learning of inner city children*. Ballinger.

Murnane, R. J. (1981). Interpreting the evidence on school effectiveness. *Teachers College Record, 83*(1), 19-35.

Noell, J. (1982). Public and Catholic schools: A reanalysis of 'public and private schools'. *Sociology of Education, 55*(2), 123-132.

O'Connor, E., & McCartney, K. (2007). Examining teacher-child relationships and achievement as part of an ecological model of development. *American Educational Research Journal, 44*, 340-369.

OECD. (2012). *Equity and quality in education: Supporting disadvantaged students and schools*. OECD Publishing.

OECD. (2019). *TALIS 2018 results (Volume II): Teachers and school leaders as valued professionals*. OECD Publishing.

Rajagopal, K. (2011). *Create success!: Unlocking the potential of urban students*. ASCD.

Raudenbush, S. W., & Bryk, A. S. (1986). A hierarchical model for studying school effects. *Sociology of Education, 59*(1), 1-17.

Ready, D. D. (2010). Socioeconomic disadvantage, school attendance, and early cognitive development: The differential effects of school exposure. *Sociology of Education, 83*, 271-286.

Reardon, S. F. (2003). Sources of educational inequality: The growth of racial/ethnic and socioeconomic test score gaps in kindergarten and first grade. *Sociology of Education, 76*(1), 1-27.

Reardon, S. F., & Galindo, C. (2009). The Hispanic-White achievement gap in math and reading in the elementary grades. *American Educational Research Journal, 46*(3), 853-891.

Rosenbaum, P. R., & Rubin, D. B. (1983). The central role of the propensity score in observational studies for causal effects. *Biometrika, 70*(1), 41-55.

Rosenholtz, S. J. (1985). Effective schools: Interpreting the evidence. *American Journal of Education, 93*(3), 352-388.

Rutter, M. (1979). *Fifteen thousand hours: Secondary schools and their effects on children*. Open Books.

Sakiz, G., Pape, S. J., & Hoy, A. W. (2012). Does perceived teacher affective support matter for middle school students in mathematics classrooms? *Journal of School Psychology, 50*(2), 235-255.

Scouchon, N., Kermarec, G., Trouilloud, D., & Bardin, B. (2020). Influence of teachers' political orientation and values on their success prediction toward students from different socioeconomic background. *European Review of Applied Psychology*, *70*(5), 100553.

Smith, J. R., Brooks-Gunn, J., & Klebanov, P. K. (1997). Consequences of living in poverty for young children's cognitive and verbal ability and early school achievement. In G. J. Duncan & J. Brooks-Gunn (Eds.), *Consequences of growing up poor* (pp. 132-189). Russell Sage Foundation.

Smith, M. L. (1972). The effects of high school on their students. *Harvard Educational Review, 42*(2), 273-324.

Summers, A. A., & Wolfe, B. L. (1977). Do schools make a difference? *The American Economic*

Review, 67, 639-652.

Sunderman, G. L., & Orfield, G. (2008). Massive responsibilities and limited resources: The state response to NCLB. In G. L. Sunderman (Ed.), *Holding NCLB accountable: Achieving accountability, equity, & school reform* (pp. 121-136). Corwin Press.

Tobisch, A., & Dresel, M. (2017). Negatively or positively biased? Dependencies of teachers' judgments and expectations based on students' ethnic and social backgrounds. *Social Psychology of Education, 20*, 731-752.

Tricket, E. J., & Moos, R. H. (1973). Social environment of junior high and high school classrooms. *Journal of Educational Psychology, 65*(1), 93-102.

Ullah, K., Badshah, S., & Qamar, H. (2018). Impact of teacher's attitudes on academic achievement of students in mathematics: A quantitative assessment in Peshawar, Pakistan. *Liberal Arts and Social Sciences International Journal (LASSIJ), 2*(2), 22-28.

Wang, M. C. (1990). Programs that promote educational equity.In H. C. Waxman, P. Baptiste, J. Anderson, & J. Walker de Felix (Eds.), *Leadership. equity. and school effectiveness.* Sage.

Wang, M. C. (1993). Educational Resilience in Inner Cities. Publication Series# 93-5d.

Wang, M. C., & Walberg, H. J. (Eds.). (1985). *Adapting instruction to individual differences.* McCutchan.

Wharton-McDonald, R., Pressley, M., & Hampston, J. M. (1998). Outstanding literacy instruction in first grade: Teacher practices and student achievement. *Elementary School Journal, 99*, 101-128.

Youn, M. (2016). Inequality from the first day of school: The role of teachers' academic intensity and sense of responsibility in moderating the learning growth gap. *The Journal of Educational Research, 109*(1), 50-67.

Zeinstra, L., Kupers, E., Loopers, J., & de Boer, A. (2023). Real-time teacher-student interactions: The dynamic interplay between need supportive teaching and student engagement over the course of one school year. *Teaching and Teacher Education, 121*, 103906.

Zimmer, R. (2009). Charter schools and student achievement: A review of the evidence. *Economics of Education Review, 28*(4), 529-536.

ESR을 위한 대안교육 위탁교육기관의 역할

박창언

1. 공교육 제도의 문제와 대안교육 위탁교육기관의 역할을 설명할 수 있다.
2. 대안교육 위탁교육기관의 성과와 한계에 따른 ESR의 역할에 대해 탐구한다.

1. 서론

교육은 학생의 성장이나 변화에 관한 것으로, 변화나 성장을 위해서는 그에 부합하는 내용 조건이 필요하다. 그리고 이러한 내용 조건은 학생과의 관계를 전제하지 않을 경우 아무런 의미를 지닐 수 없으며, 이에 따른 제도의 정립 역시 의미가 없게 된다. 공교육 제도는 모든 사람을 학교에서 교육할 수 있는 제도를 형성함으로써 교육의 기회 창출에 기여하였다. 그러나 교육 현장에서는 학업을 제대로 따라오지 못하거나 부적응하는 학생이 발생하는 문제가 제기되면서 이에 대한 보완책을 마련할 필요가 대두된다.

학교 부적응에 따라 소외된 학생의 발생에 대해 국가가 관리하고 통제하며 지원하는 의무교육의 단계에서는 국가와 학교의 책임이 강하게 되고, 의무교육 단계를 벗어난 고등학교와 같은 경우에는 이에 대한 책임이 다소 이완될 수 있을 것이다. 그러나 그러한 경우에도 제도화된 규칙에 의해 만들어진 교육내용의 전달과 수용을 통해 교육에서는 소외가 발생하게 되고, 그러한 소외는 교육에서의 기회를 불평등하게 만드는 요인이 되며, 교육의 본래적 의미도 없어지게 된다.

그래서 국가에서는 소외된 학생을 위한 대안적 형태의 교육을 통해 다시 원래 학교에 복귀시키는 제도적 장치로 대안교육 위탁교육기관을 마련하고 있으며, 여기서의 교육을 통해 학생의 삶이 성공적으로 이루어질 수 있는 사회적 책임을 다하고자 노력하고 있다. 교육의 기회를 잃은 학생에게 그러한 기회에 접근할 수 있는 대안을 마련하여, 학생의 성장에 유의미한 장을 마련하고자 하는 것의 하나로 대안교육 위탁교육기관이 등장하고 있는 것이다.

교육에서 소외 현상이 발생하는 것은 넓게 보면 평등 사회의 구현을 저해하는 원인으로 작용한다. 학교라는 기관도 사회의 일부분이고, 여기서 배우는 내용은 사회화에도 기여한다. 따라서 교육 현장에서 소외된 자들을 위한 대안교육 위탁교육기관은 ESR을 위한 주요 의제가 되는 것이다. 여기서는 대안교육 위탁교육기관에서도 학교 부적응 분야를 대상으로 할 것이다. 논의의 구체화를 위해 B시에 소재한 대안교육 위탁교육기관을 대상으로 삼고자 한다. 학교 부적응 분야 대안교육 위탁교육기관에 대한 내용을 살펴보기 위한 연구 문제는 다음과 같다.

첫째, 대안교육 위탁교육기관의 학생은 원적교에 비해 만족하는가?
둘째, 대안교육 위탁교육기관의 내재적 사항은 학생의 학습에 부합하는가?
셋째, 대안교육 위탁교육기관의 외재적 사항은 학생의 활동에 적절하게 되어 있는가?

2. 학교교육과 대안교육 위탁기관

1) 공교육 제도와 학교교육

오늘날 대부분의 국가는 공교육 제도에 의해 모든 국민의 교육에 대한 권리를 보장함으로써 교육에서의 기회를 보장하는 사회에 살고 있다. 공교육은 신분적인 특권을 지닌 자들에 의한 교육의 주도권을 국민 대중을 위한 교육으로 전환하는 것을 의미한다. 공교육 제도는 과거에 자력으로 교육을 받을 수 있는 여건이 되지 않는 사람들에게도 교육을 받을 수 있는 권리를 보장함으로써 평등한 사회를 구현하는 데 중요한 역할을 담당하였다. 그러면서 국가가 추구하는 이념과 문화적 내용을 효율적으로 관리할 수 있는 기반을 마련하는 데도 영향을 주었다.

우리나라에서 서구식의 공교육 제도는 조선시대 말기의 갑오경장에 의해 이루어진 사회개혁의 일환으로 중앙통제적 형태로 이루어졌으며, 광복 이후 1949년에 「교육법」이 마련되면서 교육자치제도를 실시할 수 있는 법적 기반이 마련되었다(이돈희, 1994: 336-338). 그 이후 1991년에 「지방교육자치에 관한 법률」이 마련되면서 중앙통제적 방식이 이완되는 제도적 변화가 있었다. 그렇지만 재정적인 독립과 각급학교의 교육과정 및 교원 정책 등 교육과 관련된 전반적인 법적 구조가 중앙통제적 성격에서 완전히 벗어났다고 보기는 어려울 것이다.

그럼에도 한국에서의 공교육 제도의 운영은 교육기회의 확대에 중요한 역할을 담당하였다. 경제적 여건이 어려운 가정의 학생을 학교에 취학시킴으로써 초등교육뿐만 아니라 중등교육에 이르기까지 다른 어느 나라 못지 않게 취학률이 높게 나타나고 있으며, 고등교육 분야에서도 상당히 높은 수준의 취학률을 나타내고 있다. 그러한 의미에서 우리나라의 공교육 제도는 교육의 기회를 확충하는 데 큰 영향을 미쳤다고 할 것이다.

그러나 취학이 이루어진 학생들이 교육 현장에서 교육활동을 전개하는 과정에서 교사의 진도를 제대로 따라가지 못하는 학생이 발생하고 있다. 그리고 학교급이나 학년이 올라갈수록 학업에 대한 결손이 누적됨으로써 교육에서의 소외 현상은 심화되는 경향이 있다. 학업 결손에 따른 교육에서의 소외는 보통교육의 단계에서 학생 자신의 책임으로만 돌릴 수는 없다. 법적으로 의무교육 단계가 중학교까지 되어 있다고 하더라도, 고등학생도 미성년자로서 학부모가 법적인 책임을 지고 정해진 교육과정과 교과서로 교육을 받는 국가주도형 체제에서는 학생의 소외 문제가 간단하게 해결되기는 쉽지 않을 것이다.

이것은 교육에서의 기회를 취학의 기회로 한정해 해석하는 것이 가능한 것인가에 대한 의문을 제기하는 것이기도 하다. 공교육 제도를 운영하기 위해서 동원되는 관료제적 성격은 국가주도적 성격을 지님으로써 학교에서의 자율이나 학교주도성을 제한하는 역할을 수행하였다. 관료제적 성격이 의무교육을 실시하기 위한 교원의 수급이나 교육과정 및 행·재정적 사항에 대해 국가가 주도함으로써 교육의 기회를 형식적으로 확대하는 데 상당한 효율성을 발휘하였다. 그러나 이러한 효율성은 인간의 성장이나 변화를 의도하는 교육의 성격과 정합성을 이룬다고 보기 어려운 점이 있다.

교육은 원래 인간이 지니고 있는 소질이나 적성 등을 현실화시키기 위한 것으로 다양성과 발전가능성에 의미 있는 장을 마련하는 데 기본 성격이 있다. 사회 일반이나 행정이 표준화된 것을 중심으로 목표의 달성을 위해 투입 대비 산출의 효과를 극대화시켜 효율을 강조하는 것과는 차별화되는 것이다. 관료제는 표준화되거나 규격화된 것에 대응성을 강화할 수 있는 것으로 모든 아동의 취학과 국가에 의한 교육 체제의 구현에 기여함으로써 형식적인 교육의 기회를 달성하는 데 유용하였던 것이다.

그러나 관료제를 통한 국가주도적 교육 기회의 확장으로 취학의 기회가 달성된 학생들이 교육 현장에서 소외가 발생하는 것은 한계를 발생시키기도 한다. 국가주도적 교육의 기회 달성을 위한 노력이 학교가 자율적으로 교육을 할 수 있는 학교 주도적 성향을 위축시키게 되고, 그에 따라 학생에 부합하는 교육 실천에 어려움을 겪고 있는 것이다. 교육의 기회에 대한 국가주도형은 단위학교의 자율성을 제한함으로써 나타난 것이고, 이에 따라 교육 현장에서의 소외를 극복하기 위한 대안의 마련이 요청된다.

이를 위해 교육 관련 주체가 교육 현장의 문제를 해결하기 위해 지혜를 모아서 대안을 마련하는 사회적 책무성이 요청되는 것이다. 학교교육에서 소외된 학생에 대해서는 학교 자체 내에서 해결하는 방안이나 학교 외 기관에서 행하는 방안 등 다양한 방안이 있다. 대안교육 위탁교육기관은 학교 외에서 이를 해결하는 행정적인 조치로 해당 기관의 교육 운영은 국가주도형 공교육 제도의 보완적 역할을 수행할 수 있어야 그 의미가 살아날 수 있을 것이다.

2) 소외학생을 위한 대안교육 위탁교육기관

대안교육 위탁교육기관의 운영은 「초·중등교육법」 제28조와 법 시행령 제54조에 법적인 근거를 두고 있으며, 시·도교육청별로 조례나 규칙에 의해 지정·운영되고 있다. 「초·중등교육법」 제28조는 학업에 어려움을 겪는 학생에 대한 교육에 대해 규정하고 있으며, 제1항의 내용을 제시하면 다음과 같다.

> **제28조(학업에 어려움을 겪는 학생에 대한 교육)** ① 국가와 지방자치단체는 다음 각 호의 구분에 따른 학생들(이하 "학업에 어려움을 겪는 학생"이라 한다)을 위하여 대통령령으로 정하는 바에 따라 수업일수와 교육과정을 신축적으로 운영하는 등 교육상 필요한 시책을 마련하여야 한다.
>
> 1. 성격장애나 정서·행동 문제, 지적(知的) 기능의 저하 등으로 인하여 학습에 제약을 받는 학생 중 「장애인 등에 대한 특수교육법」 제15조에 따른 학습장애를 지닌 특수교육대상자로 선정되지 아니한 학생
> 2. 학업 중단 학생
> 3. 학업 중단의 징후가 발견되거나 학업 중단의 의사를 밝힌 학생 등 학업 중단 위기에 있는 학생

학업에 어려움을 겪는 학생들을 성격장애나 정서·행동 문제, 지적 기능의 저하 등으로 인해 학습에 제약을 받는 학생 중에서 특수교육대상자로 선정되지 아니한 학생, 학업 중단 학생, 학업

중단 위기에 있는 학생으로 규정하고 있다. 그리고 이들 학생을 위해 대통령령으로 정하는 바에 따른 수업일수와 교육과정을 신축적으로 운영하는 등 교육상 필요한 시책을 마련하도록 하고 있다. 대통령령은 「초 · 중등교육법 시행령」 제54조를 말하는 것으로 그 내용의 일부를 제시하면 다음과 같다.

> **제54조(학업에 어려움을 겪는 학생에 대한 교육 및 시책)** ① 법 제28조 제1항 각 호의 구분에 따른 학생들(이하 "학업에 어려움을 겪는 학생"이라 한다)에 대한 판별은 교육감이 정하는 기준에 따라 학교의 장이 한다.
> ② 학교의 장은 학업에 어려움을 겪는 학생에 대하여 교육감이 정하는 수업일수의 범위에서 체험학습 등 필요한 교육을 실시하거나 교육감이 적합하다고 인정하는 교육기관 등에 위탁하여 교육을 실시할 수 있다.

법 시행령 제54조에서는 학업에 어려움을 겪는 학생의 판별은 교육감이 정하는 기준에 따라 학교의 장이 정하도록 하고 있고, 체험학습 등 필요한 교육을 실시할 수 있도록 하고 있으며, 위탁교육기관에 위탁하여 실시할 수 있는 근거를 마련하고 있다. 이러한 법 시행령의 근거에 의해 대안교육 위탁교육기관이 운영되고 있으며, 각 시도별로 조례나 규칙 등을 통해 위탁교육기관을 지정 · 운영하고 있다. 대안교육 위탁교육기관에 대한 지정 계획에 나타난 대안교육 위탁교육기관의 목적을 다음과 같이 예로 들 수 있다(서울특별시교육청, 2025: 1).

- 학업에 어려움을 겪는 학생의 학업 중단 예방 및 학업 복귀 지원
- 대안교육이 필요한 학생들의 능력과 적성에 따른 교육 기회 제공
- 대안교육 위탁교육기관의 공정하고 안정적인 운영 지원을 통한 신뢰도 제고

대안교육 위탁교육기관의 지정에서 제시하고 있는 목적에서는 학업에 어려움을 겪는 학생의 학업 중단을 예방, 학업 복귀의 지원을 통해 현 소속교로의 복귀를 지원, 대안교육을 통한 교육의 기회 제공, 위탁교육기관의 운영 지원 등의 내용이 포함되어 있다. 교육 현장에서 소외된 학생들을 위한 대안교육의 실천을 통한 원적교로의 복귀를 도모하고자 하는 것에 기본 취지를 두고 있는 것이다. 대안교육 위탁교육기관 대상자는 위탁교육기관에서의 대안교육을 통해 원적교로 복귀하여 학교생활의 안정성을 확보하고자 하는 것이다. 대안교육 위탁교육기관의 지정 · 운영 체제를 제시하면 [그림 10-1]과 같다(박창언, 박서현, 2023: 71).

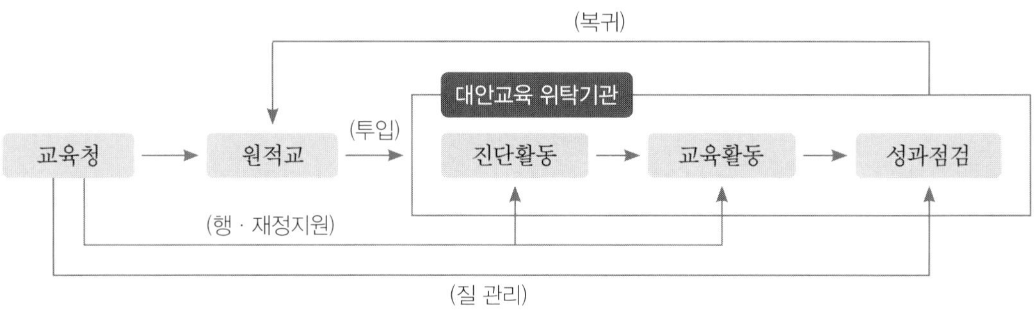

[그림 10-1] 대안교육 위탁교육 지정 · 운영 체제

대안교육 위탁교육기관은 교육청이 관리 · 감독의 주체이고, 원적교는 위탁 학생이 소속하고 있는 기관이며, 대안교육 위탁교육기관은 학생을 위탁받아 직접적으로 교육하는 기관이다. 교육청은 대안교육 위탁교육기관에 대한 행 · 재정적 지원과 더불어 질 관리를 수행하고, 원적교는 학생이 소속된 기관으로 해당 학생에 대한 책무성을 지니고 있으므로 대안교육 위탁교육기관에서 교육을 받는 학생에 대한 지속적인 지도 · 조언의 역할을 하게 된다.

또한 대안교육 위탁교육기관은 위탁 학생을 직접 교육하는 곳이므로, 학생에 대한 진단 결과에 따라 교육과정을 수립 · 운영하고, 그 성과를 바탕으로 학습의 질을 관리하는 주체가 되어야 한다. 따라서 대안교육 위탁교육기관은 공교육 제도에서 소외된 학생들을 대상으로 한 교육을 통해 원래 소속되어 있는 학교로의 복귀를 의도함으로써 교육에 대한 권리를 보장하고자 하는 데 기본 취지를 두고 있다.

3. 연구방법[1)]

1) 조사 대상

B시 교육청 민간 위탁사무는 다문화 분야 대안교육 위탁교육기관, 학교부적응 분야 대안교육 위탁교육기관, 의무교육 단계 학습지원 시범사업 운영, 학업중단예방 숙려기관 운영 등 다

1) 이 연구에서 사용된 연구방법과 연구 결과는 2023년에 수행한 부산광역시교육청 정책연구인 「2023 대안교육 위탁교육기관 운영 개선 방안 연구 용역 보고서」에서 학생의 설문조사를 일부 발췌하여 제시한 것임을 밝힌다.

양하게 나타나고 있으나, 이 연구에서는 학교부적응 분야 대안교육 위탁교육기관을 대상으로 삼아 연구를 수행하였다. B시의 대안교육 위탁교육기관은 2023년에는 5개교, 2024년에는 6개교가 있지만, 이 연구에서는 2023년을 대상으로 하였기에 총 5개교가 된다.

A 힉교 힉생 92명, B 학교 학생 58명, C 학교 학생 16명, D 학교 학생 24명, E 학교 학생 50멍으로부터 수집한 자료 총 240부를 대안교육 위탁교육기관 운영 및 개선 방안을 위한 분석에 사용하였다. 조사에 참여한 학생의 인구학적 특성은 〈표 10-1〉에 요약 · 정리하여 일부를 제시하였다.

표 10-1 기관 역할(N=240)

구분		빈도	백분율(%)
학교명	A 학교	92	38.3
	B 학교	58	24.2
	C 학교	16	6.7
	D 학교	24	10
	E 학교	50	20.8
성별	남자	137	57.1
	여자	103	42.9
현재 학년	중학교 1학년	1	0.4
	중학교 2학년	8	3.3
	중학교 3학년	5	2.1
	고등학교 1학년	58	24.2
	고등학교 2학년	73	30.4
	고등학교 3학년	95	39.6
가정환경	매우 잘사는 편이다	27	11.3
	잘사는 편이다	45	18.8
	보통이다	137	57.1
	어려운 편이다	21	8.8
	매우 어려운 편이다	8	3.3
	무응답	2	0.8

원적교에서의 성적	상(30% 이내)	16	6.7
	중(30~70%)	91	37.9
	하(70% 이하)	133	55.4
성적 향상 및 진학을 위한 사교육 시간(일주일 기준)	10 이하	237	98.7
	10~15	2	0.8
	16~19	0	0
	20 이상	1	0.4
특기 · 적성 계발 또는 취미를 위한 사교육 시간 (일주일 기준)	10 이하	227	94.6
	10~15	9	3.8
	16~19	1	1.2
	20 이상	3	0.4
교육받기를 원하는 수준	고등학교	104	43.3
	전문대학(2~3년제)	37	15.4
	대학교(4년제)	84	35
	대학원 이상	6	2.5
	기타	9	3.8
아르바이트 여부	예	63	26.3
	아니요	177	73.8
합계		240	100

2) 조사 도구

조사 도구는 학생용으로 개인적 사항, 위탁교육기관(학교) 선택, 위탁교육기관(학교) 생활, 학교 시설, 기관(학교)의 발전 방향(요구도)의 5개 영역 총 83개 문항으로 구성되어 있다. 이들 문항은 위탁교육기관의 선택과 관련된 문항을 비롯해 교육의 내적 사항과 외적 사항으로 구분하였다. 교육의 내적 사항은 교육과정, 수업, 평가 등 직접적 교육활동과 관련된 사항이고, 교육의 외적 사항은 교직원, 시설 등 간접적 교육활동과 관련된 사항을 알아보기 위한 것이다(Kandel, 1933). 교육에서의 자율성이 강조되는 내적 사항과 이를 지원하기 위한 외적 사항을 구분함으로써 교육의 기본 성격을 제대로 드러낼 수 있기 때문에 이들을 구분한 것이다.

이 연구에 사용된 조사 도구는 선행연구와 관련 문헌분석 등을 바탕으로 초안을 만들고, 이

표 10-2 조사 도구: 문항 구성

대상	영역	문항 구성
학생	개인적 사항(5문항)	거주형태, 가정환경, 성적 수준, 사교육
	대안학교 선택(13문항)	대안학교 선택 및 정보, 우려 사항, 상담 과정, 대안학교 재학 중 어려운 점, 원소속 학교로의 복귀 여부 및 이유
	대안학교 생활(49문항)	생활의 변화, 진로에 관한 생각, 교육과정, 수업, 선생님
	학교시설(11문항)	학교시설 만족도
	발전 방향(5문항)	발전 방향(요구도)

후 사업 담당자와 전문가의 타당성 검사를 2회 수행하여 문항을 수정하고 보완하여 타당성을 높이려고 하였다. 각 조사 도구의 요인을 살펴보면 〈표 10-2〉와 같다.

3) 조사 방법의 절차

대안교육 위탁교육기관 운영에 대한 학생의 의견을 듣기 위한 설문조사는 2023년 11월 9일부터 11월 15일 사이에 실시되었다. 학생에 대한 진솔한 응답률과 더불어 회수의 효율성을 높이기 위해 사전에 해당 기관에 연구의 목적을 밝히고 협조를 구하여 방문 일정을 확인하였다. 〈표 10-3〉의 일정에 맞추어 방문함으로써 설문지를 배부 및 회수하였다.

표 10-3 기관별 방문 일정

연번	방문 일정	위탁기관명	연번	방문 일정	위탁기관명
1	11. 9. (목) 4교시 11:40~	C 학교	4	11. 13. (월) 4교시 11:50~	A 학교
2	11. 10. (금) 5교시 13:00~	E 학교	5	11. 13. (월) 5교시 13:30~	B 학교
3	11. 13. (월) 3교시 10:45~	D 학교			

4) 자료 분석 및 절차

자료 분석은 EXCEL과 SPSS. 21.0을 사용하였다. 인구학적 특성 분포를 파악하고 각 문항에 따른 조사 대상자별 반응을 살펴보기 위하여 기술통계를 실시하였다. 학생 조사 일부 내용 중 원소속 학교생활과 현재 대안학교 생활 이후의 학교생활 및 진로에 관한 생각의 변화를 비교하기 위해서 대응표본 t 검증을 실시하였다.

4. 조사 결과

1) 위탁교육기관 선택

(1) 위탁교육기관을 다니게 된 이유

현재의 위탁교육기관으로 오게 된 이유를 조사한 결과가 〈표 10-4〉에 제시되어 있다. '정규학교를 꼭 다녀야 할 이유가 없어서'를 1순위로 선택한 학생은 55명, 2순위로 선택한 학생은 18명, 3순위로 선택한 학생은 19명으로 나타났다. '심리 · 정서적 문제(우울, 무기력, 불안 등)'를 1순위로 선택한 학생은 37명, 2순위로 선택한 학생은 18명, 3순위로 선택한 학생은 9명이었다. '학교의 규칙이 엄격해서'를 1순위로 선택한 학생은 36명, 2순위로 선택한 학생은 29명, 3순위로 선택한 학생은 21명이었다.

표 10-4 현재의 위탁교육기관으로 오게 된 이유(N=240)

문항	1순위	2순위	3순위
학습문제(기초학습 문제 등)	29	15	14
심리 · 정서적 문제(우울, 무기력, 불안 등)	37	18	9
가정의 경제적인 문제	4	3	7
가족과의 갈등 및 문제	3	6	1
정규학교를 꼭 다녀야 할 이유가 없어서	55	18	19
자격증 취득과 직업교육을 원해서	7	7	11
적성과 소질 계발을 위해 특성화된 교육을 받고 싶어서	13	15	7
선생님과의 문제	14	18	16
학교의 규칙이 엄격해서	36	29	21

비행으로 보호처분(혹은 형사처벌)을 받게 되어서	4	4	3
학교폭력 피해로 인해 학교 다니기 힘들어서	5	7	1
학교폭력 가해로 인해 학교 다니기 힘들어서	2	1	2
기타	24	5	2

(2) 현재의 위탁교육기관을 선택하게 된 이유

현재의 위탁교육기관을 선택한 이유를 조사한 결과는 〈표 10-5〉와 같다. '본인(자신)이 원해서'가 78명(32.5%)으로 가장 많았다. 이어 '통학하기에 가까운 위치'가 57명(23.8%), '원적교의 추천(담임선생님 또는 상담선생님)'이 51명(21.3%)으로 뒤를 이었다. '부모님의 권유' 14명(5.8%), '위탁교육기관(학교)의 시설' 13명(5.4%), '교사·강사진의 전문성과 신뢰도' 6명(2.5%), '기숙할 수 있어서' 3명(1.3%), '교육내용의 대안적 성격' 2명(0.8%)으로 조사되었다.

표 10-5 위탁교육기관 선택 이유(N=240)

문항	빈도	백분율(%)
교사·강사진의 전문성과 신뢰도	6	2.5
교육내용의 대안적 성격	2	0.8
위탁교육기관(학교)의 시설	13	5.4
통학하기에 가까운 위치	57	23.8
기숙할 수 있어서	3	1.3
본인(자신)이 원해서	78	32.5
원적교의 추천(담임선생님 또는 상담선생님)	51	21.3
부모님의 권유	14	5.8
기타	16	6.7
합계	240	100

(3) 현재의 위탁교육기관 정보 취득 경로

현재의 위탁교육기관(학교)에 관한 정보를 알게 된 방식을 조사한 결과는 〈표 10-6〉에 제시되어 있다. '원적교 선생님(담임선생님 또는 상담선생님)'을 통해 알게 된 학생이 127명(52.9%)으로 절반이 넘었다. 기타 방법으로 알게 된 학생이 56명(23.3%), 인터넷 검색, 부모님, 교육청 Wee센터를 통해 알게 된 학생은 각각 28명(11.7%), 20명(8.3%), 9명(3.8%)이었다.

표 10-6 위탁교육기관 정보 취득 경로(N=240)

문항	빈도	백분율(%)
원적교 선생님(담임선생님 또는 상담선생님)	127	52.9
부모님	20	8.3
교육청 Wee센터	9	3.8
인터넷 검색	28	11.7
기타	56	23.3
합계	240	100

(4) 현재의 위탁교육기관 결정 후 걱정되었던 점

현재의 위탁교육기관을 결정한 후 가장 걱정되었던 점에 관한 조사 결과는 〈표 10-7〉에 제시되어 있다. 절반에 가까운 113명(47.1%)의 학생이 '별로 걱정한 것이 없다'라고 답했다. '사회의 부정적 인식'이라고 답한 학생은 72명(30%), '진학과 진로 선택'이라고 답한 학생은 19명(7.9%), '친한 친구들과 멀어질 것 같아서'라고 답한 학생은 14명(5.8%), '일반 학교(원적교)와 교육과정, 교육내용이 다를 것 같아서'라고 답한 학생은 9명(3.8%), '부모님과 멀리 떨어져 지내야 하는 것'이라고 답한 학생은 2명(0.8%)이었다.

표 10-7 위탁교육기관 결정 후 걱정되었던 점(N=240)

문항	빈도	백분율(%)
사회의 부정적 인식	72	30.0
진학과 진로 선택	19	7.9
일반 학교(원적교)와 교육과정, 교육내용이 다를 것 같아서	9	3.8
부모님과 멀리 떨어져 지내야 하는 것	2	0.8
친한 친구들과 멀어질 것 같아서	14	5.8
별로 걱정한 것이 없다	113	47.1
기타	11	4.6
합계	240	100

(5) 위탁교육기관을 결정하기까지의 정보 제공 및 상담 만족도

위탁교육기관을 권유받은 후 결정하기까지의 모든 과정에서 정보 제공과 상담에 대한 만족도 조사 결과는 〈표 10-8〉과 같다. '매우 만족한다' 78명(32.5%), '조금 만족한다' 40명(16.7%), '보통이다' 103명(42.9%), '별로 만족하지 않는다' 14명(5.8%), '전혀 만족하지 않는다' 5명(2.1%)이었다.

표 10-8 위탁교육기관을 결정하기까지의 정보 제공 및 상담 만족도(N=240)

문항	빈도	백분율(%)
전혀 만족하지 않는다	5	2.1
별로 만족하지 않는다	14	5.8
보통이다	103	42.9
조금 만족한다	40	16.7
매우 만족한다	78	32.5

(6) 위탁교육기관을 권유받은 후 결정하기까지 가장 만족스러운 부분

위탁교육기관(학교)을 권유받은 후, 진행된 모든 과정에서 가장 만족스러운 부분의 조사 결과는 〈표 10-9〉와 같다. 절반에 가까운 113명(47.1%)이 만족스러운 부분이 없다고 답했다. '원적교에서 위탁교육기관(학교)으로 전학의 행정절차'에 만족한 학생은 44명(18.3%)이었다. '위탁교육기관(학교)에서의 상담', '원적교에서의 상담', '교육청 Wee센터에서의 상담'에 만족한 학생은 각각 38명(15.8%), 29명(12.1%), 11명(4.6%)으로 나타났다.

표 10-9 위탁교육기관을 결정하기까지 가장 만족스러운 부분(N=240)

문항	빈도	백분율(%)
원적교에서의 상담	29	12.1
교육청 Wee센터에서의 상담	11	4.6
위탁교육기관에서의 상담	38	15.8
원적교에서 위탁교육기관으로 전학의 행정절차	44	18.3
없다	113	47.1
기타	5	2.1
합계	240	100

(7) 위탁교육기관을 권유받은 후 결정하기까지 가장 불만족스러운 부분

위탁교육기관(학교)을 권유받은 후, 진행된 모든 과정에서 가장 불만족스러운 부분을 조사한 결과는 〈표 10-10〉과 같다. 179명(74.6%)이 불만족스러운 부분이 없다고 답했다. '원적교에서의 상담'에 불만족한 학생은 22명(9.2%), '원적교에서 위탁교육기관으로 전학의 행정절차', '교육청 Wee센터에서의 상담', '대안교육 위탁교육기관에서의 상담'에 불만족한 학생은 각각 20명(8.3%), 10명(4.2%), 7명(2.9%)으로 나타났다.

표 10-10 위탁교육기관을 결정하기까지 가장 불만족스러운 부분(N=240)

문항	빈도	백분율(%)
원적교에서의 상담	22	9.2
교육청 Wee센터에서의 상담	10	4.2
대안교육 위탁교육기관(학교)에서의 상담	7	2.9
원적교에서 위탁교육기관(학교)으로 전학의 행정절차	20	8.3
없다	179	74.6
기타	2	0.8
합계	240	100

(8) 위탁교육기관 생활의 어려움

위탁교육기관에 다니면서 어려운 점을 조사한 결과는 〈표 10-11〉과 같다. 어려운 점이 없다고 답한 학생이 200명(83.3%), 어려운 점이 있는 학생이 40명(16.7%)이었다. 이 중에 '사회적 시선(편견)'과 '기관(학교)이 통학하기에 너무 먼 곳에 있음'이라고 답한 학생은 각각 11명(4.6%)이었고, '진학과 진로 선택'과 '친구들과의 관계'에 어려움이 있다고 답한 학생은 각각 5명(2.1%)이었으며, '나의 개인적 문제(원적교에서 위탁교육기관으로 옮기게 되었을 때의 문제)' 4명(1.7%), '기관(학교)의 규칙이 엄격해서' 2명(0.8%)으로 조사되었다.

표 10-11 위탁교육기관 생활의 어려움(N=240)

<table>
<tr><th colspan="2">문항</th><th>빈도</th><th>비율(%)</th><th>빈도</th><th>백분율(%)</th></tr>
<tr><td rowspan="3">있다</td><td>사회적 시선(편견)</td><td>11</td><td>4.6</td><td rowspan="3">40</td><td rowspan="3">16.7</td></tr>
<tr><td>기관(학교)이 통학하기에 너무 먼 곳에 있음</td><td>11</td><td>4.6</td></tr>
<tr><td>기관(학교)의 규칙이 엄격해서</td><td>2</td><td>0.8</td></tr>
</table>

	진학과 진로 선택	5	2.1		
	친구들과의 관계	5	2.1		
	선생님과의 관계	0	0		
	나의 개인적 문제(원적교에서 위탁교육기관으로 옮기게 되었을 때의 문제)	4	1.7		
	기타	2	0.8		
없다				200	83.3
합계				240	100

(9) 위탁 기간 종료

① 위탁 기간 종료 후 원적교로의 복귀 희망 여부

위탁 기간이 종료되면 원래 다니던 학교로 돌아가기를 원하는지 조사한 결과는 〈표 10-12〉와 같다. 원래 다니던 학교로 돌아가고 싶은 학생이 48명(20%), 그렇지 않다는 학생이 139명(57.9%), 재연장을 원하는 학생이 53명(22.1%)으로 조사되었다.

표 10-12 위탁 기간 종료 후 원적교로의 복귀 여부(N=240)

문항	빈도	백분율(%)
예	48	20.0
아니요	139	57.9
재연장	53	22.1
합계	240	100

② 원적교로 복귀 후 예상되는 어려움

위탁 기간 종료 후 원적교로 복귀 후 예상되는 어려움에 '그렇다'라고 응답한 학생은 17명(35.4%), '그렇지 않다'라고 응답한 학생은 31명(64.6%)으로 조사되었다.

표 10-13 원적교 복귀 후 예상되는 어려움(N=48)

문항	빈도	백분율(%)
그렇다	17	35.4
그렇지 않다	31	64.6
합계	48	100

③ 원적교로 복귀 후 어려움에 '그렇다'로 응답한 이유

위탁 기간 종료 후 원적교로 복귀 후 예상되는 어려움에 '그렇다'라고 응답한 학생 중, 어려움이 예상되는 이유를 살펴본 결과는 〈표 10-14〉와 같다. '학교 공부를 따라갈 자신이 없어서'가 7명(41.2%)으로 가장 큰 이유가 되는 것을 알 수 있다. 다음으로는 '학교 규칙을 지킬 자신이 없어서' 5명(29.4%), '친구들과의 관계' 2명(11.7%) 등의 순으로 조사되었다.

표 10-14 원적교로 복귀 후 어려움에 '그렇다'로 응답한 이유(N=17)

문항	빈도	백분율(%)
학교 공부를 따라갈 자신이 없어서	7	41.2
학교 규칙을 지킬 자신이 없어서	5	29.4
친구들과의 관계	2	11.7
선생님과의 관계	1	5.9
적성과 소질에 따른 진로 탐색 문제	1	5.9
기타	1	5.9
합계	17	100.0

④ 위탁 기간 종료 후 원적교 복귀를 희망하지 않는 이유

위탁 기간 종료 후 원적교 복귀를 희망하지 않는 학생들을 대상으로 복귀를 희망하지 않는 이유를 살펴본 결과가 〈표 10-15〉에 제시되어 있다. '현재의 학교(위탁교육기관)가 더 편하고 좋아서'가 72명(51.8%)으로 가장 큰 이유가 되는 것을 알 수 있다. 다음으로는 '친구들과의 관계' 20명(14.7%), '학교 규칙을 지킬 자신이 없어서' 18명(12.9%) 등의 순으로 조사되었다.

표 10-15 원적교 복귀를 희망하지 않는 이유(N=139)

문항	빈도	백분율(%)
현재의 학교(위탁교육기관)가 더 편하고 좋아서	72	51.8
학교 공부를 따라갈 자신이 없어서	10	7.2
학교 규칙을 지킬 자신이 없어서	18	12.9
친구들과의 관계	20	14.7
선생님과의 관계	4	2.8
적성과 소질에 따른 진로 탐색 문제	4	2.8
기타	11	7.8
합계	139	100.0

⑤ 위탁 기간 종료 후 원적교 복학 절차 관련 정보

위탁 기간 종료 후 원적교 복학 절차 관련 정보를 받았는지 조사한 결과, '그렇다'라고 응답한 학생들은 131명(54.6%), '그렇지 않다'고 응답한 학생은 109명(45.4%)으로 조사되었다.

표 10-16 원적교 복학 절차에 대한 정보 제공(N=240)

문항	빈도	백분율(%)
그렇다	131	54.6
그렇지 않다	109	45.4
합계	240	100

2) 위탁교육기관 생활

(1) 학교생활

원적교와 위탁교육기관의 학교생활을 비교한 결과는 〈표 10-17〉과 같다. 모든 항목에서 원적교보다 위탁교육기관에서 긍정적인 학교생활을 하는 것으로 나타났다. '학교를 빠지거나 조퇴, 지각하는 일이 줄었다'는 평균 2.71에서 평균 3.73으로 많은 차이가 있음을 알 수 있으며, 이러한 차이는 통계적으로 유의미한 것으로 나타났다($p<.001$). '학교 활동에 적극적으로 참여한다', '학교생활이 즐겁다', '진로에 관심이 있다'에서도 원적교의 생활보다 위탁교육기관의 학교생활이 적극적임을 알 수 있으며, 이러한 변화는 통계적으로 유의한 것으로 나타났다($p<.001$).

표 10-17 원적교와 위탁교육기관 학교생활 비교(N=240)

문항	원적교		위탁교육기관		t
	M	SD	M	SD	
학교를 빠지거나 조퇴, 지각하는 일이 줄었다	2.71	1.32	3.73	1.11	9.172***
친한 친구들이 있다	3.47	1.28	4.00	3.38	2.375*
이야기를 나눌 수 있는 선생님이 있다	3.39	1.18	3.96	1.05	6.224**
학교 활동에 적극적으로 참여한다	2.95	1.30	3.67	1.13	6.921***
학교생활이 즐겁다	2.87	1.33	3.70	1.12	8.033***
진로에 관심이 있다	3.05	1.27	3.63	1.13	6.483***

* p<.05, ** p<.01, *** p<.001

'이야기를 나눌 수 있는 선생님이 있다' (p<.01)와 '친한 친구들이 있다'(p<.05)에서 보는 바와 같이 현재의 위탁교육기관 생활이 원적교의 생활과 달라지고 있음을 알 수 있다.

(2) 교육 및 진로에 대한 자세

원적교와 위탁교육기관의 교육 및 진로에 대한 자세의 차이를 비교한 결과가 〈표 10-18〉에 제시되어 있다. 모든 항목에서 원적교보다 위탁교육기관에서 긍정적인 학교생활을 하는 것으로 볼 수 있다. '선생님의 지도 방식이 나에게 잘 맞는다고 생각한다'에 대해서는 원적교 평균이 2.93(SD=1.25), 위탁교육기관에서의 평균이 3.78(SD=1.01)로 평균의 차이가 0.85로 가장 크게 나타났으며, 이러한 차이는 통계적으로 유의한 것으로 조사되었다(p<.001). '수업 시간에 배우는 것들이 흥미롭다'와 '나는 선생님과 개인적인 사정이나 감정을 나눌 수 있다'에서 원적교에서의 평균과 위탁교육기관에서의 평균의 차이가 0.68로 유의한 것으로 나타났다(p<.001).

표 10-18 원적교와 위탁교육기관 교육 및 진로에 대한 자세 비교(N=240)

문항	원적교		위탁교육기관		t
	M	SD	M	SD	
학교에서 배우는 것은 가치 있다고 생각한다	3.03	1.25	3.43	1.11	4.225***
학교에서 배우는 내용 수준이 나에게 잘 맞는다고 생각한다	2.96	1.21	3.60	1.02	6.920***
선생님은 나에게 어떤 일이 생긴다면 적극적으로 도와줄 것 같은 생각이 든다	3.21	1.25	3.85	1.04	6.613***

문항	원적교		위탁교육기관		t
	M	SD	M	SD	
수업 시간에 배우는 것들이 흥미롭다	2.78	1.27	3.46	1.16	7.485***
선생님은 나를 독립된 인격체로 인정하고 있다는 것을 느낀다	3.08	1.18	3.73	1.06	7.039***
선생님의 지도 방식이 나에게 잘 맞는다고 생각한다	2.93	1.25	3.78	1.01	8.692***
장래를 위한 나만의 계획이 있다	3.14	1.28	3.74	1.12	7.401***
미래에 대한 비전과 목표를 분명하게 인식하고 있다	3.18	1.20	3.59	1.14	4.965***
나는 선생님과 개인적인 사정이나 감정을 나눌 수 있다	2.99	1.26	3.67	1.14	7.287***
선생님은 나에게 호의적이라고 생각한다	3.19	1.17	3.77	1.04	6.735***
나는 학교에 다니면서 미래의 내 모습을 상상하게 된다	3.10	1.23	3.50	1.19	4.597***
내가 원하는 직업을 가진 사람과 진로에 대해 이야기를 나누고 싶다	3.31	1.19	3.74	1.05	5.634***

* $p<.05$, ** $p<.01$, *** $p<.001$

(3) 위탁교육기관의 교육과정

위탁교육기관의 교육과정에 대한 학생들의 의견을 조사한 결과가 〈표 10-19〉에 제시되어 있다. '학교에서 운영하는 교과수업(보통교과)은 원소속 학교 복귀 시 도움이 된다'를 제외하고 모든 문항의 평균이 3.5 이상으로 나타났다. 그중 '학교는 교과 공부 이외에 다양한 체험학습과 문화 체육활동 기회를 제공한다'의 평균이 4.03(SD=0.96)으로 가장 높게 나타났다.

표 10-19 위탁교육기관의 교육과정에 대한 학생의 의견 비교(N=240)

문항	M	SD
학교는 교과 공부 이외에 다양한 체험학습과 문화 체육활동 기회를 제공한다	4.03	0.96
학교에서는 나의 소질과 특기를 계발할 수 있게 해 주고 있다	3.67	1.06
학교에서는 미래 사회에 적응할 수 있는 능력을 길러 주고 있다	3.71	1.04
학교에서 받는 교육은 장래 내가 선택하고자 하는 진로를 준비하는 데 도움이 된다	3.59	1.09
학교에서 내가 배우고 싶은 것을 배우고 있다	3.51	1.12
학교에서 운영하는 교과수업(보통교과)은 학생의 수준에 맞게 이루어지고 있다	3.80	0.97
학교에서 운영하는 교과수업(보통교과)은 상급학교 진학에 도움이 된다	3.57	1.07
학교에서 운영하는 교과수업(보통교과)은 원소속 학교 복귀 시 도움이 된다	3.45	1.11

문항	M	SD
학교에서 운영하는 대안교과(진로교과, 인성교과, 바리스타, 제과제빵, 악기연주, 컴퓨터 일반, 영상편집 등)는 다양하다	3.83	1.03
학교에서 운영하는 대안교과(진로교과, 인성교과, 바리스타, 제과제빵, 악기연주, 컴퓨터 일반, 영상편집 등)는 유익하다	3.79	1.01
학교에서 운영하는 대안교과(진로교과, 인성교과, 바리스타, 제과제빵, 악기연주, 컴퓨터 일반, 영상편집 등)는 학생의 진로에 맞게 구성되어 있다	3.78	0.97
학교에서 운영하는 대안교과(진로교과, 인성교과, 바리스타, 제과제빵, 악기연주, 컴퓨터 일반, 영상편집 등) 수업시간은 적절하다	3.81	0.96
학교에서 운영하는 특화된 교육과정(미용예술, 응급구조, 노작교과, 봉사활동, 연출, 무대기술, 생활스포츠 활동 등)은 다양하다	3.74	1.02
학교에서 운영하는 특화된 교육과정(미용예술, 응급구조, 노작교과, 봉사활동, 연출, 무대기술, 생활스포츠 활동 등)은 유익하다	3.70	1.02
학교에서 운영하는 특화된 교육과정(미용예술, 응급구조, 노작교과, 봉사활동, 연출, 무대기술, 생활스포츠 활동 등)은 학생의 진로에 맞게 구성되어 있다	3.66	1.04
학교에서 운영하는 특화된 교육과정(미용예술, 응급구조, 노작교과, 봉사활동, 연출, 무대기술, 생활스포츠 활동 등) 수업시간은 적절하다	3.75	1.01

(4) 위탁교육기관의 수업활동

위탁교육기관의 수업활동에 대한 학생들의 의견을 조사한 결과가 〈표 10-20〉에 제시되어 있다. '수업 시간에 학생들이 직접 참여하는 활동 기회가 많다'는 평균이 3.79(SD=0.99)로 가장 높게 나타났다. '수업 시간에 다양한 학습 자료를 활용한다', '학교에서는 모든 학생이 능력에 맞추어 공부할 수 있다'의 순서로 조사되었다. '나는 학교 수업보다 학원 및 과외를 통해 공부하는 편이다'의 평균은 2.99(SD=1.44)로 가장 낮게 나타났다.

표 10-20 위탁교육기관 수업활동(N=240)

문항	M	SD
나는 학교 수업에서 배우는 즐거움을 느낀다	3.59	1.09
학교에서는 모든 학생이 능력에 맞추어 공부할 수 있다	3.72	0.96
수업 시간에 학생들이 직접 참여하는 활동 기회가 많다	3.79	0.99
수업 시간에 다양한 학습 자료를 활용한다	3.74	0.97
수업 시간에 강의 이외에 다양한 방법으로 공부한다	3.61	1.08
나는 학교 수업보다 학원 및 과외를 통해 공부하는 편이다	2.99	1.44

(5) 위탁교육기관의 교사

위탁교육기관의 교사에 대한 학생들의 의견을 조사한 결과는 〈표 10-21〉과 같다. 모든 항목에서 거의 4.0에 가까운 반응을 보여 위탁교육기관 선생님에 대해서는 긍정적으로 인식하고 있음을 일 수 있다. '신생님들은 교직에 헌신적이다', '선생님들은 교과에 대한 지식이 많으시다', '선생님들은 학생들의 진로에 관심이 많으시다', '선생님들은 학생들에게 관심과 열정이 많으시다' 순으로 조사되었다.

표 10-21 위탁교육기관 교사(N=240)

문항	M	SD
선생님들은 학생들에게 관심과 열정이 많으시다	3.94	1.021
선생님들은 교직에 헌신적이다	3.99	0.948
선생님들은 교과에 대한 지식이 많으시다	3.98	0.976
선생님들은 학생들의 공부를 격려하신다	3.92	1.001
선생님들은 학생들의 진로에 관심이 많으시다	3.95	1.019

3) 위탁교육기관시설

(1) 위탁교육시설 및 만족도

위탁교육기관의 시설 및 만족도에 대해 조사한 결과가 〈표 10-22〉에 나타나 있다. '학생들에게 쾌적한 교육환경과 시설을 제공하고 있으며, 이를 정기적으로 관리하고 있다'의 평균은 3.98(SD=0.96)로 나타났으며, '학생에게 쾌적한 교육환경을 제공하기 위해 기관 시설과 기자재를 정기적으로 유지 · 보수한다'의 평균은 3.97(SD=0.97)로 나타났다. 시설 및 만족도는 긍정적인 수준임을 알 수 있다.

표 10-22 위탁교육기관 학교시설 및 만족도(N=240)

문항	M	SD
학생들에게 쾌적한 교육환경과 시설을 제공하고 있으며, 이를 정기적으로 관리하고 있다	3.98	0.96
학생에게 쾌적한 교육환경을 제공하기 위해 기관 시설과 기자재를 정기적으로 유지 · 보수한다	3.97	0.97

(2) 위탁교육기관의 공간 및 개별실 만족도

위탁교육기관의 공간 및 개별실에 대한 학생들의 만족도가 〈표 10-23〉에 나타나 있다. 모든 항목에 대한 수준은 평균 3.6 이상으로 나타나 보통 이상의 수준임을 알 수 있다. 냉·난방에 대한 만족도가 3.92(SD=1.02)로 가장 높게 나타났다. 학습 공간(일반 수업 공간, 과학·미술·음악 수업 공간 등)에 대한 만족도는 3.83(SD=1.00)이며, 보건위생시설(보건실, 화장실, 수도, 정수 시설 등)에 대한 만족도는 3.75(SD=1.07)로 나타났다. 학생 지원 시설(휴게실, 학생회실, 동아리실, 급식시설, 매점, 사물함 등)에 대한 만족도는 3.67(SD=1.12)로 조사되었다.

표 10-23 위탁교육기관 공간 및 개별실(N=240)

문항	M	SD
학습 공간(일반 수업 공간, 과학·미술·음악 수업 공간 등)	3.83	1.00
보건위생시설(보건실, 화장실, 수도, 정수 시설 등)	3.75	1.07
학생 지원 시설(휴게실, 학생회실, 동아리실, 급식시설, 매점, 사물함 등)	3.67	1.12
컴퓨터실(컴퓨터, 멀티미디어 교재 등)	3.85	1.09
냉·난방	3.92	1.02
조명	3.85	1.01

4) 위탁교육기관의 발전 방향

현재 다니고 있는 위탁교육기관의 발전 방향과 관련된 내용을 〈표 10-24〉에 제시하였다. '체험학습과 문화, 체육활동 기회가 지금보다 더 많아지면 좋겠다'의 평균이 3.50(SD=1.18)으로 가장 높게 나타났다. '자신의 진로를 탐색하고 준비하는 데 도움이 되는 교육 프로그램이 지금보다 많아지면 좋겠다'의 평균이 3.44(SD=1.06), '학년 구분 없이 능력과 관심에 맞는 것을 선택해서 공부할 수 있도록 해 주면 좋겠다'의 평균이 3.33(SD=1.08), '상급학교 진학에 도움이 되는 내용을 지금보다 많이 가르쳤으면 좋겠다'의 평균이 3.14(SD=1.12) 순으로 조사되었으며, '학교에서 가르치는 교과목 수가 늘어났으면 좋겠다'의 평균이 2.87(SD=1.16)로 가장 낮은 반응을 보였다.

표 10-24 위탁교육기관의 발전 방향(N=240)

문항	M	SD
학교에서 가르치는 교과목 수가 늘어났으면 좋겠다	2.87	1.16
상급학교 진학에 도움이 되는 내용을 지금보다 많이 가르쳤으면 좋겠다	3.14	1.12
체험학습과 문화, 체육활동 기회가 지금보다 더 많아지면 좋겠다	3.50	1.18
학년 구분 없이 능력과 관심에 맞는 것을 선택해서 공부할 수 있도록 해 주면 좋겠다	3.33	1.08
자신의 진로를 탐색하고 준비하는 데 도움이 되는 교육 프로그램이 지금보다 많아지면 좋겠다	3.44	1.06

5. 논의 및 결론

이 연구는 학교 부적응 분야 대안교육 위탁교육기관의 운영에서 학생의 의견을 살펴봄으로써 ESR을 위한 대안교육 위탁교육기관의 원적교와의 비교에 의한 만족도, 내적 사항의 학생 부합도, 학생에 대한 외적 사항의 적절성 검토를 통해 문제와 과제를 탐색하고자 하는 데 목적을 두고 있다. 이러한 목적을 위해 실시한 설문 결과에 따른 논의 내용은 다음과 같다.

첫째, 학생이 대안교육 위탁교육기관에 오게 된 이유에 대한 것이다. 대안교육 위탁교육기관에 오는 대상은 원적교에서의 성적이 하위 70% 이하의 집단에 속한 학생으로 성적 향상이나 자신의 특성을 개발하기 위한 사교육은 대부분 하지 않은 학생 집단이다. 대안교육 위탁교육기관으로 오게 된 주된 이유는 정규학교를 꼭 다녀야 할 이유가 없거나 심리 · 정서적인 문제와 학교 규율의 엄격성 등이었다. 결정 후의 걱정은 사회의 부정적 인식에 대한 것이었고, 위탁기관 종료 후 원적교로의 복귀를 희망하지 않는 응답이 많았으며, 그 이유는 위탁교육기관이 더 좋아서였다.

2023년에 실시한 이러한 결과는 2024년에 실시한 설문 결과와 대동소이하게 나타나고 있다. 2024년에 실시한 「2024 민간위탁 사업 성과평가 연구 용역 보고서」 연구 결과에서는 대안교육 위탁교육기관에 오게 된 이유에 대한 학생 응답의 비율이 학교 규칙의 엄격성 24.3%, 학교 수업의 어려움 21.9%, 심리 · 정서적 문제 20% 등의 순서로 제시되고 있다. 2024년의 연구에서는 정규학교를 꼭 다녀야 할 이유가 없다는 문항은 배제되어 있어 연구 결과에서 대동소이한 결과가 나타나고 있다.

또한 결정 후 사회의 부정적 인식과 종료 후 원적교 복귀를 희망하지 않는 응답 역시 2024년도와 동일하게 나타나고 있다. 이는 대안교육 위탁교육기관에 오게 된 이유에 대한 학생들의 응답에서 확인되듯, 공교육 체제 내에서 충분한 인정을 받지 못해 발생하는 심리・정서적 이유와 학교 규칙의 엄격성, 학교 수업의 어려움으로 인해 학교 공간에 적응을 제대로 하지 못하는 데에서 비롯된 것으로 보인다. 그리고 원적교 복귀의 희망이 상대적으로 적은 것은 학교의 교육활동에 대한 개선이 필요함을 말하는 것으로 볼 수 있다.

둘째, 대안교육 위탁교육기관을 원적교에 비해 만족하는가에 대한 것이다. 대안교육 위탁교육기관에서의 생활은 원적교에 비해 학교생활이 즐겁고, 학교 활동에 적극 참여하며, 친구와의 관계도 우호적이며 성실성 등에서 우세하게 나타나고 있다. 교육과 진로교육에서 교육내용 수준이 적절하고 가치가 있다고 생각하며, 수업 역시 흥미가 있고, 교사와의 관계에서 인격적 대우와 마음을 나눌 수 있어 우호적으로 나타나고 있다.

이것은 대안교육 위탁교육기관의 교육활동에서 교육내용이 학생 수준에 적절하고, 그에 따라 수업에 흥미가 생기며, 교사 역시 우호적 관계를 형성함으로써 학생과의 상호작용이 원활해 교육활동이 의미 있게 전개되는 것으로 볼 수 있다. 이에 따라 교육에서의 소외문제 발생에 대한 주요 원인은 학생 개인의 문제나 교육방법의 비효율성에 기인한다기보다는 교육내용의 부적합에 기인하는 것으로 보는 관점이 설득력을 얻을 수 있다(이돈희, 1994: 311). 학교 교육과정이 획일화되어 있거나 지적활동에 종사하는 사람을 양성하는 준비 과정으로 되어 있어 문제의 심각성이 드러나는 것으로 볼 수 있다.

국가교육과정이 제6차 교육과정에서 국가와 지역 및 학교로 결정 권한을 분산하는 체제를 갖추었고, 2022 개정 교육과정에서 국민참여형 교육과정 개발 체제를 갖추었다고 하더라도, 교육과정 운영에서 나타난 교과의 구조나 내용 등의 문제가 제대로 반영되거나 다루어지지 않은 것이 주요 원인으로 작용하고 있다고도 보인다. 최근 교육과정의 사회적 합의를 위해 국가교육위원회가 설립・운영되고 있는 체제에서는 이러한 문제해결을 위한 교육과정의 조사・분석 및 점검과 그 결과가 체계적으로 반영될 수 있도록 노력할 필요가 있을 것이다.

셋째, 대안교육 위탁교육기관의 내재적 사항은 학생에게 부합하는가에 대한 것이다. 우선 교과 편제에 대한 것을 보면, 대안교육 위탁교육기관의 보통교과 수업은 원적교 복귀 시 도움이 된다는 것이 제일 부정적이고, 보통교과가 진학에 도움이 된다거나 학생 수준에 맞게 이루어지는 것 등 대부분에서 긍정적이라고 보기 어렵다. 이에 비해 대안교과의 경우에는 수업시간이 적절하다거나 진로에 맞게 구성되고 유익하다는 등 보통교과에 비해 긍정적으로 나타나고 있다. 학교에서 운영하는 특화된 교육과정의 경우는 보통교과와 대안교과의 중간 정도에 해당하고 있다.

이러한 결과는 2024년에 실시한 연구의 설문조사 결과와 일치하는 경향을 나타낸다. 2024년의 연구 결과에서도 보통교과의 경우 원적교 복귀에 도움이 되는지에 대해 3.55로 가장 낮았고, 진학에 도움이 되는 것에서는 3.63, 학생 수준에의 적합성은 3.82로 나타나고 있다. 이에 비해 대안교과의 경우에는 수업시간의 적절성 3.90, 진로에 맞춤형 구성 3.87, 수업 시간의 적절성 3.90으로 나타나고 있으며, 특화된 교육과정에 대한 질문의 경우 3.84~3.88로 나타나고 있어 평균 응답 점수는 보통교과와 대안교과의 중간 정도로 나타나고 있다.

이것은 대안교육 위탁교육기관에서 운영하는 대안교과가 학생에게 의미 있게 다가오는 것으로 대안교과의 프로그램 개발과 운영에 대한 강화를 요청하는 것이기도 하다. 그러나 대안교육 위탁교육기관에서의 특화된 교육과정의 만족도가 적은 것은 해당 기관에서 운영하는 교육과정에 대한 보완을 검토할 수 있고, 보통교과에 대한 의미가 적은 것은 원적교의 복귀를 위해 보통교과로의 단계적 접근을 할 수 있는 내용 마련에 대한 필요를 말하는 것이기도 하다. 다만, 대안교과의 경우에도 5점 척도에서 3점대를 나타내는 것은 보통교과에 대해 상대성을 띠는 것이지 절대적 우호성을 말하는 것은 아니므로 대안교과의 운영도 내실을 기하여야 하는 과제가 있다.

다음으로 수업의 경우에는 직접 참여활동의 기회가 많고 다양한 학습자료와 능력에 맞춘 공부가 가능하다는 것 순으로 이어지며, 이것 역시 2024년도 연구의 설문조사 결과와 일치한다. 2024년에는 수업의 학생 참여 활동 기회 제공이 3.97, 수업 시간 내 다양한 학습 자료의 활용 3.88의 순으로 이어져 동일한 결과를 나타내고 있다. 이것은 교육과정의 편성에서뿐만 아니라 운영에서 학생 참여를 통한 학생의 동기 부여와 심리적 안정이 중요한 역할을 하는 것임을 알 수 있는 것이다.

넷째, 대안교육 위탁교육기관의 외재적 사항은 학생에게 적절한 것인가에 대한 것이다. 먼저 인적 자원에 대한 것으로 교과에 대한 교사의 전문성과 학생에 대한 이해 및 상호작용에서 우호적으로 나타나고 있으며, 설문 문항의 배치가 다른 영역으로 배치되어 있다고 하더라도 2024년의 연구 결과와 유사하다. 이것은 교육과정 운영에서 교과에 대한 교사의 전문성뿐만 아니라 인격적 감화에 대한 중요성을 말하는 것으로 이해되기 때문에, 위탁교육기관 교사나 강사의 전문성 향상을 위한 연수 체제도 적극적으로 검토해 볼 수 있을 것이다. 2023년과 2024년 연구에서 교·강사에 대한 연수가 제대로 이루어지지 않고 있는 설문 결과는 연수에 대한 참여가 저조한 이유가 무엇인지에 대해서도 조사가 필요함을 말해 주는 것이다.

다음으로 시설과 관련해서는 시설, 기자재, 학습 공간이나 냉·난방 등에서 긍정적으로 보고 있으며, 휴게실이나 동아리실 및 급식실 등 학생 지원 시설에서는 상대적으로 아주 약간의 낮은 점수의 응답이라고 할 수 있다. 2024년 연구에서도 냉·난방이나 조명 시설 등에서는 긍정적으로 보고 있어 물리적 환경에서는 다소 안정성을 보이고 있는 것으로 나타나고 있다. 다만,

2024년 보고서에서는 학생에 대한 지원 시설에서는 여타의 시설에 비해 아주 조금 나아진 것으로 나타나고 있다. 이것은 대안교육 위탁교육기관이 지니고 있는 시설에 대한 한계와 관련이 있는 것으로 보이기에 다른 기관과의 네트워크나 공간 활용에 대한 고민이 필요할 것이다.

마지막으로 진로탐색 요구도에서는 체험학습과 문화 체육활동에 대한 요구가 높게 나타나는 반면, 학교에서 가르치는 교과목 수의 증가 요구가 가장 낮은 응답을 하고 있다. 이 부분 역시 2024년의 설문조사 결과와 일치하고 있다. 2024년 연구에서는 교과목 수 증가에 대해 5점 척도에서 2.76으로 저조한 반응을 보이고 있다. 학생들의 시설에 대한 만족에 비해 교과목 수의 증가 등에서 요구도가 저조한 것은 교육활동에서 외형적 측면보다는 내용적 측면에 대한 고려를 보다 적극적으로 할 필요가 있음을 말해 주고 있다. 여전히 학생에 적합한 교육과정 구성의 필요성이 제기되고 있는 것이다.

대안교육 위탁교육기관과 원적교의 비교에서는 교육내용이 대상 학생에게 더 적합하고, 교육과의 실천 역시 참여를 통해 수준에 부합하는 형태로 전개되고 있는 것으로 나타났다. 이것은 실제 교육과정 편성 · 운영에서 보통교과와 대안교과보다는 체험 위주의 학습에 보다 우호적으로 나타나고 있어, 원적교 복귀와 대안교과 운영이 형식적인 학생 맞춤에서 다소 벗어나 내실화된 방향으로 이어져야 함을 말하는 것으로 보인다. 이에 비해 교사나 시설 등 교육의 외재적 조건에서는 양호한 것으로 나타나고 있다. 그렇지만 양호하거나 긍정적 수준이라고 하더라도 5점 척도상의 질문에서 3점대 후반 정도의 수준을 나타내고 있는 것은 만족스럽게 운영되고 있다고 보기 어려울 것이다.

대안교육을 위한 교육기관은 정규학교에서 소외와 대안교육에 대한 것으로 대안교과의 마련과 운영이 필요성을 말하는 것이다. 이에 관한 사항은 「초 · 중등교육법」과 법률 시행령에 근거를 마련하고, 이에 대한 내용을 다루고 있다. 법적인 장치를 마련하는 것은 소외된 학생에 대해 제도적 차원에서 접근함으로써 임의성을 배제하고 이들 학생의 권리를 보장할 수 있다는 데 의미가 있다.

교육에서 소외된 학생의 주된 원인은 교육과정을 먼저 정해 놓고 교육을 받는 대상자에게 전달하고 수용하는 체제를 지님으로써 학생의 교육적 성장의 방향을 몇 가지로 한정하고 있는 것과도 관계된다. 그러나 학생의 성장은 국가에서 몇 가지를 정해 놓고 거기에 맞는 학생만 성장을 하는 것이 아니라, 학생에 부합하는 교육과정의 마련을 통해 학생이 성장의 다양성을 경험할 수 있도록 하여야 교육의 본질적 의미가 살아날 수 있다. 그리고 학생에 적합한 교육과정의 운영을 위한 인적 · 물적인 조건이 정비되는 방향이 되어야 한다. ESR은 이러한 교육이 이루어질 수 있도록 사회 구성원들의 올바른 역할 정립의 필요에 대한 것이다.

성찰과제

1. 대안교육 위탁교육기관에 종사하는 교사의 역할에 대해 토론해 보시오.
2. ESR을 위한 대안교육 위탁교육기관의 문제가 무엇인지 논의해 보시오.

참고문헌

박창언, 박서현(2023). 2023 대안교육 위탁교육기관 운영 개선 방안 연구 용역 보고서. 부산광역시교육청.

박창언, 이형주(2024). 2024 민간위탁 사업 성과평가 연구 용역 보고서. 부산광역시교육청.

서울특별시교육청(2025). 2025학년도 대안교육 위탁교육기관 지정 계획. 서울특별시교육청.

윤민종, 김동선, 이수지(2021). 2021학년도 민간위탁 사업 성과 평가 보고서. 부산광역시교육청.

이돈희(1994). **교육적 경험의 이해**. 교육과학사.

Kandel, I. L. (1933). *Comparative education*. Houghton Mifflin.

ESR 관점에서의 평생교육과 지속가능발전교육

이병준

1. 사회적 책임 교육에 관한 지속가능발전교육과 환경교육에서의 연구 경향을 설명할 수 있다.
2. 이러한 연구 경향에 기초하여 향후 지속가능발전교육과 환경교육 연구 상황에서 다양한 연구방법을 적용할 수 있다.

1. 지속가능발전교육과 환경교육 어떻게 연구할 것인가

ESR의 관점에서 지속가능발전교육과 환경교육의 중요성을 강조하게 될 때 이 분야의 실제와 현상들을 연구할 때 적용할 수 있는 연구방법론(또는 경우에 따라서는 실천연구방법론)들에 대한 관심은 커질 수밖에 없다. 사회적 책임이라는 주제는 결국은 현장에의 실행 및 적용과 관련이 되기에 실행을 위한 연구방법과 실행에 대한 성찰연구로 나뉘게 된다. 때문에 평생교육적 차원에서는 지속가능발전교육과 환경교육을 구체적 교육 현장에서 적용한 실행연구(action research), 이러한 적용을 하기 위해 필요로 하는 실태조사 및 요구조사(study on needs) 연구, 그리고 구체적 실행(implementation)을 위한 프로그램 개발연구 등이 이루어지고 있다. 물론 요구조사와 프로그램 개발은 서로 밀접하게 연결되어 있지만 요구조사에서 적용되고 있는 연구방법은 여전히 양적인 연구중심의 방식이 주를 이루고 있고 '생활세계적 분석'과 같은 질적인 접근은 아직 실행되고 있지 못하다. 최근에 프로그램 개발과 관련하여 역량담론이 개입되어 역량개발을 위한 프로그램 개발과 같은 연구들이 생겨나고 있다. 교육 프로그램은 결국 인간의 역량을 개발하는 데 초점을 두는 것이기에 지속가능성 역량을 업그레이드하는 차원에서의 교육 프로그램을 개발하는 데 초점을 두는 연구들이 생겨나고 있다. 구체적인 다양한 사례 연구가 지속가능발전교육과 환경교육에는 현재 많이 확산되어 있는 추세이나 구체적 사례를 통해 보편적이고 일반적인 제안으로까지 연결되기 위해서는 사례의 제시로만 그쳐서는 안 되기에 여기서는 제외하기로 한다. 때문에 결론적으로 요약해 보자면 현황파악을 위한 실태조사, 실태파악에 기반한 교육요구조사, 프로그램의 개발 및 프로그램의 적용과 관련된 실행연구 이러한 흐름들이 지속가능발전교육과 환경교육에서는 일어나고 있는 것이다.

2. 지속가능발전교육과 환경교육에서의 연구방법 적용 사례들

1) 학교공동체 현장 실행연구 사례[1)]

(1) 연구의 배경

최근에 학교에서의 지속가능발전교육(Education for Sustainable Development: ESD)을 촉진하기 위한 연수와 시범사업들이 국가적·사회적 차원에서 다양하게 전개되고 있다. 지난 정부의 녹색성장교육 사업들은 이제 국정목표의 변화에 따라 국제적 표준이라고 볼 수 있는 지속가능발전교육으로 자리매김하기에 이르렀다. 지속가능발전교육이 환경교육에서 시작되었으나 환경교육의 차원과는 다른 사회·경제·문화적 요소를 함께 고려한 교육이라는 측면에서 많은 혼란을 야기하고 있는 것도 사실이다. 따라서 이러한 사업들이 단위학교에서 어떻게 운영되고 있는지에 대한 구체적인 분석과 자료가 정리되어야 할 시점에 이르렀다. 이와 같은 맥락에서 현재 운영되는 지속가능발전교육 프로그램들의 과정과 성과를 양적·질적으로 평가하는 동시에 향후 단위학교에서의 지속가능발전교육 프로그램들의 확산에 따른 개선방안을 모색하는 데 도움을 줄 수 있는 연구의 필요성이 제기된다. 이러한 상황에서 이루어진 한 실행연구는 지속가능발전교육을 학교 현장에 적용해 본 의미 있는 사례로 이해된다.

K생명 교육문화재단의 학교환경교육 지원사업 대상학교로 선정되어 단위학교차원에서 지속가능발전교육을 전개한 부산 S초등학교(부산광역시 영도구 소재)의 사례이다. S초등학교는

1) 이 절의 내용은 이병준, 정미경, 박웅희, 황규홍(2013)을 참조함.

2010년도부터 초빙교장의 선도하에 하나뿐인 지구를 위한 생존전략의 글로벌 마인드 함양을 구체화한 실천계획을 수립하여 실천해 오고 있었다. 그러한 노력의 구체적인 실천으로 환경교육, 잔반 없애기, 자전거로 출퇴근하기 등의 활동이 다양하게 전개되고 있었다. 2010년부터 2011년까지 2년에 걸친 S학교공동체의 이러한 생태발자국을 줄이려는 자체적인 노력은 상당한 성과를 거두었다. 이와 더불어 관할 지자체인 영도구청에서도 사람의 삶을 자연과 동화시키기 위한 슬로시티(Slow City)를 표방하였으며 이에 따라 S초등학교는 2012년도에 슬로스쿨을 조성하여 환경과 자연, 시간과 계절을 존중하며 어린이가 스스로 자신을 바라보며 여유롭게 살아가는 모습을 실현하고자 했다. 그러나 S초등학교는 예산부족 등의 현실적인 문제로 인해 구상한 전체 계획을 달성하기에는 한계에 부딪히게 되었다. 그러한 와중에 학교는 2012년도에 K생명 교육문화재단이 운영하는 학교환경교육 지원사업을 접하게 되었다. 학교환경교육 지원사업은 K생명 교육문화재단이 학교환경교육의 활성화를 위해 단위학교 혹은 교사네트워크를 지원하는 사업인데, 학교환경교육 발전에 기여할 수 있는 프로그램으로 새롭고 신나는 창의적인 실천 중심의 프로그램에 대하여 최대 3년간 3천만 원을 지원하는 사업이다. 이 프로젝트를 통하여 S초등학교는 기후변화 방지 및 적응을 위한 '생태발자국을 줄이기 위한 창의적 실천 프로그램'을 주 프로그램으로 이를 달성하기 위한 문제해결과 삶의 양식 변화를 위한 실천 프로그램, 학생들이 주도적으로 문제를 탐구하여 해결책을 찾거나 창의적이고 지속적으로 실천하여 변화를 꾀할 수 있는 프로그램, 학생과 학부모, 지역사회가 함께 실천하는 프로그램 등을 계획하였다. 또한 어린이들이 자연과 세계를 품으며, 종교와 피부색을 넘어 모든 사람이 다양한 생물들과 함께 살아가기 위한 노력을 계속 전개해 나갈 수 있게 되었다. 연구자는 S초등학교에서 이루어지고 있는 지속가능발전교육 운영 프로그램에 대하여 지속적으로 자문 및 컨설팅을 하였다. 그러한 과정을 통해 S초등학교가 어떻게 변화되어 가는지를, 학교 구성원들이 어떤 변화의 경험들을 하게 되었는지를 가까이에서 소통하면서 관찰할 수 있었다. 이 연구는 그러한 변화와 성찰의 과정을 정리한 것이다.

(2) 연구방법: 실행연구

실행연구(action research)는 객관성이나 이론 정립보다는 실천현장 개선에 관심을 가지는 연구이다. 따라서 이는 현장에서 이루어지고 있는 변화의 과정을 살피는 데 유용하며 반성적 실천을 이끌어 내는 데 도움이 되는 연구방법에 해당한다. 실행연구는 현장 개선을 수행해 나가는 구체적인 연구의 프로그램 개발과 그 적용과정을 강조한다(이용숙 외, 2005: 21). 이러한 실행연구는 사전결정적인 절차에 매이지 않으며 연구자는 연구 결과에 대해서 열린 자세를 취함으로써 보다 많은 공감을 얻을 수 있게 된다. 따라서 실행연구는 연구주제에 대한 개방적 접근뿐만 아니라, 연구방법과 글쓰기에서의 창의성과 다양성을 필요로 한다. 교육 현장에 관한 연구는 수업계획, 수업기법개발 등을 다루는 실제적인 주제를 다룰 수도 있고 교육문제, 교육문화 등의 비판적인 주제를 다룰 수도 있다. 실제 교육 현장에서 이러한 주제들은 서로 복합적으로 얽혀 있는 경우가 많다. 실행연구는 이러한 복합성에 대해서 유연한 접근이 가능하게 해 주며, 현장의 세밀한 고찰과 현장의 목소리를 담아내는 데도 유용한 방법이다. 결론적으로 현장의 경험을 축적하며 실제에 대한 반성을 통해 필요한 개선과 변화를 목적으로 하는 실행연구는 매우 유용한 도구가 될 수 있다.

케미스(Kemmis)와 맥태거트(McTaggart)에 따르면 실행연구의 과정은 나선형의 순환과정을 거쳐서 이론과 행위가 결합되는 실천적 지식을 산출하는 반성적 성찰의 과정이다(Altrichter et al., 2002). 이러한 자기반성적 연구 사이클 모형은 네 단계의 연구 주기를 반복하게 된다. 1단계는 문제를 파악하고 변화를 계획하며, 2단계에서는 계획의 실천과 변화의 과정 및 결과에 대한 관찰이 이루어지고, 3단계에서는 앞 단계에 대한 반성(혹은 성찰)이 이루어지며, 마지막인 4단계는 수정된 계획을 실천하고 관찰한 후 다시 새로운 반성으로 나아간다. 실행연구의 초기 단계에서 연구자는 이론적인 접근보다 경험적 접근을 강조하게 되며 일단 교육 현장에서 구체적인 프로그램의 실천을 자문 및 멘토링하면서 지속적인 관찰과 성찰, 소통을 되풀이하는 과정을 거친다. 이러한 실행연구 과정은 연구의 목적에 따라 질적인 연구나 양적인 연구를 적절히 활용하여 진행될 수 있다.

실행연구의 순환적 단계에서 중요한 것은 교사와 멘토이자 자문가인 연구자와의 연속적인 사고의 교환과정이다. 교육 현장에서는 교사의 생각 및 행위와 멘토이자 자문가의 생각 및 행위가 연계, 통합되어 관찰되어야 하며 이전 사이클에서 축적된 자료와 반성은 잘 보존되어서 다음 단계를 위해 활용되어야 하기 때문이다.

(3) 연구절차 및 자료 수집 · 분석

이 연구는 S초등학교가 2012년도에 K생명 교육문화재단의 환경교육 지원사업에 선정되어 지속가능발전교육을 시행하는 단계에서부터 시작된다. S초등학교는 이미 2010년도부터 저탄소 녹색성장, S로하스(Lohas) 운동을 시행하고 있었고 교과학습에 지속가능발전교육의 내용들을 다루고자 하는 노력을 기울이고 있었다. 이러한 시도들은 현실적인 예산의 문제로 인해서 계속 추진해 나가는 데 한계를 경험하게 되었다. 좋은 취지로 시작된 이러한 노력들이 무산될 위기에 처하게 되었지만 K생명 교육문화재단 지원사업에 선정되면서 학교교육 현장에서 지속가능발전교육을 지속적으로 추진해 나갈 수 있는 재정적 · 전문적 지원을 받게 되었다. 이러한 지원을 통하여 S초등학교는 지속가능발전교육 선도 학교로 지정되는 데까지 이르며 타 학교에서 본교의 사례를 벤치마킹할 정도로 변화와 성과를 얻게 된다. 이와 같은 결과는 2년에 걸친 교장, 담당 부장교사, 자문 연구자의 긴밀한 협력을 통해 얻어졌다. 이들은 실행과정을 지속적으로 관찰하고 주기적으로 성찰하며, 개선사항을 도출하고 적용하는 과정을 거쳤다. S초등학교의 변화과정을 살펴보기 위해서 양적 · 질적자료가 활용되었다. 먼저 활용된 양적자료로는 주로 사업계획서와 중간보고서, 통신문과 드림레터, 설문조사 결과 및 체험후기, 멘토링 및 컨설팅 회의록 등이 있다. 또한 질적자료로는 수집된 세 명의 교원과 학생의 인터뷰 자료들을 분석하였다. 교원 중 한 명은 교감이었으며 다른 한 명은 부장교사, 마지막 한 명은 일반교사였다. 학생 자료로는 5학년을 대상으로 한 인터뷰 결과를 활용하였다.

2) 지역사회 건강교육 실태조사 및 교육요구조사 연구의 사례[2)]

(1) 연구의 배경

최근 전반적인 교육의 방향은 사회, 문화, 경제, 환경 등의 관련 분야 교육들을 통합적으로 접근하는 지속가능발전교육으로 나아가고 있다. 지속가능발전교육은 2002년에 개최된 57차 유엔총회에서 '지속가능발전교육시대(DESD)'의 선언이 이루어졌고, 세계 각국의 정부로 하여금 교육을 통해 '지속가능성(sustainability)'을 강화해 나갈 것을 요청하기에 이르렀다. 또한 국제기구인 UNESCO에서는 정치적 영향력이 비교적 큰 독일과 호주 등 선진국을 중심으로 국가수준의 전략으로서 지속가능발전교육(Education for Sustainable Development, 이하 ESD)을 위한 교육과정의 틀을 마련하여 ESD 실천을 촉구하고 있다. 이에 발맞추어 느리기는 하지만 한국 또한 그 정치적 상황과 사회적 우선순위의 영향하에 교육과학기술부와 유네스코 한국위원회가 중심이 되어 ESD를 실천하기 위한 다양한 연구와 정책을 전개하고 있다. 지속가능발전교육은 환경적으로 건전하며 지속가능한 발전을 달성하기 위한 미래 세대를 위한 교육으로서 환경, 사회, 경제의 세 영역으로부터 환경교육, 에너지교육, 젠더교육(양성평등 교육), 세계문화유산교육, 다문화공생교육, 평화교육, 인권교육, 국제이해교육 등의 여러 분야가 서로 복합적으로 관련되어 있다. 또한 세계유네스코는 ESD 교육을 건강증진분야까지 확장하여 전 세계적으로 광범위한 인

2) 이 절의 내용은 이병준, 어용숙, 서영숭, 최송실, 김남희(2014)를 참조함.

구에게 문제가 되고 있는 기아, 영양결핍, 말라리아, 수인성전염병, 약물과 알코올 남용, 폭력과 상해, 예기치 않은 임신, HIV와 AIDS 등의 건강문제에 대한 개선과 예방을 위한 지원프로그램을 운영하고 있다. 건강교육은 생태학적 · 환경적 · 정신적 · 물리적 의학으로부터 유도된 사회과학의 한 분야로 건강증진과 질병, 장애와 조기사망을 예방하기 위해 교육을 통하여 대상자의 자발적인 행동변화를 유도하는 것이다. 특히 건강교육은 건강에 대한 지식, 태도, 기술과 행동을 개선시키기 위해 개인, 집단, 기관, 지역사회와 체계적인 전략적 접근을 통해 발달되었다. 건강은 환경과 개인의 삶의 방식과 같은 특성이 관련되어 있는 것으로 개인과 집단의 건강에 대한 활동은 그들의 경제와 환경의 영향을 받는다. 개인의 삶은 주관적이든 객관적이든 행복과 같은 정신건강과 관련되어 있으며, 행복한 삶, 좋은 상태의 삶을 의미하는 인간의 삶의 질을 논할 때 건강은 필수 전제조건이다. 또한 개인은 생애주기별로 일정한 단계로 성장하고 있으며, 현재 단계에서 다음 단계로의 변화기에는 신체적 · 정신적 · 사회적 · 정서적 혼란이 있어 이에 긍정적으로 잘 적응해야 건강하다고 말할 수 있다. 경제 성장, 사회 안정, 환경 보전의 균형을 이루기 위해서는 형식교육과 무형식 학습을 아우르며 지속가능발전 역량을 키울 수 있는 건강교육이 필요하다. 이를 효과적으로 실행하기 위해서는 우선 지역사회 주민들의 구체적인 교육요구를 조사해야 한다. 특히 지역사회 주민의 건강요구도를 보다 명확하게 이해하기 위해서는 지속가능발전교육의 관점에서 개인의 건강요구를 총체적으로 파악할 필요가 있다. 이 연구의 목적은 지속가능발전교육의 관점에서 일개 지역사회 주민의 건강교육 요구도를 성인기 이후 생애주기별로 파악하고자 하며 구체적 목적은 다음과 같다. 첫째, 생애주기별 여가생활 및 환경생태 인식 정도를 파악하고, 둘째 생애주기별 정신건강상태 및 건강생활실천 정도를 조사하며, 셋째 생애주기별 건강교육 운영에 대한 요구를 도출하는 것이다.

(2) 조사연구방법

이 연구는 U군 군민 건강교육에 대한 요구도를 광범위하게 조사하여 데이터베이스를 구축하고 그 요구에 맞는 군민 건강교육의 토대를 마련하기 위한 서술적 조사연구이다. 이 연구는 U군에 소재한 12개 읍 · 면 지역에 살고 있는 만 20세 이상의 국문해독이 가능한 성인을 대상으로 성별, 연령, 거주지역에 따라 단순층화추출하여 표본을 선정하였다. 연구 대상자의 인구사회학적 특성을 살펴보면 39세 이하가 256명, 33.9%, 40~64세가 419명, 55.4%, 65세 이상이 81명, 10.7%로 나타났다. 성별은 남자가 53.8%, 여자가 46.2%이었으며, 학력은 고등학교 중퇴 또는 졸업이 41.6%로 가장 많았고, 전문대 또는 4년제 대학교 중퇴 또는 졸업이 31.9%로 두 번째 순위로 높았으며 고졸 이상이 전체 대상자의 80.4%를 차지하였다. 거주상태는 부모 · 자녀 2세대 이상 거주하는 형태가 56%로 가장 많았고, 부부만 거주하는 경우도 27.2%로 나타났다. 주소득원은 직장에서의 임금을 받는 대상자가 41.5%로 나타났고, 자영업 수입이 33.3%로 다음 순위를 차지하였다. 가족 전체 한 달 수입은 200~300만 원 미만이 24.2%로 가장 많았고, 100~200만 원 미만이 20.9%, 300~400만 원 미만이 20.8%로 나타났다. 의료보장형태는 건강보험이 85.8%, 의료급여가 14.2%로 나타났다.

사회물리적 환경 맥락에서 건강에 영향을 주는 요인을 조사하기 위해 문화생활도구는 이병준과 한현우(2016)의 연구에서 문화적 역량의 개념과 구성요소를 바탕으로 수정 · 보완하여 예비조사를 거친 다음 내용타당도를 위해 관련 전문가 4명에게 자문을 받아 수정하였다. 최종 개발된 문화생활 척도는 4점 평정척도의 총 16개 문항으로 구성되었으며, 도구의 신뢰도 Cronbach's α=.82이었다. 환경적 영향도구는 윤인숙(2010)의 연구에서 사용한 환경태도 평가척도를 수정 · 보완하여 최종 개발된 환경 생태 척도는 5점 평정척도의 총 6개 문항으로 구성되었고, 도구의 신뢰도는 Cronbach's α=.85이었다. 대상자의 현재 건강생활실천 정도는 2008년 국민건강영양조사 제4기 자료를 중심으로 건강증진 연구의 경험이 많은 전문가 3명의 의견을 수렴하여 총 11개 문항으로 구성되었고, 도구의 신뢰도는 Cronbach's α=.84이었다. 대상자의 정신건강상태는 이 분야에 연구 경험이 많은 전문가 3명에게 자문하여 4문항을 개발함으로써 지역사회 주민을 대상으로 예비검사를 거쳐 신뢰도와 안면타당도를 검증하였다. 이 연구에서는 평균 수면시간 1문항을 제외하고 3문항에 대하여 정신건강상태를 생애주기별로 비교하였다. 건강교육에 대한 필요성 인식과 요구 측정도구는 문명자 등(2004)이 개발한 건강교육 요구도 조사 척도를 바탕으로 이 연구의 목적에 맞게 수정 · 보완하여 전문가 4명에게 내용타당도를 검증받고 예비조사를 하여 문항을 수정하였다. 최종 개발된 건강교육 필요성 및 요구 척도는 5점 평정척도의 총 6개 문항으로 구성되었으며, 도구의 신뢰도는 Cronbach's α=.80이었다. 건강정보 추구 태도 측정도구는 박영선(2011)의 연구에서 사용한 건강정보 추구 척도를 바탕으로 수정 · 보완하여 예비조사를 거친 다음 내용타당도를 위해 관련 전문가 4명에게 자문을 받아 수정하였고, 최종 개발된 건강교육 필요성 및 요구 척도는 5점 평정척도의 총 5개 문항으로 구성되었으며, 도구의 신뢰도는 Cronbach's α=.79이었다.

자료 수집은 2011년 8월 22일부터 8월 27일까지 1차 제작된 건강교육 요구조사 도구로 65명의 U군 내 군민 대상으로 예비조사를 실시하여 해독이 어려운 문구 등을 수정 · 보완하여 2011년 9월부터 11월까지 U군민 건강교육 프로그램 계획 수립을 위해 U군에 거주하는 군민 약 154,290명 중 1,000명을 선정하였다. U군 건강 네트워크 구축 사업을 통해 마련된 U군 건강 네트워크 협의체와 각 읍 · 면사무소 기관장에게 협조를 의뢰하였으며, 자가보고 완료된 설문지는 우편으로 회수하였으나, 회수 결과 회수율이 62%로 높지 않아 별도의 조사원에게 조사의 목적, 설문조사 방법 및 주의사항에 대한 개별적인 교육을 실시한 후 조사원이 군민들을 찾아다니며 추가 조사하였다. 연구 대상자의 윤리적 고려와 관련하여 연구자와 조사원이 연구 대상자에게 연구목적을 설명하고 연구 참여는 자발적이며 자료 수집은 무기명으로 처리될 것임을 알리면서 참여 동의에 대한 서명을 한 대상자만 연구에 참여할 수 있고 지원자는 언제라도 자유의사에 의해 참여를 종료할 수 있음을 알려 주었다.

수집된 자료는 SPSS/WIN 20.0 프로그램을 이용하여 분석하였다. 총 1,000부의 설문지를 배포하여 778부를 회수(회수율 77.8%)하였으며 이 중 불성실한 응답을 한 22부를 제외한 756부가 최종 분석에 사용되었다. U군민 건강교육 요구조사 결과는 8개의 하위 영역인 일반적 특성, 여가 생활, 건강교육 필요성 및 요구, 건강상태, 정신건강, 건강증진, 환경 생태, 교육 프로그램 운영으로 나누어 빈도와 백분율, 평균과 표준편차, 집단 간 차이를 알아보기 위해 χ^2검정, t-검정 및 분산분석 등으로 분석하였다.

(3) 연구 결과

① 생애주기별 여가생활 및 환경생태 인식 정도

생애주기별 대상자의 가내 여가활동은 'TV/비디오 시청'은 '하루 1~3시간 미만'이 성인, 중년, 노인에서 가장 많았는데 성인 36.4%, 중년 47.3%, 노인 46.9%로 나타났다. 반면, '하루 3시간 이상' 시청은 성인 16%, 중년 14.2%, 노인 25.9%로 연령이 높아질수록 TV나 비디오 시청으로 여가를 많이 보내고 있었다. '라디오 청취'는 대부분 세대에서 거의 안 하는 것으로 나타났는데, 성인 63.8%, 중년 49.9%, 노인 61.7%로 나타났다. '아무것도 하지 않고 쉬기'는 생애주기별로 차이가 있었는데, 성인은 '1시간 미만'이 39.1%로 가장 많았고, 중년은 '거의 안 함'이 47.0%로 가장 많았으며, 노인은 '거의 안 함'이 44.4%로 가장 많았다. '독서'는 성인과 노인은 '거의 안 함'이 각각 46.9%, 49.4%로 가장 많았으며, 중년은 '1시간 미만'이 56.6%로 가장 많았다. '화분, 정원 가꾸기'는 성인은 '거의 안 함'이 69.2%로 가장 많았으며, 중년과 노인은 '1시간 미만'이 각각 60.6%, 50.6%로 가장 많았다. '서예, 그림 그리기, 글쓰기, 만들기'는 '거의 안 함'이 성인, 중년, 노인 각각 75.8%, 83.1%, 88.9%로 가장 많았다. '부업으로 돈 벌기'는 '거의 안 함'이 성인, 중년, 노인 각각 64.1%, 66.3%, 71.6%로 가장 많았다.

'등산하기'는 성인과 노인에서 '거의 안 함'이 각각 59.3%, 70.4%로 가장 빈도가 높았으며, 중년은 '1달에 1번'이 40.4%로 가장 빈도가 높았다. '걷기, 산책하기'는 성인은 '1달에

1번'이 33.6%로 가장 높았고, 중년과 노인은 '1주에 1번'이 각각 43.7%, 43.2%로 가장 빈도가 많았다. '수영하기'는 성인, 중년, 노인 모두 '거의 안 함'이 각각 79.7%, 87.1%, 95.1%로 가장 빈도가 많았다. '화투, 카드놀이'는 성인, 중년, 노인이 '거의 안 함'이 각각 74.7%, 83.0%, 80.3%로 가장 빈도가 많았다. '술집 가기'는 성인은 '거의 안 함'과 '1달에 1번'이 각각 37.1%로 나타났고, 중년과 노인은 '거의 안 함'이 각각 42.0%, 51.8%로 가장 많았다. '카페 가기'는 성인은 '1달에 1번'이 33.6%로 가장 높았고, 중년과 노인은 '거의 안 함'이 68.7%, 71.6%로 가장 높았다. '노래방 가기'는 성인, 중년, 노인 각각 '거의 안 함'이 48.8%, 51.8%, 61.7%로 가장 많았다. '모임, 동호회에 참여'는 성인은 '거의 안 함'이 43.4%, 중년과 노인은 '1달에 1번'이 각각 50.6%, 51.9%로 가장 높았다. '여행하기'는 성인, 중년, 노인 각각 '거의 안 함'이 54.6%, 60.7%, 66.7%로 가장 높았다. '봉사활동에 참여'는 성인, 중년, 노인 각각 '거의 안 함'이 66.3%, 55.7%, 86.4%로 가장 높았다. '쇼핑하기'는 성인과 중년은 '1달에 1번'이 각각 54.7%, 55.3%로 가장 높았고, 노인은 '거의 안 함'이 49.4%로 가장 높았다. '영화관 가기'는 성인은 '1달에 1번'이 50.8%, 중년과 노인은 '거의 안 함'이 각각 53.0%, 58.0%로 가장 높았다. '음악회, 콘서트에 가기'는 성인, 중년, 노인 각각 '거의 안 함'이 62.9%, 79.7%, 95.1%로 가장 높았다. '친지 및 이웃방문'은 성인은 '거의 안 함'이 47.3%, 중년과 노인은 '1달에 1번'이 각각 65.1%, 58.0%로 가장 빈도가 많았다.

생애주기별 대상자의 환경생태 인식에서는 '환경문제가 건강에 영향을 미친다'고 인식하는 경우에 대해 '매우 동의한다'가 성인은 35.2%, 중년은 44.4%, 노인은 34.6%로 가장 빈도가 높았다. '환경오염으로 인해 생긴 병을 앓고 있는 사례를 본 경험'은 '본 적이 있다'가 성인 69.5%, 중년 76.6%, 노인 75.3%로 나타났다. '환경오염에 대한 정보와 지식을 많이 알아야 한다는 생각'은 '매우 그렇다'가 성인 32.0%, 중년 43.8%, 노인 42.0%로 가장 높았으나 세대별로는 차이가 있었다. '주거지에서 생태적이고 환경적인 부분을 고려하는 정도'는 성인은 '보통이다'가 32.4%, 중년은 '약간 고려한다'가 37.0%, 노인은 '매우 많이 고려한다'가 32.1%로 가장 높은 빈도수를 나타내어 세대별로 차이가 있었다. '식재료에서 생태적이고 환경적인 부분을 고려하는 정도'는 성인은 '매우 많이 고려한다' 25.3%, 중년과 노인은 '약간 고려한다'가 각각 33.3%, 37.0%로 가장 많았다. '의류선택에서 생태적이고 환경적인 부분을 고려하는 정도'는 '보통이다'가 성인 42.2%, 중년 46.6%, 노인 39.5%로 나타났다.

② 생애주기별 건강상태 및 건강생활실천 정도

생애주기별 대상자의 정신건강 상태에서는 '일상생활에서 느끼는 스트레스 정도'는 '보통이다'가 성인 40.7%, 중년 65.4%, 노인 60.5%로 차이가 있었다. '최근 2주 이내 느끼는 우울정도'는 '보통이다'가 성인 40.2%, 중년 50.3%, 노인 56.7%로 가장 높았고, '높다' 이상이 성인 29.8%, 중년 43.2%, 노인 30.9%로 중년의 우울이 가장 높았다. '최근 경험한 가장 큰 스트레스 요인'은 세 집단 모두 경제적 문제가 가장 높았는데, 성인 52.0%, 중년 53.2%, 노인 60.5%로 나타났다. 건강생활실천 실천정도에서 현재 흡연 여부는 '과거 피우다가 현재 안 피움'이 성인 60.0%, 중년 43.8%, 노인 64.3%로 나타났고, '매일 피움'은 성인 24.2%, 중년 42.6%, 노인 35.7%로 중년이 가장 흡연을 많이 하는 것으로 나타났다. 지난 1년간 금연시도는 성인은 '안 함'이 56.0%로 가장 높았고, 중년과 노인은 '시도함'이 각각 60.3%, 89.5%로 나타났다. 현재 음주 여부는 마시고 있는 경우가 성인 61.3%, 중년 59.2%, 노인 53.1%로 세대별 과반수 이상이 음주를 하고 있는 것으로 나타났다. 1주에 술 마시는 횟수는 '1회 이하'가 성인 72.9%, 중년 41.1%, 노인 44.4%로 가장 많았고 특히 노인은 '2~3회'도 44.4%로 나타나 다른 연령군에 비해 술을 마시는 빈도가 많은 것으로 나타났다. 음주량은 '1병 이하'가 성인 32.9%, 중년 35.2%, 노인 44.4%로 가장 높은 빈도를 보였고, '반 병 이하'는 성인 29.2%, 중년 31.8%, 노인 44.4%로 나타났다. 1년간 금주시도는 '시도 안 함'이 성인 73.7%, 중년 63.6%, 노인 54.5%로 대상자의 과반수 이상이 금주시도를 안 하는 것으로 나타났다. 규칙적 운동 여부는 '안 함'이 성인 73.8%, 중년 55.8%, 노인 64.2%로 나타나 세대별 규칙적 운동실천은 하지 않는 것으로 나타났으며 특히 성인이 다른 세대에 비해 운동실천율이 적었다.

③ 생애주기별 건강교육 요구

생애주기별 건강교육 요구의 경우 건강교육 관심도는 '보통이다'가 성인 32.0%, 중년 36.4%, 노인 53.1%로 가장 빈도가 높았고, 관심 없는 집단이 성인 50.4%, 중년 23.8%, 노인 23.4%로 나타나 성인이 건강교육에 대해 다른 세대에 비해 관심이 없었다.

질병예방교육 필요성은 '매우 필요하다'가 성인 38.8%, 중년 52.2%, 노인 39.5%로 나타났고, '약간 필요하다'가 성인 23.0%, 중년 24.1%, 노인 28.4%로 대체적으로 모든 세대에서 질병예방교육 필요성을 높게 인식하고 있었으며, 특히 중년이 성인과 노인에 비해 높은 것으로 나타났다.

정신건강교육 필요성은 '매우 필요하다'가 성인 37.1%, 중년 43.0%, 노인 33.3%로 가장 높았고, '약간 필요하다'는 성인 24.3%, 중년 30.0%, 노인 21.0%로 중년에서 정신건강교육 필요성 정도가 가장 높았다. 건강증진교육 필요성은 '매우 필요하다'가 성인 36.6%, 중년 49.2%, 노인 38.2%로 나타났고, '약간 필요하다'는 성인 26.6%, 중년 26.3%, 노인 21.0%로 나타나 세대별 건강증진교육의 필요성을 인식하고 있으며 특히 중년에서 높았다.

환경오염예방교육 필요성은 '매우 필요하다'가 성인 40.3%, 중년 55.7%, 노인 33.3%로 나타났고, '약간 필요하다'는 성인 28.1%, 중년 25.5%, 노인 18.5%로 나타나 중년에서 환경오염예방교육의 필요성이 높았다.

생애주기별 대상자의 건강정보추구 방법과 관련해서는 '내가 많은 신댁을 하기보다는 의사들과 간호사들이 최상의 결정을 내려 주길 바란다'는 '대체로 그렇다' 이상의 비율을 살펴보면 성인 21.1%, 중년 18.1%, 노인 22.2%로 나타났다. '나는 의사나 간호사에게 진단 및 치료과정에 대해 많이 물어본다'는 '대체로 그렇지 않다' 이상 항목을 살펴보면 성인 38.3%, 중년 29.8%, 노인 46.9%로 나타나 노인이 의사나 간호사에게 정보를 추구하는 비율이 다른 세대에 비해 적은 것으로 나타났다. '의사나 간호사가 하고 있는 의학적 절차에 의문을 갖기보다는 믿는 편이다'는 '대체로 그렇지 않다' 이상이 성인 41.0%, 중년 41.8%, 노인 44.5%로 나타나 노인이 건강전문가의 말을 수동적으로 이행하는 경향을 보였다. '나는 항상 검진의 결과에 대하여 나에게 말해 줄 때까지 기다린다'는 '대체로 그렇지 않다' 이상이 성인 21.8%, 중년 27.8%, 노인 28.4%로 나타났다. '나는 내가 가지고 있는 질환에 대해 가능한 한 많은 정보를 알기 원한다'는 '대체로 그렇지 않다' 이상이 성인 58.6%, 중년 58.9%, 노인 58.1%로 모든 세대의 과반수 이상이 많은 정보를 요구하고 있었다.

대상자의 건강교육 프로그램 운영에 대한 인식과 관련해서는 건강교육을 받아 본 경험이 없는 집단이 성인 92.2%, 중년 80.0%, 노인 90.1%로 나타나 대부분의 세대에서 건강교육을 받지 않은 것으로 나타났다. 건강교육에 참여하는 이유는 '새로운 지식을 얻기 위해'가 성인 42.9%, 중년 81.2%, 노인 55.6%로 가장 높았다.

받은 건강교육에 대한 만족도는 '만족함'이 성인 57.1%, 중년 77.9%, 노인 100.0%로 나타났으며, 건강교육에 참여 안 하는 이유는 '교육 프로그램에 대한 정보부족'이 성인 40.9%, 중년 40.5%, 노인 32.4%로 나타났고, '교육기관이 거리가 멀어서'가 성인 28.3%, 중년 27.5%, 노인 43.7%로 나타나 노인의 경우 정보부족과 거리상의 문제가 건강교육에 참여하지 못하는 이유로 나타났다.

건강정보를 얻는 경로는 방송이 성인 43.0%, 중년 42.8%, 노인 51.8%로 가장 높았고, 성인은 인터넷 23.4%, 병원 등 10.9%, 신문, 잡지 9.4% 순으로 정보를 얻고 있었다. 중년은 신문, 잡지 19.1%, 직접 보건교육 참여 15.5%, 친지나 이웃 7.6% 순으로 나타나 성인과 다르게 직접 건강교육에 참여하는 비율이 어느 집단보다 높았다. 노인은 신문, 잡지 13.6%, 친지나 이웃 13.6%, 직접 보건교육 참여 9.9% 순으로 나타났다.

선호하는 건강교육 방법은 성인, 중년, 노인 모두에서 '강사에 의한 집단 교육'이 높았다. 이

외에 성인은 개별상담 30.5%, 영화, 비디오 상영 22.7%, 유인물 등 책자 15.2%로 나타났고, 중년은 개별상담 19.3%, 유인물 등 책자 18.4%, 영화, 비디오 상영 5.3%로, 노인은 개별상담 21.0%, 영화, 비디오 상영 18.5%, 기타 4.9%, 유인물 등이 3.7%로 나타났다.

선호하는 건강교육 장소는 성인은 병원 및 민간의료기관 39.8%, 보건소 및 보건지소 29.7%, 노인회관 및 여성회관 15.2%이었고, 중년은 보건소 및 보건지소 33.9%, 병원 및 민간의료기관 27.4%, 군청 및 행정시설 17.7% 순으로, 노인은 노인회관 및 여성회관 48.2%, 보건소 및 보건지소 32.1%, 병원 및 민간의료기관 13.6%로 나타났다. 교육 장소를 선택한 이유는 성인은 '시설이 좋아서' 30.9%, '가까워서' 24.6%, '특별한 이유 없음' 23.4%로 나타나 시설과 거리를 중요시하였다. 중년은 '가까워서' 37.2%, '시설이 좋아서' 25.3%, '자주 다니는 곳이라서' 13.1%로 거리를 중요시하였고, 노인은 '가까워서' 51.9%, '시설이 좋아서' 24.7%, '자주 다니는 곳이라서' 13.6%로 중년과 같이 거리를 중요시하였다.

원하는 1회 교육시간은 성인은 '1시간' 57.8%, '2시간' 37.9%로 90%가 넘는 대부분이 1~2시간의 건강교육시간을 원하였다. 중년은 '2시간' 52.7%, '1시간' 39.4%로 2시간이 1시간보다 더 많았으며, 노인은 '1시간' 51.9%, '2시간' 37.0%로 성인과 같이 1시간이 더 많았다. 원하는 교육횟수는 성인, 중년, 노인 모두 '월 1회'가 각각 52.0%, 47.0%, 49.4%로 가장 많았다. 원하는 교육시간대는 성인과 중년은 '월~금요일 오후 시간'이 각각 32.0%, 35.3%로 가장 빈도가 높았으며, 노인은 '월~금요일 오전 시간'이 45.7%로 가장 많았다.

3) 지속가능발전역량을 위한 프로그램 개발연구[3)]

(1) 연구의 배경

지속가능발전은 인류의 생존을 위해서 발전과 유지를 모두 추구해야 하는 우리의 시급하고 중요한 과제이다. 인류의 바람직한 미래를 위해서 추구해야 할 당연한 가치이다. 세계환경개발위원회(World Commission on Environment and Development: WCED)의 브룬트란트 보고서 '우리 공동의 미래' 이후 지속가능발전은 세계적인 화두가 되었고 지구와 자연에 관한 인식이 변화를 이끌고 있다. 그러나 지속가능발전을 환경보호로만 생각하는 사람들이 적지 않다. 1992년 Agenda 21에서 지속가능발전의 개념을 그동안 환경보호에서 '발전과 환경의 조화'를 추구하

3) 이 절의 내용은 이병준(2016)을 참조함.

는 이념으로 확대하였고, 2002년 요하네스버그에서 개최된 지속가능발전 세계정상회의(World Summit on Sustainable Development: WSSD)에서 현재 추구하고 있는 지속가능발전의 개념에 대한 합의가 이루어졌다. 이런 맥락에서 최근 지속가능발전은 환경보존, 경제발전, 사회정의라는 세 측면이 유기적으로 고려되는 개념으로 받아들여지고 있다(UNESCO, 2005). 우선 환경적 관점은 자연자원, 에너지, 기후변화, 생물다양성, 환경문제 등 환경의 전반적인 부분을 다루고, 사회적 관점은 인권, 평화, 통일, 문화다양성, 평등 등 공동체적 삶을 다루며, 경제적 관점은 지속가능한 생산과 소비, 빈부격차 완화, 공정거래, 물자절약 등의 주제를 다루고 있다. 이러한 지속가능발전이라는 어려운 과제의 목표를 달성하기 위해서 지속가능발전교육이 존재한다. 지속가능발전교육(ESD)은 지속가능발전에 대한 교육(Education about SD)이며 또한 지속가능발전을 위한 교육(Education for SD)이다. 지속가능발전에 대한 교육은 지속가능발전을 이루기 위해서 구성원 간의 이해, 동의를 높이는 과정이다. 그러므로 지속가능발전에 대한 교육은 지속가능발전의 중요성, 실천 방안에 대한 내용이 포함된다. 이에 반해서 지속가능발전을 위한 교육은 구성원들이 지속가능발전을 달성하는 데 필요한 역량을 길러 주는 교육이다. 바람직한 지속가능발전교육이 되기 위해서는 두 종류의 지속가능발전교육이 조화롭게 이루어져야 할 필요가 있다.

이러한 지속가능발전교육을 수행하기 위해서는 방법론적인 프로그램 모듈이 필요하다. 그리고 지속가능발전교육의 프로그램 모듈에는 UNESCO(2005)에서 제시한 환경적 부분, 사회적 부분, 경제적 부분이 모두 포함되어 있어야 한다. 그럼에도 그동안 진행되었던 수많은 지속가능발전교육은 환경교육으로 오도되어 이해되어 왔고 체계적인 틀을 갖추지 못한 채 변질되어 하나의 유행으로 생각되기도 했다. 또한 지속가능발전은 정치적 역학으로 인해 녹색성장이라는 잘못된 개념으로 사용되면서 그 의미를 상당히 상실한 것처럼 느껴진다. 이러한 맥락에서 지속가능발전교육을 우리 사회에 제대로 뿌리내리게 하기 위해서 지속가능발전역량모델링 연구가 필요하다. 우선, 역량 중심의 교육은 기존 교과내용 중심의 지식습득, 교과의 위계에 의한 교육에 한계를 극복하고자 대두되었다. 다양한 문제점이 존재하지만(손민호, 2011), 지속가능발전교육이 자연과 사람들의 모든 삶의 형태, 그리고 사회공동체의 미래가 지속가능한 발전을 이루기 위한 개인과 공동체 모두의 노력을 필요로 하는 삶의 총체성을 가지고 있기에 역량 중심의 접근이 타당한 것으로 생각된다. 이러한 맥락에서 이 연구는 지속가능발전 사회를 위한 구성원의 역량뿐만 아니라 사회의 목표를 달성하고, 바람직한 사회문화를 창출하는 데 요구되는 지식, 기술, 태도의 총체를 포함하는 행동 특성을 파악하여, 이를 촉진할 수 있는 프로그램 모듈 개발을 목적으로 한다.

(2) 연구의 절차와 방법

이 연구에서는 역량모델링에 기초하여 지속가능발전교육 프로그램을 개발하기 위해서 우선적으로 1단계에서는 핵심역량으로서의 지속가능발전역량을, 2단계에서는 환경, 경제, 사회, 문화 및 통합역량으로서의 지속가능발전역량을 도출하였다. 1단계에서는 이 분야의 선진사례를 제공하고 있는 독일의 사례를 분석 · 제시하였다. 2단계에서는 지속가능발전과 관련된 국내전문가 8인과의 FGI(Focus Group Interview)를 통해 지속가능발전역량의 개념 및 구성요소를 도출하였고 도출된 역량 요소인 지식, 기술, 태도를 의미단위로 그룹화하고 네이밍을 하였으며 이에 기반하여 지속가능발전역량군의 정의 및 행동지표를 개발하였다. 또한 이러한 지속가능발전역량 모델링에 기초하여 역량기반 지속가능발전교육 프로그램을 구성하고, 모듈은 지식, 기술, 태도의 요소들을 바탕으로 재구성했다. 이러한 일련의 과정을 거쳐서 지속가능발전역량은 3개 역량군, 8개의 하위역량군, 28개의 역량으로 도출되었다. 역량기반 지속가능발전교육 프로그램 초안은 연구진 및 전문가 워크숍을 통해서 학습목표, 학습시간, 교수방법을 주제 특성을 고려하여 작성했다. 전문가 집단은 연구의 일관성을 고려해서 두 차례에 걸친 FGI에 참여한 지속가능발전교육 내용전문가로 구성했다. 이와 더불어 지속가능발전역량의 역량 정의, 역량 수행 준거 및 레벨링, 행동지표에 대한 비판적 성찰을 통해서 지속가능발전교육 프로그램을 최종 개발했다.

표 11-1 역량모델링 실시 절차

[1단계] 역량 도출 대상 범주군 선정
- 지속가능발전 역량모델 개발을 위한 영역 설정
- 해당 영역의 지속가능발전 역량 현황 조사
- 지속가능발전 역량 도출을 위한 범위 설정

[2단계] 역량 도출 Focus Group 준비
- 영역별 역량 도출 Focus Group 진행 플랜
- 영역별 Focus Group에 참가할 전문가 선정 및 섭외
- Focus Group 장소 및 필요한 준비물 set-up
- 관련자료 수집 및 검토

[3단계] 역량 도출 Focus Group 진행
- 영역별 기대성과 도출
- 요구 역량 도출

[4단계] 역량 프로파일 검증
- 역량 프로파일 검증 방법 결정
- 역량 프로파일 검증 전문가 선정
- 검증 진행
- 피드백 반영 및 수정

[5단계] 역량수행준거 개발/Focus Group 진행
- 역량 그룹화를 통한 역량모델 개발
- 역량 우선순위 결정
- 역량수행준거 레벨링 기준 개발
- 역량모델의 각 역량에 대한 정의 도출
- 역량 행동지표(수행준거) 개발

[6단계] 표준역량 프로파일 개발

(3) 연구 결과: 지속가능발전 역량모델링 및 학습목표

① 핵심역량으로서의 지속가능발전 역량 및 학습목표

핵심역량으로서의 지속가능발전역량은 OECD의 DeSeCO 프로젝트 연구를 기반으로 독일 베를린대학교의 드 한(De Haan) 교수가 개발한 조성역량을 참조할 필요가 있다(〈표 11-2〉 참조). 한 개인의 성공적인 삶을 위한 핵심역량을 개발한 DeSeCO는 자율적 행동, 이질적 집단에서의 상호작용, 매체와 도구의 활용 세 가지를 핵심역량요소로 규정하였다. 이러한 DeSeCO의 연구 결과는 다양한 역량개발에 활용되었는데 문화역량연구와 지속가능발전역량연구가 그 대표적인 사례이다. 드 한 교수는 핵심역량으로서의 지속가능발전역량을 10가지 구성요소(자율적 행동 네 가지, 이질적 집단에서의 상호작용 세 가지, 매체와 도구의 활용 세 가지)로 분류하여 제시하고 있다(이병준, 2016). 제시된 10가지의 핵심역량기반 지속가능발전역량과 관련된 행동지표 및 학습목표는 다음과 같다(〈표 11-2〉 참조).

표 11-2 핵심역량기반 지속가능발전역량

[자율적인 행동]
- 전체적 조망 속에서 행동하며 생애계획을 수립하고 실천하며 권리, 이익, 한계, 요구를 주장하고 지킬 수 있는 능력

- 독자적인 비전과 타인의 비전을 성찰할 수 있는 역량
- 독립적으로 계획하고 행동할 수 있는 역량
- 소외집단(가난한 자, 힘없는 자, 억압받는 자)에 대한 공감과 연대감을 보여 줄 수 있는 역량
- 스스로 적극적으로 되기 위하여 자기를 동기 유발할 수 있는 역량
  - 각종 패턴을 이해한다.
  - 자신이 속한 시스템을 안다.
  - 자신의 행동이 초래할 직간접적인 결과를 파악한다.
  - 개인적 · 집단적 규범 및 목표에 미칠 결과를 고려하여 적절한 행동 방침을 선택한다.
  - 계획을 세우고 목표를 정할 수 있다.
  - 이미 보유한 자원과 필요한 자원(시간과 예산 등)을 파악해 평가할 수 있다.
  - 목표의 우선 순위를 정하고 구체화할 수 있다.
  - 여러 가지 목표 달성을 위해 필요한 자원들 간의 균형을 맞출 수 있다.
  - 과거 행동에서 배움을 얻어 미래의 결과를 예측할 수 있다.
  - 진행상황을 점검하면서 필요할 때마다 조정작업을 할 수 있다.
  - 자신의 이익을 이해한다.
  - 시시비비를 가리는 성문화된 규칙과 원칙을 안다.
  - 요구와 권리를 인정받기 위해 논증 구성을 할 수 있다.
  - 합의 또는 대안을 제시할 수 있다.

[타인과의 효과적인 상호작용역량]

- 타인과 원만하게 관계를 맺을 수 있으며 팀으로 일하며 협력할 수 있고 갈등을 관리 및 해결할 수 있는 능력
- 타인과 함께 계획하고 행동할 수 있는 역량
- 의사결정과정에 참여할 수 있는 역량
- 타인이 적극적으로 행동할 수 있도록 동기 유발할 수 있는 역량
  - 상대방의 입장이 되어 상황을 바라봄으로써, 자신이 당연하게 여기는 것이 타인에게는 다를 수 있음을 인지하고 공감한다.
  - 자기인식을 통해 본인의 기본정서 상태와 동기 부여 상태는 물론 다른 사람의 상태까지 효과적으로 해석하여 효과적으로 감정을 관리한다.
  - 자신의 생각을 표현하고 타인의 생각을 경청한다.
  - 토론의 역동성과 의제에 대해 이해한다.
  - 전술적 또는 지속가능한 협력관계를 구축한다.
  - 협상 능력이 있다.
  - 견해 차이를 참작하여 결정한다.
  - 모든 쟁점과 걸려 있는 이해관계, 갈등의 발단, 모든 당사자의 논거를 분석하여 다양한 입장이 있을 수 있음을 인지한다.

−의견의 일치 및 불일치 부분을 파악할 수 있다.
−문제를 재구성할 수 있다.
−요구와 목표의 우선순위를 정하여 포기할 것과 포기 조건을 결정할 수 있다.

[언어 · 공학 기술 등 도구의 포괄적인 사용역량]

- 언어, 상징, 텍스트, 지식과 정보, 기술을 상호교감하며 사용할 수 있는 능력
- 세계개방적, 새로운 관점의 통합하는 지식을 형성하는 역량
- 앞을 내다보고 사고하고 행동할 수 있는 역량
- 학제적 지식을 획득하고 이에 준하여 행동할 수 있는 역량

−새로운 것을 인지하여 판단한다.
−적절한 정보 소스를 확보한다.
−그 정보와 정보 소스의 우수성, 적합성 및 가치를 평가한다.
−지식과 정보를 체계화한다.

② 환경적 · 사회적 · 경제적 영역과 관련된 지속가능발전역량 및 학습목표

인간이 일상생활과 직업생활에서 성공적으로 살아가는 데 필요한 핵심역량의 차원에서 요구되는 지속가능발전역량과 함께 지속가능성의 핵심문제영역인 환경, 사회, 경제, 문화 영역에서의 지속가능발전역량에 대한 문제는 핵심적인 과제이다. 국내 전문가들과의 Focus Group Interview 결과 4개의 역량군에 13개의 역량요소가 도출되었다(이병준, 2016). 역량군은 환경, 사회, 경제, 문화영역에서 필요로 하는 지속가능발전역량들이다.

성찰과제

1. 지속가능성 역량에 대해 상세히 설명해 보시오.
2. 핵심역량의 관점에서 지속가능성 역량을 설명해 보시오.
3. 학교 현장의 지속가능발전교육 실행 실태를 진단하고 그 효과를 설명하시오.

※ 이 장을 독자들이 학습한 후 내용 심화를 위해 성찰해야 할 내용이나 활동을 제시해 보시오.

참고문헌

강진영(2019). 교육적 '실천'으로서 환경교육을 위하여: 아리스토텔레스 프로네시 개념을 중심으로. **환경교육**, 32(2), 127-138.

문명자, 이명숙, 장영숙, 최희정, 김혜자, 김혜숙, 박미선, 최자윤(2004). 일개 도시 지역주민의 보건교육 요구도 조사. **지역사회간호학회지**, 15(1), 44-55.

박영선(2011). 환자-의사관계에서 환자 중심적 태도에 대한 심혈관 질환자의 인식. 한양대학교 공공정책대학원 석사학위논문.

박치경(2016). 평생교육 관점에서의 환경교육 실무자의 직무역량 요구분석. 중앙대학교 대학원 석사학위논문.

부산광역시(2019). 부산광역시 환경교육 조례(2019. 9. 25.).

부은순(2021). 유아를 위한 제주형 지속가능발전교육 프로그램 개발 및 효과. 제주대학교 대학원 박사학위논문.

서울특별시(2021). 제3차 서울시 환경교육계획(2021~2025).

유네스코한국위원회(2008). 지속가능발전교육 10년 국제 이행 계획. 지속가능한 미래를 위한 교육. 유엔 지속가능발전교육 10년을 향하여. 유네스코한국위원회, 16-45.

유네스코한국위원회(2019). 지속가능발전목표 달성을 위한 교육-학습목표, 유네스코한국위원회, 6-35.

윤인숙(2010). 학교주변 환경을 이용한 생태체험 학습이 초등학생의 환경 태도에 미치는 영향: 홍제천을 중심으로. 서울교육대학교 교육대학원 석사학위논문.

이병준(2016). 역량기반 지속가능발전교육 프로그램개발 연구. **학습자중심교과교육연구**, 16(6), 701-715.

이병준(2019). 창의적인 지속가능한 학습도시로의 길. 평생학습도시 담론에 대한 비판적 성찰. **성인계속교육연구**, 10(3), 1-21.

이병준, 어용숙, 서영승, 최송실, 김남희(2014). 지속가능발전교육 관점에서의 일 지역사회 주민의 건강교육 요구조사. **성인계속교육연구**, 5(1), 55-80.

이병준, 정미경, 박응희, 황규홍(2013). 지속가능발전교육과 학습공동체-부산의 S초등학교에 대한 실행연구 사례. **실과교육연구**, 19(4), 153-174.

이병준, 한현우(2016). 상호문화역량의 개념 및 구성요소에 관한 연구. **문화예술교육연구**, 11(6), 1-24.

이용숙, 김영천, 이혁규, 김영미, 조덕주, 조재식(2005). **교육현장 개선과 함께하는 실행연구방법**. 학지사.

이희권(2020). K-SDGs 12 목표에 근거한 지속가능발전교육 프로그램 개발. 서울교육대학교 교육전문대학원 석사학위논문.

장미정, 임수정, 전푸름(2019). 한국사회 환경교육의 발전과정: 환경교육을 통해 본 사회 환경교육의 연구동향을 중심으로. **환경교육**, 32(3), 276-303.

장미정 외(2020). 생애주기 맞춤형 환경교육 프로그램 개발방안 연구 최종보고서. 모두를 위한 환경교육연구소.

제주특별자치도(2015). 제주특별자치도 환경교육종합계획(2016~2020).

주현정(2019). 성인교육방법을 위한 독일 세대 간 상호학습에 대한 탐구. 성인계속교육연구, 10(2), 65-85.

천성기(2006). 경기도 환경교육 실태와 활성화 방안에 관한 연구. 아주대학교 대학원 석사학위논문.

최돈형(2006). 우리나라 학교 환경교육 10년의 회고와 전망. 한국환경교육학회 하반기 학술대회 발표 논문집, 3-23.

최돈형 외(2011). 교사가 실천하는 지속가능발전교육: 미래 세대와 동행하기. 유네스코한국위원회.

최찬호(2007). 생태환경교육 지원방안에 대한 연구: 수도권 생태공원을 중심으로. 성균관대학교 교육대학원 석사학위논문.

허준, 윤창국(2015). 지속가능발전교육 담론의 평생교육적 함의. 평생교육학연구, 21(2), 23-44.

환경부(2005). 환경백서.

환경부(2020a). 환경교육진흥법 시행령(2020. 5. 26.).

환경부(2020b). 환경백서.

환경부 누리집 www.me.go.kr에서 2020. 10. 30. 인출.

De Haan, G. (1999). *Bildung für eine nachhaltige Entwicklung*. Bund-Länder-Kommission für Bildungsplanung und Forschungsförderung (BLK), 15.

Illich, I. (2004). 학교없는 사회[*Deschooling society*]. 심성보 역. 미토.

Jung, N. (2009). Ganzheitlichkeit in der Umweltbildung: Interdisziplinäre Konzeptualisierung. In M. Brodowski (Ed.), *Informelles lernen und bildung für eine nachhaltige entwicklung. Beiträge aus theorie und praxis* (pp. 129-149). B. Budrich.

Klemm, U. (2011). Auf dem weg zu einer didaktik intergenerationellen lernens. In M. Marquard, M. Schabacker-Bock, & C. Stadelhofer (Eds.), *Intergenerationelles lernen als teil einer lebendigen stadtkultur* (pp. 28-30). Verlag Klemm Oelschläger.

Kommission der Europäischen Gemeinschaften (2000). Memorandum über lebenslanges lernen. *Brüssel*, 9-10.

Kromrey, H. (2009). Empirische sozialforschung. 12. *Auflage*. Lucius & Lucius Verlag.

Maffesoli, M. (2017). 부족의 시대. 포스트모던 사회에서 개인주의의 쇠퇴[*Le temps des tribus*]. 박정호, 신지은 역. 문학동네.

Meske, M. (2011). *"Natur ist für mich die Welt": Lebensweltlich geprägte naturbilder von kindern*. VS Verlag für Sozialwissenschaften.

Rost, J. (2002). Umweltbildung-Bildung fuer nachhaltige Entwicklung. Was macht den Unterschied? *Frankfurt am Main: Zeitschrift für internationale Bildungsforschung und Entwicklungspädagogik, 25*(1), 7-12.

Scheunpflug, A. & Hirsch, K. (2000). *Globalisierung als Herausforderung für die Paedagogik*. IKO Verlag.

Simmel, G. (1992). *Soziologie*. Suhrkamp Verlag.

Simmel, G. (1995). *Die Großstädte und das Geistesleben*. In G. Simmel (Eds.), *Gesamtausgabe* (pp. 116-131). Herausgegeben von Otthein Rammstedt. Band 7: Aufsätze und Abhandlungen. 1901-1908. Band I. Herausgegeben von Rüdiger Kramme, Angela Rammstedt und Otthein Rammstedt. Suhrkamp Verlag.

UNESCO (1977). *First Intergovernmental Conference on Environmental Education Final Report*. Tbilisi, USSR, Paris.

UNESCO (2004). *United Nation Decade of Education for Sustainable Development 2005-2014; Draft International Implementation Scheme*. UNESCO, Paris.

UNESCO (2005). *Executive Summary on United Nation Decade of Education for Sustainable Development 2005-2014; Draft International Implementation Scheme*. UNESCO, Paris.

Wollny, V. & Paul, H. (2015). Die SWOT-Analyse: Herausforderung der Nutzung in den Sozialwissenschaften. In M. Niderberger, & S. Wassermann (Eds.), *Methoden der Experten-und Stakeholdereinbindung in der sozialwissenschaftlichen Forschung* (pp. 189-190). Springer.

World Commission on Environment and Development (1987). *Our common future*. Oxford University Press.

ESR과 기후위기 대응 및 지속가능발전교육에 대한 담론

김영환

성찰목표

이 장을 학습한 후 독자들은 다음을 수행할 수 있을 것이다.

1. 기후위기가 단순한 환경 문제를 넘어선 복합적 사회 위기임을 인식하고, 이로 인한 청년 세대의 심리적 · 존재론적 불안을 이해한다.
2. 지속가능발전교육(ESD)의 한계를 비판적으로 분석하고, 특히 세계 교육개혁 운동(GERM)의 영향 아래에서 ESD가 지닌 구조적 모순을 파악한다.
3. ESR(Education for Social Responsibility)이 기존 교육의 한계를 넘어선 새로운 교육철학이자 실천적 패러다임임을 정의하고, 그 핵심 축인 윤리적 감수성, 공동체적 실천, 생태적 전환 및 미래세대에 대한 책임을 설명한다.
4. 북유럽 국가들(핀란드, 덴마크, 네덜란드)의 ESR 실천철학을 OECD의 역량 중심 접근 방식과 비교 분석하여, 각 접근 방식의 특징과 한계를 식별한다.
5. GERM에 기반한 한국 교육의 구조적 문제를 SECI 모델을 통해 분석하고, 핀란드 교사 연수 사례와 비교하며 한국 교육의 현실과 나아가야 할 방향을 성찰한다.
6. 한국 교육이 ESR로 전환하기 위한 구체적인 과제들(제도 중심에서 관계 기반으로, 교사 자율성 및 교육과정 유연성 확대, 평가 중심 구조 해체, 지역사회 및 세대 간 연계 강화, 국가 교육철학 재정립)을 이해하고, 각 과제에 대한 실행 전략을 제시한다.
7. ESR이 기후위기 시대를 돌파하고 공존의 가치를 실현하기 위한 새로운 교육 사회계약이자 삶의 방식임을 인식한다.

1. 서론: 기후위기와 교육의 전환점

1) 기후위기와 교육이 만나는 자리

우리는 지금 지구 평균기온 상승 1.5도라는 임계점을 사실상 넘긴 시대에 살고 있다. 이는 단순한 기후 변화의 징후가 아니라, 국제사회가 설정한 마지막 '안전선'이 무너졌음을 뜻하며, 생태계 붕괴와 함께 전 지구적인 사회·경제적 불안정성의 문을 여는 신호탄이다. 하지만 여전히 다수의 한국인은 이 위기의 심각성을 체감하지 못하고 있으며, 이는 데이터와 과학이 경고하는 현실과 사회적 인식 사이의 괴리를 선명하게 보여 준다. 기후위기는 지구 시스템 내 온실가스 농도의 급증으로 인해 발생하는 기온 상승, 해수면 상승, 극단적 기상이변, 생물 다양성 붕괴 등을 수반하는 복합 위기이며, 이는 단지 자연 현상이 아니라 자본주의적 성장 패러다임과 본질적으로 연결되어 있다. 산업화 이래 화석연료에 기반한 무한성장은 기후 시스템의 균형을 허물었고, 단기 이익을 장기 생존보다 우선시해 온 시장 중심 경제는 생태계의 지속가능성을 위협해 왔다.

한반도는 더 이상 기후위기의 변두리에 있지 않다. 여름철 폭염일수의 급증과 겨울철 이상고온, 반복되는 집중호우와 가뭄, 그리고 해안 도시를 위협하는 해수면 상승과 태풍 강도의 증가는 이제 일상이 되어 가고 있다. 이와 같은 변화는 단지 기후적 이상현상에 머물지 않고, 농업 생산성의 저하, 에너지 수급의 불안정, 생태계의 교란, 건강 불평등의 확대 등 다양한 사회경제적 영역으로 확산하며 복합적 위기를 형성하고 있다. 나아가 한국이 RE100(재생에너지 100%) 목표 달성에 실패할 경우, 글로벌 공급망 재편 과정에서 배제될 가능성이 높아지고 있으며, 이는 산업 경쟁력 약화와 경제적 고립으로 이어질 수 있다. 이러한 구조적 충격은 특히 청년 세대와 취약계층에게 더욱 불균형적인 피해로 작용할 것이다.

그러나 기후위기의 파급력은 단지 물리적·경제적 차원을 넘어서 인간 존재의 심층에까지 영향을 미치고 있다. 기후 변화가 가시화될수록, 점점 더 많은 사람—특히 교육 수준이 높고 기후 문제에 대한 감수성이 높은 청년 세대—은 '과연 우리가 이 문제 앞에서 할 수 있는 일이 있는가?'라는 본질적 물음을 던지게 된다. 이는 단순한 정보 부족이나 관심 부족의 문제가 아니다. 오히려 충분한 정보를 가지고 있음에도 불구하고, 그것이 실제적인 변화로 이어질 수 없다는 체제적 한계에 대한 절망감에서 비롯된다.

이러한 심리적 반응은 최근 학계에서 '기후 우울(climate depression)' 혹은 '기후 불안(climate anxiety)'으로 명명되고 있으며, 더 이상 개인의 정서 상태에 국한되지 않고 사회적 병리의 차원에서 접근되고 있다. 특히 한국 사회에서는 이 감정적 위기가 'N포 세대'로 상징되는 구조적 좌절과 결합하며 더욱 심화하고 있다. 결혼, 출산, 주거, 일자리 등 삶의 기반을 하나씩 포기해 온 청년들은 이제 기후위기라는 초국가적 문제까지 감당해야 하는 이중의 부담 속에 놓여 있다. 이는 단순히 개인의 의지 결핍이나 책임 회피로 해석될 수 없으며, 오히려 사회가 이들에게 미래를 상상할 수 있는 최소한의 구조적 토대와 심리적 안전망을 제공하지 못한 결과이다.

이와 같은 상황에서 교육은 단지 지식의 전달자가 되어서는 안 된다. 교육은 위기의 실체를 분석하고 이해시키는 데서 나아가, 절망을 견디고 삶의 방향성을 회복할 수 있는 존재론적 역량을 길러 주는 공간이 되어야 한다. ESR(Education for Social Responsibility)은 바로 이와 같은 '존재의 회복'을 가능케 하는 교육적 철학이며, 청년들에게 '생존을 넘어선 삶의 의미'와 '공존의 감수성'을 제공할 수 있는 가장 긴요한 교육적 응답이면서 동시에 교육의 초심을 다시 들여다보는 시점이기도 하다.

이러한 복합적 위기의 시대에 교육은 더 이상 지식 전달의 장에 머물러서는 안 된다. 교육은 이제 절망하지 않을 수 있는 존재의 힘, 실천적 상상력, 윤리적 감수성을 길러 주는 공간이 되어야 한다. 바로 이 지점에서 ESR은 단순한 생태 윤리교육을 넘어, 기후위기 시대의 존재론적 회복과 사회적 전환을 위한 교육철학으로 자리매김해야 한다. 울리히 벡(Ulrich Beck)이 말한 '글로벌 위험사회'는 우리가 맞이한 오늘의 현실이며, 유발 하라리(Yuval Noah Harari)가 경고한 인공지능의 발전은 인간의 자유의지마저 위협하는 디지털 시대의 새로운 불안을 불러오고 있다. 이 시대의 교육은 단지 '배우는 것'이 아니라, '어떻게 살아갈 것인가'를 묻는 실존의 여정이 되어야 한다.

이러한 관점은 이반 일리치(Ivan Illich)가 1971년에 제기한 교육체제 비판과도 깊은 맥락을 공유한다. 일리치는 제도화된 교육이 지식을 독점하고 인간의 자율성과 상상력을 억압하는 체제로 전락했음을 지적하며, 진정한 교육은 자발적이고 공동체적인 실천적 배움이어야 한다고 주장했다. 오늘날 한국 교육은 여전히 수직적이고 성과 중심의 틀에서 벗어나지 못하고 있으며, 이는 기후위기와 같은 복합적 사회 문제에 대응할 수 있는 비판적 시민성과 실천적 역량을 배양하는 데 구조적 한계를 드러내고 있다.

2) 지속가능발전교육(ESD)의 한계

유네스코(UNESCO) 주도로 전 세계에 확산된 지속가능발전교육(ESD)은 환경, 경제, 사회적 형평성을 교육에 통합하려는 원대한 목표를 가지고 출발했다. 하지만 실제 교육 현장에서 구현되는 과정에서 다음과 같은 네 가지 명확한 한계를 드러내며, 그 변혁적 잠재력에 대한 의문이 제기된다.

(1) 변혁적 잠재력의 부족

ESD는 종종 교육 현장에서 근본적인 변화를 유도하기에는 이상주의적이거나 선언적인 수준에 머문다는 비판을 받는다(Mochizuki & Vickers, 2024). 즉, 지속가능성의 중요성을 강조하고 학생들의 인식을 높이는 데에는 이바지하지만, 실제 교육과정이나 학교 시스템 자체의 혁신으로 이어지는 경우는 드물다는 것이다. 이는 교육이 단순히 지식을 전달하는 것을 넘어, 사회 구성원들의 가치관과 행동 양식을 변화시키는 데 필요한 깊이 있는 성찰과 실천을 끌어내지 못한다는 점을 시사한다.

(2) 구체적 실행 지침의 부재

ESD는 환경, 경제, 사회의 통합이라는 거대한 구호를 내세우지만, 실제 교육과정에서 어떻게 이를 구현할지에 대한 구체적인 지침이 불분명하다는 근본적인 문제점을 안고 있다(Bonal & Fontdevila, 2017). 교사들은 ESD의 중요성을 인지하면서도, 막상 자신의 교과 과정에 이를 어떻게 접목하고 학생들에게 실질적인 변화를 유도할지 막막함을 느낀다. 이는 개념적으로는 훌륭하지만, 교육 현장의 복잡성과 다양성을 고려한 실질적인 로드맵이 부족함을 의미한다. 결과적으로 ESD는 교실 현장에서 추상적인 구호로만 남을 가능성이 크다.

(3) 포괄적 개발과의 간극

ESD는 종종 기존 교육과정에 친환경 콘텐츠를 덧붙이는 수준을 넘어서지 못하며, 체계적인 구조 변화는 부족하다는 지적을 받는다(Bengtsson, 2022). 지속가능성이라는 주제를 기존 교과목에 피상적으로 추가하는 방식으로는, 학생들이 당면한 복합적인 문제들을 총체적으로 이해하고 해결할 수 있는 역량을 키우기 어렵다. 교육 시스템 전반의 목표 설정, 교육과정 설계, 교수-학습 방법, 평가 방식 등에 걸친 근본적인 재구성이 필요하지만, ESD는 이러한 포괄적인 변화를 끌어내는 데 한계를 보인다는 것이다.

(4) 실질적 영향력 결여

ESD가 교육을 통해 사회경제적 문제를 해결하는 데 있어 실행 가능성과 효과성에서 신뢰를 얻지 못하고 있다는 비판도 제기된다(Bengtsson, 2022; Bonal & Fontdevila, 2017). 지속가능성을 위한 교육이 실제 사회 변화로 이어지는 가시적인 성과를 보여 주지 못한다면, 그 필요성과 가치에 대한 회의론이 확산할 수 있다. 이는 단순히 환경 지식을 전달하는 것을 넘어, 학생들이 실제 문제해결에 참여하고 사회적 책임을 다하는 시민으로 성장하도록 돕는 교육의 본질적인 목적에 관한 질문으로 이어진다.

이 네 가지 한계는 결국 '교육이란 무엇인가?', '우리는 어떤 인간과 삶을 지향할 것인가?'라는 본질적인 질문으로 회귀하게 한다. 그리고 이 물음에 대한 대안으로 ESR(Education for Social Responsibility)이 강력한 대안으로 떠오르는 이유가 여기에 있다. ESR은 지속가능성 담론이 놓치고 있는 교육의 근본적인 목적과 개인의 존재론적 성장을 아우르며, 사회적 책임이라는 보다 능동적이고 실천적인 교육철학을 제시한다.

나아가 ESD의 이러한 한계는 궁극적으로 OECD를 표면에 내세우고 미국과 영국이 함께 추진해 온 세계 교육개혁 운동(Global Education Reform Movement: GERM)이 가진 신자유주의적 물질만능주의적 틀에 갇혀 있기 때문이라고 볼 수 있다. 아무리 좋은 교육적 구호와 이상적인 목표를 내세워도, 성과주의와 경쟁을 최우선시하는 GERM 교육의 벽에 부딪히면 그 실현이 어려울 수밖에 없다. 이제 우리는 이러한 GERM과 한국 교육의 관계에 대해 더 깊이 살펴볼 필요가 있다.

3) 한국 교육의 구조적 문제

오늘날 한국 사회는 청년들이 삶의 기본 조건을 하나씩 포기하는 'N포 세대' 현상을 겪고 있다. 이 현상은 단지 개인의 선택이나 의지 부족의 문제가 아니라, 사회와 교육이 미래에 대한 전망과 희망을 제시하지 못한 구조적 실패의 결과이다. 특히 코로나19와 기후위기, 디지털 전환이라는 복합 위기가 겹치며, 기존 교육체계의 한계는 더욱 뚜렷하게 드러나고 있다.

한국 교육은 일제강점기의 동원형 교육, 그리고 군사독재 시절의 상명하복식 교육을 거쳐, 1995년 문민정부 이후 '세계화'와 '국제화'를 기치로 한 교육개혁을 추진했다. 그러나 이 시기에 도입된 OECD의 교육개혁 모델은, 실상 핀란드 학자들이 '병균(GERM)'이라는 비판적 이름을 붙였던 경쟁 · 성과 · 표준화 중심의 시스템이었다. 한국은 이것을 선진적 모델로 오해하고 받아들였고, 그 결과 일제강점기와 군사정권 시절에 뿌리내린 입시 경쟁 · 통제 · 성과주의 구조가 더욱 공고해지는 역설이 발생했다.

(1) 한국 경제성장의 숨겨진 진실: '경제개발 5개년 계획' 신화의 비판적 고찰

한국은 단기간에 급격한 산업화를 이룬 국가로 널리 알려져 있으며, 이 성공의 상징으로 '경제개발 5개년 계획'이 자주 언급된다. 일반적으로 이 계획은 박정희 정권의 주도적인 기획과 실행, 그리고 한국의 '우수한 교육'이 뒷받침된 결과로 이해된다. 그러나 이러한 통념은 역사적 사실보다는 국가 주도 개발 신화를 강화하는 데 초점을 맞춘 '승자의 서사'에 가깝다.

(2) '경제개발 5개년 계획'의 진짜 기원

'경제개발 5개년 계획'은 박정희 정부의 독창적 성과가 아니었다. 그 기원은 제2차 세계대전 직후 미국의 해외원조 정책에서 찾을 수 있다. 마셜플랜의 성공에 자극을 받은 미국은 1948년 국제협력청(International Cooperation Administration: ICA)을 설립하여 개발도상국에 기술적·재정적 지원을 제공하였다. 이 기관은 1961년 국제개발처(USAID)로 개편될 때까지 100여 개 이상의 국가에서 교육, 보건, 경제개발 등 다양한 분야를 지원하였다. 그러나 이러한 원조는 공산주의 확산 저지를 최우선 목표로 한 냉전 전략의 산물이었기 때문에, 효과성과 효율성의 부족, 정치적 종속 심화, 원조의 질적 한계라는 구조적 문제를 안고 있었다(Fox, 2000). 결과적으로 많은 개도국에 각종 개발 모델과 프로그램이 도입되었지만, 성공적으로 정착한 사례는 드물었다. 한국 역시 예외가 아니었다. 1961년 미국은 이승만 정부에 경제개발 5개년 계획안을 전달했지만, 정치적 혼란과 재정적 제약 속에서 이를 실행할 역량은 부족했고, 결국 관료들의 서랍 속에 방치되고 말았다.

(3) 베트남전 참전과 국제적 후견 체계

1961년 5·16 군사쿠데타로 정권을 장악한 박정희 정부에 대해 미국은 초기에는 지원을 중단하며 불신을 드러냈다. 한국전쟁 이후 간신히 해외원조에 의존하던 한국 경제는 곧 심각한 위기를 맞았다. 이에 박정희 정부는 서랍 속에 있던 경제개발 5개년 계획을 꺼내 자신들의 치적으로 포장했으나, 실질적 효과는 거의 없었고 교육 상황 또한 개선될 조짐이 보이지 않았다.

전환점은 1964년에 찾아왔다. 미국이 박정희 정권에 베트남전 참전을 제안했고, 같은 해 9월 첫 파병이 이루어졌다. 당시에도 미국은 박정희 정부를 전적으로 신뢰하지 않았지만, 국내 반전 여론을 완화하고 공화당의 재선을 뒷받침하기 위한 정치적 계산 속에서 한국 파병을 선택했다. 박정희는 이를 기회로 삼아 미국과의 관계를 강화하고자 했으며, 같은 해 12월 독일을 방문하여 차관을 도입하려 했으나 미국의 견제로 무산되었다. 이 과정에서 파독 간호사와 광부들이 실질적인 도움을 제공하였다. 당시 미국은 한국을 완전히 영향권에 두기 전까지 다른 국가와의 독자적 협력망 구축을 차단하고 있었다.

1965년 이후 한 · 미 관계가 개선되면서 상황은 급변하였다. 미국은 대규모 군사 및 경제 원조를 제공했고, 한국에는 막대한 달러가 유입되었다. 공장이 들어서고 산업화가 본격화되면서 특히 마산과 창원 지역에 새로운 산업단지가 조성되었다. 인력 수요가 폭발적으로 증가하자 공업고등학교와 상업고등학교 출신들이 대거 취업했고, 직업교육의 위상도 강화되었다. 또한 베트남전에서 군사 기술과 장비 운용 경험을 축적한 청년들이 제대 후 산업현장에 투입되면서 기술 인력의 저변이 확대되었다.

결국 이른바 '월남전 특수'는 한국의 중등교육, 특히 직업교육을 활성화하는 계기가 되었다. 다시 말해, 교육의 질적 향상이 경제성장을 견인한 것이 아니라, 전쟁 특수로 인한 경제성장과 산업 수요가 교육의 변화를 촉진한 것이다.

(4) 베트남전 참전의 대가와 국제적 후견 체제 형성

베트남전 참전이 가져온 경제성장과 교육 활성화는 결코 한국 내부의 역량만으로 이루어진 성과가 아니었다. 32만 명의 젊은이가 목숨을 걸고 참전했으며, 약 5,100명이 사망하고 11만 명이 넘는 부상자가 발생했다. 고엽제 피해자와 PTSD(외상 후 스트레스 장애) 환자도 많았지만, 정확한 통계조차 마련되지 않았을 정도로 이들에 대한 사회적 관심은 부족했다. 게다가 장병들이 지급받아야 했던 급여 상당 부분이 정치자금으로 흡수된 사실은 공공연한 비밀이었음에도 누구도 이의를 제기할 수 없었다. 전쟁의 상처와 트라우마는 군사적 경험과 경제적 효과라는 장식 아래 은폐되었다. 더 나아가 한국군의 베트남 파병은 민간인 학살과 같은 심각한 인권침해를 낳았으며, 한국 역사상 최초로 '침략전쟁'에 참여했다는 오명을 남겼다.

이와 동시에 미국은 한국의 질 낮은 공산품을 전략적으로 구매하여 아프리카와 남미 등에 원조(ODA) 형식으로 재수출함으로써 한국을 지원했다. 또한 미국은 유럽의 선진국들에 외교적 압력을 가해 한국에 대한 공적개발원조(ODA)와 대외경제협력기금(EDCF)을 제공하도록 만들며 전방위적 후견 체계를 구축하였다. 이는 한국을 돕기 위한 호의가 아니라, 한국이 조기에 경제적 자립을 이루어야 미국이 베트남전에 지불해야 할 정치적 · 경제적 부담을 줄일 수 있었기 때문이다. 2025년 현재 트럼프 2기 행정부의 관세정책과 9월 초 발생한 한국인 전문가 불법체포 사건을 돌아보면, 1960년대 미국의 이중성을 이해하는 데 그리 어렵지 않다.

(5) 한국 교육체제의 경직화

박정희 정권은 학생들의 정치적 참여를 체제 위협으로 간주하고 강력한 통제 정책을 시행하였다. 이승만 정부 시절 학생들은 부정선거와 독재에 맞서 4·19 혁명을 주도하며 정치적 주체로 부상했는데, 이러한 경험은 군사정권에서 커다란 부담으로 작용했다. 이에 박정희는 중앙정보부와 경찰을 동원해 학원 사찰과 학생 통제를 제도적으로 강화하였다.

표면적으로는 교육의 질 향상을 내세웠으나, 실제 정책 목표는 학생들의 정치적 자유를 억압하고 국가 충성심을 주입하는 것이었다. 교육은 발전 담론으로 포장되었지만, 본질적으로는 정치적 통제의 수단으로 기능했다. 이 시기부터 한국 교육은 점차 관료적이고 권위적인 체제를 굳히기 시작했으며, 교사와 학생 모두가 위계적 관리 구조 속에 편입되었다. 이러한 흐름은 2000년대 이후 국제적으로 비판받은 GERM(Global Education Reform Movement)의 특징과 유사하다. 교육의 자율성과 다양성보다는 국가 권력과 경제성장에 봉사하는 통제적·성과 중심 모델이 자리 잡기 시작한 것이다.

그런데도 여전히 많은 사람은 이러한 구조적 진실을 직시하지 못한 채 '경제개발 5개년 계획의 탁월성'과 '한국 교육의 우수성'을 과도하게 해석하거나 맹신하는 경향을 보인다. 이러한 인식은 노엄 촘스키(Noam Chomsky)가 미국 교육을 두고 지적한 "실패한 교육과 거짓말"(2001)의 맥락과 동일하다. 다시 말해, 이는 군사정부 시절 형성된 기억의 정치가 지속적으로 작동한 결과이며, 경제와 교육의 관계를 단순한 인과론으로 환원하는 개발주의적 도식의 반복이다. 이와 같은 맥락에서 때때로 언급되는 '사회적 교육'이라는 표현 또한 실질적 성찰이 결여된, 일종의 '악어의 눈물'에 불과하다.

(6) 교육–경제 담론의 왜곡과 GERM의 수용

월남전 참전으로 촉발된 직업교육 활성화는 국가 주도의 질 관리 체제로 포장되었고, 사회 전반에는 '교육이 잘돼야 경제가 산다'라는 단순화된 도식이 확산되었다. 이는 교육을 본질적 가치가 아닌 경제 발전의 도구로 환원시키는 오개념이었다. 이러한 담론은 훗날 김영삼 정부의 교육개혁 구호에서도 반복되었다. 1995년 정부는 "군사 체제 교육에서 벗어나 세계 수준의 교육으로 나아가자"라고 선언했지만, 실제 정책은 성과 중심과 표준화 논리에 기반한 박정희식 교육 모델과 크게 다르지 않았다. 결과적으로 한국 교육은 GERM의 논리를 수용하며 국가주의적·관료적 교육체제를 강화하는 악순환에 빠져들었다.

(7) '교육 우수성' 오해와 현실: 일자리 창출과 교육의 관계

이러한 흐름 속에서 교육은 언제나 경제 발전의 종속 변수로 간주되었다. '교육이 잘돼야 경제가 산다'라는 통념은 교육의 본질적 가치를 왜곡하고, 교육을 단순히 일자리 창출의 수단으로 축소했다. 그러나 실제로는 경제 구조와 산업 수요가 교육의 성격을 규정하는 경우가 더 많았으며, 교육이 직접적으로 경제성장을 견인한 것은 아니었다. 교육의 우수성 담론은 한국 사회에서 오랫동안 강조되었지만, 그 이면에는 언제나 경제성장이라는 틀에 종속된 교육 현실이 존재했다.

이해를 돕기 위해 예를 들어 보자. 현재 케냐나 에티오피아에 가면, 한국이 지원하여 설립한 기술학교나 전문대학을 졸업한 우수한 기능을 갖춘 학생들이 취업하지 못하고 실업자가 되어서 호소하는 경우가 비일비재하다. 그 이유는 케냐나 에티오피아에 그러한 고급 기술력을 가진 검증된 기술자를 고용할 만한 기업이나 사업이 부족하기 때문이다. 오히려 비싼 월급을 줘야 하는 고급 기술자보다는 무자격자를 싸게 고용하는 것이 현실이다. 이처럼 교육은 산업을 지원할 수는 있지만, 산업 자체를 일으키는 것은 쉽지 않다.

또 다른 예를 들어 보자. 최근 케냐의 농부들과 대화하던 중, 한국의 명문 대학을 졸업한 우수한 청년들이 일자리를 구하지 못한다는 이야기가 나왔다. 이 말을 들은 케냐 농부들은 "한국 교육의 질이 아주 좋다는데, 왜 그 교육을 받은 사람들이 취업을 못 하지요?"라며 놀라움을 금치 못했다. 갑자기 말문이 막혔던 순간이었다. 케냐 사람들의 이 질문에 우리는 과연 뭐라고 답해야 할까? ESR이든 ESD이든 한국 교육이 갖고 있는 근본적인 틀을 성찰하지 못한다면 도대체 무엇이 가능할까? 혹시 언 발에 오줌 누기는 아닐까?

(8) 반복되는 개발주의 도식과 한국 교육개혁의 과제

이러한 도식은 오늘날에도 새로운 이름으로 반복되고 있다. 특히 최근 국제기구들과 교육 부처가 강조하는 ESR 담론 역시 그 예이다. 겉으로 보기에는 지속가능성과 공동체 윤리를 중시하는 교육적 방향처럼 보이지만, 실제 내용은 다시 '교육을 통한 사회적 성과 향상', '책임 있는 시민 양성', 'SDGs 달성'이라는 OECD의 DAC 지표 중심 또는 GERM 식의 성과 지표 중심의 기획 논리로 귀결된다. 이런 틀 안에서 결과적으로 ESR은 '계획+교육=성장 또는 성과'라는 고전적인 개발주의의 연장선상에 놓이며, 비판적 성찰보다는 기능주의적 교육관을 강화하는 방향으로 작동한다.

이처럼 ESR조차 형식화되는 현상은 한국 교육개혁의 오랜 역사를 돌이켜보면 결코 우연이 아니다. 이승만 정부 시절, 동북아에서 기독교를 국교로 만들고 싶었던 야망 속에 미국식, 특히 기독교 관련된 사람들의 교육 정책이 비판 없이 도입되었다. 이러한 개혁은 단 한 번도 교사나 학부모의 의견을 수렴하지 않은 채, 미국 유학을 다녀온 극소수 전문가들의 상명하달식 결정으로 추진된다. 학교 현장에서는 실질적인 효과가 거의 없었음에도, 행정부 기록에는 '개혁 실적'

이 과잉 보고되는 관행이 정착되었다. 이 문화는 이후 박정희 정권을 거쳐 '개혁이 곧 실적'이 되는 관료주의적 교육 정책으로 전통화되었으며, 1995년 문민정부를 거쳐 2025년 오늘에 이르기까지 본질적인 변화 없이 지속된다.

우리 속담에 '7년 가뭄에 비 안 온 날 없다'는 말이 있다. 한국의 교육 정책 역시 해마다 7년 가뭄에 내리는 비처럼 쏟아졌지만, 정작 교육의 뿌리 깊은 토양, 즉 교사, 학부모, 학생과는 충분히 소통하지 못한 채 증발하거나 현장에 오히려 혼란만 가중시키는 결과를 낳는다. 비유컨대, 뜨거운 한 낮 동안 작물에 물을 뿌리면 오히려 해롭기에, 낮에는 물을 뿌리지 않는다는 농부의 지혜에서 우리는 배워야 한다. 쏟아져 나오는 학생과 학부모 그리고 교사들의 민의를 수렴하지 않고, 남들이 다 볼 수 있는 뜨거운 대낮에 물주기처럼, 졸속적이며 행정 편의주의적으로 만들어진 교육 정책은 오히려 현장을 어지럽히고, 교육 본질의 성장과 성숙을 방해하며, 본질적인 주체성의 양성이 불가능하게 한다. 물을 주려면, 시원한 새벽이나 늦은 오후에 아무도 보지 않더라도, 물 주는 사람이 조금 힘들더라도 조용히 작물들을 위해 줘야 한다. 교육의 본질은 성과가 아니라 관계이며, 혁신은 속도가 아니라 신뢰와 공감, 그리고 시간 속에 이루어지는 변화여야 한다.

한국의 경제성장을 둘러싼 '경제개발 5개년 계획'의 신화와 교육개혁의 반복되는 패턴을 통해 우리가 얻을 수 있는 교훈은 무엇일까? 이러한 역사적 경험은 미래 사회를 위한 교육의 방향성을 재고하는 데 어떤 시사점을 줄 수 있을까?

진정한 ESR 역시 마찬가지이다. 그것은 더 많은 교육 프로그램을 추가하거나, 더 정교한 평가 틀을 갖추는 것이 아니라, 교육이 사회적 책임을 어떻게 감당해야 하는지를 교사와 학부모, 학생이 함께 묻는 과정에서 출발해야 한다. 그러나 이와 같은 '뿌리의 대화' 없이 위에서만 추진되는 ESR은 또 다른 생색내기 개혁에 불과하며, 결국 현장의 피로도를 높이고, 진정한 대안을 형식화시키는 악순환을 반복하게 된다.

이처럼 반복된 교육개혁의 무력함과 한국 교육의 구조적 경직성은 노나카와 타케우치(Nonaka & Takeuchi, 1995)의 SECI 모델을 통해 명확하게 분석될 수 있다. 이 모델은 지식이 조직 내에서 어떻게 생성되고 전이되는지를 네 가지 단계로 설명하는데, 한국

교육은 이 각 단계에서 다음과 같은 한계를 보인다.

- 사회화(Socialization): 교육 현장은 여전히 강의 중심이며, 실제 삶과 실천 현장에서 얻은 암묵적 지식은 공유되지 않는다. 이는 교사와 학생, 지역사회 간 유의미한 상호작용 부재를 초래하며, 관계 기반 학습을 차단한다.
- 외재화(Externalization): 학생과 교사의 경험은 교육과정 내에서 개념화되지 않고, 일회성 활동이나 보고서 작성 등으로 소진된다. 이에 따라 감정과 실천은 교육의 본질적 요소로 전환되지 못한다.
- 조합화(Combination): 다양한 정보와 학습 요소들이 체계적 연결 없이 파편적으로 제공된다. ESR 역시 별도의 프로그램으로 분리되어 전체 교육과정과 유기적 결합을 이루지 못한다.
- 내면화(Internalization): 배운 지식은 삶과 연결되지 않으며, 구체적인 실천으로 이어지지 않는다. 학생들은 '왜 배워야 하는지'에 대한 내적 동기 없이, 평가를 위한 학습에 머무르게 된다.

결국 이러한 구조는 ESR도 단순한 '체험활동'이나 '수업 자료'로 전락시키는 결과를 낳는데, 이는 기존 교육 시스템이 성과주의와 경쟁 중심의 틀에 갇혀 있기 때문이다. 그 결과, 교육이 진정한 비판적 시민이나 실천적인 존재를 길러 내기보다는 여전히 제도에 순응하는 학생을 재생산하는 데 그치고 마는 한계를 보인다. 따라서 한국 교육이 ESR을 진정한 전환점으로 삼기 위해서는 표면적 제도 개편을 넘어, 지식의 생산과 내면화 구조 자체를 변화시켜야 한다. 이 과정이야말로 교육의 문화적 전환이며, ESR의 실천적 의미를 되살리는 핵심이 될 것이다.

4) 공존을 위한 교육의 철학적 전환

한국은 이제 성적표와 교실 중심 교육 구조에서 벗어나야 한다. 기후위기와 디지털 불확실성, 사회 양극화 속에서 교육은 삶의 목표와 공동체적 존재의 의미를 묻는 철학적 공간으로 거듭나야 한다. 공존을 위한 감수성 · 관계 · 책임이 교육의 핵심 가치로 자리 잡아야 하며, 단순한 제도 개편이 아닌 철학적 · 문화적 전환이 필요하다.

핀란드와 덴마크 사례에서 교육은 사회 통합과 시민 행복을 위한 핵심 인프라가 되었으며, 한국도 경쟁 중심에서 공존 중심 체제로 전환해야 한다(김영환, 2025; 김영환 외, 2024a, 2024b). 그리고 이 전환의 출발점이자 이정표는 ESR이다.

그렇다면 ESR은 무엇이며, 기존의 교육 담론과는 어떻게 구분되는가? 이제부터 ESR의 개념적 기초와 철학적 토대를 고찰하며, 왜 이 교육철학이 오늘날의 복합적 위기 상황 속에서 대안적 패러다임이 될 수 있는지를 살펴보고자 한다.

2. ESR의 개념과 철학적 토대

1) ESR이란 무엇인가

ESR(Education for Social Responsibility)이라는 개념은 표면적으로 보았을 때 다소 모순적으로 느껴질 수 있다. 왜냐하면 교육은 그 본질적인 속성상 이미 사회적 책임을 내포하고 있는 활동이기 때문이다. 요즘 강조되는 '사회적 책임을 위한 교육'이라는 표현은 역설적으로 그동안 교육이 마땅히 수행해야 했을 사회적 책임을 제대로 이행하지 못했음을 고백하는 말일지도 모른다. 만약 교육이 건강한 시민을 길러 내고, 공동체의 지속가능성을 보장하며, 사회의 불평등과 폭력에 적극적으로 저항하는 역할을 충실히 수행했더라면, 굳이 '사회적 책임'이라는 수식어를 다시 덧붙일 필요가 없었을 것이다.

이러한 관점에서 ESR은 단순히 새로운 교육 영역의 확장이나 기존 개념의 재정의를 넘어선다. 오히려 교육 본연의 기능을 되찾고자 하는 자성적인 개념으로 이해되어야 한다. ESR은 '새로운 교육'이라기보다는 '원래 교육이었어야 할 모습'에 대한 깊은 철학적 반성에서 비롯된 개념인 것이다.

따라서 ESR, 즉 '사회적 책임 교육'은 단순한 윤리교육이나 시민성 훈련의 범주를 넘어서야 한다. 이는 인간이 사회, 자연과의 관계 속에서 자신이 지닌 책임을 깊이 내면화하고 이를 실제 삶에서 실천하는 총체적인 교육 패러다임을 지향한다. 이 교육의 핵심 목표는 개인이 타자와 공동체, 그리고 미래세대와의 관계 속에서 깊은 감수성을 지닌 존재로 성장하도록 돕는 것이다. 특히 기후위기와 같은 복합적 재난 앞에서 ESR은 단순한 지식 전달을 넘어 생태적 전환과 사회적 정의를 통합적으로 고려할 수 있는 강력한 교육철학이자 실천의 원리로서 그 중요성이 더욱 드러난다. ESR은 개인이 고립된 존재가 아니라 상호 연결된 망 속에서 자신의 역할을 인식하고, 책임감 있는 행동을 통해 더 나은 미래를 만들어 가는 데 이바지하도록 이끄는 교육적 접근 방식이다.

2) ESR의 세 가지 핵심 축

ESR은 다음 세 가지 핵심적인 축을 기반으로 교육의 본질을 재구성하는 것이 필요하다.

(1) 윤리적 감수성과 내면화된 책임

ESR은 단순히 올바른 행동을 가르치기에 앞서, 세계를 느끼고 이해하는 감각과 감정, 그리고 세계에 대한 태도를 먼저 다룬다. 이는 '옳으므로 실천하는 사람'이 아니라, '느끼기 때문에 움직이는 사람'을 기르는 데 집중한다. 다시 말해, 획일적인 도덕적 지침을 주입하는 것을 넘어, 학생 스스로 자기 삶과 세계에 대한 윤리적 감수성을 깊이 성찰하도록 돕는 것이 핵심이다. 이는 공감 능력과 책임감을 내면화하여 외부의 강제가 아닌 자발적인 동기로 선한 행동을 끌어내고자 하는 ESR의 근본적인 지향점이다.

(2) 공동체적 실천과 참여

ESR은 교육을 사회적 고립의 공간이 아니라, 연결과 연대의 공간으로 정의한다. 학생은 단순히 지식의 '배움 수혜자'가 아니라, 사회 속에서 능동적으로 상호작용하는 '사회적 존재자'이다. 따라서 교육은 이들을 공동체 속에서 자신의 책임을 인식하고 실천하는 능동적인 참여자로 길러 내는 장이 되어야 한다. 이는 학교가 단순히 교실 안에서 학습에 머무르지 않고, 지역사회와의 연계를 통해 학생들이 실제 문제해결 과정에 참여하고, 타인과의 협력을 통해 공동의 목표를 달성하는 경험을 제공해야 함을 의미한다.

(3) 생태적 전환과 미래세대에 대한 책임

기후위기와 생태계 파괴라는 인류의 심각한 도전에 직면하여, ESR은 인간과 자연의 관계를 깊이 성찰하고 인간 중심주의를 넘어선 교육을 지향한다. 이는 단지 환경 보호를 위한 선언적인 구호를 외치는 것을 넘어, 인간 존재 자체가 자연의 일부임을 깨닫고 생태계와의 조화를 추구하는 존재론적 전환의 요청이다. 특히 미래세대에 대한 책임은 현재의 삶의 방식과 소비 습관에 대한 급진적인 재고를 요구하며, 지속가능한 미래를 위한 실질적인 행동 변화를 끌어내는 데 초점을 맞춘다.

3) 위험사회에서의 ESR: 울리히 벡과의 연결

독일의 사회학자 울리히 벡은 그의 저서 『위험사회(Risk Society)』에서 현대사회를 산업화 이후의 새로운 '위험의 시대'로 규정했다. 이 위험은 과거와 달리 기술적 · 경제적 진보가 가져온 역설적인 산물이며, 전통적인 안전장치나 제도만으로는 통제되지 않는 비가시적이고 전지구적인 특성이 있다. 기후위기는 바로 이러한 벡의 위험사회론을 가장 잘 보여 주는 대표적인 사례이다. 핵 위협, 환경 오염, 유전 공학의 위험 등은 모두 인간의 발전이 일으킨 예측 불가능하고 광범위한 결과물인 것이다.

벡은 이러한 위험을 단순히 기술적으로만 다루려는 접근 방식에 대해 비판적이었다. 그는 위험에 대한 사회적 성찰과 시민사회의 '재정치화(re-politicization)'가 필수적이라고 강조했다. ESR은 바로 이러한 성찰적 시민을 기르는 교육으로서, 위험을 단순히 개인의 회피 대상이 아니라 공동의 책임과 연대로 함께 극복해야 할 문제로 인식하는 시각을 제시한다. ESR은 학생들이 복잡한 위험사회의 본질을 이해하고, 개인의 선택이 사회 전체에 미치는 영향을 성찰하며, 집단적 행동을 통해 위험에 대응할 수 있는 역량을 함양하도록 돕는다.

4) GERM과의 단절: 촘스키의 비판적 경고

세계 교육개혁 운동(GERM)은 신자유주의적 교육 정책의 핵심으로, 교육을 국가 간 경쟁력 확보를 위한 도구로 전락시켰다는 비판을 받는다. 언어학자이자 비판적 지식인인 노엄 촘스키는 신자유주의 교육 정책을 강력히 비판했는데(Chomsky, 2023), 그의 비판은 GERM의 폐해와 직접적으로 연결된다. GERM은 교육을 경쟁, 측정, 표준화, 성과주의를 중심으로 재편하며, 학생들을 끊임없이 평가하고 순위를 매기는 시스템을 구축한다. 이는 교육이 본래 추구해야 할 인간의 전인적 성장이나 비판적 사고력 함양보다는, 시장에서 요구하는 '유능한 인력'을 양성하는 데 초점을 맞추게 만든다.

ESR은 이러한 GERM이 생산해 낸 교육의 방향성과 근본적으로 결별한다. ESR은 성적, 성과, 표준화된 지표를 교육의 핵심 가치로 삼지 않는다. 대신 감수성, 책임, 연대와 같은 인간적 가치들을 교육의 중심으로 가져온다. ESR은 촘스키가 강조했던 교육의 본질로의 회귀, 즉 비판적 사고력 함양과 인간 해방을 위한 교육철학과 깊이 닿아 있다. 이는 학생들이 주어진 지식을 맹목적으로 수용하는 수동적인 존재가 아니라, 사회 현실을 비판적으로 분석하고, 불의에 저항하며, 더 나은 사회를 위한 대안을 모색하는 능동적인 시민으로 성장하도록 돕는 교육을 의미한다.

5) ESR은 도덕 교육이 아니다: 철학적 오해 넘어서기

ESR은 단순히 '좋은 시민'을 만드는 순응적인 도덕 교육이 아니다. 그것은 질문하고, 깊이 성찰하며, 당면한 세계를 보다 나은 방향으로 재구성하려는 실천적 철학이다. 이는 파울로 프레이리(Paulo Freire)의 『피억압자의 교육학』에서 강조하는 의식화(conscientization) 과정과 맥을 같이한다. 의식화는 개인이 자신의 사회적 · 정치적 · 경제적 상황을 비판적으로 인식하고, 이를 변화시키기 위한 행동을 취하도록 이끄는 교육적 과정이다. 또한 이반 일리치가 주장했던 자율적 배움의 회복과도 연결된다. 일리치는 제도화된 교육이 오히려 인간의 자율성을 억압하고 배움을 독점한다고 보며, 개개인이 스스로의 삶을 주도하는 자발적인 학습 공동체를 강조했다.

오늘날 기후위기 시대에 ESR은 이러한 의식화와 자율적 배움을 넘어, 존재론적 책임의 교육으로 그 의미가 확장된다. 이는 인간이 자연의 일부로서 생태계에 대한 근원적인 책임을 인식하고, 자신의 존재 방식이 지구 시스템에 미치는 영향을 성찰하는 것을 포함한다.

따라서 ESR은 특정 이념적 프레임에 갇힌 교육이 아니라, 우리가 어떻게 살아갈 것인가에 대한 교육적 재구성이다. 그것은 기후위기의 시대에 인간으로서 마땅히 추구해야 할 가치와 행동양식에 대한 깊은 윤리적 질문에 응답하는 교육이며, 절망 속에서도 희망을 찾고 미래를 위한 실천을 멈추지 않도록 이끄는 강력한 나침반이 된다.

3. 북유럽과 OECD의 ESR 접근 비교

1) 비교의 배경과 필요성

오늘날 전 세계는 기후위기의 심화, 사회적 분열의 심화, 그리고 청년 세대의 미래 불안이라는 복합적인 문제에 직면해 있다. 이러한 상황 속에서 '사회적 책임 교육(ESR)'은 단순한 교육의 한 영역을 넘어, 각국의 사회 시스템과 불가분의 관계를 맺는 핵심적인 역할을 수행한다. 특히 핀란드, 덴마크, 네덜란드와 같은 북유럽 국가들은 오랫동안 교육을 통해 사회 통합, 평등 그리고 공존의 문화를 뿌리내려 왔다. 이들 국가의 사례는 ESR의 철학이 단순한 이론적 구호에 그치지 않고, 실제 정책과 일상적인 교육 활동 속에서 어떻게 실천될 수 있는지를 명확히 보여 주는 모범적인 모델로 평가할 수 있다.

반면, 경제협력개발기구(OECD)는 교육 분야의 국제적 표준화를 선도하며 ESR에 대해 다소 다른 접근 방식을 취한다. OECD는 주로 역량 중심의 프레임워크를 통해 ESR을 교육 개혁의 효율적인 기술적 도구로 간주하는 경향이 있다. 이러한 두 접근 방식의 비교는 ESR이 나아가야 할 방향성을 탐색하고, 한국 교육이 직면한 과제에 대한 실질적인 시사점을 얻는 데 필수적이다.

2) 북유럽 3국의 ESR 실천 철학

북유럽 국가들은 교육을 통해 사회적 책임감을 함양하는 데 있어 공통적으로 공동체 의식과 인간 중심의 접근 방식을 강조한다. 각국의 특징은 다음과 같다.

(1) 핀란드, 신뢰와 평등에 기반한 책임 교육

핀란드의 교육 시스템은 신뢰와 평등이라는 두 가지 핵심 가치 위에 견고하게 서 있다. 핀란드 교육의 가장 두드러진 특징 중 하나는 교사에게 부여되는 높은 자율성과 전문성이다. 교사들은 교육과정의 설계와 운영에 있어 폭넓은 재량권을 가지며, 이는 사회적 책임감이 외부의 강요가 아닌 내부에서 자발적으로 형성되도록 지원하는 기반이 된다. 핀란드 교육에서는 시험 중심의 경쟁이 거의 없으며, 학생들 간의 비교보다는 공동체적 성장과 협력을 강조한다. 또한 취약 계층을 위한 포괄적인 교육 복지와 포용적 커리큘럼을 통해 약자 중심의 윤리 교육을 실현하고 있다. 이러한 접근 방식은 모든 학생이 동등한 기회를 통해 자신의 잠재력을 최대한 발휘하고, 타인에 대한 존중과 배려를 자연스럽게 체득하며 사회적 책임을 내면화하도록 돕는다.

(2) 덴마크: 참여와 민주주의로 구현되는 사회적 책임

덴마크의 ESR은 참여와 민주주의라는 가치를 통해 강력하게 구현된다. 유치원부터 고등학교에 이르기까지 모든 교육 단계에서 학생 참여 기반의 의사결정 체계를 운영하는 것이 특징이다. 학생들은 학급 회의, 학생 자치 활동 등을 통해 학교 운영과 학습 과정에 직접 참여하며, 이는 책임 있는 시민으로서의 자질을 자연스럽게 함양하는 장이 된다. 교육과정 전반에 시민 교육, 공공적 삶, 협력 중심 활동이 내재화되어 있으며, ESR은 특별한 교과목으로 분리되기보다는 일상적인 삶 속에서 '타인을 고려하는 방식'으로 학습된다. 즉, 덴마크 학생들은 민주적인 참여 과정을 통해 개인의 권리와 동시에 공동체 구성원으로서의 책임을 동시에 체득하며 성장한다.

(3) 네덜란드: 삶의 질과 선택권에 기반한 자율적 ESR

네덜란드의 ESR은 삶의 질과 아동의 선택권 존중을 기반으로 한다. 네덜란드 학교 시스템은 아동의 의견과 선택을 존중하는 문화를 적극적으로 반영하며, 이는 교육의 자율성을 높이는 데 기여한다. 학생들은 자신의 학습 방식과 속도를 존중받으며, 이는 자기 주도성과 책임감을 기르는 데 중요한 역할을 한다. 평가 부담이 상대적으로 적고, 삶과 교육이 통합된 교육철학을 추구함으로써, 학습이 교실 안에서의 지식 습득에만 국한되지 않고 실제 삶의 문제와 연결되도록 돕는다. 이러한 일관된 아동 중심의 관점 속에서 ESR은 학생들이 '함께 살아가는 힘'을 자연스럽게 내재화하도록 이끈다. 타인과의 관계 속에서 자신의 역할을 인식하고, 공존의 가치를 실천하는 능력을 함양하는 데 중점을 둔다.

3) OECD ESR 접근: 역량 중심 기술화

OECD는 지속가능발전교육과 유사하게 ESR을 주로 '핵심역량(Core Competency)' 또는 '글로벌 컴피턴시(Global Competency)'의 구성요소로 규정하며, 교육 개혁을 위한 기술적 접근 방식을 선호한다. OECD의 ESR 추진 방향은 다음과 같은 특징을 보인다.

(1) 측정 가능한 역량으로의 해체

OECD는 사회적 책임을 '협력', '의사소통', '회복탄력성' 등과 같이 측정 가능한 구체적인 역량으로 해체하고, 이를 교육 성과의 일부로 기술화하려는 경향이 강하다. 이는 교육의 효율성을 높이고 국제적으로 비교 가능한 지표를 산출하려는 목적에서 비롯된다.

(2) 국제 비교 평가와의 연계

PISA(국제 학업성취도 평가)와 같은 국제 비교 평가에 사회적 책임 관련 요소를 포함시켜 각국의 교육 성과와 직접적으로 연결한다. 이는 각국이 교육 정책을 수립하고 개선하는 데 있어 OECD의 지표를 참고하도록 유도하며, 일종의 글로벌 교육 경쟁을 촉진하는 역할을 한다.

(3) 행동 결과 및 효율성 강조

가치 함양이라는 교육의 근본적인 목표보다는, 특정 행동의 결과와 효율성을 중시하는 ESR 모델을 강조한다. 예를 들어, 자원봉사 활동의 참여율이나 특정 문제해결 과제에서의 협업 능력 등을 측정 가능한 지표로 활용하려는 경향이 뚜렷하다.

이러한 접근 방식은 정책 수립자나 교육 평가자에게는 교육의 성과를 명확히 파악하고 국제적으로 비교하는 데 유용할 수 있다. 그러나 교육의 본질인 관계 형성, 감수성 함양, 그리고 실존적 책임감과 같은 비가시적이고 심층적인 요소를 추상화하거나 심지어 누락할 위험을 내포한다. 즉, 인간을 단순한 기능적 역량의 집합체로 파악하여 교육의 깊이와 폭을 제한할 수 있다는 비판을 받는다.

4) GERM과 OECD ESR의 논리적 모순: 경쟁과 책임 사이

OECD의 ESR 접근 방식은 표면적으로는 사회적 책임의 중요성을 강조하는 것처럼 보이지만, 그 기저에는 세계 교육개혁 운동(GERM)의 철학이 깊이 자리 잡고 있다. GERM은 교육을 국가 경쟁력 강화를 위한 도구로 보고, 시장 논리에 기반한 경쟁, 표준화된 평가, 성과주의, 그리고 효율성을 핵심 가치로 삼는다. 바로 이 지점에서 OECD의 ESR 접근과 GERM 사이의 논리적 모순이 발생한다.

사회적 책임은 근본적으로 공감, 연대, 협력, 그리고 공동체의 이익을 우선하는 가치를 요구한다. 이는 필연적으로 개인 간의 경쟁을 완화하고, 상호 의존성을 강조하며, 단기적 성과보다는 장기적인 지속가능성에 초점을 맞춘다. 그러나 OECD가 추구하는 ESR은 이러한 사회적 책임을 '측정 가능한 역량'으로 해체하고 PISA와 같은 국제 비교 평가에 연동함으로써, 궁극적으로 국가 간, 학교 간, 그리고 학생 간의 경쟁을 더욱 심화시키는 역설적인 결과를 초래할 수 있다.

예를 들어, 학생들이 '협력' 역량을 길러야 한다고 말하면서도, 동시에 그 역량을 개별 학생의 점수나 학교의 순위로 환원하여 평가한다면, 이는 학생들이 진정한 협력의 가치를 내면화하기보다는 경쟁에서 우위를 점하기 위한 수단으로 협력을 활용하게 만들 위험이 있다. 즉, 사회적 책임이라는 숭고한 목표가 경쟁 우위 확보를 위한 '도구'로 전락할 수 있는 것이다. 이러한 방식은 교육을 통해 개인의 성장을 돕고 공동체적 가치를 함양하기보다는, 국제적인 '교육 상품' 경쟁력을 높이는 데 초점을 맞추게 한다. 이는 교육이 본래 추구해야 할 인간성 함양과 사회 변화의 가능성을 제한하고, 신자유주의적 효율성 논리에 교육을 종속시키는 결과를 낳을 수 있다. 따라서 OECD의 ESR 접근은 GERM이라는 거대한 틀 안에서 사회적 책임 교육의 진정한 변혁적 잠재력을 스스로 훼손할 수 있다는 비판을 피하기 어렵다.

5) 결정적 차이: 관계 vs 기능, 신뢰 vs 성과

북유럽 3국의 ESR 접근 방식과 OECD의 접근 방식은 교육의 목표, 철학, 실행 방식, 평가 방식, 그리고 교사의 역할에 있어 근본적인 차이를 보인다.

〈표 12-1〉은 교육의 목표, ESR의 철학, 실행 방식, 평가 방식, 그리고 교사의 역할이라는 다섯 가지 핵심 영역에 걸쳐 북유럽 3개국(핀란드, 덴마크, 네덜란드)과 OECD의 ESR(사회적 책임 교육) 접근 방식이 어떻게 다른지를 명확히 보여 준다. 북유럽 국가들은 공존, 감수성, 시민성을 교육의 목표로 삼고 인간관계 중심의 윤리와 존재론적 책임을 ESR의 철학으로 강조한다. 반면, OECD는 문제해결 능력과 글로벌 경쟁력을 목표로 기능 중심의 핵심역량과 효율성을 ESR의 철학으로 내세운다. 실행 방식에 있어서도 북유럽 국가들은 자율성과 생활 기반 실천을 중시하는 반면, OECD는 정책 지표화와 표준화를 지향한다. 평가 방식에서는 북유럽이 정성적 피드백 중심인 것과 달리, OECD는 정량적 성과 측정에 기반을 둔다. 마지막으로, 교사의 역할에 있어 북유럽은 자율적인 전문가이자 안내자의 역할을 강조하는 반면, OECD는 교사를 역량 전달자 또는 관리자로 보는 경향이 있다. 이러한 차이는 결국 교육을 바라보는 근본적인 시각의 차이에서 기인하며, 북유럽은 신뢰와 협력 기반의 공동체 건설을, OECD는 국가 경쟁력 강화와 경제성장을 위한 수단으로서 교육을 활용하려는 경향이 강하다.

표 12-1 **북유럽 3국과 OECD ESR의 비교**

구분	북유럽 3국	OECD ESR
교육의 목표	공존, 감수성, 시민성	문제해결 능력, 글로벌 경쟁력
ESR의 철학	인간관계 중심 윤리, 존재론적 책임	기능 중심 핵심 역량, 효율성
실행 방식	학교 자율, 생활 기반 실천	정책 지표화, 표준화 지향
평가 방식	정성적 피드백 중심	정량적 성과 측정 기반
교사 역할	자율적 전문가, 안내자	역량 전달자 또는 관리자

6) 한국 교육에 주는 시사점

현재 한국 교육은 OECD가 추구하는 기술화된 ESR 접근 방식에 더 가까운 상태에 머물러 있다. 여전히 입시 경쟁과 학업성취도 중심의 교육 시스템이 지배적이며, 교사와 학생의 자율성, 공동체 중심의 교육문화, 그리고 지역사회와의 연계를 통한 감수성 교육은 상대적으로 부족한 실정이다. 이러한 상황에서 북유럽 국가들의 ESR 실천 사례는 한국 교육의 근본적인 전환을 위한 중요한 시사점을 제공한다.

(1) 신뢰 중심의 교사 자율권 보장

ESR은 통제와 규제 속에서 실현되기 어렵다. 북유럽 사례가 보여 주듯, 교육 현장의 핵심 주체인 교사에게 높은 수준의 자율성을 부여하고 전문성을 신뢰할 때, 교사들은 학생들의 사회적 책임감 함양을 위한 창의적이고 주도적인 교육 활동을 펼칠 수 있다. 이는 표준화된 교육과정의 획일적 적용을 넘어, 각 학교와 지역의 특성을 반영한 맞춤형 ESR 구현을 가능하게 한다.

(2) 삶과 연결된 교육

ESR은 교과서 속의 지식을 암기하는 것을 넘어, 학생들의 실제 삶과 긴밀하게 연결될 때 비로소 의미를 갖는다. 지역사회와의 적극적인 연계를 통해 학생들이 현실 문제에 직접 참여하고, 그 과정에서 타인과 협력하며 책임을 실천하는 경험을 제공해야 한다. 이는 단순히 환경 보호 운동에 참여하는 것을 넘어, 지역 공동체의 지속가능성을 위한 다양한 활동에 주도적으로 참여하는 것을 포함한다.

(3) 정량 대신 정성의 평가 전환

현재의 한국 교육은 객관적인 점수와 등급으로 학생을 평가하는 정량적 평가에 치중되어 있다. 그러나 ESR의 본질적인 목표인 공감 능력, 윤리적 감수성, 책임감 등은 정량적 수치로 온전히 측정하기 어렵다. 따라서 학생들의 '잘사는 삶'에 대한 성찰과 실천 과정을 중요하게 여기는 정성적 피드백 중심의 평가 방식으로의 전환이 필요하다. 이는 학생들이 경쟁보다는 협력을 통해 성장하고, 결과보다는 과정에서 배우는 경험을 중시하도록 이끌 것이다.

OECD가 추구하는 ESR은 글로벌 효율성과 정책 수단으로서의 교육을 강조하는 반면, 북유럽 3국은 교육을 사회적 통합과 삶의 질 회복, 공동체 회복의 장으로 실천한다. 한국이 지향해야 할 ESR은 기능 중심의 측정 가능한 교육을 넘어, 공존을 위한 감수성, 윤리적 책임, 생태적 전환을 포괄하는 교육이어야 한다. 다음 절에서는 이러한 국제 비교를 토대로, 한국 교육의 ESR 전환을 위한 구체적 과제와 실행 전략을 제시한다.

4. 한국 교육의 ESR 전환을 위한 과제와 실행 전략

1) 과제 1: 제도 중심 ESR에서 관계 기반 ESR로의 전환

한국의 ESR은 안타깝게도 여전히 형식적이고 제도 중심의 실행에 머물러 있는 경향을 보인다. 교육청 지침에 따른 행정적 실적 채우기, 의무적인 봉사활동 시수 충족, 단발성 캠페인식 윤리 교육 등은 ESR을 실제 삶과 유리된 개념으로 전락시키는 주요 원인이다. 이러한 접근 방식은 학생들이 사회적 책임을 진정으로 내면화하고 실천하는 데 필요한 깊이 있는 경험과 성찰의 기회를 제공하지 못한다.

이를 극복하기 위해서는 교실과 교사, 학생과 지역사회 간의 관계 회복을 ESR 실천의 핵심 기반으로 삼아야 한다. 이는 단순히 '무엇을 가르쳤는가'라는 지식 전달의 양적 측정을 넘어, '누구와 어떤 관계를 맺으며 배웠는가'라는 관계 기반 학습의 질적 측면을 중시하는 방향으로 나아가야 한다. 관계 기반 ESR은 교사와 학생이 상호 신뢰 속에서 함께 배우고 성장하는 공동체를 형성하며, 학생들이 지역사회의 일원으로서 실제 문제에 참여하고 해결하는 과정을 통해 사회적 책임을 자연스럽게 체득하도록 돕는다. 이는 교육을 삶의 맥락 속에 통합시키고, 학습의 주체들이 서로 연결되어 있음을 인식하도록 하는 데 필수적이다. 즉, ESR은 더 이상 '해야 하는 것'이 아니라 '함께 살아가는 방식'으로 전환되어야 한다. 이를 위해서는 학교와 지역사회, 학부모, 그리고 다양한 시민단체들이 적극적으로 소통하고 협력하는 네트워크를 구축하는 것이 중요하다. 단순한 정보 교환을 넘어, 공동의 목표를 설정하고 함께 문제를 해결해 나가는 과정 속에서 진정한 관계 기반 ESR이 구현될 수 있다.

2) 과제 2: 교사 자율성과 교육과정 유연성 확대

ESR은 교사의 능동적이고 창의적인 실천을 통해 비로소 살아 움직이는 교육이 된다. 그러나 현재 한국의 교사들은 지나치게 표준화된 교육과정과 경직된 행정적 통제에 얽매여 있어, 이러한 자율성을 발휘하기 어려운 구조에 놓여 있다. 교사들은 수많은 행정 업무와 평가 부담 속에서 교육 본연의 역할에 집중하기 어렵고, 획일적인 교육과정은 학생들의 개별적인 특성과 지역사회의 요구를 반영한 맞춤형 교육을 어렵게 만든다. 이는 궁극적으로 GERM이 추구하는 성과주의와 표준화가 교사들의 전문성과 자율성을 억압하는 형태로 나타나는 폐해이다.

ESR의 활성화를 위해서는 교사에게 교육과정 설계의 자율성과 학교 운영의 책임 권한을 실질적으로 부여해야 한다. 이는 교사가 자신의 교육철학과 전문성을 바탕으로 학생들에게 필요한 사회적 책임 교육을 주도적으로 기획하고 실행할 수 있도록 하는 제도적 기반을 마련하는 것을 의미한다. 또한 지역 맥락에 맞는 수업을 구성할 수 있는 유연한 제도적 지원이 필수적이다. 특히 초등 및 중등 단계에서 프로젝트 기반 학습(Project-Based Learning), 문제 중심 학습(Problem-Based Learning), 통합 교육과정 등과 ESR을 유기적으로 연결하려는 시도가 필요하다. 이러한 접근은 학생들이 실제 삶의 문제들을 탐구하고 해결하는 과정에서 협력, 소통, 비판적 사고, 그리고 책임감을 자연스럽게 함양하도록 돕는다. 교사들이 단순한 지식 전달자가 아닌, 학생들의 성장과 발달을 지원하는 창의적인 교육 설계자로서의 역할을 수행할 수 있도록 지원하는 것이 ESR 전환의 핵심이다. 이를 위해 교사 연수 시스템 또한 교사의 자율성과 ESR 철학을 내면화할 수 있도록 재편되어야 한다.

이 지점에서 핀란드의 교사 연수 시스템은 한국 교육에 중요한 시사점을 제공한다. 핀란드에서는 발령받은 교사에게 단 한 시간의 별도 집단 연수도 진행하지 않는다. 대신 교사 스스로가 새로운 교수법을 연구하고 자신의 수업을 향상시키는 것을 당연한 책무로 여긴다. 반면, 우리나라의 교사 연수는 마치 군사정권 시대의 예비군 훈련이나 민방위 훈련처럼, 몇 시간을 출석해서 무슨 교육을 받았는지가 인사기록카드에 기록되면 그만인 경우가 많다. 정부나 교육부 장관, 교육감이 바뀔 때마다 새로운 혁신 기치 아래 전국의 연수원은 또 새로운 연수 교육과정을 만들고 실행하느라 분주하다. 이러한 시스템은 연수원과 강의를 나가는 교수 및 연구자들에게는 존재 가치를 확인하고 활동을 보상받는 기회가 될 수 있지만, 정작 연수를 받아야 하는 한국 교사들에게는 어쩌면 예비군 훈련보다도 못한, 비효율적인 일에 동원될 뿐이다.

핀란드는 교사들이 필요하다고 여기는 경우, 교육청이나 대학에 개별적으로 특별 연수를 신청하면 국가는 100% 예산을 동원하여 연수를 지원한다. 그러나 이때 연수는 한국처럼 집단적이며 방학 중에 몇십 시간 몰아서 이루어지는 강의 중심적인 형태가 아니다. 철저히 개별적 컨설팅 또는 소집단 토론을 통해 활동 중심적으로 한 주에 2시간 정도씩 약 10주 이상 진행된다. 모든 연수는 교사가 학습 내용을 스스로 내면화할 수 있도록 설계된다. 이후 부족한 점이 있다면 누구나 원하는 때에 추가 연수를 신청할 수 있으며, 이에 드는 비용은 전액 국가가 부담한다.

필자는 핀란드 탐페레 대학교에서 STEM 연수를 담당했던 교수를 만난 적이 있다. 그에게 한국 교사들을 위한 STEM 연수 과정을 보여 주자 이렇게 대답했다. "이런 방식은 우리나라에서는 학부에서 합니다. 그것도 1, 2학년 때 하지요. 석사 과정인 4~5학년에서는 석사 논문을 쓰면서 다양한 이론을 연구하기 때문에 어떤 새로운 이론이 나타나더라도, 우리나라의 교사들은 스스로 그 이론을 공부하고 익힐 수 있는 역량과 태도를 갖고 있어서 이런 집단형 연수는 필요가 없습니다." 우리는 언제쯤 그런 교사와 지원 체제를 가질 수 있을까?

어떻게 교사들이 그런 역량을 다 갖고 있으며, 그 역량을 실천하는지 확인할 수 있는지에 대한 필자의 어리석은 질문에, 그 교수의 다음 답은 더 충격적이었다. "우리나라의 모든 선생님은 교사로서 사회적 책임을 지고 있습니다. 자신이 제대로 연구하여 자신의 수업을 향상시키는 것이 사회적 책임이라는 것을. 그리고 우리는 서로 믿고 있습니다." 이 대목에서는 더 이상 말을 이을 수 없었다. 이는 교육 시스템의 근본적인 전환이 단순히 프로그램이나 제도를 도입하는 것을 넘어, 교사의 전문성과 자율성에 대한 깊은 신뢰, 그리고 사회적 책임감에 대한 문화적 합의가 선행되어야 함을 강력하게 시사한다.

3) 과제 3: 평가 중심 구조의 해체와 '삶의 변화' 중심 평가로 전환

한국 교육은 평가가 교육의 방향을 결정짓는 강력한 구조를 가지고 있다. 따라서 ESR이 아무리 중요한 가치로 강조되더라도, 성적화되지 않는 이상 교육과정의 주변부로 밀려나기 쉽다. 현재의 정량 중심 평가는 학생들의 성취를 숫자로 환원하고 순위를 매기는 데 주력하며, 이는 학생들이 내면의 성장이나 사회적 책임감 함양보다는 점수 획득에만 몰두하도록 만든다. 이러한 평가 시스템은 ESR이 추구하는 윤리적 감수성, 공동체 의식, 실천적 책임감과 같은 비가시적인 가치를 제대로 포착하지 못한다. 이는 GERM의 핵심 특성인 '측정 가능성'과 '성과주의'가 교육의 본질을 왜곡하는 대표적인 사례이다.

이를 극복하기 위해서는 정량 중심의 평가에서 과감히 탈피하여, 학습자의 태도 변화와 관계성 확장을 평가하는 방식으로 전환해야 한다. 북유럽 국가들에서는 포트폴리오, 자기성찰 일지, 동료 피드백 등이 일상적인 ESR 평가도구로 광범위하게 활용된다. 이러한 평가 방식은 학생들이 자신의 학습 과정과 성장을 스스로 되돌아보고, 동료들과의 상호작용을 통해 배우는 기회를 제공한다. 한국 교육도 이와 같은 대안적 평가 방식의 제도화를 서둘러야 한다. 즉, 학생의 삶의 변화와 공동체에 대한 기여를 평가의 중요한 요소로 포함하여, '얼마나 아는가'보다 '어떻게 살아가고 있는가'에 대한 깊이 있는 성찰과 실천을 평가의 대상으로 삼아야 한다. 이는 학생들이 외적인 성과를 위한 경쟁에서 벗어나, 내면의 성숙과 사회적 책임감 함양에 집중하도록 유도할 것이며, 궁극적으로 GERM의 폐해에서 벗어나 교육의 본질적 가치를 회복하는 데 기여할 것이다.

4) 과제 4: 지역사회 및 세대 간 연계 강화

ESR은 학교라는 담장을 넘어설 때 비로소 그 진정한 의미를 발휘한다. 기후위기나 불평등과 같은 복합적인 사회 문제는 교실 안에서만의 학습으로는 온전히 이해하고 대응하기 어렵다. 이러한 문제들은 지역사회 안에서 구체적으로 드러나기 때문에, 지역 기반의 ESR 실천은 교육의 현실성을 극대화한다.

학생들이 마을 공동체, 환경 보호 활동, 노인 돌봄, 농업 체험, 취약 계층 지원 등 다양한 사회적 주제에 직접 참여하면서 타자에 대한 책임감을 느끼고, 세대 간 대화와 협력을 통해 사회적 연대의 감각을 회복하도록 해야 한다. 이는 학생들이 추상적인 개념으로서의 사회적 책임을 넘어, 실제 삶의 현장에서 마주하는 문제들에 공감하고 해결 과정에 주도적으로 참여하는 경험을 통해 책임감을 내면화하도록 돕는다. 이를 위해 지역 기관과 학교 간의 유기적인 협력 체제 구축이 필수적이다. 지방자치단체, 시민단체, 기업, 지역 주민 등이 함께 참여하는 교육 거버넌스를 구축하여, 학교가 지역사회의 학습 허브이자 변화를 이끄는 중심축 역할을 수행하도록 지원해야 한다. 이러한 민관학 연계 협력 및 의사결정 구조로의 전환은 ESR을 단순한 학교교육을 넘어 사회 전반의 변화를 이끄는 동력으로 확장시킬 것이다. 즉, 교육의 주체들이 학교 안에 갇히는 것이 아니라, 지역사회와 소통하고 협력하며 함께 문제를 해결해 나가는 과정 속에서 ESR의 가치가 실현될 수 있다.

5) 과제 5: 국가 교육철학의 재정립

궁극적으로 ESR의 실현은 개별 학교나 교사의 노력만으로는 한계가 명확하다. 이는 국가 차원의 교육철학 재정립이 선행되어야만 가능하다. 국가는 경쟁 중심 교육에서 공존 중심 교육으로의 전환을 명확히 선언하고, 이를 교육기본법과 국가교육과정 총론에 명시적으로 반영하여 ESR을 핵심 가치로 채택해야 한다. 이러한 근본적인 전환 없이는 GERM의 영향에서 벗어나기 어려울 것이다.

이때 ESR은 단순한 윤리 교육의 한 부분을 넘어, 한국 사회가 직면한 기후위기, 사회 분열, 청년의 절망이라는 삼중 위기를 돌파하기 위한 새로운 사회계약의 교육적 표현으로 자리매김해야 한다. 이는 국가가 미래 세대에게 물려줄 사회적 가치와 방향성을 교육을 통해 명확히 제시하고, 모든 국민이 함께 참여하여 공존의 가치를 실현하는 사회를 만들어 가겠다는 강력한 의지를 표명하는 것이다. 국가 교육철학의 전환은 교육 정책의 일관성을 확보하고, 학교 현장에서 ESR이 성공적으로 뿌리내릴 수 있는 법적 · 제도적 기반을 제공할 것이다. 또한 이러한 철학적 기반 위에서 교육부와 시도교육청, 학교, 지역사회, 학부모 등 민관학이 연계된 협력 및 의사결정 구조로의 전환을 위한 노력이 전제되어야 한다. 이는 하향식 정책 집행이 아닌, 모든 교육주체가 함께 교육의 방향을 설정하고 실행하는 상향식 접근을 가능하게 할 것이다.

6) 실행 전략 요약

〈표 12-2〉는 한국 교육의 ESR(사회적 책임 교육) 전환을 위한 다섯 가지 핵심 영역별 실행 전략을 요약하여 제시한다.

- 수업 영역에서는 ESR 기반 통합교육, 프로젝트 학습, 생태 · 시민성 교육을 강화하는 전략을 포함한다.
- 교사 영역에서는 교사의 자율성 보장, ESR 연수체계 도입(되도록 핀란드형으로), 지역 기반 교육 설계 권장을 실행 전략으로 제시한다.
- 평가 영역에서는 정량 평가에서 정성 평가로의 전환과 자기평가 · 동료평가 제도화를 강조한다.

표 12-2 ESR 실행 전략 요약

영역	실행 전략
수업	ESR 기반 통합교육, 프로젝트 학습, 생태 · 시민성 교육 강화
교사	자율성 보장, ESR 연수체계 도입, 지역 기반 교육 설계 권장
평가	정량 → 정성 전환, 자기평가 · 동료평가 제도화
제도	교육과정 유연화, 학교 자치권 확대, 교육복지와 연계
사회	지역사회 협력체계 구축, ESR과 청년 정책 연동

- 제도 영역에서는 교육과정 유연화, 학교 자치권 확대, 교육복지와의 연계를 실행 전략으로 삼는다.
- 사회 영역에서는 지역사회 협력체계 구축 및 ESR과 청년 정책 연동을 중요한 실행 전략으로 포함한다.

궁극적으로 ESR은 단순한 교육 영역이 아니라, 한국 사회 전체가 새로운 방향으로 전환하기 위한 핵심 윤리이자 철학이며, 기후위기 시대와 청년의 절망이 깊어지는 시대에 교육이 제 기능을 회복하기 위해 관계 회복, 공동체 재구성, 미래세대를 위한 책임 구체화를 이뤄야 함을 시사한다. 한국 교육은 현재 '경쟁을 위한 교육'에서 '공존을 위한 교육'으로 전환할 역사적 기로에 서 있음을 강조한다.

5. 결론: ESR, 기후위기 시대 교육의 새로운 패러다임

1) 교육의 본질을 다시 묻는다

오늘날 교육은 더 이상 미래 직업을 준비하기 위한 도구적 수단에 머물러서는 안 된다. 기후위기와 사회적 불안정이라는 전 지구적 위기 속에서, 우리는 교육이 무엇을 위한 것인지, 누구를 위한 것인지 근본적으로 성찰해야 할 시점에 도달했다. 이러한 맥락에서 ESR은 교육의 철학적 지향점이자 실천적 전환의 출발점이 된다. ESR은 학생들이 타인, 자연, 미래세대에 대한 책임감을 갖고 살아가도록 돕는 전인교육의 모델이며, 해체된 인간관계를 회복하고, 공동체를 재구성하는 데 있어 교육이 핵심적 매개체가 될 수 있음을 명확히 보여 준다.

'공동체의 재구성'이라는 개념은 다양한 교육 담론에서 반복되어 왔지만, 이를 실제로 구현해 낸 사례는 드물다. 이 점에서 콜롬비아의 가비오타스(Gaviotas)[1]는 교육이 공동체를 어떻게 변화시킬 수 있는지를 보여 주는 상징적 사례이다. 혹자는 "가난하고 저개발된 나라의 사례(가비

1) 남미 콜롬비아 중심에 있는 '가비오타스' 황무지에 지속가능한 기술과 정신을 적용하며 생태적 자립을 이루어 냈고, 쏟아지는 국제적인 상과 지원을 거부할 만큼 강력한 자율성을 가진 성공한 공동체이다. 게다가 가비오타스의 교육은 거대한 자본이나 제도의 산물이 아니라, 공동체의 학습과 실천을 통해 스스로 성장하는 것이 가능함을 보여 준다. 출처: 앨런 와이즈만(2015). 생태공동체 가비오타스 이야기. 알에이치코리아.

오타스)에서 배울 것이 무엇이 있는가?"라며 선입견을 보이곤 한다. 그러나 우리가 되물어야 할 핵심 질문은 다르다. 가비오타스에서는 찾아볼 수 없는, 그러나 선진국이라고 불리는 나라들에는 만연한 폭력과 빈곤 그리고 이들을 당연히 여기는 사회가 과연 경제적 지수만으로 '선진국'이라 불릴 자격이 있는가 하는 질문이다.

실제로 가비오타스는 유엔개발계획(UNDP)으로부터 수차례 지속가능한 공동체 모델로 국제적 인정을 받았고, 초기에는 많은 상과 상금을 수여받았다. 그러나 이 공동체는 "우리는 충분히 많은 상을 받았으니, 이제는 다른 공동체를 지원하라."고 요청할 정도로 외부의 자본이나 평가에 의존하지 않는 강력한 자율적 정체성을 확립했다.

가비오타스가 처음부터 국제원조기금에 의존하지 않고, 공동체의 학습과 실천을 통해 스스로 성장해 왔다는 사실은 우리에게 중요한 메시지를 준다. ESR(교육의 성찰적 전환)은 거대한 제도나 자본 투자 또는 복잡한 이론의 산물이 아니라, 구성원 간의 지속적인 관계성과 삶의 방식을 통해 형성되는 것임을 웅변적으로 보여 주고 있다.

또한 가비오타스의 교육은 기존 이론을 단순히 수용하는 것이 아니라, 가능한 것을 실험하며 구성원 모두가 함께 배우는 과정에 기반을 두고 있다. 이는 인도의 수가타 미트라(Sugata Mitra)가 제안한 SOLE(Self-Organized Learning Environment, 자기조직 학습 환경), 말라위의 실화를 다룬 영화 〈바람을 길들인 풍차 소년〉, 그리고 미국 영화 〈옥토버 스카이〉 등의 이야기들과도 맥을 같이한다. 이들은 모두 '이론 이전의 학습'과 '공동체 기반의 자기 조직화된 학습'이라는 교육의 본질적 질문을 다시 제기하고 있다.

결국, 이는 이반 일리치(Ivan Illich)가 『탈학교 사회』에서 강조했던, 제도화된 학교 교육의 바깥에서 이루어지는 자발적이고 비형식적인 배움의 중요성을 극명하게 보여 주는 사례들이다. 일리치는 지식이 학교라는 공간에 독점되고 표준화되는 것을 비판하며, 개개인이 자신의 필요와 흥미에 따라 자유롭게 학습하고 서로의 지식을 교환하는 기회망(opportunity web)을 대안으로 제시했었다. 이렇게 보면, 어쩌면 가비오타스 공동체의 자율적 학습과 실천은 일리치의 비전을 작은 마을 단위에서 구현한 모델인 셈이며, 핀란드와 쿠바 역시 서로 체제와 형태는 완전히 다르지만, 국가 단위에서 이와 같은 자율적인 학습 공동체를 구현한 것으로 해석 가능하다.

2) ESR은 위기를 돌파하는 새로운 교육사회계약

기후위기, 인구절벽, 청년 세대의 미래 상실, 사회 양극화 등 오늘날 한국 사회가 직면한 복합적 위기는 단편적인 정책이나 교육과정 개정만으로는 해결할 수 없다. 이 거대한 전환의 요구 앞에서 ESR은 새로운 교육사회계약의 중심에 서야 한다. ESR은 생태적 위기를 넘어선 존재론적 위기, 인간과 사회 간의 단절을 치유하고, '성장' 중심의 사고를 넘어선 '삶의 의미'와 '공존의 가치'를 재정립하는 실천철학으로 기능할 수 있다. 그리고 이를 위해서는 작금의 GERM식 교육에서 벗어나는 것이 선결과제가 되거나, 아니면 GERM에서 벗어나려는 노력과 함께 ESR의 가치가 재조명되어야 한다. 아니면 최소한이라도 GERM이 무엇이며 우리 교육에 어떤 의미가 있었는지, 그리고 글로벌 기후위기를 GERM식 관리법으로는 해결할 수 없다는 것만이라도 깨달아야 한다.

그러나 이러한 전환의 중심에서 한국 청년의 모습은 국제 기후 행동의 무대에서 여전히 희미하다. 유창한 영어 실력과 경제력을 바탕으로 세계를 여행하는 청년들은 늘고 있지만, 정작 지구적 위기 앞에서 행동하는 시민으로서의 청년의 목소리는 거의 들리지 않는다. 반면, 세계의 청년들은 이미 움직이고 있다. 스웨덴의 그레타 툰베리(Greta Thunberg)는 개인의 시위로 시작해 세계적 집단행동으로 번진 Fridays for Future를 이끌었고, 인도의 리시프리야 칸구잠(Licypriya Kangujam)은 여섯 살부터 기후 관련 입법 캠페인을 펼쳤다. 멕시코의 시예 바스티다(Xiye Bastida)는 기후정의를 외치며 이민자와 토착민의 관점을 포섭했고, 우간다의 바네사 나카테(Vanessa Nakate)는 태양광 기반 학교를 통해 교육과 생존을 연결하는 혁신을 실천하고 있다. 또한 감비아의 파투 젱(Fatou Jeng), 미국의 선라이즈 무브먼트(Sunrise Movement), 글로벌 자원봉사 플랫폼 Climate Cardinals는 교육과 정치, 번역과 연대, 제도와 실천을 잇는 새로운 시민의 모델을 보여 준다. 이들의 공통점은 명확하다. 지식 이전의 실천, 현실에 대한 능동적 개입, 위기를 나의 문제로 전환하는 상상력이다. 한국 교육도 이제 이 질문을 마주하고, 실천을 통해 답해야 할 시점에 서 있다. ESR은 바로 이 실천을 가능하게 하는 교육적 인프라이자 촉진자가 되어야 한다.

3) 정책과 실천을 넘어, ESR을 '살아가는 방식'으로 전환하기

ESR은 단지 정책과 제도 설계의 대상이 아니다. 그것은 교육을 바라보는 문화의 근본적 전환이며, '성과'에서 '관계와 책임'으로, '지식'에서 '존재'로의 이동을 요구한다. 오늘날 한국 교육은 여전히 수치와 통계로 측정 가능한 결과물에 매몰되어 있다. 수능 점수, 대학 진학률, 취업 통계가 교육의 척도로 작용하며, 교사와 학생, 학부모, 행정가, 정책입안자 모두가 이 구조 안에 갇혀 있다.

하지만 ESR은 교육을 '가르치는 방식'이 아니라 '살아가는 방식'으로 새롭게 정의한다. 이 '살아가는 방식'은 교육자가 자신의 삶을 통해 학습의 가치를 구현하고, 학생과 함께 관계를 맺으며 배움의 과정을 공동으로 만들어 가는 삶의 실천을 의미한다. 여기에는 교사와 학생의 위계가 무너지고, 교육을 중심으로 한 공동체적 삶의 재편이 이뤄진다.

스콧 니어링(Scott Nearing)의 '조화로운 삶'은 이러한 교육철학의 원형이라 할 수 있다. 그는 생태적 노동, 공동체의 자율성, 실천 중심의 교육을 통해 지속가능한 교육적 삶의 방식을 실현했다. 한국의 법정 스님 또한 침묵, 절제, 무소유의 철학을 통해 존재 기반의 배움을 삶으로 체현하였다.

핀란드 교육은 어쩌면 '살아가는 방식'의 교육철학과 니어링의 '조화로운 삶'을 사회적으로 실천하도록 제도화된 모델이라고 볼 수 있겠다. 핀란드는 이런 철학 위에, 신뢰와 자율성, 돌봄의 문화를 오랜 시간에 걸쳐 교육제도에 녹여 냈으며, 그 결과 교육을 살아가는 방식으로 내면화한 사회적 합의를 이뤄 냈다. 한국 교육도 이제 이 철학을 제도, 수업, 문화 전반에 재구성해야 할 시점이다. 이반 일리치의 관점에서 볼 때, 핀란드는 학교라는 제도를 통해 '탈학교화'의 정신을 부분적으로 구현하고 있는 것으로 해석할 수 있다. 그들은 교육을 '통제되고 관리되는 시스템'이 아니라, '각 개인이 자신의 삶을 주도적으로 구성하고 공동체와 연결될 수 있는 자유로운 배움의 장'으로 만들려는 노력을 기울여 온 것이다. 따라서 한국 교육은 핀란드의 제도적 틀을 단순히 모방하는 것을 넘어, 그 안에 담긴 '신뢰', '자율', '돌봄'이라는 정신, 즉 교육이 삶의 방식이 되어야 한다는 일리치의 급진적 통찰을 내면화해야 한다. 궁극적으로는 교실이라는 물리적 공간을 넘어, 삶의 모든 순간이 배움이 되는 사회를 지향하는 노력이 필요하다.

교육의 본질을 회복해야 한다

글로벌 기후위기 앞에서, 울리히 벡의 경고와 이반 일리치의 지적을 상기해야 한다.

4) 맺으며: '공존을 위한 교육'의 시대를 향하여

ESR은 선택의 문제가 아니다. 그것은 이미 본질적으로 오래된 시대의 요청이었으나, 우리가 망각하고 있었던 것이며, 우리가 살아갈 내일을 구성하기 위한 유일한 희망일 수 있다. 기후위기와 교육 불신, 청년의 상실감이 교차하는 지금, 교육은 그 본질을 회복해야 한다. '누가 더 잘하는가'보다 '우리는 어떻게 함께 살아갈 것인가'를 묻는 교육, '무엇을 아는가'보다 '누구를 위해 책임질 수 있는가'를 묻는 교육으로 전환되어야 한다. ESR은 이 전환을 위한 가장 실천적인 철학이며, 동시에 가장 급진적인 희망이다. 이제 한국 교육은 ESR을 중심에 두고, 공존의 교육, 관계의 교육, 책임의 교육으로 나아가야 한다. 이것이 바로 기후위기 시대에 걸맞은 교육의 패러다임 전환이며, 새로운 교육사회계약의 시작이다.

결론적으로, 기후위기와 같은 전 지구적 복합 위기에 현명하고 적극적인 대안을 만들어 내기 위해서는 GERM의 굴레에서 벗어나야 한다. GERM은 성과주의, 경쟁, 표준화에 매몰되어 교육의 본질을 왜곡하고, 사회적 책임을 도구적으로 축소하는 경향이 있기 때문이다. 이는 울리히 벡이 『위험사회』에서 경고했듯이, 과학과 기술, 그리고 지식의 발전이 인류를 돌이킬 수 없는 위험으로 몰고 갈 수 있다는 비판적 통찰과 일맥상통한다. 그리고 이반 일리치가 강하게 비판했던 것처럼, 이러한 체제를 옹호하고 재생산하는 것이 바로 GERM적 교육이었다. 진정한 ESR의 실현은 이러한 GERM의 틀을 깨고, 교육이 다시금 인간의 자율성을 존중하며, 상호 신뢰와 연대에 기반한 공존의 가치를 추구하는 본연의 모습으로 돌아갈 때 비로소 가능하다.

성찰과제

1. 개인의 삶과 기후위기: 기후위기가 단순히 과학적 · 경제적 문제를 넘어 우리의 일상과 심리(기후 우울, 기후 불안)에 미치는 영향에 대해 성찰하고, 개인의 삶 속에서 실천할 수 있는 변화는 무엇인지 탐색해 보시오.

2. 한국 교육 시스템의 자가 진단: 현재 한국 교육 시스템이 GERM의 특징(경쟁, 측정, 표준화, 성과주의)을 얼마나 내재하고 있는지 스스로 진단해 보고, 이러한 특징이 ESR 실천에 어떤 방해가 되는지 구체적인 사례를 들어 분석해 보시오.

3. 교사 연수의 본질 재고: 핀란드의 교사 연수 사례와 한국의 연수 시스템을 비교하며, 진정한 교사 전문성 함양과 자율성 보장을 위한 연수 방향은 무엇인지 토론해 보시오. 교사가 스스로 학습하고 연구하는 문화를 정착시키기 위한 방안은 무엇일까?

4. 평가의 의미 재정의: 현재의 정량적 평가 방식이 ESR이 추구하는 윤리적 감수성, 공동체 의식 등을 제대로 담아내지 못하는 이유를 성찰하고, '삶의 변화' 중심의 정성적 평가가 한국 교육에 어떻게 적용될 수 있을지 구체적인 방안을 모색해 보시오.

5. 지역사회와의 연결고리 찾기: 자신이 속한 지역사회에서 기후위기, 사회적 불평등 등 ESR 관련 문제들을 발견하고, 학교와 지역사회가 협력하여 이러한 문제들을 해결할 수 있는 구체적인 프로젝트나 활동을 구상해 보시오. 민관학 연계 협력이 어떻게 교육의 실질적 변화를 이끌어 낼 수 있을까?
6. ESR의 철학적 의미 내면화: ESR이 단순한 도덕 교육이 아니라 '어떻게 살아갈 것인가'를 묻는 실존적 질문이자 실천적 철학임을 이해하고, 자신의 삶 속에서 사회적 책임을 내면화하고 실천하기 위한 구체적인 방법을 성찰해 보시오.

참고문헌

김영환(2025). 한국에서 출간된 핀란드 관련 단행본 동향 분석. **국제교류와 융합교육**, 5(1), 43-63. doi: 10.23047/KOREA-SIRE.2025.04.43

김영환, 김영민, 김현수, 노지화, Dennis, 박창언 김은지, 배진희, 손미, 정주훈, 이채영(2024a). 핀란드 교육 관련 연구 동향분석: 네트워크 텍스트 분석을 중심으로. **국제교류와 융합교육**, 4(1), 85-111. doi: 10.23047/KOREA-SIRE.2024.4.30.85

김영환, 김영민, 김현수, 노지화, Dennis, M.D., 박창언, 김은지, 배진희, 손미, 이채영, 정주훈(2024b). 핀란드교육 관련 해외 학술논문 연구주제 동향분석: 네트워크 텍스트 분석을 중심으로. **국제교류와 융합교육**, 4(3), 51-71. doi: 10.23047/KOREA-SIRE.2024.11.30.51

Beck, U. (1992). *Risk society: Towards a new modernity*. SAGE Publications.

Bengtsson, S. F. (2022). Critical education for sustainable development: Exploring the conception of criticality in the context of global and Vietnamese policy discourse, Compare. *A Journal of Comparative and International Education, 54*, 839-856.

Biesta, G. (2010). *Good education in an age of measurement: Ethics, politics, democracy*. Routledge.

Bonal, X., & Fontdevila, C. (2017). Is education for sustainable development the means to bring about inclusive development? Between idealist and alternative positions. *Current Opinion in Environmental Sustainablility, 24*, 73-77.

Chomsky, N. (2000). *Chomsky on miseducation*. Rowman & Littlefield.

Chomsky, N. (2016). *Who rules the world?* Metropolitan Books.

Chomsky, N. (2023). Education: For Whom and For What?: Noam Chomsky. https://singjupost.com/education-for-whom-and-for-what-noam-chomsky-transcript/

Fox, I. (2000). *Applying the Comprehensive Development Framework to USAID Experiences* (OED

Working Paper Series No. 15). The World Bank. https://ieg.worldbankgroup.org/sites/default/files/Data/reports/oedwp15.pdf

Illich, I. (1971). *Deschooling society*. Harper & Row.

Mohizuki, Y., & Vickers, E. (2024). Still 'the conscience of humanity'? UNESCO's vision of education for peace, sustainable development and global citizenship. *COMPARE, 54*(5), 721-730.

Noddings, N. (2005). *The challenge to care in schools: An alternative approach to education*. Teachers College Press.

Nonaka, I., & Takeuchi, H. (1995). *The knowledge-creating company*. Oxford University Press.

OECD. (2018). *The future of education and skills: Education 2030-The OECD Learning Compass 2030*. OECD Publishing.

Sahlberg, P. (2011). *Finnish lessons: What can the world learn from educational change in Finland?* Teachers College Press.

UNESCO. (2020). *Education for sustainable development: A roadmap*. United Nations Educational, Scientific and Cultural Organization.

ESR 관점의 청소년기 사회적 위축 연구

이동형

성찰목표

1. ESR 관점에서 청소년기 사회적 위축 연구는 어떠한 일반적 목표를 지향할 수 있는지 성찰해 본다.
2. 개념적 · 이론적 측면에서 청소년기 사회적 위축은 어떻게 '다양한 얼굴'을 하고 있는지 성찰해 본다.
3. ESR 관점에서 SWICA 연구의 주요 성과는 무엇인지 성찰해 본다.

이 장에서는 교육의 사회적 책임(ESR) 관점에서 청소년기 사회적 위축 연구의 목표, 성과 및 미래 연구 방향에 대해서 논하고자 한다. 이를 위해 ESR에 대한 정의를 바탕으로 청소년기 사회적 위축 연구의 세 가지 일반적 목표를 제시하고, 청소년기 사회적 위축의 개념과 관련 개념들을 정리하며, 사회적 위축 연구를 안내할 수 있는 주요 이론적 접근과 대안적 접근을 제시함으로써 ESR 관점의 연구 분야로서 청소년기 사회적 위축 연구를 소개하고자 한다. 이어 부산대학교 학교심리연구실에서 지난 10여 년간 수행해 온 SWICA(Social Withdrawal in Children and Adolescents) 연구 중에서 ESR 관점의 연구들을 중심으로 청소년기 사회적 위축 연구 성과를 개관하겠다. 끝으로, 이러한 개관을 토대로 ESR 관점의 사회적 위축 연구가 앞으로 나아갈 방향을 제안함으로써 이 장을 마무리하고자 한다. 이 장이 ESR 관점의 연구주제로서 청소년기 사회적 위축에 대한 독자의 이해를 돕고, 향후 사회적 위축 청소년들을 교육하고 지원하는 ESR 실천의 지식 기반 형성에 기여할 수 있기를 바란다.

1. ESR 관점의 청소년기 사회적 위축 연구의 일반적 목표

교육의 사회적 책임(Education for Social Responsibility: ESR)이란 교육을 통해 사회적 이슈를 공동으로 해결하는 과정에서 개인과 사회 간의 상호 책임 의식을 고양시켜, 개인의 자기실현과 사회적 성장을 도모하는 교육의 이론이자 실천을 의미한다(이상수 외, 2021). 이러한 정의를 바탕으로, ESR 관점에서 청소년기의 사회적 위축을 탐구하는 연구자들이 추구할 수 있는 일반적 목표를 제시하면 다음과 같다.

1) 교육을 통해 해결해야 할 사회적 문제로서의 사회적 위축

ESR 관점의 청소년기 사회적 위축 연구는 교육 연구와 실천을 통해 사회적 위축이라는 '사회적 이슈'를 해결하는 것을 핵심 목표로 삼는다. 일반적으로 사회적 위축은 개인이 타인과의 상호작용에서 자발적으로 철회하는 개인의 사회적 행동을 의미하며(Coplan & Rubin, 2010), 사회적 고립(isolation), 외로움(loneliness), 고독(solitude), 홀로 있음(aloneness) 등 다른 심리적 경험과도 밀접하게 관련되어 있다.

코로나19 팬데믹을 계기로 많은 사람이 소위 '사회적 거리두기'를 통해 사회적 위축 및 고립의 위력을 실감한 바 있지만, 코로나19 이전부터 이미 저출산 및 고령화 가속, 1인 가구 증가, 사회적 고립과 고독사 문제, 은둔 청소년 문제, 디지털 문화의 확산에 따른 초연결사회 도래 등 다양한 문제가 사회적 이슈가 되면서 점차 사회적 위축, 고립 및 고독 관련 경험에 대한 사회 전반의 관심과 정책적 · 학문적 대응의 필요성이 커지게 되었다. 사회적 위축이나 고립과 관련하여 개인이 경험하는 고통스러운 정서로 '외로움'이 가장 일반적인데, 이와 관련하여 최근 세계보건기구(WHO)는 외로움을 전 세계적으로 시급히 해결해야 할 공중보건 위협 요인으로 지목한 바 있다(WHO, 2023). 또한 우리나라 청소년의 외로움 수준이 OECD 국가 중 두 번째로 높다는 조사 결과와 청소년 자살 충동의 주요 원인 중 하나가 '외로움과 고립'이라는 결과가 발표되기도 하였다(통계청, 2020). 다른 조사결과(여성가족부, 2025; 질병관리청, 2024)로는 우리나라 일반 청소년의 14%, 위기청소년의 43.5%가 '사회적 고립감'을 호소하며, 청소년의 외로움 경험률이 2020년 14.1%에서 매년 증가하여 2024년에는 18.8%로 나타났다는 보고도 있다.

일시적인 외로움은 때때로 누구나 경험할 수 있지만, 아동 · 청소년기에 외로움이 만성화될 경우 우울, 불안, 자살사고 및 행동의 유의한 예측 요인으로 작용할 수 있으며, 특히 만성적 외로움은 청소년의 사회적 위축 및 그 기저의 정서적 · 동기적 요인과 밀접하게 관련되어 있다(이선명, 이동형, 2024). 요컨대, 이러한 자료들은 청소년기 사회적 위축 및 이에 따른 잠재적인 부정적 결과가 교육적 · 사회적 차원에서 해결해야 할 이슈이며, ESR 관점에서 사회적 위축 문제에 접근할 필요성을 제기한다.

2) 발달적 · 사회문화적 맥락을 고려한 이론 개발

ESR 관점의 사회적 위축 연구는 청소년이 경험하는 사회적 위축 및 관련 문제를 과학적으로 이해하고, 이를 교육을 통해 해결하기 위한 이론적 틀을 마련하는 데 목적이 있다. 이는 단순히 사회적 위축의 현상을 기술하는 데 그치지 않고, 사회적 위축 청소년의 발달적 특성과 교육적 요구를 정밀하게 분석하여 정교한 설명을 제공하고, 무엇보다도 우리나라의 사회문화적 맥락과 현재의 교육 현장에 적용성이 높은 이론 개발을 강조한다는 의미이다.

사회적 위축에 대한 실증 연구는 원래 서구권에서 시작되었으나, 점차 사회적 행동에 대한 문화적 규범과 가치가 문화권, 국가, 민족에 따라 차이가 있다는 연구 결과가 등장하였다. 따라서 기존의 서구 이론이 한국 청소년에게도 타당한지를 확인할 필요가 있으며, 문화적 맥락을 세심하게 고려한 이론 개발이 필요하다. 예컨대, 집단주의적 규범이 강한 동양 문화권에서는 '절제형 사회적 위축'과 같이 독특한 사회적 위축의 하위유형이 존재하며, '은둔형 외톨이'와 같은 개념을 통해 사회적 위축을 사회문화적 병리 현상으로 해석하는 시도도 이루어지고 있다. 또한 사회적 위축의 적응적 의미가 청소년의 발달 시기에 따라 의미 있게 다를 수 있음을 시사하는 연구들도 계속 보고되고 있다. 이는 ESR 관점에서 볼 때, 사회적 위축에 대한 이론 개발 연구에서 발달적 · 사회문화적 맥락을 중요하게 고려해야 함을 의미한다.

3) 생태학적 접근을 통한 교육 실천의 확장

ESR 관점의 사회적 위축 연구는 사회적 위축을 단지 청소년 개인의 문제로 보지 않고, 사회적 위축 청소년을 둘러싼 생태환경 전반의 건강성을 증진하는 데 초점을 둔다. 사회적 위축을 개인의 심리적 문제로만 본다면, 사회성 기술 향상이나 인지적 교정, 교정적 정서 체험 등 개인 내부의 결핍이나 편향에 초점을 둔 개입으로 충분할 것이다. 그러나 ESR 관점은 개인의 자기실현뿐 아니라 '사회적 성장'을 교육의 핵심 가치로 삼고 있으므로, 개인 내부의 변화와 더불어 가정, 학교, 지역사회 등 청소년을 둘러싼 생태학적 환경의 변화 역시 중요시한다. 이러한 관점을 통해 사회적 위축과 관련된 청소년 개인의 심리적 부적응 등 다양한 잠재적 문제를 예방하고, 그들의 잠재력을 실현하며 사회 구성원으로 건강하게 성장할 수 있는 지지적 교육 생태계를 구축하는 것이 ESR 관점에서 지향하는 교육 실천의 목표라고 할 수 있다.

ESR 관점의 연구자들은 사회적 위축 연구가 추구하는 이러한 세 가지 일반적 목표를 염두에 두고, 청소년기 사회적 위축 관련 다양한 주제를 다룰 수 있을 것이다. 이러한 연구주제 중 일부를 구체적으로 살펴보기에 앞서, 청소년기 사회적 위축의 개념은 무엇이며, 현재 사회적 위축 연구를 안내하고 있는 주요 이론적 조망과 앞으로 유망한 대안은 무엇인지 살펴볼 필요가 있다. 이에 다음 절에서는 청소년기 사회적 위축의 개념과 이론을 차례로 고찰한다.

2. 청소년기 사회적 위축의 개념과 이론

1) 청소년기 사회적 위축의 중요성

만족스러운 또래관계는 청소년기 중요한 발달과업 중 하나이다. 청소년기는 일반적으로 부모의 영향에 비해 또래의 영향이 더욱 커지는 시기이므로, 이 시기 청소년이 형성하고 유지하는 또래관계는 청소년의 사회정서적 · 사회인지적 · 학업적 발달을 위한 중요하고도 독특한 발달적 맥락이 된다(Bowker et al., 2016). 또래관계가 청소년의 발달에 미치는 영향의 크기와 방향은 분명히 개인차가 있으며, 함께 어울리는 또래의 특성에 따라 상당히 달라질 수 있지만, 여러 연구에 따르면 아동 중기부터 청소년 후기까지 청소년이 또래들과 보내는 시간은 대체로 꾸준히 증가하는 양상을 보이며, 또래로부터의 압력이나 기대 또한 증가하는 것으로 알려져 있다(Bosacki, 2024). 의심의 여지 없이, 청소년기를 거치면서 친구관계, 또래집단, 연애관계, 또래괴롭힘 등의 또래관계 혹은 다양한 또래경험은 청소년기 개인의 안녕과 적응에 있어서 매우 중요한 역할을 하게 된다.

일부 청소년은 큰 어려움 없이 또래와의 관계를 원만하게 형성하고 유지하지만, 적지 않은 수의 청소년은 다양한 이유로 인해 또래와 잘 어울리지 못하고, 또래와의 상호작용에서 배제되거나 아니면 또래들로부터 스스로 멀어지는 행동을 나타낸다. 일반적인 또래들과 달리, 사회적으로 위축된 아동과 청소년은 그들 시간의 많은 부분을 홀로 보내며 사회적 상호작용에 참여하지 않는 특징을 보이며 이러한 행동은 대개 주변의 또래들에 의해 부정적으로 인식된다. 또한 그들은 또래와의 상호작용을 통해 긍정적 정서를 경험하고 적절한 사회성 기술을 개발할 기회를 충분히 얻지 못하게 되는데, 이는 건강한 사회성 발달과 정신건강을 해칠 수 있다(Rubin et al., 2009).

발달적 측면에서 청소년기 사회적 위축은 아동기의 사회적 위축과 연속선상에 있는 것으로 이해할 수 있지만, 아동기와 다른 점도 고려해야 한다. 청소년기는 고독(solitude) 혹은 홀로 있음(aloneness)의 잠재적 유익을 처음으로 깨닫는 시기이다. 청소년은 아동에 비해 자기가 스스로 선택한 고독의 시간을 보낸 후 훨씬 더 긍정적 정서를 경험한다는 연구 결과(Larson, 1997)가 있으며, 청소년기는 개별화와 정체감 형성, 사생활에 대한 욕구 증가 등의 다른 발달적 과업을 위해 홀로 보내는 시간이 특별히 중요한 역할을 하는 것으로 알려져 있다(Goossens, 2014/2019). 이처럼 청소년기에는 홀로 있는 경험이 가지는 독특한 발달적 함의로 인해 아동기 사회적 위축에 대한 연구 결과를 청소년에게 그대로 확대하여 적용하기보다는 청소년기의 발달적 특성을 고려한 세심한 구분이 필요하다.

임상실무자들이나 교육자들은 오래전부터 아동 대상의 연구를 중심으로 사회적 위축을 잠재적인 부적응 지표 중 하나로 간주하며 관심을 가졌지만(Rubin et al., 2009), 사회적 위축에 대한 개념적 및 이론적 체계가 갖추어지고 실증 연구가 본격화된 것은 최근의 일이다. 사회적 위축 연구가 이렇게 다른 부적응 문제에 비해 상대적으로 지연된 이유는 두 가지 측면에서 분석해 볼 수 있다.

첫째, 다른 내재화 문제(예: 불안, 우울 등)와 마찬가지로 사회적으로 위축된 청소년들의 '조용한' 특성은, 외현화 문제(예를 들면, 공격성, 폭력성, 파괴적 행동 등)를 동반하지 않는 한, 교육 현장에서 교사의 즉각적 관심을 끌지 못하는 경향이 있다. 매우 극단적이지 않다면 사회적 위축 청소년의 전형적인 행동 특성 자체가 당장 학교의 수업 과정이나 학교 질서를 해치는 방식으로 작용하지 않는 경우가 많으므로 교육자들 사이에서 학생들의 사회적 위축 문제는 상대적으로 그리 심각한 문제로 인식되지 않거나 다른 심각한 행동 문제들에 가려져 주목을 받지 못하고 아무런 중재 없이 간과될 가능성이 큰 것이다. 이러한 인식이 연구자들 사이에서도 그대로 드러나, 사회적 위축에 대한 학문적 체계나 이론의 개발이 외현화 문제들에 비해 지연되었다는 견해가 일반적이다(설다연, 이동형, 2024).

둘째, 사회적 위축은 주로 아동기에 나타나는 문제이며 성숙에 따라 점차 완화되는 일시적 문제이므로 긴급한 중재가 필요하지 않다는 부정확한 인식도 연구의 진전을 늦추는 요인이 되었다(설다연, 이동형, 2024). 그러나 이러한 전통적인 인식과 달리 지난 10~15년 사이에 점차 많은 연구가 사회적 위축을 사회불안장애나 우울장애 등 주요 정신건강 문제의 위험요인으로 지목하였으며, 아동과 청소년의 사회적 위축은 비교적 안정적인 경향을 보인다는 결과도 제시하였다. 또한 사회적 위축은 친밀한 관계나 학업성취와도 동시적 혹은 종단적으로 관련성이 있고, 성인진입기나 성인중기의 정신건강과 안녕뿐 아니라 직업적 성취나 결혼 등과도 장기적인 관련성을 갖는다는 연구 결과(Nelson & Milett, 2021)도 보고되었다. 특히 학교장면에서 사회적 위축 청소년들은 또래관계 문제(예를 들면, 또래거부, 괴롭힘 피해, 낮은 친구관계의 질 등)에 직면할 가능성이 크며, 심리정서적 문제, 낮은 안녕감이나 학교부적응으로 이어질 가능성이 높은 점도 다양한 연구를 통해 확인되었다(윤미설, 이동형, 2015; Nelson, & Milett, 2021). 요컨대, 사회적 위축 청소년은 그들의 독특한 행동 특성으로 인해 교사의 관심과 적절한 중재를 받기 어려운 경향이 있다. 또한 연구자들도 사회적 위축의 영향을 정확히 인식하지 못해, 공격성이나 다른 내재화 문제에 비해 실증 연구가 더디게 진행되었다. 그 결과 이들의 교육적 요구에 대한 사회적 · 학문적 관심과 개입 혹은 예방적 노력 역시 부각되지 못하였지만, 이러한 경향이 최근 크게 바뀌고 있다.

이론과 실천 측면에서 사회적 위축 청소년에 대한 관심 부족은 사회적 위축이 ESR 관점의 연구자와 실천가들에게 잠재적으로 중요한 주제일 수 있음을 시사한다. 사회적 위축에 대한 국내 연구 동향을 분석한 최근 연구(설다연, 이동형, 2024)에 따르면, 사회적 위축 관련 KCI 등재지 논문 수는 2013년 이전까지 한 해 5편 이하에 불과했으나, 이후 꾸준히 증가하여 2020년 이후에는 연간 45편을 넘어섰다. 또한 연구 분야 역시 교육학과 심리학은 물론 사회복지학, 생활과학, 자연과학, 의약학, 학제 간 연구 등으로 다양해지는 등 이에 대한 국내 학계의 관심이 확장되고 있는 양상이 뚜렷하였다.

우울장애나 불안장애처럼 사회적 위축은 그 자체로 장애나 병리는 아니다. 그러나 사회적 위축은 현재 아동기와 청소년기, 그리고 성인기에 진단되는 다양한 정신장애(예를 들면, 사회불안장애, 적응장애, 우울장애, 자폐스펙트럼 장애, 조현병 스펙트럼 장애, 성격장애 등)의 주요 임상적 증상 중 하나로, 혹은 특정 정신장애의 결과(예를 들면, 사회불안장애의 결과)로 이해되고 있다. 또한 사회적 위축의 적응적 함의에 대한 국내외의 연구 결과가 점차 누적되면서 관련 이론과 실천 분야에서 주목할 만한 진보가 이루어지고 있으며, 전통적으로 아동기에 집중되었던 사회적 위축 연구에서 청소년기와 성인진입기(혹은 청소년 후기) 및 그 이후 성인기까지 연구 대상도 확대되는 양상을 보인다.

2) 사회적 위축과 주요 하위유형: 사회적 동기 모델

사회적 위축은 포괄적이며 다면적인 용어이다. 이 절에서는 청소년기 사회적 위축을 연구하는 교육학, 심리학 및 관련 분야에서 이 개념을 어떻게 정의하고 있는지 소개하고 유사한 개념들과 비교함으로써 개념에 대한 이해를 돕고자 한다. 개인이 사회적 관계망에서 멀어지는 것은 환경의 구조적 변화나 타인의 거부 등으로 촉발될 수도 있지만 자신의 자발적 의사에 따라 선택되는 것일 수도 있는데, 이러한 사회적 행동을 나타내는 일반적인 용어가 바로 사회적 위축이다. 즉, 사회적 위축(social withdrawal)이란 개인이 사회적 상호작용에서 자발적으로 물러나 다른 사람과의 교류를 회피하거나 홀로 있음을 선택하는 행동과 태도를 의미하는 포괄적 용어로, 이러한 특징은 개인이 또래와의 사회적 상호작용 기회를 활용하지 않고 혼자 시간을 보내는 행동 경향을 통해 드러난다(Rubin et al., 2009). 사회적 위축은 아동기 및 청소년기에 비교적 흔히 나타나는 내재화 문제 중 하나로 여겨지고 있지만, 대체로 그 특성이 일관되고, 시간의 경과에 따라 부정적인 발달궤적을 나타낼 가능성이 높으며, 불안, 우울, 낮은 자존감, 또래거부 등의 부정적 결과와도 관련된다.

사회적 위축은 사회적 고립, 수줍음, 비사교성, 사회적 회피 등 유사한 개념들과 혼용되는 경우가 많은데, 이러한 용어들과 구분하여 이해할 필요가 있다. 이들은 모두 사회적 상호작용의 부족을 특징으로 하며 또래나 또래 집단에서 멀어져 주로 혼자 시간을 보내는 상태나 상황을 지칭하기 위해 사용된다는 공통점이 있다. 그러나 사회적 고립(social isolation)은 부적절한 사회성 기술, 충동성, 사회적 미성숙 등의 부정적 특성으로 인해 다른 또래들로부터 배제되는 경우를 지칭하는 용어로, 적극적 고립(active isolation)이라는 유사한 용어도 사용된다(Coplan & Rubin, 2010). 즉, 홀로 있는 행동이 나타난다는 점에서 외현적으로는 비슷해 보이더라도, 사회적 고립은 외부적인 배제와 거부의 결과로 나타나는 반면, 사회적 위축은 개인이 자발적으로 사회적 상호작용에서 멀어진다는 점에서 본질적인 차이가 있다.

이처럼 사회적 위축과 사회적 고립의 개념을 사회적 행동에 기저하는 동기의 자발성 여부에 따라 구분하는 것도 중요하지만, 자발적으로 사회적 상호작용에서 멀어지는 행동을 지칭하는 사회적 위축의 경우에도 이러한 행동의 이유나 동기가 동일하지 않고 다양하다는 관점이 등장하게 되었다. 대표적으로, 사회적 위축을 기저의 사회적 동기에 따라 여러 형태로 구분하려는 학문적 시도는 아젠도르프(Asendorpf, 1990)에 의해 처음 이루어졌는데, 그는 개인이 사회적 상황으로부터 자발적으로 철회하는 행동을 보이는 다양한 이유에 주목하면서, '사회적 접근동기'와 '사회적 회피동기'라는 동기 개념을 사회적 위축에 접목하여 사회적 접근동기와 회피동기 각각의 수준에 따라 사회적 위축을 수줍음, 비사교성, 사회적 회피의 세 가지 하위유형으로 구분하였다.

수줍음은 사회적 상호작용에 대한 높은 접근동기를 가지지만, 이와 동시에 회피동기도 높아서 내적 갈등을 경험하고 사회적 상호작용에 참여하는 것을 꺼리는 특징을 지칭하는데, 이러한 동기적 특성을 가진 사회적 위축 청소년은 '수줍음형'으로 분류될 수 있다. 반면, 비사교성은 수줍음과 달리 접근동기와 회피동기가 모두 낮은 경우로 사회적 상호작용을 회피하려는 동기가 특별히 높지는 않지만, 적극적으로 참여하려는 접근동기도 높지 않은 특징을 보인다. 주로 이러한 동기적 특성을 갖는 사회적 위축의 두 번째 하위유형을 '비사교형' 으로 분류한다. 마지막으로, 사회적 회피는 사회적 상호작용에 대한 접근동기는 낮은 반면, 이를 피하려는 회피동기는 강하여 대인 상황을 적극적으로 기피하고 혼자 있고자 하는 욕구가 강한 특성을 의미한다. 이러한 동기적 특성을 지닌 사회적 위축 청소년은 '회피형'으로 분류된다. 사회적 위축의 세 가지 유형과 관련하여 연구문헌에 자주 등장하는 유사 용어 및 유형별 특징을 정리하면 다음과 같다.

우선, 수줍음은 실증 연구가 가장 활발히 이루어진 사회적 위축의 대표적인 하위유형이다. 수줍은 청소년들은 또래와의 상호작용을 불안과 경계심 때문에 피하는 특징을 보인다. 연구문헌에서 이러한 청소년들을 지칭하기 위해 자주 사용되는 용어는 수줍음이나 사회적 위축 외에도 행동억제(behavioral inhibition)가 있는데, 행동억제는 대체로 유아기와 아동기에 나타나는 생물학적으로 기반한 낯선 사람, 사물, 장소에 대한 기질적 경계심을 의미한다(Kagan, 1997). 행동억제에 비해 수줍음은 더 나이가 든 아동이나 청소년에게 관찰되는 특성을 지칭하기 위해 사용된다. 수줍음은 낯선 사회적 상황이나 사회적 평가 상황에 직면했을 때 나타나는 불안과 경계심에 기여하는 성격특질(Crozier, 1995), 혹은 사회적 위축 저변의 동기로서 접근동기와 회피동기가 모두 높아 내적인 갈등이 높은 일반적 상태를 지칭하기 위해 주로 사용되지만, 간혹 수줍음을 일시적인 정서 상태로 정의하는 경우도 있다. 수줍음과 유사한 다른 용어로는 불안형 고독(anxious solitude)이 있는데, 이 용어는 특히 아동·청소년이 익숙한 또래들과 있을 때 나타나는 사회적 불안과 위축된 행동을 묘사하기 위해 주로 사용된다(Gazelle & Ladd, 2003). 일반적으로 행동억제(BI)는 영아기 및 유아기에 처음 관찰되어 아동기와 청소년기의 수줍음이나 불안형 고독, 더 심각한 경우에는 사회불안장애와 같은 임상적 문제를 유의하게 예측하는 것으로 알려져 있다(Bowker et al., 2016). 수줍음은 종종 내재화 문제의 여러 지표(특히 사회불안)와 높은 관련성을 보이며 또래배제와 같은 또래관계 문제나 낮은 자기가치감을 잘 예측하기도 한다.

또 다른 유형의 사회적 위축은 '비사교성(unsociability)'이다. 비사교적 청소년들은 사회적 회피동기가 특별히 높지는 않지만 접근동기가 낮아 사교적 관심이 적고 주로 혼자 놀기를 선호하며, '대인지향적'이기보다는 '대물지향적'인 특징을 보인다(Coplan & Weeks, 2010). 이러한 비사교성은 '두려움 없는 고독선호(non-fearful preference for solitude)'로도 지칭되며, 청소년기 동안에는 '홀로 있음에 대한 애호(affinity for aloneness)'라는 용어가 사용되거나(Goossens, 2014/2019), 성인기에는 '고독지향성(solitropic orientation)'이라는 용어가 사용되기도 한다(Leary et al., 2003). 비사교성은 대체로 혼자 하는 활동이 흔한 유아기에는 그리 우려의 원인이 되지 않지만, 아동기와 청소년기에는 사회적 상호작용에 대한 사회적 기대가 증가하면서 부적응적 결과와 관련될 가능성이 커지는 것으로 간주된다. 그러나 일반적으로 청소년기 수줍음과 달리, 비사교성이나 고독선호(혹은 유사 개념)는 내재화 문제와의 관련성이 희박하거나 미미한 수준이다. 특히 청소년기의 연령이 높아질수록, 비사교성은 오히려 적응적인 결과와 연관되기도 한다. 따라서 비사교형의 사회적 위축은 비교적 '경미한' 형태의 사회적 위축으로 여겨지기도 한다. 흥미로운 점은 문화적 맥락(예를 들면, 집단주의 문화) 또한 비사교성의 적응적 결과를 결정하는 중요 요인으로 작용함을 시사하는 연구 결과가 보고되고 있는 점인데, 비서구권 연구(즉, 중국과 한국)에서 초기 청소년의 비사교성은 수줍음을 통제한 상태에서도 또래관계 문제나 정서적 어려움을 유의하게 예측하는 것으로 나타났다(윤미설, 이동형, 2015; Lee et al., 2020; Liu et al., 2014).

아젠도르프(Asendorpf, 1990)의 사회적 접근-동기이론에서 비롯된 세 번째 유형인 사회적 회피(social avoidance)는 사회적 상호작용을 적극적으로 피하고 고독을 선호하는 청소년들에게서 관찰되며, 사회적 접근동기가 낮고 회피동기가 높은 유형으로 분류된다. 사회적 위축 연구가 주로 수줍음을 중심으로 연구되다 보니, 사회적 회피에 대한 연구는 아직 부족하지만, 이 유형의 사회적 위축은 매우 부적응적 결과와 관련되는 것으로 알려져 있다(Bowker et al., 2016). 사회적 회피는 사회적 상호작용을 통해 즐거움을 전혀 얻지 못하는 사회적 무쾌감증(social anhedonia)이나 높은 수준의 우울 또는 외로움을 예측하는 행동적 지표로 나타나며, 수줍음형이나 비사교형의 사회적 위축 청소년에 비해 다양한 사회정서적 기능 면에서 더욱 부적응적이라는 연구 결과가 보고되었다. 가령, 후기 청소년(대학생) 대상의 연구에서 사회적 회피는 높은 수준의 우울과 외로움 외에도 높은 수준의 자살사고와 자해, 파괴적 행동과 품행문제, 신체적 및 관계적 공격성, 문제적인 미디어 이용과도 관련이 있는 것으로 나타났다(Bosacki, 2024). 그러나 수줍음 연구에 비해 사회적 회피에 대한 실증 연구는 아직 초기 단계에 있으므로, 사회적 회피와 연관되는 부적응 결과를 심층적으로 살펴보고, 다른 형태의 사회적 위축과 비교하는 연구가 더욱 필요한 상황이다.

3) 사회적 위축과 문화적 맥락: 그 외의 하위유형

사회적 위축 연구가 원래 북미 중심의 서구권을 중심으로 시작되었지만, 다양한 문화권에서도 수행되다 보니 아젠도르프(Asendorpf, 1990)에 의해 처음 시작된 사회적 위축의 세 가지 하위유형 외에도 다른 형태의 사회적 위축이 존재할 수 있다는 증거들이 제시되었다. 이와 관련하여 절제형 사회적 위축(Özdemir et al., 2015)과 매우 극단적 형태의 사회적 위축(Muris & Ollendick, 2023)으로 개념화되고 있는 '히키코모리(은둔형 외톨이)' 개념은 비서구권 연구에서 비롯된 개념이다.

절제형 위축(regulated withdrawal)은 사회적 조화와 상호의존을 강조하는 동양의 집단주의 문화권에서 나타나는 사회적 위축의 하위유형으로 또래들에게 수용되고 집단의 조화를 유지하고자 하는 동기에서 비롯되며, 자신의 욕구나 주장을 과도하게 통제하고 또래 상호작용에서 순응적인 역할을 수행하는 특성을 보인다(Özdemir et al., 2015). 또한 절제형 위축 청소년은 갈등 상황에서 기꺼이 양보하고, 겸손하며, 집단 규범을 따르는 경향이 있다. 불안이나 두려움이 주된 동기인 수줍음형과 달리, 절제형 위축은 한국이나 중국, 튀르키예 등 집단주의가 강한 문화적 맥락에서 불안, 외로움, 우울과 같은 내재화 문제와 유의한 관련이 없거나 매우 낮으며, 학교 환경, 또래 관계, 부모 관계 및 안녕감(특히 사회적 안녕감)을 비위축 아동과 비슷한 수준에서 지각하거나 일부 측면에서는 오히려 더 긍정적으로 지각하는 경향을 보이기도 한다(이은경, 이동형, 2024).

히키코모리(hikikomori)는 청소년이 교육이나 근로 등 사회 활동 참여를 중단하고 대부분의 시간을 자택에 은둔하는 현상을 의미한다(Muris & Ollendick, 2023). 이 용어는 '물러나 틀어박히다'라는 의미의 일본어 동사 '히키코모루(ひきこもる)'에서 유래하였으나, 현재는 그 특징이 여러 국가에서 관찰됨에 따라 범세계적인 현상으로 간주되고 있으며, 극단적 사회적 위축(extreme social withdrawal: ESW)이라는 용어로 대체되어 사용되기도 한다.

히키코모리 또는 ESW의 핵심 특징은 장기간에 걸친 사회적 참여의 회피, 즉 하루 대부분을 집에서 보내며 종종 자신의 방에 틀어박혀 최소한의 대인관계만을 유지하는 양상을 보인다는 점이다(Muris & Ollendick, 2023). 일본 후생노동성은 과거 히키코모리에 대한 명확한 기준을 제시하였으며, 이는 ① 집 중심의 생활, ② 학교나 직장에 대한 흥미 또는 의지 부재, ③ 6개월 이상 증상 지속, ④ 조현병 등 기타 정신 질환 배제, ⑤ 학교나 직장에 대한 흥미 또는 의지가 없더라도 대인관계를 유지하는 경우는 제외한다는 내용이 포함되었다. 최근의 정의는 일반적으로 ① 자택에서의 현저한 사회적 고립(물리적 은둔, 학업/근로 환경 비참여, 제한된 사회적 관계 포함),

② 최소 6개월의 사회적 고립 기간, ③ 상당한 기능 장애 또는 고통과의 연관성을 핵심 요소로 제시하고 있다. 사회적 고립의 정도는 간헐적인 외출(경도)부터 거의 외출하지 않거나 동거 가족과도 최소한의 교류만 하는 경우(중증)까지 다양하게 나타날 수 있다. 또한 히키코모리는 고통 및 기능 장애와 연관되는 경우가 많지만, 일부 개인에게는 선택된 고립이 신호되는 생활 방식일 수도 있다는 점도 언급되고 있다.

요컨대, 사회적 접근동기 및 회피동기의 개념을 바탕으로 발전된 세 가지 하위유형(수줍음, 비사교성, 사회적 회피)의 사회적 위축 개념은 공통적으로 사회적 상황에서 개인이 스스로 철회하는 행동을 보이는 행동을 의미하지만 이러한 행동의 저변 동기가 이질적일 수 있음을 보여 준다. 아젠도르프(Asendorpf, 1990)의 모델은 사회적 위축의 기저 동기를 고려하지 않고 외적으로 드러나는 행동에만 기초하여 사회적 위축을 단일 차원의 개념으로 취급하는 전통적 개념화로는 사회적 위축을 연구하는 데 명백히 한계가 있음을 보여 주며, 사회적 위축이 '다양한 얼굴'을 하고 있다는 메타포와 함께 서로 다른 하위유형이 갖는 기능적 함의에 주목해야 하는 이론적 근거를 제공하였다. 지난 10~15년에 걸쳐 서구권뿐 아니라 다양한 문화권에서 사회적 위축의 동기를 고려한 연구물이 꾸준히 증가한 점은 이러한 영향을 잘 보여 준다. 한편, 사회적 위축 하위유형에 대한 연구가 진보하면서, 절제형 위축과 히키코모리 개념이 등장하였고 이에 대한 실증 연구들이 시작되고 있는 점은 사회적 위축이 문화적 맥락에 따라 그 형태와 적응적 함의가 달라질 수 있음을 잘 예시하고 있다.

4) 사회적 위축의 대안적 이론들

아젠도르프(Asendorpf, 1990)의 사회적 동기 모델은 개인이 사회적 교류를 원하거나 두려워하여 회피하는 욕구를 사회적 접근동기와 회피동기를 중심으로 설명함으로써, 사회적 위축에 대한 이해의 지평을 넓혔으며, 그의 이론은 지난 20여 년간 사회적 위축 연구의 주요 흐름으로 자리 잡게 되었다. 그러나 그의 모델은 접근-회피 동기에만 한정된 초점을 둠으로써 다른 발달적 원인에 대해 고려하지 않았으며, 사회적 동기 외에 홀로 있는 행동에 대한 심층적 논의와 분석이 어렵다는 한계가 있다. 이러한 이론적 한계와 관련하여 코플런과 보우커(Coplan & Bowker, 2021)는 아동과 청소년의 사회적 위축 연구에서 대안적으로 고려할 수 있는 이론적 접근으로 애착이론, 자기결정성이론, 경험분석적 관점, 임상적 관점(RDoc 접근), 총체론적 관점을 제시하면서 연구자의 이론적 조망을 넓힐 것을 촉구하였다. 이러한 대안적 이론에서는 사회적 위축에 대해 어떻게 접근하는지 간단히 살펴보면 다음과 같다.

첫째, 애착이론(attachment theory)은 양육자와 아동 간의 초기 상호작용으로 형성된 내적 작동 모델(internal working models)이 이후의 사회적 행동과 정서조절에 영향을 줄 수 있음을 강조한다(Bowlby, 1971). 안정 애착은 일반적으로 사회적 유능성을 예측하지만, 불안정 애착은 내재화 문제 및 특히 수줍음과 같은 사회적 위축 행동과 강하게 관련되어 있으므로, 불안 및 회피라는 애착의 차원을 추가로 고려함으로써 사회적 위축 행동의 원인과 특성을 더욱 명확히 이해할 수 있다는 것이다. 코플런과 보우커(Coplan & Bowker, 2021)에 따르면, 애착이론은 사회적 동기이론에 비해 발달적으로 더 원거리에서 영향을 미치는 애착과 내적 작동모델 등의 원격 원인을 분석하는 데 도움이 될 수 있다.

둘째, 자기결정성이론(self-determination theory)은 고독 동기(solitude motivation, 즉 홀로 있음에 대한 동기) 자체가 사회적 위축의 경험에 영향을 줄 수 있음을 강조한다. 고독 애호(affinity for solitude)와 고독 혐오(aversion to solitude)는 사회적 접근-회피 동기와는 또 다른 방식으로 아동과 청소년의 위축 경험을 설명할 수 있다. 예를 들어, 자율적 동기에 기반한 혼자만의 시간은 긍정적인 결과와 연결되며, 외부 압력 또는 부정적 경험에서 기인한 혼자만의 시간은 부정적 결과로 이어진다는 연구 결과가 있다(Goossens, 2014/2019; Ryan & Deci, 2017). 자기결정성이론은 단순히 사회적 동기보다 더 넓은 차원에서 고독의 동기를 다룰 수 있게 한다는 점에서, 사회적 동기이론의 제한된 관점을 보완할 수 있다.

셋째, 경험분석적 관점에서는 사회적 동기에 대한 분석만으로는 사회적으로 위축된 청소년이 실제로 혼자 있는 시간을 어떻게 보내는지 충분히 이해하기 어렵다고 보고, 청소년이 경험하는 고독의 내용과 질에 대한 분석을 강조한다(Coplan & Bowker, 2021). 즉, 홀로 있는 시간 동안 청소년은 그 시간을 어떻게 보내는지 고독의 '경험'을 분석하는 데 관심을 갖는다. 최근의 연구는 혼자 있는 동안 어떤 활동을 하는지가 사회정서적 결과에 큰 영향을 미친다는 점을 시사하고 있다(Hipson et al., 2021). 예컨대, 취미와 같은 능동적이고 건설적인 활동에 참여하는 청소년은 혼자 있는 동안 소극적이고 우울한 활동을 하는 청소년보다 정서적 웰빙이 더 우수한 것으로 나타났다. 이러한 관점 역시 사회적 위축 청소년의 사회적 동기를 파악하는 것에 더하여 사회적 위축 청소년이 혼자 있을 때의 실제 활동에 대한 구체적인 분석을 강조함으로써 사회적 위축에 대한 보다 심층적 분석과 이해를 가능하게 할 수 있다.

넷째, 임상적 관점에서 도입된 RDoC(Research Domain Criteria)라는 접근을 사회적 위축에 접목함으로써 사회적 위축의 이질성을 더 깊게 이해할 수 있다. RDoC 접근법은 유전자, 생리학, 행동, 자기보고 등 다양한 분석 수준에서 사회적 위축을 평가하여 사회적 위축에 대한 보다 정교한 개입 방안을 제시할 수 있도록 돕는다(Insel et al., 2010). 이 접근법은 DSM-5-TR 같은 정신장애 진단 분류 체계가 주로 범주적 분류에 초점을 두고 있는 한계가 있듯이, 사회적 위축의 하위유형과 같은 기존의 유형론에 치중하기보다는 다양한 분석 수준에서 사회적 위축을 평가하여 사회적 위축의 다양성, 이질성을 평가하고 이에 따라 개입할 것을 강조한다.

마지막으로, 총체론적(holistic) 관점(Magnusson, 1998)에서는 청소년이 발달하는 보다 큰 맥락적 요인을 강조하여 사회적 위축을 이해할 것을 강조한다. 이 관점은 문화적 맥락, 디지털 환경, 연령, 성별 등 다양한 발달적 · 문화적 맥락이 사회적 위축 행동의 기능적 함의나 적응 결과를 크게 바꿀 수 있다고 제안한다. 예를 들어, 개인의 독립성이 강조되는 개인주의 문화권에서 대체로 무해한 것으로 간주되는 비사교성이 집단주의 문화권에서는 자기중심적이고 부정적인 행동으로 여겨짐으로 인해 부적응 결과로 이어질 수 있다. 또한 아동기에는 사회적 기술의 발달을 방해하는 사회적 위축이 사생활과 홀로 있는 시간에 대한 요구가 증가하는 청소년기에는 오히려 유익한 측면을 가질 수 있다는 점 등은 이러한 이론적 관점에서 사회적 위축을 분석할 때 고려할 점이다. 또한 디지털 환경은 사회적 위축 행동을 완화하거나 오히려 악화시킬 수 있다는 연구들이 제시되면서 이러한 맥락적 요인을 고려한 사회적 위축 연구가 더욱 필요해 보인다(Coplan et al., 2019).

결론적으로, 아젠도르프(Asendorpf, 1990)의 모델은 사회적 위축 연구를 안내하는 데 중요한 기여를 하였으나, 애착이론, 자기결정성이론, 고독의 경험분석적 접근, 임상적 RDoC 접근, 총체론적 관점 등의 새로운 관점을 보완함으로써 청소년기 사회적 위축에 대한 더 풍부한 이해를 가능하게 할 수 있다. 앞으로의 연구는 이러한 중다이론적 접근을 수용하여 사회적 위축 청소년에 대한 다각적 분석이 이루어져야 한다. 이를 통해 청소년기 사회적 위축을 더 정교하게 이해할 수 있을 뿐 아니라 효과적인 개입 방안을 마련하고 ESR을 실천하는 데에도 기여할 수 있을 것이다.

3. ESR 관점의 청소년기 사회적 위축 연구의 성과: SWICA 연구를 중심으로

SWICA(Social Withdrawal in Children and Adolescents)는 부산대학교 교육학과의 학교심리연구실에서 2015년부터 현재까지 수행 중인 청소년기 사회적 위축 관련 연구 프로젝트이다. 이 프로젝트는 청소년 초기(혹은 학령 후기)에서 청소년 후기(성인진입기)에 이르는 전 연령대 청소년의 사회적 위축을 발달적 · 임상적 측면에서 탐구하는 연구과제로, 일부 실행은 한국연구

재단의 연구비 지원을 받았다. 이 프로젝트의 전반적 목표는 앞서 제시한 ESR 관점과 맥을 같이하며, ESR 관점에서 우리나라 청소년의 사회적 위축과 관련하여 다양한 세부 주제를 설정함으로써 주로 양적연구를 진행해 오고 있다. 특히 사회적 위축을 다차원적으로 접근하며, 발달적 · 적응적 함의를 밝히기 위해 발달적-사회문화적 맥락을 강조하여 연구를 진행하고 있다. SWICA의 대표적인 연구주제로는 사회적 위축의 다차원적 측정 도구 개발, 사회적 위축과 관련되거나 함께 작용하는 다양한 개인차, 가정, 학교, 또래집단 수준의 변인 탐색, 사회적 위축의 발달적 및 적응적 함의 규명이 포함된다. SWICA 연구를 통해 2015년 이후 현재까지 20여 편 이상의 학술지 논문과 2권의 학술서가 출간되었다.

이 절에서는 지난 10여 년간 이어온 SWICA 연구들을 회고하며, 주요 연구 결과를 개관함으로써 ESR 관점에서 추구해야 할 청소년기 사회적 위축 연구의 방향을 논의하는 토대를 마련하고자 한다. 참고로, 국내 아동 · 청소년 대상의 사회적 위축 연구의 동향 분석과 미래 연구 과제에 대한 보다 포괄적인 개관에 관심이 있는 독자는 1999년 이래로 최근까지 발행된 국내 학술지 논문 267편을 대상으로 연구 동향을 분석한 설다연과 이동형(2024)의 연구를 참고하길 바란다. 이 장에서는 SWICA 연구논문에만 국한하여 주요 연구성과를 제시하되 청소년기 사회적 위축의 측정, 결과, 조절/상호작용 요인, 매개 요인, 그리고 디지털 환경 관련 연구 등 다섯 가지 범주로 구분하여 살펴볼 것이다.

1) 사회적 위축의 다차원적 측정도구 개발 연구

청소년의 사회적 위축은 다양한 사회정서적 문제와 연관될 수 있으므로, 이를 정확히 측정하고 이해하는 것이 중요하다. 그러나 주로 사용되고 있는 국내의 척도들은 우울이나 불안과 혼재된 사회적 위축을 측정하거나, 다양한 동기에 따른 하위유형(수줍음, 비사교성, 회피 등)을 구분하지 못하며, 청소년 대상의 자기보고식 도구가 미비하다는 한계가 있었다. 이에 SWICA 연구팀에서는 사회적 접근 및 회피 동기이론에 기반하여 사회적 위축의 하위유형(수줍음, 비사교성, 회피)과 사회적 고립을 측정하는 해외 척도들을 기반으로 국내 중학생(985명)에게 맞는 척도를 구성하고 이를 타당화하여 4요인(고립, 회피, 수줍음, 비사교성), 20문항의 한국판 청소년용 사회적 선호 척도(K-SPS)를 개발하였다(김원희 외, 2016). K-SPS의 개발은 국내 청소년을 대상으로 사회적 위축을 정교하게 연구할 수 있는 기본 도구를 마련했다는 점에서 중요한 의의가 있다.

한편, K-SPS를 사용하면서 청소년 대상의 사회적 위축 하위유형 연구가 가능해졌지만, 집단주의 문화권에서 타인과의 조화를 위해 자신을 억제하는 '절제형 위축'이라는 새로운 하위유형이 기존 K-SPS에는 반영되지 않았다는 문제가 제기되었다. 또한 기존 K-SPS는 중학생만을 대상으로 타당화되어 적용 연령 범위에도 의문점이 있었다. 이에 SWICA 연구팀에서는 기존 K-SPS에 절제형 위축 문항을 추가하여 기존의 척도를 확장하고(K-SPS-E), 연구 대상을 초등학교 고학년부터 고등학생까지(총 2,262명) 확대하여 교차타당화를 실시하였다(이창우, 이동형, 2023). 연구 결과, 1개 문항을 제외한 26문항 5요인(고립, 수줍음, 비사교성, 회피, 절제형 위축) 구조가 확인되었으며, 이 확장판 척도는 초·중·고 학교급 및 남녀 집단 간 측정불변성(형태, 측정단위, 절편 동일성)을 확보하여 다양한 연령대의 남녀 청소년에게 일관되게 적용될 수 있음을 확인하였다. 이 연구는 문화적 맥락을 반영한 절제형 위축을 포함하여 사회적 위축의 다양한 측면을 후기 아동기(혹은 청소년 초기)부터 청소년기 중기까지 폭넓게 측정할 수 있는 타당한 도구(K-SPS-E)를 제공함으로써, 한국 청소년의 사회적 위축 연구에 기여하였다.

2) 발달 시기를 고려한 사회적 위축의 사회정서적 결과 연구

청소년기 사회적 위축을 타당하게 측정할 수 있는 자기보고식 도구가 개발되면서, SWICA 연구에서 집중적으로 연구한 주제는 사회적 위축의 하위유형에 따라 다양한 사회정서적 기능에 차이가 있는지 알아보는 것이었다. 총 7편의 연구가 이 주제를 다루었으며, 청소년 초기부터 후기에 이르기까지 발달 시기를 고려하여 연구하였다.

(1) 청소년 초기(초등학교 고학년)

청소년 초기는 사회적 관계망이 확장되고 또래관계의 중요성이 부각되는 시기이나, 이 시기 사회적 위축은 다양한 사회정서적 문제와 관련될 수 있다. 특히 사회적 위축은 기저 동기에 따라 수줍음, 비사교성, 절제형 위축 등으로 구분되며, 각 하위유형의 적응적 함의는 서구 문화권과 다른 양상을 보일 수 있어 한국적 맥락에서의 연구가 필요하였다. 이러한 배경에서 SWICA 연구에서는 우리나라의 도시지역 초등학교 5~6학년 714명을 대상으로 자기보고식 설문을 통해 사회적 위축 하위유형(수줍음, 비사교성, 절제형 위축)과 사회정서적 기능(사회불안, 외로움, 우울 증상, 안녕감, 친구 관계의 질, 괴롭힘 피해)의 관계를 변인 중심 및 대상자 중심으로 분석하였다(Lee et al., 2020). 또한 강수현과 이동형(2021)은 초등학교 5~6학년 734명을 대상으로 사회적 위축 하위유형(수줍음, 비사교성, 절제형 위축)과 주관적 안녕감 간의 관계 및 지각된 학교풍토의 조절 효과를 위계적 회귀분석을 통해 검증하였다.

이동형 등(Lee et al., 2020)은 비사교성이 사회불안과 괴롭힘 피해를 제외한 대부분의 사회정서적 기능 지표와 가장 강한 부적 관련성을 보였고, 절제형 위축은 사회불안을 제외한 적응 지표들과 유의미한 관계가 없거나 긍정적인 관계를 보였다. 군집분석에서도 비사교형 집단은 수줍음형 집단과 비슷하거나 더 큰 어려움을 경험하는 경향이 있었으며, 절제형 집단은 비위축 집단과 유사한 적응 수준 및 더 높은 안녕감을 나타냈다. 강수현과 이동형(2021)의 연구에서는 수줍음형과 비사교형 위축은 주관적 안녕감을 부적으로 예측한 반면, 절제형 위축은 유의한 관계를 보이지 않았다. 또한 긍정적인 학교풍토가 높은 주관적 안녕감을 예측했을 뿐 아니라, 수줍음형 및 비사교형 위축이 주관적 안녕감에 미치는 부정적 영향을 완충하는 효과가 있음도 확인하였다. 이상 두 편의 SWICA 연구는 초등학교 고학년 시기의 사회적 위축 하위유형, 특히 비사교성의 부적응적 측면이 서구권 연구와 달리 강하게 나타날 수 있으며, 절제형 위축은 비교적 적응적일 수 있음을 보여 주었다는 데 의의가 있다. 또한 이 시기 청소년의 안녕감 증진을 위해서 학교풍토 같은 학교 요인이 중요하며, 특히 수줍거나 비사교적인 아동들에게 긍정적인 학교환경이 보호요인으로 기능한다는 점을 확인한 것도 중요한 성과였다.

(2) 청소년 초기(중학생)

중학생 시기는 또래관계의 영향력이 더욱 커지는 시기로, 사회적 위축은 괴롭힘 피해의 위험요인이 될 수 있다. 사회적 위축은 다양한 하위유형으로 구분되며, 각 유형과 괴롭힘 피해와의 관계는 개인의 특성뿐 아니라 학급풍토와 같은 환경적 요인과의 상호작용 속에서 이해될 필요가 있다. 공미정과 이동형(2017)은 중학생 382명을 대상으로 사회적 위축 하위유형(수줍음, 비사교성, 절제형) 및 지각된 학급풍토(자율적, 통제적, 친교적, 방임적)와 괴롭힘 피해 간 관계 및 학급풍토의 조절효과를 위계적 회귀분석을 통해 탐색하였다. 윤미설과 이동형(2015)은 중학생 707명을 대상으로 사회적 위축 하위유형(수줍음, 비사교성, 회피형)을 측정하고, 하위유형 집단으로 구분하여 다양한 사회정서적 기능(즉, 괴롭힘 가해/피해, 우울, 대인불안, 외로움)의 차이를 분석하였다.

연구 결과, 수줍음형 및 비사교형 위축이 남녀 모두에서 괴롭힘 피해를 증가시키는 경향을 보인 반면, 절제형 위축은 여학생에게서만 괴롭힘 피해를 증가시키고 남학생에게서는 관련이 없거나 오히려 친사회적 행동 증가와 관련된다는 점을 발견하였다(공미정, 이동형, 2017). 또한 같은 연구에서 긍정적 학급풍토(자율적, 친교적)는 괴롭힘 피해를 감소시키고, 부정적 학급풍토(통제적, 방임적)는 피해를 증가시켰으며, 특히 여학생의 경우 부정적 학급풍토가 수줍음형 및 절제형 위축과 괴롭힘 피해 간의 관계를 악화시키는 조절효과를 보였다. 윤미설과 이동형(2015)의 연구에서는 사회적 위축 하위유형이 괴롭힘 피해, 우울, 대인불안, 외로움을 유의하게 설명했으며(성별 통제 후), 특히 수줍음의 설명력이 가장 높았다. 집단 비교 결과, 수줍음형 집단이 우울, 대인불안, 외로움에서 가장 높은 부적응 수준을 보였고, 비사교형은 대인불안에서, 회피형은 외로움에서 다른 집단(비위축 등)보다 높은 어려움을 나타냈다. 이상의 두 SWICA 연구는 중학생의 사회적 위축이 하위유형 및 성별에 따라 괴롭힘 피해, 내재화 문제 등과 차별적인 관계를 맺는다는 것을 보여 주었다는 점에서 의의가 있다. 특히 수줍음형이 가장 취약하며, 절제형 위축의 영향이 성별에 따라 다른 결과를 보이는 점, 학급풍토가 괴롭힘 피해의 중요한 예측 요인이자, 특정 하위유형(여학생의 수줍음/절제형)의 위험성을 조절하는 환경요인임을 시사하였다는 점도 흥미로운 연구 결과이다.

(3) 청소년 중기(고등학생)

청소년 중기에 해당하는 고등학생 시기의 사회적 위축 역시 개인의 내재화 문제나 안녕감과 관련될 수 있으나, 사회적 위축 하위유형에 따른 차별적 양상이나 성격 특성과의 관련성에 대한 국내 연구는 부족했다. 이에 SWICA 연구 중 이창우 등(2021)은 고등학생 818명을 대상으로 사회적 위축 하위유형(수줍음, 비사교성, 절제형)에 따른 내재화 문제(사회불안, 외로움, 우울) 및 안녕감(정서적, 심리적, 사회적)의 차이를 성별을 고려하여 변인중심 및 사람중심 접근으로 분석하였다. 또한 설다연 등(2023)은 고등학생 823명을 대상으로 군집분석을 통해 사회적 위축 하위유형 군집을 도출하고, 군집에 따른 성격 5요인(신경증, 외향성, 개방성, 친화성, 성실성) 및 정서표현양가성의 차이를 살펴보았다.

이창우 등(2021)의 연구 결과, 수줍음은 모든 내재화 문제 및 안녕감 지표와 가장 부정적인 관련성을 보였고(가장 높은 부적응 예측), 비사교성은 외로움 및 안녕감과 관련되었으나 사회불안/우울과는 유의미한 고유 설명력이 없었다. 절제형 위축은 사회불안을 제외한 대부분의 지표와 유의한 관련이 없었다. 집단 비교에서도 수줍음형 집단이 가장 높은 내재화 문제와 낮은 안녕감을 보였고, 비사교형은 외로움과 낮은 안녕감(특히 정서적/사회적)을, 절제형은 비위축 집단과 유사한 수준을 보였다(단, 사회불안은 다소 높았음). 외로움에서는 성별과 집단의 상호작용이 나타나, 수줍은 남학생과 비사교적인 여학생이 특히 높은 외로움을 경험했다. 설다연 등(2023)의 연구에서는 처음으로 군집분석을 활용하여 통계적으로 하위유형 집단을 도출하였는데, 4개 군집(수줍음형, 비사교형, 절제형, 비위축형)이 확인되었으며, 이중 절제형이 가장 큰 비중(32.8%)을 차지했다. 각 군집은 성격 5요인에서 뚜렷한 차이를 보였는데, 수줍음형은 가장 높은 신경증과 가장 낮은 외향성, 개방성, 친화성, 성실성을, 비위축형은 반대의 양상을 나타냈다. 비사교형과 절제형은 중간적 특성을 보였으나, 비사교형은 친화성/외향성이 낮고 절제형은 친화성이 다소 높았다. 정서표현양가성은 수줍음형, 절제형, 비사교형, 비위축형 순으로 높게 나타났다. 고등학생 대상의 사회적 위축 하위유형에 대한 연구가 거의 없었던 상황에서, 이상의 두 SWICA 연구는 청소년 중기에도 사회적 위축의 하위유형에 따라 내재화 문제, 안녕감, 성격 특성, 정서 표현 갈등에서 뚜렷한 차이를 보임을 확인하였다는 점에서 의의가 있다. 특히 수줍음형은 가장 광범위한 어려움과 관련되었으며, 비사교형은 특정 영역(외로움, 안녕감)에서만 어려움을 보이고, 절제형은 상대적으로 적응적인 양상을 보였으나 사회불안이나 정서표현의 갈등은 다소 있을 수 있음을 확인하였다. 이러한 결과들은 ESR 관점에서 사회적 위축 청소년에 대한 교육과 개입 프로그램 개발 시, 하위유형에 따른 청소년의 성격 및 정서 관련 특성을 고려한 차별화된 접근이 필요함을 시사한다.

(4) 청소년 후기/성인진입기(대학생)

성인진입기는 자율성이 증가하고 대인관계가 확장되는 시기이지만, 많은 대학생이 새로운 환경과 관계 형성에 어려움을 느끼며 사회적으로 위축되는 경향을 보이기도 한다. 사회적 위축 연구 중에서 대학생 대상의 사회적 위축 연구는 매우 드문 편인데, SWICA 연구 중 한 연구(윤미설, 이동형, 2017)가 대학생 시기의 사회적 위축 하위유형(특히 수줍음, 비사교성)에 따른 정서적 부적응(우울, 사회불안, 분노, 외로움) 및 주관적 행복감의 차이를 탐색하였다. 이 연구에서 성인진입기 대학생 749명을 대상으로 사회적 위축 하위요인(수줍음, 비사교성)을 측정하고, 연구대상 중 일부를 수줍음형, 비사교형, 비위축 집단으로 구분하여 정서적 부적응 지표 및 주관적 행복감에서 집단 간 및 성별 차이를 MANOVA 등으로 비교 분석하였다.

연구 결과, 여자대학생이 남자대학생보다 수줍음, 비사교성, 우울, 사회적 불안, 특성분노 수준이 유의하게 높았으며, 상관 및 회귀분석 결과, 수줍음은 모든 정서적 부적응 지표와 정적(+) 관계, 주관적 행복감과 부적(−) 관계를 보이며 각 결과 변수에 대한 고유한 설명력을 가졌다. 반면, 비사교성은 사회적 불안과 약한 정적(+) 관계, 주관적 행복감과 약한 부적(−) 관계를 보였으나, 성별과 수줍음을 통제한 후에는 사회적 불안(+)과 특성분노(−)에만 고유한 설명력을 가졌고 주관적 행복감은 예측하지 못했다. 집단 비교 결과, 수줍음형 집단은 다른 두 집단(비사교형, 비위축)에 비해 모든 정서적 부적응 지표에서 가장 높은 수준을 보였고 주관적 행복감은 가장 낮았다. 비사교형 집단은 사회적 불안에서만 비위축 집단보다 높고 수줍음형 집단보다 낮았으며, 다른 부적응 지표 및 주관적 행복감에서는 비위축 집단과 유의한 차이가 없었다. 이 연구는 사회적 위축 하위유형 개념이 성인진입기에도 유용하며, 수줍음형 위축은 이 시기에도 가장 부적응적인 유형임을 재확인했다는 점에서 의의가 있었다. 반면, 비사교형 위축의 부정적 영향은 청소년기에 비해 청소년 후기(성인진입기)에 더욱 감소하며, 사회적 불안 외에는 비위축 집단과 큰 차이를 보이지 않아 상대적으로 경미한 형태로 나타남을 시사하였다. 이러한 SWICA 연구 결과는 이 시기의 독특한 발달과업(자율성 증가 등)과도 무관하지 않을 것이며, 다른 청소년 연령대의 유사한 연구들과 비교할 때, 사회적 위축 하위유형의 적응적 함의가 발달 맥락에 따라 다르게 나타난다는 주장을 전반적으로 지지하는 것으로 이해할 수 있다.

3) 사회적 위축의 조절/상호작용 요인 연구

SWICA 연구에서 발달적 맥락을 고려하여 사회적 위축의 하위유형에 따른 차이를 규명하는 것과 함께 크게 관심을 가진 연구주제는 사회적 위축의 영향을 조절하는 사회적-문화적 맥락 요인을 밝히는 것이었다. 즉, 사회적 위축의 다양한 하위유형이 청소년의 사회정서적 기능에 유의한 영향을 미칠 때 이러한 영향을 강화하거나 약화시키는 요인은 무엇인가? 이러한 연구문제를 염두에 두고, 몇몇 개인차, 학교환경, 가정, 또래집단 및 문화 관련 요인들이 연구되었다.

(1) 개인차(동기 및 성격) 요인

세 편의 SWICA 연구(신지연 외, 2020; 이선명, 이동형, 2024; 이유미 외, 2021)가 다양한 하위유형의 사회적 위축 청소년이 경험하는 정서적 부적응(사회불안, 우울, 외로움) 및 심리적 안녕감과의 관계에서, 자기결정적 고독동기 같은 동기 요인이나 성실성 성격 요인이 어떠한 역할을 하는지 탐색하였다. 이 연구들은 모두 남녀 고등학생을 대상으로 수행되어 사회적 위축이 청소년에게 미치는 부정적인 영향을 완화하거나 적응적인 결과를 촉진할 수 있는 보호 요인으로서 동기 및 성격 변인의 역할을 실증적으로 검증하였다. 즉, 고독을 스스로 선택하고 그 가치를 긍정적으로 인식하는 자기결정적 고독동기와 근면성, 자기규율 등을 특징으로 하는 성실성이 사회적 위축과 부정적 결과 간의 관계를 조절하는지, 그리고 이러한 조절 효과가 성별이나 환경적 요인(학교풍토)에 따라 다르게 나타나는지를 다루었다.

주요 결과를 살펴보면, 첫째, 비사교성, 수줍음, 사회적 회피는 대체로 외로움, 우울, 사회불안 등 부정적 정서와 유의한 정적 상관을, 심리적 안녕감과는 유의한 부적 상관을 보였다. 둘째, 자기결정적 고독동기는 비사교성이 우울, 외로움에 미치는 부정적 영향을 완화하고 심리적 안녕감에 미치는 긍정적 영향을 강화하는 조절 효과를 보였다(신지연 외, 2020). 또한 자기결정적 고독동기는 수줍음과 사회적 회피가 외로움에 미치는 부정적 영향을 완화하는 효과도 나타났다(이선명, 이동형, 2024). 셋째, 성실성은 수줍음이 외로움에 미치는 긍정적 영향과 안녕감에 미치는 부정적 영향을 완화하는 조절 효과를 보였다(이유미 외, 2021). 넷째, 이러한 조절 효과는 성별에 따라 다르게 나타났다. 비사교성과 사회불안의 관계에서 자기결정적 고독동기의 완충 효과는 남학생에게서만 유의하였다. 수줍음과 외로움 및 안녕감의 관계에서 성실성의 완충 효과 또한 남자 청소년에게서 주로 나타났다. 마지막으로, 사회적 회피와 외로움의 관계에서는 자기결정적 고독동기와 학교풍토의 조절된 조절 효과가 나타났다. 특히 학교풍토가 긍정적일 때, 사회적 회피 동기가 높더라도 외로움이 유의하게 증가하지 않는 것으로 나타나, 자기결정적 고독동기의 조절 효과보다 학교풍토의 역할이 더 중요함을 시사하였다.

이러한 SWICA 연구들은 청소년의 사회적 위축을 단순히 사회적 상호작용의 부족으로 볼 것이 아니라, 그 기저에 있는 동기적 특성(예: 접근-회피 동기, 자기결정적 고독동기)과 개인의 성격 자원(예: 성실성)을 함께 고려하여 이해해야 함을 강조하며, 특히 혼자 있는 시간을 능동적으로 선택하고 긍정적으로 활용하는 자기결정적 고독동기는 비사교성이나 수줍음, 사회적 회피와 같은 사회적 위축 하위유형과 관련되는 부정적 결과(우울, 외로움, 낮은 안녕감)를 완화하는 중요한 내적 자원이 될 수 있음을 보여 주었다(신지연 외, 2020; 이선명, 이동형, 2024). 이는 사회적 위축 청소년에게 '홀로 있음'에 대한 긍정적 인식을 교육하고 자기결정성을 함양하도록 돕는 상담 및 교육적 개입의 필요성을 제기한다. 또한 성실성과 같은 성격특질 역시 수줍음과 관련된 외로움 및 안녕감 문제에 대한 보호 요인으로 작용하며, 특히 남학생에게서 이러한 완충 효과가 두드러짐을 밝혀 성별에 따른 차별화된 접근의 필요성을 시사하였으며(이유미 외, 2021), 수줍은 남학생의 성실성을 강화하는 프로그램(예: 행동 활성화)이 외로움 경감과 안녕감 증진에 기여할 수 있음도 시사하였다.

(2) 사회적 맥락 요인

현재까지 총 7편의 SWICA 연구가 사회적 위축과 상호작용하는 사회적 맥락 요인을 다루었다. 이를 세분하면 가정, 또래집단 및 학교 맥락 요인이 포함된다. 관련 연구를 차례로 살펴보면 다음과 같다.

첫째, 사회적 위축의 하위유형인 수줍음(수줍음형 위축)과 절제형 위축은 가정요인인 어머니의 의사소통 및 부모관계와 관련되는 양상이 다르게 나타났다. 우선, 수줍음(수줍음형 위축)은 어머니의 의사소통과 초기 청소년의 안녕감의 관계에서 중요한 조절변인으로 작용하였다. 한정규 등(2020)의 연구 결과에 따르면, 수줍음이 높은 청소년은 어머니의 의사소통을 부정적으로 지각할수록 수줍음이 낮은 청소년에 비해 안녕감을 더 낮게 지각하였으나, 어머니의 의사소통을 긍정적으로 지각하면 오히려 수줍음이 낮은 청소년에 비해 더 높은 안녕감을 지각하는 것으로 나타났다. 이는 흔히 부정적 기질로 여겨지는 수줍음이 어머니의 긍정적 의사소통과 같은 긍정적인 양육 환경에서는 심리적 취약성이 아닌 강점으로 작용할 수 있음을 시사한다는 점에서 흥미로운 결과이다.

다른 연구(이은경, 이동형, 2024)에서 수줍음형 위축 청소년은 부모관계(모 애착, 부 애착 포함)에 대한 지각이 절제형 위축 및 비위축 집단에 비해 유의하게 부정적이었으며, 수줍음형 위축은 성별과 절제형 위축의 영향을 통제한 후에도 모 애착과 부 애착의 감소를 유의하게 설명하였다. 이처럼 수줍음형 위축 청소년이 부모와의 관계에서 어려움을 경험하는 반면, 절제형 위축 청소년은 부모관계를 포함한 학교, 또래, 안녕감의 모든 지표에서 긍정적인 지각을 보였으며, 특히 부모관계에 있어서는 절제형 위축 집단이 비위축 또래들과 유의한 차이를 보이지 않았다. 회귀분석 결과에서도 절제형 위축은 성별과 수줍음형 위축의 영향을 통제한 후에도 부모관계를 유의하게 설명하지 않는 것으로 나타났다. 이러한 결과는 집단의 조화를 위해 감정과 행동을 억제하고 집단 규범에 순응하는 절제형 위축의 특성이 한국 문화적 맥락에서 가족 등 주요 발달 맥락과의 관계에 부정적으로 작용하지 않음을 보여 준다는 점에서 의의가 있다.

둘째, 사회적 위축의 하위유형인 수줍음과 절제형 위축은 다양한 또래관계 요인(공동반추, 또래지지, 친구관계의 질 등)에서도 관련되는 양상이 다르게 나타났다. 초기 청소년의 수줍음형 위축은 낮은 친구관계의 질이나 낮은 또래지지와 상관을 보였으며, 수줍음형 위축 청소년은 절제형 위축 및 비위축 집단에 비해 또래관계를 포함한 모든 지표에서 유의하게 낮은 지각을 보고하였다(이은경, 이동형, 2024). 특히 수줍음형 위축은 성별과 절제형 위축의 영향을 통제한 후에도 지각된 또래지지의 감소를 유의하게 설명하는 것으로 나타났다. 이는 수줍음형 위축 청소년이 또래와의 관계에서 상당한 어려움을 경험하고 있음을 시사한다. 또한 박세진과 이동형(2021)의 연구에서 수줍음은 공동반추와 유의한 부적 상관을 보였으나, 공동반추가 우울에 미치는 영향에서는 수줍음과 성별의 삼원상호작용 효과가 유의하였다. 구체적으로, 수줍음이 높은 남자 청소년의 경우에만 공동반추를 많이 할수록 우울이 유의하게 증가하는 양상을 보였다. 이는 공동반추의 함의가 수줍음과 성별에 따라 다를 수 있음을 의미하며, 특히 수줍음이 높은 남자 청소년에게 공동반추는 우울에 취약하게 하는 요인으로 작용할 수 있음을 보여 주었다.

마지막으로, 학급풍토, 학교풍토, 학교훈육체계 등의 학교맥락 변인도 사회적 위축 하위유형이 청소년의 적응 결과(괴롭힘 피해, 주관적 안녕감, 안녕감, 외로움)에 미치는 영향을 조절하는 것으로 나타났다. 가령, 통제적 및 방임적 학급풍토가 수줍음형 위축 및 절제형 위축을 보이는 여학생의 괴롭힘 피해를 증가시키는 조절 효과를 보였다(공미정, 이동형, 2017). 특히 수줍음형 혹은 절제형 위축 수준이 높은 여학생이 통제적이거나 방임적인 학급풍토를 지각할 때 괴롭힘 피해를 더 빈번하게 경험하는 양상을 보였다. 학급풍토는 성별과 관계없이 통제적이거나 방임적일수록 괴롭힘 피해가 많았고, 자율적이거나 친교적일수록 괴롭힘 피해가 적은 경향이 있었다. 강수현과 이동형(2021)의 연구에서는 초등학생의 수줍음형 및 비사교형 위축과 주관적 안녕감의 관계에서 지각된 학교풍토의 조절효과가 확인되었다. 학교풍토를 긍정적으로 지각하는 경우 수줍음형 및 비사교형 위축이 주관적 안녕감에 미치는 부정적 영향이 완화되는 것으로 나타났다. 즉, 긍정적인 학교풍토는 수줍음형 및 비사교형 위축 청소년의 주관적 안녕감을 보호하는 완충 역할을 수행하였다. 절제형 위축은 주관적 안녕감과 유의한 상관을 보이지 않았다. 또한 이선명과 이동형(2024)의 연구는 수줍음 동기와 외로움의 관계에서 학교풍토가 독립적인 완충 효과를 가짐을 보고하였다. 사회적 회피와 외로움의 관계에서는 학교풍토와 자기결정적 고독동기의 조절된 조절효과가 나타났는데, 학교풍토가 긍정적일 때 사회적 회피 동기가 높더라도 외로움이 유의하게 증가하지 않았다. 이러한 결과는 사회적 회피 경향이 강한 청소년의 외로움에 개인의 동기적 특성보다는 주변 환경, 특히 학교풍토의 영향이 더 강력하게 작용할 수 있으며, 이는 학교 차원에서의 긍정적인 관계 형성 및 안전한 분위기 조성 노력이 사회적 위축 청소년 지원에 필수적임을 보여 주었다. 또한 사회적 위축의 이질성을 고려하여 각 유형에 맞는 맞춤형 상담 및 교육 전략 개발의 중요성에 대한 실증적 근거를 제공하였다.

학교훈육체계(school discipline practices) 또한 사회적 위축과 적응 결과 간의 관계를 조절하는 학교환경 변인으로 연구되었다. 이동형(2022)의 연구에서 중학생의 안녕감과 수줍음의 관계에서 사회정서학습(SEL) 훈육체계의 '차별적 민감성(differential susceptibility)' 효과가 검증되었다. 수줍음이 높은 청소년은 SEL 훈육체계를 낮게 지각할 때 수줍음이 낮은 청소년에 비해 안녕감이 낮았으나, SEL 훈육체계를 높게 지각할 때는 오히려 수줍음이 낮은 청소년에 비해 안녕감이 더 높은 경향을 보였다. 이는 긍정적인 훈육 환경, 특히 개인의 사회정서적 역량개발을 지원하는 SEL 훈육체계가 수줍음을 발달적 취약성이 아닌 긍정적 발달 결과로 이어질 수 있는 가소성의 지표로 작용할 수 있음을 시사한다. 반면, 긍정적-행동적 훈육체계는 모든 학생의 안녕감을 높이는 보편적 효과를 보였으나, 수줍음과의 상호작용은 유의하지 않았다. 이러한 연구 결과들은 사회적으로 위축된 청소년의 적응 문제를 이해하고 지원하는 데 있어 개인의 성향뿐만 아니라 학교 및 학급의 환경적 맥락, 그리고 교사의 구체적 훈육 방식이 중요함을 보여 준다. 긍정적인 학교환경은 수줍음, 비사교성, 사회적 회피와 같은 위축 성향이 청소년에게 미치는 부정적인 영향을 완화하는 보호 요인으로 작용할 수 있으며, 특히 수줍음이 높은 청소년에게는 SEL과 같은 사회정서적 역량강화에 초점을 맞춘 훈육적 지원이 안녕감 증진에 효과적일 수 있음을 시사하였다.

(3) 문화적 맥락 요인

SWICA 연구에서는 보다 거시적인 문화적 요인 또한 청소년의 사회적 위축과 상호작용한다는 관점에서 연구하였는데, 여기에는 다문화 청소년을 대상으로 한 사회적 위축의 발달궤적에 대한 연구(정주미, 이동형, 2021)와 초등학생, 중학생, 고등학생을 대상으로 절제형 위축의 사회정서적 기능을 다른 유형의 사회적 위축과 비교한 연구들(강수현, 이동형, 2021; 공미정, 이동형, 2017; 설다연 외, 2023; 이은경, 이동형, 2024)이 포함된다. 절제형 위축에 대한 연구 결과는 앞 절에서 이미 소개하였으므로, 여기서는 다문화 청소년의 발달궤적에 대한 연구 결과만 소개하기로 한다.

국내 다문화청소년을 대상으로 사회적 위축 발달궤적을 종단적으로 탐색하고 이에 영향을 미치는 요인을 규명하는 연구가 부족한 실정에서 정주미와 이동형(2021)은 한국청소년정책연구원이 공개한 다문화가족아동 · 청소년패널조사 데이터를 활용하여 초등학교 5학년부터 중학교 3학년까지 다문화청소년의 사회적 위축 발달궤적을 확인하고, 부모의 방임적 양육태도와 친구지지 및 그 상호작용이 이러한 궤적에 미치는 영향을 분석하였다. 연구 결과, 다문화청소년의 사회적 위축은 전반적으로 연구 기간 동안 유의하게 선형적으로 증가하였으며, 개인별 이질적인 발달 양상에 따라 '높은-감소'(2.64%), '낮은-증가'(71.5%), '낮은-감소'(11.56%), '높은-증가'(14.3%)의 네 가지 잠재계층으로 분류되었다. 특히 대다수(약 85%) 청소년의 사회적 위축이 점차 증가하는 궤적에 속하는 것으로 나타났다. 이러한 발달궤적에 영향을 미치는 요인을 분석한 결과, 부모의 방임적 양육태도는 초기에 높은 사회적 위축 수준을 보이다가 감소하는 '높은-감소' 계층에 속할 가능성을 상대적으로 높이는 것과 관련이 있었다. 반면, 친구지지는 사회적 위축 수준이 낮거나 감소하는 보다 긍정적인 발달궤적에 속할 가능성을 높이고, 가파르게 증가하는 부정적인 궤적에 속할 가능성을 낮추는 중요한 요인으로 작용하였다. 더욱이 친구지지는 부모의 방임적 양육태도가 사회적 위축 발달궤적에 미치는 부정적인 영향을 완충하는 조절효과를 보였다. 이 연구는 다문화청소년의 사회적 위축이 청소년기 동안 증가하는 경향이 지배적임을 확인하였으며, 특히 친구지지가 방임과 같은 부정적 가족 환경 요인의 영향을 완화하고 긍정적인 사회적 위축 발달을 촉진하는 보호 요인임을 실증적으로 제시함으로써, 다문화 청소년의 건강한 사회성 발달을 위한 친구관계 증진 프로그램 및 제도적 지원의 필요성을 강력하게 시사하였다.

4) 사회적 위축의 매개요인 연구

SWICA 연구에서 청소년의 사회적 위축과 상호작용하여 적응 결과에 영향을 미치는 다양한 맥락적 요인들을 탐색한 반면, 사회적 위축이 어떠한 경로를 통해서 부적응적 결과로 이어지는지 구체적인 기제, 곧 매개 과정을 확인한 연구는 적었다. 이는 사회적 위축을 다차원적으로 접근한 국내외 실증 연구의 역사가 아직은 길지 않아 연구자들이 사회적 위축의 적응 결과를 매개하는 과정을 제시하는 모델 개발보다는 사회적 위축의 다양한 형태를 확인하고 이들의 다른 적응적 함의를 밝혀내는 데 주력해 온 점과 무관하지 않다. SWICA 연구에서도 매개요인에 대한 연구는 단지 두 편뿐이었는데, 수줍음이 우울(정유정, 이동형, 2021) 및 안녕감(강수현, 이동형, 2025)에 영향을 미치는 경로모델을 제시하고 검증하는 연구였다.

이 두 연구에 따르면, 청소년기의 수줍음은 안녕감 및 우울에 부정적인 영향을 미치는 것으로 나타났으며, 이러한 영향은 각각 학교생활참여와 부적응적 자기초점주의에 의해 매개되는 양상을 보였다. 중학생을 대상으로 한 연구(강수현, 이동형, 2025)에서는 청소년이 지각한 부모의 과보호적 양육태도가 높을수록 수줍음이 증가하며, 이렇게 증가한 수줍음은 학교생활참여를 감소시켜 결과적으로 안녕감을 저해하는 순차적 완전매개효과가 확인되었다. 즉, 수줍음이 많은 중학생은 학교 활동에 덜 참여하게 되고, 이는 낮은 안녕감으로 이어질 수 있다는 결과가 보고되었다. 한편, 청소년 후기 대학생을 대상으로 한 다른 연구(정유정, 이동형, 2021)에서는 수줍음이 우울에 직접적으로 영향을 미치기보다는 부적응적 자기초점주의에 의해 완전매개되어 우울 수준을 높이는 것으로 나타났다. 이러한 결과는 수줍음이 많은 대학생일수록 자신에게 과도하게 부정적으로 집중하는 경향이 있으며, 이러한 부적응적 자기초점주의가 우울감을 심화시키는 핵심 기제로 작용함을 시사하였다.

5) 사회적 위축과 디지털 환경 연구

오프라인 환경에서 사회적 위축 청소년들의 사회정서적 기능이나 행동 특성은 최근 10~15년 사이 적지 않게 연구된 반면, 디지털 환경에서 이들이 어떻게 행동하고 기능하는지에 대해서는 아직 잘 알려지지 않았다. 이에 최근 SWICA 연구(박영진, 이동형, 심사 중)에서는 대학생의 사회적 위축 하위유형에 따라 SNS 이용 특성(이용강도, 이용방식, 사회비교)의 차이를 탐색하였다. 전국 대학생 587명을 대상으로 온라인 설문을 실시하고, 사회적 위축 동기, SNS 이용강도, 이용방식(능동적/수동적), 사회비교(상향대조/동일시, 하향대조/동일시)를 측정한 후 군집분석, 다중회귀분석 등을 활용해 분석한 결과, 사회적 위축 유형별로 SNS 이용 특성에서 뚜렷한 차이가 나타났다. 구체적으로, 절제형 위축은 전반적인 SNS 이용(강도, 능동적/수동적 방식, 다양한 사회비교)을 높이는 주된 요인이었고, 수줍음은 특히 수동적 이용과 부적응적 사회비교(상향대조, 하향동일시)를 증가시키는 반면, 비사교성은 대부분의 SNS 이용 특성을 감소시키는 것으로 파악되었다. 군집분석에서는 수줍음형이 가장 부적응적인 SNS 이용(높은 수동적 이용 및 상향대조)을, 절제형은 가장 활발한 SNS 이용과 상대적으로 적응적인 사회비교를, 비사교형은 전반적으로 낮은 SNS 이용도를 보였다. 이 연구는 디지털 환경에서 나타나는 사회적 위축 청소년의 행동 특성에 대한 이해를 높이고, 각 동기유형의 SNS 이용 패턴에 기반한 맞춤형 상담 및 교육적 개입(예: 수줍음형을 위한 미디어 리터러시 교육)의 필요성을 시사하였다는 점에서 의의가 있다.

이상으로 지난 10여 년간 부산대학교 학교심리연구실에서 SWICA 연구를 통하여 수행한 약 20여 건의 연구 결과를 중심으로 ESR 관점의 청소년기 사회적 위축 연구의 성과를 개관하였다. 이러한 성과를 다음과 같이 요약할 수 있다.

첫째, SWICA 프로젝트는 연구 초기부터 사회적 위축을 다차원적으로 접근할 필요성에 입각하여 사회적 위축(하위유형)을 다차원적으로 측정할 수 있는 자기보고식 도구를 개발하였으며, 이후에는 한국의 문화적 맥락을 고려한 절제형 위축 척도를 추가하고 연령대를 확장하여 초기와 중기 청소년 연령대에 걸쳐 두루 사용할 수 있는 K-SPS-E와 같은 측정 도구를 개발하였다.

둘째, 이러한 도구를 사용하여 청소년의 사회적 위축 하위유형을 구분하고, 서로 다른 유형과 청소년의 연령대에 따라 사회정서적 함의가 다른지 확인하는 연구, 즉 청소년의 사회적 위축 연구에 있어서 다차원적 접근을 취하고 발달적 관점을 강조하는 연구에 집중해 왔다.

셋째, SWICA 연구는 청소년기 사회적 위축의 사회적-문화적 맥락을 강조하여, 부모/가족 요인뿐 아니라 또래집단, 교사, 학교맥락 변인의 역할을 두루 탐색하고, 한국의 집단주의 문화를 고려한 절제형 위축 연구, 다문화 청소년의 사회적 위축 발달궤적에 대한 연구, 디지털 환경(SNS 이용) 관련 연구 등에 주력하였다.

지난 10여 년 동안 수행된 SWICA 연구의 이러한 초점은 청소년기 사회적 위축 연구가 국내에서도 최근 꾸준히 증가하고 있음에도 불구하고, 아직은 대다수의 연구가 사회적 위축을 단일 차원으로 개념화하고 있으며, 연구 변인 또한 사회적 위축과 관련된 개인적 특성(예를 들면, 우울, 공격성, 삶의 만족 등)에 집중하거나 부모(가족) 요인 등 제한된 범위의 맥락만을 다룬다는 점을 고려할 때 한층 진일보한 것으로 볼 수 있다. SWICA 연구에서 취하고 있는 이러한 관점은 사회적 이슈로서 사회적 위축의 문제를 바라보고, 이론 개발에 있어서 발달적-사회문화적 맥락을 강조하며 청소년 개인뿐 아니라 그와 상호작용하는 생태적 요인의 역할을 강조한다는 점에서, 이 장의 1절에서 제시한 ESR 관점과 맥을 같이한다고 할 수 있다.

4. ESR 관점의 청소년기 사회적 위축 연구의 미래 방향

이 절에서는 앞서 논의한 SWICA 연구의 성과에 대한 성찰을 토대로, 사회적 위축 연구의 발전 방향에 관한 루빈과 크로니스-터스카노(Rubin & Chronis-Tuscano, 2021), 코플런과 보우커(Coplan & Bowker, 2021)의 논의를 참조하여 ESR 관점에서 본 청소년기 사회적 위축 연구의 나아갈 방향을 다음과 같이 다섯 가지로 나누어 제시하고자 한다.

1) 사회적 위축의 발달 과정 및 영향 요인에 대한 심층적 종단연구 확대

사회적 위축은 아동기부터 시작되어 청소년기는 물론이고 그 이후까지 지속될 수 있으며, 다양한 부정적 결과(예: 또래거부, 내재화 문제)를 초래할 수 있다. 코플런과 보우커(Coplan & Bowker, 2021)가 지적하였듯이, 사회적 위축 연구자들은 사회적 위축의 원인과 발달에 대해 보다 심층적으로 접근할 필요가 있다. ESR 관점에서 볼 때, 교육은 모든 청소년이 잠재력을 발휘하고 사회에 긍정적으로 기여할 수 있도록 지원할 책임이 있다. 이러한 측면에서 사회적 위축의 발달궤적과 다양한 영향 요인(예: 기질, 부모 양육, 또래관계, 문화적 맥락)을 장기적으로 추적하고 분석하는 연구는 사회적 위축을 경험하는 청소년을 조기에 식별하고, 이들이 겪는 어려움을 예방하며, 맞춤형 교육 지원 전략을 개발하는 데 필수적인 기초 자료를 제공할 것이다. 또한 이러한 연구는 교육 현장에서 사회적 위축 청소년에 대한 이해를 높이고, 이들이 건강한 사회 구성원으로 성장할 수 있도록 돕는 교육적 책무를 다하는 데 기여할 수 있을 것이다.

2) 사회적 위축의 다양성과 개인차를 고려한 통합적 접근 모색

SWICA 연구를 포함하여 최근의 사회적 위축 연구는 명백히 사회적 위축의 '다양성'을 고려하고 있으며, 이를 위한 이론적 틀로서 아젠도르프(Asendorpf, 1990)의 동기 모델을 주로 활용하고 있다. 그러나 이러한 다양성의 지평을 더욱 넓히기 위해서는 다른 대안적 관점들을 통합적 관점에서 고려해야 할 필요성이 제기된다. 이제는 한 이론에만 머무르지 말고 통합적 접근을 모색할 시점에 있다고 할 수 있다. 사회적 위축 청소년은 단일한 동질적 집단이 아니며, 그들이 위축되는 이유와 양상은 매우 다양하다. 따라서 사회적 위축의 다양한 동기, 인지적 특성, 정서적 경험, 생리적 반응 등을 포괄적으로 평가, 분석하고, 사회적 위축의 '다양한 얼굴'에 대한 탐구를 지속하여 이해의 깊이와 폭을 넓히려는 노력이 필요하다.

다양성 측면에서 볼 때, 사회적 위축에 관한 기존의 연구가 주로 부정적 양상과 부적응적 결과(예를 들면, 외로움, 우울 등)에 초점을 맞추어 왔으나, 최근에는 사회적 위축이 지닐 수 있는 긍정적 혹은 적응적 함의를 갖는 '긍정적 고독(positive solitude)'이나 개인이 충분한 혼자만의 시간을 갖지 못함으로써 경험하는 부정적 감정을 의미하는 '고독결핍감(aloneliness)'에 대한 탐구가 이루어지고 있는 점은 주목할 만하다(Coplan & Bowker, 2021). 사회적 위축이 일부 청소년에게는 창의성, 깊이 있는 사유, 자율성, 혹은 신중함과 같은 긍정적 특질과 연관될 수 있음을 보여주는 실증적 연구들은 사회적 위축을 단순한 문제 행동이나 병리적 상태로 간주하는 기존의 단선적 이해를 넘어설 수 있게 한다. 이는 교육 현장에서 사회적으로 위축된 청소년에 대한 교사와 또래 집단의 편견을 감소시키고, 해당 청소년들이 자신의 성향을 부정적으로 내면화하기보다는 고유한 특성으로 수용하며 강점으로 발전시켜 나갈 수 있도록 지지하는 포용적 교육 환경 조성의 이론적 근거를 마련하는 데 기여할 수 있을 것이다. 또한 '고독 기술(solitude skills)'에 대한 교육적 접근(Bosacki, 2024)에서는 청소년이 홀로 있는 시간을 통해 창의적 활동에 몰입하거나 심도 있는 자기 성찰을 추구하도록 돕고 이러한 활동을 지지하고 심화할 수 있는 교육적 자원과 환경을 제공할 것을 촉구하며, 이러한 고독 기술 교수를 통해 청소년의 잠재력 계발과 주체적인 삶의 역량을 강화할 수 있다고 주장한다. 따라서 ESR 관점의 향후 사회적 위축 연구는 사회적 위축의 긍정적 발현 조건 및 과정을 적극적으로 탐색하는 연구를 통해 교육자들로 하여금 사회적 위축 청소년의 다양성을 고려하여 이들의 강점을 적극적으로 활용하고 건강한 발달을 도모할 수 있는 차별화된 교육적 접근법을 고안하고 실천하도록 도울 것이며, 이를 통해 ESR 실천에 기여할 수 있을 것이다.

3) 사회적 위축 청소년을 위한 효과적인 예방 및 중재 프로그램 개발과 적용 확대

지난 10여 년간의 SWICA 연구는 청소년의 사회적 위축을 기술하고 설명하는 데 주안점을 둠으로써 이들을 위한 중재와 예방 프로그램 개발은 상대적으로 부족하였다. ESR의 관점에서 볼 때, 이제는 사회적 위축의 원인과 맥락 등에 대한 과학적 이해를 바탕으로 효과적인 예방 및 중재 프로그램 개발로 나아가야 한다. 예컨대, 수줍은 학생들에게 긍정적 학교풍토 조성이나 사회정서학습 기반의 훈육이 특별히 중요하다는 연구 결과를 확인하였으므로, 학교풍토나 교사의 훈육체계를 개선하는 보편적 차원의 예방 프로그램을 개발하고 적용하는 실천 연구로 이행할 수 있다. 또한 일부 사회적 위축 청소년의 경우 사회성 기술의 부족으로 또래관계의 어려움을 지속적으로 경험하므로, 이들을 효과적으로 선별하여 지원하는 선택적 중재 프로그램 개발과 적용 연구도 필요하다.

교육은 모든 학생이 사회적으로 건강하게 기능하고 잠재력을 실현할 수 있도록 적극적으로 개입하고 지원할 의무가 있지만, 사회적 위축 청소년은 심리적 어려움을 경험하고 사회적 관계 형성 및 유지에 어려움을 겪을 가능성이 크므로, 효과적인 예방 및 중재 프로그램 개발과 적용이 더욱 필요하다. ESR 관점의 예방 및 중재 연구는 기존 중재 프로그램의 장기적인 효과를 검증하고, 다양한 연령대와 문화적 배경을 가진 사회적 위축 청소년들에게 적용 가능한 프로그램을 개발하며, 학교 기반 중재 프로그램의 접근성과 효과성을 높이는 방안도 모색해야 한다.

4) 사회적 위축에 대한 문화적 맥락 및 사회적 인식 개선 연구

루빈과 크로니스-터스카노(Rubin & Chronis-Tuscano, 2021)는 사회적 위축의 의미와 수용 정도가 문화에 따라 다를 수 있음을 지적하며, 향후 다양한 문화권에서의 연구 필요성을 강조하였다. 유사하게, 코플런과 보우커(Coplan & Bowker, 2021)도 거시적 수준의 문화적 영향이 사회적 위축의 의미와 결과에 영향을 미칠 수 있으므로 이러한 요인에 대한 연구의 중요성을 강조하고 있다. ESR 관점에서 볼 때, 교육은 사회적 다양성을 존중하고 포용적인 사회를 만드는 데 기여해야 하며, 사회적 위축에 대한 부정적인 사회적 낙인이나 편견이 위축된 청소년들의 어려움을 가중시키고 필요한 도움을 받는 것을 방해할 수 있음을 기억해야 한다. 따라서 향후 ESR 관점의 연구에서는 특정 문화적 맥락에서 사회적 위축이 어떻게 인식되고 경험되는지, 그리고 이러한 인식이 청소년의 발달에 미치는 영향은 어떠한지 연구할 필요가 있으며, 사회적 위축에 대한 사회적 인식을 개선하고, 위축된 청소년에 대한 이해와 지지를 높일 수 있는 교육적 방안에 대한 연구도 필요하다. 이러한 ESR 관점의 사회적 위축 연구는 사회적 위축 청소년들이 소속감을 느끼고 잠재력을 발휘할 수 있는 포용적인 학교 및 사회 환경을 조성하는 데 기여할 것이며, 궁극적으로 ESR을 실천하는 또 다른 중요한 방식이 될 수 있을 것이다.

5) 청소년 후기 이후 사회적 위축의 영향과 전환 지원 연구

코플런과 보우커(Coplan & Bowker, 2021)는 사회적 위축의 의미가 연령대에 따라 변화할 수 있으며, 특히 청소년기에서 성인기로의 전환기에 대한 발달적 고려가 중요하다고 강조한다.

SWICA 연구에서도 이러한 발달적 맥락의 중요성을 인식하여 청소년기 전 연령대를 세분하여 사회적 위축의 적응적 함의를 탐색하는 연구를 진행하였다. 그러나 SWICA 연구를 포함하여, 현재 국내외 사회적 위축 연구 중에서 청소년 후기 및 성인기 초기를 다룬 연구는 매우 부족한 실정이다. 이 시기 사회적 위축 연구는 적절한 발달과업(예: 학업 수행, 직업 선택, 고용 상태, 친밀한 관계 형성 등)과 관련하여 연구될 필요가 있다. 특히 이 시기 '극단적인 사회적 위축'으로 지칭되는 '히키코모리' 혹은 은둔형 청소년 연구와 이들을 지원하는 프로그램 개발 및 적용 연구는 ESR 실천 측면에서 절실히 필요하다.

사회적 위축 청소년이 성공적으로 다음 생애 단계로 전환하고, 독립적인 사회 구성원으로 살아갈 수 있도록 준비시키는 것은 교육의 중요한 사회적 책임이다. 이러한 관점에서 볼 때, 아동기나 청소년 초기 사회적 위축이 청소년 후기 및 성인기 초기의 발달에 미치는 장기적인 영향을 추적하여 이들이 겪는 어려움의 특성과 지원 요구를 파악하는 연구가 필요하다. 또한 이들의 성공적인 사회 진출과 적응을 돕기 위한 맞춤형 진로상담, 사회성 기술 훈련 프로그램, 멘토링 프로그램과 같은 전환 지원 프로그램을 개발하고 그 효과를 확인하는 연구들은 사회적 위축 청소년들이 건강한 사회인으로 자립하고 자신의 삶을 주체적으로 이끌어 갈 수 있도록 지원하는 ESR 실천의 중요한 한 방향이 될 것이다.

5. 요약 및 결론

이 장에서는 ESR 관점의 연구주제로서 청소년기 사회적 위축 분야를 소개하고 ESR 관점에서 미래 연구방향을 제안하였다. 구체적으로, ESR 관점의 사회적 위축 연구의 일반적 목표를 제시하였으며, 사회적 위축 연구를 위한 기본 개념과 이론을 소개한 후, 부산대학교 학교심리연구실에서 수행한 SWICA 연구들의 주요 성과를 되돌아보며, ESR 관점의 사회적 위축 연구의 미래 방향을 제시하고 논의하였다. 결론적으로, ESR 관점에서 본 청소년기 사회적 위축 연구는 다양한 이론적 관점을 활용하여 사회적 위축 청소년들의 발달 과정과 영향 요인에 대한 심층적 이해를 도모하고, 이들의 다양성과 개인차를 고려한 통합적 접근을 통해 효과적인 중재 및 예방 전략을 개발하고 적용하는 데 초점을 맞추어야 함을 강조하였다. 또한 사회적 위축의 문화적 맥락을 비중 있게 다루고, 사회적 인식을 개선하며, 청소년 후기 이후까지의 장기적인 영향을 고려하여 지속적인 지원 체계를 구축하는 연구와 실천의 노력이 필요함도 강조하였다. 미래의 사회적 위축 연구자들이 나아가야 할 이러한 방향은 사회적 위축 청소년을 포함한 모든 청소년이 건강한 사회 구성원으로 성장하여 자신의 잠재력을 충분히 발휘하고 행복한 삶을 영위할 수 있도록 지원하며, 건강한 교육 생태계를 구축하는 교육의 궁극적인 목표 달성과 ESR 구현에 기여할 것이라 믿는다.

성찰과제

1. ESR 관점에서 볼 때 미래의 사회적 위축 연구자들이 다루어야 할 중요한 연구과제는 무엇이라고 생각하는가? 이 장에서 SWICA 연구를 중심으로 소개한 청소년기 사회적 위축 연구의 성과와 미래 연구 방향을 음미해 보고, ESR 실천을 위해 특히 중요하거나 필요한 연구과제가 있다면 무엇이며 그 이유는 무엇인지 성찰하고 소집단으로 토의해 보시오.
2. ESR 관점의 청소년기 사회적 위축 연구를 활성화시킬 수 있는 방안에 대해 이론적 측면과 실천적 측면에서 성찰하고 토의해 보시오.

참고문헌

강수현, 이동형(2021). 초기 청소년의 사회적 위축 하위유형과 주관적 안녕감의 관계에서 지각된 학교풍토의 조절효과. **한국교육문제연구**, 39(3), 1-26.

강수현, 이동형(2025). 청소년이 지각한 부모의 과보호적 양육태도와 안녕감의 관계: 수줍음과 학교생활 참여의 다중매개효과. **교육과학연구**, 56(3), 25-49.

공미정, 이동형(2017). 남녀 중학생의 사회적 위축 하위유형 및 지각된 학급풍토와 괴롭힘 피해의 관계. **한국심리학회지: 학교**, 14(2), 209-234.

김원희, 이동형, 김문재, 남윤주(2016). 한국판 청소년용 사회적 선호 척도의 타당화. **한국심리학회지: 학교**, 13(2), 327-348.

박세진, 이동형(2021). 청소년의 공동반추가 친구 관계의 질과 우울에 미치는 영향: 수줍음과 성별의 조절효과. **청소년학연구**, 28(5), 1-26.

박영진, 이동형(심사 중). 대학생의 사회적 위축 동기유형에 따른 SNS 이용 특성 분석.

설다연, 이동형(2024). 아동·청소년의 사회적 위축에 대한 국내 연구동향 분석. **정서·행동장애연구**, 40(4), 257-280.

설다연, 이동형, 김해인(2023). 청소년의 사회적 위축 군집에 따른 성격 5요인과 정서표현양가성의 차이. **한국청소년연구**, 34(4), 165-192.

신지연, 이동형, 이유미(2020). 고등학생의 비사교성과 정서적 부적응 및 심리적 안녕감의 관계: 성별과 자기결정적 고독동기의 조절효과. **교육혁신연구**, 30(1), 119-144.

여성가족부(2025). 2024년 위기청소년 지원기관 이용자 생활실태조사 결과 발표 [보도자료]. 대한민국 정책브리핑.

윤미설, 이동형(2015). 청소년의 사회적 위축 하위유형에 따른 사회정서적 기능의 차이. **청소년학연구**, 22(9), 301-326.

윤미설, 이동형(2017). 성인진입기 대학생의 사회적 위축 하위유형에 따른 정서적 부적응 및 주관적 행복감의 차이. **아시아교육연구**, 18(3), 463-487.

이동형(2022). 학교훈육체계와 중학생의 안녕감 간의 관계에서 수줍음의 차별적 민감성 검증. **교육문화연구**, 28(4), 459-479.

이상수, 이유나, 김현지, 김은지(2021). 교육의 사회적 책임 의미 탐색. **교육혁신연구**, 31(1), 85-112.

이선명, 이동형(2024). 청소년의 사회적 위축동기와 외로움의 관계에서 자기결정적 고독동기와 학교풍토의 조절된 조절효과. **교육문제연구**, 37(3), 75-97.

이유미, 이동형, 정경수(2021). 청소년의 수줍음이 외로움 및 안녕감에 미치는 영향: 성실성과 성별의 조절된 조절효과. **교육혁신연구**, 31(2), 145-163.

이은경, 이동형(2024). 학령 후기 사회적 위축 아동이 지각한 학교환경, 또래관계, 부모관계 및 안녕감: 수줍음형과 절체형의 차이를 중심으로. **교육문화연구**, 30(3), 577-600.

이창우, 이동형(2023). 한국판 청소년용 사회적 선호 척도의 확장과 교차타당화. **한국청소년연구**, 34(1), 59-90.

이창우, 이동형, 신지연(2021). 남녀 고등학생의 사회적 위축 하위유형에 따른 내재화 문제 및 안녕감의 차이. **청소년상담연구**, 29(2), 67-94.

정유정, 이동형(2021). 대학생의 수줍음과 우울의 관계에서 부적응적 자기초점주의의 매개효과. **청소년학연구**, 28(1), 367-389.

정주미, 이동형(2021). 다문화청소년의 사회적 위축 발달 궤적: 잠재계층 분류 및 부모의 방임적 양육태도와 친구지지의 영향 검증. **한국청소년연구**, 32(1), 57-85.

질병관리청(2024). 제19차 청소년건강행태조사 통계. 질병관리청.

통계청(2020). 사회조사 통계정보보고서(제101018호). 통계청.

한정규, 이동형, 김진숙(2020). 차별적 민감성 모델에 기초한 어머니의 의사소통과 초등학교 고학년 아동의 안녕감의 관계에서 수줍음의 조절효과 검증. **아시아교육연구**, 21(4), 953-974.

Asendorpf, J. B. (1990). Beyond social withdrawal: Shyness, unsociability, and peer avoidance. *Human Development*, *33*(4-5), 250-259.

Bosacki, S. L. (2024). *Solitude, silence and loneliness in adolescence: The teen who stands alone*.

Bloomsbury Publishing.

Bowker, J. C., Rubin, K. H., & Coplan, R. J. (2016). Social withdrawal. *Encyclopedia of Adolescence, 1*, 1-14.

Bowlby, J. (1971). *Attachment and loss: Vol. I. Attachment*. Penguin.

Coplan, R. J., & Bowker, J. C. (2021). Social withdrawal and aloneliness in adolescence: Examining the implications of too much and not enough solitude. *Journal of Youth and Adolescence, 50*(6), 1219-1233.

Coplan, R. J., & Rubin, K. H. (2010). Social withdrawal and shyness in childhood: History, theories, definitions, and assessments. In *The development of shyness and social withdrawal* (pp. 3-20). The Guilford Press.

Coplan, R. J., & Weeks, M. (2010). Unsociability in middle childhood: Conceptualization, assessment, and associations with socio-emotional functioning. *Merrill-Palmer Quarterly, 56*(2), 105-130.

Coplan, R. J., Hipson, W. E., Archbell, K. A., Ooi, L. L., Baldwin, D., & Bowker, J. C. (2019). Seeking more solitude: Conceptualization, assessment, and implications of aloneliness. *Personality and Individual Differences, 148*, 17-26.

Crozier, W. R. (1995). Shyness and self-esteem in middle childhood. *British Journal of Educational Psychology, 65*(1), 85-95.

Gazelle, H., & Ladd, G. W. (2003). Anxious solitude and peer exclusion: A diathesis-stress model of internalizing trajectories in childhood. *Child Development, 74*(1), 257-278.

Goossens, L. (2019). 청소년기 홀로 있음에 대한 친화성 아동기 고독선호: 두 연구 전통의 연계. 이동형 외 역. R. J. Coplan & J. C. Bowker (Eds.), **고독의 심리학 1: 고독의 다양한 얼굴들**(pp. 245-270). 학지사.

Hipson, W. E., Coplan, R. J., Dufour, M., Wood, K. R., & Bowker, J. C. (2021). Time alone well spent? A person-centered analysis of adolescents' solitary activities. *Social Development, 30*(4), 1114-1130.

Insel, T., et al. (2010). Research domain criteria (RDoC): Toward a new classification framework. *American Journal of Psychiatry, 167*(7), 748-751.

Kagan, J. (1997). Temperament and the reactions to unfamiliarity. *Child Development, 68*(1), 139-143.

Larson, R. W. (1997). The emergence of solitude as a constructive domain of experience in early adolescence. *Child Development*, 80-93.

Leary, M. R., Herbst, K. C., & McCrary, F. (2003). Finding pleasure in solitary activities: Desire for aloneness or disinterest in social contact? *Personality and Individual Differences, 35*(1), 59-68.

Lee, D., Yoon, J. & Lee, C. (2020, February 18-21). *Social withdrawal in preadolescence: Is it really all that bad?*[Poster presentation]. National Association of School Psychologists Annual Convention, Baltimore, MD, USA.

Liu, J., Coplan, R. J., Chen, X., Li, D., Ding, X., & Zhou, Y. (2014). Unsociability and shyness in Chinese children: Concurrent and predictive relations with indices of adjustment. *Social Development, 23*(1), 119-136.

Magnusson, D. (1998). *Individual development from an interactional perspective: A longitudinal study*. Lawrence Erlbaum Associates.

Muris, P., & Ollendick, T. H. (2023). Contemporary hermits: A developmental psychopathology account of extreme social withdrawal (Hikikomori) in young people. *Clinical Child and Family Psychology Review, 26*(2), 459-481.

Nelson, L. J., & Millett, M. A. (2021). Social withdrawal during emerging adulthood. In R. J. Coplan, J. C., Bowker, & L. J. Nelson (Eds.), *The handbook of solitude: Psychological perspectives on social isolation, social withdrawal, and being alone* (2nd ed., pp. 146-162). John Wiley & Sons, Inc.

Özdemir, S. B., Cheah, C. S., & Coplan, R. J. (2015). Conceptualization and assessment of multiple forms of social withdrawal in Turkey. *Social Development, 24*(1), 142-165.

Rubin, K. H., Coplan, R. J., & Bowker, J. C. (2009). Social withdrawal in childhood. *Annual Review of Psychology, 60*(1), 141-171.

Rubin, K. H., & Chronis-Tuscano, A. (2021). Perspectives on social withdrawal in childhood: Past, present, and prospects. *Child Development Perspectives, 15*(3), 160-167.

Ryan, R. M., & Deci, E. L. (2017). *Self-determination theory: Basic psychological needs in motivation, development, and wellness*. Guilford Press.

WHO (2023). WHO launches commission to foster social connection. https://www.who.int/news/item/15-11-2023-who-launches-commission-to-foster-social-connection. 2024. 4. 25. 열람.

제3부

ESR 연구 실천 사례

집단 간 대화 기반 다양성 가치 증진 프로그램의 개발 및 효과

정지선

성찰목표

1. 교육의 사회적 책임(Education for Social Responsibility: ESR)과 다양성 가치의 연관성을 설명할 수 있다.
2. 기존 다양성 교육의 한계점(동화주의, 정보전달 위주, 문화적 고려 부족)을 비판적으로 분석하고, 대화 중심 접근(IGD)을 대안으로 제시할 수 있다.
3. 집단 내 대화(Intragroup Dialogue: IntraGD)와 집단 간 대화(Intergroup Dialogue: InterGD)의 이론적 토대를 이해하고, 프로그램 주요 구성요소(주제 선정, 활동 방식, 촉진자 양성)를 구체적으로 설계할 수 있다.
4. 국내 현실을 반영한 ESR 기반 프로그램 개발 흐름을 파악하여, 자신의 현장(학교, 상담실 등)에 맞춰 응용할 수 있다.

1. 다양성 가치 증진 프로그램

1) 다양성과 교육의 사회적 책임

한국 사회에서 다양성에 대한 관심이 본격적으로 높아지기 시작한 시점은 2000년대 이후로 다양한 인종과 문화를 가진 사람들의 유입이 증가하고, 그에 따른 사회적 필요가 대두되면서부터이다. 2008년 「다문화가족지원법」이 제정된 이후로 관련 연구와 정책이 활발히 등장하기 시작했다. 이러한 사회적 변화 속에서 그동안 한민족이라는 동질성을 강조하며 어려움을 극복해 온 한국 사회는 타문화에 대해 배타적인 정서를 보이기도 하며(한동균, 2011), 같은 동양인 사이에서도 출신 국가의 경제력에 따라 차별이 발생하기도 한다. 이에 따라 다양한 문화적 배경을 가진 사람들과의 공존과 번영을 위한 교육이 요구된다. 그러나 아직도 많은 사람이 다문화를 국제결혼 가정 및 그 자녀들에게만 한정하거나, 다양성을 인종이 다른 사람들로 국한하여 좁게 정의하는 등 이에 대한 이해가 부족한 편이다. 따라서 이 절에서는 폭넓고 포용적인 관점을 요구하는 현대적 다양성 개념과 교육의 사회적 책임의 연계성에 대해 살펴보고자 한다.

(1) 다양성의 정의

다양성(diversity)은 원래 성별, 인종, 민족, 연령 등과 같은 사람들 사이의 차이를 지칭하는 용어로 출발했으나, 이후 시대적 변화에 따라 개인의 고유한 정체성과 그로 인한 다양한 생각과 관점을 포함하는 포괄적 개념으로 확장되었다(성영신, 2021; Larkey, 1996; Loden & Rosener, 1991). 여기서 말하는 다양성은 문화적 다양성을 의미하며, 각 개인이 가진 배경, 경험, 가치관이 상이함을 인정하고 그 차이를 존중하는 것을 말한다. 다양성은 생태계에서 관찰되는 다양한 종의 공존처럼 단순히 존재하는 현상이자, 여러 사람이 함께 살아가는 사회에서 윤리적으로 지향해야 할 가치이며, 동시에 혁신과 발전을 촉진하는 동력으로 볼 수 있다. 즉, 다양성이란 서로 다른 배경과 특성을 지닌 모든 사회 구성원에게 평등하고 공정한 기회가 주어지도록 하여, 결과적으로 개인과 공동체 모두에게 이익이 돌아가게 만드는 사회적 정의 실현의 핵심 요소라고 할 수 있다. 즉, 구성원들이 자신의 정체성을 안전하게 표현하고 존중받을 수 있는 환경이 조성될 때, 잠재력과 역량이 극대화되어 사회 전체의 발전에 기여할 수 있다는 관점이다.

(2) 교육의 사회적 책임과 다양성 가치

교육의 사회적 책임(Education for Social Responsibility: ESR)은 공동체 내에서 사회적 가치를 실천하고, 사회적 변화를 이끌어 갈 수 있는 역량을 기르는 것을 목표로 한다(Berman, 1990). 이러한 ESR의 목표는 다양성 가치 증진과 밀접하게 연관되며, 다음과 같은 측면에서 결합될 수 있다. 첫째, ESR은 교육을 단순 지식 전달에 국한하지 않고, 학습자가 사회정의와 포용(inclusion)을 실질적으로 실천하도록 하는 데 초점을 맞춘다(이상수 외, 2022). 이는 교육과정에서 특정 집단이 지닌 특권과 차별을 인식하고, 이를 해결하는 단계를 포함함으로써 결과적으로 다양성의 가치를 고취하는 과정과도 연동된다. 둘째, ESR은 학습자가 기존 시스템을 비판적으로 성찰하고, 공동체 내 다양한 목소리에 귀 기울이며, 협력적으로 문제를 해결하도록 장려한다(이상수 외, 2022). 이는 서로 다른 문화적 배경과 경험을 존중하고 포용하는 태도를 기르는 것과 직결된다. 마지막으로, ESR은 학생들이 서로 다른 정체성과 경험을 가진 사람들과 협력하는 능력을 중시하며, 이 같은 원칙은 다문화 교육, 반차별 교육, 인권 교육 등과 밀접하게 연결된다. 즉, ESR에서 다양성 가치 존중은 그 핵심에 있으며, 교육이 개인의 성찰과 공동체 내 실천적 행동을 이끌어 내기 위한 하나의 방법을 제시함으로써 진정한 의미의 지속가능하고 포용적인 사회를 만들어 가는 데 기여할 수 있다.

2) 기존 다문화 교육의 한계와 대화 중심 다양성 교육

(1) 기존 다문화 교육의 한계점

한국의 다문화 교육은 기존 교과교육과정에 다문화교육이 통합됨에 따라 초 · 중 · 고등학생을 중심으로 지속적으로 증가했다. 그러나 기존 다문화 교육은 사회적 소수자 집단을 주류 문화에 적응시키도록 유도하는 경향이 강하며, 이는 사회적 소수자의 고유한 특징을 인정하기보다 다수자의 문화에 흡수되는 결과를 초래하기 쉽다(장애경 외, 2022). 이러한 동화주의적 접근은 다양성 가치를 옹호한다는 본래 취지와 배치된다. 또한 소수자만을 분리해 '맞춤형' 지원을 제공하는 방식 역시 궁극적으로는 소수자와 다수자의 상호작용 기회를 제한하여 편견을 재생산할 위험을 높인다는 지적이 제기된다(한동균, 2011; 황은영, 2010). 국내 다양성 교육은 대개 강의식 위주로 설계되어 학습자들의 실제 삶과 연결되지 못하는 경우가 많고, 이와 같은 일방향적 지식 전달 방식은 오히려 편견을 강화하거나 다양성 수용성을 떨어뜨릴 수 있다는 우려를 낳는다(은지용, 이윤정, 2021; 장애경 외, 2022; 정지선, 이항심, 2025). 더 나아가 현행 다문화 교육은 단순히 '타문화를 존중한다'는 인식 차원을 넘어, 구조적 불평등과 권력관계에 대한 비판적 성찰과 이를 개선하는 행동적 접근을 강조해야 한다는 필요성이 제기된다(은지용, 이윤정, 2021). 사회적 소수자와 다수자가 함께 참여하는 대화나 프로젝트 등을 통해 실제 삶에서 발생하는 차이와 갈등을 경험하고 협력적으로 해결하는 역량을 키워야 하지만, 비판적 의식을 함양하고 실천으로 이어지는 ESR를 위한 구체적 프로그램은 여전히 부족한 실정이다(정지선, 안진아, 2023).

(2) 대화 중심 다양성 교육

대화 중심 접근은 기존 다문화 교육에서 직면하는 한계를 보완하고, 서로 다른 집단과 개인들이 보다 안전하고 깊이 있는 상호작용을 통해 사회구조적 불평등과 편견을 비판적으로 성찰하고 행동 변화를 이끌어 내도록 돕는 방식으로 제안되고 있다. 미국 상담학회 산하 집단상담 전문가 협회(Association for Specialists in Group Work)에서도 혐오를 감소시키고, 대화를 촉진하며 공동체 형성을 위한 방법으로 집단 간 대화(Intergroup Dialogue: InterGD)를 추천한다(Guth et al., 2019). InterGD에서 목표는 서로를 이해하고 편견을 감소하고 비판적 의식을 높이기 위한 것으로 집단 과정에서 나타나는 혐오나 편견을 적극적으로 다루고, 불평등한 사회구조(예: 특권, 억압)를 인식하도록 돕는 것이 핵심이다. 참여자들은 자신의 사회 정체성을 바탕으로 한 경험을 공유함으로써, 서로 다른 렌즈로 바라본 사회의 모습과 그 안에 내재된 불평등 요인을 함께 탐색하게 된다. 특히나 대화 중심 접근이 효과를 발휘하려면, 참여자들에게 논쟁이나 토론이 아닌 대화를 하도록 안내하는 것이 중요하다(Zúñiga et al., 2007). 논쟁이 주로 상대 주장을 반박하거나 무너뜨리는 데 초점을 두고, 토론이 해결책과 정보 공유에 집중한다면, 대화는 서로 다른 입장과 감정을 마주하고 공유된 의미를 찾아가는 과정을 우선시한다는 점에서 차이가 있다. 따라서 대화 상황에서는 자신의 생각을 고수하기보다 상대방의 경험을 경청하고, 판단을 유보하며, 필요할 경우 침묵조차도 존중하는 태도가 요구된다. 이를 위해서는 스스로의 편견과 가정을 확인하며 적극적으로 질문하고, 정서적 반응을 솔직하게 나눌 수 있는 심리적 안정감이 뒷받침되어야 한다(정지선, 안진아, 2023). 대화를 통해 경험적 수준에서 이해하게 된 특권과 억압, 차별 등의 문제는 자연스럽게 남의 문제가 아닌 나 혹은 내 지인의 문제로 받아들여지고, 궁극적으로 행동으로 이어지게 된다. 이런 사적인 대화 과정을 통해 사회 구조가 어떤 방식으로 특권과 억압, 고정관념과 불평등을 재생산하는지 깊이 있게 살피고, 결과적으로 다양성과 사회정의를 실현하는 비판적 의식을 고취할 수 있다.

2. 대화 중심 접근

1) 집단 간 대화와 집단 내 대화

대화를 활용하여 소집단 단위에서 참여자들이 특정 사회 정체성과 관련한 자신의 경험을 공유하고, 구조적 불평등이나 억압의 문제를 심층적으로 탐색하도록 고안된 프로그램이 있다(Zúñiga et al., 2007). 이 프로그램은 단순히 다른 문화적 배경을 가진 사람들을 표면적으로 만나보는 것에 그치지 않고, 참여자들이 꾸준히 교류하며 서로의 사회적 정체성과 삶의 맥락을 깊이 있게 탐색할 수 있는 소통의 장을 마련한다(Zúñiga et al., 2007). 이 대화 프로그램은 참여자의 구성에 따라 집단 간 대화와 집단 내 대화(Intragroup Dialogue: IntraGD)로 구분되지만, 대화의

[그림 14-1] IGD의 유형에 따른 집단 구성 형태 비교(왼쪽: InterGD, 오른쪽: IntraGD)

이론적 토대와 활동은 사실상 동일하다(Zúñiga et al., 2002). [그림 14-1]의 왼쪽과 같이 검은색과 흰색 옷으로 표현한 이질적 정체성을 가진 참여자로 구성한 경우 InterGD(예: 남성과 여성 참여자로 구성), 오른쪽과 같이 검은색 옷으로 표현한 동질적 정체성을 지닌 참여자로 구성한 경우 IntraGD(예: 남성 참여자로만 구성)로 구분된다. 여기에서는 InterGD와 IntraGD의 원리와 기법을 하나로 묶어 언급할 때는 IGD라는 용어를 사용하고, 집단 구성을 강조해야 할 때는 InterGD 또는 IntraGD로 명시하기로 한다.

2) IGD의 세 가지 이론적 토대

IGD는 여러 학문적 배경을 결합하여 발전해 왔다. 특히 사회정체성 이론, 접촉 가설, 비판적 대화 접근법은 IGD를 이론적으로 뒷받침하는 핵심 축을 이룬다. 사회적 정체성에 따른 집단 경계를 분명히 드러내는 것은 의도적이고 목적 있는 성찰을 위해서이며, 접촉 가설에서 제안한 조건을 기반으로 비판적 대화가 이뤄진다. 다음에서는 이 세 가지 이론이 각각 IGD의 근본적 토대로 어떻게 작용하는지 구체적으로 살펴본다.

(1) 사회정체성 이론

사회정체성 이론(social identity theory; Tajfel & Turner, 1986)은 개인이 자아존중감을 높이기 위해 자신이 속한 내집단(in-group)을 선호하고, 외집단(out-group)에 부정적 편견을 갖는 경향이 있다고 설명한다(Tajfel & Turner, 1986). 내집단 편향은 정치적 대립 상황에서도 나타나며, 자신의 집단을 더 합리적이고 정당한 것으로 간주하는 방식으로 작동한다. 이러한 내집단 편향은 IGD에서도 나타나는데, 사람들은 자신의 정체성과 다른 집단을 자연스럽게 타자화하고, 그 결과 상대 집단에 대한 부정적 태도가 형성되곤 한다. 그렇다고 해서 집단 경계를 선명하게 하는 것은 집단 간 접촉에서 발생할 수 있는 편견의 강도를 증폭시키지 않는다(Deffenbacher et al., 2009). 오히려 저지위 집단(low-status group) 구성원들이 겪는 불평등은 사회적 정체성(예: 성별, 사회계층)을 통해 경험되는 것이기 때문에 정체성을 가시화하는 대화가 요구된다(Rodriguez et al., 2018). 정체성을 가시화하는 다문화적 접근은 컬러블라인드 방식보다 집단 간 편견을 줄이고 포용성과 적극적 참여를 촉진하며, 더 긍정적인 상호작용을 유도하는 것으로 나타났다(Plaut et al., 2009; Vorauer et al., 2009).

(2) 접촉 가설

접촉 가설(contact hypothesis; Allport, 1954)은 서로 다른 집단 간 편견이 외집단 구성원과 직접 만나고 상호작용하는 기회를 통해 감소한다고 주장한다. 즉, 지속적이고 의미 있는 만남을 통해 참여자들은 미디어나 가정, 학교 등에서 형성된 고정관념과 편향을 재고하고 바꿀 수 있다. 단순한 접촉만으로는 효과가 제한적이며, 평등한 지위, 협력, 공통된 목표, 제도적 지원의 조건이 충족될 때 긍정적 효과가 극대화된다(Allport, 1954). 하지만 참여자들 사이의 권력 불균형이 클 경우 대화의 효과가 제한될 수 있으며, 때로는 갈등을 심화시키는 역효과가 발생할 가능성도 있으므로 집단 참여자 구성에 주의가 필요하다. 이러한 가설은 InterGD에서 중요한 이론적 근거로 작용해, 특정 사회적 정체성을 중심으로 구성된 그룹이 일정 기간 정기적으로 만나 대화함으로써 편견을 줄이고 상호 이해를 증진시킨다고 본다(Zúñiga et al., 2002). 반면, IntraGD에서 접촉 가설을 그대로 적용하기는 어렵지만, 타 집단에 대한 사례나 경험을 공유하며 간접 접촉이 일어나고, 동질적 집단 안에서의 상호교차성으로 내부의 타자와 접촉하는 효과를 통해 자신이 가진 편견과 고정관념을 수정하는 효과를 기대할 수 있다.

(3) 비판적 대화 접근법

IGD의 비판적 대화 접근(critical-dialogic approach; Gurin et al., 2013; Nagda & Gurin, 2013)은 차별과 억압을 개인적 차원이 아닌 구조적 · 제도적 문제로 인식하게 하며, 이를 통해 사회 변화를 위한 행동의 동기와 가능성을 확대한다(Gurin et al., 2013). 이를 촉진하기 위해 참여자들은 개인적 경험 속에서 발견한 차별과 편견을 서로 공유하고, 그 경험이 유사하거나 다르게 나타나는 사례를 탐색한다. 이 과정을 통해 이러한 차이가 결국 사회 체계가 가진 거시적 문제라는 관점을 이해하게 되며, 결과적으로 비판적 의식을 키우게 된다.

3) InterGD와 IntraGD 개념과 적용

(1) InterGD

① 정의 및 목적

InterGD는 집단 구성원이 공유하는 사회적 정체성(예: 인종, 성별, 사회적 계층, 성적 지향) 가운데 역사적으로 억압받아 온 집단과 특권을 가진 집단을 함께 구성하여, 갈등 요인이 될 수 있는 다양한 주제에 대해 적극적으로 대화하도록 고안된 방법이다(Zúñiga et al., 2002). 이를 통해 구조적 불평등(예: 특권, 억압), 편견, 차별 등에 대해 심층적으로 논의함으로써 상호 이해와 공감을 높이고, 관계 개선을 도모하며, 구조적 문제에 대한 비판적 의식과 행동을 고취하는 것을 핵심 목표로 삼는다.

② 효과와 한계점

InterGD가 진행되는 사회 · 문화적 맥락에 따라 긍정적 효과와 함께 여러 한계점도 지닌다. 2008년부터 2018년 사이에 발표된 InterGD 관련 연구를 리뷰한 프란텔 등(Frantell et al., 2019)에 따르면, 참여자의 태도 변화, 공감 능력 향상, 비판적 의식 강화, 사회적 행동을 촉진하는 등 긍정적 영향을 미치는 것으로 나타났다. 특권과 억압에 대한 대화는 갈등이나 긴장을 발생할 수 있지만, 오히려 그러한 갈등 과정을 거치면서 편견과 선입견이 완화되고 관계 개선 효과가 도출된다는 점이 경험적으로 제시되어 왔다(Frantell et al., 2019). 반면, 한계점도 지적되고 있는데, 첫째, 자발적 참여자를 대상으로 실시한 연구 결과와 달리 실제 현장에서는 특권과 권력을 지닌 집단이 대화에 소극적이거나 방어적 태도를 보이며, 이에 따라 백인 취약성(white fragility)과 같은 다수자가 자신의 특권이 도전받을 때 보이는 방어적 반응이 발생한다(DiAngelo, 2022; Sue, 2013). 둘째, InterGD가 다수자와 소수자의 대화 구조를 갖고 있기 때문에 소수자가 정보나 이해가 부족한 다수자를 '교육'해야 할 것 같은 부담을 느낄 수 있다. 대화에서 소수자가 자신의 경험을 대표적으로 증언해야 하거나, 다수자의 무지나 편견을 해소시키는 역할을 떠맡는 경우가 발생하기도 한다(Dessel et al., 2006; Gurin et al., 2013). 마지막으로 문화적 특성과 충돌할 수 있는데 한국처럼 권력 거리가 높고 체면과 배려를 중시하는 문화권에서는 직접 갈등을 드러내는 InterGD 방식이 부담스럽게 여겨질 수 있어, 참여자의 자기 개방이나 비판적 발언이 어려울 수 있다(장애경 외, 2022; Chang, 2010; Dai et al., 2022). 촉진자가 이러한 한계점을 인지하고 적극적으로 개입할 수 있는데 참여자들에게 기본 정보를 미리 학습하도록 과제를 부여하거나 집단 내 역동을 심리교육의 형태로 제공할 수 있다. 그러나 특정 조건, 예를 들어 다수자가 정체성 발달 초기 단계에 있거나 집단 간 갈등이 심각한 주제의 경우, 이러한 개입만으로 문제를 완전히 해결하기 어렵다.

(2) IntraGD

① 정의 및 목적

IntraGD는 동질적 정체성을 공유하는 집단(예: 같은 인종, 같은 성별 등) 내에서 이루어지는 대화로, 동일한 특권이나 억압을 공유하는 집단원 간 심리적 안정감을 기반으로 고정관념, 편견, 차별, 특권 등을 자기 성찰 중심으로 다룬다(Chesler et al., 2013; Rothman, 2014). 구체적으로는 집단 내부의 정체성, 권력 구조, 갈등 서사를 심층적으로 논의하고, 마스터 내러티브를 비판적으로 검토하며 대안을 모색할 수 있다. 예를 들어, 사회적 소수자는 사회화 과정에서 내면화된 특정 이데올로기를 비판적으로 인식할 수 있는 기회가 되고, 다수자는 자신이 가진 가정, 편견, 고정관념을 안전한 환경에서 돌아볼 수 있어 방어나 회피를 줄이는 데 도움이 된다(Sternberg et al., 2018). 이러한 과정을 통해 개인은 자신의 정체성을 성찰하고 사회적 불평등에 대한 이해를 깊이 있게 다지며, 궁극적으로 더욱 원활한 InterGD를 준비하게 된다.

IntraGD는 초기에는 InterGD를 보조하는 형태로 제안되었는데 IntraGD 과정을 선행함으로써, 이후 외집단과 대화할 때 참여자들은 보다 안정된 상태에서 상호작용에 임할 수 있고, 균형 잡힌 관점을 형성하기가 용이해지기 때문이었다(Sanders & Mahalingam, 2012). 최근에는 앞서 언급한 InterGD의 한계를 보완할 수 있는 독립적인 방식으로도 주목받고 있는데(Sanders & Mahalingam, 2012), IntraGD만으로도 비판적 의식이 높아지는 것이 보고되고 있기 때문이다(남혜라 외, 2025). 한국 사회처럼 갈등을 직접 표출하기 어려운 관계지향적 문화권에서는, IntraGD를 통해 구성원 간 신뢰를 다지고 자기검열을 완화함으로써 깊은 상호작용을 유도할 수 있다(장애경 외, 2022; Dai et al., 2022).

② 효과와 한계점

IntraGD는 안전한 환경에서 특권, 편견, 차별 등을 내집단의 시각으로 비판적으로 성찰할 수 있게 함으로써, 다수자에게는 자신이 누리는 특권을 인식할 기회를, 소수자에게는 마스터 내러티브에 대항하는 대안 내러티브를 형성할 기회를 제공한다(Sanders & Mahalingam, 2012). 그러나 일부에서는 동질적 집단 간 대화가 분리주의적이라거나, 다수자들끼리 모여 특권만을 논의

한다는 오해를 받기도 한다(Tatum, 2019). 이러한 비판은 IntraGD 과정에서 내집단 시각에만 지나치게 몰두하여 개인의 경험을 사회구조적 맥락과 연결 짓지 못하거나, 상호교차성을 통해 자신의 특권과 억압 경험을 통합적으로 파악하는 노력을 소홀히 할 때 발생할 수 있다.

4) InterGD와 IntraGD 차이점

InterGD와 IntraGD는 기반 이론과 대화 목표에서 유사한 면을 보이지만, 실제 대화가 전개되는 방식과 참여자 간 상호작용의 특성에서는 차이가 있다. IntraGD는 동일한 정체성을 공유하는 참여자들이 외집단의 시선이나 평가에 대한 부담 없이, 심리적으로 안전한 환경에서 내부적 성찰과 의견을 교환하도록 설계된다. 예컨대, 백인 IntraGD의 경우 유색인종의 시선을 의식하지 않고 백인성(whiteness)과 특권을 심층적으로 고찰하게 함으로써 헬름스(Helms, 1995)가 제시한 백인 인종 정체성 발달 단계를 촉진한다. 또한 테이텀(Tatum, 2019)이 강조한 '정직하고 솔직한 환경'을 제공함으로써, 참여자들은 특권과 편견에 대한 저항을 극복하고 자신의 정체성을 한 단계 더 발전시킬 수 있는 계기를 마련한다(Crider, 2015). 반면, InterGD는 갈등이 존재하는 사회적 정체성을 지닌 구성원들이 함께 참여해, 서로 다른 시각과 경험을 직접 마주하도록 유도한다. 장수지(Chang, 2010)는 이 과정을 통해 발생하는 '교차 인종적 경험'이 편견을 완화하고 상호 존중을 강화한다고 보았고, 크라이더(Crider, 2015)는 이러한 경험이 참여자들에게 폭넓은 구조적 불평등을 자각하게 하며 사회적 책임감을 높이는 데 기여한다고 강조했다.

두 방식은 학습 과정에서도 뚜렷한 차이를 보인다. IntraGD는 내집단 내에서 공유되는 마스터 내러티브나 편견을 비판적으로 탐색함으로써, 참여자들이 자신의 생각을 점검하고 정체성을 복합적이고 다층적으로 이해하도록 돕는다. 예컨대, 스턴버그 등(Sternberg et al., 2018)과 스타우브(Staub, 2013)는 이스라엘 학생들의 IntraGD 대화를 통해 외집단(팔레스타인)에 대한 폭력과 편견을 정당화하는 문화적 기제를 성찰하고, 갈등을 이분법적으로 인식하던 태도를 완화한 사례를 제시했다. 반면, InterGD는 다양한 집단 간 직접 대면을 통해 충돌과 긴장감이 생길 가능성이 있지만, 그 결과 상호 이해와 공감이 높아지고 장기적인 사회 통합 효과가 기대된다(Chang, 2010; Crider, 2015). 다시 말해, IntraGD가 개인의 내부적 성찰과 특정 집단 정체성 이해에 집중해 내적 변화를 이끌어 낸다면, InterGD는 서로 다른 집단이 관계를 형성하면서 상호작용을 확장하고 다양한 가치와 시각을 폭넓게 수용하도록 유도한다는 점이 특징적이다(Crider, 2015).

3. IGD 프로그램 구성 및 운영방안

IGD를 실제로 구성하고 운영하기 위해 주제 선정부터 4단계 대화 구조, 자기 반영일지 활용에 이르는 구체적인 방안을 살펴보고, 심리적 안정감과 참여자의 정체성 특성을 고려한 유연한 프로그램 설계의 중요성을 논의한다.

1) IGD 주제 선정: 사회적 · 역사적 갈등과 다양한 의견을 대화로 이끌기

IGD를 계획할 때 가장 먼저 검토해야 할 요소 중 하나는 주제 선정이다. 일반적으로 IGD는 사회적 갈등이 첨예하게 드러나는 인종 · 민족, 젠더, 정치 성향, 세대 차이, 사회계층 등과 같은 주제뿐만 아니라 역사적으로 갈등을 빚어 온 이스라엘-팔레스타인의 주제나 사회에서 다양한 의견이 나오고 있는 주제(예: Black Lives Matter)도 다룰 수 있다. IGD의 핵심 목표는 갈등을 유발하는 주제를 안전한 환경에서 대화하도록 하는 것이므로, 각 문화와 사회에 알맞은 주제를 선정할 수 있다.

서구 사회에서는 서로 다른 인종 · 민족 간 갈등이 빈번하게 발생하기 때문에, 인종 · 민족이 대표적인 대화의 주제로 보고된다(Frantell et al., 2019). 한국 사회에서 보면 '페미/한남'(젠더), '좌빨/수꼴'(정치), '꼰대/MZ'(세대), '금수저/흙수저'(사회계층) 등과 같은 신조어들이 생겨날 정도로, 첨예한 갈등과 긴장이 드러나는 주제들이 존재한다(김재훈 외, 2023). 이처럼 사회적으로 두드러진 갈등을 반영하는 것이 IGD의 주제가 될 수 있으며, 나아가 사회에서 터부시되거나 갈등이 존재하는 주제라면 특권과 억압의 프레임이나 마스터 내러티브와 내안 내러티브 관점을 통해 대화를 진행해 볼 수 있다.

(1) 사회계층 주제 선정의 한계와 대안: 안전한 대화 환경 조성

IGD가 가장 활발하게 적용되는 장면 중 하나인 대학에서는, 갈등을 야기하는 주제를 선정할 때 여러 사항을 고려해야 한다. 예를 들어, 수업을 수강하는 학생들로 InterGD를 구성하려면, 종교, 출신 지역, 성별 등 학생들의 사회적 정체성을 사전에 조사하고, 각 정체성과 관련된 대화 주제에 대한 학생들의 선호도도 함께 확인해야 한다. 또한 주제 선정 시 성별이나 인종처럼 가시적 정체성뿐 아니라, 사회계층이나 성적 지향처럼 비가시적 정체성까지 모두 살펴볼 필요가 있다. 예컨대, 비가시적 정체성인 성적 지향을 InterGD 주제로 선정하려면, 이는 성소수자 참여자의 커밍아웃과 밀접하게 연결되어 있어, 커밍아웃에 대한 명확한 의사를 확인했을 때만 진행할 수 있다. 또한 가시적 정체성이라 하더라도 학생들이 드러내기를 원치 않거나 대화를 꺼리는 주제도 있을 수 있으므로, 참여자들이 자신의 IGD 집단을 자율적으로 변경할 수 있도록 선택권을 보장하는 것이 중요하다.

한편, 장애경 등(2022)의 연구에서는 사회계층을 주제로 삼았을 때, 비록 중산층 내 세부 구분을 위해 설정된 기준이었음에도 아직 경제적으로 독립하지 못한 대학생들이 부모의 경제적 능력이 반영된 상위 중산층(upper middle class)과 하위 중산층(lower middle class) 기준으로 집단에 배정되는 데 심리적 불편을 호소한 사례가 보고되었다. 연구진은 학생들의 우려를 반영하여 보다 안전하게 느껴지는 출신 고등학교 유형(예: 일반고, 비일반고)으로 집단 명칭을 변경하였다. 이는 부모의 경제적 수준과 문화적 자산이 자녀 교육에 미치는 영향을 다루는 방식으로 사회계층 문제를 간접적으로 접근한 것이다. 결국 InterGD를 운영하는 촉진자는 참여자들이 심리적 안정감을 유지하면서도 사회적 문제를 논의할 수 있는 주제를 선택해야 한다.

(2) 특권과 억압 프레임을 넘어선 주제 확장: 종교와 역사적 갈등 사례

IGD 주제를 선정할 때는 '특권 집단 vs 억압받는 집단' 구도로만 접근하기보다, 참여자들이 가진 마스터 내러티브를 밝혀내고, 이것이 어떻게 형성되어 왔는지를 비판적으로 검토하여 대안 내러티브를 만들어 갈 수 있도록 돕는 관점이 유용하다. 종교를 예로 들면, 서구(예: 미국)에서는 기독교인이 특권 집단이라는 인식이 사회적으로 널리 공유되어 있지만, 한국에서는 특정 종교가 특권을 갖고 있다고 보기 어렵다. 따라서 종교 간 대화를 진행할 때는 특권과 억압이라는 이분법적 구도에만 집중하기보다, 특정 종교(또는 무종교)에 대해 사회문화적으로 형성된 내러티브를 참여자들이 어떻게 내면화했는지를 함께 살펴보고, 이를 비판적으로 성찰하며 대안적 이야기 생성하도록 지원하는 과정으로 IGD를 진행할 수 있다. 맥클린과 사이이드(McLean & Syed, 2015)가 말하는 마스터 내러티브는 문화 · 사회 · 권력 구조를 반영한 '문화적 각본'으로, 개인의 사고와 행동에 막대한 영향을 미치며 편견이나 갈등을 지속시킨다. 예를 들어, 기독교인의 '모든 일은 하나님의 뜻대로 결정된다'나 비종교인의 '내 삶은 나의 선택으로 결정된다' 같은 내러티브를 드러내고 비판적으로 바라보면, 신앙이나 자율성이 구조적 불평등을 간과하게 만들거나 사회적 약자를 충분히 배려하지 못하도록 작동하는지를 성찰할 수 있다.

마스터 내러티브가 더욱 복잡하게 얽힌 역사적 갈등 사례에서도 IntraGD는 효과를 발휘할 수 있다. 예를 들어, 이스라엘-팔레스타인 갈등은 민족, 인종, 종교, 사회계층 등이 교차하는 대표적 예시로, 각 집단이 내집단의 피해만 강조하고 외집단에 대한 공감은 차단하는 마스터 내러티브를 형성하기도 한다(Ben David et al., 2017). 이런 상황에서 IntraGD는 이분법적인 해석을 넘어, 역사적 진실과 정의, 도덕적 책임에 대한 논의를 이끌어 냄으로써 마스터 내러티브에 대한 도전을 가능하게 한다. 동시에 참여자들이 자신의 정체성과 책임을 재평가할 수 있도록 유도하고, 상호 이해와 관계 회복을 모색해 볼 수 있는 장을 마련해 준다. 결국 IGD의 주제 선정은 사회적 갈등이 분명하게 드러나는 영역을 중심으로 하되, 참여자들의 심리적 안전과 정체성 특성을 고려하고, 마스터 내러티브를 비판적으로 고찰하며 새로운 내러티브를 생성해 나가는 방향으로 이루어져야 한다.

2) 프로그램 구성

IGD는 반(半)구조화된 프로그램으로, 일반적으로 7~12회기에 걸쳐 점진적으로 집단의 심도를 높여 가며 체계적인 교육적 접근을 지향한다. 이 과정은 참여자들이 개인적 경험을 공유하고, 이를 통해 서로의 차이를 이해하고 공감하도록 돕는 경험적이며 친밀한 방식으로 운영된다. 또한 IGD는 단순히 내용(content) 학습에만 초점을 두는 것이 아니라, 과정(process) 자체를 학습의 중요한 요소로 삼는다.

IGD는 주로 수니가 등(Zúñiga et al., 2007)이 제안한 4단계를 따르며, 운영하는 곳의 상황에 맞춰 회기 수나 시간은 유연하게 조정할 수 있다. 예를 들어, 김지선 등(Kim et al., 2025)은 일반인을 대상으로 InterGD와 IntraGD를 각각 운영하며 1시간 30분씩 총 7회기를 진행하였고, 정지선과 안진아(2023)는 교양수업 참여 활동으로 75분씩 7회기에 걸쳐 IGD를 운영하였다. 이들은 모두 동일한 4단계 구조를 따랐다. 단계별 진행을 통해 참여자들은 집단 내에서 안정감을 형성하고, 차별과 억압을 인식하며, 신문기사나 영상과 같은 자료를 통해 논쟁이 되는 이슈에 대해 심층 논의한 후, 최종적으로 구체적인 행동계획으로 연결하도록 돕는 구조를 갖추게 된다. 여기에서는 정지선 등(2023)에서 한국의 맥락에 맞춰 7회기로 수정한 지침서의 단계별 회기, 주제, 내용을 설명하고자 한다(〈표 14-1〉 참조).

(1) IGD의 4단계

IGD는 먼저 집단원들 간의 관계를 형성하고 대화법을 배우는 1단계가 이루어진다. 2단계에서는 집단원들 사이의 공통점과 차이점을 발견하며, 사회적 정체성 안에 녹아 있는 상호교차성을 인식하게 된다. 이 과정을 토대로 사회에서 갈등이 되는 주제를 집단 안으로 끌어와, 안전한 분위기와 촉진자의 지지를 바탕으로 대화를 나누는 3단계가 진행된다. 앞의 1, 2단계는 3단계

표 14-1 IGD의 세부 내용

단계	회기	주제	내용
관계 형성	1	관계 형성	자기소개 아이스 브레이킹 활동 Brave space Safety에 대한 대화 Hopes and fears 우리의 기대(규칙)
	2	대화와 논쟁	대화 시각화 활동 대화와 설득의 차이 대화연습 듣기연습 핵심활동 1: 정체성 바퀴
차이와 공통점	3	사회화 과정	핵심활동 2: 인생 그래프 하로(Harro, 1997)의 사회화 주기
	4	특권과 억압	핵심활동 3: 알사탕 활동 대화에 대한 대화
핫토픽	5	핫토픽 1	핫토픽 주제는 매 회기 선정
	6	핫토픽 2	핫토픽 주제는 매 회기 선정
행동계획	7	행동계획	핵심활동 4: Four corners 행동 계획하기

를 위한 준비 단계로서, 집단 상황에 따라 회기를 유연하게 조절할 수 있다. 예를 들어, 남혜라 등(2025)은 소규모 수업의 체험활동 일부로 IntraGD를 진행하였다. 이때 이미 참여자들 사이의 관계가 형성되어 있었기 때문에, 1단계인 관계 형성은 1회기로 짧게 진행하고, 2단계인 차이와 공통점 탐색은 3회기로 구성하여 이후 3단계 '핫토픽'을 논의할 준비 과정을 더욱 강화하였다. 3단계에서 다루는 핫토픽은 집단 내 긴장과 갈등을 불러일으키는 동시에 변화를 이끌어 낼 수 있는 기회가 되는데, 사회적으로 갈등을 일으키는 주제에 대해 집단원들이 어떻게 생각하는지 탐색하고, 그것이 집단원들이 지닌 특권과 억압, 상호교차성과 어떻게 연결되는지 함께 살펴본다. 이 과정을 통해 각 개인은 자신의 사회화 과정과 마스터 내러티브를 인식하고 비판적 시각을 갖게 된다. 마지막 4단계에서는 지금까지의 인식과 통찰을 바탕으로, 앞으로 어떻게 다른 방식으로 행동할 것인지 계획하며 IGD가 마무리된다.

① 1단계: 안전한 관계 형성과 규칙 설정

1단계(약 2회기)에서는 집단원들 간의 안전한 관계 형성을 최우선 과제로 삼고, 집단 규칙을 함께 설정하며, 대화법을 익히는 데 집중한다. 참여자들의 심리적 안정감을 높이고 신뢰를 쌓는 것이 핵심이다. 실제 운영할 때는 활동과 심리교육(예: Brave space, 대화와 설득의 차이) 위주로 진행되는데, 예를 들어 핵심활동 1인 정체성 바퀴([그림 14-2] 참조)는 다양한 정체성 목록(예: 인종, 성별, 나이, 사회계층, 장애 유무 등)을 채워 넣도록 한다. 각 정체성과 관련해 경험한 특혜나 차별을 표시하고, 그 경험이 자기 삶에 어떤 영향을 미쳤는지 간단히 메모한다. 활동 후에는 집단원들이 함께 느낌과 깨달음을 나누면서, 개인이 지닌 정체성이 사회적 맥락에서 어떻게 작동하는지 인식하고, 여러 정체성 사이의 상호교차성을 자연스럽게 논의하게 된다. 결국 이러한 과정을 거치며 집단의 분위기가 조성되고, 참여자들은 대화에 익숙해질 수 있다.

[그림 14-2] 정체성 바퀴 활동지

② 2단계: 공통점과 차이점 탐색

2단계(약 2회기)에서는 집단원들이 차별, 억압, 선입견 등의 용어에 익숙해지고, 이와 관련된 개인적 경험을 공유하면서 서로의 공통점과 차이점을 깊이 이해하는 과정을 거친다. 예를 들어, 알사탕 활동은 특권과 억압 개념을 체험적으로 이해하기 위한 방법으로, 촉진자가 특권과 관련된 문항을 차례대로 읽어 주면, 참여자들은 해당된다고 느낄 경우 앞으로 나와 사탕을 하나씩 가져가는 방식으로 진행된다. 예컨대, '성장 과정에서 해외여행을 여러 번 다녀올 수 있었다'라는 문항이 제시되면, 해당되는 사람만 사탕을 가져간다. 이는 사회계층과 관련된 문항으로, 사탕을 가져갔다는 사실 자체가 해당 집단원에게 특정 특권이 있음을 시사한다. 여러 문항을 거쳐 활동이 끝난 뒤에는, 누가 사탕을 많이 가져갔는지, 누가 상대적으로 적게 가져갔는지를 함께 확인하고 이에 대한 감정과 깨달음을 나눈다. 이를 통해 사회구조가 부여하는 특권 혹은 억압을 시각적으로 확인하고, 개인의 경험이 어떻게 서로 다를 수 있는지 체감하게 된다.

③ 3단계: 핫토픽 다루기

3단계(약 2회기)는 IGD의 핵심이라 할 수 있는 핫토픽을 다루는 단계이다. 가령, 종교 집단이라면 '코로나 시기 대면예배'에 관한 신문기사를 토대로 대화거리를 선정하고, 일주일 전에 이를 참여자들에게 공유해 놓은 뒤, 회기에 들어서는 각자 사전에 정리한 생각을 바탕으로 대화를 진행한다. 이처럼 민감한 주제를 공유하는 과정에서 집단원들은 서로의 관점을 폭넓게 이해하고, 갈등이 생길 경우 이를 대화로 풀어 가는 경험을 하게 된다. 핫토픽의 주제는 촉진자가 정하거나 참여자에게 추천을 받아 정할 수도 있다.

④ 4단계: 사회 변화를 위한 행동계획 수립

마지막 4단계(약 1회기)에서는 이전 단계까지의 대화를 바탕으로 사회 변화를 위한 행동계획을 세운다. 이때도 구조화된 활동이 병행되어, 참여자들이 구체적인 실천 방안을 고민하고 공유하도록 돕는다. Four corners 활동을 예로 들 수 있다. 구체적으로 IGD 주제와 관련하여 억압자, 피억압자, 침묵하는 자, 옹호자 네 가지 위치를 방의 네 구역(코너)에 적어 놓고, 참여자들이 과거에 본인이 차별받았거나, 차별했거나, 방관했거나, 옹호했던 경험을 포스터잇에 적고 네 개 구역에 붙여 놓는다([그림 14-3] 참조). 참여자들은 자유롭게 코너를 옮겨 다니면서 각 위치에 있는 포스터잇을 읽고 참여자들이 어떤 경험을 했는지 탐색해 본다. 이를 통해 차별 상황에서 어떤 역할을 했고, 행동하지 못했다면 그 이유가 무엇이었는지 성찰하며, 다른 참여자들은 어떻게 해결하려고 노력했는지 살펴본다. 이 과정을 통해 옹호자로서의 방법들을 계획할 수 있도록 돕는다.

[그림 14-3] Four corners 활동 장면

(2) IGD 과정의 심화: 자기 반영일지

IGD 참여자들은 참여과정에서 명확한 답변을 얻지 못하거나, 생각이 충분히 정리되지 않은 채 다음 회기로 넘어가면서 미완결로 인한 불편함을 호소하기도 한다. 이는 7회기 이상에 걸쳐 진행되는 IGD 특성상 자연스럽게 발생하는 감정으로, 회기 사이에 미해결된 주제를 스스로 되짚어 볼 기회를 마련해 주는 것이 중요하다. 특히 학교 수업의 일부로 IGD를 운영할 때는, 회기마다 자기 반영일지를 작성하도록 독려하는 방법이 도움이 될 수 있다. 남혜라 등(2025)은 참여자들이 '자기 반영일지를 통해 각 회기에서 나눈 경험을 충분히 소화할 수 있었다.'고 공통적으로 보고했다고 하였다. 회기 시간이 짧아 주제를 깊이 있게 다루지 못했을 때나 즉각적으로 의견을 표현하기 어려웠던 경우에도 글로 적어 보며 생각을 정리하고 이전 기록을 되돌아보는 과정이 대화 진행에 큰 힘이 되었다는 것이다. 이러한 결과는 자기 반영일지가 IGD 과정에서 생겨나는 미완의 질문과 미해결된 감정들을 보다 체계적으로 성찰하고, 궁극적으로 IGD 참여도와 질적 수준을 높이는 데 기여함을 시사한다.

4. 한국적 맥락에 적합한 IGD 프로그램 개발 및 적용

IGD를 국내에서 적용할 때 필요한 지침서가 부재하고, 촉진자 역량에 관한 구체적인 기준 역시 명확하지 않아, 이를 체계적으로 정리한 프로그램 개발의 필요성이 제기되었다. 여기에서는 정지선 등(2023)에서 제시한 IGD 지침서 개발 과정을 중심으로, 국내 현실에 맞춘 IGD 매뉴얼화와 촉진자 훈련 프로그램을 소개한다.

1) 국내 현실에 맞춘 IGD 매뉴얼화 과정

(1) IGD 전문 교육과정 이수 및 연구자의 경험

정지선 등(2023)은 IGD 촉진자 훈련 프로그램을 개발하면서, 촉진자들에게 제공할 지침서를 번역하고 현지화하여 보완하는 과정을 거쳤다. 이 연구의 제1저자는 테네시 대학교 대학원의 고급 집단상담 기술 수업에서 InterGD를 참여자로서 경험하고, 촉진자로서 훈련받는 과정을 이수하고, 이후 미국 National Intergroup Dialogue Institute가 주관하는 프로그램에 참여하여 IGD의 철학과 모델을 학습했다. 해당 기관은 매년 고등 교육 기관의 교수진 및 직원을 대상으로 IGD 교육을 제공하고 있다. 이후 제1저자는 National Intergroup Dialogue Institute에서 개발한 지침서를 요청해 제공받았고, 이를 기반으로 IGD 운영 지침서를 정지선 등(2023)의 교신저자와 공동으로 번역하고 현지화하는 과정을 거쳤다. 구체적으로 완성된 지침서는 각 회기의 목표, 이론적 배경, 준비물, 활동 방법, 소요 시간, 예시, 촉진 시 주의사항 등을 담고 있으며, 실제 진행에 활용할 수 있는 활동지와 함께 구성되어 있다.

(2) 미국 IGD 전문가 자문

미국 IGD 전문가 1인으로부터 한국 사회에 적합하게 현지화하는 과정에 대한 자문을 구했다. 예컨대, 한국의 체면, 고맥락, 관계중심 문화가 드러나는 상황을 고려하여, 4차시에 '대화에 대한 대화'를 실시하도록 제안받았다. 이를 통해 집단원들이 대화의 '내용'뿐 아니라 '과정' 자체에도 주목할 수 있도록 유도한다. 특히 "집단이 서로 어떻게 상호작용을 하고 있으며, 초기 회기에서 배운 대화 기술을 잘 사용하고 있는가?"와 같은 질문들을 정리해 촉진자가 활용하게 함으로써, 과정 중심의 성찰을 돕는다. 또한 관계 형성을 강화하기 위해 아이스 브레이킹 활동을 적극적으로 활용하는 방안도 조언받았다.

(3) 전문가 자문을 위한 델파이 조사

앞서 진행한 (1)과 (2) 단계를 거쳐 프로그램을 개발한 뒤, 이를 검증하기 위해 델파이 조사를 실시하였다. 조사 대상은 정지선 등(2023)의 저자들이 추천한 다문화 상담 · 다양성 관련 분야의 박사학위 소지자 8명이었으며, 이들은 실제로 해당 분야에서 연구 및 강의를 담당하고 있다. 1 · 2차에 걸친 조사에서 8명 전원이 응답을 완료했고, 참가 전문가의 전공은 상담심리, 정치학, 진로발달, 교육상담 등으로 다양했다. 이들은 프로그램의 내용과 구조의 적절성을 평가하였으며, 그 결과를 토대로 지침서를 보완하여 최종안을 완성하였다.

2) IGD 촉진자 훈련 프로그램 개발

정지선 등(2023)은 김창대(2002)가 제안한 프로그램 개발 모형의 4단계를 통해 IGD 촉진자 훈련 프로그램을 개발함으로써 시범운영과 참여자 대상 포커스 그룹 인터뷰 내용을 반영하여 최종 프로그램을 완성하였다. 이후 실제 촉진자를 대상으로 프로그램을 실행하고 평가하는 과정을 거쳤다. 개발된 촉진자 훈련은 이론 · 체험 · 실습을 유기적으로 결합함으로써 실제 현장에서 IGD를 실시할 촉진자를 체계적으로 양성하는 토대를 마련하였다.

(1) 1단계: 목표 수립

국내외 선행연구와 문헌 검토, 기존 자료 분석을 통해 국내에 적합한 IGD 촉진자 훈련 프로그램의 필요성과 타당성을 확인하였다. 기존 다문화 교육 프로그램은 지식전달, 강의 위주로 한계를 보이며, 촉진자 역량과 자격에 대한 구체적인 기준이 모호한 점 등이 문제로 지적되어 왔다(장애정 외, 2022). 기존 다문화 교육의 한계를 보완할 새로운 방향으로 '한국형 IGD 촉진자 훈련'이 필요함을 확인했다.

(2) 2단계: IGD 촉진자 훈련 프로그램 구성

① 이론과 체험 구성

촉진자 훈련은 총 6회기로, 2회기 동안 IGD 이론(IGD 정의, 목표, 이론적 근거, IGD의 4단계 등), 3회기 동안 IGD 체험(핵심활동, 핫토픽), 마지막 1회기는 마무리 및 질의응답으로 설계되었다. IGD 이론(1~2회기)은 대집단 강의 형태로 진행되고, IGD 체험(3~5회기)은 최대 8명으로 구성하여 소집단에서 두 명의 촉진자가 실제 IGD 진행방식으로 시연하고 진행하였다. 매 회기의 말미에는 10분 정도 질의응답 시간을 두어 활동을 되돌아보고 반영하는 시간을 가졌다. 마지막 6회기는 다시 대집단 형태로 진행하며, 훈련 전체를 마무리하고 질의응답을 통해 프로그램을 정리한다.

② IGD 전문가 자문

①에서 구성한 촉진자 훈련 프로그램과 관련해, 미국의 IGD 전문가는 촉진자들이 훈련 과정에서 겪게 될 불안과 저항에 유연하게 대처할 수 있는 방안을 조언했다. 또한 제한된 시간 안에 프로그램을 진행하는 원리를 충분히 숙지함으로써, 촉진자들이 다양한 상황에 스스로 대처할 역량을 기를 수 있도록 구체적인 제안을 제공했다.

③ 프로그램 실행가능성 및 일반화 검토

개발된 훈련 프로그램은 정지선 등(2023)의 저자들이 시범운영하여 직접 프로그램을 체험하고, 촉진 질문이나 세부 활동을 보완하였다. 또한 IGD 촉진자 훈련생 선정 기준에 대한 논의도 진행하였는데, 최소한의 상담 자격증(2급 이상), 집단상담 운영 및 참여 경험, 그리고 IGD 주제와 관련하여 촉진자가 자기개방(예: 성적지향, 성별 정체성) 가능 여부 등을 검토하였다.

(3) 3단계: 예비연구 및 프로그램 수정

① 시범운영 실시

정지선 등(2023)의 저자들은 학교 내 홍보를 통해 상담 전공 석·박사 과정생 19명을 모집하고, 하루 동안 프로그램을 시범운영하였다. 구체적으로 오전에는 이론 중심의 대집단 강의를, 오후에는 체험 중심의 소집단 활동을 진행하였다. 시범운영의 IGD 주제는 성적지향과 성별 정체성으로 설정했으며, 참여자들에게 훈련 과정임을 명확히 안내하고 자기개방 시 주의사항을 사전에 설명하였다. 또한 집단은 석사 과정생과 박사 과정생으로 구분된 두 소집단으로 나누어 진행하였다.

② 포커스 그룹 인터뷰를 통해 개선점 도출

시범운영에 참여한 촉진자 훈련생을 대상으로 포커스 그룹 인터뷰를 진행해, 훈련의 내용과 방법에 대한 총 4개 영역(13개 범주)의 개선점이 제시되었다. 주요 이슈는 다음과 같았고, 이러한 개선점들을 반영하여 훈련 프로그램을 보완·수정하였다.

- **촉진자 훈련 초기 구조화:** 촉진자 자격 조건과 이중관계(교수 · 학생, 수퍼바이저 · 수퍼바이지)를 고려하고, 안정감을 높이는 방안을 마련할 필요성
- **교육생 학습 지원:** 핫토픽 회기 전후의 연결성 강화, 주제 선정 시 정체성 개방 부담 최소화
- **체계적 프로그램 · 지침서:** 사전 지침서 제공, 아이스 브레이킹 활동 확대, 이론과 실습을 분리 운영하는 방식 등
- **다양한 실습 · 훈련 연계:** 시연을 통한 모델링, 참여자 · 촉진자 경험의 균형 유지, 관찰자 역할 도입, 시연 영상 활용 등

③ IGD 전문가 2차 자문

포커스 그룹 인터뷰 내용을 바탕으로 수정된 촉진자 훈련 프로그램에 대해 미국의 IGD 전문가는 다음과 같은 자문을 했다. 먼저, 이론교육과 체험 · 실습을 분리해, 사전 온라인 강의 후 하루 6시간 워크숍 형태로 재구성하는 방안을 제시했다. 중간점검 활동('대화에 대한 대화' 등)을 통해 핫토픽 진행 부담을 완화하고, 자기개방 어려움은 병렬과정(실제 참여자도 느끼는 어려움)으로 받아들여 상호 공감 기회로 삼도록 조언했다.

(4) 4단계: 최종 프로그램 실행

① 델파이 조사

시범운영과 포커스 그룹 인터뷰 결과를 반영한 프로그램을 놓고, 다문화 상담, 다양성 분야 박사 8명에게 델파이 조사를 실시하였다. 이론, 체험, 실습 세 영역에서 내용과 형태의 적절성을 평가받아, 내용타당도 지표를 충족하는 방식으로 수정 · 보완하였다.

② 최종안 확정 및 만족도 조사

최종 확정된 프로그램은 비대면 이론교육 2회기와 대면 체험 · 실습 7회기(총 9회기)로 구성되었다. 성적지향과 성별 정체성 주제를 다루는 IGD를 운영할 촉진자를 양성하기 위해, 온라인 커뮤니티를 통해 모집한 상담 전공자 10명에게 교육 일주일 전에 이론 강의 영상을 제공하고, 이후 대면 워크숍을 진행한 뒤 참여자 만족도를 조사한 결과, 전반적으로 긍정적인 평가가 확인되었다.

5. IGD 촉진자 역량개발

1) IGD 촉진자 역할

IGD 촉진자는 프로그램 전반을 구조화하고, 참여자 간 대화 과정을 조율하며, 집단 내에서 발생할 수 있는 갈등과 긴장을 다루는 역할을 수행한다. 일반적으로 InterGD는 각 집단을 대표할 수 있는 정체성을 지닌 두 명의 촉진자가 함께 진행한다. 특히 촉진자는 자신이 진행하는 집단 정체성에 대한 이해와 당사자성을 갖춘 사람으로 선정하여, 간접적으로 얻은 지식이 아니라 개인적 경험을 기반으로 진행하도록 한다. 미국의 경우, 촉진자는 과거에 IGD에 참여한 경험이 있고 IGD 교육을 이수한 사람이 맡는다. 예를 들어, 테네시 대학교에서는 학부와 대학원 수업을 연계하여, 대학원생들이 IGD에 참여한 뒤 한 학기 동안 수업의 일부로 IGD 촉진자 교육을 받고 이후 학부 수업에서 IGD를 진행하는 구조가 체계화되어 있다(White et al., 2019).

국내 현실은 다문화 교육이 아직 충분히 자리 잡지 못했고, 정규 교육과정에서 다양성 교육을 위한 촉진자 양성 시스템 역시 드문 상황이다. 또한 문화적 역량에도 개인별 편차가 큰 만큼, IGD 촉진자를 양성하는 데 신중을 기할 필요가 있다. 이러한 맥락에서 정지선 등(2023)은 IGD 촉진자 훈련 프로그램을 개발하면서, 미국과는 달리 상담 전공자를 중심으로 촉진자를 제안하였다. 이는 한국 사회에서 문화적 차이, 차별, 갈등, 억압에 대한 논의가 활발하지 않은 현실을 고려하여, 집단 내 갈등과 역동이 발생했을 때 민감하게 인식하고 적절하게 개입할 수 있는 문화적 감수성과 역량을 지닌 인력을 우선 양성하기 위함이다. 특히 사회적 소수자가 집단 밖에서 겪어 온 소외와 차별이 IGD 안에서도 재현될 수 있으므로, 촉진자의 세심한 관찰과 적극적인 개입은 필수적이다. 그러나 IGD는 집단상담이라기보다 심리교육적 성격에 가까운 프로그램이므로, 교사나 HRD 전문가 등 다양한 직종·배경을 가진 이들도 충분한 교육과 실습을 거친 뒤라면 촉진자로 활동할 수 있다(정지선, 2018). 다만, 프로그램 초기에는 IGD 운영이 무분별하게 이루어지는 상황을 방지하기 위해 상대적으로 까다로운 선정 기준을 설정하였으며, 궁극적으로는 다문화에 대한 이해와 적절한 개입 능력을 갖추도록 촉진 기술과 태도에 대한 충분한 훈련을 받은 후에야 IGD를 진행하는 것이 바람직하다(정지선 외, 2023).

2) IGD 촉진자의 기술

정지선 등(2023)에 따르면, IGD 촉진자가 갖추어야 할 핵심역량은 미시건 모델을 중심으로 총 다섯 가지 영역으로 구분된다. 첫째, 듣기 영역이란 참여자가 표현하는 말과 정서를 정확히 파악하고, 이에 적절히 반응함으로써 참여자 스스로도 깨닫지 못했던 강점이나 가치를 발견하여 드러낼 수 있도록 돕는 대화 방식을 말한다. 둘째, 질문하기 영역은 다양한 질문을 통해 토론과 성찰을 촉진하고, 대화를 요약 · 정리함으로써 집단원들이 더욱 깊이 있는 논의를 이어 가도록 지원하는 역량을 뜻한다. 셋째, 참여자 간 상호작용 촉진 영역은 집단원들이 서로 질문과 답변을 주고받으며 자연스럽게 대화를 지속하도록 유도하는 데 초점을 맞춘다. 넷째, 경험과 생각 나누기 격려 영역에서는 촉진자가 먼저 자신의 경험을 진솔하게 공개하여 위험을 감수함으로써, 다른 구성원도 자신을 개방하도록 이끄는 롤모델 역할을 수행한다. 마지막으로, 집단 역동 인지 및 관리 영역은 누가 말하고 침묵하는지를 면밀히 살펴보고, 침묵이 담고 있는 의미나 언급되지 않고 넘어가는 주제는 없는지 파악한 뒤, 필요할 경우 이를 집단 차원에서 적극적으로 다루도록 이끄는 기술을 포함한다(정지선 외, 2023).

3) IGD 촉진자의 태도: 다중편향적 접근

다중편향적 접근(multipartial approach)은 촉진자가 마스터 내러티브를 드러내고 비판적으로 분석하면서도, 모든 참여자의 목소리를 존중하는 방식을 의미한다(Maxwell et al., 2023). 촉진자의 태도는 중립적 태도로 누구의 편도 들지 않는 것이 아니라, 오히려 모두의 편에 서는 것에 가깝다. 촉진자가 완전히 중립적인 역할만 수행할 경우, 기존 마스터 내러티브가 유지 및 강화될 가능성이 높다. 반면, 촉진자가 약자의 입장을 적극적으로 지지하고 마스터 내러티브를 강하게 비판하면, 기존 권력을 가진 참여자는 방어적 태도를 취하거나 대화에서 소외될 가능성이 커진다(Fisher & Petryk, 2017). 따라서 촉진자는 마스터 내러티브가 대화 속에서 어떻게 작동하는지를 가시화하여, 참여자들이 이를 비판적으로 성찰하도록 돕는다. 즉, 지배적 담론을 단순히 거부하기보다는 이를 드러내고 탐색함으로써, 참여자들이 더욱 깊이 이해하고 성찰할 수 있도록 지원해야 한다. 이를 통해 대안 내러티브를 발굴할 수 있다. 중요한 부분은 소수자 참여자의 서사를 중심에 두되, 다수자 참여자가 대화에 적극적으로 참여하도록 장려하는 것으로 기존 권력 관계를 반영하면서도 새롭게 관계를 형성하고 학습할 수 있는 환경을 조성하는 태도를 지향한다(Maxwell et al., 2023).

6. IGD로 인한 성장과 변화

1) IGD와 다양성, 함께 열리는 마음

개인의 고유한 정체성과 그로 인한 다양한 생각과 관점을 문화적 다양성으로 정의했을 때, 이 문화적 다양성에 대해 열린 태도는 문화적 역량을 형성하는 데 있어 중요한 출발점이다(Pascarella et al., 1996; Whitt et al., 2003). 이를 다양성 수용도(openness to diversity)로 볼 수 있는데, 이와 같은 다양성 수용도는 기본적으로 문화적 겸손을 동반한다. 즉, 문화적 겸손은 '알지 못한다'는 자기 반성을 바탕으로 타인에 대해 열려 있는 마음으로 타인의 문화를 탐색하고, 우월한 태도로 행동하지 않는 것으로 지속적인 자기 성찰과 열린 태도를 강조한다(이은진 외, 2022; Greene-Moton & Minkler, 2020; Tervalon & Murray-Garcia, 1998). 이는 지식, 인식/태도, 기술로 대변되는 문화적 역량과는 유사하지만 구별되는 개념이다. 다양한 배경을 가진 개인들과 효과적 소통 및 협력을 위해서는 구체적인 기술과 지식뿐 아니라, 끊임없는 자기 성찰과 타인에 대한 열린 태도가 함께 요구되기 때문이다.

(1) 다양성 수용도에서의 긍정적 변화

한국 대학생을 대상으로 한 InterGD 연구에서 다양성 수용도가 유의미하게 증가하는 양상이 반복적으로 관찰되었다(장애경 외, 2022; 정은선, 2022; 정지선, 안진아, 2023). 예컨대, 정지선과 안진아(2023)는 문제 기반 학습(problem-based learning: PBL)과 InterGD를 비교한 결과, 두 교육방법 모두 수업 전보다 다양성 수용도와 공감, 협력적 자기효능감이 높아졌다고 보고하였다. PBL과 InterGD 간 차이는 없었으나, 실제적 경험을 통해 자신의 고정관념을 재인식하고, 타인의 경험을 수용하는 태도를 갖게 되는 점에서 공통된 긍정 효과가 발견되었다. 나아가 정은선(2022)은 예비교사 대상 InterGD 연구에서, 참여자들이 타인의 의견을 존중하고 다양한 시각을 수용하는 태도를 학습 과정 중에 형성해 나갔다고 밝혔다. 장애경 등(2022)도 대학생과 대학원생을 대상으로 한 InterGD에서 '내가 틀릴 수도 있다'라는 문화적 겸손이 발휘될 때, 대화에 대한 불편감이 감소하고, 다양한 견해를 열린 마음으로 수용할 수 있었다고 보고하였다.

(2) 개인차를 고려한 접근: 거부민감성의 조절효과

InterGD 참여자 개개인의 심리적 특성(예: 거부민감성)이 다양성 수용도 변화에 영향을 미칠 수 있다는 지적이 있다. 정지선과 이항심(2025)의 연구에 따르면, InterGD에 참여한 학습자들의 다양성 수용도가 전반적으로 향상되었으나, 거부민감성이 높은 참여자일수록 그 변화 폭이 상대적으로 낮게 나타났다. 이는 자신이 배제되거나 거부될 수 있다는 두려움이 대화 과정에서 자기표현을 주저하거나 갈등을 피하려는 태도로 이어져, InterGD의 긍정적 효과를 부분적으로 제한할 수 있음을 시사한다. 따라서 InterGD를 진행할 때에는 거부민감성이 높은 참여자들이 안심하고 의견을 제시할 수 있도록, 타인의 거절에 대한 두려움이나 불안을 낮춰 줄 수 있는 사전 심리교육을 제공하고, 안정적인 환경을 조성하는 촉진자의 역할이 중요하다(정지선, 이항심, 2025).

(3) 장기적 시각이 필요한 이유: 태도 변화와 지속적 실천

다양성 수용도는 낯선 문화나 관점과의 교류에 열린 태도를 측정하기에, 짧은 기간의 개입으로는 급격한 변화를 기대하기 어렵다는 한계도 있다(Bezrukova et al., 2016). 실제로 정지선(게재 심사 중)은 IntraGD 기반 집단상담에서 편견 감소와 비판적 의식은 증진되었으나, 다양성 수용도는 통계적으로 유의미한 변화가 나타나지 않았다고 보고하였다. 이는 개인의 태도적 특성이 반영된 다양성 수용도는 장기적 실천과 교류가 축적될 때 더 뚜렷하게 증진될 수 있다고 제안했다(정지선, 게재 심사 중). 예를 들어, 참여자들의 정체성 발달 단계(Cross, 1971; Helms, 1995)를 함께 고려했을 때, 참여자들이 정체성 발달 단계의 초기에 있는 경우 편견을 자각하고 구조적 억압에 문제의식을 느끼기 시작하는 단계(만남 단계)에 도달했으나, 문화적 겸손에 기반한 열린 태도로까지 나아가려면 다양한 경험 및 숙고의 시간이 필요한 것으로 보았다. 다양성 교육효과에 대한 메타연구에서 태도보다는 인지적 학습에서 효과가 더 크게 나타났는데 태도를 변화하는 데는 더 오랜 시간이 걸리는 것으로 볼 수 있다(Bezrukova et al., 2016).

2) 다른 이를 이해하고 공감하기: 대화의 힘

IGD는 집단 간 접촉 가설(Allport, 1954)에 기반하여 내집단과 외집단 간에 상호작용을 이끌어 냄으로써, 기존에 피상적으로만 이해하던 상대 집단을 실제적 경험 수준으로 끌어올린다. 서로의 경험과 감정을 공유하다 보면, 상대에 관한 다양한 정보를 더욱 깊이 이해하게 되고, 외집단에 대한 인지적 오류(예: 타인의 행동 평가 시 상황적 요인을 무시하고 성격적 요인으로 귀인하는 기본적 귀인 오류)에서 벗어날 가능성이 높아진다. 나아가 '나 역시 같은 상황이라면 어떨까?'라는 물음을 통해 자연스럽게 상대의 입장을 고려하게 됨으로써, 대화와 갈등은 오히려 상호 간 공감과 이해를 높이는 긍정적 변인으로 작용한다.

(1) 인지적 공감 vs. 정서적 공감: 무엇이 변하나

IGD는 서로 다른 관점을 이해하고 수용하는 과정에서, 인지적·정서적 공감에 변화를 이끌어 낸다. 인지적 관점 취하기와 같은 인지적 공감에서 변화가 국내외 연구에서 주요하게 보고된다(남혜라 외, 2025; Frantell et al., 2019), 장애경 등(2022)도 질적 분석을 통해 InterGD가 참여자의 관점 수용 능력을 높였음을 제시하였다. 예컨대, 종교인과 비종교인 집단을 대상으로 종교적 갈등을 다루는 InterGD를 진행한 결과, 이전에는 모호하고 낯설게만 느껴지던 상대를 나와 유사한 고민과 가치를 지닌 사람으로 인식하게 되었다고 보고하였다. 이렇듯 인지적 공감이 먼저 두드러지는 이유로는, 갈등 상황에서 감정을 억제하고 이성적 접근을 우선시하는 참여자들의 태도(Chang, 2010), 정서적 공감은 인지적 공감에 비해 단기간에 형성되기 어려운 특성(Bezrukova et al., 2016), 그리고 IGD가 본질적으로 편견 해체와 비판적 사고 등 인지적 요소에 초점을 맞추는 경향(정지선, 게재 심사 중) 등을 들 수 있다. 그럼에도 정서적 공감에서 의미 있는 변화를 확인한 연구도 보고된다. 김지선 등(Kim et al., 2025)은 한국 성인을 대상으로 InterGD와 IntraGD를 실시한 후 문화적 공감 척도를 사용하여 검증한 결과, 공감적 감정 및 표현 하위 척도에서만 통계적으로 유의미한 향상을 발견하였다. 인지적 관점 수용이나 공감적 인식 영역에는 변화가 없었으나, 정서적 공감의 일부 지표는 뚜렷하게 개선된 것이다. 한편, 정지선(게재 심사 중)은 IGD를 기반으로 집단상담을 진행했을 때 치료적 상호작용 속에서 정서적 공감이 경험되었다고 보고하였다. 이는 IGD 과정에서 정서적 교류를 얼마나 중점적으로 다루었는지, 그리고 참여자들이 실제로 어떤 방식으로 감정을 표현하고 공유했는지에 따라 결과가 달라질 수 있음을 시사한다.

(2) 공감 향상의 기제

IGD가 공감 향상에 어떤 영향을 미치는지를 이해하기 위해서는, 유사한 교육 접근법인 PBL과의 비교가 도움이 된다. 정지선과 안진아(2023)는 InterGD와 PBL 모두 참여자의 공감 능력을 높이는 데 효과가 있음을 보고하였으며, 두 방안 모두 실제적 경험을 매개로 서로 다른 시각을 이해하도록 유도한다는 공통점을 지적하였다. 다만, PBL은 참여자들이 스스로 관심 있는 문제를 선정하여 해결해 나가는 과정에 초점을 맞추는 반면, InterGD는 집단 간 갈등을 직접 드러내어 다루도록 설계된다는 차이가 있다. 민감한 주제나 갈등 상황을 회피하지 않고 직면하게 하여, 상대의 시각을 깊이 들여다볼 기회를 제공한다는 점이 InterGD만의 고유한 강점이라 할 수 있다. 갈등이 표면화되면서 일시적 긴장이 생길 수 있지만, InterGD는 이 과정을 통해 참여자들에게 다른 이를 이해하고 공감하기라는 핵심 학습 목표를 달성하게 만든다. 특히 선행연구에서 확인된 것처럼, 인지적 공감이 먼저 형성되더라도 정서적 공감 또한 촉진자의 개입 방식과 참여자들의 개방적 태도 등에 따라 충분히 확대될 수 있다.

3) 편견은 어떻게 줄어드나: 대화를 통한 깨달음

국내외 연구에서 IGD 참여가 편견을 통계적으로 유의미하게 감소시키는 결과를 보고하였다(정지선, 게재 심사 중; Frantell et al., 2019; Shin et al., in press). 이는 질적연구에서도 뒷받침되는데, 집단 안에서 나타나는 편견을 직접 다루거나, 참여자의 민감도가 높아지면서 일상 속 편견을 인식하게 된다는 사실이 확인되었다.

(1) IGD 안에서 재현되는 편견

정지선(게재 심사 중)은 편견과 소외・배제의 역동이 집단 안에 재현되고, 이를 인식하고 처리하는 과정을 통해 사회적 학습이 이루어진다는 점을 지적한다. 이 연구에서 촉진자가 편견과 가정을 확인하는 과정을 주도하고, 촉진자의 성찰 과정을 참여자들이 모델링함으로써 진솔한 자기개방과 정서적 공감과 지지가 형성되었다. 이렇게 안전한 환경에서 일어나는 편견이 담긴 발언은, 참여자들이 '내가 무심코 사용하던 표현이 차별적일 수도 있구나'를 깨닫게 만드는 중요한 학습 기제가 되었다. 예컨대, 동질적으로 교사라는 정체성을 가진 IntraGD에서도, 결혼・자녀 유무, 교과・비교과 담당, 성별 등 교차적 차이가 존재했다. 이로 인해 결혼・자녀 유무, 특정 직업을 둘러싼 편견이 발언 속에 드러났다. 평소 고정된 성역할이나 직업 서열화 같은 사회적 편견을 무심코 받아들이던 참여자들은 편견이 한 개인에게 미치는 영향을 직접 경험하게 되었다고 보고했다. 이는 곧 자신의 성역할 인식이나 문화적 민감성을 재검토하고, 신체사이즈, 사투리, 출신지역 등 당연시했던 정체성 요소에서 특권과 소외를 새롭게 인식하는 계기가 되었다. 나아가 이러한 편견이 개인적 문제가 아닌 사회적 구조 속 무의식적 차별임을 자각하면서, 기존 고정관념을 완화하고 보다 열린 시각을 형성할 수 있었다고 보고했다.

(2) 일상 속 편견 재인식

남혜라 등(2025)의 연구에서도 일상 속 편견과 차별에 대한 성찰 범주를 제시하며, 평소 당연하게 사용하던 말과 행동 안에 내재된 차별적 요소를 재인식하는 과정이 참여자들에게 큰 충격과 성장을 유발했다고 보고하였다. 참여자들은 IntraGD를 통해 문화적 민감성이 증가하여 자신의 일상 언어를 다시 돌아보고, 상대방의 맥락을 더 신중히 고려하도록 태도를 변화시키는 결과로 이어졌다. 장애경 등(2022)에서도 InterGD 참여 후 일상생활에서 경험하는 편향에 대해 민감해짐을 보고했다. 이처럼 IGD는 집단 내에서 드러나는 편견이나 갈등을 인식하고 안전하게 다룸으로써, 집단 밖 삶에서도 편견 완화와 민감성 증진에 효과적이었다.

4) 비판적 의식 키우기

(1) 소수자 이해 및 옹호

남혜라 등(2025)의 연구에서 소수자 이해와 옹호가 IntraGD 참여자들에게 두드러진 주제임이 확인되었다. 참여자들은 사회적 소수자의 어려움을 대변하고 해결해 주고 싶어졌으며, 사회적 소수자로서 목소리를 내기 어려운 현실을 더 깊이 이해하게 되었고, 문제를 사회구조적인 측면으로 바라보게 되었다고 표현했다. 이와 유사하게 정지선(게재 심사 중)은 IntraGD 참여자들이 비판적 주체성과 비판적 행동 모두에서 유의미한 향상을 보였다고 보고하였다. 이 연구에서 IntraGD 기반 집단상담을 진행하며 비하적 발언이나 불합리한 상황을 집단에서 직접적으로 다루면서, 적극적으로 가시화하여 논의했다. 실제 삶의 맥락과 집단 역동을 연결함으로써, 참여자들은 개인적 편견과 사회적 구조에 대한 문제의식을 높이고, 그간 침묵해 왔던 상황에서 적극적으로 목소리를 내거나 행동 전략을 모색하기 시작했다. 이는 사회정의 상담이 강조하는 사회적 변화를 위한 실천과도 맞닿는다(Greene-Moton & Minkler, 2020).

(2) 비판적 인식과 행동 간의 간극

한편, 신윤정 등(Shin et al., in press)의 연구에서는 InterGD 참여자 중 다수가 구조적 불평등에 대한 인식을 높이고 비판적 동기를 갖추게 되었으나, 비판적 반성이나 비판적 행동으로 이어지지는 못했다. 김지선 등(Kim et al., 2025)의 연구에서도 non-LGBTQ+ 참여자들이 LGBTQ+ 권리에 대한 인식을 개선하고 공감 능력을 높였음에도, 사회적 부정의를 해소하려는 동기나 행동에서 뚜렷한 증가는 확인되지 않았다. 이는 미국 인종 관련 InterGD 연구(Aldana et al., 2012)와 대조되는 결과로, 한국의 문화적 요인이 관련될 수 있다. 구체적으로, 한국에서는 개인이 사회 규범과 타인의 시각을 지나치게 고려하여, 이른바 눈에 띄는 행동을 주저하는 경향이 강하다(Park & Han, 2018). 이로 인해 특권 집단이 자신들의 권력을 인정하고 적극적으로 사회정의를 실현하는 행동을 취하기가 쉽지 않다. 따라서 IGD가 비판적 의식 형성을 넘어 실제 사회와 조직 변화로 이어지려면, 구체적인 후속 활동과 문화적 맥락을 반영한 프로그램 설계가 필수적임을 시사한다. 또한 정지선(게재 심사 중) 연구에서도 참여자들이 갈등을 피하려 침묵하는 모습을 보였고, 조직 내 위계나 고용 형태 차별 등 사회적 불평등 구조를 인식하면서도 체념하거나 순응하는 태도를 보였다. 결국 이러한 침묵과 수동적 순응의 습관에서 벗어나 목소리를 내는 방법을 학습하는 과정이, 한국에서 진행하는 IGD의 중요한 요소라는 점을 시사한다.

5) 사회적 소수자의 안전지대가 될 수 있을까? 다수자는 혼나기만 하는 걸까

(1) 사회적 소수자: 사회적 부정의를 인식하고, '행위 주체'로서 역량강화

김지선 등(Kim et al., 2025)에 따르면, IGD에 참여한 LGBTQ+ 집단은 통제집단 대비 비판적 의식과 사회정의를 지향하는 동기가 높아졌다. 이는 성소수자가 자신이 겪은 차별을 공유함으로써 재차별을 경험할 수 있다는 우려(James-Gallaway, 2024)와는 달리, IGD가 학습을 촉진하고 구조적 문제에 대한 인식을 더욱 깊게 하는 장(場)이 될 수 있음을 시사한다. 이러한 결과는 IGD가 소수자에게 치료적 역할을 수행하면서, 사회정의 옹호 행동으로 이어지도록 돕는다는 점을 재확인해 준다. 한편, 김지선 등(Kim et al., 2025)의 연구에서 LGBTQ+ 참여자들은 세션 초반부터 집단 참여가 원활하다는 인식을 형성하지 못했으며, 시간이 지나도 큰 변화가 없었다. 이는 사회적 소수자들이 대화 과정을 어렵거나 부담스럽게 느낄 수 있음을 보여 주며, 안전지대를 형성하기 위해서는 더욱 세심한 촉진 전략과 구조적 지원이 필요하다는 함의를 담고 있다.

(2) 다수자: 문화적 공감 및 사회적 소수자의 권리 인식 향상

김지선 등(Kim et al., 2025)은 non-LGBTQ+ 참여자들이 문화적 공감, 트랜스젠더에 대한 태도, 그리고 LGBTQ+ 권리에 대한 인식에서 긍정적 변화를 보였다고 보고하였다. 이는 IGD가 서로 다른 정체성을 지닌 사람에 대한 이해와 수용을 강화하는 데 효과적임을 의미한다. 또한 non-LGBTQ+ 참여자들은 집단 초반에는 상대적으로 편안함을 느끼다가, 특권과 차별을 논의하는 과정에서 불편감이 일시적으로 증가했으나, 후기에는 이를 어느 정도 회복하는 경향을 보였다. 즉, 다수자들이 집단 초반부터 어려운 시간으로만 여기기보다는, 오히려 사회적 소수자보다 더 수월하게 대화에 들어가다가 갈등 이슈에서 불편감을 겪고, 이후 다시 적응해 나가는 과정을 경험한 것이다. 다만, 제임스-갤러웨이(James-Gallaway, 2024)는 다수자인 백인 참여자들이 주로 '조용히 앉아 소수자의 경험을 지켜보기만 한다'고 지적하며, 이를 인종적 관음(racial voyeurism)이라 명명한다. 즉, 다수자들이 사회적 소수자의 이야기를 소비하면서도 자신의 특권이나 책임을 직면하지 않는 태도가 문제라는 것이다. 이러한 '관음' 현상은 한국 맥락에서도, 갈등을 회피하고 조화를 중시하는 십난주의 문화가 결합하여 나타날 수 있다. 즉, 다수자가 소수자의 경험을 듣기만 하면서 정작 자기반성이나 행동 변화로 이어 가는 데 주저하는 경우가 생긴다는 뜻이다.

(3) InterGD와 IntraGD의 상호보완적 활용

InterGD와 IntraGD를 적절히 병행 또는 순차 운영하는 접근을 통해 IGD가 지향하는 평등하고 심층적인 대화 및 의미 있는 학습과 행동 변화를 촉진할 수 있다. 정체성 발달 초기 단계나 거부민감성이 높은 다수자 참여자에 대한 준비 과정으로 IntraGD를 활용할 수 있다. 동일한 정체성을 공유하는 집단원들과의 대화는 갈등이나 비판에 대한 심리적 방어가 과도하게 작동하지 않도록, 먼저 '이 주제가 왜 불편한가', '나는 어떤 선입견을 가지고 있는가'를 다룰 수 있는 장을 제공한다. 촉진자는 거부민감성이 높은 참여자들도 안정감을 느낄 수 있도록, 공감적 경청과 다중편향적 접근을 강조한다.

IntraGD는 InterGD를 준비하기 위한 사전 단계로만 사용되는 것이 아니라, 독립적인 프로그램 형태로도 적용 가능하다. 심리적 안정감을 느끼지 못하는 사회적 소수자 대상 IntraGD를 통해 자신들의 경험을 안전하게 공유하고 무엇이 어려운지를 확인할 수 있는 동질 집단원들 사이의 대화가 필요하다. 이러한 IntraGD 과정을 통해 소수자들은 회기 초반에 겪었던 감정적 긴장을 완화하고, 차별 경험을 충분히 이야기할 기회를 제공한다. 결과적으로 IntraGD와 InterGD의 상호보완적 운영이나 독립적 활용은 IGD 주제와 참여자의 특성을 반영하여 학습 효과를 극대화하는 방향으로 이뤄질 수 있다.

7. 논의 및 시사점

1) 교육 현장 적용을 위한 시사점

(1) 초 · 중 · 고 현장 적용

초 · 중 · 고등학교에서 IGD를 활용하면 포용적 학교 문화를 형성할 수 있을 뿐만 아니라, 학생들이 사회정의와 세계시민성을 실제로 경험·학습할 수 있는 교육적 틀을 제공한다는 점에서 의의가 있다. 다만, 학생들을 대상으로 IGD를 적용할 때는 짧은 회기나 제한된 수업 시간에 민감한 주제를 충분히 다루기 어렵다는 점을 유의해야 한다. 이를 보완하기 위해 방과후 수업이나 창의적 재량 활동 시간 등에 편성하여 장기 프로젝트 형태로 운영할 수 있다. 한편, 정지선(2018)이 제안한 일일 워크숍을 활용하는 것도 가능한데, 심리교육(1차시), IntraGD(1차시), InterGD(1차시), 마무리(1차시)로 총 4차시에 걸쳐 다양성과 대화의 기본 원리를 교육하고 간단한 대화 활동을 진행하여 참여자들의 흥미와 동기를 높이는 입문 단계로도 활용할 수 있다.

또한 국어·도덕·사회 등 관련 교과와 IGD 대화 접근을 결합하면, 수업 내용과 사회정의 개념을 자연스럽게 연결할 수 있다(정지선, 2018). 예를 들어, 초등학교 4학년 사회의 '촌락과 도시의 생활 모습' 단원에서는 촌락 경험이 있는 학생들과 도시 거주 학생들을 각 집단으로 구성해 대화를 시도함으로써, 편견과 특권에 대해 학습할 수 있다. 이 방식을 효과적으로 운영하려면 교사 연수가 필수적이며, 교사 자신이 대화 촉진기술과 사회정의 개념에 능숙해야 학생들의 대화를 체계적으로 지도할 수 있다.

아울러 학생들의 발달 단계를 충분히 고려해 편견, 차별, 다문화 이슈 등을 접근해야 한다. '지배－피지배 구조'나 '사회정의' 같은 추상적인 개념은 아동·청소년이 이해하기 어려울 수 있으므로, IGD의 여러 활동을 활용해 개념의 추상성을 낮추는 것이 좋다. 또한 집단 규모는 너무 크게 설정하기보다는 소규모로 운영하고, 회기 초반에는 아이스 브레이킹 활동이나 협동 게임을 통해 심리적 안정감을 조성하는 것이 중요하다. 이처럼 안전한 분위기가 형성되면, 학생들이 민감한 주제를 보다 편안하게 공유할 수 있고, 교사도 개별 학생의 반응을 세심하게 파악·지원할 수 있어 IGD의 효과를 극대화할 수 있다.

(2) 대학 현장 적용

IGD가 처음 도입된 현장이 대학인 만큼, IGD를 가장 활발히 활용할 수 있는 공간 역시 대학이라 볼 수 있다. 대학생들은 추상적 사고가 가능하고, 자신의 신념과 정체성을 공고히 해 나가는 발달 단계에 있으므로, 이 시기에 비판적 대화를 경험함으로써 한층 성숙한 시민으로 성장할 수 있다. 이는 결과적으로 한국 사회의 성숙에도 기여하는 길이 된다. 또한 초·중·고등학교와 달리 대학생들은 강의 선택을 통해 학습 동기가 높게 유지될 가능성이 크므로, 적극적이고 자발적인 참여가 가능하다. 이는 곧 대화의 효과와 직결될 수 있다. 대학 수업에 IGD를 결합할 때, 예를 들어 교양수업이나 전공수업 내에서 학점과 연계해 운영한다면, 학생들의 몰입도를 한층 높일 수 있을 것이다. 단, 이때 성적 평가보다는 심층적 대화와 자기 반영 과정 자체에 중점을 두는 편이 IGD의 학습 효과를 극대화하는 데 더 효과적이다. 이후에는 심화 코스로 연결하거나, 대학 캠퍼스 전체에 영향을 미칠 수 있는 프로젝트로 확장하여 운영함으로써 보다 폭넓은 캠퍼스 문화를 조성할 수 있다. 나아가 수업 단위를 넘어, 학사제도, 학생상담, 동아리 활동 등 학교 차원의 다양한 제도와 결합해 캠퍼스 전체가 포용적인 문화를 형성하도록 지원할 수 있다. 예컨대, 교직원을 대상으로 한 IGD 훈련을 시행하여 구성원 모두가 다름과 차이를 인식하고 존중하는 환경을 만들 수도 있다.

(3) 교사 연수에 적용

초 · 중 · 고등학교에서 다문화 이슈나 편견 · 차별 문제를 가르쳐야 하는 교사들도, 교사 연수를 통해 IGD를 직접 경험함으로써 문화적 역량과 겸손을 발전시킬 수 있다. 예컨대, 교사 대상 연수 프로그램에서 IGD를 도입하면, 교사들은 민감한 이슈를 다룰 때 적절한 질문을 던지고, 갈등 상황을 안전하게 중재하며, 학생들의 자기 개방을 촉진하는 기술을 대리학습할 수 있다. 또한 연수 과정 중 교사들이 InterGD를 서로 체험해 봄으로써, 갈등을 대화로 풀어 나가는 과정을 직접 연습해 볼 수 있다. 이런 경험은 실제 학교 현장에서 다양성 관련 활동이나 프로젝트를 수행할 때 교사들에게 한층 더 자신감을 부여한다.

아울러 초 · 중 · 고등학교에서 IGD를 운영할 교사를 양성하기 위해 연수를 활용하는 방안도 고려할 수 있는데, 이는 곧 IGD 촉진자 훈련의 일환으로 볼 수 있다. 학교 장면에서 IGD 촉진자로 활약할 교사들은, 이후에 설명하는 상담 현장에서의 이론 및 실습 과정과 동일한 과정을 이수해야 하며, 이를 통해 IGD를 체계적이고 전문적으로 진행할 수 있는 자격과 역량을 갖추게 된다.

2) 상담 현장 적용을 위한 시사점

상담 현장에서 문화적 역량과 겸손은 상담자가 필수적으로 갖추어야 할 전문 역량으로 꼽힌다. 특히 집단상담은 편견과 차별이 집단 안에서 재현될 가능성이 높아, 상담자가 이러한 상황을 적절히 대처하고 갈등을 학습 기회로 전환할 전문성이 필수적이다(정지선, 게재 심사 중). 이 같은 문화적으로 민감한 상담자를 양성하기 위한 교육의 한 방안으로 IGD를 활용할 수 있다. 정지선(게재 심사 중)이 제안한 IGD 기반 다문화 · 사회정의 집단상담은, 다문화 상담 또는 집단상담 강의에서 실습의 일환으로 도입할 수 있는데, 이는 집단상담 훈련과 다양성 교육을 결합한 형태로 볼 수 있다. 결과적으로 IGD 훈련은 상담 현장에서 발생할 수 있는 사회 · 문화적 갈등을 효과적으로 중재하는 능력을 기를 뿐만 아니라, 차별적 발언이나 소외감을 경험하는 집단원을 위한 안전한 대화의 장을 마련해 주는 기제로 작동한다. 이러한 역량은 집단상담의 질적 수준을 높이는 데도 크게 기여하므로, 국내 상담 전문교육기관에서 IGD를 적극적으로 도입하고 확산할 필요가 있다.

3) 향후 과제

(1) IGD 연구 제안

IGD 연구는 아직까지 주로 대학생 등 자발적 참여자를 대상으로 수행되어 일반 인구집단을 대표하기 어렵다는 한계를 지닌다. 이에 따라, 첫째, 다양한 맥락에서 보다 광범위한 연령 · 직군 · 지역적 배경을 지닌 참여자를 모집하고, 자발성이 낮거나 비자발적으로 참여하는 상황에서도 IGD가 어떠한 효과를 발휘하는지 확인할 필요가 있다. 이는 학교 현장을 넘어 사기업 · 공기업, 지역사회 단체 등 실제 갈등 상황이 빈번히 발생하는 환경으로 연구 대상을 확장하여, IGD 프로그램이 보편적이고 실천적인 개입 방법임을 검증하는 데에도 기여할 수 있을 것이다.

둘째, IGD는 미국을 비롯한 개인주의 문화권에서 주로 발달해 온 접근이므로, 체면 · 위계 · 관계 중심의 한국 문화에서는 갈등을 직접 표출하거나 소수자 정체성을 공개하는 일이 큰 부담이 될 수 있다. 따라서 한국적 대화 방식과 집단주의 문화를 반영할 수 있는 IGD 모델을 구체적으로 설계해야 한다. 즉, 특권 · 억압 인식이나 상호교차성 탐색 같은 IGD의 핵심 철학은 유지하되, 갈등을 노출하고 적극적으로 토론하기를 어려워하는 한국 참여자 특성을 고려해, 안전한 환경과 신뢰 구축 과정을 한층 강화할 필요가 있다.

셋째, IGD의 효과를 엄밀하게 검증하기 위해서는 보다 정교한 연구 디자인과 방법론이 요구된다. 다양성 수용도, 공감, 사회정의 태도 등은 단기간에 관찰하기 어렵고, 평가 부담이나 권력관계가 존재하는 대학 수업 맥락에서는 실험집단과 통제집단 구성이 제한될 수 있다. 이에 장기 추적조사나 사후 검증을 병행하고, 독립된 외부 촉진자를 활용해 참여자들이 자유롭게 발언할 수 있는 환경을 조성해야 한다. 나아가 실험집단 · 통제집단 · 비교집단을 구성해 IGD 고유의 영향을 보다 엄밀히 파악하는 연구 설계를 마련함으로써, 결과의 타당성과 신뢰도를 높일 수 있을 것이다.

넷째, IGD의 개입 기간이 짧으면 정서적 · 태도적 변화, 특히 편견 해소나 젠더 감수성 증진 등과 같은 심층적 효과를 충분히 포착하기 어렵다. 이에 따라 최소 4회기 이상의 '핫토픽' 세션을 확보하거나, 10주 이상의 장기 프로그램 설계를 통해 참여자들이 갈등 이슈와 소수자 경험을 보다 심층적으로 공유할 수 있도록 해야 한다. 프로그램 종료 후에는 후속 간담회나 온라인 커뮤니티를 운영하여 참여자들이 변화된 태도와 인식을 일상에서도 지속하고 확장하도록 돕는 방안을 마련할 필요가 있다. 이러한 장기적 관점과 다층적 연구 디자인이 확보될 때, IGD가 한국 맥락에서도 갈등 해소와 사회정의 실현에 실질적으로 기여할 수 있는 교육적·상담적 접근으로 자리 잡을 수 있을 것이다.

(2) IGD 실천 전략과 인력 양성 방안

IGD 촉진자는 갈등 상황을 적절히 중재하고, 소수자의 안전을 보장하며, 다수자 특권을 의식화하는 복합적 역량이 요구된다. 그러나 국내에는 아직 IGD에 참여할 수 있는 기회나 촉진자 훈련을 정식으로 제공하는 기관이 없는 실정이다. 한편, 미국의 사례를 보면, 미시간 대학교에서는 학생생활처와 문학·과학·예술대학이 협력해 Intergroup Relations라는 기관을 운영하면서 IGD 관련 수업을 개설하고, 집단 간 관계 교육(Intergroup Relations)을 부전공으로 개설하는가 하면, 매년 워크숍을 열어 교직원을 대상으로 IGD를 소개·활용하도록 하고 있다. 또한 테네시 대학교 심리학과에서는 대학원 과정의 고급 집단상담이론 수업을 통해 IGD 촉진자를 양성하는 이론 및 실습을 제공하고, 학부 과목 Intergroup Dialogue: Race, Class, and Gender를 운영하여 학생들이 IGD를 적극적으로 경험·학습할 수 있도록 한다. 이처럼 IGD를 적극적으로 훈련하고 운영하기 위해서는 기관이나 학과 차원에서 체계적인 지원이 이루어져야 한다. 초기에는 상담자들이 문화적 역량과 겸손을 바탕으로 IGD 훈련을 받은 뒤 운영을 맡고, 추후에는 일반 교사나 HRD 관계자도 IGD 훈련을 받을 수 있는 기관을 마련하는 것이 시급하다. 이미 개발된 InterGD 지침서와 촉진자 프로그램을 활용해, IGD 고유의 절차와 촉진 기술을 통합적으로 습득할 수 있는 체계적인 훈련 과정을 마련하는 것도 필요하다.

성찰과제

1. 한국처럼 갈등을 직접 표출하기 어려워하는 문화권에서 IGD를 실제로 적용하려면 어떠한 사전 준비가 필요할지 생각해 보시오. 이를 통해 학생들의 다양성 가치가 어떻게 증진될 수 있을지 구체적으로 예를 들어 보시오.

2. 서로 다른 정체성 그룹이 함께 대화하는 InterGD와, 동일한 정체성을 지닌 집단원들이 모여 대화하는 IntraGD를 어떻게 운영하면 좋을지 생각해 보시오. 구체적으로 소수자만을 위한 안전지대를 먼저 마련하고, 이후 다수자와 함께하는 InterGD로 연결한다는 전략이 현장에 적용된다면, 어떤 긍정적 · 부정적 결과가 예상되는지 논의해 보시오.

3. IGD의 핵심 단계에서 다루는 핫토픽은 첨예한 갈등 요인이나 사회적 쟁점을 선택하는 것이 권장된다. 하지만 한국 문화권에서는 체면이나 위계질서를 이유로 갈등 이슈를 꺼내는 것을 부담스러워하기도 한다. 이때 촉진자는 어떤 방식으로 주제 선정, 대화 진행, 갈등 중재를 이끌어야 안전하고 심도 있는 대화가 가능할지 논의해 보시오.

4. IGD 참여자들이 실제 생활에서 편견을 줄이고, 억압적 구조나 차별적 언어 사용에 대해 침묵하지 않는 사람으로 변화하려면, IGD 프로그램이 끝난 뒤에도 어떤 후속 활동(프로젝트, 봉사, 스터디 모임 등)을 마련할 수 있을까? 개인적 성찰을 넘어 '사회적 실천'을 강화하기 위한 방안을 구체적으로 고민해 보시오.

참고문헌

김재훈, 박소현, 한경식(2023). 국내 주요 온라인 커뮤니티의 혐오 표현 사용 양상에 관한 연구. **한국HCI학회 논문지, 18**(1), 27-36.

김창대(2002). 청소년 집단상담 프로그램의 개발과 평가. **청소년 집단상담의 운영**, 75-108.

남혜라, 최수정, 안진아, 정지선(2025). 집단 내 대화의 경험 및 효과에 대한 혼합연구: 상담심리를 전공하는 시스젠더 대학원생들을 중심으로. **한국심리학회지: 상담 및 심리치료, 37**(3), 849-880.

성영신(2021). 연구현장의 다양성 보호와 증진 방안 수립을 위한 정책 연구(정책연구보고서). 한국연구재단.

은지용, 이윤정(2021). 미디어 비평에 기반한 다문화교육 프로그램이 초등학생들의 다문화 수용성에 미치는 효과. **다문화교육연구, 14**(3), 143-172.

이상수, 김석우, 김대현, 안경식, 이병준, 박수홍, 유순화, 김정섭, 박창언, 이동형, 이소영(2022). 교육의

사회적 책임: 미래교육의 대안적 접근. 학지사.

이은진, 최보윤, 한주옥(2022). 한국판 다차원적 문화적 겸손성 척도 타당화 연구. 한국심리학회지: 상담 및 심리치료, 34(2), 461-491.

장애경, 정지선, 김지선, 신윤정(2022). 집단 간 대화 프로그램 긍정적 참여 경험에 관한 합의적 질적 연구: 프로그램 효과 요인을 중심으로. 다문화교육연구, 15(2), 83-113.

정은선(2022). 예비교사의 「집단 간 대화 프로그램」 참여경험과 변화과정에 대한 근거이론 연구. 전북대학교 대학원 박사학위논문.

정지선(2018). 학교 현장에서의 다문화 교육에 관한 연구: 집단 간 대화 프로그램을 중심으로. 글로벌교육연구, 10(4), 33-60.

정지선(게재 심사 중). 집단 내 대화 기반 다문화 사회정의 집단상담 개발 및 효과검증. 상담학연구.

정지선, 신윤정, 안진아, 이은설, 이지연(2023). 집단 간 대화 촉진자 훈련 프로그램 개발. 한국심리학회지: 상담 및 심리치료, 35(4), 1655-1685.

정지선, 안진아(2023). 다문화 교육 방법의 효과성 연구: PBL과 집단 간 대화(IGD)를 중심으로. 문화교류와 다문화교육, 12(5), 229-250.

정지선, 이향심(2025). 집단 간 대화를 통한 다양성 수용도와 다문화 역량 증진: 거부민감성의 조절효과. 다문화교육연구, 18(1), 111-133.

한동균(2011). 다문화사회에서 소수자교육의 의미와 접근법. 글로벌교육연구, 3(2), 107-132.

황은영(2010). 포용교육에 기초한 다문화교육의 재성찰. 글로벌교육연구, 2(1), 31-61.

Aldana, A., Rowley, S. J., Checkoway, B., & Richards-Schuster, K. (2012). Raising ethnic-racial consciousness: The relationship between intergroup dialogues and adolescents' ethnic-racial identity and racism awareness. *Equity & Excellence in Education, 45*(1), 120-137.

Allport, G. W. (1954). *The nature of prejudice*. Addison-Wesley.

Ben David, Y., Hameiri, B., Benheim, S., Leshem, B., Sarid, A., Sternberg, M., Nadler, A., & Sagy, S. (2017). Exploring ourselves within intergroup conflict: The role of intragroup dialogue in promoting acceptance of collective narratives and willingness toward reconciliation. *Peace and Conflict: Journal of Peace Psychology, 23*(3), 269-277. https://doi.org/10.1037/pac0000205

Berman, S. H. (1990). Educating for social responsibility. *Educational Leadership, 48*(3), 75-80.

Bezrukova, K., Spell, C. S., Perry, J. L., & Jehn, K. A. (2016). A meta-analytical integration of over 40 years of research on diversity training evaluation. *Psychological Bulletin, 142*(11), 1227-1274.

Chang, S. (2010). A cross-cultural comparative study on interpersonal conflict resolution strategies: Across Korea, Japan, and the United States. *Korean Journal of Social and Personality Psychology, 24*(4), 1-17.

Chesler, M. A., Peet, M., & Sevig, T. (2013). Blinded by whiteness: The development of white college students' racial awareness. In *White out* (pp. 216-231). Routledge.

Crider, S. E. (2015). *Race is a paradox: How students make sense of structure and agency in inter-and intra-group dialogue.* The University of Michigan Doctoral dissertation.

Cross Jr, W. E. (1971). The Negro-to-Black conversion experience. *Black World, 20*(9), 13-27.

Dai, Y., Li, H., Xie, W., & Deng, T. (2022). Power distance belief and workplace communication: The mediating role of fear of authority. *International Journal of Environmental Research and Public Health, 19*(5), 2932. https://doi.org/10.3390/ijerph19052932

Deffenbacher, D. M., Park, B., Judd, C. M., & Correll, J. (2009). Category boundaries can be accentuated without increasing intergroup bias. *Group Processes & Intergroup Relations, 12*(2), 175-193.

Dessel, A., Rogge, M. E., & Garlington, S. B. (2006). Using intergroup dialogue to promote social justice and change. *Social Work, 51*(4), 303-315.

DiAngelo, R. (2022). *White fragility: Why Understanding racism can be so hard for white people* (adapted for young adults). Beacon press.

Fisher, R., & Petryk, T. (2017). *Balancing asymmetrical social power dynamics* (Working Paper No. 3). The Program on Intergroup Relations, University of Michigan. https://igr.umich.edu/research-publications/working-paper-series

Frantell, K. A., Miles, J. R., & Ruwe, A. M. (2019). Intergroup dialogue: A review of recent empirical research and its implications for research and practice. *Small Group Research, 50*(5), 654-695.

Freire, P. (1970). *The pedagogy of the oppressed.* Continuum International.

Greene-Moton, E., & Minkler, M. (2020). Cultural competence or cultural humility? Moving beyond the debate. *Health Promotion Practice, 21*(1), 142-145.

Guth, L. J., Pollard, B. L., Nitza, A., Puig, A., Chan, C. D., Singh, A. A., & Bailey, H. (2019). Ten strategies to intentionally use group work to transform hate, facilitate courageous conversations, and enhance community building. *The Journal for Specialists in Group Work, 44*(1), 3-24.

Gurin, P., Nagda, B. A., & Zùñiga, X. (2013). *Dialogue across difference: Practice, theory, and research on intergroup dialogue.* Russell Sage Foundation.

Harro, B. (1997). The cycle of socialization. In M. Adams, W. J. Blumenfeld, R. Castañeda, H. W. Hackman, M. L. Peters, & X. Zúñiga (Eds.), *Readings for diversity and social justice* (pp. 15-21). Routledge.

Helms, J. E. (1995). An update of Helms's white and people of color racial identity models. In J. G. Ponterotto, J. M. Casas, L. A. Suzuki, & C. M. Alexander (Eds.), *Handbook of multicultural counseling* (pp. 181-198). Sage.

James-Gallaway, C. D. (2024). "They were mostly sitting back and staying quiet": A critical race discourse analysis of racial voyeurism in cross-racial intergroup dialogues. *Whiteness and Education, 9*(2), 234-251.

Kim, J., Kwon, H. J., Jeong, J., Miles, J. R., Han, M., Bae, I., ... & Shin, Y. J. (2025). Impact of Intergroup Dialogue on LGBTQ+ and Non-LGBTQ+ Individuals in South Korea. *The Counseling Psychologist, 53*(3), 322-359.

Larkey, L. K. (1996). The development and validation of the workforce diversity questionnaire: An instrument to assess interactions in diverse workgroups. *Management Communication Quarterly, 9*(3), 296-337.

Loden, M., & Rosener, J. B. (1991). *Workforce America!: Managing employee diversity as a vital resource.* McGraw-Hill.

Maxwell, K. E., Nagda, B. R., & Thompson, M. C. (2023). *Facilitating intergroup dialogues: Bridging differences, catalyzing change.* Taylor & Francis.

McLean, K. C., & Syed, M.(2015). Personal, master, and alternative narratives: An integrative framework for understanding identity development in context. *Human Development, 58*(6), 318-349.

Nagda, B. A., & Gurin, P. (2013). The practice of intergroup dialogue. In P. Gurin, B. A. Nagda & X. E. Zùñiga (Eds.), *Dialogue across difference: Practice, theory, and research on intergroup dialogue* (pp. 32-73). Russell Sage Foundation.

Pascarella, E. T., Edison, M., Nora, A., Hagedorn, L. S., & Terenzini, P. T. (1996). Influences on students' openness to diversity and challenge in the first year of college. *The Journal of Higher Education, 67*(2), 174-195.

Park, J., & Han, G. (2018). Collectivism and the development of indigenous psychology in South Korea. In *Asia-Pacific perspectives on intercultural psychology* (pp. 53-74). Routledge.

Plaut, V. C., Thomas, K. M., & Goren, M. J. (2009). Is multiculturalism or color blindness better for minorities? *Psychological Science, 20*(4), 444-446. https://doi.org/10.1111/j.1467-9280.2009.02318.x

Rodríguez, J., Nagda, B. R. A., Sorensen, N., & Gurin, P. (2018). Engaging race and racism for socially just intergroup relations: The impact of intergroup dialogue on college campuses in the United States. *Multicultural Education Review, 10*(3), 224-245.

Rothman, J. (2014). From intragroup conflict to intergroup cooperation. In *Intersectionality and social change* (pp. 107-123). Emerald Group Publishing Limited.

Sanders, M. R., & Mahalingam, R. (2012). Under the radar: The role of invisible discourse in understanding class-based privilege. *Journal of Social Issues, 68*(1), 112-127.

Shin, Y., Jang, A., Kim, J., Ahn, J. & Jeong, J. (in press). Impact of Intergroup Dialogue on South

Korean College Students. *Current Psychology.*

Staub, E. (2013). Building a peaceful society: Origins, prevention, and reconciliation after genocide and other group violence. *American Psychologist, 68*(7), 576.

Sternberg, M., Litvak Hirsch, T., & Sagy, S. (2018). "Nobody ever told us": The contribution of intragroup dialogue to reflexive learning about violent conflict. *Peace and Conflict: Journal of Peace Psychology, 24*(2), 127.

Sue, D. W. (2013). Race talk: The psychology of racial dialogues. *American Psychologist, 68*(8), 663.

Tatum, B. D. (2019). Together and alone? The challenge of talking about racism on campus. *Daedalus, 148*(4), 79-93.

Tajfel, H., & Turner, J. C. (1986). The social identity theory of inter-group behavior. In S. Worchel & W. G. Austin (Eds.), *Psychology of intergroup relations* (pp. 7-24). Nelson-Hall.

Tervalon, M., & Murray-Garcia, J. (1998). Cultural humility versus cultural competence: A critical distinction in defining physician training outcomes in multicultural education. *Journal of Health Care for the Poor and Underserved, 9*(2), 117-125.

Vorauer, J. D., Gagnon, A., & Sasaki, S. J. (2009). Salient intergroup ideology and intergroup interaction. *Psychological Science, 20*(7), 838-845. https://doi.org/10.1111/j.1467-9280.2009.02369.x

White, B. A., Miles, J. R., Frantell, K. A., Muller, J. T., Paiko, L., & LeFan, J. (2019). Intergroup dialogue facilitation in psychology training: Building social justice competencies and group work skills. *Journal of Diversity in Higher Education, 12*(2), 180.

Whitt, E. J., Pascarella, E. T., Nesheim, B. E., Marth, B. P., & Pierson, C. T. (2003). Differences between women and men in objectively measured outcomes, and the factors that influence those outcomes, in the first three years of college. *Journal of College Student Development, 44*(5), 587-610.

Zúñiga, X., Nagda, B. A., Chesler, M., & Cytron-Walker, A. (2007). Intergroup dialogue in higher education: Definitions, origins, and practices. *ASHE Higher Education Report, 32*(4), 1-128. doi:10.1002/aehe.3204

Zúñiga, X., Nagda, B. A., & Sevig, T. D. (2002). Intergroup dialogues: An educational model for cultivating engagement across differences. *Equity & Excellence in Education, 35*(1), 7-17.

ESR의 역사적 실천 사례: 조선시대 퇴계 이황의 가르침

안경식

성찰목표

1. 조선조 지식인의 사회 문제의 해결을 위한 교육적 노력을 설명할 수 있다.
2. 퇴계 이황의 서원 설립 운동의 의미를 오늘날 교육 혁신 운동의 관점에서 설명할 수 있다.
3. 퇴계 이황의 교육론과 교육실천이 오늘날 ESR에 주는 시사점을 설명할 수 있다.

1. 퇴계 이황과 ESR

최근 '기업의 사회적 책임(CSR)'과 함께 '교육의 사회적 책임(ESR)'에 대한 논의가 활발하다. 이윤 추구를 목표로 하는 기업과는 달리 교육은 원래부터 그 활동의 성격상 사회적 책임과 불가분의 관련을 맺고 있다. 동서고금의 이름 있는 교육사상가의 교육론은 대부분 그 시대의 요청에 대한 응답이다. 플라톤의 『국가』는 이상국가를 말하고 있지만 이는 당시 아테네 정치 상황의 실망에 대한 교육적 해결책으로 제시된 것이다. 『에밀』 역시 18세기 프랑스의 정치와 교육 문제에 대한 루소의 대답이었던 것이다. 그런가 하면 『논어』와 같이 인(仁)이나 예(禮)가 키워드인 동양의 고전도 그 이면에는 춘추전국 시대의 피비린내가 들어 있다. 무위자연을 이야기하는 『노자』 역시 한가한 철인의 몽상으로 봐서는 곤란하다. 모두 시대의 문제에 대한 응답이다. 그렇다면 그들의 교육론은 곧 그들의 '교육의 사회적 책임론'인 것이다.

이 장에서는 조선조의 대표적 유학자 퇴계(退溪) 이황(李滉, 1501~1570)이 16세기라는 시대의 사회적 물음에 대해 어떻게 반응했는지, 그의 반응이 이 시대의 ESR 논의에 어떤 시사점을 줄 수 있는지를 알아보려고 한다. 우리가 알다시피 퇴계는 조선시대 중엽에 활동하던 유학자로 전형적인 선비의 삶을 살다 간 사람이다. 그의 생애는 보통 세 시기로 구분되는데, 먼저 출생에서 33세까지의 시기는 유교 경전을 연구하는 데 열중한 수학기(修學期)이다. 다음으로 34세에 과거에 급제하여 벼슬길에 나서면서부터 49세에 풍기 군수를 사직하고 귀향할 때까지의 벼슬살이 시기인 사환기(仕宦期)이다. 그리고 50세부터 70세까지는 비록 관직은 높아졌지만 끊임없이 사직하면서 고향 예안에 돌아와 연구와 강의, 저술에 전념한 시기로 강학기(講學期)이다. 소년 시절, 퇴계는 그의 숙부로부터 학업을 익히며 보냈다. 이후 청량산을 비롯하여 고요한 산사를 찾아 스스로 독서에 열중하였다. 그가 읽은 책은 주자의 『사서집주(四書集註)』를 비롯한 여러 성리서인데, 이를 통해 성리학의 체계를 깊이 이해하였다. 23세 때는 성균관에 잠시 유학했으며, 33세 때 다시 수개월간 성균관에서 공부하다가 34세 때 과거에 급제하였다. 30대 중반에서 40대까지는 주로 벼슬길에 나가 있었지만 끊임없이 학문도 연마하였다. 이 시기 그는 특히 주자의 편지글[朱子書]에 큰 감명을 받았다. 45세 때는 을사사화가 일어나 많은 선비가 희생당하자 조정에 머물 뜻을 잃고 고향에 내려가 호를 '퇴계(退溪)'라 하고 풍기 군수로 있다가 끝내 벼슬을 버리고 귀향하였다. 50세 이후에는 고향의 한적한 시냇가에 계상서당(溪上書堂), 도산서당(陶山書堂) 등을 짓고 문인들을 가르치며 성리학의 연구와 저술에 몰두하였다.

이와 같이 퇴계는 '계곡가로 물러난다[退溪]'는 호가 말해 주듯 사회적인 혼란을 벗어나서 조용히 독서하고 후학을 기르는 삶을 살고자 한 사람이다. 그런데 우리는 어찌하여 그에게서 교육의 사회적 책임에 대한 의견을 물으려 하는가. 그것은 그가 당시의 사회적 문제를 교육을 통해 해결하고자 한 사람이기 때문이다. 아울러 그가 교육전문가이기 때문이다. 오늘날도 그러하지만 당시도 사회적으로 큰 문제 중 하나가 교육 문제였다. 퇴계는 당시 교육의 최고 책임자였던 대사성(大司成, 지금의 국립대학 총장)을 맡기도 하였고, 많은 교육 논설을 쓰기도 하였다. 뿐만 아니라 교육혁신 운동의 제안자이기도 하고 그 실행을 담당한 사람이기도 하다. 퇴계의 이러한 활동은 비록 조선시대이기는 하지만 ESR의 역사적 사례 중 하나가 될 수 있기에 이 장에서는 그 구체적 내용을 소개하기로 한다.

2. 16세기의 사회적 문제와 퇴계의 삶

1) 정치 문제로서 사화

우리가 조선왕조를 부정적으로 이야기할 때 빠지지 않는 것이 붕당, 사색당파 등이다. 물론 이러한 시각에는 일제강점기 식민사학자들에 의한 왜곡과 과장이 있다는 것은 알려진 사실이다. 그러나 붕당정치 자체를 부정할 수는 없고, 당시 그로 인한 사회적 소모가 컸다는 것도 부정할 수 없다. 17세기 붕당정치의 출발점은 16세기 사화(士禍)와 관련이 깊다. 16세기는 사화의 시대이다. 이른바 4대 사화 가운데 갑자사화, 기묘사화, 을사사화가 16세기의 일이있고, 퇴계의 삶 역시 이들 사화로부터 벗어날 수 없었다.

먼저 퇴계의 삶 가운데 사화와 같이 정치적 사건과 관련되는 부분만 그의 생애를 따라가며 살펴보기로 하자. 퇴계는 1501년 경상도 예안현(지금의 안동시)에서 태어났다. 생후 7개월 만에 아버지가 돌아가시고 어머니의 엄격한 훈도를 받고 자랐다. 숙부인 송재공 이우(李堣, 1469~1517)로부터 학문을 배웠는데, 숙부는 1498년 급제하여 이미 관직에 있었다. 숙부는 그의 스승일 뿐 아니라 집안의 지주이기도 하였다. 그 숙부가 진주 목사로 있을 때는 함께 따라가 청곡사에서 공부를 하기도 하였다. 그런데 1506년, 숙부 송재공이 외직을 마치고 동부승지로 임명이 되었는데, 처음 입직하던 날 마침 중종반정이 일어났다. 그는 연산군 때 벼슬길에 나섰으나 중종반정에 가담하였으며 그 공로를 인정받아 정국공신(靖國功臣) 4등을 받기도 하였다.

퇴계는 21세에 진사 김해 허씨 허찬(許瓚)의 딸과 혼인하여 두 아들(준과 채)을 낳았다. 허찬은 의령 사람으로 그의 처가가 영주였다. 퇴계와 김해 허씨의 혼인은 영주에서 이루어졌다. 그런데 당시 정치권에는 영주 출신으로 김안로(金安老, 1481~1537)가 있었다. 그는 관직에 있을 때 수차례 옥사를 일으키고 많은 정적을 만들었던 인물이다. 김안로와 퇴계의 장인 허찬은 고향이 영주로 동향 인물이었다. 그렇지만 김안로는 1535년 의령 아전의 사주를 받아 허찬을 죽게 만들었다. 김안로는 퇴계가 과거에 급제했을 때도 동향이라 하여 퇴계를 만나려고 했지만 퇴계는 응하지 않았고, 퇴계의 형 역시 김안로와는 늘 거리를 두었다. 이에 김안로는 원한을 품고 대간(臺諫)을 시켜 퇴계를 논핵(論劾)하게 한 악연이 있다. 한편, 퇴계의 부인이 된 김해 허씨는 두 아들을 낳았고, 둘째 아들을 낳은 지 한 달 만에 사망하였다.

퇴계는 1527년에는 향시 생원시와 진사시 초시에 합격하였고 이듬해 성균관에 들어가 공부를 하기도 하였다. 그 무렵 퇴계는 안동 풍산면 가일에 살던 안동 권씨 집안을 출입하고 있었다. 그때 권질(權礩, 1483~1545)의 딸과 재혼을 하였다. 권질의 아버지 권주(1457~1505)는 1474년에 진사시에 합격하고 1481년에 문과에 급제한 이래 여러 관직을 거쳤고 충청도 관찰사, 경상도 관찰사를 역임하기도 하였다. 그러나 1504년 갑자사화가 발발하면서 연산군 생모 폐비 윤씨의 사사(賜死) 때 승정원주서로 사약을 받들고 갔다는 이유로 파직되었다. 이후 결국 그 일로 인하여 사사되었다. 그 아들 권질 역시 피해를 입었다. 1504년 연산군의 실정(失政)을 폭로한 언문투서사건이 일어났는데, 이는 갑자사화에 화를 당한 자손들의 짓이라 모함을 받았다. 이후 유배되었으나 중종반정으로 신원을 받고, 벼슬도 받았다. 그러나 1519년 기묘사화로 다시 사림파가 훈구세력에 의해 축출당하게 되었다. 1521년 사림파와 친밀했던 안처겸(安處謙)이 훈구대신을 해치려 하였다는 무옥(誣獄)이 일어났는데, 이때 그의 아우 권전(權磌)은 장살되었고, 권질은 예안(禮安)으로 유배되었다. 권질을 장인으로 둔 퇴계는 이후 34세에 문과에 합격하여 승문원 권지부정사로 관직에 첫발을 들여놓게 되었다. 그러나 이후 장인 권질이 안처겸의 옥사에 연루된 권전의 형이라는 이유로 김안로가 사주한 탄핵으로 체직되기까지 하였다.

이 밖에도 그의 형 온계(溫溪) 이해(李瀣, 1496~1550, 시호 貞愍) 역시 정치적으로 무고를 입어 사망한 일이 있다. 이해는 1528년 문과에 급제하여 여러 벼슬을 거쳐 각지의 관찰사까지 역임한 사람이다. 1544년에는 대사헌으로 있었는데, 권신 이기(李芑)의 우의정 등용에 반대하고 탄핵한 일이 있었다. 이로 말미암아 이기의 원한을 사게 되었다. 그후 1550년 한성부윤으로 재직할 때 사간 이무강(李無彊)의 탄핵을 받게 되었다. 당시 주위에서 거짓으로 굴복하여 모면하기를 권했으나 끝내 거절하다 귀양 가는 도중에 병사하였다. 퇴계와 온계는 동복형제로서 다섯 살 터울이지만 지기(知己)였다. 같이 과거 공부도 하였고, 16년간을 같은 시기에 관직생활을 하기도 했다. 이렇게 보면, 퇴계의 삶은 온통 사화와 같은 정치적 문제로 둘러싸여 있었고, 그로 인하여 큰 고통을 당했다고 해도 과언이 아니다.

2) 교육문제로서 관학의 붕괴

이제 당시 사회문제의 하나로서 교육문제를 살펴보기로 하자. 조선시대 학교 제도의 중심은 중앙 관학인 성균관이다. 『태학지(太學志)』에 따르면, 성균관의 설립은 태조 6년(1397)에 왕의 명에 의해 착수되어, 이듬해 서울의 동부 숭교방(崇敎坊)에 문묘(文廟)를 완성했다. 건물수는 96칸이었다.[1] 또, 성균관의 하위 학교로서 사학(四學)이 있었는데, 사학은 우리나라에만 있었던 제도이다. 이러한 중앙의 관학은 시대에 따라 변천이 적지 않았으나 퇴계의 시대인 16세기는 교육사적으로 보면, 선초부터 확립해 나가던 관학 체제가 서서히 힘을 잃어 가던 시기이다. 아울러 지방 사림(士林)을 중심으로 서원과 같은 사학 체제를 확립해 나가던 시대였다. 이러한 시기에 퇴계는 과거(科擧)를 목적으로 성균관에 적을 두기도 하였으며, 등과 후에는 그 성균관의 책임자가 되어 관학 부흥의 책임을 맡기도 하였다. 또한 지방관이 되어서는 지방 관학의 책임자

1) 태학지번역사업회, 『국역 태학지 (상)』, 성균관, 1994, 43쪽

가 되기도 하였고, 최초의 서원 발생지에 부임하여 서원 교육의 방향 정립을 위해 애쓰기도 하였다. 관학의 붕괴 과정과 퇴계의 노력을 조금 더 상세히 살펴보자.

퇴계가 유생으로서 성균관에 처음으로 들어간 것은 23세 때인 1523년 겨울이었다. 당시 학문에 대한 열의가 내단했던 퇴계는 동행하는 친구도 없이 여윈 종이 끄는 지친 말을 타고 한양으로 갔지만 기묘사화를 겪은 지 얼마 되지 않은 때라 사습(士習)이 부박(浮薄)하였다. 하재(下齋)에 있었는데 그의 행동거지가 법도가 있었으나 사람들은 이를 비웃었을 뿐이다. 많은 비방도 따랐으며, 두 달을 지내다가 나왔다. 퇴계가 다시 성균관에 적을 둔 것은 1533년 여름이었다. 이때 그의 넷째 형이 성균관 전적(典籍)과 남학(南學)의 교수로 잠시 있었다. 성균관에서 하서(河西) 김인후(金麟厚, 1510~1560)와 같은 지기(知己)를 만나기도 하였으나 이번에도 성균관에 대해 실망을 금치 못하였다. 성균관은 이미 사습이 퇴폐하여 공당(公堂)으로서의 가치를 잃고 먹고 노는 곳으로 바뀌어 있었다. 이때 지은 시로 '반궁(泮宮, 반궁은 성균관의 별칭)'이라는 시가 있다.

반궁은 무엇하던 곳이뇨(泮宮隨例亦何爲)
매일 먹고 노는 공당이더냐(日日公堂得飽嬉)
거업을 핑계 삼아 군역을 피신하고(擧業生疎憑竄抹)
책 펴는 일은 접고 남 독서를 희롱하고(陳篇寥落付唔咿)
질문에도 코웃음 치니(多將問事供調笑)
어찌 인재를 키운다 하리(豈有懷材可設施)
어젯밤 꿈 속 나비의 뜻(昨夜夢中胡蝶意)
아침 창에 어리는 이슬 보며 새 시를 읊는다(曉牕和露寫新詩)

퇴계는 이러한 분위기에서도 당시 성균관 대사성이었던 윤탁(尹倬, 1472~1534)에게 『대학(大學)』의 '격물(格物)'의 주석에 대해 물어보는 등 나름대로 공부에 몰두했다. 1534년 3월에 출신(出身, 과거급제)한 퇴계는 36세 되던 해, 1536년 6월에 성균관 전적(典籍) 겸 중학(中學)의 교수로 임명되었다. 그러나 이때의 일은 자세히 전하지 않는다. 그후 1541년 12월에 병으로 당시 사헌부(司憲府) 지평(持平)을 사임하였는데 받아들여지지 않고 성균관 전적(典籍)을 제수(除授)하였다. 그러나 며칠 만에 다시 다른 벼슬이 내려져 실제 소임을 수행하지는 않았던 것으로 보인다. 1543년 7월에도 퇴계는 성균관 사예(司藝)로 임명받았으나 8월 초에 조산대부(朝散大夫)로 승진하였다. 다시 10월에 성균관 사성(司成)으로 임명되었으며, 곧 휴가를 얻어 고향에 가서 성묘를 하였으며, 11월에 예빈시(禮賓寺) 부정(副正)으로 제수받았으나 부임치 않았다. 1552년, 몇 년간 관직에서 물러나 유거(幽居)하던 퇴계는 다시 조정에 나가 경연(經筵)에 입시(入侍)하는 등의 활동을 하다 7월 11일 성균관 대사성에 임명되었다. 이조(吏曹)에서는 대신들의 뜻으로 당시 당하관 가운데 가장 글 잘하고 재주 있는 실천가를 물망에 올리기를 청하니 퇴계가 이에 가장 수위에 올라 임명된 것이다.[2] 그러나 10월에 사면장(辭免狀)을 올렸고 11월에 사임하였다. 퇴계는 이듬해 4월 다시 대사성을 임명받았는데, 이때 왕은 학교교육이 황폐하고 해이해졌으므로 「권학절목령(勸學節目令)」을 내리면서 교육의 의지를 분명히 밝혀 거행하도록 하라고 하였다. 퇴계는 감당할 수 없다며 사양했으나 받아들여지지 않았다. 퇴계는 당시 침체된 학풍을 일으킬 목적으로 「유사학사생문(諭四學師生文)」을 내렸다. 이 글은 비록 사학(四學)의 선생과 학생에게 내린 글이나 성균관에도 해당하는 내용이었다.

학교는 풍화(風化)의 본원이며, 모범을 세우는 곳이요, 선비는 예의 주인이고, 원기(元氣)가 붙어 있는 곳이다. 국가에서 학교를 세워 선비를 양성하는 것은 그 뜻이 매우 높으니, 선비가 입학하여 자기를 수양함에 있어 어찌 구차스럽게 천하고 더러운 행동을 할 수 있겠는가? (…) 가만히 오늘날의 학교를 보건대, 스승된 이나 생도된 사람이 서로 그 도리를 잃는 것을 면치 못하여 학교의 규칙이 강명(講明)되지 않을 뿐아니라 학교의 법령까지 크게 무너져 엄하지 못하고, 공경하지 못하여 도리어 서로 병폐를 잡으니, 국학(國學)에 있어서도 이런 일이 없다고 할 수 없으나 사학(四學)이 더욱 심하다. (…) 유생이 이렇게 된 것은 실상 스승이 직책을 다하지 못한 탓이다. (…) 만일 자주 왕래하는 무리가 갈가마귀 떼보다 심하여 여러 사람을 해치고 예법을 좇지 않고, 허물을 듣고도 더욱 심한 자가 있어 행패를 그치지 않는다면 학령(學令)의 회초리와 국법에서 귀양보내는 제도를 행하지 않으려 해도 하지 않을 수 없을 것이다.[3]

이 유문(諭文)은 퇴계가 마지막으로 성균관과 사학을 부흥시켜 보려는 간절한 시도였다. 이때 퇴계는 '위학지도(爲學之道)'라는 제목으로 책문을 부과했으나 답을 제출하는 이는 한 명도 없고 오히려 비난 여론이 비등해졌다. 퇴계는 더 이상 변화가능성이 없다고 보고 관심을 거두었다. 병을 핑계 삼아 체직(遞職)을 원했고, 11월에 체직되었다. 퇴계는 수차례 성균관의 책임자가 되어 학문의 분위기를 살리려 하였다. 그러나 성균관과 사학은 이미 공적 교육기관으로서의 의미를 상실하였으며, 먹고 노는 공간으로 전락해 있었다.

---

2) 권오봉, 『퇴계가연표』, 퇴계학연구원, 1989, 280쪽.
3) 민족문화추진회, 『국역 퇴계집 1』, 1977, 437~441쪽.

중앙 관학으로 성균관과 사학이 있다면 지방 관학으로는 향교가 있다. 퇴계는 향교 교육에도 관심을 기울였다. 그의 향교에 대한 관심은 개인적 차원을 넘어 지방 수령으로서의 임무였다. 1548년 1월, 외직(外職)을 자청하여 단양군수로 나간 퇴계는 향교에서 석전례을 행하는 등 지방 교육의 책임자로서 임무를 다했다. 이듬해 풍기군으로 전근 가서도 석전례를 주관하였으며, 아들 준(寯)을 순흥향교에서 참강(參講)하게 하고, 자신이 향교 제생(諸生)에게 시부(詩賦)의 제목을 출제한 것 등을 볼 때 향교에 대한 관심은 적지 않았다 할 수 있다. 그러나 이미 향교골[校洞]은 이런 모습이었다.

시냇가 연기 속에 향교는 묻혀 있고(宮墻沒澗烟)
거문고와 글 소리는 산새소리로 변했다오(絃誦變山鳥)
없어진 그 규모를 뉘라서 일으킬꼬(誰能起廢規)
도학의 깊고 묘함 말하기 장황코녀(張皇道幽眇)
(이가원 역)[4)]

1549년에 지은 또 다른 시, 「과순흥향교구지(過順興鄕校舊址)」에서도 향교의 모습을 "두어집 남은 마을에 울타리 무너진 곳, 낮에도 문 닫은 삼밭엔 개와 닭이 놀고 있고, 지필봉(紙筆峯) 앞에 있는 연묵지(硯墨池)도 말랐구나. 그때 글 읽던 광경 뉘와 다시 거론할꼬!"라고 할 정도로 안타까운 상황이었다.[5)] 향교 역시 이미 교육공간으로서 기능을 상실한 것으로 본 것이다. 그러나 퇴계는 이러한 사회적 문제이자 교육의 문제를 간과하지는 않았다. 지식인으로서 사회적 책임을 통감하고, 지역사회 차원의 교육운동을 전개해 나갔다. 그것은 서원 설립 운동이라는 교육혁신 운동과 향약 운동이라는 지역사회 질서 회복으로 나타났다.

3. 퇴계 이황의 학문관과 교육관

퇴계의 두 가지 ESR 운동을 살펴보기 전에 먼저 퇴계의 학문에 대한 생각과 인간에 대한 생각부터 알아볼 필요가 있다. 퇴계의 사회문제의 해결책이 이들 생각으로부터 나왔기 때문이다.

4) 퇴계학연구원, 『退溪全書 2』, 1991, 65쪽.(이 책은 이하에서는 『退溪全書』로만 표기한다.)
5) 권오봉, 앞의 책, 199쪽.

먼저, 퇴계의 학문에 대한 생각과 가르침이다. 퇴계가 생각하는 학문은 이른바 '위기지학(爲己之學)'이다. 그는 제자들에게 위기지학의 개념과 당위성에 대해 이렇게 말했다.

"자기를 위하는 학문, 즉 위기지학은 도리를 우리들이 마땅히 알아야 할 것[當知]으로 삼고, 덕행을 우리들이 마땅히 해야 할 것[當行]으로 삼아서, 먼 곳보다 가까운 데서, 겉보다 속부터 공부를 시작해서, 마음으로 얻어서 몸소 행하기를 기약하는 것이요, 남을 위하는 학문, 즉 위인지학(爲人之學)은 마음으로 얻어서 몸소 행하기를 힘쓰지 않고, 거짓을 꾸미고 바깥을 따라서 이름을 구하고 칭찬을 취하는 것이다."[6]

"위기지학을 해야지 위인지학을 해서는 안 된다. 위기지학은 장경부가 말한, '위하는 바가 없이' 하는 것이다. 우거진 숲속에 있는 난초가 온종일 향기를 피우지마는, 스스로는 그 향기로움을 모르는 것과 같은 것이니, 군자의 자기를 위하는 뜻에 꼭 맞는 말로서, 마땅히 본받아야 할 것이다."[7]

여기서 보듯이 퇴계의 '위기지학'은 바로 남에게 보이기 위한 학문이 아니라 진정한 자신을 위한 학문이요, 인간됨의 학문이다. 퇴계의 학문은 바로 위기지학이고 이를 위해 독서도 필요하고, 문장도 필요한 것이지 이를 떠난 독서와 문장의 재주는 쓸모가 없다고 보았다. 퇴계는 49세 되던 해인 기유년에 풍기군수로 있었는데, 이때 풍기군 서재에서 제자인 월천 조목과 다음과 같은 대화를 주고받는다.

월천: 학문은 한갓 책을 읽는 데만 있는 것이 아니라, 마땅히 널리 견문을 넓혀야 하는 것입니다. 의리에 있어서도 또한 혼자만 얻는 것이 아니라, 마땅히 스승이나 벗의 도움과 깨우침의 이익이 있어야 하겠습니다.

퇴계: 자네 말이 옳네. 자네의 뜻한 바를 들으니, 매우 즐거운 일이네. 아무개는 글재주는 매우 좋지마는 사람됨이 아주 허술하니, 한스러운 일이다. 그는 문장 배우는 것에만 힘쓸 줄을 알지마는, 마음을 다스리는 것이 가장 긴요한 것이니, 이를 소홀히 해서는 안 되는 것이다.

월천: 마음씀이 바르지 못하면 비록 문장을 배운들 어디에 쓰겠습니까.

---

6) 민족문화추진회, 『국역퇴계집 I』, 1977, 언행록, 243쪽, 〈김부륜 록〉.(이하 이 책의 언행록은 언행록으로만 표기한다.)
7) 언행록, 243쪽, 〈이덕홍 록〉.

퇴계: 글 배움을 어찌 소홀히 할 수 있겠는가, 학문을 하는 까닭은 마음을 바르게 하기 위한 것이다. 이것이 바로 논어 첫 편 주에서 주자가 제자의 직분을 논한 뜻이다.

월천: (절하고 하직한다.)

퇴계: (진송하며) 자네는 (학문에) 너욱 힘쓰게.[8)]

이를 보면 퇴계는 학문이란 사람됨(인간됨)을 위한 수단이요, 마음을 바르게 하는 방법인데, 당시의 풍조가 학문은 단지 글을 읽고, 짓는 글재주를 갖추는 것이라는 데 대해 비판한 것이다. 그러나 퇴계가 독서 자체가 필요 없다고 한 것은 아니다. 다만, 독서만으로는 편견에 빠질 수 있으니 스승과 벗의 도움을 통해서 편견과 고루함에 빠지지 않도록 해야 한다는 것이다. 사실 과거 선비들을 독서인이라고 지칭했듯이 선비들에게 있어서 독서란 필요불가결한 것이었다.

다음으로 퇴계의 교육론을 살펴보자. 먼저 당시 기질 교육이라 부른 성품 교육의 문제를 보자. 이 문제는 요즈음 말로 하면, 인성교육 내지 인격교육과도 관련이 있는 중요한 문제이다. 유학에서는 사람의 성품, 즉 인성을 본연지성(本然之性)과 기질지성(氣質之性)으로 나눈다. 본연지성이 인간으로서의 공통된 성품이라면, 기질지성은 바로 개인의 차이를 설명할 수 있는 성품이다. 주자는 일찍이 이 기질지성에 대해 『대학장구(大學章句)』의 서(序)에서 "하늘이 백성을 내릴 때, 인의예지의 성품을 부여하지 않은 것이 없지마는 각 개인의 기질 성품이 고르지 않은 까닭으로 모든 사람에게 그 성품의 온전함을 알게 하여 완전하게 펼치지 못하는 것이다."라고 하였거니와 이 기질의 청탁(淸濁)과 수박(粹駁, 순수와 잡박)이 개인차를 낳는다는 것이다. 따라서 개인이 인욕에 벗어나 원래의 성품을 회복하는 것[復其初]이 유학 교육의 최대 과제인 것이다. 퇴계는 기질을 바꾸는 문제에 대해 정자중과의 편지글에서 "'기질을 바로 잡는 것은 나에게 달려 있는 것이지 남에게 달려 있는 것이 아니다.'라는 말은 본래 바꿀 수 없는 (옳은) 말이다. 그러나 엄사(嚴師)나 외우(畏友)와 함께 매일 더불어 지내면서 훈도받고 도움받는 것이 어찌 (기질교육에 도움이) 적겠는가."[9)]라고 하여 자신의 노력뿐 아니라 스승과 친구들의 도움으로도 고쳐질 수 있음을 말했다.

퇴계의 언행록에는 제자 이덕홍이 자신의 기질이 너무 치우친(편벽된) 점에 대해 물었더니, 퇴계는 "그대의 병통은 막히고 걸리는 데가 있다." 하였다. 그리하여 이덕홍이 "어떻게 하면 이 병통이 없어지겠습니까" 하니 "오직 리(理)를 밝히면 면할 수 있을 것이다."라고 답하였다.[10)] 퇴

8) 언행록, 244쪽에 의거 다시 구성했다.

9) 이황(최중석 역주), 『역주 자성록』, 국학자료원, 1998, 101쪽.

계 스스로 "리란 알기 어렵다[理字難知]"라 하였거니와 그의 리 개념을 한 마디로 풀이하기는 어렵지만 리를 밝히면 기질의 치우침의 문제를 해결할 수 있다고 한 것이다. 이것은 『자성록』에서 남언경(南彦經)에게 "마음의 근심은 바로 리를 철저히 살피지 못하여 쓸데없는 곳에 천착하여 억지로 찾으려 하는 데 있다."라고 한 것과 같은 측면의 가르침이다. 그가 말한 이(理)란 천리(天理)인데, 인간 역시 천리의 존재로 보았던 것이다.

또, 제자 한강(寒岡) 정구(鄭逑, 1543~1620)가 기질을 변화시키는 법을 물었더니, 선생은 "논어 가운데 '주충신(主忠信)' 석 자가 가장 적당한 것으로서, 그 장(章) 안의 아래위의 말은 다 공부하는 사람이 마땅히 힘쓸 곳이다." 하였다.[11] 주충신이라는 말은 『논어』「안연편」에 나오는 말인데, 원문에서 아래위의 말은 "충과 신을 (수신의) 중심으로 삼아라. 자신과 같지 못한 자를 벗하지 말고, 허물이 있으면 고치기를 꺼리지 말라[主忠信, 毋友不如己者, 過則勿憚改]."이다. 여기서 충은 임금에게 충성을 다하라는 말이 아니고 자기 자신에게 최선을 다하는 것[盡己之謂忠]을 말한다.

제자 이국필이 "돌아가신 아버지께서, 일찍이 국필(國弼)이란 이름이 천하기도 하고 뜻도 없다 하시어 늘 고치고자 하셨는데, 이제 그 뜻을 받들어 아버지의 영(靈)에 아뢰고 고치는 것이 어떠합니까. 또, 국필은 본래부터 성질이 경박하여 깊고 무거운 구석이 없으니, 청하건대 그윽한 뜻의 이름자 가운데 넣으면 '고명사의(顧名思義, 이름을 걸고 자신을 돌아보는 것)'의 보람이 될까 하옵니다."라고 한 적이 있다. 자신의 성격이 원만하지 못한 것이 자신의 이름과 관련이 있지 않나 하여 개명하는 것이 어떻겠느냐 하고 스승에게 물은 것이다. 이때 선생은 "과거에 비록 고치고자 하는 뜻이 있었다고 하나, 이미 그때 고치지 않았으니, 지금도 고치지 않는 것이 나으리라 생각한다. 하물며 지금 이름이 뜻이 없다거나 천하지 않은데 무슨 말을 할 수 있겠는가. 그대가 성질이 경박해서 깊고 무거운 곳이 없는 병통을 이미 알았다면, 마땅히 마음을 두고 힘을 써서 허물을 고쳐 착한 데로 옮아 가면 족하겠거늘, 어찌 꼭 '고명사의'를 기다려서야 고쳐진다고 할 수 있겠는가." 함으로써[12] 기질의 잘못을 스스로 힘써 고치려하기보다는 이름 탓으로 돌리는 것을 인정치 않았다.

또 제자 문봉(文峰) 정유일(鄭惟一)이 지은 「언행통술(言行通述)」에도 "사람을 가르칠 때는 먼저 그의 뜻이 어떠한가를 보고, 그 자질에 따라 학문을 가르치되 먼저 뜻을 세우게 하고 위기지

10) 언행록, 243쪽, 〈이덕홍 록〉.
11) 언행록, 246쪽, 〈정구 록〉.
12) 언행록, 248쪽, 〈이국필 록〉.

학(爲己之學), 근독(謹篤, 매사를 삼가고 독실히 함) 공부, 기질 변화 공부를 하도록 하였다."는 기록이 있다.[13]

언행록에는 이와 같이 기질 변화와 관련된 가르침도 적지 않지만 '존성(存省, 존양성찰)'이나 '지경(持敬, 경의 상태를 유지하는 것)' 등과 같이 마음 수양과 관련된 내용도 적지 않다. 사실 그의 학문이 위기지학이라고 하였지만 그런 측면에서 보면 기질 변화에 대한 가르침이 곧 마음 수양에 대한 가르침이며, 그 구체적 내용은 '존양성찰(存養省察, 하늘로부터 타고난 본연의 성품을 잘 보존하고 사사로운 마음으로 흐르지 않도록 살피는 것)', '거경궁리(居敬窮理, 경의 상태에 거처하며 이치를 궁구하는 것)' 등으로 나타난다. 언행록 제I편 '존성'에서는 퇴계의 마음 살핌에 대해 기록해 놓았는데, 선생 스스로 젊었을 때 마음이 고요하지 못하고 외물에 이끌렸던 사례를 제자들에게 말해 줌으로써 경계를 삼도록 했다. 즉, 선생이 젊은 시절 관직에 있을 때, 기생들의 모습을 보고 기쁜 마음이 생긴 것이라든지, 사냥하러 갔다가 술에 취해 말에 떨어진 것이라든지, 제자의 집에 갔다 돌아오면서 술에 취해 돌아온 것 등의 사례를 말해 주며, 이럴 때의 '마음가짐이 죽고 사는 갈림길'이니 두려워하지 않을 수 없다고 했다.[14] 퇴계는 또 사람이 마음을 잡기란 가장 어려운 일이라고 하면서 걸음을 걸으면서 이를 시험을 해 보고, 한 걸음이라도 마음잡기가 쉽지 않았음을 제자 김성일에게 말하였다.[15]

'거경'은 바로 이 마음잡기의 방법으로 볼 수 있다. 퇴계는 김성일과의 대화에서 "사람이 생각이 없을 수는 없다. 다만, 실없는 생각을 버려야 하는 것이다. 그러기 위해서는 경(敬)만한 것이 없으니, 경 하면 마음은 곧 한결같고, 마음이 한결같으면 생각은 고요해질 것이다."라고 했다.[16] 또한 이덕홍에게도 "마음이 욕심 때문에 흐려졌을 때 경을 가지면 그 마음은 곧 깨끗해질 것이다."[17]고 하였다. 그러면 어떻게 '거경'을 실천할 것인가?

일찍이 이덕홍이 암서헌(巖栖軒)에서 선생을 모시고 앉아 있을 때, 다음과 같은 대화를 나눈 적이 있다.

> 퇴계: 공부를 할 때는 먼저 주재(主宰, 마음의 중심을 잡는 일)를 세워야 한다.
>
> 이덕홍: 무엇으로 주재를 세워야 합니까?

13) 언행록, 제IV편에 정유일의 「언행통술」이 기록되어 있다.
14) 언행록, 233쪽, 〈김성일 록〉, 〈이덕홍 록〉.
15) 언행록, 233쪽, 〈김성일 록〉.
16) 언행록, 238쪽, 〈김성일 록〉.
17) 언행록, 238쪽, 〈이덕홍 록〉.

퇴계: 경으로써 그 주재를 세워야 한다.

이덕홍: 경에 대해 학설이 많은데, 어떻게 하면 망조(忘助, 잊거나 서두름)의 병통에 빠지지 않을 수 있겠습니까?

퇴계: 학설이 많지만 학자로서 정(程)·사(謝)·윤(尹)·주(朱)의 학설만큼 간절한 것은 없느니라.

여기서 말한 정·사·윤·주는 정이천, 사상채, 윤화정, 주희 등 송대의 성리학자 네 사람을 말한다. 정이천(程伊川)은 경에 대하여 마음을 한결같이 하여 흐트러짐이 없게 하는 방법인 '주일무적(主一無適)'과 몸가짐을 단정하고 가지런히 하며 마음가짐을 엄숙하게 하는 방법인 '정제엄숙(整齊嚴肅)'의 설을 말한 바 있다. 사상채(謝上蔡)는 항상 깨어 있게 하는 방법인 '상성성(常惺惺)'법을, 윤화정(尹和靖)은 그 마음을 수렴하여 조그마한 물욕도 용납하지 않는다는 '기심수렴불용일물(其心收斂不容一物)'의 방법을 말하였다. 주자는 "단지 일에 따라서 한결같이 삼가고 두려워하여 방종하지 아니할 뿐이다.", "경은 외자(畏字)이다."라 한 바 있다.[18] 그런데 퇴계는 이 가운데 정제엄숙을 하면 나머지는 저절로 해결될 것이라고 보았다.

"처음 공부하는 사람을 위해서는 정제하고 엄숙한 공부만한 것이 없으니, 무엇을 찾으려 하지도 않고 이리저리 맞추려고 하지도 않고, 다만 규구준승(規矩準繩, 기준과 법도)의 위에 서서, 남이 보지 않는 어둡고 은밀한 곳에서도 경계하고 삼가서, 마음으로 조금도 함부로 날뛰지 못하게 하면, 오랜 뒤에는 자연히 성성(惺惺, 맑게 깨어 있음)하고, 자연히 마음 가운데 한 물도 용납하지 않게 되어서 조금도 망조의 병통이 없을 것이다."[19]

한편, 퇴계는 경(敬) 공부가 정좌(靜坐, 고요히 앉음)와도 밀접한 관련이 있다고 보았는데, 이연평(李延平)의 정좌학설에 대하여 다음과 같은 대화를 나누었다.

김성일: (이연평의 정좌에 대해 묻는다.)

퇴계: 정좌한 뒤라야 몸과 마음이 거두어져서 도리도 비로소 한 곳에 모이게 될 것이다. 만일 몸뚱이를 함부로 버리고 해이해져 거둠이 없으면, 몸과 마음은 어둡고 어지러워, 도리도 한 곳에 모일 수 없을 것이다.

---

18) 유명종, 『퇴계의 철학 세계(석당학술총서 4)』, 세종출판사, 2000, 252~253쪽.

19) 언행록, 235쪽, 〈이덕홍 록〉.

김성일: 정좌에는 몸이 구속되는 병통이 있으니 어찌해야 하겠습니까?

퇴계: 혈육으로 된 몸이 젊을 때부터 조금도 구속이 없다가 하루아침에 갑자기 정좌해서 몸과 마음을 거두고자 하니, 어찌 구속되는 병통이 없겠는가. 모름지기 굳이 참고 고생을 견디어 쾌활할 때가 없다가 여러 해를 지나야 비로소 구속됨이 없게 될 것이다. 만일 구속이 싫어 자연히 되기를 기다린다면, 이는 곧 성현들의 이른바 온몸이 명령을 따라 공손하고 편안해지는 일이라, 처음으로 공부하는 사람으로서는 불가능한 일이니라. 대개 구속의 병통은 실은 경 공부가 지극하지 못해서 함부로 놓아 편안하려는 까닭인 것이다. 마음이 만약 성성해서 게으르거나 방일하지 않으면, 온몸은 자연히 거두어져 내 명령을 좇을 것이다.

이와 같이 정좌와 경과 성성의 관계를 말하면서 초학자가 하루아침에 정좌가 몸에 익기를 기대하지 말고, 지속적으로 꾸준히 마음을 다잡고 하면 효과가 있을 것이라고 하였다.

퇴계의 가르침은 또한 지식과 실천이 함께하는 이른바 지행병진(知行竝進)을 강조하였다. 퇴계는 제자 이국필과의 대화에서 "자신의 아는 것을 가지고 더욱 궁구하는 것으로서, 평생의 학문하는 길로 삼는 것은 매우 좋은 일이다. 그러나 오직 앎에만 그러할 것이 아니라, 행에 있어서도 또한 마땅히 자기의 행을 가지고 더욱 힘써야 할 것이니, 이 두 가지를 아울러 나아가면 그 학문하는 길에는 점점 트이어 막힘이 없을 것이다."[20]고 하였다. 앞서 퇴계의 학문이 위기지학임을 말하면서 "마땅히 알아야 할 것이 도이고, 마땅히 해야 할 것이 덕행이며, 먼 곳보다 가까운 데서, 겉보다 속부터 공부를 시작하여, 마음으로 얻어 몸소 행하기를 기약하는 공부가 바로 위기지학이라고 하였다." 했다. 앎과 행의 일치를 주장한 것이다.

이상에서 퇴계의 가르침에 대해 주로 위기지학과 기질 교육, 마음 수양 등의 측면에서 살펴보았다. 전통사회의 교육이 단지 이론 전수에 한정되는 것이 아니고 인생 전반에 걸쳐 이루어지는 종합적인 것으로 한두 가지 측면에서 그의 가르침을 한정할 수는 없지만 그의 가르침의 원리는 '근본을 강조하는 교육'이라 할 수 있을 것 같다. 퇴계는 "밑에서부터 배워서 위로 통달하는 것은 차례로서는 마땅한 것이지마는, 학자들이 오랫동안 공부해서 얻는 것이 없으면, 중간에서 그만두기 쉽기 때문에 그 근본을 가르침만 못하다."고 하면서, 학자들을 가르칠 때 그 근본을 많이 가르쳤다고 한다.[21] 그의 학문관에서 리(理)를 중시한 것이나, 수양론에서 경(敬)을 중시한 것, 독서 교재에 있어 일상생활 속의 실천을 강조한 『소학』을 중시한 것 등은 모두 근본

20) 언행록, 232쪽, 〈이국필 록〉.
21) 언행록, 241쪽, 〈정유일 록〉.

중시 사상에서 나온 것이라 할 수 있다.

이상과 같은 학문과 교육에 대한 생각이 바탕이 되어 사회개혁으로서 교육운동을 전개하게 된다. 교육자가 사회적 책임을 어떻게 실현하는지의 하나의 역사적 사례인데, 다음에서 두 가지로 나누어 설명한다.

4. 퇴계 이황이 사회적으로 실천한 교육운동

1) 서원 설립 운동을 통한 교육혁신

서원은 앞에서 살펴본 성균관, 사학(四學), 향교와 같은 관학이 아닌 사학(私學)이다. 퇴계는 중앙 관학의 책임자가 되어 개혁을 하려 했으나 실패했다. 이에 지방 관학인 향교에 관심을 가지고 부흥 운동을 전개하기도 하고, 동시에 지방 사학인 서원 교육에 전력을 기울였다. 서원은 향교보다는 수준이 높은, 지금으로 치면 사립대학에 해당하는 학교이다. 관학의 부패에 실망한 많은 인재가 서원에 모여들기 시작하던 무렵이다. 그는 서원 운동을 통해 당시의 교육을 일신하려고 하였던 것이다. 그 구체적인 내용을 살펴보자.

1548년 정월, 퇴계는 외직을 자청하여 단양군수로 부임했다. 그리고 그해 10월에 풍기군수로 옮기게 된다. 풍기군은 전임 군수 신재(愼齋) 주세붕(周世鵬, 1495~1554)이 고려 주자학의 선구자인 안향(安珦)의 관향지 순흥(順興)에 백운동서원(白雲洞書院)을 설립하여 주자학의 연구와 보급에 애쓰고 있는 상황이었다. 퇴계 역시 조선에서 처음으로 설립된 서원에 큰 관심을 가지고 자주 출입을 하며 강학(講學)도 하던 인연이 있었다. 1549년 1월에는 백운동서원에 나기 서원 밖의 경렴정(景濂亭)에 대해 시를 지었고, 주세붕과 도학을 논하기도 하였다. 백운동서원은 주세붕이 창설했지만 퇴계 역시 이 서원의 운영과 교육에 큰 관심을 가졌다. 1549년 3월에는 서원 곁 시냇가의 암석을 끊어 내고 평대를 만들어 취한대(翠寒臺)를 만들었으며, 백운동서원과 관련된 시도 많이 지어 원생들에게 주었다. 그리고 이해 12월 16일 감사에게 서장을 올려 백운동서원의 편액을 결정하여 써 보내 주고 서적을 공급해 달라고 청하였다.[22] 그리하여 소수서원(紹修書院)이라는 편액이 사액되었고(지금도 소수서원이라는 이름으로 있으며, 유네스코 문화유산으

22) 권오봉, 앞의 책, 216쪽.

로 지정되었다.) 사서오경과 『성리대전』이 공급되었다. 이 조치는 대단히 중요한 의의가 있다. 사립학교인 서원이 국가의 재정적 지원을 받게 된 것이며, 서원의 위상을 높이는 계기가 된 것이다.

퇴계는 1550년, '백운서원제생(白雲書院諸生)'이라는 편지를 써서 주며 학문을 격려했다.

> "긴 여름 고요한 서원에서 여럿이 모여 강습하는 즐거움은 퉁소를 불고 거문고를 타고 쇠북을 두드리고 경쇠를 치는 것보다 훨씬 나으니, 사람으로 하여금 끝없이 부럽고 기쁘게 합니다. (…) 오직 여러분은 제일의 우리 사업을 위해 다른 사람에게 양보하지 말고, 부디 도를 위하고 시대를 위해 노력하여 잘 단련하길 바랍니다."[23]

퇴계의 서원에 대한 관심은 이산서원(伊山書院)을 통해 더욱 적극적으로 나타난다. 퇴계는 1558년에 완공된 이산서원의 기문(記文)을 이듬해 겨울에 썼다. 기문의 내용을 통해 서원건립의 과정을 보면 다음과 같다.

> 영주 고을이 소백산 남쪽에 위치하여 그 땅이 신령하고 풍속이 아름다워 호칭 인재의 소굴이라 한다. 이곳 풍속이 문예를 숭상하고 더욱 여럿이 거처하면서 학업을 익히기 좋아하여 그 명칭을 거접(居接)이라 하고 온 경내의 선비들이 다 모여들었다. 그리고 다른 지방으로부터 책을 끼고 오는 자 비록 많았으나 싫어하지 않고 모두 관에서 비용을 공급하여 빠뜨린 해가 없었는데 그 유래가 벌써 오래다. (…) 대개 인재 기르기를 좋아하는 뜻의 정성스러움이 다른 고을의 미칠 바가 아니나 돌아보건대, 관사(館舍)의 설치가 없어 한 차례씩 모일 때마다 고을의 의원(醫院)을 빌려 사용함으로써 잠깐 모였다가 즉시 헤어지곤 하였다. 가정(嘉靖) 갑인년(1554) 겨울 순흥 사또 안상(安瑺)이 부임하여 직무에 힘쓰고 정사를 밝게 하여 폐단이 제거되었으며 더욱 학문을 숭상하여 인재를 권장하는 것으로 선무(先務)를 삼았다. (…) 즉시 고을 동쪽에 터를 잡았으니, 군치(郡治)와 6~7리의 거리로 번천(蕃川) 고개가 우뚝 솟아 가리움이 되고 그 안이 넓고 조용하여 아예 시가지의 티끌과 인적과는 서로 접하지 않았다. (…) 무오년 7월에 시작하여 4개월을 지나 공사를 마쳤다. 모두 32칸의 집이었고 또 양정당(養正堂)을 그 곁에 옮겨 지었으니, 양정당은 작고한 군수 금기(琴椅)가 창설하여 동몽을 가르치던 곳이다. (…) 이로부터 내유(來遊)하는 선비

23) 『退溪全書 9』, 15쪽.

들은 원근인을 막론하고 찾아오기를 마치 자기 집으로 돌아가듯 하여 전일처럼 임시 빌려서 거처하였다가 즉시 헤어지는 걱정이 없었다.[24)]

퇴계는 이 서원의 명칭을 이산서원이라 정하고 각 당(堂)과 재(齋), 문(門), 대(臺)의 이름도 정하였다. 그리고 서원 정도의 규모도 안 되고 선정(先正)으로 제사 지낼 만한 자에 대한 논의도 정리되지 않았으니 차라리 서재(書齋)라고 이름하자는 사람들의 건의를 물리치고 서원으로 함이 가하다고 하였다. 그러면서 "안으로는 국학, 밖으로는 향교가 모두 암담히 가르칠 줄 모르고 또 막연히 학문을 일삼지 않았다. 이것이 뜻 있는 선비가 발분하여 깊이 개탄하면서 책을 지고 깊숙한 산중으로 도망가 그 들은 바를 강론하며 도를 밝히고 따라서 자신을 성취하고 남을 성취하게 하는 것이니, 서원의 이룩은 후세에 와서 그리하지 않을 수 없는 사세이다. (…) 그러나 아직 노사숙유(老師宿儒, 경험과 연륜이 있는 스승과 유학자)로서 산장(山長)이 되어 그 가르침을 맡아 주장하는 이가 없다. 그러므로 서원에 드는 선비들이 찬란하게 큰 뜻만 있을 뿐, 끝내 습속의 비루함에 빠져 성인의 가르침과 후현의 뜻을 잊는 것을 면치 못한다."[25)]고 하여 서원의 설립이 관학이 무너진 상황에서 일어날 수밖에 없는 시대적 추세였음을 말하고, 성공을 위해서는 이전의 폐습을 일소해야 한다는 것을 강조하였다. 그리고 이산서원의 운영을 위해서 퇴계는 '이산원규'를 지었는데, 이는 이후 서원 운영의 모범이 되었다. 그 내용을 요약하여 살펴보면 다음과 같다.[26)]

一. 유생(儒生)의 독서는 사서오경(四書五經)을 본원으로 삼고 『소학(小學)』과 『가례(家禮)』를 문호(門戶)로 삼아 국가가 인재를 양성하는 방법을 좇아야 한다.

一. 유생들은 뜻을 굳게 세우고 나아가는 길을 정직하게 하여, 학업은 원대한 것을 스스로 기약하여야 한다.

一. 유생들은 항상 각 방에 조용히 있으면서 오로지 독서에 정신을 기울여 의심나고 어려운 것을 강론하는 일이 아니면 부질없이 다른 방에 가서 쓸데없는 얘기로 날을 보내서는 안 된다.

一. 성균관 명륜당에 걸린 사물잠(四勿箴), 백록동규(白鹿洞規), 숙흥야매잠(夙興夜寐箴)을 원중에도 게시하여 서로 타이르고 일깨운다.

---

24) 『退溪全書 10』, 108~111쪽.

25) 『退溪全書 10』, 111쪽.

26) 민족문화추진회, 『국역 퇴계집 1』, 1977, 451~453쪽.

一. 책은 문 밖에 나갈 수 없고, 색(色)은 문 안에 들어올 수 없고, 술은 빚을 것이 아니고 형벌은 쓸 것이 아니다.

一. 원의 유사(有司)는 근처에 사는 청렴하고 재간 있는 품관 두 사람으로 정하고, 선비 중에 사리를 알고 조행이 있어 여러 사람이 추앙하고 복종할 수 있는 사람을 상유사(上有司)로 하여 2년 만에 교대한다.

一. 서원을 세워서 선비를 양성함은 국가가 문치를 숭상하고 학교를 일으키며 인재를 새로 길러내는 뜻을 받듦이다.

一. 기숙생은 어른이나 아이를 불구하고 정한 수는 없으나 성적을 얻은 뒤에야 원에 들어온다.

이를 보면 마치 이전 성균관에서 실현하고자 했으나 좌절을 맛보았던 그의 교육이상을 서원에서 실현하고자 하는 것 같은 느낌을 받는다. 서원 역시 국가교육의 이상에 따른 교육실천이라는 인식하에 오로지 학문하는 공간으로 자리 잡아야지 비방과 유희의 장소가 되어서는 안 된다는 그의 강렬한 의사가 표명되어 있다. 그러나 퇴계는 서원의 운영은 어디까지나 자율적으로 운영되어야 함도 빠뜨리지 않았다.

서원에 대한 퇴계의 관심은 만년에 역동서원(易東書院)으로 이어지는데 「역동서원기」에 서원에 대한 인식이 잘 드러난다.

> 서원의 제도가 근래 우리나라에 성행하고 있는데, 영남 각 고을에 세워진 것이 타도 타읍에 비해 가장 앞서고 많이 차지하였다. (…) 우리 예안 고을이 비록 편소하나 산천이 수려하고 인물이 울연하여 문헌의 칭송이 예로부터 있었다. 고을의 향교 이외에 산림을 의지한 한적한 곳에 유관(儒館)을 설치하여 학업을 익히는 일이 어찌 없으랴. (…) 제군이 또 고을의 부로(父老)와 모든 선비로 더불어 협심 상의하여 각각 형세에 따라 재력을 부담하여 고을 동북쪽 선생의 구거지(舊居地)와 10여 리 거리에 위치한 땅을 얻었으니, 그 물은 오담(鰲潭)인데 실로 낙동강의 상류이다. 태백산에서 발원하여 청량(清涼)을 거쳐 남쪽으로 흐르다가 이에 이르러 못을 이루었고, 동쪽으로부터 뻗어 내려 온 산이 구불구불 서쪽으로 돌아 이 오담에 이르러 멈추었다. 이에 구릉이 있으니 산을 등지고 물에 임하여 깊숙하면서도 훤창하게 트여 스스로 좋은 형세를 이룬 적절한 거리의 땅으로서 봉만(峰巒)과 천택(川澤)이 앞으로 굽어 빙 둘러 있어 터를 잡을 만한 곳을 점쳐도 이와 바꿀 곳이 없었다.[27]

27)『退溪全書 10』, 125~129쪽.

즉, 중앙의 교육기관이 무너진 상황에서 서원과 향교가 지방 교육의 역할을 다해야 하며, 서원은 '산림에 의지한 한적한 곳'에 설치해야 하는데, 역동서원 역시 그러한 자연 조건에 잘 부합함을 말하고 있다.

퇴계가 서원에 얼마나 관심을 가졌는가는, 또 서원에 대해 어떤 생각을 가졌는가는 그의 시 '서원십영(書院十詠)'에 잘 나타나 있다. 서원십영은 풍기(豊基)의 죽계서원(竹溪書院), 영천(永川)의 임고서원(臨皐書院), 해주(海州)의 문헌서원(文憲書院), 성주(星州)의 영봉서원(迎鳳書院), 강릉(江陵)의 구산서원(丘山書院), 함양(咸陽)의 남계서원(藍溪書院), 영주(榮川)의 이산서원(伊山書院), 경주(慶州)의 서악정사(西岳精舍), 대구(大邱)의 화암서원(畵巖書院)에 대한 생각과 여러 서원에 대한 총론[總論諸院]으로 구성되는데, 총론에서 다음과 같이 말하고 있다.

> 경서 연구 늙도록 도를 듣지 못했더니(白首窮經道未聞)
> 다행히도 여러 서원 사문을 제창했네(幸深諸院倡斯文)
> 어쩌자고 과거 물결 바다를 뒤집는가(如何科目波飜海)
> 부질없는 내 시름 구름처럼 이는구려(使我閒愁劇似雲)
> (신호열 역)

퇴계는 과거(科擧)라는 물결이 바다를 뒤집는 상황에서 도학(道學)으로 이 광풍을 잠재울 수 있는 것은 서원이라고 하였다.

퇴계 사후, 도산서원이 되어 지금은 유네스코 세계문화유산으로 지정된 곳이 도산서당이다. 이곳은 서원 운동의 일환으로 지어진 곳은 아니다. 그야말로 사회로부터 물러나 스스로 수양할 목적으로 실계한 곳이다. 그리나 이곳은 그의 제지교육의 산실로서 그의 삶에서 빠뜨릴 수 없는 곳이다. 초기의 모습은 천 원 권 지폐의 뒷면(계상정거도)에 잘 나타나 있다. 1560년에 서당이 완공되었는데, 공사를 시작한 지 5년째 되던 해이다. 서당의 당사(堂舍)는 완락재(玩樂齋) 암서헌(巖栖軒), 농운정사(隴雲精舍)의 세 부분으로 나누어진다. 은사(隱士)의 거처인 농운정사의 동쪽은 시습재(時習齋), 서쪽 마루를 관란헌(觀瀾軒), 방을 지숙료(止宿寮)라 하였고, 제자들이 뒤에 농운정사 아래에 서재를 짓자 역락서재(亦樂書齋)라 하였다. 이에 그치지 않고 동쪽 구석에 조그마한 연못을 파고 연을 심어 정우당(淨友堂)이라 하였고, 그 동쪽에 샘을 만들어 몽천(蒙泉)이라 하였다. 또, 샘 위에 산기슭을 파서 추녀와 맞대고 평평하게 단을 쌓아 그 위에 매, 죽, 송, 국을 심어 절우사(節友社)라 이름하였다. 이에 대해 그는 다음과 같이 이야기했다.

> 나는 항상 오랜 병의 시달림을 괴로워하기 때문에, 비록 산에서 살더라도 마음을 다해 책을 읽지 못한다. 깊은 시름에 잠겼다가 조식(調息)한 뒤 때로 몸이 가뿐하고 마음이 상쾌해지면, 책을 덮고 지팡이를 짚고 뜰마루에 나가 연못도 구경하고 단(壇)에 올라 절우사(節友社)를 찾기도 하며, 밭을 돌면서 약초를 심기도 하고 숲을 헤치며 꽃을 따기도 한다. 또, 돌에 앉아 샘물을 구경하기도 하고 대(臺)에 올라 구름을 바라보며, 여울에서 고기를 구경하고 배에서 갈매기와 친하면서 마음대로 시름없이 노닐다가 좋은 경치를 만나면 흥취가 절로 일어, 한껏 즐기다가 집으로 돌아오면 고요한 방 안에 쌓인 책이 가득하다. 책상을 마주하여 잠자코 앉아 삼가 마음을 잡고 이치를 궁구할 때, 간간이 마음에 얻는 것이 있으면 흐뭇하여 밥 먹기도 잊어버린다. 생각하다가 통하지 못한 것이 있을 때는 좋은 벗을 찾아 물어보며, 그래도 알지 못할 때는 스스로 분비(憤悱, 분발)한다. 그러나 감히 억지로 통하려 하지 않고 우선 한쪽에 밀쳐 두었다가, 가끔 다시 그 문제를 끄집어 내어 마음에 어떤 사념도 없애고 곰곰 생각하면서 스스로 깨달아지기를 기다리며 오늘도 그렇게 하고, 내일도 그렇게 하는 것이다.[28)]

여기서는 도산서당은 잠심자득(潛心自得, 마음을 침잠하여 스스로 체득함)의 공간으로 묘사되어 있고, 강학의 모습은 보이지 않는다. 그렇지만 이곳은 제자들과 함께 지낸 교육공간이었다. 유학 공부의 양대 기둥인 존덕성(尊德性, 덕성의 함양)과 도문학(道問學, 학문의 탐구)의 공간이었다. 일상에서 리(理)의 구현을 확인할 수 있도록 조영한 공간이다. 지금의 학교와는 확연히 차이가 있는 교육공간이다. 그래서 도산서당은 일견 사회적 책임과는 전혀 무관한 것 같이 보일 수도 있다. 그러나 퇴계의 학문관을 보면 꼭 그렇지 않다. 오히려 지금 학교가 사회와 단절되어 있지 과거의 서원과 서당은 단지 학문적 공간이 아니고, 사회적 공론을 집약하는 곳이기도 하였다. 여기 모여 선비들이 사회적 문제를 논하고, 그 해결책을 제시하여 관에 올렸다. 사회적 책임을 다하는 곳이었다. 도산서당은 퇴계의 개인적 잠심자득의 공간으로 구상되었지만 점차 제자들의 교육공간으로 확대되어 갔다. 그 과정을 보면 퇴계의 '물러남' 역시 사회적 무책임으로 해석될 수는 없다. 어쩌면 그는 사회적 문제를 자연적이고 예술적인 교육공간으로 조성함으로써 해결하고자 한 교육가였다 할 수 있을 것 같다.

28) 민족문화추진회, 『국역 퇴계집 1』, 1977, 37쪽.

2) 향약 운동을 통한 지역사회 질서 회복

퇴계는 한편으로는 서원을 통하여 당시 관학 붕괴 문제를 해결하려 하였고, 다른 한편으로는 향약 운동을 통하여 지역사회의 질서를 회복하려 하였다. 향약은 향촌 교화를 위해 만든 자치 규약이다. 조선시대에는 재지(在地) 사족들에 의해 추진되고 마련되었다. 사회 질서를 법이나 형벌에 의하여 유지하는 것이 아니라 자치 규약에 의해 스스로 하려는 것이어서 향풍의 수립에 큰 의미를 지닌다. 향교와도 밀접한 관련이 있는데, 학교 밖의 사회교육, 윤리교육으로서 의의도 있다.

향약에 대한 퇴계의 생각은 「향립약조서(鄕立約條序)」라는 글에 잘 나타나 있다. 그 내용을 인용하면 다음과 같다.

> "지금 고을에서 머물러 있는 풍속은, 즉 옛날 경대부의 끼친 제도이다. 사람을 얻으면 한 고을이 화평해지고, 그 사람이 아니면 온 고을이 해체가 된다. 더욱더 시골은 왕의 교화가 멀어서, 좋아하고 미워하여 서로 치고, 강하고 약하여 서로 알력하며, 혹은 효제충신의 도가 저지되어 행하지를 못해서 예의를 버리고 염치를 버리기가 날로 심하여, 점점 이적 금수에 돌아가게 되니, 이것이 다 왕정의 큰 걱정인데, 그 규탄하고 바루는 책임이 이제 향소(鄕所)에 돌아오니, 아아, 그 또한 중하다.
>
> 우리 고을은 비록 땅은 작으나 본래 문헌의 국가로 이름이 났고 유현(儒賢)이 많이 나서 왕조에 빛나는 자가 대대로 자취를 잇대었으므로 보고 느끼고 본떠서 고을의 풍속이 매우 아름답더니 근년에는 운수가 죽 좋지 못하여서 덕이 높아 존경받는 여러 공들이 서로 잇달아 돌아갔다. 그러나 오히려 대대로 화평했던 나라에 끼친 유민이 있어 문의가 높고 성하니, 이를 서로 따라서 착한 나라가 됨이 어찌 불가하겠는가. 그런데 어찌하여 인심이 고르지 않고 습속이 점점 그릇되어 맑은 향기는 드물게 풍기고, 나쁜 얼이 사이에서 돋아나니 지금 막지 않으면 그 끝이 장차 이르지 않을 바가 없을 것이다.
>
> 고 숭정지사 농암(籠巖) 선생이 이러함을 근심하여 일찍이 약조를 세워서 풍속을 격려하고자 하되, 정중하여 여기에 미치지 못하더니 지금 지사의 여러 아들들이 방금 경내에서 거상하고 황(滉, 자신) 역시 병으로 전원에 돌아와 있는데 고을 어른들이 다 우리 몇 사람으로 하여금 속히 선생의 뜻을 이룩하라고 맡기고 책임지움이 심히 지극하여 사양했으나 마지못하여 이에 서로 함께 의논하여 그 대강만 들어서 이같이 하고, 다시 고을 사람에게 두루 보여 가부를 살핀 연후에 정돈이 되었으니 거의 영원하도록 행하여도 폐가 없을 것이다."[29]

이와 같이 그 지역의 인적 자원을 활용해 고을의 풍속을 바로 잡고, 이를 통하여 국가를 바로 잡겠다는 것이 퇴계의 전략인 것이다. 퇴계의 향약은 일명 「예안향약(禮安鄕約)」이라고도 하며 1556년(명종 11년)에 작성한 것이다. 향약의 구체적인 조목은 30여 개로 구성되어 있다. 즉, 부모에게 불순한 자, 형제간에 서로 다툰 자, 가도(家道)를 어지럽힌 자, 관부(官府)의 일에 간섭하여 향풍(鄕風)에 관계된 자, 함부로 위세를 부려 공사를 막고 사사를 행하는 자, 향장(鄕長)을 능욕하는 자, 수절하는 과부를 꾀이고 협박하여 더럽히고 간통하는 자 등에 대해서는 상중하로 나누어 엄벌한다는 내용이 있다. 또, 친척 간에 화목하지 못한 자, 본처를 소박한 자, 이웃과 불화한 자, 친구 간에 서로 때리고 욕하는 자, 불고염치하고 사풍(士風)을 더럽힌 자, 강자를 믿고 약자를 능멸하며 침탈하여 싸움을 일으키는 자, 무리하게 도당을 모아 자주 난폭한 짓을 저지르는 자, 환난(患難)을 보고 힘이 미치나 앉아서 보고 돕지 않은 자 등은 상중하로 나누어 중벌(中罰)한다는 조항도 있다. 이 밖에 하벌(下罰) 조항에는 공회(公會)에 늦게 오는 자, 어지럽게 앉아 위의(威儀)를 잃은 자, 좌중에서 시끄럽게 싸우는 자 등이 있다.

이를 보면, 퇴계의 향약 조항은 가정에서부터 시작하여 사회에 이르기까지 다양한 문제를 자치적으로 정한 규약으로 해결하려는 노력이 보인다. 법과 같은 강제적인 해결책이 아니라 도덕적이고, 윤리 규범의 측면에서 개인적 · 사회적 책임을 강조한 것이다.

5. 퇴계 이황의 가르침이 이 시대의 ESR에 주는 시사점

지금까지 16세기 조선의 대표적 유학자인 퇴계를 통하여 조선시대 지식인의 사회적 문제에 대한 교육적 해결책의 한 단면을 살펴보았다. 16세기와 21세기인 지금은 여러 면에서 상황이 다르다. 그럼에도 퇴계를 통해서 이 시대의 우리가 생각할 수 있는 바는 몇 가지가 있다. 정치가이자 교육자인 퇴계의 가르침이 이 시대의 ESR에 주는 시사점을 네 가지로 정리하였다.

첫째, 먼저 지식인의 사회적 책임에 대한 시사점이다. 퇴계는 당대의 대표적인 정치가 가운데 한 사람으로 많은 시간을 관료로서 보낸 지식인이다. 관직에 있을 때는 말할 것도 없지만 정치 일선에서 물러나 있을 때도 사회적인 문제, 특히 지금 우리나라 상황과 같이 관학교육의 부진 문제를 해결하는 데 적극 참여하였다. 그는 기존 학교의 학문적 분위기를 바꾸려는 노력의

29) 민족문화추진회, 『국역 퇴계집 II』, 1977, 27~28쪽.

실패에 안주하지 않고 오늘날 대안학교에 해당하는 서원의 설립 운동을 선도하였다. 조선시대의 서원은 퇴계의 운동에 힘입어 도학(道學)의 중심지로서 자리 잡았다. 당시의 그러한 노력에 힘입어 2019년 '한국의 서원(Seowon, Korean Neo-Confucian Academies)'이란 이름으로 소수서원, 도산서원을 비롯한 9개의 서원이 유네스코 세계문화유산으로 지정되었다.

둘째, 학문에 대한 시사점이다. 오늘날 한국 사회에서 학문은 출세나 취업의 도구로 인식되고 있다. 퇴계 당시에도 지식은 과거(科擧)와 무관하지 않았다. 퇴계 역시 과거 출신자였다. 그러나 그의 학문관은 위기지학(爲己之學)이었다. 지식의 쓸모를 밖에 두지 않고 자신의 인격적 함양에 두었다. 이를 지식인의 사회적 책임 문제를 방기하는 것으로 오해해서는 안 된다. 유학에서는 '수기치인(修己治人)'이라 하여 사회적 역할을 위해서는 자신의 인품을 닦는 것이 선행되어야 한다고 본다. 인품이 부족한 지식인이 사회적 역할을 하는 것의 위험성을 경계한 것이다. 지금 우리의 학문적 풍토와 ESR의 방향 설립에 큰 시사점이 있다.

셋째, 사회적 문제에 있어 교육의 역할에 대한 시사점이다. 현재 한국 사회의 큰 문제 가운데 하나가 교육문제이다. 교육을 통해 사회적 문제를 해결하는 노력이 부족하다. 퇴계 시대에도 마찬가지 상황이었다. 그러나 퇴계는 교육을 통해 사회문제를 해결하려고 하였다. 실제로 그의 서원 설립 운동이나 향약의 제정은 사회적으로 큰 반향을 불러일으켰다. 그 반향은 단지 안동이라는 지역에만 그치지 않고 전국적으로 서원 설립 운동이 전개되었고, 교육의 본질로 돌아가려는 움직임이 고조되었다.

넷째, 문화적 접근의 중요성에 대한 시사점이다. 예나 지금이나 사회적 문제가 있으면 제도를 변화시켜 문제를 해결하려고 한다. 법적 · 제도적 접근은 강제적인 접근이다. 그러다 보니 장기적인 개혁 효과를 기대할 수 없다. 퇴계는 문화적인 접근법에 주목한 사람이다. 그는 제도의 변화보다는 사람의 변화를 통해 문제를 해결하려 했으며, 특히 문화를 중시했다. 그의 서당인 도산서당(퇴계 사후 서원이 되기 전의 서당)을 보면, 자연과 문화가 충만한 곳이었다. 서당의 설계는 말할 것도 없고, 서당 주위의 제반 환경 조성 역시 예술적이고, 문화적인 방식으로 접근하였다. 그는 정치가이기도 하고, 교육자이기도 했지만 뛰어난 시인이기도 한 사람이다. 사회적 문제, 교육의 문제해결에 문화와 예술의 역할을 안 사람이었던 것이다.[30)]

30) 여기에 대해서는 안경식, 「교육공간을 향한 퇴계의 시선」, 한국교육사학회 편, 『역사 속의 교육공간, 그 철학적 조망』, 학지사, 2011, 187~235쪽; 박청미, 「퇴계 이황의 공부와 심미체험」, 부산대학교 대학원 박사학위논문, 2013; 박청미, 「공부의 의미 탐색: 퇴계의 공부론에 나타나는 즐거움을 중심으로」, 한국교육철학회, 『교육철학연구』 44, 61~79쪽 참조할 것.

성찰과제

1. ESR 연구에서 문화, 예술의 중요성에 대해 생각해 보시오.
2. 조선시대 등 과거 전통사회에서 ESR 연구에 참고할 만한 사례를 찾아보시오.
3. 최근 '한국의 서원(Seowon, Korean Neo-Confucian Academies)'이라는 이름으로 유네스코 세계문화유산에 지정된 9개의 서원 교육에서 21세기 교육의 사회적 책임과 관련하여 여러 시사점을 생각해 보시오.

참고문헌

권오봉(1989). **퇴계가연표**. 퇴계학연구원.

민족문화추진회(1977a). **국역 퇴계집 1**.

민족문화추진회(1977b). **국역 퇴계집 II**.

박청미(2009). 공부의 의미 탐색: 퇴계의 공부론에 나타나는 즐거움을 중심으로. **교육철학연구**, 44, 61-79.

박청미(2013). 퇴계 이황의 공부와 심미체험. 부산대학교 대학원 박사학위논문.

안경식(2002). 언행록에 나타난 퇴계의 제자교육. **석당논총**, 32, 79-121.

안경식(2011). 교육공간을 향한 퇴계의 시선. 한국교육사학회 편. **역사 속의 교육공간, 그 철학적 조망**. 학지사.

유명종(2000). **퇴계의 철학 세계(석당학술총서 4)**. 세종출판사.

이황 저, 최중석 역주(1998). **역주 자성록**. 국학자료원.

태학지번역사업회(1994). **국역 태학지(상)**. 성균관.

퇴계학연구원(1991). **退溪全書(1-10)**.

한국정신문화연구원(1980). **도산전서(1-4)**.

황준량 외(1982). **도산급문제현집**. 아세아문화사.

교육철학자의 ESR 실천 사례: 깊은 학습(LiD)

김회용

성찰목표

1. 깊은 학습의 이론과 현장 적용의 필요성을 설명할 수 있다.
2. 깊은 학습의 실제 사례를 성찰하고, 바람직한 실천 방안을 제안할 수 있다.

1. 상상력과 상상력을 활용하는 학습이론(LiD)

캐나다의 교육학자 키렌 이건(Kieran Egan)과 그의 동료들은 상상력 교육을 소개하는 홈페이지에 다음과 같은 의미심장한 문장을 걸어 두었다(https://circe-sfu.ca/lid/).

> "If one is master of one thing and understands one thing well,
> one has, at the same time, insight into and understanding of many things."
> –VINCENT VAN GOGH

흡사 '하나를 알면 열을 안다'라는 우리말의 속담이 떠오른다. 너도 나도 남보다 많이 배우지 못해 안달하는 시대에 하나라도 제대로 알면 충분하다는 메시지는 큰 울림을 준다. 한국의 교육은 많은 지식을 효율적으로 가르치기로 세계적인 정평이 나 있으면서도, 동시에 배움을 두려워하고 그로부터 도주하는 학생들을 계속해서 양산해 내고 있다. 이 시대는 우리 교육 전체를 관통하는 '빠르게', '많이', '효율적으로' 가르치려는 욕망을 근본적으로 성찰해야 할 전환점이다.

이건 교수의 문제의식도 여기에서 출발한다. 그는 현대 교육이 지식의 폭을 넓히는 데에만 열중하여 배움의 진정한 깊이를 잃어 가고 있다고 지적하며, 대안으로 배움의 모든 과정에서 '상상력'을 자극할 것을 주장한다(Egan, 2008; 2010). 근대 교육은 오랫동안 지식을 합리적이고 계열적인 것으로 파악했고, 우연적이고 비약적인 속성을 지닌 상상력은 교육 담론의 저변으로 밀려나 있었다. 그러나 오늘날 지식의 고정불변성이 깨어지면서 지식을 새로운 방식으로 연결시키는 역량인 상상력이 주목받기 시작했다.

상상력이 강조되면서 상상력 회복이나 상상력 신장을 위한 다양한 저서나 논문이 발표되었지만 시나 소설 등의 문학작품이나 신화를 소재로 한 글들이 대부분이었다. 이건 교수는 상상력을 교육의 측면에서 다룬 대표적 학자이다. 그는 스토리텔링을 이용하는 교수법과 프로젝트를 통한 학습법을 활용한 상상력 교육을 강조하고 있으며, 또한 교사 연구회를 조직하여 상상력 교육의 활성화에 많은 노력을 기울였다(https://circe-sfu.ca/).

상상력(imagination)은 어떠한 심상(image)을 마음속에 떠올리는 힘이다. 이미지는 명약관화한 지식과는 달리 논리적 구조를 필연적으로 담보하지도 않고, 때에 따라 생략과 과장이 일어나기도 하며, 주관적인 인상이나 감정을 강렬하게 포함하기도 한다. 이런 속성 때문에 대중적으로 상상력은 일상적이지 않은 환상이나 공상과 동일시되곤 한다. 그러나 러시아의 심리학자 비고츠키(Vygotsky, 1987)에 따르면 공상적인 활동은 광범위한 상상 기능의 한 부분에 불과하다. 상상은 직접 경험한 이미지를 머릿속에 떠올리는 기억작용에서부터 경험을 조합하여 새로운 이미지를 창출하는 고등적인 창조력에 이르기까지 포괄적인 인지능력의 기반이 된다. 지식의 역사에서 상상력이 번번이 고차적 사고의 걸림돌로 인식되었던 것과는 달리 비고츠키는 상상력이야말로 인간의 종합적인 지적활동에서 핵심을 차지한다고 보았던 것이다.

상상력은 일부 천재들에게 부여된 특별한 능력이 아니라 모든 사람이 일상 속에서 끊임없이 활용하는 일반적이고 종합적인 정신능력이다. 상상력은 번뜩이는 천재성이 아니라 꾸준히 축적된 경험을 질료로 삼아 발휘되며, 따라서 특별한 교육활동을 통해 단독으로 길러지는 것이 아니라 질적으로 풍부한 경험의 더미 속에서 자연스럽게 피어오른다.

교육에서 상상력이 중요하다는 인식은 다음의 두 가지 방식으로 구분 가능하다. 먼저, 상상력의 발달을 교육의 주요한 목적으로 여기는 입장이 있다. 이러한 논리는 어린이는 상상력을 가지고 있지 않거나, 그들의 상상력이 미성숙하다는 것을 전제로 한다. 따라서 모종의 교육적 수단에 의해 상상력을 개발할 필요가 있다. 반면, 교수-학습 과정에 아동의 상상력을 적극 활용해야 한다는 입장이 있다. 이러한 논리에 따르면 학교교육의 실패는 어린이의 타고난 능력을 충분히 활용하지 못했기 때문이다. 어린이의 상상력은 자연적인 것이지만, 성장하거나 학교교육을 받게 되면서 상상력을 상실하게 된다는 것이다. 이 글은 후자의 입장에서 진행되며, 이 입장을 대표하는 이건 교수의 상상력 활용 교육 이론과 상상력을 활용하는 '깊은 학습(Learning in Depth)'을 소개하고자 한다.

2. 기존 교육이론에 대한 이건의 문제제기

키렌 이건은 1942년에 아일랜드에서 태어났다. 그는 유년 시절과 학창시절을 영국에서 보내면서 성장했다. 1966년 런던 대학교에서 역사학을 전공하여 학사 학위를 받고 연구원으로 근무한 후 미국으로 건너가 스탠퍼드 대학교에서 박사과정 공부를 시작하게 된다. 동시에 그는 IBM에서 새로운 컴퓨터 시스템의 프로그램화 방법을 최적화시키는 자문가로도 활동하였다. 그리고 1972년 코넬 대학교에서 박사과정을 마무리했다. 캐나다 밴쿠버에 소재한 사이먼 프레이저 대학교에서 첫 교편을 잡은 후 작고(2022년 5월)하기 직전까지 근무하였다(http://en.wikipedia.org/wiki//Kieran_Egan).

그가 저술하거나(공동저술 포함) 편집한 저작물이 20권을 훌쩍 넘었으며, 다수의 책이 십여 개 국가에서 번역되어 출간되었다. 최근에 펴낸 저작물로는 『Learning in Depth』(2010), 『The Future of Education』(2008), 『An Imaginative Approach to Teaching』(2005) 등이 있다. 그의 대표작이면서 교육사상의 핵심을 잘 담고 있는 것으로 평가받는 『The Educated Mind: How Cognitive Tools Shape Our Understanding』(1997)은 9개 언어로 번역 소개되었고, 『Getting It Wrong from the Beginning: Our Progressivist Inheritance from Herbert Spencer, John Dewey, and Jean Piaget』(2002)는 키렌 이건이 어떤 근거로 기존의 교육 사상을 비판하고 있으며, 그의 사상이 어떻게 형성되었는지를 잘 드러내고 있다.

이건은 '교육받는다는 것의 의미'와 '학습자의 이해 증진을 위한 교수법' 사이의 관련성에 주목하면서 연구를 진행하였다(Johnson & Reed, 2008: 234). 자신의 교육이론을 전개하기 위해 이건은 기존의 교육이론을 두 가지 관점에서 반박하였다. 먼저, 현재의 교육이론은 학습자에게 내재된 상상력의 발현을 막고 있으며, 둘째, 서로 양립할 수 없는 교육이론을 토대로 교육활동을 전개하고 있음을 지적하였다.

이건은 기존의 교육이론은 아동의 상상력에 관심을 두지 않는다고 주장한다. 상상력이 도외시되는 이유는 기존의 교육이론이 '일반화할 수 없는, 임시방편에 지나지 않는 일련의 원리들(ad hoc principles)'에 근거해 있기 때문으로 보았다. 즉, "구체적인 것에서 추상적인 것으로, 단순한 것에서 복잡한 것으로, 기지의 것에서 미지의 것으로, 활동적인 조작에서 상징적 개념화로 전개되어야 한다는 교육 원리가 교육과정의 설계와 실제 수업활동을 지배하고 있다"(Egan, 1986: 28)고 보았다. 그런데 이러한 교육이론은 지식의 변화와 아동의 성장을 도외시하고, '기계적인 교사'가 '수동적인 학습자'에게 '고정된 지식'을 전달하는 것, 즉 임의 설정된 교사, 아동, 고정된 독립체로서의 지식관을 전제하고 있으며, 무엇보다 교육의 진행 과정에서 아동에게 내재된 상상력의 역할을 부인하거나 최소화하고 있기 때문에 교육과 관련된 제반 환경을 고려한 원리라기보다는 실험실 환경 속에서 탄생한 가설처럼, 일반화가 곤란한 임시방편의 원리라는 비판에 직면하고 있는 것으로 보인다.

또한 이건(Egan, 2008: 55)은 아동을 '구체적으로 사고하는 존재'로 간주하는 이론 속에는 아동의 사고방식이 어른과 다르다는 것이 전제되어 있다고 보았다. 이러한 사고는 일반적으로 어린아이들이 지적인 결핍으로 인해 추상적 개념을 이해하지 못한다는 신념을 잉태시키고, 이러한 신념은 아이들을 다른 방식으로는 이해하지 못하고, 고정된 방식으로 이해하게 만들 우려가 있다고 비판하였다.

이건은 '일반화할 수 없는, 임시방편에 지나지 않는 일련의 원리들'이 잘못되었음을 지적하는 대신 이러한 원리들이 교육에서 항상 가장 효과적인 방법은 아니라는 점과 이러한 원리들이 교육 전체를 아우를 수 없음을 설명하기 위해 임시방편의 원리들에 반하는 수많은 반대 사례를 제시하였다. '어린이들은 구체적이고, 직접적인 경험으로부터 가장 잘 배울 수 있다'는 폭넓게 수용된 금언과 균형을 맞추기 위해, 이건은 어린아이들을 위한 많은 문학작품이 다양하게 내재되어 있는 추상적인 개념들의 선험적 이해에 의존함을 설명하고 있다. 신데렐라 스토리를 활용하여 자신의 주장을 드러내고자 한 이건은, 스토리를 이해하기 위해서는 두려움/희망, 친절/잔인, 선/악과 같은 추상적이고 서로 상충되는 개념들을 파악할 수 있는 능력이 있어야 함에도 불구하고, 다섯 살 어린이들이 그 스토리를 이해하고 즐기는 데 전혀 어려움이 없음에 주목하였다(Johnson & Reed, 2008: 234-235).

이건은 '추상적 개념은 어린아이들에게 어렵다'는 일반적인 주장을 논박하기 위해 아동의 문학작품으로부터 많은 사례를 발췌하였다. 그는 교육의 과정을 구체적인 것에서 추상적인 것으로의 발달로 간주하는 것은 논리적인 지적 활동에 한정하여 초점을 둔 것으로 보았다. 여기서 문제가 되는 것은 어린아이들의 교육이 이러한 '일반화할 수 없는, 임시방편에 지나지 않는 일련의 원리들'에 거의 전적으로 의존하도록 축소되었다는 점이다. 이건의 이러한 주장은 어린이들은 이러한 '원리들'이 허용하는 것보다 훨씬 더 어린 시기에 수준 높은 개념적 도구들을 소유할 수 있다고 주장하는 매튜스(G. B. Matthews), 립맨(M. Lipman) 등 아동철학 주창자들의 주장과 입장을 같이한다고 볼 수 있다.

다분히 복잡하고 공상적인 스토리를 이해하는 어린이들의 능력은 그들이 역사와 철학 같은 추상적인 주제들을 다룰 때 필요한 개념적 도구들을 가지고 있음을 보여 주고 있다. 이건(Egan, 1986: 31)은 어린이들에게서 관찰될 수 있는 학습 도구를 "서로 대조되는 것을 형성하고, 그것들 사이를 중재하는 변증법적 과정"으로 제인하였다. 예를 들어, 온도변화의 연속성을 학습할 때, 어린이들은 두 개의 대조되는 개념인 '뜨거움'과 '차가움'을 먼저 배우는 경향이 있다. 그러고 나서 어린이들은 이 두 가지 개념을 중재하여 '따뜻함'이라는 개념을 학습하게 된다. 이건은 자신이 저술한 여러 권의 책을 통해 선/악 등의 '이항 대립(binary opposites)'과 같은 인지도구들이 자신이 거주하는 세상을 학습할 때 인간을 어떻게 돕는지를 잘 보여 주고 있다. 이건의 이러한 주장은 어린이가 자기 삶의 의미를 발견하도록 돕는 가장 효과적인 방법을 옛이야기에서 찾고, 옛이야기의 가장 큰 특징이 선/악 등의 대립적 성격의 병치라고 주장한 베텔하임(B. Bettelheim)과 견해를 같이 한다고 볼 수 있다.[1)]

이건은 현대의 교육은 '일반화할 수 없는, 임시방편에 지나지 않는 일련의 원리들'에 지나치게 의존할 뿐만 아니라 세 가지의 의미 있는 그러나 상호 양립할 수 없는 교육적 관념에 기초한 교육이론을 비합리적으로 수용하고 있음을 지적하였다. 이건은 "성인 사회에서 통용되고 있는 규범과 인습에 맞게 아이들을 형성시켜야 한다고 주장하거나,[2)] 세상에 실재하는 것이나 진실에 맞추어 생각하게 해 줄 지식을 그들에게 가르쳐야 한다고 주장하거나,[3)] 학생들 각자의 개인

1) 베텔하임(Bettelheim, 1976)은 어린이들은 편 가르기를 즐겨 하므로, 옛이야기 속에서도 좋은 편과 나쁜 편이 분명히 갈라지며, 따라서 등장인물은 착하거나 나쁘거나 둘 중의 하나이지, 그 중간이란 있을 수 없다고 보았다. 이렇게 상반되는 성격을 등장시키는 것은 어린이가 둘의 차이를 쉽게 이해할 수 있게 하기 위해서이다. 이처럼 '이항 대립'의 구조가 아동의 문학작품이나 스토리 이해에 도움이 된다는 측면에서 저자는 이건과 베텔하임의 입장을 동일시 하였다.

2) 이 관점에 따르면 어린이는 기술, 이해, 신념 등과 같은 성인의 요구에 성공적으로 부응할 수 있는 것들을 축적해 나가야 한다. 만일 성인의 주요 활동이 고대 코끼리를 사냥하는 것이거나 혹은 컴퓨터 프로그래밍이라고 한다면, 코끼리 사냥법이나 컴퓨터 프로그래밍은 교육과정의 요소가 되어야 한다. 따라서 학교 교육과정에 포함되어야 할 내용을 결정하는 준거는 현대의 성인 사회이다. 교육의 목적은 성인 사회를 유지하고 지지하는 것이기 때문이다. 이건(Egan, 1999)은 이러한 관점은 어떤 특정한 관점이나 이데올로기에 대해서 의심하거나 질문하기보다는 맹목적으로 믿고 공유하도록 하는 '우둔한' 학습의 형태라고 비판하였다.

3) 이 관점에 따르면 교육은 어린이의 정신적 힘을 최대한 발전시킬 수 있도록 가르쳐져야 한다. 많은 종류의 '지식의 형식'이나 예술적인 추구 활동은, 비록 사회적 효용성은 적을지라도 미숙한 마음의 발달에는 충분히 도움을 줄 것이다. 어린이의 마음은 그들이 학습하는 지식에 의해 구성 및 형성되는 것이며, 교육과정에 있어서는 가장 중요한 소재를 선택하는 일이 무엇보다 중요하다. 교육의 목적은 가장 교양 있는 문화적 산물을 획득하고, 세계와 인간 경험에 대한 심오한 지식을 갖도록 하는 데 있다. 이건(Egan, 1999)은 이러한 관점은 현재까지 축적된 수많은 지식 가운데 어떠한 지식을 학생들에게 가르쳐야 하는가라는 문제에 봉착하게 됨을 비판하였다.

적 잠재력의 개발을 장려해야 한다고 주장하거나"[4]와 같은 세 가지의 교육적 관념으로 분류하였다. 그리고 이건(Egan, 1997: 3)은 "내 생각에, 좋은 이야기는 세 가지 아이디어만 파악하면 된다는 점이고, 좋지 않은 이야기는 이 세 가지 아이디어가 서로 부합될 수 없다는 점이다."라고 하면서, 교육을 지배하는 세 가지 주요 아이디어가 서로 양립하지 않는 것을 "교육의 위기가 계속해서 발생하는 주된 이유"로 파악하였다. 이건(Egan, 2008: 9)은 세 가지의 교육적 관념을 '사회화, 플라톤의 학문적 이데아, 루소의 발달개념'으로 칭한 후 교육의 문제는 많은 사람이 서로 양립하지 않는[5] 세 가지 관념을 다르게 조합하는 것에서 발생한다고 보았다.

세 가지 관념이 우리의 교육을 지배하고 있다는 이건의 주장은 러셀(Bertrand Russell)을 통해 확인할 수 있다. 러셀(Russell, 1926: ch. 2)은 교육에 대한 현재 우리의 이해가 세 가지의 특정한 관념과 관련되며, 그 각각이 학교교육이 나아갈 특정 목표가 되었음을 인식하고, 다양한 목표로 인해 발생하는 문제의 해결책은 그 목표들을 적절하게 균형 맞추는 것에 달려 있음을 주장하였다. 러셀이 주장한 '적절하게' 구성한다는 것의 의미에 대해 사람들은 한 세기 반 동안이나 지속적으로 논쟁을 거듭해 왔다.

펜스터마허와 솔티스(Fenstermacher & Soltis, 2009: 202-207)는 세 가지 관점을 관리적 접근, 자유교육적 접근, 촉진적 접근으로 칭하고 이론적으로는 세 가지 관점의 부합이 힘들 수 있지만, 실천 차원에서는 부합 가능성이 충분하다고 보았다. 교사가 세 가지 관점 중 어느 한 가지 접근을 선택하여 이를 일반적으로 선호하는 입장으로 받아들이는 것은 합당하고 또 적절하지만, 훌륭한 교사는 처한 상황이나 시간에 알맞은 역할이라면 어느 것이든 비교적 편안하고 능숙하게 수행할 수 있을 것으로 보았다. 그러나 램(Lamm, 1976: 127)은 "그만의 독특한 감각을 지닌 개인과, 개인적인

4) 인간의 자연스러운 발달 단계가 정해져 있어서 평생에 걸쳐서 인간의 신체와 정신이 일정한 패턴을 띠면서 규칙적으로 발달한다는 것으로 마음이 신체와 마찬가지로 일정한 발달 단계를 거치면서 성숙한다는 관점이다. 교육과정은 학습자가 각 발달 단계마다 진보해 나갈 수 있는 경험으로 구성되어야 하며, 혹은 진보를 촉진시킬 수 있어야 한다. 그러나 모든 학습자 개개인의 마음이 다르기 때문에 교육과정 역시 학습자 개개인의 차이에 주의하는 가운데 그들의 비판적 사고기술과 그 외 인지적 · 정서적 · 사회적 · 정치적 · 예술적 · 영적…… 잠재력을 발달시킬 수 있도록 도와야 한다. 따라서 교육의 준거는 개개인에 따라 조율되어야 할 '본성적' 또는 자발적 발달 과정이라는 개념이며, 교육의 목적은 학생 개개인의 잠재력이 가능한 한 최대치로 실현될 수 있도록 발달 과정을 돕는 일이 된다. 이건(Egan, 1999)은 이러한 관점은 한쪽에는 '자발적으로 발달하는 것처럼 여겨지는 정신의 영역'과 또 다른 한쪽에는 '외부에 존재하는 지식 체계'가 따로 나뉘어 있는 것 같은 분리를 초래하였다고 비판하였다.

5) 사회화는 복종과 순응을, 이데아 접근 방식은 회의 정신과 자율성을 가르치기 때문에 부합할 수 없고, 이데아가 기존의 고정된 지식 체계를 중시하는 반면, 촉진적 접근은 학생들의 필요와 흥미를 기반으로 삼아 배워야 할 지식을 선택하도록 하기 때문으로 부합할 수 없다고 보았다.

차이를 없애고 순응을 강요하는 사회 간의 관계는 복잡하며 많은 문제를 안고 있다."고 하면서, 이 세 가지 관념을 사회화, 문화변용, 개인화라고 칭하고, 이들은 공존할 수 없음을 분명히 했다. 그리고 각각의 관념이 교수의 뚜렷한 목표, 즉 "사회적 역할을 위해 아이들을 훈련시키는 것, 문화에 입문하는 것, 그들의 자아실현을 지지하는 것"(Lamm, 1976: 56)과 어떻게 관련되는지 규명하였으며, 또한 한 목표가 다른 두 목표를 어떻게 약화시키는지를 상세하게 설명하였다.

이건은 자신이 사람들을 더 잘 교육시키기 위해 세 가지 관점의 갈등을 어떻게든 해결해야만 한다고 말하는 것은 아니라는 점을 분명히 했다. 이건(Egan, 2008: 37)은 인간의 고유함을 개발하고자 하는 자유에 대한 개인의 욕구와 순응성을 필요로 하는 사회 간의 특수한 갈등에 내재한 문제를 '해결'하고자 하는 것도 아님을 명백히 했다. 오히려 이러한 문제가 끼어들지 않는 교육의 모습을 기술하는 데 전념할 것임을 밝혔다.

이러한 목적에 따라 이건은 '교육을 이해의 연속'이라는 용어로 묘사하는 새로운 이론을 제안하였다. 자신의 세계를 이해하기 위해 인간이 다양한 도구를 개발했음을 제안한 이건은 이해를 위한 여러 가지 독특한 방법, 즉 인지도구를 신체적(Somatic), 신화적(Mythic), 낭만적(Romantic), 철학적(Philosophic) 그리고 반어적(Ironic) 이해로 특징지었다. 이건은 이러한 인식 방법들이 어떻게 발달하고 서로 합체되는지를 자신의 여러 저서를 통해 설명하였다.

이건(Egan, 1997: 4)에 따르면, 교육을 받았다는 것은 "역사적으로 발달되어 온 이러한 종류의 이해의 연속체를 가능한 한 충분히 획득"한다는 것을 의미한다. 간단히 말해 이건은 비고츠키의 통찰력과 결합되었을 때 새로운 교육적 아이디어로 발전할 수 있는 반복이론(recapitulation theory)을 제안하였다. 어떤 의미에서는 모든 학습이 "문화의 역사를 통해 축적되어 온 발견과 발명을 사람들이 반복하도록—스스로 되풀이하도록—"(Egan, 1997: 27) 하지는 않기 때문에, 이건은 "과거의 문화 발달과 현재의 교육발달 사이의 관계의 본질"을 설명하고 특징짓고자 했다. "우리는 지적인 도구의 중재를 통해 세상을 이해할 수 있고, 지적인 도구는 우리의 이해에 심오한 영향을 미친다"(Egan, 1997: 29)는 비고츠키의 견해에 동의하면서, 이건은 인간의 지적 발달은 피아제나 다른 심리학자들의 발달 이론에 의존하기보다는 한 개인이 성장하는 사회에서 유용한 지적인 도구에 의해 이루어지는 역할에 초점을 맞출 때 더 잘 이해될 수 있다고 제안하였다.

이러한 측면에서 볼 때, 교육을 받는다는 것은 우리의 문화유산에 의해 우리에게 전달된 지적인 도구를 획득하여 과거의 사람들이 그러한 도구들을 사용한 것처럼 유사한 종류의 이해 능력을 산출할 수 있도록 이러한 도구들을 사용하는 것을 의미한다. 19세기의 반복이론을 현대적 시각으로 옹호하면서, 이건은 문화와 교육의 발달은 "문화와 교육의 두 과정에 필요한 공통된 종류의 이해력을 산출하기 위한 도구와 결합되어 있다"(Egan, 1997: 30)고 주장하였다. 그것들이 역사적으로 순차적으로 발달시켜 온 이러한 종류의 이해력을 획득하는 것을 교육으로 생각하게 되면, 이건은 '사회화, 플라톤 진리의 발견 그리고 각 개인의 잠재력 발달'이라는 세 가지의 서로 양립할 수 없는 교육적 관념에 대한 우리의 무의식적인 지지에 의해 구축된 교육적 정체 상태를 깨뜨릴 수 있다고 제안하였다.

이러한 자신의 주장을 입증하기 위해 이건은 발달과 언어 사용의 선행과 초월의 인식을 인지하면서도, 언어학에 기초한 이해의 도구나 인식 방법에 초점을 맞추었다. 다음 절에서는 이러한 이건의 교육이론과 실천을 상상력을 활용하는 교수-학습이론과 실천이라는 관점에서 다룰 것이다.

3. 상상력을 활용하는 교육이론-인지도구의 축적

앞서 살펴본 것처럼, 이건은 인류 역사 발달의 구조가 개인 안에서 반복된다고 하면서, 인류의 주요한 정신적 도구를 바탕으로 다섯 개의 인지도구(cognitive tool), 즉 신체적, 신화적, 낭만적, 철학적, 반어적 이해로 구분하였다.

이건(Egan, 2008: 38-43)은 우리의 뇌를 컴퓨터 하드웨어, 인지도구를 컴퓨터 운영체제와 프로그램에 비유하였다. 인지도구를 통해 우리 뇌가 수행하는 주요 문화적 작업은 '이해'이다. 교육을 인지도구상자를 최대화하는 과정으로 본다는 것은 교육을 우리 문화가 개발한 도구들을 활용하여 가능한 한 우리의 '이해'를 확장시켜 나가는 과정으로 본다는 것이다.

다섯 개의 인지도구는 복잡하게 서로 연관되어 있고, 마음을 최적의 상태에서 작동시키고 싶다면, 인지도구를 원래 생성된 순서대로 사용해야 한다고 했다. 이는 운영체제 버전 2를 가지고 있는 상태에서 운영체제 버전 5를 잘 작동시킬 수 없는 것과 같다. 운영체제 버전 3을 업그레이드시키고 그 뒤에 버전 4로 업그레이드를 시키고 난 후에야 버전 5의 이익을 얻을 수 있는 것과 같다는 의미이다.

각각의 운영체제(인지도구)는 많은 프로그램(작은 단위의 인지도구)의 사용을 가능하게 한다. 이전 운영체제하에서 가동되었던 많은 프로그램 중 일부는 여전히 새로운 운영체제하에서도 가동되지만 일부는 그렇지 않다. 이러한 비유를 고려해 봤을 때, 교육의 임무는 다섯 개의 주요 운영체제(인지도구)가 순차적으로 잘 받아들여질 수 있도록, 작은 단위의 인지도구들이 최대한 많이 받아들여질 수 있도록 하는 것이다.

첫 번째 인지도구, 즉 '신체적인 이해'의 단계는 아이들이 언어를 배우기 전의 단계로 이 단계의 아이들은 신체적인 도구—이를테면 자신의 감각기관—를 통해서 세상을 이해하고 받아들이고자 애쓴다(Egan, 1997: 162). '신화적인 이해'의 단계는 인류 역사에서 언어가 사용된 이래로 신화와 같은 이야기가 구술로 전해지던 시대와 마찬가지로 아이들이 말을 할 수 있게 되면서 진입하는 단계이다. 이 시기의 아이들에게는 이야기가 아주 강력한 인지도구가 된다(Egan, 1997: 37). 아이들이 문자를 읽고 쓰는 능력을 가지게 된 후에는 '낭만적인 이해'의 단계에 접어들게 된다. 흔히 객관성의 척도로 여겨지는 문식성의 도구를 획득한 아이들이 겪는 가장 큰 특징은 '현실감각'이다(Egan, 1997: 71). 이론적 사고 도구에 익숙해지고 따라서 논리적이고 객관적인 사고 형식에 익숙해지면 '철학적인 이해'의 단계로 접어들게 된다. 이 이해의 단계에 있어서 가장 두드러진 특징은 '일반화'이다(Egan, 1997: 118). '반어'의 의미는 겉으로 드러나는 문자의 의미와 실제로 의도된 의미가 상반된다는 것을 의미한다. '반어적인 이해'의 단계에 있는 아이들이 반어를 잘 이해하고 구사하게 되는 것은 언어가 가지고 있는 한계를 알아차리게 되는 것과 관련이 깊다. 언어의 한계를 알아차리게 되면 언어를 통해서 표현할 수 있는 것과 우리가 실제로 의도하는 것 사이에 항상 차이가 있다는 것을 깨닫게 된다(Egan, 1997: 137-139).

표 16-1 인지발달 단계에 따른 인지도구

인지발달 단계	내용	인지도구 사례
신체적 이해	언어발달 이전의 단계 정서적 · 신체적 이해	유머와 정서, 리듬과 패턴, 미메시스
신화적 이해	문해력 획득을 위한 예비 단계 구술적 이해	이야기, 상반된 구조(선/악, 용기/비겁, 사랑/미움), 은유, 이미지, 유머, 신비감
낭만적 이해	문해력 획득 이후의 단계 문자중심적 이해	현실 감각, 현실의 양극단에 관한 집중, 영웅적인 특징과의 연관, 경이감, 취미, 수집, 서사적 이해, 서사의 인간적 의미를 통한 지식 획득, 반항과 이상의 추구
철학적 이해	추상적 · 이론적 사고 단계 논리적 이해	자기 정체성에 대한 이해, 변칙성, 거대 서사, 진리 · 실재 · 신뢰성 · 권위 · 확실성에 대한 욕구
반어적 이해	문자의 한계를 알아차리는 단계 언어의 유연한 활용	유연성 도구(다른 인지도구들을 통제, 조절, 통합할 수 있는 능력)

출처: Egan (2008).

이건은 이해 도구를 언어학에 기초를 두고 '신화적 이해'로부터 '반어적 이해'로 진행됨을 제안했지만, 대단히 수준 높게 반어적으로 사유하는 사람조차도 신체적뿐만 아니라 신화적 ·

낭만적 · 철학적 인식 방법들을 사용하고 통합함을 제안하였다. 이건은 '전통적인 구술 사회'와 '현대 문자 문화'에 살고 있는 어린아이들의 '자연스러운 이야기 나누기' 사이의 인식방법이나 이해력 도구에서 유사점을 찾을 수 있음을 제안하였다. 기본적으로, '이항 구조(binary structuring)', 환상, 은유, 리듬과 내러티브에 대한 관심과 같은 도구들이 이야기의 구조를 형성한다. 이건은 어린아이들을 가르칠 때, 우리는 교육학적 전략이나 일관성 있는 교육과정뿐만 아니라 이해력을 위한 이러한 도구들을 개발시켜야 함을 주장하였다.

조금 더 성장한 어린이들을 가르칠 경우에, 이건은 '낭만적 이해'와 결부된 도구를 사용할 것을 제안하였다. '낭만적 이해'를 설명하기 위해, 이건은 '헤르도투스(Herodutus)의 역사'를 언급하였다. 현대 어린이들이 헤르도투스의 역사에 매력을 느끼는 것을 고대 그리스와 야만인들의 거대하고 기묘한 성취를 사로잡으려는 헤르도투스의 바람과 유사하다고 생각하였다. 이와 같은 낭만적 전망으로부터의 가르침을 묘사하기 위해, 이건은 현대의 중등학교 사회과 수업을 지배하는 '기지의 것에서 미지의 것'으로라는 접근법을, 학습되어야 하는 사회적 맥락의 한계, 논쟁 중인 시대나 인물들의 주요 사건이나 성취, 그리고 그러한 맥락의 진귀한 특징들에 집중하는 접근법으로 대치할 것을 주장하였다.

교육적 과정을 완성하기 위해, 이건은 10대 중반의 아동이 플라톤과 아리스토텔레스의 유산인 철학적 인지도구를 특징지은 '보편성의 갈망'에 집중하기를 제안하였다(Johnson & Reed, 2008: 236-237). 이건은 이상의 인지도구들을 아동들이 자신이 직면한 문제의 다양한 측면을 이해하도록 할 뿐만 아니라, 절대적인 진리를 부정하는 포스트모던의 세계에서도 유용한 '반어적 이해' 속에서 융합되도록 하고자 하였다. '반어적 이해'라는 인지도구와 로티의 자유주의적 아이러니스트(liberal ironist)와 같은 포스트모던 사유 사이에는 분명히 유사점이 있다. 인지도구에 대한 이건의 설명을 통해 우리는 그가 제기한 질문, 이상적으로 교육받은 사람은 인류의 축적된 문화유산을 충분히 이해할 뿐만 아니라 미래 세대의 교육을 위한 전략을 만들어 낼 수 있는 사람을 의미한다고 볼 수 있다.

이건은 다섯 개의 인지도구와 각각의 인지도구를 가능하게 할 프로그램들을 적절히 활용하면 논리중심의 기존 수업에서 소외되었던 아동의 상상력을 활용할 수 있게 되고, 더 나아가 기존 수업에서 강조되어 온 이성과 상상력의 조화를 추구할 수 있게 된다고 보았다. 지식을 상상력과 정서적 맥락에서 보려는 이건의 관점은 지식, 문화, 언어, 사고 등을 역사적인 맥락 안에서 고찰하여 그것들이 형식화되기 전의 기원을 밝히려는 비코(Vico)의 '지식의 인간화'와 유사한 관점을 취한다고 볼 수 있다. 또한 상상력과 이성적 능력이 서로의 발달을 촉진시키며, 상호 보완적 역할을 할 수 있다는 이건의 주장은 바슐라르와도 견해를 같이한다고 볼 수 있다(홍명희, 2011).

물론, 상상력을 활용하지 않는다고 해서 지식의 교수 · 학습에 문제가 생긴다고 단정할 수는 없지만, 이건(Egan, 2010: 5)은 상상력이 배제된 수업이 결국 아이들로 하여금 지식을 싫어하게 만들고, 형식적으로 학습하게 만들 수도 있음을 지적하였다. 이건(Egan, 2008: 91)은 이러한 수업의 결과 과거에 비해 문해 능력을 지닌 인구의 비율은 크게 늘었지만, 독서를 즐기는 비율은 오히려 감소했음을 지적하였다. 이러한 문제를 극복하기 위해 상상력을 활용하는 학습을 주장하는 이건(Egan, 2008: 69-70)은 인간의 뇌는 그 뇌가 효율적으로 학습할 수 있는 방식으로 인도된다면 엄청난 양의 지식을 축적할 수 있다고 보고, 이를 위해서는 지식에 의미가 부여되어야 하고, 감정이 동반되어야 함을 주장하였다. 지식에 의미를 부여하고, 감정을 동반시키기 위해서는 앞서 언급한 인지도구와 소도구 등을 적절히 활용할 필요가 있음을 주장하였다.

그러나 이건의 제안을 실제 수업에서 실행하는 것은 간단한 일이 아니다. 예를 들어, 신화적 단계에 해당하는 학생을 위한 수업에서는 가르쳐야 할 교과 내용을 이야기 형식으로 구성해야 하고, 그 이야기에는 은유, 심상, 이항대립, 농담과 유머, 운율, 리듬, 유형, 잡담, 놀이 등이 적절히 활용되어야 한다. 논리적 수업 구성에 익숙한 교사들에게는 여간 부담스러운 일이 아니다. 또한 모든 수업 내용을 이러한 방식으로 구성하는 것이 가능한지도 의문이다. 예를 들어, 기계적 훈련이 필요한 부분보다는 개념 형성이나 단원의 도입 등 내러티브적인 방식으로 구성 가능한 부분에서 활용 가능성이 높을 것으로 보인다. 그리고 이러한 유형의 수업을 교사 개인의 노력만으로 준비하는 것은 거의 불가능해 보이며, 설령 이건의 제안에 따른 수업을 구성했다 하더라도 국가 수준의 교육과정이 지배하는 한국의 현실에서 실제 적용하기에는 여러 가지 어려움이 뒤따를 것으로 예상된다.

이건은 이러한 문제의 해결을 위해 상상력 교수를 목적으로 캐나다 전역을 대상으로 한 '상상력 교사 연구회(Imaginative Education Research Group: IERG)'[6]를 조직하여 상상력 교육의 활성화에 많은 노력을 기울였다. 캐나다의 '상상력 교사 연구회' 소속 교사들은 이건이 제안한 방식의 수업지도안을 홈페이지에 업로드하고, 연구회 소속 교사들이 제시된 수업지도안을 바탕으로 새로운 수정안을 제시하는 등 수차례의 수정, 보완을 거쳐 각 과목별, 단원별 수업지도안을 완성해 나가는 방식을 채택하고 있다.

6) 이건이 SFU 재직 시 결성했던 상상력 교육과 관련된 IERG 등 각종 연구모임들은 그가 대학을 은퇴한 후 CIRCE(The Centre for Imagination in Research)로 통합되었다.

4. 상상력을 활용하는 교육실천-깊은 학습(LiD)

그렇다면 상상력 교육은 실천적으로 어떻게 이루어질 수 있을까? 이건 교수는 비고츠키의 이론을 적극적으로 받아들여 오랫동안 그 교육적 실천 방법론을 모색했다. 마침내 그는 상상력이 학습의 깊이를 더해 주는 중요한 열쇠라는 사실을 강조하며 이를 활용하는 실천적인 학습법인 LiD(Learning in Depth)를 제안하였다. LiD는 이름 그대로 심층학습의 일종이다. 다만, 여타의 심층학습이 어려운 과제를 두고 이를 해결하는 방식이라면 LiD는 아주 단순한 토픽을 모티브로 삼아 오랜 기간 확산적인 탐구 활동을 지속할 수 있는 방식이다.

LiD 프로그램은 아주 단순하다. 한 명의 학습자는 우연히 부여받은 토픽을 장기간(10년 이상 권장)에 걸쳐 학습하고 그 결과를 포트폴리오로 축적한다. 가령, 한 학생이 '사과'라는 토픽을 부여받으면 이를 수년간에 걸쳐 연구하며 자기만의 포트폴리오를 완성해 나간다. 이 학생은 자유로운 상상력의 작용을 통해 사과의 품종과 특성이라는 생물학적 주제에서, 아담과 이브, 페르시아 민담 속의 사과 등 신화와 문학의 영역, 사과의 보급과 영향이라는 지리학적 영역, '사과'라는 단어를 통한 어학 영역, 사과의 유통과 분배, 가격 결정이라는 경제학적 영역 등 다양한 분야로 자연스럽게 사고를 확장해 나간다.

이건은 아이들이 수업에서 배우는 지식을 오랫동안 기억하지 못하고 또한 더 이상 세상에 대한 경이감을 가지지 않는 이유로 학교에서 배우는 교육과정이 '깊이'보다는 '너비'에 집중하고 있기 때문이라고 지적하고 있다(https://circe-sfu.ca/). 이건(Egan, 2010: 21)은 이러한 현상에 대한 해결책으로 정규 프로그램을 따르면서도 아이들이 학창 시절 동안 자신이 계속 탐구해야 할

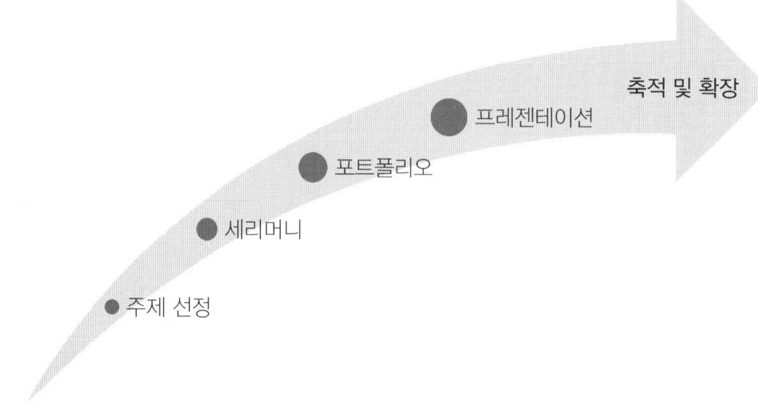

[그림 16-1] LiD의 절차

주제를 받아서 연구하도록 하는 방안을 제안하였다. 사과, 바퀴, 연체동물, 철도, 나뭇잎, 배, 고양이, 향신료와 같은 주제들 중 하나를 배정받았으면 아이들은 자기 주도적으로 그 주제에 대해서 모든 방면으로 탐구해 나가야 한다. 이러한 프로젝트가 주장하는 깊이 있는 연구의 경험을 통해서 학습자들은 자신의 전문성을 기를 수 있기 때문에 학습자들은 전문가들에 대해 맹목적으로 의존하기보다는 자신의 학습에서 주도권을 가지게 된다. 또한 어떤 주제에 대한 깊이 있는 탐구를 통해 아이들은 잘 알려지지 않은 지식이 무궁무진하게 있다는 것을 알게 되고 경이감을 가지게 된다. 이건은 장기간 한 가지 주제를 탐구하는 프로젝트(LiD)는 일반적인 수업에서 얻을 수 없는 소중한 경험을 하게 된다고 하였는데, 아이들의 상상력과 감정을 학습에 잘 끌어들이도록 하고, 인간의 경험에 대해 더 폭넓게 이해할 수 있게 된다고 보았다.

이건(Egan, 2010: 94-95)은 LiD 선정의 기준으로 폭넓음, 깊이, 다양한 형식으로의 탐구가능성을 제시하였다.

첫째, '폭넓음' 기준은 '그 주제가 여러 분야의 소재를 내포해야만 함'을 요구한다. 사과는 이 기준에 의하면 적절한 주제인데, 왜냐하면 거기에는 생물학적 · 역사적 · 문화적 · 영양학적 · 경제학적 · 예술적 정보 등 사과에 관한 많은 정보가 있기 때문이다. 심지어 우리가 순수 지식의 축적과 분류를 위한 주제로 사과를 다루더라도, 거기에는 축적하고 분류할 만한 많은 지식이 있다.

둘째, '깊이' 기준은 '학생들이 점점 더 상세한 연구를 할 가능성'을 요구한다. 사과의 생물학 그리고 그것의 역사 등은 다양한 방면으로 가지를 칠 수 있는 풍부한 특수성을 가지고 있다. 깊이 있게 탐구하면 그 주제의 내면을 인식하면서 그 한계와 극단을 알게 된다. 아직 다 배우지는 못했더라도 무엇을 배워야 하는지 알게 되며 이러한 과정을 거쳐 전문성을 획득하게 된다. 이해가 깊어지면 지식의 본질에 대한 감각이 더욱 복잡해지고 예리해진다. 각각의 주제는 이러한 것들을 가능하게 할 수 있는 복잡성을 지녀야 한다.

셋째, '주제는 다양한 양식으로 탐구될 수 있어야 함'을 요구한다. 즉, 주제는 폭과 깊이에 있어 지식을 단순히 축적하는 것 그 이상의 무언가를 산출해야만 하며, 문화적이고 개인적인 참여의 기회를 제공해야만 한다. 더 나아가 차원의 이러한 기준은 어떤 면에서는 주제와 우리 자아의식의 연결 관계로 보일 수 있다. 이렇게 볼 때는 '깊이' 기준과 관련된 것처럼 보일 수도 있지만, 거기서 더 나아가 주제는 우리의 정서와 얽힐 가능성이 있어야만 한다. 단순히 그것을 어느 정도 사랑하거나 싫어하게 되는 것뿐만 아니라, 그것에 대해 많이 배워 그것의 일부가 되고 그것이 또한 우리의 일부가 되도록 하는 것이다. 그 주제는 우리의 사고에 침입할 것이다. 특이하게도 마음은 깊이에 있어서 지식과 관련이 있으며, 단순히 우리의 외부에 존재하는 어떤 것을 배우는 것이 아니다. 비록 그것을 표현할 정확한 언어는 없지만, 많은 사람의 경험 속에서 분명해진 어떤 구절을 반복하는 것이 적절하다. 그 주제는 우리의 일부가 되고, 우리는 그 속에 참여하게 된다.

1) 깊은 학습의 절차

이러한 기준에 입각한 LiD 프로그램의 기본적인 아이디어는 다음과 같다. 학교교육의 첫째 주에, 모든 학생은 새, 사과, 서커스, 철로, 태양계 등의 LiD 주제를 무작위로 배정받는다. 학생들은 12학년이 될 때까지 학교의 정규 교육과정과 더불어 자기에게 배정된 주제를 공부한다. 즉, 학생들에게 LiD 주제는 단순한 과제가 아닌 학창시절을 함께할 동반자가 되는 셈이다. 학교는 교사, 동료, 부모들과 함께 학생이 토픽을 가지게 된 것을 축하하기 위해 토픽 세리머니를 개최한다.

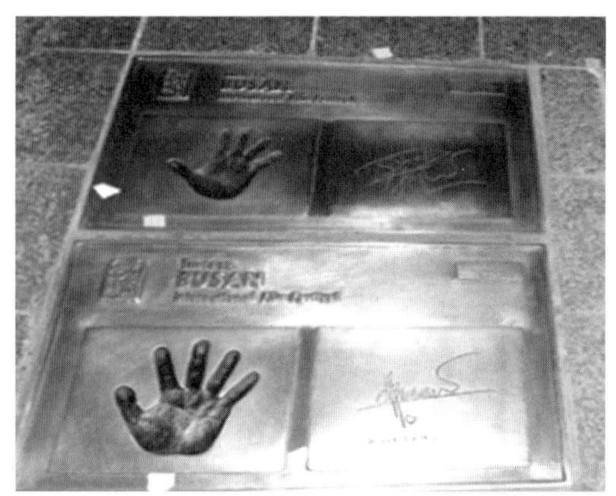

[그림 16-2] 토픽 세리머니(핸드프린팅)

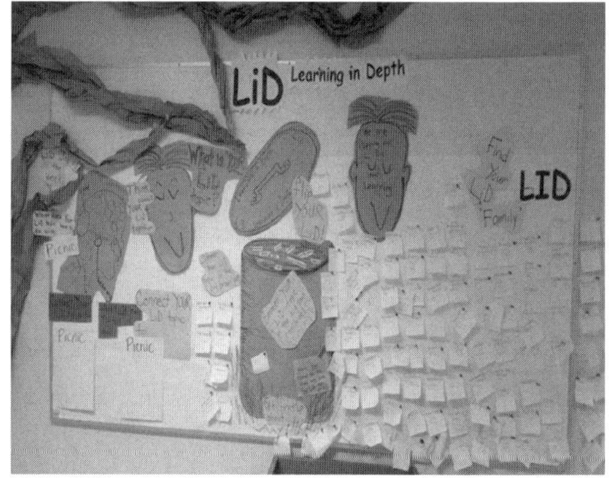

[그림 16-3] LiD 진행과정
(K.B. Woodward School, Canada)

학생들은 LiD 학습을 지원할 지도 교사(supervising teachers)와 정기적으로 만나며, 그들은 학생들에게 적절한 지도와 제안을 해 준다. 그리고 학생들이 자신의 주제에 대해 개인적인 포트폴리오를 형성할 수 있도록 돕는다. LiD 과제를 처음 시작할 때 학생들은 포트폴리오를 지도할 선생님으로부터 많은 도움을 받지만, 시간이 지남에 따라 이 주제에 대한 학생들의 지식은 선생님의 지식을 능가할 것이며 그들이 학업을 계속함에 따라 더 자주적이 될 것이다. LiD의 결과는 포트폴리오의 형태로 모두 축적된다. 학습자들은 정기적인 피드백과 프레젠테이션을 통해

[그림 16-4] 포트폴리오 예시들

[그림 16-5] 프레젠테이션

자신의 연구를 교사 및 또래들과 나누고 때에 따라 협력 연구를 진행할 수도 있다.

LiD의 목표는 학교교육이 끝날 때쯤이 되면 학생들이 자기가 맡은 주제에 대해 진정한 전문성을 기를 수 있도록 하는 것이다. 프로젝트를 진행하면서 학생들은 담당 교사와 동료학생들, 자원봉사자 등을 만날 수도 있지만, 주제는 자신의 것이며 따라서 프로젝트 관련 시간의 상당 부분을 스스로 집중하면서 보내야 한다. 자신의 과제에 집중한 경험과 체득한 지식은 학교 수업 경험으로 전환될 잠재력을 지니게 된다. LiD를 통해 학생들은 지식과 참된 관계를 맺고, 지식의 본질을 제대로 파악하게 될 것이기 때문이다.

이건은 LiD의 실천방안 설명을 위해 다양한 사례를 제시했는데, 사과를 주제로 한 LiD의 진행방법을 다음과 같이 제안하였다(Egan, 2010: 22-27).

표 16-2 LiD 진행 과정

진행 과정	내용
주제 선정	• 세 가지 기준(얼마나 폭넓게 탐구할 수 있는가? 얼마나 깊이 탐구할 수 있는가? 학습자와 정서적 관련을 가지는가?)에 부합하는 주제 목록이 제공된다. • 기본적으로는 임의로 주제를 부여하지만 때에 따라 학습자의 선택에 맡길 수 있다.
세리머니	• 세리머니는 프로그램 시행의 첫 시작을 알리는 것으로 주제를 선정하고 앞으로의 진행 사항을 설명한다. • 흥미와 책임감을 심어 주기 위해 최대한 즐겁고 성대한 느낌이 들도록 한다. • 프로그램의 시작은 학년이 낮을수록 효과적이지만, 고학년부터 시작될 수도 있다.
포트폴리오	• 수업은 대략 주 1~2회 1시간씩 진행된다. 교사는 때마다 주제에 대한 적절한 질문과 활동지를 제공할 수 있다. • 시작 단계에 학습자에게 간단한 폴더를 제공한다. 포트폴리오의 초기 형식은 물리적 활동(일지, 그림, 사진 등)을 정리하기 용이하도록 파일이나 스케치북 형태로 제시된다. 이는 시간이 충분히 흐른 후 다양한 수집품을 보관할 수 있을 정도의 공간으로 확장되며, 최종적으로는 온라인 서버에 탑재하는 형식으로 발전할 수 있다. • 학습을 하는 동안에 이루어지는 모든 활동과 포트폴리오는 평가를 받지 않는다. LiD는 강압적인 평가가 없을 때 학생의 자율성과 학습 효능이 증가한다고 믿는다.
프레젠테이션	• 학습자는 진행 중인 포트폴리오를 정기적으로 교사 및 또래 학습자들 앞에서 발표하고 때마다 적절한 도움을 받는다. • 프레젠테이션은 학습자의 책임감과 흥미를 고취하며, 발표 능력 및 학습 도구 활용능력을 발달시키는 데에 효과적이다.

사라(Sara)는 학교에 입학한 첫 주에 사과를 주제로 할당받았다. 자신의 개인 포트폴리오에 맥킨토시(McIntosh) 빨간색 사과와 그래니 스미스(Granny Smith) 초록색 사과를 그려 넣는 것으로 LiD 프로젝트를 시작한다. 사라의 포트폴리오에는 사과의 다양한 종류가 기록되고, 분류될 것이다. 집 근처의 상점, 농산물 직판장, 인터넷 등을 통해 사과의 종류가 다양함을 알게 되고, 자신이 먹어 본 것과 경험, 개인의 취향 등도 기록할 수 있다. 사라는 사과의 종류를 학습하면서 세계에서 경작되는 사과의 종류가 7,500종에 이르는 것을 알게 되고, 자신의 목록에는 아주 적은 수만이 포함되어 있음도 알게 된다. 또한 오늘날 우리가 먹는 사과는 4,000년 전 카자흐스탄에서 시작되었다는 사과의 역사와 관련된 파일도 만들기 시작할 것이다. 사과 산지, 사과 역사 등과 관련된 지역을 전국지도와 세계지도를 통해 확인하고, 그려 볼 수도 있다.

사라는 사과에 대한 이야기를 모은 파일을 만들 수 있다. 에덴동산 이야기, 윌리엄 텔의 이야기, 조니 애플시드(Jonny Appleseed)[7]로 잘 알려진 존 채프만(John Chapman), 뉴턴의 떨어진 사과 이야기 등등이 파일에 있다. 사과에 관한 게임과 시와 속담으로 이루어진 파일을 만들 수도 있다. 여기에는 '내 눈의 사과' 또는 '하나의 썩은 사과가 사과 한 통을 망친다'와 같은 어구의 정의와 왜 사람들이 '하루 사과 한 알이면 의사가 필요 없다'라고 말하는지를 써 놓은 것이 파일의 한 부분을 차지하게 된다. 사라는 선상에 빨간 사과로 가득 찬 통이 있는 오래된, 항해 중인 해적선의 그림을 가지고 있다. 그녀는 이 사과가 선원들을 괴혈병으로부터 보호해 줄 것이기 때문에 선상에 있는 것임을 알았고, 우리가 괴혈병을 예방하는 데도 사과가 효과가 있음을 알게 된다.

중학생이 된 사라의 포트폴리오는 보다 정교해질 것이다. 현재의 풍부한 사과 종류들이 그리스와 로마인들이 경작한 약 20종의 사과로부터 발전했음을 보여 주는 복잡한 가계도를 가지게 될 것이다. 또한 사과는 장미과이며 가장 큰 사과는 대략 4파운드 정도일 것이라는 내용이 기술되어 있고, 이 포트폴리오에는 현재 레이디 애플(lady apple)이라는 사과가 아피(Api)라는 에르투리아[8] 여성에 의해 처음 경작되었다는 사실과 프랑스에서는 이 사과를 '작은 빨간 사과'(Pomme d'Api)라고 부른다는 점도 메모되어 있다.

사과와 관련된 역사 속의 신비한 이야기와 예술 작품 등도 포트폴리오에 담기게 될 것이다. 사라는 헬렌과 아킬레스, 트로이 전쟁 등을 그림과 함께 이야기 형식으로 여러 쪽에 걸쳐 기술하면서, 트로이 전쟁과 관련된 모든 이야기가 가장 아름다운 여성에게 상으로 주는 황금사과에서 비롯되었음을 알게 될 것이다. 포트폴리오에는 예이츠(W. B. Yeats)의 시 '방랑하는 잉거스의 노래(The Song of Wandering Aengus)'가 적힌, 마치 중세의 작품과 같은 아름다운 큰 종이 한 장도 자리하게 될 것이다.

사라는 자신의 포트폴리오에, 처음에 그녀는 사과에 대해 잘 알지 못했지만, 사과의 마술에 이끌려 지금은 사과에 대해 너무 잘 알게 되었고, 많은 노래와 시와 글이 사과를 다루었던 만큼 그것들은 그녀와 함께하고 있으며, 이것들은 적절할 때마다 풍성한 이미지를 발생시킴으로써 그녀의 삶을 더 흥미롭게 만들어 주었다고 썼다. 더구나 예이츠의 시는 사과에 대한 그녀의 지각에 하나의 관점을 더 추가했다. 이것은 남은 평생 동안 그녀에게 일종의 반향을 유발시킬 것이다.

이건의 제안은 많은 반향을 불러일으켰다. 가드너(H. Gardner)와 잭슨(P. W. Jackson)은 LiD 프로그램을 통해 교육의 질적 수준이 고양될 것으로 기대하였다. 반면, LiD 프로그램의 한계를

7) 미국 각지에 사과씨를 뿌리고 다녔다는 미국 개척 시대의 전설적 인물
8) 이탈리아 중서부에 있던 옛 나라

지적하는 목소리도 만만치 않다. LiD 제안에 대한 대표적인 두 가지 문제 제기, 즉 어린 학생에게 적절한가와 주제의 임의 배정이 타당한가를 중심으로 LiD 프로그램에 내재되어 있는 이건의 주장을 살펴보기로 하자.

먼저, 어린 학생이 하나의 주제를 그렇게 오랫동안 학습할 수 있을까라는 의문이 제기될 수 있다. 학생들의 주의 집중 시간이 성인에 비해 짧다는 일반적 인식에 근거한 질문이다. 이에 대해 이건은 아동의 집중력 부족과 배움에 대한 싫증의 근거는 지루한 현재의 학교교육을 전제로 한 것임을 비판하고 있다.

> 아동의 주의 집중 시간은 어른들과 마찬가지로 무엇을 하고 있느냐에 따라 상당히 길어질 수 있다. 만약 아동이 교실에서 집중하는 시간이 매우 짧다면 그것은 교실에서 진행되는 일이 그다지 재미있지 않기 때문이라고 생각한다(Egan, 2010: 32-33).
>
> 오랫동안 한 가지를 깊이 공부하게 하는 것이 배움에 대한 저항과 싫증을 유발할 것이라는 가정은 현재 시행되는 학교 경험에 근거한 것이라고 생각된다. 지난 세기 내내 많은 교육학자가 제시해 온 온갖 이유 때문에 초기교육과정에서 지적 활동을 자극하는 것이 체계적으로 막혀 왔다. 아동을 싫증나게 만드는 것은 지적으로 도전적인 주제가 아니라 지적 분위기를 열망하는 아이들을 내버려 둔 초기 학교교육과정의 부실함이었다. 아동은 '구체적'으로 사고한다는 것 같은 이상한 개념들 때문에 재미있고 복잡한 것은 거의 모두 제거되어 버렸다(Egan, 2010: 35).

LiD 프로젝트 절차에 따르면 학생이 학습할 주제를 스스로 선택하는 것이 아니라 학교에서 주제를 임의로 배정하도록 되어 있다. 자신에게 흥미로운 주제를 선택할 수 있는 학생의 권리를 박탈하는 것이 타당할까? 이에 대해 이건은 교육은 학생의 다면적 흥미를 형성시키는 것이라는 헤르바르트의 입장과 유사한 견지에서 주제의 임의 배정이 오히려 학생들의 흥미 확장에 도움이 되며, 또 모든 주제를 깊이 학습할 만한 가치가 있고, 깊이 학습할수록 상상력이 작동하게 될 것으로 기대하였다.

> 선택권이 주어지면 우리는 편하고 친숙한 것을 택하게 된다. 교육의 목적 중 하나는 학생들의 흥미를 확장시키는 것이다. 학생들에게 친숙한 것을 선택하도록 계속 허락하면 그 목적을 달성할 수 없다. … 중략 … 주제를 임의로 배정하는 것에 전제된 원리는 모든 것이 재미있다는 것이다. 그리고 많이 알아 갈수록 더 많은 상상력이 지식과 결합되어 더 깊은 의미와 이해를 추구하게 된다(Egan, 2010: 37-38).

이건의 교육목적이 헤르바르트의 다면적 홍미 계발을 연상시키는 것처럼, 깊이 있는 학습을 강조하는 이건의 LiD 학습법과 피터스와 허스트의 '지식의 형식', 가드너의 '훈련된 마음(The disciplined mind)', 킬패트릭의 프로젝트 사이에서도 유사점을 발견할 수 있다.

사실, 깊이 있는 학습의 중요성은 플라톤 이래 지속적으로 강조되어 왔다. 최근의 학자들로서, 피터스와 허스트(Peters & Hirst, 1970)는 무엇인가를 깊이 있게 학습하는 것만으로도 사람은 표면적인 지식으로 인한 혼란으로부터 탈피할 수 있으며, 이러한 성과는 그 자체로 가치 있는, 그래서 즐거운 것이라고 불리는 어떤 것을 양산하게 된다고 강조했다. 물론, 피터스와 허스트는 깊이 기준을 충족시켜 주는 프로그램을 제시하지 않았고, 전공 학자만이 지식의 영역에서 깊이를 구체적으로 정할 수 있기 때문에 LiD의 계획과 다소의 차이점이 있는 것도 사실이다. 하지만 피터스와 허스트는 탐구할 주제의 '깊이' 있는 학습과 폭넓고 정교한 탐색에 대한 교육적 필요성을 강조하였다. 이러한 입장은 이건의 주장과 근본적으로 동일하다.

가드너는 단지 훈련된 과업만으로는 수준 이하의 편협적인 흔한 지식밖에 얻을 수 없다고 하면서 '중요한 주제를 이해하고 그 의미를 발견하는' 마음 상태를 불러일으키기 위해서는 특정 주제의 심화 학습이 필요함을 주장하였다. 그는 또한 한 주제나 쟁점의 연구를 통해 얻어 낸 이해가, 다른 주제나 쟁점에도 일종의 리트머스지와 같이 지식의 본성과 의미를 분별하는 감각으로 작용한다고 보았다. 그는 현재 학교들은 너무 많은 것을 너무 피상적으로 가르치려고 하기 때문에, 사회적 필요에 비해 덜 효과적이라고 주장하였다. 만일 그들이 좀 더 적은 주제에 초점을 맞추거나, 학생들로 하여금 주제를 깊이 있게 배우도록 했다면 학교는 크게 성공했을 것이라고 주장했다(Gardner, 1999). 가드너의 제안에 비해 LiD의 주제는 상당히 축소된 안을 담고 있지만, 지식의 학습에 대한 관점과 지향점은 동일하다고 볼 수 있다.

킬패트릭에게 있어서 프로젝트는 학생들로 하여금 중요한 사회 학습에 참여하도록 만드는 도구이며, '목적의식을 가지고 온 마음으로 하는 활동'을 의미한다. 그는 프로젝트를 듀이가 학생을 자신의 학습활동에 적극 참여시키라고 요구하는 진보주의를 지지하는 핵심적인 교수기법으로 보았다. 또한 프로젝트는 학생에게 지루한 지식을 축적하도록 하여 수동적이게 만드는 전통적인 교육 양식에서 벗어나는 교수기법이다. 킬패트릭과 최근의 프로젝트법 주창자들은 학생들로 하여금 어떤 문제를 해결하기 위한 실제 프로젝트를 하면서 서로 협력하고 중요한 사회 학습에 참여하도록 요구한다. 프로젝트법은 16세기 이탈리아에서 실제 문제의 해결을 목적으로 예비 건축가(student-architects)를 훈련시켰던 방법에서 발달된 것이다(Knoll, 1995).

이에 비해 LiD는 역사를 후퇴시켜 학생들로 하여금 주로 혼자서 공부하도록 요구하며, 사회적 목표와는 무관한 것처럼 보인다는 비판을 받는다. 하지만 LiD 학습과정에서 학생들은 끊임없이 교사, 동료학생, 전문가, 자문가 등의 도움을 받아야 하며, 심지어는 관심 있는 사람들과의 네트워킹을 추구할 것이다. 따라서 LiD는 킬패트릭의 프로젝트와 목표 및 방법 등에 있어 본질적으로 그 지향점이 동일하다고 할 수 있다. 그러나 이러한 공통점과 달리 이건(Egan, 2010: 12)은 학생들이 특정 주제에 대해 상당한 수준의 통찰력을 얻기까지 얼마나 많은 개별적 과업을 해야 하는지에 대한 가정에 있어서는 LiD와 프로젝트법이 서로 다른 입장을 취하고 있음을 명백히 했다. 즉, 협력 활동에 보다 강조점을 두는 프로젝트법과 달리 LiD는 기본적으로 상당한 기간의 개별 과업이 필수적으로 요청되며, 개별 과업의 결과를 토대로 자신의 학습을 심화시킬 목적으로 협력 학습을 추구한다는 것이다.

LiD의 또 다른 가치는 이론적으로 교육 내부의 오랜 대립점인 진보주의(아동중심주의)와 전통주의(교과중심주의)의 이분법을 넘어선다는 데 있다. 일반적으로 전통주의 교육관에서는 교과지식을 강조하고 진보적 입장에서는 아동의 자유와 창조적 역량을 중시한다. 두 입장은 오랫동안 상호배타적인 관계로 인식되어 갈등을 거듭해 왔다. 이건은 전통주의의 경직성과 진보주의의 모호함 모두를 비판하며, 두 입장이 서로 화해하지 못하는 데에서 현대 교육의 문제점이 출발한다고 지적한다. 지식과 자율성 모두가 배움의 핵심적인 요소인데도 우리는 둘 중 하나를 포기해야 하는 것처럼 생각한다. 공부를 잘하려면 호기심이나 재미는 포기해야 하고, 반대로 흥미로운 상상을 하면 학교 공부는 멀어지는 식이다. 그러나 상상력의 관점에서 교과지식과 학습자의 자율성은 모순되지 않는다. 모든 지식은 인간의 자유로운 상상에 의해 축적되고 확장된다. 이건은 상상력을 통해 학습자의 개성과 창조성을 중심에 두면서도 깊이 있는 지식 학습을 가능하게 하는 교육방법을 제안하였다.

2) 깊은 학습의 실천 사례와 효과

LiD는 캐나다의 학교 현장에 활발히 소개되고 다양한 형태로 적용되고 있으며 소기의 성과를 거두고 있다. SFU(Simon Fraser University) 소속의 상상력연구센터(The Centre for Imagination in Research, Culture and Education: CIRCE)를 허브로 하여 일대의 교육지구(SFU Primary School, Capitol Hill Elementary School, K.B. Woodward Elementary School 등)를 중심으로 실행되고 있으며 관련 연구자-교사 네트워크 또한 활발하게 형성되어 있다(https://circe-sfu.ca/). 한국에서는 2015년 즈음에 저자가 LiD를 국내에 소개한 이후, 부산을 중심으로 학교 단위에서 프로그램에 자발적으로 관심을 가지고 실천하는 사례가 늘어나고 있다(저자와 협력하여 LiD를 실천한 경험이 있는 학교들은 부산, 경남, 울산, 경기, 충북 등 전국 각지에 골고루 분포되어 있다). 다음에 소개할 내리초, 청동초, 동궁초의 사례는 COVID−19 이전에 LiD 프로그램을 각기 다른 방식으로 운영한 초등학교들이다. 그리고 최근에 LiD 프로그램을 실천하고 있는 사례 중 몇몇을 한 묶음으로 소개하고자 한다.

(1) 내리초등학교: 틀려도 괜찮아, 비교하지 않아도 괜찮아!

내리초등학교는 한국에서 LiD를 최초로 도입한 학교이다. 교육박람회에서 우연히 LiD를 접한 내리초등학교의 선생님들은 오랜 공부와 상호설득의 과정을 통해 프로그램을 도입했다. 연구자와 MOU를 체결하여 LiD를 2015년부터 시작했고, 대외적으로는 '100대 교육과정 최우수 학교'[9](2016년)에 선정되는 등 소기의 성과를 달성하기도 했다. 물론 그 과정이 쉽지는 않았다. 빠르게 성과를 내야 하는 한국의 교육 시스템 속에서 학생들의 변화를 천천히 지켜보아야 하는 LiD는 교사와 학부모 모두에게 낯설었다. 조급한 어른들의 마음을 다잡는 것이 가장 큰 관건이었다. 도입을 주도한 교장선생님과 부장선생님의 전근으로 위기를 맞았지만, 프로그램 지속을 원하는 학생들과 교사들의 노력으로 무사히 한 고비를 넘기기도 했다.

한국에서는 처음으로 전교생을 대상으로 시행하였고, 프로그램의 본래 형태와 가장 가까웠다. 1학년이 입학하면 한 달 내에 성대한 세리머니를 개최한다. 처음에는 주제를 싫어하는 학생도 있지만 시간이 지나면 대부분 자연스럽게 정착한다. 창의적 체험활동 시간을 전적으로 LiD 활동으로 채우고 학기마다 발표회를 연다.

> "초등학교 3학년 학생들에게 누가 LiD를 발표하고 싶은지 물었더니 11명이 지원을 했습니다. 평소 학업에 자신감이 낮은 학생들도 지원을 해서 놀랐습니다. 내용이 틀리거나 부실해도 다른 친구들이 이해해 주는 모습이 인상적이었습니다. 그런 학생들에게는 발표할 수 있는 기회가 주어지는 것만으로도 의미 있다고 생각합니다."(내리초등학교 교사)

내리초등학교의 선생님들은 LiD를 통해 학생들의 자신감이 늘어났다고 평가했다. 특히 학업 성취도가 낮고 학습에 자신감이 없던 학생들에게 이런 변화는 두드러졌다. 한 가지 내용을 놓고 수업을 할 때면 항상 다른 친구들에게 가려졌던 아이들이 자기의 주제에 대해서는 말하기 시작한 것이다. 주제가 겹치지 않으니 틀려도 괜찮고, 주변 친구와 비교되지도 않는다. 학생들

9) 중학교 1학년 과학 수업에서 LiD를 시행한 부천동여자중학교는 2017년 100대 교육과정 우수학교로 선정되었다.

은 저마다의 속도에 따라 천천히 배움을 향한 욕망을 회복하고 있었다.

몇 년간의 LiD 진행 후 내리초의 LiD 진행은 딜레마에 빠지게 된다. LiD를 성공적으로 운영한 사례로 알려지면서 유명세를 떠게 되고, 벤치마킹하려는 방문객은 늘어났지만, LiD 시행 초기의 교사들이 대부분 이직하면서 LiD를 본질에 맞게 운영하는 데 한계에 직면하게 된다. 이러한 내적 어려움에 COVID-19라는 외부 환경의 가세로 내리초의 LiD는 사실상 여타 학교의 1인 1프로젝트 방식으로 변화하게 된다.

(2) 청동초등학교: 함께해서 더 좋아!

심층학습에 관심을 가지고 있던 청동초등학교 교과연구회 교사들은 내리초의 사례를 통해 LiD를 접하게 되었다. 이후 교육청의 지원 사업에 선정되어 프로그램을 실시하게 되었지만 그 과정은 순탄치 않았다. 주제를 우연히 부여한다는 데에 저항감을 가진 교사들은 1개 반에 LiD를 시범운영하며 주제를 자유롭게 선택하도록 하였다. 그러나 학생들이 선택한 주제는 지나치게 단편적이고 서로 겹치는 경우가 허다했다. 또한 1개 교실에서만 시행하기에는 동기부여가 어려워 결과적으로는 실패를 경험했다. 이후 방법을 바꾸어 4개 반을 동시에 진행하면서 23개의 서로 다른 주제 목록을 미리 선정하여 배부하였다. 이로써 하나의 주제를 한 반에 한 명씩 총 4명이 공유하게 되었다. 같은 주제를 부여받은 학생들은 팀을 이루어 함께 활동을 하고, 활동이 무르익으면 팀별로 부스를 제작하기도 했다. 청동초등학교는 주제공유형 LiD라는 독특한 방법을 만들어 내었다. 도입 초기 단계라 우여곡절을 겪고 있기는 하지만 참여하는 학생들이 공통적으로 학습에 대한 자신감이 높아졌다는 후문이다.

> "제일 좋았던 점은 예전에는 '어떻게 해요?'라는 질문이 많았는데 LiD 시행 이후에는 학생들이 자기가 할 수 있는 만큼 준비해 온다는 점입니다. 감상문을 받았는데 학습부진 학생들이 학습에 자신감을 많이 얻었다는 것을 알 수 있었습니다. 학습에서 자기주도적인 면이 향상되고 자신감과 실천 의지가 높아졌습니다."(청동초등학교 교사)

청동초등학교는 '공유'라는 독특한 방법을 찾았다. 이건 교수도 친구들과 주제에 대한 내용을 나누고 함께 활동할 것을 누누이 권한다. 우리는 오랫동안 공부를 소유 개념이라 믿어 왔다. 누구도 내 공부를 대신해 주지 않고, 내 공부를 옆 친구와 나눌 때면 뭔가 빼앗기는 기분이 들기도 한다. 이처럼 혼자 하는 공부는 외롭고 지난하며, 관계를 좀먹는다. 그러나 LiD는 함께하면 함께 깊어지는 공부법이다. 내 주제는 친구의 주제를 만나 새로운 세계를 향해 뻗어 가고, 서로에게서 생각하지 못한 질문을 발견한다. 청동초등학교의 학생들은 함께 공부해도 괜찮다는 사실을 배워 가고 있다.

(3) 동궁초등학교: 우리는 공부하는 사람!

동궁초등학교는 다행복학교로 선정되어 4~6학년을 대상으로 LiD를 진행하였다.

> "우리 학교 학생들 중에 공부를 싫어하거나 힘들어하는 학생이 많았는데 LiD를 계기로 우리는 공부하는 사람이라는 생각이 퍼지게 되었어요. 주제가 다 다르니 서로 비교가 되지 않아 자신감이 늘어났어요. 친구들이 서로의 주제를 기억하고 있어서 대화를 할 때 그 내용이 주제가 되기도 합니다. 학문적인 대화가 가능해졌다는 게 가장 큰 변화예요. 수업시간에 '나무'라는 주제만 나와도 이야깃거리가 됩니다."(동궁초등학교 교사)

그간 교육은 일방적으로 말하기만 하면서 학생들에게 듣기를 강요했다. 듣는 주체로서 학습자는 언제나 수동적인 입장일 수밖에 없기에 스스로를 배움의 주인으로 인식하지 못한다. 따라서 '대화'의 시작은 좋은 징조이다. 배움의 근본은 진정한 대화에 있다. 특정한 주제를 매개로 한 지적인 대화는 사적인 관계에서 나눌 수 있는 일상적인 대화와는 차원이 다르다. 동궁초등학교의 학생들은 스스로 공부하는 주체가 되어서 배움으로서의 대화를 시작한 것이다.

시작하기 전 어른들은 모두 이 프로그램에 의문을 품었다. 자극적이고 즉각적인 재미에 한껏 노출된 학생들이 과연 천천히 공부하는 이 프로그램에 빠져들 수 있을까. 그러나 우리는 세 학교 모두에서 의외의 결과를 만났다. 학생들의 마음속에는 생각보다 훨씬 강렬하고 순수한 배움의 욕망이 있었다. 세 학교의 공통점은 프로그램 도입에 있어 관의 강요가 없었다는 점이다. 교사들은 배움의 본질을 회복하기 위한 실천적인 고민의 길에서 우연히 LiD를 만났다. LiD는 특별한 기술도 도구도 없고, 명확한 결과를 약속하지도 않는다. 그저 학생들에게 무언가를 천천히 깊게 공부할 수 있는 기회를 줄 뿐이다. 이는 어쩌면 너무도 당연하고 기본적인 교육의 전제이지만, 우리 교육이 오랫동안 잊고 있던 부분이기도 하다. 반신반의하며 프로그램을 도입한 교사와 연구자들은 조금씩 나타나기 시작한 긍정적인 효과를 목격하면서도 여전히 신중한 상태이다. 프로그램의 결과를 강조하는 순간, 아주 잠깐일지는 몰라도 학생들이 배움의 과정에서 경험한 그 반짝이는 기쁨이 퇴색될까 봐 그렇다. 어쩌면 애초에 배움으로부터 도피한 건 학생들이 아니라 사회인지도 모른다. 우리는 경쟁과 성공의 논리로 학생들의 마음속에 움트는 씨앗을 밟아 왔던 건 아닐까. 그들이 배움을 향한 욕망을 마음껏 펼칠 수 있도록 조건 없이 기다리고 지지할 때 교육은 곧 치유가 될 수 있지 않을까.

"제일 큰 고민은 힘을 빼는 거였어요. 동료교사들과 학부모들에게 아무리 천천히 가자고 해도 잘하고 싶은 마음을 버리기가 정말 힘들어요. 마지막으로 선택한 방법은 제 스스로 힘을 빼는 모습을 보여 주는 것이었어요. 엉망인 것은 엉망인 채로. 교사 간, 학생 간 경쟁하려는 마음을 빼는 게 교육의 본질을 회복하기 위한 첫걸음이 아닐까요." (내리초등학교 교사)

(4) 힘들지만 의미 있는 경험들: 기대되는 아이들의 성장!

앞서 소개한 세 학교 외에도 전국 각지의 여러 학교에서 LiD를 실천하였다. 저자가 LiD를 한국에 소개한 초기에는 LiD를 실천하는 학교들 대부분이 전교생이나 고학년을 대상으로 프로그램을 진행하였다. 울산 지역의 경우 2018년부터 여러 개의 학교가 LiD를 진행하였다. 전교생을 대상으로 한 우정초와 약사초, 3~6학년 학생들을 대상으로 한 울산초 등은 LiD 프로그램을 성공적으로 운영한 학교들로 분류할 수 있다. COVID−19로 학교에서의 LiD 운영이 위축되던 시기에, 가정에서 학습 시간이 많아진 기간을 LiD 실천의 기회로 적극 활용하기도 했다.

"깊은 학습(LiD) 프로그램은 학습자의 개성과 흥미를 중심에 두면서도 깊이 있는 지식 학습도 가능하게 하며 이 과정에서 학생들은 배움의 의미와 즐거움을 알고, 앞으로 미래핵심역량이 발현될 수 있는 상상과 창의가 바탕이 된 '생각하는 힘'을 길러 줄 수 있을 것입니다."(약사초등학교 교장)

"코로나19로 인해 여러 가지 어려움이 많은 이때 언제나 학교를 믿고 협조와 격려 보내 주심에 진심으로 감사드립니다. 가정에서 학습하는 시간이 많아진 현재는 어느 때보다 자기주도적 학습이 중요한 시기입니다. 본교는 2018년부터 지속적으로 LiD(Learning in Depth)를 운영하였습니다. 이는 지식 본질에 관한 이해, 학습 동기 자극 및 학습 스킬 획득으로 창의력, 소통능력, 진로 개발 역량 등을 향상시키기 위함이었습니다. 앞으로 다가올 포스트 코로나 시대에 더 중요해질 이들 역량을 기르기에 LiD가 좋은 방법이 될 수 있을 것입니다. 가정에서도 학생의 LiD 학습 활동(주제 포트폴리오, 학습 발표회 등)에 많은 격려와 지속적인 관심 부탁드립니다." (울산초등학교 가정통신문)

LiD를 경험한 학교가 적고, 저자가 한국의 LiD 연구를 사실상 주도했기 때문에 이 프로그램을 운영하려는 학교들은 대부분 저자에게 LiD를 배운 후 실천하였다. 하나의 사례로, 명진초등학교는 '생각을 두드리는 think book 프로젝트'라는 슬로건하에 주제 만나기, 계획 세우기, 탐구하기, 표현하기/성찰하기의 4단계로 LiD 프로그램을 진행하였다. 지역적으로 먼 곳에 있는 학교들은 번역서 『깊은 학습』을 읽고, 저자에게 조언을 구하곤 했다. 충북의 중약초등학교는 저자를 비롯하여 부산 지역에서 LiD를 실천한 교사들까지 초빙하여 LiD의 이론과 실천을 학습한 후 전교생을 대상으로 프로그램을 진행하였다.

초기의 LiD 실천이 주로 학교 단위로 이루어졌다면, 최근에는 교과 단위로 이루어지는 사례가 증가하고 있다. 초등학교 2학년의 '세계'라는 수업을 LiD 방식으로 진행하고, 인지도구를 활용하는 수업 방식으로 고등학교 한문II 교육과정에 LiD를 적용하기도 하였다.

> "초기에는 자율적인 탐구 경험의 부족으로 힘들어하는 학생이 많았지만, 점차 학생들의 학습에 대한 주체적 참여도가 향상되고, 학습 흥미가 높아지고, 학생들의 학업 효능감도 높아졌습니다."(초등학교 교사)

> "인지도구를 활용한 6차시의 고등학교 한문II 수업 사례를 통해 LiD가 학생들의 지식 탐구 과정에 생기를 부여한다는 점과 그들이 주체성을 갖고 적극적으로 참여토록 하여 전문가적 자세로까지 나아가도록 할 수 있음을 확인했습니다."(고등학교 교사)

2014년 한국에 상상력 교육과 LiD를 처음 소개하고, 10년 이상 학생들과 함께 연구하고, 교사들과 더불어 실천해 왔다. 초창기에 비해 LiD 연구자가 많이 늘어났고 실천의 경험도 제법 축적되었다. 하지만 LiD를 비롯한 상상력 연구의 범위는 여전히 제한적이고, LiD의 중요성과 가치는 인정하지만 교사들이 학교 현장에서 선뜻 활용하는 것을 주저하는 것도 사실이다. LiD 프로그램의 일반화를 위해서는 인지도구의 체계화, LiD 수업 및 학습 모형의 개발 등 개선해야 할 점도 많아 보인다. 하지만 역량 있는 연구자들에 의해 상상력 교육 연구가 심화되고, 현장 교사들의 의미 있는 경험이 축적된다면 머지않은 장래에 이러한 아쉬운 점들은 해소될 것으로 전망한다. 연구자와 교사들에 의해 상상력 교육과 LiD의 이론과 실천이 활성화되어 이 연구와 실천이 대학의 사회적 책임이라는 책무성 달성에 한 걸음 더 다가서기를 기대해 본다.

성찰과제

1. 유튜브와 짧은 동영상에 익숙한 아이들에게 천천히 깊게 학습하는 '깊은 학습'이 가능한가? 급속한 사회 변화와 물질문명의 발전 속에서 느린 학습을 실천하는 깊은 학습이 필요한 이유를 교육의 본질이라는 측면에서 고민해 보시오.
2. 우리의 학교 현장은 바쁜 교사들과 더 바쁜 아이들로 가득 차 있다. 천천히 깊게 하는 학습이 가능한가? 깊은 학습의 이론에 공감하지만, 실천으로 옮기는 데 많은 난점이 있다. 이 문제를 어떻게 해결할 것인가? 깊은 학습의 성공적 실천을 위한 방안을 다양한 각도에서 살펴보시오.

참고문헌

강신익, 이수진, 임정화, 김회용, 최송현, 이나나, 박귀순, 김성중, 채한, 김승룡(2018). **시민의 인성: 치유 인문학 강의**. 당신의서재.

김회용(2013). 키렌 이건의 상상력 활용 교육이론과 실천. **교육사상연구, 27**(3), 137-158.

홍명희(2011). **상상력과 가스통 바슐라르**. 살림출판사.

Bettelheim, B. (1998). **옛이야기의 매력 1**[*The uses of enchantment*]. 김옥순, 주옥 역. 시공주니어.

Egan, K. (1986). *Teaching as story telling: An alternative approach to teaching and curriculum in the elementary school*. The University of Chicago Press.

Egan, K. (1997). *The educated mind: How cognitive tools shapes our understanding*. The University of Chicago Press.

Egan, K. (1999). Education's three old ideas and a better idea. *Journal of Curriculum Studies, 31*(3), 257-267.

Egan, K. (2005). *An imaginative approach to teaching*. John Wiley & Sons.

Egan, K. (2014a). **상상력과 교육**[*The future of education: Reimagining our schools from the ground up*]. 김회용, 곽덕주 역. 학지사.

Egan, K. (2014b). **깊은 학습: 지식의 바다로 빠지다**[*Learning in depth*]. 김회용, 곽한영, 김인용, 김정섭, 유순화, 윤소정, 이동훈, 임선주 역. 학지사.

Egan, K., & Madej, K. (2010). *Engaging imagination and developing creativity in education*. Cambridge Scholars Publishing.

Egan, K., & Nadaner, D. (1999). *Imagination and education*. Teachers College.

Egan, K., & Judson, G. (2008). Values and imagination in teaching: With a special focus on social studies. *Educational Philosophy and Theory, 41*(2), 126-140.

Fenstermacher, G. D., & Soltis, J. F. (2011). 가르침이란 무엇인가?[*Approachers to teaching*]. 이지헌 역. 교육과학사.

Gardner, H. (1999). *The disciplined mind: What all students should understand.* Simon and Schuster.

Johnson, T. W., & Reed, R. F. (2008). *Philosophical documents in education* (3rd ed.). Pearson Education, Inc.

Knoll, M. (1995). The project method: Its origin and international influence. In *Progressive education across the continent.* Lang.

Lamm, Z. (1976). *Conflicting theories of instruction: Conceptual dimensions.* McCutchan.

Peters, R. S., & Hirst, P. (1970). *The logic of education.* Routledge and Kegan Paul.

Russell, B. (1926). On education. Unwin. https://circe-sfu.ca/http://en.wikipedia.org/wiki//Kieran_Egan.

ESR 기반 수업 실천연구 사례: 소셜 앙트러프러너십 역량강화를 중심으로

박수홍

성찰목표

1. ESR(Education for Social Responsibility)의 개념과 소셜 앙트러프러너십이 어떤 방식으로 상호 연계되는지 이해하고, 교육 현장에서 이를 실천하기 위한 연구방법의 원리를 설명할 수 있다.
2. 소셜 앙트러프러너십의 등장 배경과 정의를 파악함으로써, 사회적 문제해결을 위한 혁신적 접근이 요구되는 시대적 맥락을 이해하고 설명할 수 있다.
3. 소셜 앙트러프러너십의 핵심 요소(혁신성, 사회적 가치, 지속가능성)를 구체적으로 인식하여, 기존 사업 모델과 차별화되는 특징을 분석할 수 있다.
4. 액션 러닝(action learning) 기반 실천연구(action research)의 기본 과정을 숙지하여, 실제 수업 상황에서 소셜 앙트러프러너십 역량을 함양하는 교육 방법을 설계하고 적용할 수 있다.
5. 소셜 앙트러프러너십 교육을 통해 학습자들이 지역사회 문제해결 프로젝트를 직접 경험하고, 평가 및 피드백을 거쳐 자신의 아이디어를 발전시키며 사회적 가치를 창출하는 과정을 체득할 수 있다.

1. ESR 실천을 위한 핵심역량으로서 소셜 앙트러프러너십 개념

1) 소셜 앙트러프러너십의 등장 배경과 정의

소셜 앙트러프러너십(social entrepreneurship)은 사회적 가치를 창출하기 위한 혁신적이고 창의적인 접근 방식을 의미하며, 전통적인 비즈니스 모델과는 달리 사회적 문제해결에 초점을 둔다는 점에서 차별화된다. 이러한 개념이 주목받기 시작한 계기는 20세기 말 세계화와 함께 등장한 다양한 사회문제의 심화에 있다고 볼 수 있다. 특히 정부 또는 비영리 단체가 감당하기에는 한계가 분명한 복지, 교육, 환경 등의 영역에서 기존 방식으로는 해결하기 어려운 문제들이 잇달아 발생하자, 새로운 해결책을 모색하는 흐름이 나타나기 시작하였다. 그 결과 영리와 비영리의 중간 지대에서 사회적 가치를 우선시하며 지속가능한 해결책을 제공하는 '소셜 앙트러프러너십'이 부상하게 된 것이다(Dees, 1998).

소셜 앙트러프러너십의 등장 배경을 좀 더 구체적으로 살펴보면, 영국은 전후(戰後)에 복지국가를 실현하기 위해 막대한 예산을 투입하여 정부 및 자선재단, 복지재단 등 중간조직을 통해 광범위한 사회복지서비스를 제공하였다. 그러나 1970~1980년대에 접어들면서 재정적 부담이 가중되고, 마거릿 대처(Margaret Thatcher) 내각의 등장 이후 시장 중심의 정책기조가 자리 잡게 되자, 복지예산 축소가 불가피한 상황이 되었다. 이로 인해 그간 국가 및 자선재단의 보조금에 의존하던 지역사회 단체와 비영리기구들은 자립을 위한 대안적 수익구조를 마련할 필요성을 절감하게 되었고, 바로 이러한 맥락 속에서 사회적 문제해결과 수익 창출을 결합하려는 '소셜 앙트러프러너십(social entrepreneurship)' 개념이 현실화되기 시작했다.

미국의 경우, 1980년에 미국에서 설립된 사회적 기업가 지원 비영리 재단인 아쇼카 재단(Ashoka Foundation)이 중심이 되어, 사회 혁신을 촉진하는 소셜 앙트러프러너십을 지원하는 프로그램을 운영하고 있다. 이 재단은 혁신적이고 지속가능한 사회 변화를 이끄는 혁신가들을 아쇼카 펠로우(Ashoka Fellows)로 선발하여 자금 지원, 네트워크 연결, 멘토링 등을 제공한다. 이를 통해 교육, 환경, 건강, 경제적 포용 등 다양한 분야에서 사회적 영향을 극대화하는 것을 목표로 하고 있다.

또한 정부나 국제기구가 정책적 · 재정적 제약 때문에 모든 문제를 해결하기 어려운 상황에서, 민간 차원의 창의적 아이디어와 자본, 그리고 지역사회를 기반으로 한 접근이 새로운 대안으로 고려되었다(Mair & Marti, 2006). 또한 비영리 부문에서도 전통적 기부나 자원봉사 활동으로는 장기적이고 근본적인 해결책을 제시하기 어렵다는 자각이 확산되면서, 자립 기반을 갖춘 사업 모델을 개발하려는 움직임이 두드러졌다. 이러한 흐름 속에서 태동한 소셜 앙트러프러너십은 기존 비즈니스 기법과 사회복지, 시민사회 활동의 장점을 결합하여, 장기적이며 실질적인 변화를 추구하고자 하는 성격을 지니게 되었다.

소셜 앙트러프러너십을 정의하는 데 있어서는 아직까지 다양한 시각이 공존하지만, 공통적으로는 '사회문제해결을 사명(mission)으로 삼으며, 이를 위한 혁신적인 사업 모델이나 전략을 개발하여 지속가능한 방안을 모색한다'는 특징이 강조된다(Bornstein, 2007). 이는 사회적 기업(social enterprise)과 밀접한 관련이 있는데, 사회적 기업은 재화나 서비스를 생산 · 판매하는 과정을 통해 얻게 되는 수익을 사회적 목적을 위해 재투자하거나, 사업 운영 자체가 사회적 가치를 우선순위로 하는 방식으로 기능한다는 점에서 소셜 앙트러프러너십의 대표적 실천 형태로 간주된다. 다만, 소셜 앙트러프러너십은 조직 형태에 국한되지 않고, '혁신성', '지속가능성', '사회적 가치 창출'이라는 세 가지 요소를 핵심으로 삼는다. 즉, 영리 · 비영리 여부를 떠나 어떤 조직이든 사회혁신을 추구하는 활동 전반을 포괄한다는 것이다(Holloway et al., 2017).

이처럼 소셜 앙트러프러너십은 21세기에 새롭게 부상한 개념이지만, 그 뿌리는 비교적 오래전으로 거슬러 올라간다. 19세기 산업화 시기부터 등장하기 시작한 협동조합 운동이나 상호부조 조직 등도 사회적 소셜 앙트러프러너십의 선구적 사례로 꼽히는데, 이들은 사회계층 간의 갈등을 완화하고 지역사회를 활성화하기 위한 목적으로 조직화되었다. 다만, 오늘날의 소셜 앙트러프러너십이 갖는 차별성은, 이를 '체계적인 혁신활동'으로 정의하며, 문제해결 과정에서 혁신적 기법과 다양한 자원 동원을 활용하는 것을 넘어, 궁극적으로 사회변화를 이끌어 낸다는 데 있다. 이러한 점에서 소셜 앙트러프러너십은 급변하는 시대에 '지속가능성'과 '사회적 가치'라는 관점을 단순한 구호가 아닌 실천 과제로 만들어 내는 핵심역량으로 자리매김하게 되었다.

2) 소셜 앙트러프러너십의 주요 특징과 구성요소

소셜 앙트러프러너십의 주요 특징은 크게 혁신성, 사회적 가치 창출, 그리고 경제적 · 조직적 지속가능성으로 요약할 수 있다.

첫째, 혁신성은 기존에 존재하는 사회적 문제나 수요를 새로운 관점에서 접근함으로써, 과거 방식으로는 해결하기 어려운 문제를 해결하거나 전혀 새로운 형태의 가치를 창출하는 능력을 의미한다. 이 혁신성은 단지 기술적 차원에 국한되지 않고, 비즈니스 모델, 조직 구조, 자금 조달 방식 등 전반에 적용될 수 있다(Mair & Marti, 2006).

둘째, 소셜 앙트러프러너십은 궁극적으로 사회적 가치를 창출한다는 점에서 전통적 영리 기업과 구분된다. 물론 소셜 앙트러프러너십 활동이 이윤을 창출할 수도 있지만, 그 이윤은 활동의 주된 목적이 아니라 사회문제를 해결하기 위한 수단으로 간주된다. 예컨대, 저소득층 청년의 교육 격차를 해소하기 위한 학습 프로그램을 운영하는 사회적 기업은, 사업을 통해 벌어들인 수익을 다시 청소년 교육 사업에 재투자하거나 장학금 형태로 지원함으로써 사회적 가치를 극대화한다(Dees, 1998). 이는 조직이 지닌 사명과 경제적 활동이 분리되지 않고 상호 보완적으로 작용한다는 점에서 의미가 크다.

셋째, 소셜 앙트러프러너십이 효과적으로 기능하기 위해서는 경제적 · 조직적 지속가능성이 필수적이다. 단순히 사회문제를 해결하겠다는 선의만으로는 장기적 활동이 어려우며, 조직이 존속하기 위한 재무적 안정성과 이를 가능케 하는 조직 운영 체계가 갖추어져야 한다. 이를 위해 소셜 앙트러프러너는 시장 상황을 분석하고, 이해관계자와 협력하며, 다양한 자원을 효율적으로 배분하는 경영 전략이 필요하다(Bornstein, 2007). 즉, 사회적 목적과 경제적 성과 간의 균형을 유지함으로써 장기적 비전에 걸맞은 영향력을 확보한다.

이러한 특징을 구성하는 주요 요소로는 '사명과 비전', '혁신과 창의성', '리더십과 협력 네트워크', '성과와 임팩트 측정'이 꼽힌다. 사명과 비전은 소셜 앙트러프러너십 활동의 출발점으로서, 해당 조직이 해결하고자 하는 구체적인 사회적 문제와 그 목표가 무엇인지를 제시한다. 혁신과 창의성은 문제해결 과정에서 기존의 틀을 깨고 새로운 길을 찾는 동력으로 작용한다. 또한 리더십과 협력 네트워크는 다양한 이해관계자를 하나의 목표로 결집시키고 자원을 효율적으로 모으는 역할을 하며, 소셜 앙트러프러너십에서 개인의 역량을 넘어 다차원적 협업이 필수적인 이유가 된다(Holloway et al., 2017).

마지막으로 성과와 임팩트 측정은 소셜 앙트러프러너십 조직이 달성한 결과를 객관적으로 파악하고, 이를 토대로 조직 운영 방안을 개선하거나 확장 전략을 수립하기 위해 꼭 필요한 단계이다. 사회적 가치를 수치화하거나 가시화하기는 쉽지 않지만, 사회적 영향력을 '정량화 가능한 지표' 또는 '질적 평가 방식' 등으로 평가함으로써 해당 조직의 정당성과 효율성을 제고할 수 있다. 이러한 과정은 정부나 민간 투자자, 지역사회 등 다양한 이해관계자에게 신뢰를 구축하는 토대가 되기도 한다. 이처럼 혁신성, 사회적 가치, 지속가능성, 협력과 리더십, 그리고 성과 측정은 소셜 앙트러프러너십의 정체성과 실천을 뒷받침하는 핵심 요소들이다.

3) ESR과 소셜 앙트러프러너십의 상호 연계성

ESR(Education for Social Responsibility)은 학생들이 '사회적 책임'을 실천할 수 있도록 교육과정 내에서 지식, 태도, 역량을 체계적으로 함양하는 데 목적을 둔다. 이는 단순히 지식을 전달하거나 특정 기술만을 개발하는 데 그치지 않고, 학습자 스스로가 지역사회와 지구적 맥락에서 발생하는 문제를 인식하고 해결 방안을 모색하는 과정에서 적극적인 참여자로 성장하도록 돕는 데 그 의의가 있다(UNESCO, 2018). 이러한 ESR의 목적을 구체적이고 지속적으로 실천하기 위해서는 학습자에게 '사회적 영향력을 발휘할 수 있는 역량'이 필요하며, 그 핵심 역량 중 하나가 바로 소셜 앙트러프러너십이다.

소셜 앙트러프러너십은 사회 문제를 비판적으로 인식하면서도 긍정적인 해결 가능성을 탐색하는 태도를 요구한다. 이는 ESR이 지향하는 '사회적 책무성'을 내면화하고, 실제로 행동으로 옮길 수 있도록 하는 원동력이라 할 수 있다. 예컨대, 학내의 학교폭력 문제나 지역 독거노인 문제, 지역 하천의 수질오염 문제와 같은 지역사회가 당면하고 있는 실제적 문제를 학습하는 과정에서, 학생들이 단순히 문제의 심각성을 인식하는 데 그치지 않고 구체적인 해결책을 창안하여 실행해 보도록 장려하는 프로젝트 수업이나 체험학습을 진행할 수 있다. 이때 소셜 앙트러프러너십적 관점은 학생들이 새로운 아이디어를 개발하고, 협력 네트워크를 구축하며, 지속가능한 결과를 도출하는 과정을 익히게 함으로써, ESR의 학습 목표와 실제적 성취를 상호 보완적으로 연결한다(Kwon, 2019).

나아가 소셜 앙트러프러너십은 ESR의 가치와 결합함으로써, 교육 주체가 더 폭넓은 시야를 갖출 수 있도록 돕는다. ESR이 지향하는 가치들은 UN SDGs(Sustainable Development Goals)에서 언급하고 있는 17개 목표와 궤를 같이 한다고 볼 수 있다. 그런데 이 가치들이 실천으로 이어지기 위해서는, 창의성과 혁신성을 기반으로 한 도전적 접근이 필요하다. 소셜 앙트러프러너십이 이러한 도전적 태도를 길러 주고, 자원을 모으고, 다양한 이해관계자의 협력을 이끄는 과정을 가르치게 되면, 학습자는 사회문제해결을 위한 '행동 가능성'을 체화하게 된다. 이는 단순한 자원봉사나 캠페인을 넘어, 체계적인 사업 모델과 협력 구조를 갖추어 영향력을 확대하는 방향으로 나아가는 데 중요한 밑거름이 된다(Lee, 2020).

둘 사이의 연계성이 한층 강화될 수 있는 방식 중 하나는 교육과정 속에서 소셜 앙트러프러너십이 발휘될 수 있는 PBL과 같은 팀학습 중심의 학습자 활동 주도 방법의 형태로 구성하는 것이 바람직하다. 또한 프로젝트를 통해 지속가능한 문제해결을 위한 사업 모델의 형태가 도출되어 학습자가 장차 창업 활동의 기회를 가질 수 있도록 하는 마인드를 형성해 줄 필요가 있다. 예를 들어, 지역사회 내에서 발생하는 구체적 문제—예컨대, 소외 계층의 돌봄, 소규모 농가의 유통 문제, 문화예술 향유 기회의 불균형 등—를 주제로 학습자가 팀을 이루어 문제 분석부터 해결 방안 설계, 파일럿 실행, 성과 평가까지 일련의 과정을 경험하도록 하는 프로젝트 기반 학습이 있다. 이를 통해 학습자들은 ESR에서 강조하는 '사회적 책임'을 실제로 수행해 보는 동시에, 소셜 앙트러프러너십 역량을 체득하게 된다(Park, 2021). 결과적으로 학생들은 자신의 아이디어가 지역사회의 긍정적 변화를 만들 수 있다는 '자기효능감'을 형성하게 되며, 이는 향후 더 큰 규모의 사회혁신에 참여할 가능성을 높인다.

결국 ESR이 강조하는 사회적 책임의식과 소셜 앙트러프러너십이 담고 있는 혁신적 사고 및 실천 가능성은 상호 보완적인 관계에 있다. ESR은 사회문제해결의 필요성과 가치를 인식시키고, 소셜 앙트러프러너십은 이를 구체적인 행동으로 전환하도록 돕는다. 두 개념이 결합될 때,

단순히 '착한 활동'을 넘어 체계적이고 지속가능한 방식으로 변화를 모색하는 사회적 리더십이 형성된다. 이처럼 ESR과 소셜 앙트러프러너십의 결합은 학생들에게 미래사회가 요구하는 '책임 있는 창의적 문제해결 역량'을 길러 주며, 이는 궁극적으로 개인의 성장과 더불어 사회 전반의 발전에 기여하는 길이 된다. 이러한 관점에서 볼 때, 소셜 앙트러프러너십은 ESR을 실천하기 위한 핵심역량으로서 매우 중요한 의미를 지닌다.

2. 소셜 앙트러프러너십 역량강화를 위한 수업 실천연구의 개념

1) 수업 실천연구의 이론적 배경

수업 실천연구, 흔히 액션 리서치(action research)라고 불리는 이 접근법은 현장 교육자가 자신이 몸담고 있는 수업이나 교육 환경을 비판적으로 성찰하고 개선해 나가는 과정을 체계적으로 탐구하는 연구방식을 의미한다(Carr & Kemmis, 1986; Kemmis & McTaggart, 1988). 액션 리서치의 창시자인 쿠르트 레빈(Kurt Lewin)에 따르면, 액션 리서치는 연구자가 실천적 문제를 해결하기 위해 현장에서 직접 개입하고, 이를 통해 이론을 발전시키는 순환적 연구방법이다. 즉, 문제를 분석하고, 해결책을 계획한 후, 이를 실행하고 그 결과를 평가하여 다시 개선하는 과정이 반복된다. 주로 교육, 조직개발, 사회문제해결 등에서 활용되며, 연구자와 실천가(예: 교사, 관리자, 사회운동가 등)의 협력을 강조한다. 레빈은 이를 통해 연구가 단순한 이론적 탐구가 아니라 실질적인 변화를 이끄는 도구가 되어야 한다고 보았다.

즉, 교육 현장에 대한 '이론적 이해'와 '실제 수업 실행' 사이의 거리를 좁히면서, 학생 학습과 교육과정의 질을 높이고자 하는 실천 지향적 연구인 셈이다. 기존의 전통적 교육연구가 연구 대상에 대한 '객관적 기술'이나 '분석'을 주된 목적으로 삼는 데 반해, 액션 리서치는 연구자가 교육현장을 개선하는 일련의 행위에 직접 개입한다는 점에서 차별화된다. 구체적으로, 교육자는 '설계(Design) → 실행(Action) → 관찰(Observation) → 반성(Reflection)'의 순환과정을 반복하면서, 실제 수업 상황에서 발생하는 문제와 그 해결 가능성을 지속적으로 모색한다(Stringer, 2013).

이러한 수업 실천연구는 교육 현장에서의 실무적 통찰과 이론적 근거를 결합함으로써, 교수자나 연구자가 동시에 성장할 수 있는 장을 마련해 준다(박수홍, 2022). 특히 교수자가 어떠한 교육학적 목표를 달성하고자 할 때, 그 목표와 현장 상황 사이에 발생하는 간극을 세밀하게 점검하고, 실천적 실험을 통해 조정해 나가는 과정을 체계화한다는 의의가 있다. 예컨대, 청년층의 사회적 문제해결 역량, 그중에서도 '소셜 앙트러프러너십'과 같은 혁신가 역량을 배양하려면, 교육자가 단순히 지식 전달에 치중하는 것이 아니라 학생들이 실제 문제를 발견하고 해결책을 구상 · 실행 · 평가해 보는 일련의 프로세스를 어떻게 설계할지 고민해야 한다(박수홍, 2009; Drayton, 2005). 이때 액션 리서치는 바로 그 구체적인 '설계–실행–평가–성찰' 과정을 반복적으로 검증함으로써, 수업모형을 개선하고 학습효과를 극대화하려는 노력이다.

액션 리서치가 지향하는 바는 '공동체적이고 민주적인 연구'라는 점에서도 중요하다. 즉, 전통적인 연구가 연구자 주도의 일방적 관찰을 통해 결과를 산출하는 것과 달리, 액션 리서치는 수업 참여자인 학생 · 교사 · 조력자(퍼실리테이터) · 이해관계자가 모두 동등한 파트너로서 협력하고 문제를 공유하는 과정을 강조한다(Kemmis & McTaggart, 1988). 이를 통해 교육 현장에서 실질적인 변화를 일으키고, 그 변화가 다시 연구의 출발점이 되는 선순환 구조가 만들어진다. 이러한 맥락은 박수홍 등(2022)이 제시한 '소셜 앙트러프러너십 역량개발' 교과목 연구에서도 확인할 수 있는데, 연구자가 직접 수업을 설계하고 운영하는 동시에 학습자와의 끊임없는 피드백 과정을 거쳐 수업 모델을 정교화했다.

이렇듯 실천연구는 '연구를 통한 현장의 개선(improvement of practice through research)'과 '교육을 통한 연구의 풍부화(enrichment of research through practice)'를 결합하고 있다는 점에서 다른 연구방법과 구별되는 고유의 강점을 지닌다(Carr & Kemmis, 1986). 첫째, 교육자는 자신의 교수법과 교재, 평가 방식을 매번 점검하고 개선함으로써 현장에서 곧바로 실천 가능한 결과를 도출한다. 둘째, 그 과정에서 축적된 경험과 성찰은 이론을 보다 실제적으로 발전시키고, 새로운 교육적 가설을 제기할 수 있도록 돕는다. 셋째, 수업 실천연구는 사회적 · 문화적 맥락을 교육과정에 깊이 녹여 내는 데 유리하다. 이를테면 지역사회의 문제나 청년층의 취 · 창업 이슈, 혹은 소셜 앙트러프러너십과 같은 가치 지향적 목표가 설정된 상황에서, 연구와 실천이 긴밀히 연결되어야 보다 의미 있는 성취에 도달할 수 있다(박수홍 외, 2022).

결국 액션 리서치는 정형화된 커리큘럼에 의존하지 않고, 수업 현장에서 일어나는 다채로운 변수를 면밀하게 관찰 · 기록 · 분석하면서, 한편으로는 학습자들의 참여와 변화를 이끌어 내는 반응적 접근을 추구한다. 그리고 문제발견 → 계획수립 → 실행 → 관찰 → 반성(→ 다시 계획)으로 이어지는 반복적 주기를 통해, '실제적인 문제해결'과 '지속적인 수업혁신'이라는 두 마리 토끼를 동시에 잡을 수 있는 것이다. 특히 '소셜 앙트러프러너십 역량'을 함양해야 하는 교육적 맥락에서, 예측 불가능한 혁신의 가능성을 모색하고 다양한 이해관계자와 협력해야 하는 특성을 고려할 때, 액션 리서치는 매우 적합한 연구 · 교육 방법론으로 자리매김하고 있다(Bornstein, 2004; Dees, 2007).

2) 소셜 앙트러프러너십 역량개발을 위한 액션 러닝 적용

소셜 앙트러프러너십 역량은 지역사회와 같은 현실 세계에서 발생하는 복합적이고 다양한 문제를 창의적으로 해결하는 과정에서 자연스럽게 길러질 수 있다(Drayton, 2005). 이를 위해서는 '앎(지식)'과 '행동(실천)', 그리고 '성찰(평가와 피드백)'이 긴밀히 연결되는 학습 경험이 중요하다(박수홍, 2010). 액션 러닝(action learning)은 바로 이러한 요구를 충족시키는 대표적 학습방식이다. 액션 러닝은 기업, 공공기관, 학교 등 다양한 현장에서 적용되어 왔는데, 팀 단위로 실제 과제를 해결하면서 동시에 학습자 개인의 역량개발을 돕는 구조를 갖추고 있다(Marquardt, 2004).

액션 러닝과 액션 리서치의 관계에 대하여 간단히 설명하자면, 액션 리서치와 액션 러닝은 모두 실천과 학습을 결합한 접근 방식이지만, 연구적 관점과 교육적 관점에서 차이를 보인다. 액션 리서치는 특정 문제를 해결하기 위한 연구적 접근으로, 실천을 통해 문제를 분석하고 개선하며 이론적 지식을 생성하는 데 초점을 둔다. 반면, 액션 러닝은 문제해결 과정 자체를 학습의 기회로 활용하는 교육적 접근으로, 개인이나 조직이 실전 문제를 해결하는 과정에서 지식을 습득하고 역량을 개발하는 데 중점을 둔다. 따라서 동일한 활동이라도 연구적 탐구를 강조하면 액션 리서치가 되고, 학습과 역량강화를 강조하면 액션 러닝이 되는 것이다. 특히 액션 러닝은 레그 레반스(Reg Revans)가 1940년대에 개발한 학습 방법으로, 실제 문제해결을 통해 학습이 이루어지는 방식이다. 그는 조직과 개인이 성장하려면 단순한 지식 습득이 아니라, 실전에서 발생하는 문제를 해결하는 과정에서 배워야 한다고 보았다. 액션 러닝에서는 참가자들이 팀을 이루어 복잡한 문제를 탐색하고 해결하며, 질문과 성찰을 통해 사고를 확장하고 새로운 해결책을 모색한다. 레반스는 이를 'L = P + Q(Learning = Programmed Knowledge + Questioning Insight)'로 설명하며, 기존 지식(P)과 질문을 통한 통찰(Q)이 결합될 때 진정한 학습이 이루어진다고 주장했다.

특히 소셜 앙트러프러너십 교육과 액션 러닝은 문제 중심 학습(PBL)이나 프로젝트 기반 학습(PBL)보다도 더 밀접한 연계성을 보이는데, 그 이유는 액션 러닝이 '실제 현장에서의 실천'을 전제하기 때문이다(박수홍 외, 2010). 즉, 학습자들은 이론을 배운 뒤에 가상의 사례를 다루는 데 그치지 않고, 본인이 속한 지역사회나 공공분야에서 발생하는 '실제적 문제'를 팀원들과 협력해 해결 방안을 모색한다. 이렇게 실제 문제를 다룸으로써 학습자들은 자신의 아이디어가 구현되는 과정을 직접 목격하며, 아이디어와 실행이 일치하거나 어긋나는 지점을 체감한다. 이 과정에서 자연스럽게 형성되는 '학습 공동체'는 앙트러프러너십을 촉진하는 장이 된다.

박수홍 등(2022)이 실시한 '소셜 앙트러프러너십 역량개발' 교과목도 바로 액션 러닝 모형을 적용한 대표적 사례로 볼 수 있다. 해당 교과목에서는 체계적 액션 러닝(Systematic Action Learning: SAL) 접근을 채택하여, 주차별로 문제 발굴–아이디어 기획–프로토타이핑–실행(또는 시뮬레이션)–피드백을 순환하도록 설계하였다(조영재, 박수홍, 2017). 이를 통해 학습자들은 지역사회의 다양한 문제(예: 택배 박스 쓰레기, 해양 환경 문제, 청년 자원봉사 참여 등)를 분석하고, 그 근본적 원인을 찾기 위한 협동적 탐구를 진행한다. 그리고 WhyPie, 어골도, 비즈니스 모델 캔버스(BMC) 등의 창의적 문제해결 도구를 활용하여 혁신적 대안을 구상하고 구체화한다.

액션 러닝이 갖는 핵심적 장점 중 하나는, 학습 팀이 '반성(reflection)' 단계를 거쳐 학습 내용을 스스로 재구조화한다는 점이다(Marquardt, 2004). 즉, 팀원들은 해결책을 실행해 보는 과정에서 예상치 못한 변수가 나타날 때마다 추가 논의를 통해 방향을 수정하거나 보완책을 마련하고, 그 결과물을 다시 피드백한다. 예컨대, 특정 사회적 기업 모델을 구상했는데 재정적 안정성이 부족하다고 판단된다면, 크라우드 펀딩이나 공익재단과의 협업 모델을 덧붙여 보완하는 식이다(김미란, 엄우용, 2019). 이런 식의 순환적 학습은 학습자들이 단순히 '교재 속 지식'을 습득하는 차원을 넘어, 실제 실행 가능성과 지속가능성을 고려한 '사회혁신가'의 관점을 내면화하는 계기를 만든다.

나아가 액션 러닝은 참여자가 서로 다른 전공 · 관심사를 가진 경우에 더욱 효과적이다. 소셜 앙트러프러너십은 본질적으로 '사회적 가치 창출'과 '혁신적 경영 전략'을 융합해야 하기 때문에, 다학제적 사고가 필수적이기 때문이다(Dees, 2007). 이처럼 서로 다른 전공 · 배경의 학습자가 팀을 이루어 문제해결에 몰입하면, 사회문제에 대한 창의적 접근이 훨씬 풍부해지고, 실제 현장에서의 실행력도 높아지는 경향이 있다. 박수홍 등(2022)의 연구에서도 석 · 박사 과정 학생들이 교육, 경영, 예술 등 다양한 분야의 관점을 융합하여 문제에 접근함으로써 훨씬 다층적인 해결방안을 도출할 수 있었다고 보고했다.

결국 액션 러닝은 '문제해결'과 '학습'을 동시에 촉진함으로써 소셜 앙트러프러너십 역량을 단기간에 끌어올리는 데 유효한 전략으로 인정받는다. 특히 실천연구(action research)와 결합될 경우, 학습자가 실제 상황에서 시도한 변화를 체계적으로 기록 · 분석 · 성찰함으로써, 교육 프로그램 자체를 끊임없이 개선할 수 있다는 추가적인 이점을 얻는다(박수홍, 2022). 즉, 수업 실천연구라는 틀 안에서 액션 러닝 과정을 운영하면, 학습자와 교수자가 함께 모색한 해결방안이 현실에 어떤 영향을 미치는지, 수업 디자인은 어떻게 보완해야 하는지를 반복적으로 검증할 수 있게 되는 것이다.

3) 수업 실천연구 과정에서의 평가 및 피드백 전략

수업 실천연구에서 평가와 피드백은 단순히 '학생의 성취도'를 확인하는 목적을 넘어, 전체 액션 리서치 사이클을 움직이는 핵심 동력으로 작용한다(Kemmis & McTaggart, 1988). 특히 소셜 앙트러프러너십 역량을 배양하기 위한 실천연구라면, 문제해결 과정에서 학습자가 어떠한 변화를 경험했는지, 그 변화가 실제 사회적 가치 창출로 이어졌는지 등을 다층적으로 확인해야 한다(Dees, 2007). 이를 위해서는 다양한 평가 및 피드백 전략을 복합적으로 활용할 필요가 있다.

첫째, 형성평가(formative assessment)를 체계화해야 한다. 수업 실천연구에서 형성평가는 각 주차별 · 단계별로 학습자들이 습득한 지식, 개발한 아이디어, 협업 과정을 수시로 점검하고 개선점을 공유하는 데 활용된다(Stringer, 2013). 예컨대, 학습자들은 팀별 활동 후 '주간 성찰일지'를 작성하거나, 서로의 아이디어에 대해 동료 평가를 실시함으로써, 다음 단계로 넘어가기 전에 개선할 지점을 확인한다(박수홍 외, 2022). 이는 학습 과정 전반에 걸쳐 '학습자가 스스로 사고를 확장하고 오류를 교정할 수 있게끔 하는' 장치를 마련해 주어야 한다는 액션 리서치의 취지와 부합한다.

둘째, 총괄평가(summative assessment)도 학기 말에 단편적으로 이뤄지기보다는, 문제해결의 '사회적 영향력(social impact)'까지 반영할 수 있는 지표나 방법을 도입하는 것이 바람직하다. 소셜 앙트러프러너십을 지향하는 수업이라면, 최종 아이디어가 실제로 얼마나 '혁신성', '지속가능성', '사회적 가치'를 갖고 있는지 평가하는 기준이 필요하다(Drayton, 2005). 이를테면 학습자들이 제안한 프로젝트가 지역사회 단체나 공공기관으로부터 협력을 이끌어 낼 정도로 신뢰도를 갖추었는지, 혹은 크라우드 펀딩 활동으로 일정 수준의 펀드 조성을 통해 실행 가능성을 확보했는지 등을 평가 지표로 삼을 수 있다.

셋째, 다양한 자료 수집 및 분석을 통한 삼각검증(triangulation) 방식이 요구된다. 이는 액션 리서치의 본질과도 직접적으로 연관되는데, 학생의 성찰일지, 팀 활동 보고서, 인터뷰, 퍼실리테이터 관찰일지, 외부 전문가의 피드백 등을 종합적으로 활용해야만 '학생들이 실제로 무엇을 배우고 어떻게 변화했는지'를 정확히 파악할 수 있기 때문이다(박수홍, 2022). 예컨대, 학습자가 "소셜 앙트러프러너십 역량이 향상되었다"고 주장하더라도, 구체적 행동 양상이나 팀 내에서 발휘된 리더십 수준, 해결책 발표 후 지역 이해관계자의 반응 등 객관적 자료가 뒷받침되지 않는다면 설득력이 낮을 수 있다(Bornstein, 2004). 반대로 다양한 관점에서 수집된 증거가 일관되게 '역량 향상'을 지지한다면, 그 결과는 수업 실천연구의 성과로 인정받기 쉽다.

넷째, 피드백 전략에서는 퍼실리테이터가 중재자 · 촉진자로서 기능해야 한다(조영재, 박수홍, 2017). 전통적인 교사나 교수자가 일방적으로 평가를 '내리는' 방식이 아니라, 학습자 스스로가 자신의 활동을 되돌아보고 목표에 대비해 얼마나 성취했는지를 점검하도록 안내하는 형태가 바람직하다. 나아가 피드백 과정에서 팀원 간 상호 피드백, 그리고 외부 전문가 멘토링이나 지역사회 이해관계자 면담 등의 방법을 도입하면, 학생들은 훨씬 현실성 있고 실천적인 관점에서 프로젝트를 개선할 수 있다(김미란, 엄우용, 2019). 이렇듯 다층적 피드백을 통해, 학생들은 자신의 약점을 인지하고 보완책을 모색하며, 동시에 타인의 강점을 학습함으로써 '집합적 성장(collective growth)'을 추구한다.

마지막으로, 평가와 피드백 결과의 공유가 필수적이다. 수업 실천연구는 한 번의 실행으로 끝나지 않고, 다음 사이클의 새로운 '계획(Plan)' 단계로 이어지기 때문이다(Kemmis & McTaggart, 1988). 따라서 한 학기 혹은 프로젝트를 마칠 때마다, 연구자는 수업 참여자들의 성찰 내용과 평가 결과를 분석하여 향후 수업 설계나 실행 전략에 반영해야 한다. 예컨대, 특정 단계에서 학습자들이 어려움을 겪었다면 그 원인을 규명하고, 차후에는 추가 학습자료나 멘토링을 제공하는 식으로 지원을 보완할 수 있다(박수홍, 2022). 이런 식으로 수업 설계와 평가가 동떨어진 절차가 아니라, 상호 순환하는 발전 과정이 될 때 실천연구의 가치는 극대화된다.

결과적으로, 수업 실천연구에서의 평가 · 피드백 전략은 '학생 역량의 성장'과 '교육 프로그램의 개선'을 동시에 달성하기 위한 핵심 요소라 할 수 있다. 소셜 앙트러프러너십을 증진하는 수업에서는 이중의 목표—즉, ① 혁신적 문제해결 아이디어의 질 제고와 ② 학습자의 내면적 변화—가 모두 중요하므로, 각 단계마다 형성평가와 총괄평가를 균형 있게 적용하고, 삼각검증과 협력적 피드백을 적극 활용해야 한다는 점이 강조된다. 이러한 과정이 잘 구현될 때, 실천연구는 학습자뿐 아니라 지역사회까지 긍정적인 변화를 끌어내는 강력한 교육적 도구가 된다.

3. 사회적 문제해결을 위한 수업 사례 연구 (P 대학의 '소셜 앙트러프러너십 역량개발' 과목을 중심으로)의 소개

1) 과목 개설 배경과 교육목표

현대사회에서 지역 간의 불균형과 청년층의 수도권 집중 현상은 단순히 한 지역에 국한되지 않고 사회 전반의 존립 기반을 위협하는 문제로 대두하고 있다. 지역의 경제적 · 사회적 활력 저하, 일자리 부족, 청년 인구 유출은 악순환을 거듭하며 지역 소멸의 가능성을 높이고 있다(정현진, 김창완, 2018). 이에 대한 대안으로 지역에서 스스로 새로운 직업과 일을 창출할 수 있는 역량을 갖춘 혁신가, 곧 앙트러프러너(entrepreneur)를 길러 내야 한다는 요구가 제기되고 있다(김지영, 전병훈, 2017). 이때 '앙트러프러너십'은 기업 경영만을 의미하지 않으며, 사회 · 문화 · 교육 · 환경 등 다방면의 문제를 혁신적으로 해결하는 데 필요한 역량이라는 점에서 중요한 의미를 지닌다(Drucker, 2014; Schumpeter, 1942).

특히 최근에는 사회적 가치를 추구하면서도 경제적 지속가능성을 갖추는 활동, 즉 소셜 앙트러프러너십에 대한 관심이 커지고 있다(Dees, 2007; Drayton, 2005). 이는 전통적 자선이나 봉사를 넘어, 지역과 사회가 직면한 문제를 체계적으로 해결하고 실질적 변화를 유도할 수 있는 혁신적 접근으로 평가받는다. 그러나 소셜 앙트러프러너십을 실천하고 확산하기 위해서는 해당 역량을 갖춘 사람이 필요하며, 이러한 인재를 양성하는 데 있어 대학의 역할이 매우 중요하다.

이와 같은 문제의식 속에서, P 대학의 교육학과에서는 지역 청년층이 실제 사회문제를 해결하는 과정을 통해 혁신가로 성장할 수 있도록 지원하는 교과목을 개설하였다(박수홍, 2022). 해당 교과목의 명칭은 '소셜 앙트러프러너십 역량개발'이며, 이 과목에서는 지식 전달이나 경험 공유에만 그치지 않고, 실질적으로 지역사회 문제를 연구하고 해결안을 도출 · 실행해 보는 과정을 중시한다. 이는 앙트러프러너십이 단지 '기업가 정신'이 아니라, 사회 · 문화 · 교육 등 다양한 분야에서 창의적 변화를 이끌어 내는 '혁신가 역량'이라는 확장된 개념을 전제로 한다(박수홍 외, 2019).

해당 교과목의 구체적인 교육목표는 다음과 같이 요약할 수 있다. 첫째, 학습자에게 '실제'로 체감 가능한 지역사회 문제를 발굴하고, 공감적 시각을 바탕으로 문제의 근본 원인을 탐색하게 한다. 둘째, 창의적 문제해결 기법을 익히고, 이를 토대로 실행 가능한 해결방안을 직접 도출 · 구현하는 경험을 제공한다. 셋째, 문제해결 과정에서 학습자들은 혁신의 가능성을 현실적인 맥락에서 설계하기 위해 비즈니스 모델 등 다양한 경영 · 전략 도구를 활용한다(박수홍, 안영식, 정주영, 2010). 넷째, 문제해결의 결과물이 단순 '아이디어' 수준에 머무는 것이 아니라, 크라우드 펀딩, 지역사회 연계 협업, 팀 프로젝트 발표 등을 통해 실질적인 사회적 가치를 창출하도록 유도한다(김미란, 엄우용, 2019).

결국 이 교과목은 소셜 앙트러프러너십 역량을 체화함으로써 학습자들이 미래형 일자리 또는 새로운 방식의 창직 · 창업 기회를 모색하고, 지역 내에서 주도적으로 변화를 일으킬 수 있는 토대를 마련하는 것을 목표로 삼는다. 이는 지역과 청년, 지역사회와 대학이 상생할 수 있는 근거를 마련하며, 동시에 '지식'이 아닌 '역량'을 중시하는 고등교육의 흐름과도 일맥상통한다.

2) 학습 모듈 구성 및 운영 방식

'소셜 앙트러프러너십 역량개발' 교과목은 학습자 주도형 문제해결학습을 기반으로 설계되었다. 특히 체계적 액션 러닝(Systematic Action Learning: SAL) 모형을 원용하여, 지역사회 문제가 수업의 중심 자원으로 작동되도록 유도하였다(박수홍 외, 2022). 구체적인 학습 모듈은 주차별로 명확한 프로세스를 설정하였으며, 이를 통해 학습자들이 공감적 문제발견부터 혁신적 아이디어 도출, 비즈니스 모델 구체화, 크라우드 펀딩 시도, 최종 성찰까지 일련의 과정을 자연스럽게 체험하도록 구성하였다.

초기에 학습자들은 팀을 이루어 자신이 해결하고자 하는 실제 사회문제를 제안하고, 그중에서 가장 다수가 공감하는 사안을 '팀 과제'로 선정한다. 이때 문제 선정 기법으로 '히트기법(hits technique)'이 사용되는데, 이는 다양한 아이디어나 문제 제안 중에서 공동의 관심도가 높은 주제를 시각적으로 도출하도록 돕는 방식이다(정영수, 2004). 문제 선정 이후에는 학습 팀별로 WhyPie 기법(핵심 문제로부터 1차, 2차, 3차 원인을 단계별로 파악하는 방법)이나 어골도(fish-bone diagram)를 활용하여 문제의 근본원인을 분석한다(박수홍 외, 2010).

그다음 도출된 원인에 대한 '혁신적 해결안'을 발산 · 수렴하는 과정을 거치는데, 이때 활용되는 도구들이 학습자의 창의적 사고를 유도한다. 대표적으로 익명 아이디어 기법, 의사결정 그리드, 프로토타이핑 등이 있는데, 이러한 도구들은 팀 구성원 각자가 생각하는 다양한 해결안을 한자리에 모으고, 그중에서 실현 가능성과 사회적 파급 효과가 큰 아이디어를 전략적으로 선별하도록 돕는다. 이후 선정된 해결안을 보다 체계적으로 구체화하기 위해 비즈니스 모델 캔버스(Business Model Canvas: BMC)나 전략 캔버스(SC) 등을 활용한다. 이러한 시각화 기법을 통해 학습자들은 자신의 아이디어가 어떤 고객(수혜자)에게, 어떤 가치를, 어떤 경로로 제공하는지, 그리고 자원 조달 · 지출 · 수익구조 등은 어떻게 구성되는지를 한눈에 파악할 수 있다(김미란, 엄우용, 2019).

교과목은 15주에 걸쳐 운영되며, 각 단계는 크게 '사전 오리엔테이션 → 공감적 문제발견 → 창의적 문제해결 → 해결안 구체화 및 프로토타입 → 사회적 파급 계획 수립 → 최종 성찰'의 흐름을 따른다. 매주 진행되는 팀별 학습 활동에서 교수자(또는 퍼실리테이터)는 일방적으로 지식을 전달하기보다는, 학습자들이 스스로 문제를 정의하고 해결안을 시도해 보도록 안내 · 코칭하는 역할을 수행한다. 즉, '학습자의 발견과 실행'이 핵심 동력인 학생 중심 수업이라 할 수 있다. 또한 수업 막바지에는 크라우드 펀딩 계획이나 사회적 협력 네트워크 구축 방안 등을 논의하여, 지역사회로부터 다양한 지원을 실제로 이끌어 낼 수 있는 실천적 가능성을 높인다.

마지막으로 성찰 단계에서 학습자들은 활동 전 과정을 되돌아보며, 자신들이 문제를 어떻게 정의했는지, 왜 그 문제를 '사회적 문제'로 인식했고, 어떠한 장애와 시도를 통해 해결안을 구체화했는지, 그리고 실행 결과와 개선점은 무엇이었는지를 공유한다(박수홍, 2022). 이러한 성찰 과정은 학습자가 자신만의 '사회혁신 역량'을 내면화하고, 이를 미래 진로와 연계하도록 돕는 교육적 장치라고 할 수 있다. 즉, 문제해결 프로젝트가 끝난 뒤에도 계속해서 자신의 아이디어를 보완하거나 실현할 동기를 부여함으로써 소셜 앙트러프러너십을 실제 삶의 영역으로 확장하는 기회를 제공한다.

3) 수업 참여자들의 학습 성과 및 개선점

이와 같은 학습 모듈을 토대로 진행된 P 대학의 '소셜 앙트러프러너십 역량개발' 수업은 결과적으로 학습자들의 적극적인 참여와 고무적인 학습 성과를 이끌어 냈다는 평가를 받았다(박수홍, 2022). 학습자들은 각각의 팀 활동을 통해 문제해결 아이디어를 현실화하는 과정을 경험하면서, 자신도 '창업'이나 '창직'을 할 수 있다는 자신감을 갖게 되었고, 이전에 경험해 보지 못한 창의적 사고 기법과 협업 방식에 대해 긍정적으로 인식하게 되었다. 이러한 점은 기존의 지식 위주 강의에서 얻기 어려운 '진로 및 커리어 개발의 동기 부여'라는 큰 장점을 보여 주었다.

또한 수업 설계에서 다양하게 활용된 학습 도구(WhyPie, 어골도, BMC 등)는 학습자들이 문제의 구조를 논리적으로 파악하고, 아이디어를 시각화함으로써 팀원 간 소통과 협력을 원활히 하는 데 기여했다. 학습자들은 자신의 생각을 시각적 도식에 담아내는 과정에서 논리를 보완하고, 타인의 관점을 수용하여 해결책을 발전시키는 경험을 했다. 이는 학습자가 '혁신가 역량'을 체감하고, 실질적인 문제해결 능력을 몸으로 익히게끔 하는 효과적인 전략으로 작용했다.

그럼에도 수업 운영 측면에서 두 가지 개선점이 제기되었다.

첫째, 학습자 주도형 문제해결 수업은 한정된 시수 내에서 추진하기에 시간이 부족하다는 의견이 있었다. 문제 정의, 아이디어 발산 · 수렴, 프로토타이핑, 피드백을 거쳐 최종 실행 방안을 도출하기까지 팀원 간 충분한 토론 시간이 요구되는데, 학기제 수업 체계에서는 매 차시가 2~3시간 내외로 제한되기 때문에 다소 빠듯하게 학습이 전개되었다는 것이다. 이는 액션 러닝 기반의 수업에서 흔히 지적되는 한계로, 향후에는 블록타임제나 집중 워크숍 형식으로 보완할 수 있을 것이다.

둘째, 기존 강의형 수업에 익숙한 일부 학습자들은 초기에 본 수업의 전반적 흐름과 목적을 충분히 이해하기 어려웠다는 지적이 있었다. "구체적인 학습 목표나 학습 도구의 활용 방법을 사전에 조금 더 안내받았더라면 혼란이 덜했을 것"이라는 의견이 대표적이다. 문제해결학습이 본래 개방적인 특성을 지니고 있기 때문에 예측 불가능성이 장점이기도 하지만, 막연함이 학습 참여를 저해할 수도 있다는 사실을 확인한 것이다. 이에 대해 수업 설계자는 수업 초기에 '전체 메트릭스'나 '학습 로드맵'을 시각화해 제시하고, 매 차시 말미에 '다음 차시 미리보기'를 제공하는 등 보완을 시도할 수 있음을 제안하였다.

결론적으로, P 대학의 '소셜 앙트러프러너십 역량개발' 수업 사례는 사회적 문제를 매개로 한 혁신가 역량개발이라는 측면에서 큰 의의를 지닌다. 학습자들이 지역사회에 공감하고, 문제해결을 위해 능동적으로 사고하고 실행하는 경험을 통해 미래 지향적인 앙트러프러너십을 체화하게 되는 것이다. 이때, 학습 도구와 협력 활동, 그리고 오리엔테이션과 피드백 프로세스를 유기적으로 연계하면, 보다 효과적으로 '소셜 앙트러프러너'를 육성할 수 있다는 점을 이 연구 사례가 잘 보여 준다. 향후에는 해당 수업 모델이 다양한 지역, 학문 분야, 학습자 집단에도 적용되어 '책임 있는 혁신'을 지속적으로 확산시키는 데 기여할 것으로 기대한다.

4. 논의 및 시사점

1) 소셜 앙트러프러너십 교육의 확장 가능성과 한계

소셜 앙트러프러너십은 기업 영역에 한정되지 않고 사회 · 문화 · 교육 등 다양한 분야에서 창의적 혁신과 사회적 가치 창출을 동시에 추구하는 개념으로 자리 잡아 왔다(Dees, 2007; Drayton, 2005). 특히 정부나 대기업의 지원만으로 해결하기 어려운 복지 사각지대, 지역소멸 위험, 환경오염 등 복합적 문제들이 대두함에 따라, 이러한 사회문제들을 기민하고 탄력적으로 다룰 수 있는 소셜 앙트러프러너(사회혁신가)의 필요성이 급증하고 있다(Bornstein, 2004). 교육 현장 또한 이를 인식하여 단순 지식 전달을 넘어, 학습자가 실제로 지역사회와 세계가 직면한 문제를 해결하는 역량을 갖추도록 지원하는 방향으로 패러다임을 전환하고자 한다(박수홍, 2022).

소셜 앙트러프러너십 교육은 이러한 시대적 변화에 부응해, 학습자가 혁신적인 문제해결 능력, 실행력, 윤리적 책임 의식을 동시에 갖추도록 설계된 교육 프로그램을 포괄한다. 여러 연구에서 나타나듯이 이 교육은 팀 기반 프로젝트나 액션 러닝 등 학습자 참여형 수업방식을 통해 효과적으로 구현될 수 있다(박수홍 외, 2010; Marquardt, 2004). 문제의 근본 원인을 밝히고, 창의적 해결책을 탐색하며, 실제로 실행해 보는 과정을 반복함으로써, 학습자는 '사회적 가치'와 '지속가능성'을 고려한 비즈니스 모델 혹은 프로젝트를 직접 설계하게 된다(김미란, 엄우용, 2019). 또한 교육학적 관점에서도 구성주의 이론이나 PBL(Problem-Based Learning) 등과 맞물려, 학습자의 참여와 성찰을 최대화한다는 점에서 의미가 크다.

이러한 소셜 앙트러프러너십 교육의 '확장 가능성'은 여러 측면에서 확인된다. 첫째, 디지털 기술의 발달과 글로벌 네트워크의 확장 덕분에 교육 참여자들은 더 넓은 범위의 사회문제와 자원을 공유할 수 있게 되었다. 예컨대, 크라우드 펀딩 플랫폼을 활용해 학습 팀이 설계한 아이디어를 실제 자금 조달 단계까지 이어 갈 수 있고, SNS를 통해 현지 주민 · 전문가 · 투자자 등과 빠르게 교류할 수 있다(박수홍, 2022). 둘째, 소셜 앙트러프러너십 교육은 전공 분과 구분을 넘나들며 '다학제적 융합'이 가능하다는 장점을 지닌다. 인문사회 · 예술 · 공학 · 경영 등 다양한 학문 분야의 지식이 협업 속에서 결합될 때, 더욱 참신하고 심도 있는 문제해결 방안이 등장하기 쉽다(Dees, 2007).

그러나 동시에 몇 가지 '한계'와 과제도 지적된다. 우선, 소셜 앙트러프러너십 교육의 효과를 객관적으로 측정하고 검증하기가 쉽지 않다는 점이다. 전통적인 시험이나 과제 점수로는 혁신 역량이나 협업 능력, 그리고 사회적 가치 창출에 대한 학습자 성장을 충분히 파악하기 어렵다(Mair & Marti, 2006). 따라서 교육 현장에서는 다각도의 증거 수집과 정성 · 정량적 평가 지표를 마련해야 하는데, 그 과정이 만만치 않다(박수홍 외, 2022).

또한 소셜 앙트러프러너십은 본질적으로 현장성을 중시하기에, 지역사회나 관련 이해관계자와의 긴밀한 협력이 필수적이다. 그러나 대학 강의 중심의 교육 현장에서는 시간과 자원, 행정적 요건의 제약 때문에 충분한 '실천 기회'를 확보하기 어려울 때가 많다. 예컨대, 15주라는 짧은 학기 단위 안에, 문제 발굴부터 해결안 실행, 성과 측정까지 모두 진행하기에는 현실적 장벽이 크다(Marquardt, 2004). 또한 일부 학습자는 실질적인 현장 활동을 별도로 진행할 여력이 없을 수 있는데, 이럴 경우 소셜 앙트러프러너십 교육의 핵심인 '실천 중심 학습'이 약화될 위험이 있다.

나아가 기관 차원에서의 인식 부족도 소셜 앙트러프러너십 교육의 확산을 어렵게 한다. 교육 담당자가 '앙트러프러너십'이나 '사회혁신' 개념에 익숙하지 않은 경우, 커리큘럼 편성이나 운영지원을 제대로 받지 못하는 사례가 있다. 이는 결국 프로그램의 지속가능성을 약화시키는 요인이 된다(이우진, 황보윤, 2015). 따라서 소셜 앙트러프러너십 교육을 안정적으로 확대하기 위해서는, 제도적 차원에서의 지원과 함께, 교원 연수나 전문가 네트워크 구축을 통한 역량강화가 필요하다.

결론적으로, 소셜 앙트러프러너십 교육은 미래사회가 요구하는 창의적 문제해결 능력과 사회적 책임감을 동시에 기를 수 있는 강력한 교육적 대안으로 주목받고 있다. 디지털 시대의 확장성, 다학제 협업, 참여형 학습 설계가 결합될 때, 그 잠재력은 더욱 커질 것으로 예상된다. 다만, 객관적 평기 체제의 부재, 현장 실행의 제약, 교원 및 행정 지원의 부족 등 현실적 요인을 어떻게 해소하느냐가 향후 확대 · 정착의 관건이 될 것이다.

2) 교육 현장에서의 실행 전략 및 제언

소셜 앙트러프러너십 교육을 성공적으로 운영하기 위해서는 수업 설계, 운영, 평가에 이르는 전 과정에서 교육 현장의 특성을 고려한 실행 전략이 요구된다. 이를 구체화해 보면 다음과 같다.

첫째, 문제기반 접근을 강화해야 한다. 소셜 앙트러프러너십은 본질적으로 '실존적 문제'에 대한 해결책을 찾는 과정에서 발휘되는 역량이므로, 교육과정에서 학습자가 실제로 체감 가능한 지역사회 이슈나 사회문제를 주제로 삼는 것이 효과적이다(박수홍, 2022). 예를 들어, '환경오염', '청년 일자리', '지역 소상공인 회복' 등과 같이, 지역적 맥락에 맞는 테마를 선택하여 학습자들이 문제해결을 직접 계획 · 실행하도록 안내하면, 학습 동기가 높아질 뿐 아니라 현실 적용 가능성도 함께 제고된다.

둘째, 팀 기반 학습과 다학제적 협업을 적극 장려해야 한다. 소셜 앙트러프러너십은 다학제적 요소를 포함하므로, 교육 현장에서도 서로 다른 전공 · 배경을 지닌 학습자들이 한 팀을 이뤄 문제를 분석하고 대안을 모색하도록 구성할 필요가 있다. 이를 위해 학과 간 장벽을 낮추고, 교차 수강이나 학제 간 프로젝트 수업을 확대하는 정책적 지원이 요구된다(Dees, 2007). 또한 팀 활동 과정에서 갈등 관리와 의사소통 역량을 기를 수 있도록, 액션 러닝 코칭이나 퍼실리테이션 기법을 도입할 수 있다(박수홍 외, 2010).

셋째, 실행–피드백–성찰의 순환 구조를 구축해야 한다. 소셜 앙트러프러너십은 단발성 아이디어 제시에 그치지 않고, 실제 실행을 통해 사회적 가치를 창출하는 데까지 이어져야 한다. 이를 위해 학기 중에 최소 한 번 이상은 '프로토타이핑'이나 '시범 사업'을 수행할 수 있는 기회를 마련하는 것이 바람직하다(Marquardt, 2004). 예를 들어, 학습자들이 커뮤니티 단체나 공공기관과 협력해 제한된 범위에서 해결책을 시험하고, 그 결과를 공유 · 평가하는 단계를 거치면 학습자들은 현실적 제약과 문제점을 구체적으로 인식하게 된다. 이를 토대로 수업 종반에 아이디어를 더욱 정교화 · 보완하면서, 스스로 성장할 수 있는 계기를 마련할 수 있다.

넷째, 평가 방식을 다양화해야 한다. 전통적인 객관식 · 주관식 시험이나 레포트 중심의 평가 방식은 소셜 앙트러프러너십 역량 발현을 충분히 포착하기 어렵다(Mair & Marti, 2006). 대신 프로젝트 산출물, 팀별 프레젠테이션, 피어 피드백, 학습자 성찰일지 등 다각적 자료를 수집·분석해야 한다(박수홍, 2022). 이를 통해 학습자의 협업 역량, 창의성, 리더십, 실행 능력 등 다양한 측면을 입체적으로 평가할 수 있으며, 학습자도 평가 과정을 통해 스스로 자신의 강점과 개선점을 발견하게 된다.

다섯째, 외부 자원·전문가 네트워크를 적극 활용한다. 소셜 앙트러프러너십 교육에서는 지역사회의 실제 이해관계자(지자체, NGO, 기업 등)나 분야별 전문가가 유의미한 학습 파트너가 될 수 있다(김미란, 엄우용, 2019). 이들의 참여를 통해 현장감과 실행력을 높이고, 학생들의 아이디어가 실질적인 검증 과정을 거칠 수 있다. 특히 펀딩이나 창업지원 프로그램을 연계할 수 있다면, 수업활동이 학습자의 실제 진로와 직결되면서 더 큰 동기 부여가 이루어진다.

종합적으로, 교육 현장에서 소셜 앙트러프러너십을 실행·정착시키기 위해서는 문제 선택부터 실행·평가에 이르기까지의 '전 주기적' 고려가 필요하다. 각 단계에서 학습자를 중심에 두고, 다양한 이해관계자와 적극적으로 협력하며, 현실적 제약 속에서도 창의성을 발휘할 수 있도록 지원해야 한다. 이러한 실행 전략이 적절히 작동할 때, 교육 현장은 '혁신과 사회적 책임'을 동시에 추구하는 미래 인재를 양성하는 장으로 더욱 발전하게 될 것이다.

3) 후속 연구 방향 및 정책적 함의

소셜 앙트러프러너십 교육은 상대적으로 최근 부상한 개념인 만큼, 교육적 실천과 연구가 지속적으로 축적되어야 할 필요가 있다. 이를 토대로 제언할 수 있는 후속 연구 방향과 정책적 함의는 다음과 같다.

첫째, 표준화된 소셜 앙트러프러너십 역량 측정도구 개발이 요구된다. 현재 대부분의 교육 프로그램에서는 학습자의 변화나 성취를 질적 평가(인터뷰, 성찰일지 등) 위주로 파악하고 있지만, 이를 양적·객관적 지표로 보강할 필요가 있다(박수홍, 2022). 예컨대, 문제인식력, 팀 협업 능력, 리더십, 창의성, 사회적 가치 지향성, 실행력 등을 측정할 수 있는 항목을 개발하고, 이를 신뢰도·타당도가 확보된 척도로 검증한다면, 향후 정책적·학술적 확산이 더욱 용이해질 것이다(Mair & Marti, 2006).

둘째, 장기 종단연구(Longitudinal Study)를 통해 소셜 앙트러프러너십 교육의 지속 효과를 검증할 필요가 있다. 대부분의 사례 연구나 실증 연구는 한 학기 또는 한 해에 걸친 단기적 관찰에 머무르지만, 실제로는 학습자들이 수업 이후 직업 현장 또는 지역사회에서 소셜 앙트러프러너로서의 역량을 얼마나 발휘하는지, 그리고 그 영향이 어느 정도 지속되는지를 확인하는 것이 중요하다(Drayton, 2005). 이를 위해서는 졸업생이나 수료생을 추적 조사해 실제 창업・창직, 사회문제해결 활동, 직무 성과 등을 장기적으로 모니터링하는 연구 설계가 요구된다.

셋째, 다양한 교육 단계(초・중등, 직업교육, 평생교육)에서의 소셜 앙트러프러너십 교육 모델을 개발하고 검증해야 한다. 현재 대학이나 대학원 중심의 사례가 다수를 이루지만, 최근에는 중등교육 단계에서도 창의적 문제해결 능력과 사회 참여 의식을 함양하기 위해 소셜 앙트러프러너십 개념을 접목하려는 시도가 증가하고 있다. 또한 성인 학습자나 은퇴자, 지역사회 주민 등을 대상으로 한 평생교육 영역에서도 해당 모델의 잠재적 효과를 탐색할 수 있다. 이를 통해 전 생애 주기에 걸쳐 사회혁신 역량을 계발할 수 있는 교육체계를 구축할 수 있을 것이다(이우진, 황보윤, 2015).

넷째, 정책적 측면에서 대학 간 협력 및 지역사회-대학 연계 플랫폼 구축이 중요하다. 소셜 앙트러프러너십 교육은 한 기관의 독자적 노력만으로는 실효성을 거두기 어렵다. 예컨대, 지자체와 연계해 지역문제를 함께 해결하는 대학 간 연합 프로그램, 대학생과 지역주민이 팀을 이루는 커뮤니티 기반 프로젝트, 정부 부처의 창업지원 정책과 연계한 소셜벤처 육성 프로그램 등을 체계적으로 운영할 필요가 있다(김미란, 엄우용, 2019). 이때 교육부, 중소벤처기업부, 광역자치단체 등의 협조가 필수적이며, 장기적 관점의 재정 및 제도적 지원이 이루어져야 한다.

마지막으로, 교원 역량강화를 위한 연수 및 전문인력 육성 정책이 긴요하다. 소셜 앙트러프러너십 교육은 전통적인 강의법만으로는 구현이 어렵고, 프로젝트 코칭, 액션 러닝 퍼실리테이션, 사회적 기업 모델 설계 등 다양한 전문성이 요구된다(Marquardt, 2004). 따라서 교원 연수 프로그램을 개발・운영해 교사와 교수들이 이론・실천적 역량을 갖출 수 있도록 지원해야 한다. 이를 위해 해외의 우수 대학이나 국제기구가 운영하는 사회혁신 교육 프로그램과의 교류・협력을 확대할 수도 있을 것이다.

종합하자면, 소셜 앙트러프러너십 교육이 향후 교육 혁신의 중요한 축으로 떠오르려면, 연구 차원에서는 체계적・종합적・장기적 관점이 도입되어야 하고, 정책 차원에서는 대학・지역・정부를 아우르는 거버넌스 구축이 필요하다. 이러한 노력이 어우러질 때, 교육이 단순히 '지식 전달'을 넘어 지역사회와 세상의 문제를 해결하는 '혁신의 발화점'으로 기능할 수 있을 것이다.

성찰과제

1. ESR(Education for Social Responsibility)이 지향하는 가치와 소셜 앙트러프러너십이 어떤 점에서 상호 보완적으로 작용할 수 있을지 생각해 보시오.
2. 소셜 앙트러프러너십이 사회적 문제를 해결하기 위해 왜 기존의 비즈니스 모델과 다른 접근 방식이 필요한 것인지 생각해 보시오.
3. 혁신성, 사회적 가치 창출, 경제적 · 조직적 지속가능성이라는 요소들은 서로 어떻게 영향을 주고받으며 소셜 앙트러프러너십을 형성할지 생각해 보시오.
4. 액션 리서치(action research)를 적용해 수업을 진행할 때, 학습자의 참여와 실제 사회문제해결의 성과 간에는 어떤 관계가 있을지 생각해 보시오.
5. 지역사회에 공감하고 해결책을 실행하는 과정을 교육과정에 포함하려면, 우리는 어떤 자원과 협업 전략을 마련해야 할지 생각해 보시오.

참고문헌

김미란, 엄우용(2019). 소셜벤처 창업교육 프로그램의 실천적 구성 방안에 대한 탐색적 연구. **창업학연구**, 14(2), 23-47.

김지영, 전병훈(2017). 기업가정신 교육에서 팀 기반 학습의 적용 효과 분석. **기업교육연구**, 32(1), 45-70.

박수홍(2009). 앙트러프러너십 교육을 위한 교육공학적 접근의 가능성 탐색. **교육정보미디어연구**, 15(1), 1-20.

박수홍(2010). 체계적 액션러닝의 이론과 실제. **교육방법연구**, 22(2), 121-143.

박수홍(2022). 사회적 문제해결을 위한 수업 사례 연구: P 대학의 '소셜 앙트러프러너십역량개발' 과목을 중심으로. **교육공동체 연구와 실천**, 4(2), 24-38.

박수홍, 안영식, 정주영(2010). 액션러닝을 활용한 문제중심 수업 모델 연구. **교육방법연구**, 22(2), 101-120.

박수홍 외(2010). 체계적 액션러닝(SAL) 모형을 활용한 문제중심 수업 모델 연구. **교육방법연구**, 22(2), 101-120.

박수홍 외(2019). 혁신가 역량 관점에서의 앙트러프러너십 재해석. **교육공학연구**, 35(1), 33-51.

박수홍 외(2022). 사회적 문제해결을 위한 대학 교육 프로그램 개발 연구. 미간행 연구보고서.

이우진, 황보윤(2015). 대학 내 기업가정신 교육 프로그램의 효과성과 지속가능성 연구. **기업가정신연구**, 7(3), 67-89.

정영수(2004). 팀기반 창의적 문제해결과정에서의 히트기법 적용 효과 연구. **교육기술연구, 20**(2), 101-120.

정현진, 김창완(2018). 청년층 수도권 유출 현상과 지역 혁신에 대한 탐색적 분석. **지역사회학연구, 29**(3), 55-82.

조영재, 박수홍(2017). 팀 기반 창의적 문제해결을 위한 체계적 액션러닝 기법의 적용 효과. **창의교육연구, 9**(3), 55-74.

Bornstein, D. (2004). *How to change the world: Social entrepreneurs and the power of new ideas.* Oxford University Press.

Carr, W., & Kemmis, S. (1986). *Becoming critical: Education, knowledge and action research.* Deakin University Press.

Dees, J. G. (1998). *The meaning of social entrepreneurship.* Stanford University.

Dees, J. G. (2007). Taking social entrepreneurship seriously. *Society, 44*(3).

Drayton, B. (2005). Everyone a changemaker. In A. Nicholls (Ed.), *Social entrepreneurship: New models of sustainable social change* (pp. 45-56). Oxford University Press.

Drucker, P. F. (2014). *Innovation and entrepreneurship.* Routledge.

Holloway, J., Ashburn, K., & Clarke, K. (2017). Exploring social entrepreneurship: A review of new research. *Nonprofit and Voluntary Sector Quarterly, 46*(3), 567-572.

Kemmis, S., & McTaggart, R. (1988). *The action research planner.* Deakin University Press.

Kwon, H. (2019). Linking social entrepreneurship and educational practice: The significance of project-based learning. *Journal of Social Innovation, 8*(2), 45-60.

Lee, Y. (2020). *Social entrepreneurship education for youth: A case study of school-community collaboration.* Educational Press.

Mair, J., & Marti, I. (2006). Social entrepreneurship research: A source of explanation, prediction, and delight. *Journal of World Business, 41*(1), 36-44.

Marquardt, M. (2004). *Optimizing the power of action learning.* Nicholas Brealey.

Park, S. (2021). Fostering social responsibility in middle school students through social entrepreneurship projects. *Korean Journal of Educational Studies, 12*(1), 89-112.

Schumpeter, J. (1942). *Capitalism, socialism and democracy.* Harper & Brothers.

Stringer, E. T. (2013). *Action research* (4th ed.). SAGE.

UNESCO. (2018). *Education for sustainable development goals: Learning objectives.* UNESCO Publishing.

찾아보기

인명

내용

ㅎ

저자 소개

김정섭(Jungsub Kim)

부산대학교 교육학과 졸업. 동 대학원에서 교육심리학으로 석사학위 취득 후 미국 인디애나 대학교에서 박사학위 취득. 현재 부산대학교 교육학과에서 교수로 재직하고 있으며, 학습 컨설팅, 창의성 교육, 교육의 사회적 책임에 관해 연구를 수행하고 있음. 영재키움 프로젝트를 다년간 진행하고 있음.

김영환(Young Hwan Kim)

부산대학교 교육학과를 졸업하였고, 미국 오하이오 주립대학교(OSU)에서 석사학위, 미국 인디애나 주립대학교(IU)에서 교수체제공학과 박사학위(Ph.D.)를 취득함. 교육공학 및 국제교육개발협력전공. OECD와 APEC 관련 한국 대표 및 국제조직 의장으로 16년간 활동. APEC학습공동체(ALCoB) 설립자, 기후 위기 대응을 위한 '대안교육적 글로벌 숲에듀테인먼트 파크' 네트워크 결성 및 운영을 위해 노력 중. 저서로는 『청소년을 위한 숲과 기후 위기』 등 다수가 있음.

김회용(Hoyyong Kim)

피츠버그대학교(Univ. of Pittsburgh)에서 박사과정을 수학하고, 경상대학교에서 교육학 박사학위를 취득하였으며, 부산대학교 교육학과 교수로 재직 중임. 주요 저・역서로는 『아이들과 철학하는 삶』, 『교육사상, 전통과 현재의 대화』, 『시민의 인성』, 『상상력 교육』, 『깊은 학습』 등이 있음.

박수홍(Park, Suhong)

미 인디애나대학교 블루밍턴 캠퍼스에서 교수체제공학 박사학위를 취득하고, 한국교육개발원 멀티미디어교육센터 연구원을 역임했으며, 현재 부산대학교 교육학과 교수로 재직 중임. 주요 저서로는 『체계적 액션러닝』, 『앙트러프러너십 어떻게 키울까?』 등이 있으며, 역서로는 『내 생애 커리어 앵커를 찾아서』가 있음.

박창언(Changun Park)

경북대학교/프랑스 프랑쉬-콩테대학교에서 박사학위를 취득하였음. 현재 부산대학교 교육학과 교수로 재임하고 있으며, 주요 저서로는 『미래 지능정보사회의 학교교육 체제』, 『새로운 교육과정』, 『교육과정행정』, 『교육과정과 교육법』, 『진로교육학개론』 등이 있음.

안경식(Gyeongsik An)

부산대학교 교육학과 명예교수, 교육사전공, 국립대만사범대학 철학박사. 고대교육사, 종교교육사, 아동교육사 연구에 관심이 있으며, 저서로는 『신라시대 불교교육사-불교적 지(知)의 유통과 변용, 그리고 소비의 역사』, 『신라인의 교육, 그 문명사적 조망』, 『한국 전통 아동교육사상』, 『소파방정환의 아동교육운동과 사상』 등이 있음.

유순화(Soonhwa Yoo)

부산대학교 영어교육과 졸업. 미국 오하이오주립대학교에서 상담자교육전공으로 박사학위 취득. 현재 부산대학교 교육학과에서 상담심리전공 교수로 재직 중. 저서(공저)로는 『교육의 사회적 책임』, 『(등교거부학생을 위한) 학업중단숙려제 상담 프로그램』 등이 있고, 역서(공역)로는 『(학습과 행동 문제 해결을 위한) 학교컨설팅』, 『깊은 학습: 지식의 바다로 빠지다』 등 다수가 있음.

윤민종(Minjong Youn)

중앙대학교 교육학과 졸업. 동 대학원에서 교육사회학으로 석사학위 취득 후 펜실베이니아 주립대학교(Penn State University)에서 박사학위 취득. 현재 부산대학교에서 교수로 재직하고 있으며 교육 기회 불평등, 학교 효과, 생애 초기 교육 격차 연구를 진행 중임.

윤익상(Iksang Yoon)

서울교육대학교 초등교육과 졸업. 미국 오하이오 주립대학교(The Ohio State University)에서 교육행정(Educational Administration)전공으로 박사학위 취득. 현재 부산대학교 교육학과 교육행정전공 교수로 재직 중. 주요 연구 관심사는 교장 리더십, 학교 조직론, 교육 전문성 개발임.

이계진(Kejin Lee)

이화여자대학교 교육학과 졸업. 미국 텍사스 주립대학교(The University of Texas at Austin)에서 양적연구방법론(Quantitative Methods)전공으로 석사, 박사 학위 취득. 현재 부산대학교 교육학과 교수로 재직. 주요 연구분야는 양적연구방법론, 구조방정식, 메타분석, 종단연구 모형, 머신러닝 기법, 측정평가이론, 국제학업성취도임.

이동형(Donghyung Lee)

충남대학교 학 · 석사, Texas A&M 대학교 박사(학교심리학전공). 전 휴스턴교육구 학교심리학자. 현 부산대학교 교육학과 교수. 연구 관심사는 학교기반 정신건강 및 행동 지원, 또래관계, 발달정신병리. 주요 저 · 역서로는 『학교현장 중심의 아동청소년 이상심리학』, 『고독의 심리학』(1, 2권), 『학교기반 인지행동치료』, 『학교기반 컨설테이션』, 『학교폭력과 괴롭힘 예방』 등이 있음.

이병준(Byung Jun Yi)

성균관대학교 교육학과 졸업. 독일 뮌스터 대학교 교육학석사 및 박사(철학박사). 연구분야로는 평생교육/노인교육, HRD, 문화예술교육, 다문화/상호문화교육, ESD, 박물관교육, 교육과 학습에 있어서의 문화적 접근, 질적연구방법론 등이 있음.

이상수(Sangsoo Lee)

부산대학교 교육학과 졸업. 동 대학원에서 교육학 석사학위 취득. 미국 플로리다주립대학교에서 교육공학 박사학위 취득. 현재 부산대학교 교육학과 교수로 재직. 주요 저 · 역서로는 『수업설계』, 『체계적 수업분석을 통한 수업컨설팅』, 『자기수업컨설팅』, 『수업컨설팅 사례로 본 수업 이야기』, 『교육의 사회적 책임』, 『수업설계의 원리』 등 다수

이소영(Soyoung Lee)

대구교육대학교를 졸업하고 영국 Institute of Education, University College London에서 교육철학으로 석사 및 박사 학위를 받음. 현재 부산대학교 교육학과 교수로 재직 중이며 관심 분야는 현상학, 윤리학, 예술교육, 교사교육 등임. 대표 저서로는 『Poetics of Alterity: Education, Art, Politics』(Wiley, 2022)가 있음.

정지선(Jisun Jeong)

미국 테네시 대학교(The University of Tennessee)에서 상담심리전공으로 석사 및 박사 학위를 취득하고, 미국 공인심리학자(licensed psychologist) 자격을 보유함. 상담심리학을 기반으로 정신건강, 다양성, 사회정의를 연구하며, 집단 간 대화(IGD)와 변증법적 행동치료(DBT) 기반 프로그램을 개발 · 검증함. 최근에는 디지털 멘탈헬스와 AI 리터러시 연구로 범위를 넓혀 기술의 포용성 · 공정성 증진과 편견 완화를 연구하고 있음.

정정훈(Jung-Hoon Jung)

진주교육대학교 교육학과 졸업. 캐나다 브리티시컬럼비아 대학교(University of British Columbia)에서 교육과정학으로 박사학위 취득. 현재 부산대학교 교육학과 BK21 교육의 사회적 책임 연구단 계약교수로 재직하고 있음. 교육과정이론화, 탈식민적 교육학연구, 질적연구방법론, 포스트휴먼 연구를 진행하고 있음.

김은빈(Eunbin Kim)

부산대학교 교육학과 석사 졸업. 동 대학원에서 교육심리전공으로 박사학위 취득. 현재 부산대학교 교육학과 BK21 교육의 사회적 책임 연구단 계약교수로 재직. 학습컨설팅, 경력개발, 진로교육 등의 연구를 진행하고 있음.

김동선(Dongsun Kim)

부산대학교 교육학과 졸업. 동 대학원에서 교육행정학으로 석사 및 박사 학위를 취득함. 현재 부산대학교 교육학과 BK21 교육의 사회적 책임 연구단 박사후연구원으로 재직하고 있음. 교사 전문성 개발, 교육 정책 효과, 교사 책임 연구를 진행 중임.

문소희(Sohee Moon)

부산대학교 교육학과 석사 졸업. 동 대학원에서 상담심리전공으로 박사학위 취득. 현재 부산대학교 교육학과 BK21 교육의 사회적 책임 연구단 박사후연구원으로 재직. 교사 책임, 직무윤리, 상담윤리 등의 연구를 진행하고 있음.

조수연(Suyeon Cho)

대구교육대학교 초등교육학과 졸업. 부산대학교에서 교육과정 및 교육방법전공으로 석사과정 진행. 현재 부산 초량초등학교에서 교사로 재직. 주요 관심 연구 분야는 국제 학업성취도 평가임.

배지현(Jihyun Bae)

부산대학교 영어교육학과 석사 취득 후 동 대학원에서 교육학과 교육철학전공 박사수료. 관심 분야는 포스트모더니즘, 해체주의, 인류세 생태철학 등임.

신하빈(Hapin Shin)

부산대학교 대학원 교육학과에서 석사학위 취득 후 동 대학원에서 교육사회전공 박사과정 재학 중. 관심 분야는 교육불평등, 교육 정책 효과 분석, 학교 효과 등임.

교육의 사회적 책임 연구방법 및 실천

Methodologies and Practices of Education for Social Responsibility

2026년 1월 20일 1판 1쇄 인쇄
2026년 1월 25일 1판 1쇄 발행

지은이 • 김정섭 · 김영환 · 김회용 · 박수홍 · 박창언 · 안경식 · 유순화 · 윤민종
윤익상 · 이계진 · 이동형 · 이병준 · 이상수 · 이소영 · 정지선
정정훈 · 김은빈 · 김동선 · 문소희 · 조수연 · 배지현 · 신하빈

펴낸이 • 김진환
펴낸곳 • ㈜ 학지사
04031 서울특별시 마포구 양화로 15길 20 마인드월드빌딩
대표전화 • 02-330-5114 팩스 • 02-324-2345
등록번호 • 제313-2006-000265호

홈페이지 • http://www.hakjisa.co.kr
인스타그램 • https://www.instagram.com/hakjisabook

ISBN 978-89-997-3606-3 93370

정가 25,000원